ଲାବଣ୍ୟବତୀ

ଲାବଣ୍ୟବତୀ

କବି ସମ୍ରାଟ ଉପେନ୍ଦ୍ର ଭଂଜ

ସଂପାଦନା ଓ ଆଲୋଚନା:

ଡକ୍ଟର ବିରଂଚି କୁମାର ସାହୁ

ବ୍ଲାକ୍ ଈଗଲ୍ ବୁକ୍ସ
ଭୁବନେଶ୍ୱର, ଓଡ଼ିଶା

BLACK EAGLE BOOKS
Dublin, USA

ଲାବଣ୍ୟବତୀ / କବି ସମ୍ରାଟ ଉପେନ୍ଦ୍ର ଭଂଜ

ସଂପାଦନା ଓ ଆଲୋଚନା: ଡକ୍ଟର ବିରଂଚି କୁମାର ସାହୁ

ବ୍ଲାକ୍ ଇଗଲ୍ ବୁକ୍ସ : ଭୁବନେଶ୍ୱର, ଓଡ଼ିଶା • ଡବ୍‌ଲିନ୍, ଯୁକ୍ତରାଷ୍ଟ୍ର ଆମେରିକା

BLACK EAGLE BOOKS

USA address:
7464 Wisdom Lane
Dublin, OH 43016

India address:
E/312, Trident Galaxy, Kalinga Nagar,
Bhubaneswar-751003, Odisha, India

E-mail: info@blackeaglebooks.org
Website: www.blackeaglebooks.org

First International Edition Published by
BLACK EAGLE BOOKS, 2023

LAVANYABATI
by **Kabi Samrat Upendra Bhanja**

Edited by **Biranchi Kumar Sahoo**

Copyright © **BEB**

All rights reserved. No part of this publication may be reproduced, stored in a retrieval system, or transmitted, in any form or by any means, electronic, mechanical, photocopying, recording or otherwise without the prior permission of the publisher.

Cover & Interior Design: Ezy's Publication

ISBN- 978-1-64560-453-2 (Paperback)

Printed in the United States of America

ଭୂମିକା

ସମଗ୍ର ଓଡ଼ିଆ ସାହିତ୍ୟରେ ରୀତିଯୁଗ ଏକ ସ୍ୱର୍ଣ୍ଣିମ ଅଧ୍ୟାୟ ସୃଷ୍ଟି କରିଛି। ରୀତି ଯୁଗର ବ୍ୟାପ୍ତି ଓ ଦୀପ୍ତି ଅବିସମ୍ବାଦିତ। ଦୁଇ ଶତାଧିକ ବର୍ଷ ଓଡ଼ିଆ ସାହିତ୍ୟରେ ଏହି ରୀତିଯୁଗ ସଂସ୍କୃତ ସାହିତ୍ୟ ପ୍ରତିସ୍ପର୍ଦ୍ଧୀ ଭାବେ ଠିଆ ହୋଇଛି। ଓଡ଼ିଆ କାବ୍ୟ ସାହିତ୍ୟର ଅଭ୍ୟୁଦୟ ପ୍ରଧାନତଃ ଏହି ରୀତିଯୁଗରେ ହିଁ ସାଧିତ ହୋଇଥିଲା। ଏହି ସମୟର ଉତ୍କଳ କାବ୍ୟ ଭାରତୀଙ୍କ କେଳିକୁଞ୍ଜ ମଳୟର ହିଲ୍ଲୋଳରେ ଶିହରିତ ହୋଇଉଠିଥିଲା। ଏଭଳି ସାହିତ୍ୟ ଉନ୍ନତ କଳାବିଳାସ, ବାଣୀ ବୈଦଗ୍ଧ, ରସବୈଚିତ୍ର୍ୟ, ଭାବ ଗାମ୍ଭୀର୍ଯ୍ୟ, ଶବ୍ଦ-ସୌକୁମାର୍ଯ୍ୟ ତଥା ଆଳଙ୍କାରିକ ରଚନାଶୈଳୀର ପ୍ରମାଣ ଦେଇ କାବ୍ୟାମୋଦୀ ପାଠକଙ୍କ ଚିତ୍ତକୁ ମୋହିତ କରିଥିଲା। କଳା ମଞ୍ଜୁଳତା ଓ କଳ୍ପନା ବିଳାସ ପାଇଁ ଏ ସାହିତ୍ୟ ଥିଲା ଅନନ୍ୟ ସାଧାରଣ। କାବ୍ୟ ରଚନା କ୍ଷେତ୍ରରେ କ୍ରମଶଃ ସଂସ୍କୃତକାବ୍ୟ ଓ ଆଳଂକାରିକ ଶୈଳୀର ପ୍ରଭାବ ଦେଖାଯାଇଥିବାରୁ ଉଭୟ କାଳ୍ପନିକ ଓ ପୌରାଣିକ କାବ୍ୟ ଅଧିକାଂଶ ଶୃଙ୍ଗାର ପ୍ରଧାନ ହୋଇପଡ଼ିଥିଲା। ଏହି ସମୟର ସାମାଜିକ ଅବସ୍ଥା ଅତ୍ୟନ୍ତ ମର୍ମାହତ କରିଥିଲା। ଓଡ଼ିଶାର ଶେଷ ସ୍ୱାଧୀନ ରାଜା ମୁକୁନ୍ଦଦେବ ହତ୍ୟାର ବିଭୀଷିକା ମଧ୍ୟରେ ରାଜ୍ୟ ଲାଭ କରି ଶେଷରେ ଅନ୍ତର୍ଦ୍ରୋହ ଓ ବିଶ୍ୱାସଘାତକତାର ଶିକାର ହୋଇ ପ୍ରାଣ ହରାଇଲେ। ଓଡ଼ିଶାର ସ୍ୱାଧୀନତା ରବି ଚିରଦିନ

ପାଇଁ ଅସ୍ତମିତ ହୋଇଗଲେ। ମୁସଲମାନ ଓ ମୋଗଲମାନଙ୍କ ଶାସନରେ ଉତ୍କଳବାସୀ ନିଜର ସ୍ୱାଧୀନତା ହରାଇ ଅତ୍ୟାଚାର ଓ ଲୁଣ୍ଠନର ଶିକାର ହୋଇଥିଲେ। ଏପରି ଏକ ସଂଗୀନ୍ ପରିସ୍ଥିତିରେ ରାଜା, ସାମନ୍ତ ବା ଜମିଦାରମାନଙ୍କୁ ଆଉ ଯୁଦ୍ଧର ଘମାଘୋଟ ଲଢ଼େଇ ମଧ୍ୟକୁ ଯିବାକୁ ହୋଇ ନାହିଁ - ବିଦେଶୀ ଶାସକର ବାହୁଛାୟା ତଳେ ସେମାନେ ତନ୍ଦ୍ରାଳସ ପଣ୍ଡିତମାନଙ୍କ ମେଳରେ କାବ୍ୟଶାସ୍ତ୍ର ବିନୋଦରେ କାଳ କଟାଇବା ଛଡ଼ା ଜୀବନରେ ଅନ୍ୟ କିଛି ସେମାନଙ୍କୁ ଆକର୍ଷିତ କରିପାରି ନାହିଁ।

ଏ କ୍ଷେତ୍ରରେ ଘୁମୁସର ରାଜଦରବାରର ଭୂମିକା ଗୁରୁତ୍ୱପୂର୍ଣ୍ଣ ଥିଲା। ନିରବଚ୍ଛିନ୍ନ ସାହିତ୍ୟଚର୍ଚ୍ଚା, କାଳିଦାସ ଭବଭୂତି, ଭାରବି, ବାଣଭଟ୍ଟ, ଶ୍ରୀହର୍ଷ ପ୍ରଭୃତିଙ୍କ ଅମର କାବ୍ୟ ସହିତ ଆନନ୍ଦବର୍ଦ୍ଧନ, ଦଣ୍ଡୀ, କୁନ୍ତକ, ଭୋଜରାଜ, ବିଶ୍ୱନାଥ କବିରାଜଙ୍କ ଆଳଙ୍କାରିକ ଶାସ୍ତ୍ର, ବାତ୍ସାୟନଙ୍କ କାମଶାସ୍ତ୍ର, ଜୟଦେବଙ୍କ ଗୀତଗୋବିନ୍ଦ, ଜ୍ୟୋତିଷ, ଆୟୁର୍ବେଦ, ଦର୍ଶନ, ସ୍ମୃତି, ରାଜନୀତି, କୋଷକାବ୍ୟ, ଓଡ଼ିଆ ପୁରାଣ, ଧର୍ମ ଓ କାବ୍ୟ ସାହିତ୍ୟର କ୍ରମବିକଶିତ ପରମ୍ପରା କବିସମ୍ରାଟ ଉପେନ୍ଦ୍ରଙ୍କୁ ଆଲୋଡ଼ିତ ଓ ଆକର୍ଷିତ କରିଥିଲା ନିଶ୍ଚୟ। ତା'ର ବହୁମୁଖୀ ପ୍ରକାଶ ଘଟିଲା ତାଙ୍କ ଅମରକୃତି ସମୂହରେ। ସ୍ରଷ୍ଟାର ସନ୍ଧାନୀ ଦୃଷ୍ଟି ଓ ସାଧନାର ନିରବଚ୍ଛିନ୍ନ ପରମ୍ପରାରେ ସେ ଯେଉଁ କାବ୍ୟ କୋଣାର୍କ ସୃଷ୍ଟି କରିଗଲେ ସେଇଥିରେ ସେ ମହିମାନ୍ୱିତ। ରୀତିଯୁଗୀୟ କାବ୍ୟ ପରମ୍ପରା ଓ କବିମାନଙ୍କୁ ଅନୁସରଣ କରିଥିଲେ ମଧ୍ୟ କାବ୍ୟର ସମସ୍ତ ବିଭାଗରେ ଯେଉଁ ଅପୂର୍ବ ସଫଳତା ହାସଲ କରିଛନ୍ତି, ତାହା ସମଗ୍ର ଓଡ଼ିଆ ସାହିତ୍ୟରେ ବିରଳ। ଉପେନ୍ଦ୍ରଙ୍କ ଶବ୍ଦ ପାଣ୍ଡିତ୍ୟ, ଛନ୍ଦ ଓ ବନ୍ଧର ବୈଚିତ୍ର୍ୟ, ଶବ୍ଦାଳଙ୍କାର ଓ ଅର୍ଥାଳଙ୍କାରରେ ଅଦୃଷ୍ଟପୂର୍ବ କୃତିତ୍ୱ, ଶୃଙ୍ଗାର ରସର ପୁଙ୍ଖାନୁପୁଙ୍ଖ ପରିବେଷଣ, ପ୍ରକୃତି ଚିତ୍ରଣ, ବର୍ଣ୍ଣନା ଚାତୁରୀ, ରଚନା ଶୈଳୀରେ ବିଦଗ୍ଧ ସୁଲଭ ଆଭିଜାତ୍ୟ ନିକଟରେ ଅନ୍ୟ କବିଙ୍କ ପ୍ରତିଭା ତୁଚ୍ଛ ମନେହୋଇଥାଏ।

ଉପେନ୍ଦ୍ର କାବ୍ୟ କୋଣାର୍କର ରସମୟୀ, ଛନ୍ଦମୟୀ, ଲାସ୍ୟମୟୀ, ହାସ୍ୟମୟୀ ଅନନ୍ୟ ଲଳନା ହେଉଛି 'ଲାବଣ୍ୟବତୀ'। ଲାବଣ୍ୟବତୀ ଭଳି କାବ୍ୟ ନାୟିକା ଓଡ଼ିଆ ସାହିତ୍ୟରେ ବିରଳ ସୃଷ୍ଟି। ଉପେନ୍ଦ୍ରଙ୍କ କାଳ୍ପନିକ ସୃଷ୍ଟି ଲାବଣ୍ୟବତୀ, ତାଙ୍କର ସମଗ୍ର ସୃଷ୍ଟିକୁ ଅତିକ୍ରମ କରାଯାଇଥିବା ମନେହୁଏ। ଲାବଣ୍ୟବତୀକୁ ସେ ୪୮ଗୋଟି ଛାନ୍ଦରେ ସମ୍ପୂର୍ଣ୍ଣ କରିଛନ୍ତି। ଉପେନ୍ଦ୍ରଭଞ୍ଜଙ୍କ ସମଗ୍ର କାବ୍ୟ ମଧ୍ୟରେ ଲାବଣ୍ୟବତୀର ସ୍ଥାନ ସ୍ୱତନ୍ତ୍ର ଏକ ସ୍ୱତନ୍ତ୍ର ମହିମାରେ ସେ ମହିମାନ୍ୱିତ। ଏହା ଉପେନ୍ଦ୍ର କାବ୍ୟମାନସର ସର୍ବଶ୍ରେଷ୍ଠ ଉପହାର ଓଡ଼ିଶାବାସୀଙ୍କୁ। ପ୍ରାୟ ୩୦୦ ବର୍ଷ ପୂର୍ବେ ରଚିତ ଏ କାବ୍ୟ, ଏକ ବିଂଶ ଶତାବ୍ଦୀରେ ମଧ୍ୟ ଏହାର ଆଦର ଅକ୍ଷୁଣ୍ଣ ରହିଛି। ଏ କାବ୍ୟକୁ ଆଜି ମଧ୍ୟ ଓଡ଼ିଶାର ବିଭିନ୍ନ ମହାବିଦ୍ୟାଳୟ, ବିଶ୍ୱବିଦ୍ୟାଳୟ ଛାତ୍ରଛାତ୍ରୀମାନେ ଅଧ୍ୟୟନ କରୁଛନ୍ତି।

ଏ କାବ୍ୟର ସଂକଳନ ଓ ସମ୍ପାଦନା କାର୍ଯ୍ୟ କଲାବେଳେ ଅନେକ ସତର୍କତାମୂଳକ ପଦକ୍ଷେପ ଗ୍ରହଣ କରିବାକୁ ହୋଇଛି। ନିର୍ଭୁଲ ଭାବେ ଏଭଳି ପ୍ରାଚୀନ କାବ୍ୟକୁ ପାଠକମାନଙ୍କ ପାଖରେ ପହଞ୍ଚାଇବାର ଉଦ୍ୟମ କରାଯାଇଛି, ତଥାପି ମୁଦ୍ରଣ ପ୍ରମାଦକୁ ଅସ୍ୱୀକାର କରାଯାଇନପାରେ। ସାହିତ୍ୟିକ ଶ୍ରୀଯୁକ୍ତ ସତ୍ୟ ପଟ୍ଟନାୟକ ଏବଂ ତାଙ୍କ ପ୍ରକାଶନ ସଂସ୍ଥା 'ବ୍ଲାକ୍ ଈଗଲ ବୁକ୍ସ' ଏହାକୁ ପ୍ରକାଶ କରିଥିବାରୁ ମୁଁ ସର୍ବୋତ ଭାବେ କୃତଜ୍ଞ। ପୁସ୍ତକଟି କାବ୍ୟାମୋଦୀ ପାଠକଙ୍କୁ ଉଦ୍‌ବେଳିତ କରିପାରିଲେ ଶ୍ରମ ସାର୍ଥକ ହେବ।

'ଅଳଂମତି ବିସ୍ତରେଣ'

ଡ. ବିରଂଚି କୁମାର ସାହୁ

ସୂଚିପତ୍ର

ରୀତିଯୁଗ, କବି ଉପେନ୍ଦ୍ର ଭଞ୍ଜ ଓ ଲାବଣ୍ୟବତୀ ୧୧

୧	ପ୍ରଥମ ଛାନ୍ଦ	- ଲାବଣ୍ୟବତୀ ଓ ଚନ୍ଦ୍ରଭାନୁର ପୂର୍ବଜନ୍ମ ବୃତ୍ତାନ୍ତ	୨୭
୨	ଦ୍ୱିତୀୟ ଛାନ୍ଦ	- ଲାବଣ୍ୟବତୀର ଜନ୍ମ ପ୍ରସଙ୍ଗ	୩୨
୩	ତୃତୀୟ ଛାନ୍ଦ	- ଲାବଣ୍ୟବତୀ ଯୌବନ ପ୍ରାପ୍ତ ପର୍ବର ଶୋଭାର ସଂକେତ	୩୮
୪	ଚତୁର୍ଥ ଛାନ୍ଦ	- ଲାବଣ୍ୟବତୀର ବେଶ ବିନ୍ୟାସ	୪୪
୫	ପଞ୍ଚମ ଛାନ୍ଦ	- ସଖୀଗଣଙ୍କ ସହ ଲାବଣ୍ୟବତୀର ଉପବନ ବିହାର	୫୨
୬	ଷଷ୍ଠ ଛାନ୍ଦ	- ସରୋବର ବର୍ଣ୍ଣନା ଓ ଲାବଣ୍ୟବତୀର ସରସୀ ବିହାର	୫୭
୭	ସପ୍ତମ ଛାନ୍ଦ	- ବାଜିକରର ସିଂହଳ ଦେଶକୁ ଗମନ ଓ ଭୋଜବିଦ୍ୟା ପ୍ରଦର୍ଶନ	୬୩
୮	ଅଷ୍ଟମ ଛାନ୍ଦ	- ଲାବଣ୍ୟବତୀ ପରିଣୟ ନିମନ୍ତେ ସନ୍ନ୍ୟାସୀ ଚନ୍ଦ୍ରଭାନୁଙ୍କ ନିକଟେ ପ୍ରବେଶ	୬୮
୯	ନବମ ଛାନ୍ଦ	- ଲାବଣ୍ୟବତୀର ଚିତ୍ରପଟ ସହ ସନ୍ନ୍ୟାସୀଙ୍କର ଉପସ୍ଥିତି	୭୨
୧୦	ଦଶମ ଛାନ୍ଦ	- ମିତ୍ରଗଣଙ୍କ ସହ ଚନ୍ଦ୍ରଭାନୁ ଲାବଣ୍ୟବତୀର ଚିତ୍ରପଟ ଦର୍ଶନ	୭୭
୧୧	ଏକାଦଶ ଛାନ୍ଦ	- ଲାବଣ୍ୟବତୀର ସ୍ୱପ୍ନ ଦର୍ଶନ	୮୨
୧୨	ଦ୍ୱାଦଶ ଛାନ୍ଦ	- ଲାବଣ୍ୟବତୀର ମନସ୍ତାପ ଓ ଖେଦ	୯୧
୧୩	ତ୍ରୟୋଦଶ ଛାନ୍ଦ	- ମାଳିନୀର ଆଗମନ ଓ ତା'ର ଶୋଭା ବର୍ଣ୍ଣନ	୯୮
୧୪	ଚତୁର୍ଦ୍ଦଶ ଛାନ୍ଦ	- ଚନ୍ଦ୍ରଭାନୁର ଶୋକ	୧୦୩
୧୫	ପଞ୍ଚଦଶ ଛାନ୍ଦ	- ଐନ୍ଦ୍ରଜାଲିକର ଇନ୍ଦ୍ରଜାଲ ପ୍ରଦର୍ଶନ	୧୦୭
୧୬	ଷୋଡ଼ଶ ଛାନ୍ଦ	- ମିତ୍ରମାନଙ୍କ ସମ୍ମୁଖରେ ଚନ୍ଦ୍ରଭାନୁ ଦ୍ୱାରା ଲାବଣ୍ୟବତୀର ରୂପ ବର୍ଣ୍ଣନା	୧୧୮
୧୭	ସପ୍ତଦଶ ଛାନ୍ଦ	- ବ୍ରହ୍ମଚାରୀ ଦ୍ୱାରା ଲାବଣ୍ୟବତୀର ବାର୍ତ୍ତା ଚନ୍ଦ୍ରଭାନୁ ନିକଟେ ପହଞ୍ଚିବା	୧୨୨
୧୮	ଅଷ୍ଟାଦଶ ଛାନ୍ଦ	- ବ୍ରହ୍ମଚାରୀ ଚନ୍ଦ୍ରଭାନୁଠାରୁ ପତ୍ର ନେଇ ଲାବଣ୍ୟବତୀକୁ ପ୍ରଦାନ	୧୨୯
୧୯	ଊନବିଂଶ ଛାନ୍ଦ	- ଲାବଣ୍ୟବତୀର ଚନ୍ଦ୍ରଭାନୁ ଲିଖିତ ପତ୍ର ପ୍ରାପ୍ତି ଓ ପଠନ ଜନିତ ଆନନ୍ଦ	୧୩୨
୨୦	ବିଂଶ ଛାନ୍ଦ	- ଲାବଣ୍ୟବତୀର ପତ୍ର ଘେନି ବ୍ରହ୍ମଚାରୀ ଚନ୍ଦ୍ରଭାନୁ ନିକଟେ ପ୍ରବେଶ	୧୪୦
୨୧	ଏକବିଂଶ ଛାନ୍ଦ	- ବର୍ଷାଋତୁ ଓ ଚନ୍ଦ୍ରଭାନୁର ବିରହ ବର୍ଣ୍ଣନ	୧୪୫
୨୨	ଦ୍ୱାବିଂଶ ଛାନ୍ଦ	- ଲାବଣ୍ୟବତୀର ବିରହ	୧୫୧
୨୩	ତ୍ରୟୋବିଂଶ ଛାନ୍ଦ	- ଚନ୍ଦ୍ରଭାନୁର ରାମେଶ୍ୱର ଯାତ୍ରା	୧୫୯
୨୪	ଚତୁର୍ବିଂଶ ଛାନ୍ଦ	- ଲାବଣ୍ୟବତୀ ନିକଟକୁ ବ୍ରହ୍ମଚାରୀ ପ୍ରେରଣ ଓ ଚନ୍ଦ୍ରଭାନୁର ମୃଗୟା ବିହାର	୧୬୭
୨୫	ପଞ୍ଚବିଂଶ ଛାନ୍ଦ	- ଲାବଣ୍ୟବତୀର ପତ୍ର ପ୍ରାପ୍ତ, ପଠନ ଓ ଉତ୍ତର ପ୍ରଦାନ	୧୭୫

୨୬ ଷଷ୍ଠବିଂଶ ଛାନ୍ଦ	-	ଚନ୍ଦ୍ରଭାନୁଙ୍କର ନାରୀବେଶ ଧାରଣ ପୂର୍ବକ ମନ୍ଦିରେ ପ୍ରବେଶ	୧୭୯
୨୭ ସପ୍ତବିଂଶ ଛାନ୍ଦ	-	ଲାବଣ୍ୟବତୀ ଓ ଚନ୍ଦ୍ରଭାନୁର ମନ୍ଦିରରେ ସାକ୍ଷାତ	୧୮୪
୨୮ ଅଷ୍ଟବିଂଶ ଛାନ୍ଦ	-	ସିଂହଳଦେଶର ପୁରୋହିତଙ୍କ ସହିତ ଚନ୍ଦ୍ରଭାନୁର ବିବାହ ସମ୍ପର୍କରେ କଥୋପକଥନ	୧୯୦
୨୯ ଉନତ୍ରିଂଶ ଛାନ୍ଦ	-	ସଖୀମାନଙ୍କ ସହ ଲାବଣ୍ୟବତୀର ରହସ୍ୟ	୧୯୯
୩୦ ତ୍ରିଂଶ ଛାନ୍ଦ	-	ଲାବଣ୍ୟବତୀର ବିବାହ ବର୍ଣ୍ଣନ	୨୦୪
୩୧ ଏକତ୍ରିଂଶ ଛାନ୍ଦ	-	ଲାବଣ୍ୟବତୀ ଓ ଚନ୍ଦ୍ରଭାନୁର ବିବାହ ପର ମିଳନ ଚିନ୍ତା	୨୧୧
୩୨ ଦ୍ୱାତ୍ରିଂଶ ଛାନ୍ଦ	-	ଲାବଣ୍ୟବତୀକୁ ବେଶ କରି ସଖୀମାନେ କେଳିପୁରକୁ ନେବା	୨୧୬
୩୩ ତ୍ରୟୋତ୍ରିଂଶ ଛାନ୍ଦ	-	କେଳିପୁରରେ ଲାବଣ୍ୟବତୀ ଓ ଚନ୍ଦ୍ରଭାନୁର ମିଳନ	୨୨୩
୩୪ ଚତୁସ୍ତ୍ରିଂଶ ଛାନ୍ଦ	-	ପ୍ରଭାତରେ କେଳିଗୃହରୁ ପ୍ରତ୍ୟାବର୍ତ୍ତନ ଓ ସଖୀମାନଙ୍କ ଠଙ୍ଗା ପରିହାସ	୨୨୯
୩୫ ପଞ୍ଚତ୍ରିଂଶ ଛାନ୍ଦ	-	ଦେବତାମାନଙ୍କ ଅଭିଶାପ ପ୍ରଦାନ ଓ ବରକନ୍ୟାଙ୍କ ସ୍ୱଦେଶ ପ୍ରତ୍ୟାବର୍ତ୍ତନ	୨୩୬
୩୬ ଷଟ୍‌ତ୍ରିଂଶ ଛାନ୍ଦ	-	ନବବିବାହିତ ଦମ୍ପତିଙ୍କର କୌତୁକ ବର୍ଣ୍ଣନ	୨୪୪
୩୭ ସପ୍ତତ୍ରିଂଶ ଛାନ୍ଦ	-	ଲାବଣ୍ୟବତୀର ମାନ ଓ ଚନ୍ଦ୍ରଭାନୁର ମାନଭଞ୍ଜନ ପାଇଁ ଋତୁକ୍ତି	୨୪୮
୩୮ ଅଷ୍ଟତ୍ରିଂଶ ଛାନ୍ଦ	-	ଚନ୍ଦ୍ରଭାନୁର ଲାବଣ୍ୟବତୀର ଶୋଭା ପ୍ରଶଂସା ସହ ଏକପତ୍ନୀ ବ୍ରତର ପ୍ରଶଂସା	୨୫୩
୩୯ ଉନଚତ୍ୱାରିଂଶ ଛାନ୍ଦ	-	ଦେବ ଅଭିଶାପ ପାଇ ସ୍ତ୍ରୀ ପୁରୁଷର ବିଚ୍ଛେଦ ବର୍ଣ୍ଣନ	୨୫୯
୪୦ ଚତ୍ୱାରିଂଶ ଛାନ୍ଦ	-	ଗ୍ରୀଷ୍ମ ରତୁର ବର୍ଣ୍ଣନ	୨୬୪
୪୧ ଏକ ଚତ୍ୱାରିଂଶ ଛାନ୍ଦ	-	ବର୍ଷା ରତୁର ବର୍ଣ୍ଣନ	୨୭୧
୪୨ ଦ୍ୱି ଚତ୍ୱାରିଂଶ ଛାନ୍ଦ	-	ବିରହେ ଶରତ ରତୁର ବର୍ଣ୍ଣନ	୨୭୭
୪୩ ତ୍ରି ଚତ୍ୱାରିଂଶ ଛାନ୍ଦ	-	ହେମନ୍ତ ରତୁର ବର୍ଣ୍ଣନ	୨୮୧
୪୪ ଚତୁଃ ଚତ୍ୱାରିଂଶ ଛାନ୍ଦ	-	ଶିଶିର ଓ ବସନ୍ତ ରତୁର ବର୍ଣ୍ଣନ	୨୮୭
୪୫ ପଞ୍ଚ ଚତ୍ୱାରିଂଶ ଛାନ୍ଦ	-	ଚନ୍ଦ୍ରଭାନୁର କାର୍ଯ୍ୟ ବର୍ଣ୍ଣନ	୨୯୦
୪୬ ଷଷ୍ଠ ଚତ୍ୱାରିଂଶ ଛାନ୍ଦ	-	ଚନ୍ଦ୍ରଭାନୁର ସ୍ୱଦେଶ ଗମନ ଓ ଲାବଣ୍ୟବତୀ ସହ ମିଳନ	୨୯୭
୪୭ ସପ୍ତଚତ୍ୱାରିଂଶ ଛାନ୍ଦ	-	ଲାବଣ୍ୟବତୀ ଓ ଚନ୍ଦ୍ରଭାନୁଙ୍କ ବିଚ୍ଛେଦଜନିତ ଦୁଃଖ ବର୍ଣ୍ଣନା ଓ ପରେ ମିଳନ ବର୍ଣ୍ଣନ	୩୦୧
୪୮ ଅଷ୍ଟ ଚତ୍ୱାରିଂଶ ଛାନ୍ଦ	-	ଚନ୍ଦ୍ରଭାନୁଙ୍କର ରାଜ୍ୟାଭିଷେକ ଓ ରାଜ୍ୟଭାର ଗ୍ରହଣ	୩୦୭

ଆଲୋଚନା

ଓଡ଼ିଆ ରୀତିକାବ୍ୟ, ରାଜକବି ଉପେନ୍ଦ୍ର ଭଞ୍ଜ ଓ 'ଲାବଣ୍ୟବତୀ'

ସମଗ୍ର ଓଡ଼ିଆ ସାହିତ୍ୟରେ ରୀତିଯୁଗ ଏକ ସ୍ୱର୍ଣ୍ଣିମ ଅଧ୍ୟାୟ ସୃଷ୍ଟି କରିଛି । ବିଭିନ୍ନ ସମାଲୋଚକ ଏହାର ସମୟ ସୀମାକୁ ସପ୍ତଦଶ ଶତାବ୍ଦୀର ମଧ୍ୟଭାଗରୁ ଊନ୍ନବିଂଶ ଶତାବ୍ଦୀର ମଧ୍ୟଭାଗ ପର୍ଯ୍ୟନ୍ତ ଅର୍ଥାତ୍ ୧୬୫୦ ରୁ ୧୮୫୦ ପର୍ଯ୍ୟନ୍ତ ସମୟକୁ ଗ୍ରହଣ କରିଛନ୍ତି । ରୀତିଯୁଗକୁ ମଧ୍ୟ କାବ୍ୟଯୁଗ, ଭଞ୍ଜଯୁଗ, ମଧ୍ୟଯୁଗ, ଆଳଂକାରିକ ଯୁଗ ନାମରେ ନାମିତ କରାଯାଇଛି । 'ବିଶିଷ୍ଟ ପଦ ରଚନା ରୀତିକୁ ସଂସ୍କୃତରେ ରୀତି କୁହାଯାଏ । ରୀତି ଶବ୍ଦର ଅର୍ଥ ଶୈଳୀ, ମାର୍ଗ । ତେଣୁ ରୀତି କବିର ମାର୍ଗ ସ୍ୱତନ୍ତ୍ର । ରୀତିକାବ୍ୟର ଧାରା ମଧ୍ୟ ସ୍ୱତନ୍ତ୍ର । ରୀତି ଏକ ସ୍ୱତନ୍ତ୍ର ପଦ୍ଧତି ଭାବେ ଗ୍ରହଣୀୟ । ବାମନ କହନ୍ତି 'ବିଶିଷ୍ଟ ପଦରଚନା ରୀତିଃ' । କବି ନିଜର ଭାବକୁ ଯେଉଁଭଳି ବ୍ୟକ୍ତ କରେ ତାହା ହେଉଛି ରୀତି । ରୀତିକାବ୍ୟରେ କବିମାନେ ରସ, ରୀତି, ଗୁଣ, ଔଚିତ୍ୟ, ବକ୍ରୋକ୍ତି, ଅଳଙ୍କାର ପ୍ରଭୃତି ଉପରେ ଗୁରୁତ୍ୱ ପ୍ରଦାନ କରିଛନ୍ତି । ଓଡ଼ିଆ ରୀତି ସାହିତ୍ୟ ମୁଖ୍ୟତଃ ସଂସ୍କୃତ ସାହିତ୍ୟ ଦ୍ୱାରା ପ୍ରଭାବିତ ହୋଇଥିବା ଜଣାଯାଏ । ରୀତି କାବ୍ୟରେ ନବରସର ପ୍ରୟୋଗ ଓ ବିବିଧ ଅଳଙ୍କାର ଦ୍ୱାରା କାବ୍ୟର ଶୋଭା ବର୍ଦ୍ଧନ ଘଟିଥିଲା । ବିଷୟବସ୍ତୁ ଥିଲା ପୌରାଣିକ ଓ କାଳ୍ପନିକ ଦ୍ୱିଧା ବିଭକ୍ତ । ଏହି ଦୁଇଶହ ବର୍ଷକୁ ମଧ୍ୟ ଆଲୋଚକ ଗଣ ପ୍ରାକ୍ ରୀତି, ରୀତି ଓ ଉତ୍ତର ରୀତି ବା ସଂଗୀତ ଯୁଗ ନାମରେ ନାମିତ କରିଛନ୍ତି । ଏସବୁକୁ ଏକତ୍ର କଲେ ଦୁଇଶହ ବର୍ଷ ମଧ୍ୟରେ ଓଡ଼ିଆରେ ଅସଂଖ୍ୟ କାବ୍ୟ, କବିତା, ଭଜନ, ଜଣାଣ, ଚଉତିଶା, ଚମ୍ପୁ ପ୍ରଭୃତି ରଚିତ ହୋଇ ବାଣୀଭଣ୍ଡାରକୁ ସମୃଦ୍ଧ କରିଛି ।

ଓଡ଼ିଆ ସାହିତ୍ୟରେ ଅର୍ଜୁନ ଦାସଙ୍କ 'ରାମ ବିଭା' ଥିଲା ଆଦ୍ୟ ଝଙ୍କାର ରୀତି କାବ୍ୟ ପରମ୍ପରାରେ । ତା'ପରେ ପ୍ରେମମୂଳକ, କାଳ୍ପନିକ, କାବ୍ୟ କଳ୍ପଲତା ସୃଷ୍ଟି ହୋଇ ଓଡ଼ିଆ ରୀତି ସାହିତ୍ୟ ପାଇଁ ପଥ ଉନ୍ମୁକ୍ତ ହୋଇଗଲା । ଏହି ଭିତ୍ତିଭୂମି ଉପରେ ଗଢ଼ି ଉଠିଲା ରୀତି

ସାହିତ୍ୟର ବିରାଟ ଅଟ୍ଟାଳିକା। ଆଲଂକାରିକତା, ଶୃଙ୍ଗାରିକତା, ପୌରାଣିକତା, ସୌନ୍ଦର୍ଯ୍ୟଚେତନା ହେଲା ରୀତିକାବ୍ୟର ଆଙ୍ଗିକ। ସମକାଳୀନ ସାମନ୍ତବାଦୀ ରାଜାମାନେ ଏହାର ପୃଷ୍ଠପୋଷକ ଥିଲେ। ପୁରାଣରୁ ଉପାଦାନ ନେଇ ନୂତନ ଜୀବନ୍ୟାସ ପାଇଲା କାବ୍ୟକୋଣାର୍କ। ପୌରାଣିକତା ସହିତ କାଳ୍ପନିକତା ମିଶିଲା, ଏହାକୁ ନେଇ ରଚିତ ହେଲା ପ୍ରେମାଖ୍ୟାନ ମୂଳକ କବିତା। ମଣିଷ ଓ ଦେବତା ଗୋଟିଏ ବିନ୍ଦୁରେ ଅବସ୍ଥାନ କଲେ।

ରୀତିଯୁଗ ଓଡ଼ିଆ ସାହିତ୍ୟରେ ଏକ ସ୍ୱତନ୍ତ୍ର ଆସନ ଲାଭ କରିଛି। ତା'ରି କାବ୍ୟିକ ରସଚର୍ଯ୍ୟା ପାଇଁ। ମଧ୍ୟଯୁଗୀୟ ଓଡ଼ିଆ କାବ୍ୟ ରଚନାର ପ୍ରେରଣା ଓ ପୃଷ୍ଠଭୂମି ଭାବରେ ସଂସ୍କୃତ ଓ ପ୍ରାକୃତ ଭାଷାରେ ରଚିତ କେତେକ ଶୃଙ୍ଗାରାଶ୍ରୟୀ ଗ୍ରନ୍ଥମାନଙ୍କୁ ଗ୍ରହଣ କରାଯାଇଥାଏ। ଓଡ଼ିଆରେ ରୀତି ଶବ୍ଦକୁ ନେଇ କେତେକ ସମସ୍ୟା ଲକ୍ଷ୍ୟ କରାଯାଏ। ରୀତି ହେଉଛି ଏକ ବିଶିଷ୍ଟ ରଚନା ପଦ୍ଧତି। ପୁନଶ୍ଚ ସଂସ୍କୃତ ରୀତି ସାହିତ୍ୟର ପରମ୍ପରାରେ ଓଡ଼ିଆ ରୀତି କାବ୍ୟ ରଚନା ହୋଇଥିବା ଜଣାଯାଇଥାଏ। କାରଣ, ସଂସ୍କୃତ ହିଁ ଥିଲା ସେ ସମୟରେ ଏକ ଉତ୍କୃଷ୍ଟ ଭାଷା। ଏତଦ୍‌ଭିନ୍ନ ବିଭିନ୍ନ ପୁରାଣ, ଗୀତଗୋବିନ୍ଦ ଅଳଙ୍କାର ଶାସ୍ତ୍ରର ପ୍ରଭାବ ମଧ୍ୟ ଓଡ଼ିଆ ରୀତି ସାହିତ୍ୟ ଉପରେ ପଡ଼ିଛି। ଏ ସମ୍ପର୍କରେ ଅଧ୍ୟାପକ ସୁରେନ୍ଦ୍ର ନାଥ ନାୟକ ଲେଖିଛନ୍ତି 'ସଂସ୍କୃତ ରୀତି ଗ୍ରନ୍ଥ ବା ଅଳଙ୍କାର ଶାସ୍ତ୍ର ନିର୍ଦ୍ଦେଶିତ ମାର୍ଗରେ ଓଡ଼ିଆ ରୀତିକାବ୍ୟ ମୁଖ୍ୟତଃ ନିୟନ୍ତ୍ରିତ ହୋଇଛି। କାବ୍ୟ ରଚନା ସମ୍ବନ୍ଧୀୟ ନିୟମବଦ୍ଧତା ଏହି ସାହିତ୍ୟିକ କାଳର ରୁଚି, ପ୍ରବୃତ୍ତି ଓ ଆଦର୍ଶକୁ ନିର୍ବିରୋଧରେ ପ୍ରଭାବିତ କରୁଥିବାରୁ ଏହା ରୀତି ଯୁଗ ନାମରେ ପରିଚିତ ଲାଭ କରିବା ଯଥାର୍ଥ ଓ ସ୍ୱାଭାବିକ ମଧ୍ୟ।' (ଓଡ଼ିଆ ରୀତି କାବ୍ୟର ଭିତ୍ତି ଓ ଭୂତି /ପୃ.୧୧)। ଏହି ଯୁଗର କବିମାନେ ସରଳ ଓ କୋମଳ ଲଳିତ ଭାଷା ବ୍ୟବହାର ପରିବର୍ତ୍ତେ ଆଲଂକାରିକ ଭାଷା ପ୍ରୟୋଗରେ ବେଶ୍ ପାରଦର୍ଶିତା ଦେଖାଇଛନ୍ତି।

"ରୀତି ଯୁଗୀୟ ଉତ୍କଳୀୟ କବିଗଣ ଭାଷା ପ୍ରୟୋଗ କ୍ଷେତ୍ରରେ ସ୍ୱାତନ୍ତ୍ର୍ୟ ପ୍ରଦର୍ଶନ କରିଛନ୍ତି। ପୂର୍ବବର୍ତ୍ତୀ କବିମାନଙ୍କ ଦ୍ୱାରା ପ୍ରଯୁକ୍ତ ସରଳ ଓ କୋମଳ ଭାଷା ଏ ଯୁଗରେ ହୋଇଛି ଉପେକ୍ଷିତ। ଆଲଂକାରିକ ବାହୁଲ୍ୟକୁ ପ୍ରଶ୍ରୟ ଦେଇ ସେମାନେ ସରଳ ଭାଷା ବା ଲୋକ କଥିତ ଭାଷା ସହିତ ତତ୍ ସମ ଭାଷାର ମିଶ୍ରଣ ଘଟାଇଛନ୍ତି, ଏହା ଫଳରେ ସୃଷ୍ଟ କୃତ୍ରିମ ଭାଷାକୁ କାବ୍ୟମାନଙ୍କରେ ପ୍ରୟୋଗ କରିଛନ୍ତି। ଏହି ସମ୍ମିଶ୍ରିତ ଭାଷାକୁ କେହି କେହି ଦିବ୍ୟ ଅଦିବ୍ୟ ଭାଷା ନାମରେ ନାମିତ କରିଛନ୍ତି। ପ୍ରୟୋଗରେ ରୀତି କବିଗଣ ଅସାଧାରଣ ନୈପୁଣ୍ୟ ପ୍ରଦର୍ଶନ କରିବା ସହିତ ରୀତିକାବ୍ୟର ଭାଷାଶୈଳୀକୁ ଅଧିକତର ମନୋହାରୀ ଓ ରୁଚି ସମ୍ପନ୍ନ କରିପାରିଛି।" (ଓଡ଼ିଆ ରୀତି ସାହିତ୍ୟ ଓ କବି ଅଭିମନ୍ୟୁ, ପୃ.୧୦୧)। ସବୁଠୁ ଉଲ୍ଲେଖଯୋଗ୍ୟ କଥା ହେଉଛି ଏହ ସମୟର କବିବୃନ୍ଦ ଶୃଙ୍ଗାରିକତା ଉପରେ ଗୁରୁତ୍ୱାରୋପ କରିଛନ୍ତି। ରୀତିଯୁଗୀୟ କବି ମୁଖ୍ୟତଃ ପରମ୍ପରାବାଦୀ ଥିଲେ। ସୃଷ୍ଟି

କର୍ମରେ ବ୍ୟାପୃତ ଥାଇ ସିଂହାବଲୋକନ ରୀତିରେ ପରମ୍ପରା ସହିତ ସାଲିସ୍ କରିନେବାକୁ କବି ଶ୍ରେୟସ୍କର ମଣିଛି।

ରୀତି କାବ୍ୟ ଛନ୍ଦ ଓ ରାଗରାଗିଣୀ ସମନ୍ୱିତ ରଚନା। କାବ୍ୟଗୁଡ଼ିକ ଭିନ୍ନ ଭିନ୍ନ ଛାନ୍ଦରେ ବିଭକ୍ତ। ଭିନ୍ନଭିନ୍ନ ଛାନ୍ଦ ପୁଣି ଭିନ୍ନ ଭିନ୍ନ ରାଗରାଗିଣୀ ସମନ୍ୱିତ। କାବ୍ୟରେ ପ୍ରଥମେ ଇଷ୍ଟସ୍ତୁତି, ସାଧୁ ପ୍ରଶଂସା, ଖଳ ନିନ୍ଦା ଓ ବସ୍ତୁ ନିର୍ଦ୍ଦେଶ ଥାଏ। ଏଥିପାଇଁ କୁହାଯାଇଥାଏ -

'ଆଶୀର୍ନମସ୍କ୍ରିୟା ବସ୍ତୁ ନିର୍ଦ୍ଦେଶ ଏବବା
ତ୍ୱଚ୍ଛିନିନ୍ଦା ଖଳ ଦୀନାଂ
ସତାଞ୍ଚ ଗୁଣକୀର୍ତ୍ତନମ୍"।

କାବ୍ୟ ମଧ୍ୟରେ କବି କାବ୍ୟ-ଧର୍ମ ସମ୍ପର୍କରେ ସୂଚେଇଦିଏ ଓ ପ୍ରାୟ ପ୍ରତ୍ୟେକ ଛାନ୍ଦରେ ଶେଷ ଭଣିତାରେ ନିଜକୁ ପ୍ରକାଶ କରେ। ଖଳ ଓ ଦୋଷଦର୍ଶୀ ବ୍ୟକ୍ତିକୁ ସମାଲୋଚନା କରଯାଇଥାଏ। ସଜ୍ଜନ ଓ ସହୃଦୟ ବ୍ୟକ୍ତିକୁ ପ୍ରଶଂସା କରାଯାଇଥାଏ। ଓଡ଼ିଆ ରୀତି କବିମାନେ କାବ୍ୟରେ ରସିକ, ପଣ୍ଡିତ, ଧୀର, କୋବିଦ, ସଜ୍ଜନ, ସାଧୁଜନ, ବିଦ୍ୱାନ, ବିଦୂଷ ଓ ସହୃଦୟମାନଙ୍କୁ ସମ୍ବୋଧନ କରିଛନ୍ତି। କାବ୍ୟ ଅଧ୍ୟୟନ ପାଇଁ ଖଳ, ଦୁର୍ବଳ, ଅରସିକ, ମୂର୍ଖ ଓ ଅଜ୍ଞମାନଙ୍କୁ ନିନ୍ଦା କରିଛନ୍ତି। ଓଡ଼ିଆ ରୀତିକାବ୍ୟ ପରମ୍ପରାରେ ନାୟିକାମାନଙ୍କ ପ୍ରାଧାନ୍ୟ ଉପଲବ୍ଧି ହୋଇଥିବାବେଳେ ଋତୁ ବର୍ଣ୍ଣନାର ଚିତ୍ର ମଧ୍ୟ ମଞ୍ଜୁଳ ଭାବେ ପ୍ରଦାନ କରାଯାଇ କାବ୍ୟକୁ ନୈସର୍ଗିକ ଉଚ୍ଚତାରେ ପହଞ୍ଚାଇବାରେ କବିମାନେ ସଫଳ ହୋଇଛନ୍ତି।

କାବ୍ୟର ଆଦର୍ଶ ଭାବେ ଆଶୀର୍ବାଦ, ନମସ୍କ୍ରିୟା, ବସ୍ତୁନିର୍ଦ୍ଦେଶ, ସାଧୁସ୍ତୁତି, ଖଳନିନ୍ଦା ଆଦି ରହୁଥିବାବେଳେ ପ୍ରକୃତିବର୍ଣ୍ଣନା, ରସଚେତନା, ଶୃଙ୍ଗାରିକତା, ପୌରାଣିକତା, ନାୟିକାପ୍ରକରଣ ଆଦି ବିଶେଷ ଗୁରୁତ୍ୱପୂର୍ଣ୍ଣ ପ୍ରସଙ୍ଗ ଅନ୍ତର୍ଭୁକ୍ତ ହେଉଥିଲା। ରୀତିକାବ୍ୟର ନାୟିକା, ଏକ ପ୍ରମୁଖ ଭୂମିକା ଗ୍ରହଣ କରିଥିଲା ଏହି ସମୟରେ। ନାୟିକା କିଭଳି ହେବ, ତା'ର ରୂପବର୍ଣ୍ଣନା, ନାୟିକାର ଜନ୍ମଠାରୁ ମୃତ୍ୟୁପର୍ଯ୍ୟନ୍ତ ଯାବତୀୟ ବର୍ଣ୍ଣନା ଏହି କାବ୍ୟରେ ଦେଖିବାକୁ ମିଳେ। ଏହି ନାୟିକା ସମ୍ପର୍କରେ ସୂଚନାଦେଇ ଲୋକନାଥ ବିଦ୍ୟାଧର ଲେଖିଛନ୍ତି।

"କାବ୍ୟରେ ନାୟିକା ସିନା ପ୍ରଧାନ
ତାକୁ ଘେନି ସବୁରସ ମାନ
ଏଘେନି ଆଗେ ତା'ର ବର୍ଣ୍ଣନା
ଏହେଲା କବି ପରମ୍ପରା ସିନା।"

ଏଥିରୁ ଅନୁମିତ ହୁଏ ଯେ, କାବ୍ୟର ନାୟିକା ଏକ ଗୁରୁତ୍ୱପୂର୍ଣ୍ଣ ଭୂମିକା ବହନ କରୁଥିଲା । ଏହି ନାୟିକାମାନଙ୍କ ନାମ ଅନୁଯାୟୀ ଅନେକ କାବ୍ୟ ରଚିତ ହୋଇଛି ଏବଂ ଏହା ଯେପରି ଓଡ଼ିଆ କାବ୍ୟର ଏକ ସର୍ବାଦୃତ ରୀତି ଥିଲା ।

ଲାବଣ୍ୟବତୀ, ରସିକ ହାରାବଳୀ, କୋଟି ବ୍ରହ୍ମାଣ୍ଡସୁନ୍ଦରୀ, ସୁଭଦ୍ରାପରିଣୟ, ରସଲେଖା, କଳ୍ପଲତା, ପରିମଳା, କନକଲତା, ବିଚକ୍ଷଣା, ରସନିଧି, ଭାବବତୀ ଆଦି ନାୟିକା ପ୍ରଧାନ ବା ନାୟିକା ନାମ ଅନୁଯାୟୀ ରଚିତ କାବ୍ୟ ଏହି ରୀତି କାବ୍ୟରେ ।

ନାୟିକାମାନଙ୍କୁ କାବ୍ୟରେ ଉଚ୍ଚସ୍ଥାନ ଦିଆଯାଉଥିଲା । ଏହି ନାୟିକାମାନେ ଥିଲେ ଉଚ୍ଚବଂଶଜା, ରାଜପରିବାର, ଦେବୀ ଚରିତ୍ର ସମ୍ପ୍ରଦାୟର । ବିଳାସପୂର୍ଣ୍ଣ ସାମନ୍ତୀୟ ବାତାବରଣରେ ରୀତି ଯୁଗୀୟ କାବ୍ୟାବଳୀର ବିକାଶ ତଥା କବିମାନସର ଅଭିବୃଦ୍ଧି ସାଧିତ ହୋଇଥିବାରୁ ନାୟିକା ଚିତ୍ରଣରେ ସାମନ୍ତବାଦୀ ଦୃଷ୍ଟିକୋଣର ପରିଚୟ ମିଳେ । ଏହି ରୀତିଯୁଗର ପ୍ରାୟ ଅଧିକାଂଶ କାବ୍ୟରେ ନାୟିକାର ପ୍ରାଧାନ୍ୟ ସ୍ୱୀକୃତ ହୋଇଛି । ଏପରିକି ବହୁକାବ୍ୟ ନାୟିକାର ନାମ ଅନୁଯାୟୀ ରଚିତ ହୋଇଛି । କାବ୍ୟର ମୁଖ୍ୟରସ ଶୃଙ୍ଗାର ସହିତ ନାୟିକାର ସଂପର୍କ ମଧ୍ୟ ଅଚ୍ଛେଦ୍ୟ । ନାୟିକାର ଜନ୍ମ, ବାଲ୍ୟ, ପୌଗଣ୍ଡ, ଯୌବନ, ପ୍ରେମ, ବିଚ୍ଛେଦ, ମିଳନ, ବିବାହ, ସ୍ୱପ୍ନଦର୍ଶନ, ମାନଭଞ୍ଜନ, ଆଦି ବର୍ଣ୍ଣନା ଜୀବନ୍ତ ମନେ ହୁଏ । ଏଥିସହିତ ନାୟିକାର ରୂପବର୍ଣ୍ଣନା ମାଧ୍ୟମରେ ହସ୍ତ, ନାସା, କର୍ଣ୍ଣ, ବେଣୀ, ଆଖି, ପାଦ, ଗାଲି, ଅଣ୍ଟା, ନଖ, ସ୍ତନ, ଜଘନ, ଅଙ୍ଗୁଳି, ବେଶପୋଷାକର ମଧୁର ତଥା ଶୃଙ୍ଗାରୀ ବର୍ଣ୍ଣନା କାବ୍ୟାମୋଦୀ ପାଠକଙ୍କୁ ଆକୃଷ୍ଟକରି ରଖୁଥିଲା । ନାୟିକାର କାମଦଶଦଶା ସହିତ ନାୟିକାର ବିଭାଗୀ କରଣ ଆଦିର ବିସ୍ତାରିତ ବର୍ଣ୍ଣନା ରୀତିଯୁଗୀୟ କାବ୍ୟରେ ମୁଖ୍ୟ ପ୍ରସଙ୍ଗ ଥିଲା ।

ରୀତି କାବ୍ୟର ନାୟିକାର ନାମାନୁଯାୟୀ ରଚିତ ହୋଇଥିବା କାବ୍ୟ ବ୍ୟତିରେକେ ଅନ୍ୟ କାବ୍ୟ ଗୁଡ଼ିକରେ ମଧ୍ୟ ନାୟିକାଙ୍କ ଭୂମିକା ଯଥେଷ୍ଟ ଥିଲା । ରୀତିକାବ୍ୟର ଅଧିକାଂଶ କାବ୍ୟ ଶୃଙ୍ଗାର ରସରେ ପୂର୍ଣ୍ଣ । ଏଥିପାଇଁ ଅନେକ ରୀତିଯୁଗୀୟ କାବ୍ୟକୁ ସମାଲୋଚନା କରୁଥିଲେ । ନାୟକ ନାୟିକାଙ୍କ ପ୍ରେମ ବର୍ଣ୍ଣନା ଏଥିରେ ଉତ୍କଟ ରୂପ ଲାଭ କରିଥିଲା ।

ନାୟିକାର ରୂପବର୍ଣ୍ଣନା ଓଡ଼ିଆ ରୀତକାବ୍ୟରେ ଏକ ଆକର୍ଷଣୀୟ ବିଭାଗ । କାବ୍ୟର ଏକଚ୍ଛତ୍ରରେ ତରଳ ଓ ଆବେଗପୂର୍ଣ୍ଣ ଭାଷା ସହିତ ରସାଳପଦ ବର୍ଣ୍ଣନା ଓ ଅଳଙ୍କାର ଅଟୋପ କାବ୍ୟକୁ ଭାରାକ୍ରାନ୍ତ କରିଦିଏ ସିନା ପାଠକ ହୃଦୟକୁ ଆଚ୍ଛନ୍ନ କରି ରଖିଥାଏ । ଉଦାହରଣଭାବେ ଲାବଣ୍ୟବତୀକୁ ଗ୍ରହଣ କରାଯାଉ । ଲାବଣ୍ୟବତୀ ତା'ର ସାଥୀମାନଙ୍କ ସହିତ ଧୂଳି ଖେଳୁଥିବା ସମୟରେ ରବି (ସୂର୍ଯ୍ୟ) ତା'ର ରୂପରେ ଆକୃଷ୍ଟ ହୋଇ ଅଟକି ଯାଇଛନ୍ତି । ତା'ର ଏକ ବର୍ଣ୍ଣନା କବିଙ୍କ ଲେଖନୀରେ ଏହିପରି ରୂପାୟିତ ହୋଇଛି-

"ରଜନୀ କର ବଦନା ରଜନି କରରେ
କରଇ ଖେଳ ରଚନା ଶିଶୁ ସଂଗତରେ
ରବି ରଥରଖେ ବସହୋଇ ତା' ସୁଷମେ
ଏଣୁ କରି ଦୀର୍ଘଦିନ ଜାଣିଲି ଗ୍ରୀଷମେ।"

ନାୟିକାର ଯୌବନପ୍ରାପ୍ତି ଓଡ଼ିଆ କାବ୍ୟ କଥାବସ୍ତୁର ଏକ ବିଶିଷ୍ଟ ବିଭାଗ। ଏହିଠାରୁ ହିଁ କାବ୍ୟର ଆରୋହ ଗତି ଆରମ୍ଭ ହୋଇଥାଏ। କାଳ୍ପନିକ କାବ୍ୟଗୁଡ଼ିକରେ ଏ ଧରଣର ବର୍ଣ୍ଣନା ଅତୀବ ଚଟୁଳ। ନାୟକ-ନାୟିକା ମଧ୍ୟରେ ପ୍ରେମ, ମିଳନ, ବିବାହ ବର୍ଣ୍ଣନା ମାଧ୍ୟମରେ ଶୃଙ୍ଗାରିକତାର ବର୍ଣ୍ଣନା ରୀତି ସାହିତ୍ୟର ଅନ୍ୟତମ ଆକର୍ଷଣ ଥିଲା। ନାୟିକାର ସ୍ୱପ୍ନଦର୍ଶନ ଅତୀବ ରମଣୀୟ ଭାବେ ପ୍ରତିପାଦିତ ହୋଇଛି। ଏ କ୍ଷେତ୍ରରେ କବିସମ୍ରାଟ ଉପେନ୍ଦ୍ର ଭଞ୍ଜଙ୍କ ବର୍ଣ୍ଣନା ଅତୀବ ମଞ୍ଜୁଳ। ଲାବଣ୍ୟବତୀର ସ୍ୱପ୍ନଦର୍ଶନରେ ଶୃଙ୍ଗାରିକତାର ବର୍ଣ୍ଣନା -

"ଚେତି ଚତୁରୀ ଗହିଁଲା ନିଶି ନାଶେ
ପାଶେ ନାହିଁ ଦବ୍ୟ ତରୁଣ
ମାରି ହୃଦେ ହାତ ନାଥ ନାଥ ବୋଲି
ଅତି ଉଚ୍ଚେ କଲା କାରୁଣ୍ୟ
ଖୋଜେ ଅଧୀରେ,
ଚେତନା ହତସେ ବିଧିରେ।
ଶେଯ ଲେଉଟାଇ କବରୀ ଫିଟାଇ
କରଭରି କୁଚ ସଂଧିରେ।" (ଲାବଣ୍ୟବତୀ/ ୧୨ଶ ଛାନ୍ଦ)

'ଭାବବତୀ' କାବ୍ୟରେ ନାୟିକାର ରୂପବର୍ଣ୍ଣନା ମାଧ୍ୟମରେ ଓଷ୍ଠ, ହସ, ଚାଲି, ଆଖିର ବର୍ଣ୍ଣନା -

'ଅଧର ବିମ୍ବ ସମାନ
ହାସରେ କରାଇପାନ
ସଧୀର କରି ଗମନ ପାଶେ ମିଳିବ,
ନେତ୍ର ଖଞ୍ଜନ ଘେନାଇ
ନାସିକାପୁଟ ଫୁଲାଇ
ଗେହ୍ଲାଇ ବକ୍ର ଗମନ ପ୍ରକାଶୁଥିବ'।

ରୀତିକାବ୍ୟରେ ନାୟିକା ସମ୍ପର୍କରେ ଏକ ବିସ୍ତୃତ ଆଲୋଚନାର ଅପେକ୍ଷା ରଖେ। ଏ କ୍ଷୁଦ୍ର ପ୍ରବନ୍ଧରେ ସମସ୍ତ ତଥ୍ୟ ପ୍ରଦାନ କରାଯିବା ମଧ୍ୟ ସମ୍ଭବ ନୁହେଁ। ସାଧାରଣ

ଭାବେ, ନାୟିକାର ରୂପ, ପ୍ରକୃତି, ବେଶ, ଚଳିଚଳନ କାବ୍ୟରେ ନାୟିକାର ଆବଶ୍ୟକତା ଓ ସମ୍ପୂର୍ଣ୍ଣ କାବ୍ୟଟିରେ ତା'ର ସ୍ଥିତି ଆଦିର ବର୍ଣ୍ଣନା ରହିଛି। ଏତିକି କୁହାଯାଇପାରେ ରୀତି କାବ୍ୟର ନାୟିକାକୁ ନେଇ ଯେ କବି ସ୍ୱପ୍ନ ବିଳାସୀ, ଶୃଙ୍ଗାରିକତା ହୋଇ ପଡ଼ିଛି ଏଥିରେ ତିଳେମାତ୍ର ସନ୍ଦେହ ନାହିଁ।

ରୀତି କାବ୍ୟର ନାୟିକା ଏକ ଗୌରବ ସ୍ଥାନର ଅଧିକାରିଣୀ। ନାୟିକାକୁ ଉଚ୍ଚସ୍ଥାନ ଦେଇ କବି ମଣିଷଟି କାବ୍ୟକୁ ରସାଣିତ କରିଛି, ଏହା ଯୁକ୍ତି ସଂଗତ।

` ` `

ରୀତି କାବ୍ୟ, ସମଗ୍ର ଓଡ଼ିଆ ସାହିତ୍ୟରେ ଏକ ଆଲୋଡ଼ନ ସୃଷ୍ଟି କରିଥିଲା। ରୀତି ସାହିତ୍ୟ (କାବ୍ୟ), ଅନେକସ୍ଥଳରେ ଦୁର୍ବୋଧ ମନେହୁଏ ତଥାପି, ଏହାର ସାଙ୍ଗୀତିକତା, ଆଳଙ୍କାରିତା, ପ୍ରକୃତି ବର୍ଣ୍ଣନା, ଶୃଙ୍ଗାରିକତା ଅନନ୍ୟ। ଓଡ଼ିଆ ରୀତି କାବ୍ୟରେ ସଂସ୍କୃତ ରୀତି ସାହିତ୍ୟର ପ୍ରଭାବ ଅପ୍ରତିହତ। ସଂସ୍କୃତ ସାହିତ୍ୟରେ ଅବଗାହୀ କବିମାନେ ଓଡ଼ିଆ ସାହିତ୍ୟରେ ରୀତିକାବ୍ୟ ରଚନା କରିଥିଲେ। ଏ କ୍ଷେତ୍ରରେ ସମସ୍ତଙ୍କୁ ଟପିଯାଇଥିଲେ ଉପେନ୍ଦ୍ର ଭଞ୍ଜ। ଅଳଙ୍କାର, ପ୍ରକୃତିର ରୂପ, ଶୃଙ୍ଗାର ରସର ପ୍ରାବଲ୍ୟ ଆଦି ତାଙ୍କ କାବ୍ୟକୁ କରିଛି ଭାରାକ୍ରାନ୍ତ; କିନ୍ତୁ ସାଙ୍ଗୀତିକତା ଯୋଗୁ ତାହା ହୋଇପାରିଛି ହୃଦୟଗ୍ରାହୀ। ଯେଉଁଥିପାଇଁ ଉତ୍କଳମଣି ଗୋପବନ୍ଧୁ କହିଥିଲେ -

"ଗାଏ ତୁମ୍ଭ ଗୀତ ସଭାରେ ପଣ୍ଡିତ
ପଥେ ପାନ୍ଥ ହୃଷ୍ଟମନା
ବିଲେ ବୋଲେ ଚଷା ଅନ୍ତଃପୁରେ ଯୋଷା
ନୃତ୍ୟାଙ୍ଗନେ ବାରାଙ୍ଗନା।"

ରୀତି କାବ୍ୟର ଏକ ମୁଖ୍ୟ ଆକର୍ଷଣ ହେଉଛି ପ୍ରକୃତି ବର୍ଣ୍ଣନା। ପ୍ରକୃତି ବର୍ଣ୍ଣନା ଭିତରେ ଅଧିକାଂଶ କବି ଋତୁବର୍ଣ୍ଣନା କରିଛନ୍ତି। ଯାହା ସମଗ୍ର ରୀତି ସାହିତ୍ୟକୁ ଆବିଷ୍ଟ କରିଛି। ପ୍ରକୃତିର ବିଚିତ୍ର ବର୍ଣ୍ଣନା ଦ୍ୱାରା ରୀତିଯୁଗୀୟ କାବ୍ୟସାହିତ୍ୟ ଋଦ୍ଧିମନ୍ତ ହୋଇଛି। ପ୍ରକୃତିର ବିଭିନ୍ନ ରୂପବିଭବ ଏହି ସମୟର କବିମାନଙ୍କ ଲେଖନୀରେ ବିଭିନ୍ନ ପ୍ରକାରେ ବିମଣ୍ଡିତ ହୋଇଥିବାର ଲକ୍ଷ୍ୟ କରିହୁଏ।

ପ୍ରକୃତି ବର୍ଣ୍ଣନାରେ ଅଛି ଷଡ଼ଋତୁର ବର୍ଣ୍ଣନା ସହିତ ସୂର୍ଯ୍ୟୋଦୟ, ସୂର୍ଯ୍ୟାସ୍ତ, ପ୍ରଭାତ, ସନ୍ଧ୍ୟା, ରଜନୀ, ଉପବନ, ଅରଣ୍ୟ, ନଦୀ, ପର୍ବତ, ସାଗର, ହ୍ରଦ ପ୍ରଭୃତିର ବର୍ଣ୍ଣନା। ଏହି ରୀତିଯୁଗୀୟ କବିମାନେ କାବ୍ୟକୁ ଗୁରୁତ୍ୱସମ୍ପନ୍ନ କରିବାରେ ଥିଲେ ଆଗ୍ରହୀ। ମଧ୍ୟଯୁଗୀୟ କାବ୍ୟରେ ପ୍ରକୃତିର ରମଣୀୟତା ହିଁ ବିଶେଷ ଭାବରେ ପରିଲକ୍ଷିତ; କିନ୍ତୁ ପ୍ରକୃତି ବର୍ଣ୍ଣନା ମଧ୍ୟଦେଇ ଋତୁବର୍ଣ୍ଣନା ହୋଇଛି ରୀତିକାବ୍ୟର ମୁଖ୍ୟ ଅବଲମ୍ବନ।

ଷଡ଼ଋତୁ, ଆବର୍ତ୍ତନ ଗତିରେ ଯେତେବେଳେ ଧରାପୃଷ୍ଠରେ ଅବତରଣ କରନ୍ତି ସେତେବେଳେ କବି ଭାବୁକଙ୍କ ଚିନ୍ତା, ଚେତନାରେ ତାହା ନୂଆ ନୂଆ ରୂପ ଧାରଣକରେ। ବର୍ଷା, ବସନ୍ତ, ବୈଶାଖ, ଶରତ ଆଦି ଋତୁ ଏହି ରୀତି କାବ୍ୟରେ ଅତି ରମଣୀୟଭାବେ ବର୍ଣ୍ଣିତ। କେବଳ ରୀତି କାବ୍ୟରେ ନୁହେଁ ପରନ୍ତୁ ପୂର୍ବବର୍ତ୍ତୀ ପଞ୍ଚସଖା ଓ ପରବର୍ତ୍ତୀ ଆଧୁନିକ କାବ୍ୟ, କବିତାରେ ଏହି ପ୍ରକୃତି ଚିତ୍ର ଚାରୁତା ଲାଭ କରିଛି।

କିନ୍ତୁ ରୀତି କାବ୍ୟରେ ଋତୁବର୍ଣ୍ଣନା ଏକ ପ୍ରାସଙ୍ଗିକ ବିଚାର। ଋତୁବର୍ଣ୍ଣନାର ପ୍ରାଥମିକ ପର୍ଯ୍ୟାୟରେ 'ଗ୍ରୀଷ୍ମ ବର୍ଣ୍ଣନା'ର ଚିତ୍ର। ଗ୍ରୀଷ୍ମବର୍ଣ୍ଣନାରେ ଭଞ୍ଜୀୟ ରଚନାର ବୈଚିତ୍ର୍ୟ ବିଶେଷ ଉପଭୋଗ୍ୟ। ଶୃଙ୍ଗାର ରସପୂର୍ଣ୍ଣ ପଙ୍‌କ୍ତି ଅତୀବ ଚମତ୍କାର।

'ହୋଇଲା ପ୍ରବେଶ ଗ୍ରୀଷମ ସମୟ
ସୁଷମା ପ୍ରୌଢ଼ା ଯୁବତୀ କି,
ରଜନୀ ମନୋହର କରି ବହିଲା
ପକ୍ୱତରୁ ଫଳ କାନ୍ତିକି,
ପ୍ରଫୁଲ୍ଲ ମଲ୍ଲିକା ହାସକୁ ବିକାଶି
ରସିକ ଭ୍ରମର ଗଚ୍ଛୁକୁ ନିରତ, ପାଟଳିଶ୍ରବଣ ନିବେଶି।'

ଗ୍ରୀଷ୍ମ ଋତୁର ବର୍ଣ୍ଣନା ପ୍ରସଙ୍ଗରେ ଦୀନକୃଷ୍ଣଙ୍କ ବର୍ଣ୍ଣନା ଅତୀବ ଚମତ୍କାର। ଗ୍ରୀଷ୍ମ ଆଗମନରେ ସମଗ୍ର ପରିବେଶ ଯେମିତି ଘର୍ମାକ୍ତ ହୋଇଯାଏ। ପରିବେଶ ଶୁଷ୍କ ଓ କ୍ଲାଶରେ ପରିଣତ ହୁଏ। ଚାରିଆଡ଼େ ହାହାକାର ଭଳି ମନେହୁଏ। ପଥିକମାନେ ସନ୍ତପ୍ତ ହୁଅନ୍ତି। ସଂଗ୍ରାମ ଭୂମିର ଅଶ୍ୱମାନଙ୍କ ପରି ଦୃପ୍ତପଦପାତ କରି ପଥିକମାନେ ଅଥୟ ପଦଚାଳନା କରନ୍ତି। ଦୀନକୃଷ୍ଣଙ୍କ ଲେଖନୀରେ ତାହା ଏହିପରି -

"କ୍ରମେ ମଧୁ ଶେଷ ହୋଇଲା, ପ୍ରବେଶ ଗ୍ରୀଷମ ସମୟ,
କରମାଳିକର ମହାଖରତର କମଳ କୁମାର ପରାୟ
ସୁଜନେ କି କହିବା ମହୀତପତ
କରାଇଲା ନୃତ୍ୟ ପଥିକମାନଙ୍କୁ ସଂଗ୍ରାମ ଭୂମି ଅଶ୍ୱମତ।"

(ରସକଲ୍ଲୋଳ / ପଞ୍ଚଦଶ ଛାନ୍ଦ)

ଋତୁବର୍ଣ୍ଣନାର ପରବର୍ତ୍ତୀ ପ୍ରସଙ୍ଗ 'ବର୍ଷା ବର୍ଣ୍ଣନା'। ବର୍ଷାଋତୁର ବର୍ଣ୍ଣନା କ୍ରମରେ ଉପେନ୍ଦ୍ରଭଞ୍ଜଙ୍କ 'ବୈଦେହୀଶ ବିଳାସ' କାବ୍ୟରେ ଗଭୀର ମନସ୍ତତ୍ତ୍ୱ ନିହିତ ହୋଇଛି, ଆମୂଳଚୂଳ ଏବଂ ବିରହୀ ନାୟକ ରାମଚନ୍ଦ୍ର ମେଘକୁ ଆତ୍ମନିବଦେନ କରିଛନ୍ତି। ପ୍ରିୟାର ସନ୍ଧାନ ଦେବାକୁ ଓ ବିରହିଣୀ ସୀତାଙ୍କ ପ୍ରାଣରେ ସନ୍ତାପ ଭଞ୍ଜନକରି ଆଶା ଓ ଆଶ୍ୱାସନାର ବାର୍ତ୍ତା ବହନ କରିବାକୁ। ଠିକ୍ ଯେମିତି ସଂସ୍କୃତ କବି କାଳିଦାସଙ୍କ 'ମେଘଦୂତମ୍' କାବ୍ୟର

ବର୍ଣ୍ଣନାର ଛଟା ପଡ଼ିଲାପରି ମନେହୁଏ । ଭଞ୍ଜଙ୍କ 'ଲାବଣ୍ୟବତୀ' କାବ୍ୟରେ ବର୍ଷା ବର୍ଣ୍ଣନା ମାଧ୍ୟମରେ ଲାବଣ୍ୟବତୀର ବିରହଜନିତ ମନସ୍ତାତ୍ତ୍ୱିକ ଅବସ୍ଥା ସହିତ ଏକତ୍ରଭାବେ ବର୍ଷାକାଳୀନ ବହିଃପ୍ରକୃତିର ବିଚିତ୍ର ଚିତ୍ରଣ ପ୍ରକଟିତ । ଏଥିରେ ବିରହାକୁଳ ପ୍ରାଣର ବେଦନା, ଅବେଗ, ଉତ୍କଣ୍ଠାର ଚିତ୍ରଣ ହୋଇଛି ଉପେନ୍ଦ୍ରଙ୍କ ଉନ୍ନତ ଯୋଜନା ପାଟବର ଶୈଳୀରେ । ତା'ର ଏକ ମଞ୍ଜୁଳ ବର୍ଣ୍ଣନା –

"ଯେଉଁ ସୁନ୍ଦରୀଦରୀ ଭୂତରୁ ଗଣ୍ଡ ଧରି
ଧରିତ୍ରୀ ଶୟନ କରିଛି
କଣ୍ଠେ ଜୀବନ, ବନ ପୂର୍ଣ୍ଣ ନୟନ ଘନ
ଘନ ନିଶ୍ୱାସକୁ ଛାଡୁଛିରେ ସହଚରୀ ।"

କବିଚିତ୍ତ ବର୍ଷାଦ୍ୱାରା ଆଚ୍ଛାଦିତ ହୋଇଛି । ବର୍ଷା, କବି, ଭାବୁକଙ୍କ ପାଇଁ ଯେତିକି ଖୋରାକ୍ ଯୋଗାଏ କାମୀ ଜନମାନଙ୍କ ପାଇଁ ଏହା ମଧ୍ୟ ସହାୟକ ହୋଇଥାଏ । ଏହି ବର୍ଷାଋତୁର ଚଟୁଳ ବର୍ଣ୍ଣନା କବି ଦୀନକୃଷ୍ଣଙ୍କର 'ରସ କଲ୍ଲୋଳ'ର ଷୋଡ଼ଶ ଛାନ୍ଦରେ ସନ୍ନିବେଶିତ ହୋଇଛି । ଏଥିସହିତ ଗ୍ରୀଷ୍ମ, ଶରତ ଆଦି ଋତୁର ବର୍ଣ୍ଣନା ମଧ୍ୟ ଅଛି । ଗ୍ରୀଷ୍ମ ସନ୍ତାପିତ ପ୍ରାଣକୁ ନୂତନ ଜୀବନ୍ୟାସ ଦେଇଛି ବର୍ଷା । ବର୍ଷା ଋତୁରେ କ୍ରମେ ସମଗ୍ର ପୃଥିବୀ ହୁଏ ଆମୋଦିତ । ବର୍ଷାର ପ୍ରାବଲ୍ୟରେ ନଦୀମାନେ ପ୍ରବଳ ବେଗରେ କାୟା ବିସ୍ତାର କରନ୍ତି । ଉଭୟ କୂଳ ଖାଇ ଯେମିତି କୁଳଟା ନାରୀ ପରି ଆଚରଣ କରନ୍ତି । ଜଳର ବହୁଳତା ଯୋଗୁ ପଦ୍ମବନ ଧ୍ୱଂସ ହେଲା । କଛପ, ମଣ୍ଡୁକ, ମତ୍ସ୍ୟ ଆଦି ଜଳଚର ଜୀବମାନେ ଆନନ୍ଦରେ ଜୀବନ କଟାନ୍ତି । ଏହି ବର୍ଷା ମାଧ୍ୟମରେ କବି ଦୀନକୃଷ୍ଣ ଶୃଙ୍ଗାର ରସର ଧାରା ବୁହାଇଛନ୍ତି । ବର୍ଷା ପ୍ରକୃତି ସହିତ ମଣିଷର କାମପ୍ରବଣତା କିପରି ସହଯୋଗ ରକ୍ଷା କରିଥାଏ ତାହା ଏହି କାବ୍ୟରେ ବର୍ଣ୍ଣିତ । କାମାତୁରା ନାୟକ ଓ ନାୟିକାଙ୍କ ବକ୍ରୋକ୍ତି ମାଧ୍ୟମରେ ଶୃଙ୍ଗାର ରସର ବର୍ଣ୍ଣନା ଏହାକୁ ଅଧିକ ବର୍ଣ୍ଣନାମୁଖର କରିଛି । ଯଥା–

"କୁମ୍ଭ ଭେଳାରେ ହୁଅନ୍ତି ପାରି
ତାହାତ ଏଥି ନାହାନ୍ତି କରି
ମୋହ ନାୟକ ନାହାନ୍ତି, ଯାଇଛନ୍ତି ସେପାରି ସେ ।
କରନ୍ତା ଅବା ଥିଲେ ଉପାୟ
ଏବେ ଯାଅ ଯା ନଗରଯାଏ, ଦେଖୁତ ଅଛ ଆସୁଛି ଅନ୍ଧାର ଶର୍ବରୀ ଯେ ।"

ବର୍ଷାଋତୁ ପରେ ଧରାବକ୍ଷରେ 'ଶରତ କାଳ'ର ମଧୁମୟ ଶାନ୍ତ ଶୀତଳ ପରିବେଶ । ମେଘଖଣ୍ଡ ବିଦାୟ ନିଅନ୍ତି ଆକାଶରୁ । ଶରତ ଋତୁରେ ପୂର୍ଣ୍ଣିମାଜହ୍ନ ସାରା ଆକାଶରେ ଯେମିତି ଧଳା ଚନ୍ଦୁଆ ବିଛାଇଦେଲା ପରି ମନେହୁଏ । କାଶତଣ୍ଡୀ ଫୁଲର ଫୁଆରାରେ

ପୃଥିବୀର ଶୋଭା ବର୍ଣ୍ଣନା କରିବା ପାଇଁ କବି ଯେପରି ଅପେକ୍ଷାରତ। ଦୀନକୃଷ୍ଣଙ୍କ ବର୍ଣ୍ଣନାରେ -

"କ୍ରମେ ପ୍ରବେଶ ହୋଇଲା ଶରଦ
କମଳ ଧରେ ଦିଶିଲେ ବିଷଦ
କୃପଣ ହୋଇଲେ ଅମୃତଦାନେ
କେବଳ ଉଦୟ ହେଲେ ଗର୍ଜନେ
କଲୁଷ ପଦୀ କଳରୁ ତୁଟିଲେ
କମଳ କୁମୁଦମାନେ ଫୁଟିଲେ।"
(ରସକଲ୍ଲୋଳ/ସପ୍ତଦଶ ଛନ୍ଦ)

'ବସନ୍ତ ଋତୁ'ର ପ୍ରସଙ୍ଗ ତ ସମଗ୍ର କାବ୍ୟ କବିତାରେ ନିଆରା। କିଏ କହେ ଏହାକୁ ଋତୁରାଜ ତ କିଏ କହେ ମଳୟ। ପ୍ରକୃତି ବର୍ଣ୍ଣନା ପ୍ରସଙ୍ଗରେ ଏହା ସମସ୍ତଙ୍କୁ ମୁଗ୍ଧ କରେ। ରୀତିଯୁଗୀୟ ମୁର୍ଦ୍ଧଣ୍ୟ କବି ଅଭିମନ୍ୟୁ ସାମନ୍ତସିଂହାରଙ୍କ 'ବିଦ୍‌ଗଧ ଚିନ୍ତାମଣି' କାବ୍ୟରେ ପ୍ରକୃତି ବର୍ଣ୍ଣନା ପରିପ୍ରେକ୍ଷୀରେ ବସନ୍ତ ଋତୁର ବର୍ଣ୍ଣନା ଚମତ୍କାରିତା ଲାଭ କରିଛି।

ନୃତ୍ୟ, ସଙ୍ଗୀତ, ନାଟ୍ୟର ଚିତ୍ରକୁ କବି ବସନ୍ତ ବର୍ଣ୍ଣନା ମାଧମରେ ପ୍ରକାଶ କରିଛନ୍ତି।

"ଶୁଣି କେ ମିତ ହସିଲା
କୃଷ୍ଣଙ୍କୁ ଚହିଁ ଭାଷିଲା
ଏସ୍ଥାନେ ପ୍ରତୀତ ନାଟ୍ୟଶାଳା
ବାତ ସୂତ୍ରଧର ହେଲା ଋତୁରାଜ
କରେଲୀଳା ବାସ ବିମଣ୍ଡିନୀ ହିଁ ମାନିଲା
କଳକଣ୍ଠ ଋତୁ ହେଲା
ପଞ୍ଚମସ୍ୱର ଜିଣିଲା, ଅଭିନୟ କରିବାକୁ ପତ୍ର ଚଳିଲାରେ।"

ବସନ୍ତ ଋତୁର ମଞ୍ଜୁଳ ବର୍ଣ୍ଣନା ଭଞ୍ଜୀୟ ରଚନାରେ ଏକ ଭିନ୍ନ ଚରୁତା ସୃଷ୍ଟିକରେ। ଜନମନ ଲୋଭା ଏହି ଋତୁ ମନରେ ଆହ୍ଲାଦ ସୃଷ୍ଟିକରେ। ଲାବଣ୍ୟବତୀ କାବ୍ୟରେ ବସନ୍ତ ବର୍ଣ୍ଣନା ପରିପ୍ରେକ୍ଷୀରେ ଗଭୀର ମନସ୍ତାତ୍ତ୍ୱିକ ବିଶ୍ଳେଷଣ ଘଟିଛି।

"ମଳୟ ଶିଖରୀ ଶିରି ଚୋରି କରି ବହିଲାଣି ମନ୍ଦ ସମୀର
ସୁମନାଙ୍କ ବାସ ଚୋରାଇ ନେବଟି ବୋଲି କହିଲାଣି ଭ୍ରମର
କେଶରେ, କେଶର ହେଲାଣି ମଞ୍ଜୁଳ
କେଶରେମଣ୍ଡନ କରିବା ଭଳିରେ ଫୁଟିଲାଣି କେତେ ବଂଜୁଳ।"

ଋତୁବର୍ଣ୍ଣନାରେ କେବଳ ପ୍ରାକୃତିକ ଶୋଭାର ବର୍ଣ୍ଣନା ବିଳାସ ନଥାଏ, ସେଥିରେ ଥାଏ କବିର ଗଭୀର ଅନ୍ତର୍ଦୃଷ୍ଟି, ମନସ୍ତାତ୍ତ୍ୱିକ ବିଚାର, ଦାର୍ଶନିକ ଅନୁଚିନ୍ତା, ଶୃଙ୍ଗାର ଚେତନା ଏବଂ ସର୍ବୋପରି କବିର କବିତ୍ୱ ଚାତୁରୀ। ଏସବୁର ସମଷ୍ଟିରେ କାବ୍ୟ ହୋଇଥାଏ ହୃଦୟଗ୍ରାହୀ ତଥା ଜନମନ ଲୋଭା। ଏହି ଦୃଷ୍ଟିରୁ ରୀତିକାବ୍ୟରେ ଋତୁବର୍ଣ୍ଣନା ହୋଇଛି ସଫଳ ଏବଂ କବିମାନେ ଷଡ଼ଋତୁର ବର୍ଣ୍ଣନା ଦେଇ କାବ୍ୟକୁ କରିଛନ୍ତି ରସସିକ୍ତ।

ରୀତି କାବ୍ୟର ଶ୍ରେଷ୍ଠ କବି ଭାବେ ଏପରିକି କବି ସମ୍ରାଟ ଭାବେ ପ୍ରତ୍ୟେକଟି ଓଡ଼ିଆଙ୍କ ଭିତରେ ସ୍ୱତନ୍ତ୍ର ଆସନଟିଏ ପାଇପାରିଛନ୍ତି ରାଜକବି ଉପେନ୍ଦ୍ର ଭଞ୍ଜ, ଓଡ଼ିଆ ରୀତି କାବ୍ୟର ପ୍ରଚଣ୍ଡ ମାର୍ତ୍ତଣ୍ଡ ଭଳି। ମଧ୍ୟାହ୍ନ ସମୟରେ ମାର୍ତ୍ତଣ୍ଡଙ୍କର କିରଣ ଉତ୍ତପ୍ତ ଥିବା ଭଳି ରୀତି କାବ୍ୟର ମଧ୍ୟଭାଗରେ ଉପେନ୍ଦ୍ରଙ୍କ ଆବିର୍ଭାବ ସମସ୍ତ ପରିବେଶକୁ ଉତ୍ତପ୍ତ କରିଦେଇଥିବା ଭଳି ମନେହୁଏ, ମାତ୍ର ଏ ଧାରାର ଆରମ୍ଭ ହୁଏ ପ୍ରାକ୍ ରୀତି ଯୁଗରୁ କବି ଅର୍ଜୁନ ଦାସଙ୍କ ରାମବିଭାରୁ। ପରବର୍ତ୍ତୀ ସମୟରେ ବହୁ କବି ସେମାନଙ୍କ କାବ୍ୟକୃତିକୁ ସମ୍ପୂର୍ଣ୍ଣ ନୂତନ ଶୈଳୀରେ ଉପସ୍ଥାପନ କରି ଅକ୍ଷୟ ଯଶ ରଖିଯାଇଛନ୍ତି। ବନମାଳୀ ଦାସ, ନରସିଂହ ସେଣ, କାର୍ତ୍ତିକ ଦାସ, ପ୍ରତାପ ରାୟ, ଚନ୍ଦ୍ର ଦାସ, ହରି ଦାସ, ଦନାଇ ଦାସ, ରଘୁନାଥ ରାଜ ହରିଚନ୍ଦନ, ବିଷ୍ଣୁ ଦାସ, ପାର୍ଥ ଶ୍ରୀଚନ୍ଦନ ପ୍ରଭୃତିଙ୍କୁ ଗ୍ରହଣ କରାଯାଇପାରେ। ଉତ୍କଳୀୟ କବି ଗୀତଗୋବିନ୍ଦର ପ୍ରଣେତା ଜୟଦେବଙ୍କ ପ୍ରଭାବ ଏ କବିମାନଙ୍କୁ ପ୍ରଚ୍ଛେଦିତ କରିଥିଲା। କାବ୍ୟ ବ୍ୟତିରେକ ଏ ସମୟର କବିମାନେ ଚଉପଦୀ, ଚଉତିଶା, ଜଣାଣ, ଭଜନ, ମାଳିକା, ଦୋହା, ପୋଇ, ବୋଲି, ଗୀତା, ଗୁଜ୍ଜରୀ, ଓଗାଳ, ପଟଳ, ବିଳାସ, ଚିଟାଉ ପ୍ରଭୃତି ସୃଷ୍ଟିକରି ସାହିତ୍ୟ ରାଜ୍ୟକୁ ବୈଚିତ୍ର୍ୟ ମଣ୍ଡିତ କରିଛନ୍ତି। ରାମ ଓ ସୀତା, କୃଷ୍ଣ ଓ ରାଧାଙ୍କୁ ନେଇ ପୌରାଣିକ ଓ କାଳ୍ପନିକ ନାୟକ ନାୟିକାମାନଙ୍କୁ ନେଇ କାଳ୍ପନିକ କାବ୍ୟ ସୌଧ ନିର୍ମାଣ କରାଯାଇଛି। ପ୍ରାକ୍ ରୀତି ପରେ ଓଡ଼ିଆ ସାହିତ୍ୟରେ ଆରମ୍ଭ ହୁଏ ରୀତି ଯୁଗ। ସପ୍ତଦଶ ଶତାବ୍ଦୀର ମଧ୍ୟଭାଗରୁ ଊନବିଂଶ ଶତାବ୍ଦୀର ମଧ୍ୟଭାଗ ଯାଏ ଏହି ରୀତି ସାହିତ୍ୟର ସୁବର୍ଣ୍ଣ ଯୁଗ। ଏହି ସମୟର କବିମାନଙ୍କ ମଧ୍ୟରେ ରାଜକବି ଉପେନ୍ଦ୍ର ଭଞ୍ଜ ସର୍ବଶ୍ରେଷ୍ଠ ଓ ସିଦ୍ଧିତ୍ୱର ଅଧିକାରୀ। କିନ୍ତୁ ଆହୁରି ଅନେକ କବିଙ୍କ ଆବିର୍ଭାବ ଘଟି ଓଡ଼ିଆ ରୀତି କାବ୍ୟ ପରମ୍ପରା ସମୃଦ୍ଧଶାଳୀ ହୋଇଛି। କବିସମ୍ରାଟ ଉପେନ୍ଦ୍ର ଭଞ୍ଜଙ୍କ ଜନ୍ମ ସମୟ ଆନୁମାନିକ ୧୬୭୦ ବୋଲି ଗବେଷକମାନଙ୍କ ମତ ଏବଂ ୧୭୨୦ ମସିହାରେ ଇହଲୀଳା ସମ୍ବରଣ କରିଥିଲେ ବୋଲି ମଧ୍ୟ ସେମାନଙ୍କର ମତ। ଉପେନ୍ଦ୍ର ଭଞ୍ଜଙ୍କ ପୂର୍ବରୁ ତାଙ୍କର ପିତାମହ ଧନଞ୍ଜୟ ଭଞ୍ଜ କବି, ରସିକ ପଣ୍ଡିତ ଥିଲେ। ସେ ସମସ୍ତ ଗୁଣର ଅଧିକାରୀ ଥିଲେ। ଏକାଧାରରେ ରାଜା ଓ କବି ଥିଲେ। ପ୍ରାୟ ୬୦ ବର୍ଷରେ ରାଜକାର୍ଯ୍ୟ ସମ୍ଭାଳିବା ସହିତ ଅନେକ କାବ୍ୟ-କବିତା ରଚନା କରିଥିଲେ। ତାଙ୍କ କାବ୍ୟଗୁଡ଼ିକ ହେଉଛି

ଶ୍ରୀରାମ ବିଳାସ, ଇଚ୍ଛାବତୀ, ଅନଙ୍ଗ ରେଖା, ମଦନମଞ୍ଜରୀ, ତ୍ରିପୁର ସୁନ୍ଦରୀ। ଭଞ୍ଜ ବଂଶାନୁଚରିତରେ ତାଙ୍କ ରାଜତ୍ୱ ସମ୍ପର୍କରେ ଲେଖାଅଛି -

'ସଂଗୀତ ବିଦ୍ୟାରେ ଅଟନ୍ତି ଧୁରନ୍ଧର
ଗୀତ କବିତ୍ୱ କରିପାରନ୍ତି ମଧୁର
ଧନଞ୍ଜୟ ପୁର ନାମ ଶାସନ ଦାନ କରି
ଯଶ ପ୍ରକାଶିଲେ କୁମୁଦ ବନ୍ଧୁ ପରି।

xxx

ଉନ୍ନତ ସ୍ତନୀ ଯଉବନୀ ମାନଙ୍କର
ସ୍ତନରେ ମରଦନ କରାନ୍ତି ଶରୀର।'

ସେହି ରାଜକବିଙ୍କ ପ୍ରଭାବ ଉପେନ୍ଦ୍ରଙ୍କ ଉପରେ ପଡ଼ିଥିବା କଥାକୁ ଅସ୍ୱୀକାର କରାଯାଇ ନ ପାରେ। କବିସମ୍ରାଟ ଉପେନ୍ଦ୍ରଙ୍କ କାବ୍ୟ ଉପରେ ପୂର୍ବସୂରୀ ମାନଙ୍କ ପ୍ରଭାବ ସହିତ ନିଜେ ସଂସ୍କୃତ ଓ ପୁରାଣ ସାହିତ୍ୟ ଅଧ୍ୟୟନ କରିଥିଲେ। ସଂସ୍କୃତ ଓ ପ୍ରାଚୀନ ଓଡ଼ିଆ ସାହିତ୍ୟକୁ ଅଧ୍ୟୟନ କରି ବିରାଟ କାବ୍ୟ ସୌଧ ନିର୍ମାଣ କରିଛନ୍ତି। ରସ, ରୀତି, ଧ୍ୱନି, ବ୍ରକୋକ୍ତି, ଔଚିତ୍ୟ, ଅଳଙ୍କାର ପ୍ରୟୋଗରେ ତାଙ୍କ କାବ୍ୟ ଦୀପ୍ତିମନ୍ତ ହୋଇଉଠିଛି। ରାମତାରକ ମନ୍ତ୍ର ସିଦ୍ଧ ହୋଇ ସେ କାବ୍ୟ ରଚନା କରିଛନ୍ତି ବୋଲି ଅନେକତ୍ର ଶୁଣାଯାଏ। କିନ୍ତୁ ଉପେନ୍ଦ୍ରଙ୍କ ପାଣ୍ଡିତ୍ୟ ଯେ ଥିଲା ଏକଥାକୁ ଅସ୍ୱୀକାର କରାଯାଇ ନ ପାରେ। ଆଧାପକ ଆର୍ତ୍ତବଲ୍ଲଭ ମହାନ୍ତି ଉପେନ୍ଦ୍ରଙ୍କ ବହୁଶାସ୍ତ୍ରଦର୍ଶିତା ସମ୍ପର୍କରେ ମତ ବ୍ୟକ୍ତ କରି ଲେଖିଛନ୍ତି - 'ଉପେନ୍ଦ୍ରଙ୍କ ଜ୍ଞାନ, ନାନା ଅଭିଧାନ, ଛାନ୍ଦ, ଅଳଙ୍କାର, ବ୍ୟାକରଣ, ନାନା ପୁରାଣଶାସ୍ତ୍ର, କଳାବିଦ୍ୟା, କାମ ସୂତ୍ର, ସ୍ମୃତି, ଇତିହାସ, ବାର୍ତ୍ତା, ଦଣ୍ଡନୀତି, ନ୍ୟାୟାଦିଷଡ଼ ଦର୍ଶନ, ସଂସ୍କୃତ ଷଟ୍ କାବ୍ୟ, ଗଜାରୋୟୁର୍ବେଦ, ରତ୍ନଜ୍ଞାନ, ଉତ୍କଳର ପ୍ରାଚୀନ କାବ୍ୟ ପୁରାଣ, ଜ୍ୟୋତିଷ, ତନ୍ତ୍ର, ଆୟୁର୍ବେଦ, ଧନୁର୍ବେଦାଦି ବିଦ୍ୟାମାନଙ୍କରେ ପାରଦର୍ଶିତା ଥିଲା।' ତେଣୁ ତାଙ୍କ ଲେଖନୀରୁ ଝରିଆସିଛି - ଲାବଣ୍ୟବତୀ, ରସିକ ହାରାବଳୀ, ପ୍ରେମ ସୁଧାନିଧି, କୋଟି ବ୍ରହ୍ମାଣ୍ଡ ସୁନ୍ଦରୀ, ଅବନାରସତରଂଗ, ସୁଭଦ୍ରା ପରିଣୟ, କଳାକଉତୁକ, ରସଲେଖା, ରସ ପଞ୍ଚକ, ଛାନ୍ଦଭୂଷଣ, ଗୀତାଭିଧାନ, ଦଶପୋଇ, ସୁବର୍ଣ୍ଣରେଖା, ଚଉପଦୀ ଚନ୍ଦ୍ର, ପଞ୍ଚସାୟକ, ଚିତ୍ରକାବ୍ୟ ବନ୍ଧୋଦୟ, ପ୍ରଭୃତି କାବ୍ୟ। କବି ସମ୍ରାଟ ଉପେନ୍ଦ୍ରଭଞ୍ଜଙ୍କ ଉପମା ଓ ଅର୍ଥ ଗୌରବ ଏତେ ପ୍ରସିଦ୍ଧ ଥିଲା ଯେ ସେ ସମ୍ପର୍କରେ ପଣ୍ଡିତ ମୃତ୍ୟୁଞ୍ଜୟ ରଥ ଲେଖିଛନ୍ତି -

'ଉପମା ଭଞ୍ଜ ବୀରସ୍ୟ ତସୈବ ଽର୍ଥ ଗୌରବମ୍
କଲ୍ଲୋଳେ ପଦ ଲାଳିତ୍ୟଂ ସନ୍ତି ଚିନ୍ତା ମଣୌତ୍ରୟ।'

ଅଳଙ୍କାର ପ୍ରିୟତା ଥିଲା ଭଞ୍ଜଙ୍କର ବିଶିଷ୍ଟ ଗୁଣ। ପୁଣି ଉପମା ଅଳଙ୍କାର ପ୍ରୟୋଗ ପ୍ରତି ତାଙ୍କର ଅନୁରାଗ ବେଶୀ ଥିଲା। ତାଙ୍କର ଅଧିକାଂଶ କାବ୍ୟରେ ଏହି ସୂଚନା ଆମେ ପାଇଥାଉ। ଉପମା ଶବ୍ଦର ବହୁଳ ପ୍ରୟୋଗ ମଧ୍ୟ ତାଙ୍କ କାବ୍ୟରେ ପରିଲକ୍ଷିତ ହୋଇଥାଏ। ସେହିପରି ବର୍ଣ୍ଣନା ଚାତୁରୀରେ ଭଞ୍ଜଙ୍କୁ କେହି ଟପିଗଲା ପରି ମନେହୁଏ ନାହିଁ। ନାରୀର ରୂପ ବର୍ଣ୍ଣନାରେ ସେ ଶତମୁଖ ହୋଇ ଉଠିଛନ୍ତି। ତା'ର ବାଲ୍ୟ, ପୌଗଣ୍ଡ, କୈଶୋର, ଯୌବନାବସ୍ଥା ପ୍ରାପ୍ତି ସହିତ ନଖ, ଶିଖ ବର୍ଣ୍ଣନାରେ ଭଞ୍ଜ ଶୀର୍ଷ ସ୍ଥାନ ଅଧିକାର କରିଛନ୍ତି। 'ଲାବଣ୍ୟବତୀ' ଏହାର ଜ୍ୱଳନ୍ତ ନିଦର୍ଶନ। ରସ ବର୍ଣ୍ଣନାରେ ରୀତି କବିମାନେ ବିଶେଷ କରି 'ଶୃଙ୍ଗାର ରସ' ଉପରେ ଅଧିକ ଗୁରୁତ୍ୱ ଦେଇଥିଲେ ଯଦିଓ ଅନ୍ୟାନ୍ୟ ରସର ଆବଶ୍ୟକ ସ୍ଥଳେ ବର୍ଣ୍ଣନା ରହିଛି। ରୀତି କବିମାନେ ଶୃଙ୍ଗାରିକତା ଥିଲେ। ଅର୍ଥାତ୍ ଶୃଙ୍ଗାର ରସର ପ୍ରୟୋଗ ଯେମିତି ବିଧି ଥିଲା। ଏଥିପାଇଁ କୁହାଯାଏ -

'ଶୃଙ୍ଗାର ଏବ ମଧୁର ପର ପ୍ରହ୍ଲାଦନୋରସ
ତନ୍ମୟଂ କାବ୍ୟ ମାଶ୍ରିତଂ ମାଧୁର୍ଯ୍ୟଂ ପ୍ରତି ତିଷ୍ଠତେ।'

ଉପେନ୍ଦ୍ର ମଧ୍ୟ ଦୁଇଟି ସ୍ଥାନରେ ଶୃଙ୍ଗାର ରସ କଥା ଉଲ୍ଲେଖ କରିଛନ୍ତି।

'ନବରସରେ ସାର, ଆଦ୍ୟେ ଲେଖି ଶୃଂଗାର'।

'ବିଚାରଇ କରିବି ଉତ୍ତମ ଛାନ୍ଦ ଗୀତ
ରସ ସାର ଶୃଂଗାର ଯହିଁରେ ହେବ ବ୍ୟକ୍ତ।'

ଏଥିରୁ ଅନୁମିତ ହୁଏ ଯେ ଉପେନ୍ଦ୍ର ଭଞ୍ଜ ତାଙ୍କ କାବ୍ୟରେ ଶୃଙ୍ଗାର ରସର ପ୍ରାବଲ୍ୟ ଘଟାଇଛନ୍ତି। 'ଋତୁ ବର୍ଣ୍ଣନା' ମଧ୍ୟ ଏହି ସମୟର କବିମାନଙ୍କର ଏକ ପ୍ରମୁଖ ପରମ୍ପରା ଥିଲା। ଗ୍ରୀଷ୍ମ, ବର୍ଷା, ଶରତ, ହେମନ୍ତ, ବସନ୍ତ ପ୍ରଭୃତି ଋତୁମାନଙ୍କ ବର୍ଣ୍ଣନା ସହିତ ପ୍ରକୃତି ଚିତ୍ରଣ ଅତି ଚମତ୍କାର ଭାବେ ସମ୍ପାଦିତ କରୁଥିଲେ।

କବି ଉପେନ୍ଦ୍ରଙ୍କ ରଚନାଗୁଡ଼ିକୁ ତୁଳନାତ୍ମକ ଭାବେ ବିଚାର କଲେ ଜଣାଯିବ ଯେ, ପ୍ରାଥମିକ ଭାବେ ପ୍ରେମସୁଧାନିଧି, ରସଲେଖା, କଳାକଉତୁକ, ରସିକ ହାରାବଳୀ ପ୍ରଭୃତି ଅପେକ୍ଷା ପରବର୍ତ୍ତୀ କାବ୍ୟ ବୈଦେହୀଶ ବିଳାସ, ଲାବଣ୍ୟବତୀ, କୋଟିବ୍ରହ୍ମାଣ୍ଡ ସୁନ୍ଦରୀ ପ୍ରଭୃତିର ରଚନା ରୀତିରେ ଅର୍ଥବୈଚିତ୍ର୍ୟ, ଗାମ୍ଭୀର୍ଯ୍ୟ, ଶିଳ୍ପ ରୀତିଗତ ଜଟିଳତା ଅଧିକ ମାତ୍ରାରେ ପରିଲକ୍ଷିତ ହୋଇଥାଏ। ଆଳଙ୍କରିକ କାବ୍ୟ ଅନୁଯାୟୀ ଉପେନ୍ଦ୍ରଙ୍କର ପ୍ରତ୍ୟେକ କାବ୍ୟ ମିଳନାତ୍ମକ। ପ୍ରତ୍ୟେକ କାବ୍ୟରେ କବି ଆଶୀ, ନମସ୍କ୍ରିୟା, ସାଧୁ ସ୍ତୁତି, ଖଳନିନ୍ଦା ଓ ବସ୍ତୁ ନିର୍ଦ୍ଦେଶ ପ୍ରଭୃତି ଆଳଙ୍କାରିକ ବିଧିର ଆଶ୍ରୟ ନେଇଛନ୍ତି। ନାୟକ-ନାୟିକାଙ୍କ ରୂପ, ଗୁଣ, ସୌନ୍ଦର୍ଯ୍ୟ, ଋତୁ, ଉପବନ, ସରୋବର, ନଦୀ, ପର୍ବତ, ପ୍ରତ୍ୟୁଷ, ମଧ୍ୟାହ୍ନ, ଜ୍ୟୋସ୍ନା ରଜନୀ, ନଗର, ପ୍ରାସାଦ ପ୍ରଭୃତିର ଯଥାଯଥ ବର୍ଣ୍ଣନାନେଇ କାବ୍ୟଗୁଡ଼ିକୁ

ଉଚ୍ଚକୋଟୀର କରି ପାରିଛନ୍ତି। ମଧ୍ୟଯୁଗୀୟ ବା ରୀତିଯୁଗୀୟ କାବ୍ୟ ପରମ୍ପରାରେ କବି ଉପେନ୍ଦ୍ର ଯଥାର୍ଥରେ କବି ସମ୍ରାଟ। କାଳଜୟୀ କୃତିଗୁଡ଼ିକ ତାଙ୍କର ଯଶ ଗାନ କରୁଛି ଓ କରୁଥିବ ଯୁଗଯୁଗ ପାଇଁ। 'ଯଶୋଦେହେ ଆୟୁଷ୍ମାନ' କବି ସମ୍ରାଟ ଉପେନ୍ଦ୍ର ଭଞ୍ଜ।

ଉପେନ୍ଦ୍ରଙ୍କ ସମଗ୍ର ସୃଷ୍ଟି ମଧ୍ୟରୁ କାଳ୍ପନିକ କାବ୍ୟ 'ଲାବଣ୍ୟବତୀ' ସର୍ବଶ୍ରେଷ୍ଠ ରଚନା ଭାବେ ଭବି କୋବିଦ, ପଣ୍ଡିତ, ରସିକ, ବିଜ୍ଞ, ବିବୁଧ, ଆଲୋଚକ, ଶ୍ରଦ୍ଧାଳୁ, ଭଞ୍ଜପ୍ରେମୀ ସର୍ବୋପରି ପାଠକମାନଙ୍କ ହୃଦୟକୁ ଛୁଇଁ ଯାଏ ଓ ଅନେକ ପଦ ସ୍ଥଳ ବିଶେଷରେ ଉଦାହରଣ ଭାବେ ଗ୍ରହଣ କରାଯାଏ। ଲାବଣ୍ୟବତୀ କାବ୍ୟଟି ୪୮ ଛାନ୍ଦ ବିଶିଷ୍ଟ। ରାଜକବି ଉପେନ୍ଦ୍ର ରାଜକୀୟ ଭୋଗ ବିଳାସରେ, ପ୍ରାଚୁର୍ଯ୍ୟ ମଧ୍ୟରେ ବଢ଼ିଥିଲେ ମଧ୍ୟ ତାଙ୍କର ପିତାମହ ଧନଞ୍ଜୟ ଭଞ୍ଜଙ୍କ ପ୍ରଭାବ ତାଙ୍କ ଉପରେ ପଡ଼ିଥିଲା, ଏକଥାକୁ ଅସ୍ୱୀକାର କରାଯାଇ ନ ପାରେ। 'ଲାବଣ୍ୟବତୀ' କାବ୍ୟଟି ଭଞ୍ଜଙ୍କ କାବ୍ୟ କୋଣାର୍କର ଅନ୍ୟତମ ଲାସ୍ୟମୟୀ ଲଳନାଟିଏ ଯେମିତି। ସେ ତାକୁ ଏଭଳି ଭାବେ ଗଢ଼ିଛନ୍ତି ସେ ଯେପରି ସର୍ବଜନ ମନ ହରଣ କରିନିଏ। ଆଲୋଚ୍ୟ କାବ୍ୟଟି ଦୁଇଟି ସ୍ତର ଦେଇ ଗତି କରିଛି। ପ୍ରଥମ ଭାଗଟି ନାୟକ-ନାୟିକାଙ୍କ ପୂର୍ବଜନ୍ମ ପ୍ରସଙ୍ଗ ଓ ଦ୍ୱିତୀୟ ଭାଗଟି ପରଜନ୍ମ ବୃତ୍ତାନ୍ତ। ପ୍ରଥମ ଭାଗରେ ନାୟକ ପ୍ରଭାକର ଓ ନାୟିକା ବାଞ୍ଛାବତୀ ଦ୍ୱିତୀୟ ଭାଗରେ ଏମାନେ ଚନ୍ଦ୍ରଭାନୁ ଓ ଲାବଣ୍ୟବତୀ ଭାବେ ଆତ୍ମପ୍ରକାଶ କରିଛନ୍ତି। ଦିନେ ପାର୍ବତୀ ପଶା ଖେଳିବାକୁ ମନ କରି ନିଜ ମନରୁ ଏକ କନ୍ୟା ଉତ୍ପନ୍ନ କରାଇଲେ, ସେ ଥିଲା ଗୁଣବତୀ ଓ ଅପୂର୍ବ ରୂପବତୀ। ତେଣୁ ତା'ର ନାମ ରଖିଲେ ବାଞ୍ଛାବତୀ। ପାର୍ବତୀ, ତା' ସହ ପଶା ଖେଳରେ ଲିପ୍ତ ଥିବା ବେଳେ ତାଙ୍କ ମନକୁ ଗୋଟିଏ ଧାରଣା ଆସିଲା ଯେ କାଳେ ଶିବ ତାକୁ ଦେଖିଦେଲେ ତା' ପ୍ରତି ଆସକ୍ତ ହୋଇଯିବେ? ଏଣୁ ସେ ବଣଦେବୀଙ୍କୁ ଆଦେଶ ଦେଲେ ତାକୁ ବଣରେ ରଖିବା ପାଇଁ ଏଥିସହ ସେ କୌଣସି ପୁରୁଷ ସଂସ୍ପର୍ଶରେ ନ ଆସିବା ପାଇଁ ମଧ୍ୟ କହିଲେ ଯଦି ଆସେ ତେବେ ସେ ମୃତ୍ୟୁ ମୁଖରେ ପଡ଼ିବ ଓ ପରଜନ୍ମରେ ତାକୁ ସ୍ୱାମୀ ରୂପେ ପାଇବ। ଅତଃପର ବାଞ୍ଛାବତୀ ସେହି ବଣରେ ପ୍ରଭାକର ସହିତ ଦେଖାହେଲା ଓ ତା'ର ଅଙ୍ଗ ସ୍ପର୍ଶ କଲା, ଫଳରେ ପାର୍ବତୀଙ୍କ ଇଚ୍ଛାନୁସାରେ ସେ ମୃତ୍ୟୁବରଣ କଲା। ପ୍ରଭାକର ବିଚଳିତ ହୋଇପଡ଼ିଲା। ଦୈବବାଣୀ ହେଲା ଯେ ବାଞ୍ଛାବତୀକୁ ସଂସ୍କାର ନ କରିବା ପାଇଁ, ମାତ୍ର ପ୍ରଭାକର ମ୍ରିୟମାଣ ହୋଇ ଗଙ୍ଗାରେ ଝାସ ଦେଲା। ଦ୍ୱିତୀୟ ଭାଗ ଅନୁସାରେ ଉଭୟ ନାୟକ-ନାୟିକା କର୍ଣ୍ଣାଟ ରାଜ୍ୟର ରାଜା ଶଶିଶେଖର ଓ ରାଣୀ ଶଶିରେଖାଙ୍କ ପୁତ୍ର ଭାବେ 'ଚନ୍ଦ୍ରଭାନୁ' ରୂପେ ଜନ୍ମଗ୍ରହଣ କଲେ ଓ ସିଂହଳ ରାଜ୍ୟର ରାଜା ରତ୍ନେଶ୍ୱରଙ୍କ ପତ୍ନୀ ବିଦ୍ୟୁଲତାଙ୍କ କନ୍ୟା ଭାବେ 'ଲାବଣ୍ୟବତୀ' ଜନ୍ମ ନେଲେ। ଲାବଣ୍ୟବତୀର ଜନ୍ମ, ବାଲ୍ୟ, କୈଶୋର, ଯୌବନାବସ୍ଥା, ମାନ, ପ୍ରେମ, ଚିଟାଉ ଆଦାନ

ପ୍ରଦାନ, ଚନ୍ଦ୍ରଭାନୁଙ୍କ ସହ ସାକ୍ଷାତ୍, ବିରହ, ବିବାହ, ଶେଷରେ ରାଜା ଭାବେ ଚନ୍ଦ୍ରଭାନୁ ଅଭିଷିକ୍ତ ହେବା ପ୍ରଭୃତି ଘଟଣା ଏହି କାବ୍ୟର କଥାବସ୍ତୁ। କବି ୪୮ଟି ଛାନ୍ଦରେ ଏହି କାବ୍ୟକୁ ସମାପ୍ତ କରିଛନ୍ତି। ଏହା ଏକ କାଳ୍ପନିକ କାବ୍ୟ ହେଲେ ମଧ୍ୟ କବି ଉପେନ୍ଦ୍ର ଆଲୋଚ୍ୟ କାବ୍ୟରେ ନାନା ପ୍ରକାର ଅଲୌକିକ ପ୍ରସଙ୍ଗର ଅବତାରଣା କରାଇଛନ୍ତି। ଯେପରିକି, ପାର୍ବତୀଙ୍କ ମନରୁ ବାଞ୍ଛାବତୀର ଜନ୍ମ, ଅଶରୀରୀ ବାଣୀ ନିର୍ଦ୍ଦେଶରେ ପ୍ରଭାକର ଗଙ୍ଗାରେ ଆତ୍ମବିସର୍ଜନ, ବାଞ୍ଛାବତୀର ମୃତ ପିଣ୍ଡ ନୂଆ ଜୀବନ ଲାଭ ଇତ୍ୟାଦି। ପ୍ରକୃତି ବର୍ଣ୍ଣନାରେ କବି ଶତମୁଖ ହୋଇ ଉଠିଥିବା ବେଳେ, ଲାବଣ୍ୟବତୀର ସରୋବରରେ ସ୍ନାନ, ତା'ର ରୂପ ବର୍ଣ୍ଣନା ଅତ୍ୟଧିକ ରମଣୀୟ ହୋଇପାରିଛି।

'ଦେଖରେ ନଳିନୀ ନଳିନୀ ନଳିନୀରେ ପୂରିତ
ଭ୍ରମନ୍ତି ଭ୍ରମରେ ଭ୍ରମରେ ଭ୍ରମରରେ ଶୋଭିତ।'

ଉପମା ପ୍ରଭୃତି ଅଳଙ୍କାରର ପ୍ରୟୋଗ ଦ୍ୱାରା କାବ୍ୟଟି ରସୋତ୍ତୀର୍ଣ୍ଣ ହୋଇଉଠିଛି। ନାୟକ ନାୟିକାଙ୍କ ମନସ୍ତତ୍ତ୍ୱ ଚିତ୍ରଣରେ କବିଙ୍କର ପାରଦର୍ଶିତା ବେଶ୍ ଫୁଟି ଉଠିଛି। ଶୃଙ୍ଗାର ରସର ସମ୍ଭୋଗ ମଧ୍ୟ ଘଟିଛି। ଅସାଧାରଣ ପ୍ରତିଭା ବଳରେ ଶବ୍ଦ ଗଠନ, ବିବିଧ ଅର୍ଥ ଦ୍ୟୋତକ ଶବ୍ଦ ପ୍ରୟୋଗ, ଅଳଙ୍କାର, ରସ, ବିବିଧ ଛନ୍ଦ ପ୍ରୟୋଗ ଏବଂ ଉଚ୍ଚକୋଟୀର ବର୍ଣ୍ଣନା ବିଳାସ ଦ୍ୱାରା ଲାବଣ୍ୟବତୀକୁ ଏକ ସ୍ୱତନ୍ତ୍ର ମହିମାରେ ମଣ୍ଡିତ କରିଛନ୍ତି। ଏକଥା ମଧ୍ୟ ଲାବଣ୍ୟବତୀରେ ସେ ଲେଖିଛନ୍ତି -

'ମୂର୍ତ୍ତିମନ୍ତ କରି ମୃଦୁଗୀତ ବିରଚଇ
ଏଣୁକରି ଥିବ ଅଳଙ୍କାର ଯୁକ୍ତ ହୋଇ
ପଦ ସରଳ ଧ୍ୱନିରେ ମାନସ ମୋହିବ
ଅର୍ଥୀ ଜନ ପ୍ରକରକୁ ଆନନ୍ଦ କରିବ ଯେ।'

ସୁତରାଂ ଅଳଙ୍କାର ସହ ରସ, ରୀତି, ଧ୍ୱନି, ଔଚିତ୍ୟ ପ୍ରଭୃତିର ଯଥାଯଥ ପ୍ରୟୋଗ କରି ଉପେନ୍ଦ୍ର ଭଞ୍ଜ କାବ୍ୟଟିକୁ ଅତୁଳନୀୟ ଭାବେ ଗଢ଼ି ତୋଳିଛନ୍ତି। ଉପେନ୍ଦ୍ରଙ୍କ କାବ୍ୟ କୋଣାର୍କର ଦେହରେ ଦିବ୍ୟ ସୁଷମା ଫୁଟି ଉଠିଛି, ପୁଣି ସୃଷ୍ଟି ହୋଇଛି ସଂଗୀତର ମଧୁମୟ ରାଗିଣୀ। ଶବ୍ଦ, ସଂଗୀତ ଓ ଛନ୍ଦର ମଧୁର ସମବାୟରେ କାବ୍ୟ ସୁନ୍ଦରୀ ହୋଇଉଠିଛି ମଂଜୁଳ।

ଉପେନ୍ଦ୍ରଭଞ୍ଜ କାଳର କଷଟି ପଥରେ ଏବେ ମଧ୍ୟ ଭାସ୍ୱର, ତାଙ୍କ ସୃଷ୍ଟି ମଧ୍ୟ ଉଜ୍ଜ୍ୱଳ। ନିନ୍ଦା ଓ ପ୍ରଶଂସାର ଊର୍ଦ୍ଧ୍ୱରେ, ସମାଲୋଚନାର ତୀକ୍ଷ୍ଣ ଅସି ଧାରରେ ତାଙ୍କ କାବ୍ୟ ସୁନ୍ଦରୀକୁ ଯେତେ ଛେଦନ କଲେ ମଧ୍ୟ ତାହା ତଥାପି ଆହୁରି ଦୀପ୍ତିମନ୍ତ। ସେ ସୌନ୍ଦର୍ଯ୍ୟର କବି, ରୂପର କବି, ବାସ୍ତବତାର କବି, କଳ୍ପନାର କବି, ସେ ଶୃଙ୍ଗାର କବି,

ପ୍ରେମିକ କବି ମଧ୍ୟ। ଅନେକ ବର୍ଷ ବିତିଯାଇଥିଲେ ମଧ୍ୟ ଉପେନ୍ଦ୍ର ଭଞ୍ଜ ତଥାପି ଓଡ଼ିଆ ସାହିତ୍ୟରେ ପ୍ରେରଣାର ଉତ୍ସ ହୋଇ ରହିଛନ୍ତି। ଯେଉଁଥିପାଇଁ ତାଙ୍କ ରଚନାକୁ ଲକ୍ଷ୍ୟ କରି ଉତ୍କଳମଣି ପଣ୍ଡିତ ଗୋପବନ୍ଧୁ ଦାସ ଲେଖି ଥିଲେ -

'ଗାଏ ତୁମ୍ଭ ଗୀତ ସଭାରେ ପଣ୍ଡିତ
ପଥେ ପାନ୍ଥ ହୃଷ୍ଟମନା
ବିଲେ ବୋଲେ ଚଷା ଅନ୍ତଃପୁରେ ଯୋଷା
ନୃତ୍ୟାଙ୍ଗନେ ବାରଙ୍ଗନା।'

ଉତ୍କଳ ଭାରତୀଙ୍କ ବରପୁତ୍ର ଉପେନ୍ଦ୍ର ଭଞ୍ଜ ଜଣେ କାଳଜୟୀ କାବ୍ୟିକ ପ୍ରତିଭା ଏକଥାକୁ ମୁକ୍ତ କଣ୍ଠରେ ସ୍ୱୀକାର କରାଯାଇପାରେ।

ପ୍ରଥମ ଛାନ୍ଦ
ଲାବଣ୍ୟବତୀ ଓ ଚନ୍ଦ୍ରଭାନୁର ପୂର୍ବଜନ୍ମ ବୃତ୍ତାନ୍ତ
(ରାଗ- ନଳିନୀ ଗୌଡ଼ା)

ଜୟ ଜୟ ଜୟ ରାମ ଜନକ ସୁଖଦ। ଭୀମ ହରଷ ଦାନରେ ସଦା ବିଶାରଦ ହେ ।୧। ଚନ୍ଦ୍ରହାସେ ଶୋଭାକର ସମସ୍ତ କାଳର। ଲକ୍ଷଣବନ୍ତ ଅଲକ୍ଷ୍ୟ ମୁଖ ମନୋହର ଯେ ।୨। କବି ଭାରତୀକି ଅଗୋଚର ଛବି ଯାର। ସୁମନାବୃନ୍ଦ ବନ୍ଦନ ଏଣୁ ନିରନ୍ତର ଯେ ।୩। ମହାଶୟ ବଳିରିପୁ ପରେ ତାପକର। ଛତ୍ରଭଙ୍ଗ କୃତରୁ କାତର ଅରିପୁର ହେ।୪। ସସ୍ରକର ଉନ୍ନତହର ତେଜୋବାନ। ହରିପକ୍ଷ ସଦାନନ୍ଦ ତୋଷ ବିବର୍ଦ୍ଧନ ।୫। ସେ ପ୍ରଭୁ କଞ୍ଜଚରଣ କରି ତତପର। ଭଂଜବୀର କବିମାନସ ଭ୍ରମର ହେ।୬। ମୂର୍ତ୍ତିମନ୍ତ କରି ମୃଦୁଗୀତ ବିଚାରଇ। ଏଣୁ କରି ଥିବ ଅଳଙ୍କାର ଯୁକ୍ତ ହୋଇ ଯେ।୭। ପଦ ସରଳ ଧ୍ୱନିରେ ମାନସ ମୋହିବ। ଅର୍ଥୀଜନ ପ୍ରକରକୁ ଆନନ୍ଦ କରିବ ହେ ।୮। ଡ, ର, ଳ ରେ ସାବର୍ଣ୍ଣ୍ୟ ଯା ବ୍ୟାକରଣେ ଲିହି। ସୁଚିତ୍ତେ କରଇ ଏହି ଗୀତ ହିତ ପାଇଁ ଯେ ।୯। ବୁଝାଇଲେ ଜଡ଼ଜନ ଭାବକୁ ପାଇବ। ଖଳ ଖର ଚୂତାଙ୍କୁର ପ୍ରାୟେ ନ ଗ୍ରାସିବ ହେ।୧୦।

ଶବ୍ଦାର୍ଥ- (୧) ଜନକ ସୁଖଦ- ପିତା ଦଶରଥଙ୍କ ସୁଖ ଦାୟକ, ଭୀମ- ଭୟଙ୍କର, ଶିବ, ବିଶାରଦ-ପାରଙ୍ଗମ। (୨) ଚନ୍ଦ୍ରହାସେ- ଆନନ୍ଦରେ, ଚନ୍ଦ୍ରହାସ ନାମକ ଖଣ୍ଡାରେ, ଅଲକ୍ଷ୍ୟ- ଉପମାବିହୀନ। (୩) ଭାରତୀ- ସରସ୍ୱତୀ, ସୁମନାବୃନ୍ଦ- ଦେବଗଣ, ଫୁଲମାଳା। (୪) ବଳିରିପୁ- ବଳିଷ୍ଠ ଶତ୍ରୁ, ତାପକର- ତେଜପୂର୍ଣ୍ଣ କିରଣ, ଅରି-ଶତ୍ରୁ। (୫) ସହସ୍ର କର- ସୂର୍ଯ୍ୟ କିରଣ, ସହସ୍ର ହସ୍ତ। (୬) କଞ୍ଜଚରଣ- ପଦ୍ମଚରଣ, ମାନସ ଭ୍ରମର- ମନ ଭ୍ରମର। (୭) ମୃଦୁ-କୋମଳ, ମଧୁର। (୮) ଅର୍ଥୀଜନ ପ୍ରବର- ଜ୍ଞାନୀ, (୯) ଲିହି- ଲିଖିତ, ସାବର୍ଣ୍ଣ୍ୟ- ସମାନ ବର୍ଣ୍ଣଭାବ, (୧୦) ଜଡ଼ଜନ- ମୂର୍ଖ, ଖର-ଦୁଷ୍ଟ, ଚୂତାଙ୍କୁର- ଆମ୍ବ ବଉଳ।

ମଧୁମକ୍ଷି ଉଚ୍ଛିଷ୍ଟେ ଅମୃତାଦର ସୁରେ। କରନ୍ତି ଯେମନ୍ତ ସାଧୁଜନେ ସେ ପ୍ରକାରେ ହେ।୧୧। ଦୋଷ ଥିଲେ ରସ ବର୍ଷୁଁ କରିବେ ଆଦର। ଏଣୁ ଅତିଶୟ ସଂଶୟକୁ କରି ଦୂର ହେ।୧୨। ଏ ବିଚିତ୍ର ଚରିତ ରଚିତ ସୁମଧୁର। ଶ୍ରୁତି ବଦନରେ ପାନ କର ବୁଧ ନର ହେ।୧୩। ଦିନେ କଇଳାସେ ବସି ଏକାନ୍ତେ ଗଉରୀ। ପଶାରଙ୍ଗେ ରସିବାକୁ ସ୍ୱସଙ୍ଗେ ବିଚାରି ହେ।୧୪। ଏକ କନ୍ୟାଏ ଅଦ୍ଭୁତେ ମନୁ ଜାତ ହେଉ। ସୁଷମାରେ ସମରେ ତ୍ରିଲୋକରେ ନ ଥାଉ ଯେ ।୧୫। ଯେ ଜଗତଜନନୀ ସେ କଲା ମନୋରଥ। ଜାତ ଦିବ୍ୟ ସୁନ୍ଦରୀ କାହିଁକି ହେବ ବ୍ୟର୍ଥ ହେ ।୧୬। ଆଉ କି ପ୍ରଶଂସିବା ଉମାରୁ ଜନ୍ମ ଯାର। ଶାମୁକୁଁ ମୁକୁତା ଜାତ ହୋଇଲା ପ୍ରକାର ଯେ ।୧୭। ବାଞ୍ଛାରୁ ଉତ୍ପତ୍ତି ବାଞ୍ଛାବତୀ ନାମ ଦେଇ। ଖେଳେ ବଳାଇଲେ ମତି ଦୁହେଁ ବସି ତହିଁ ଯେ।୧୮। ଏ ସମୟେ ଶୁଭିଲା ଡମ୍ବରୁ ଘୋର ନାଦ। ପାର୍ବତୀ ମତିରେ ଜାତ ଏମନ୍ତ ବିଷାଦ ଯେ ।୧୯। ହର ନେତ୍ର ଗତ ଯେବେ ହେବ ଏ ଶୋଭାଙ୍ଗୀ। ଯଦି ସିନା ମୋହର ସୁଭାଗୀପଣ ଭାଙ୍ଗି ଯେ।୨୦। ବିଷବୃକ୍ଷ ସ୍ଥାପି ନାଶ କରିବାର ଦୋଷ। ଏ ସଂସାର ଆମ୍ଭ ଖେଳଘରର ସଦୃଶ ଯେ।୨୧। କିଛିକାଳ ଅଗମ୍ୟ ଅରଣ୍ୟେ ଏହି ଥାଉ। ଜନ୍ମାନ୍ତେ ପୁରୁଷ ସଙ୍ଗ ବିଳାସକୁ ପାଉ ଯେ।୨୨। ବଣଦେବୀ ଜଣକୁ ଏକାନ୍ତ ଆଜ୍ଞାଦେଲେ। ସେ ନେଇ ଘୋର କାନନେ ପୁରେକ ରଚିଲେ ଯେ।୨୩। ତହିଁ ରଖି କହିଲେ ଲଙ୍ଘିବୁ ଯେବେ ଦ୍ୱାର। କିଛିକାଳେ ପ୍ରାଣ ହତ ହୋଇବ ତୋହର ଯେ।୨୪। ଯେବଣ ପୁରୁଷ କର ଗ୍ରହଣ କରିବ। ଆନ ତନୁ ପ୍ରାପତିରେ ସେ ପତି ହୋଇବ ଯେ।୨୫। ଏତେ କହି ସେ ଦେବୀ ହୋଇଲା ତିରୋହିତ। ଗହନରେ ବାଞ୍ଛାବତୀ ଦିବ୍ୟପୁରେ ସ୍ଥିତ ଯେ।୨୬। ଏମନ୍ତରେ ଗଲା ତହିଁ କେତେ ସମ୍ବତ୍ସର। ପ୍ରଭାକର ନାମେ ଏକ କ୍ଷତ୍ରିୟ କୁମାର ଯେ।୨୭। ତପ ତା ଅକଥନୀୟ ଦିବ୍ୟନାରୀ ଶ୍ରଦ୍ଧେ। ପଞ୍ଚାଗ୍ନି ସ୍ଥାପନ କରେ ତପରତୁ ମଧ୍ୟେ ଯେ।୨୮। ପାବୃଟ କାଳରେ ଗୃହୋଦରକୁ ନ ଯାଇ। ଝଞ୍ଜାବାତ ଜଳାଘାତ କରକା

ଶବ୍ଦାର୍ଥ- (୧୧) ମଧୁମକ୍ଷୀ- ମହୁମାଛି, ଉଚ୍ଛିଷ୍ଟ- ଅଇଁଠା, ଅମୃତାଦର- ଅମୃତ ପରି ଆଦର, ସୁର- ଦେବତା, (୧୨) ସଂଶୟ- ସନ୍ଦେହ, (୧୩) ବୁଧ- ପଣ୍ଡିତ, (୧୫) ସୁଷମା- ସୌନ୍ଦର୍ଯ୍ୟ, ମନୁ- ମନରୁ, ସମରେ- ସମାନରେ, ତ୍ରିଲୋକ- ତିନିଲୋକ (ସ୍ୱର୍ଗ, ମର୍ତ୍ତ୍ୟ, ପାତାଳ)। (୧୬)ଶାମୁକୁଁ-ଶାମୁକାରୁ (୧୯) ଶୋଭାଂଗୀ-ସୁନ୍ଦରୀ (୨୭) ସମ୍ବତ୍ସର- ବର୍ଷ।

ସହଇ ଯେ ।୨୯। ଶୀତେ ଜଳଶାୟୀ ଭୂମିଶଯ୍ୟା ବସ୍ତ୍ରହୀନ। ମୃତ୍ତିକା ଶଙ୍କର ପୂଜା କରେ ପ୍ରତିଦିନ ଯେ ।୩୦। ସେ ସୁକୃତରାଶି ଆସି ଠୁଳ ହୋଇ ତାର। କେଦାରେଶ୍ୱର ଦର୍ଶନେ କଲା ବଳାତ୍କାର ହେ ।୩୧। ଯାଉଁ ଯାଉଁ ସେ ଅଗମ୍ୟ ଅରଣ୍ୟେ ମିଳିଲା। ରତ୍ନମୟ ପୁରଚାହିଁ ଚିତ୍ତରେ ଭାଳିଲା ସେ ।୩୨। କିନ୍ନର କିନ୍ନରୀ ବା କାହାର ଏଥିସ୍ଥିତି। ଦେଖିବା ବିଚାରୁଁ ଦେବେ ପ୍ରାଙ୍ଗଣେ ଯୁବତୀ ସେ ।୩୩। ଚନ୍ଦ୍ରକୁ ନିନ୍ଦା କରୁଛି ମୁଖହାସ କାନ୍ତି। ସାରଙ୍ଗକୁ ନିନ୍ଦୁଛି ନୟନ ଭୂରୁପନ୍ତି ଯେ ।୩୪। ନାସା ଓଷ୍ଠ ମଧ୍ୟ ନିନ୍ଦେ ତରୁଣ ହରିକି। ଅପବାଦ ଅପସରି ଲକ୍ଷ୍ୟ ଯେ ନାରୀକି ଯେ ।୩୫। ଅମର ସମ୍ପତ୍ତି ଲଭି ବିଲୋଚନ ମାତ୍ରେ। ନାରି ରୂପ ପିତୁଳା ଲେଖନ ହେଲା ନେତ୍ରେ ତା ।୩୬। ସେ ପ୍ରେମମଞ୍ଜରୀ ଶୋଭାପଞ୍ଜରୀ ହୋଇଲା। ପୁଂସ ନେତ୍ରେ ଖଞ୍ଜରୀଟ ତହିଁରେ ରହିଲା ଯେ ।୩୭। ରାମ ଶବ୍ଦ ବହୁ ବଚନରେ କଲା ଜପ। ରମା ବିପରୀତ ସେହିକାଳେ ବହି କୋପ ଯେ ।୩୮। ଶରୀର ମଧ୍ୟ ଲୋପକୁ ଶରୀର ମଧ୍ୟକୁ। ଯୋଖି ପ୍ରହାରିଲା ବିଚାରିଣ ତା ବଧକୁ ଯେ ।୩୯। ତାକୁ ସ୍ତୁତି କଲା ତୋ ନାରୀରେ ଇଚ୍ଛା ମୋର। ଭାବି କି ହେଉଛ ପର ଏ ଆନ ପ୍ରକାର ଯେ ।୪୦। ଜାଣ ନାହିଁ ଅଭିମାନ ବିଧାନମାନଙ୍କୁ। କହନ୍ତି ବିଧୁ ଚନ୍ଦ୍ରମା ବିଷ୍ଣୁ କର୍ପୁରକୁ ଯେ ।୪୧। ଏକାଳରେ ପୁଂସଠାରେ ରାମା ଦୃଷ୍ଟିପାତ। ଜନ୍ମ ଅନ୍ଧ ନୟନକୁ ଲଭିଲେ ଯେମନ୍ତ ଯେ ।୪୨। ମନମଥ ମଥନେ ଥରିଲା ହେଲା ଜାନୁ। ବଦମ୍ବକୋରକ ଶୋଭା ଲୁଟିକଲା ତନୁ ଯେ ।୪୩। ନେତ୍ର ବଡ଼ଶୀରେ ସେ ଧଡ଼ସି ଅନୁରୋଗେ। ପୁରୁଷ ମନ ମୀନକୁ ଧରି ନେଲା ବେଗେ ଯେ ।୪୪। ସେକାଳେ ସୁବେଣୀମଣି ଧୀବର ହୋଇଲା।

ଶବ୍ଦାର୍ଥ- (୨୯) ପ୍ରାବୃଟ- ବର୍ଷା, ଗୃହହୋଦର- ଘର ଭିତରକୁ, କାରକା- କୁଆପଥର, (୩୦) ଜଳାଶାୟୀ- ପାଣି ମଧ୍ୟରେ ପଶି, (୩୧) ସୁକୃତ ରାଶି- ଭଲ କାର୍ଯ୍ୟ। (୩୪) କାନ୍ତି- ସୌନ୍ଦର୍ଯ୍ୟ, ସାରଙ୍ଗ- ପଦ୍ମ, ହରିଣ, ଭ୍ରମର ପ୍ରଭୃତି, ଭୂରୁପନ୍ତି- ଚକ୍ଷୁଯୁଗଳ, ତରୁଣ ହରି-ବାଳସୂର୍ଯ୍ୟ, (୩୫) ହରି-ଚନ୍ଦ୍ର, (୩୬) ବିଲୋକନ- ଦେଖିବା(୩୭) ପୁଂସ- ପୁରୁଷ, ଖଣ୍ଡରୀଟ- କଜଳପାତି, (୩୮) ରାମ-ରାମା (ବହୁବଚନ), ରମା- ମାର (ଓଲଟା) କନ୍ଦର୍ପ, (୩୯) 'ଶରୀର'ରୁ ମଧ୍ୟ ପଦ ବାହାର କଲେ ହେବ 'ଶର'। (୪୧) ବିଧୁ- ଚନ୍ଦ୍ର, ଅଭିମାନ- ପ୍ରିୟଜନ, (୪୩) ମନମଥ- ମନ୍ମଥ (କନ୍ଦର୍ପ), ମଥନେ- ମନ୍ଥନ କରିବା, (୪୪) ବଡ଼ଶୀ- ବନ୍‌ଶୀ, ଧଡ଼ସୀ- ଶୀଘ୍ର।

ଉରଜ କୁବେଣୀ ସଂପୁଟରେ ପକାଇଲା ଯେ।୪୫। ସେ ସମୟେ ପୁରୁଷ କହିଲା ଯୋଡ଼ି କର। ହେ ରସ ଉଦୟା ସୁହୃଦୟା ଦୟା କର ହେ।୪୬। ତପତ ତପନୀୟାଙ୍ଗୀ ତପଫଳ ମୋର। ଦ୍ରହସିତେ ଈକ୍ଷିତେ ସଫଳ କରିକର ଯେ।୪୭। ଅତି ଦୀନ କ୍ଷୀଣ ହୀନ ମୁଁ ମଦନ ଶରେ। ରକ୍ଷା କର କକ୍ଷ କରି କୁଟିଳାକ୍ଷାବକ୍ଷରେ।୪୮। ଏ ବଚନେ ସୀଉକାର କଟାକ୍ଷେ ଆଣିଲା। ରସିକା ଭଜିଲା ଭାବ ରସିକ ଜାଣିଲା।୪୯। ଏକେ ତ ଏକାନ୍ତ ଦୁଜେ ତରୁଣ ତରୁଣୀ। ଭେଟ ଯାହା ଲୋଡ଼ୁଥାଇ ଫୁଲ ଧନୁପାଣି ଯେ।୫୦। ପଞ୍ଚବିଶିଖକୁ କେତେ ଲକ୍ଷ୍ୟ ଅବା କଲା। ଭଲା ଲକ୍ଷ୍ୟ ନାଗର ନାଗରୀ ହୃଦ ହେଲା।୫୧। ପୁରୁଷ ନିକଟ ଲଭିବାକୁ କୃଶକୀଟ। ଭାଗବତୀ ମନେ କରି ଅଇଲା ପାଛୋଟି। ୫୨। ଯୁବା ଦେହ ବହି ଏ ଉତ୍ସକୁ ବଡ଼ କରି। ଉତ୍ସବ ଭୋଗ କାହିଁଛି କେ କହୁ ବିଚାରି।୫୩। ଦଇବେ ଦେହଲା ବଳି ତ୍ରିବଳୀ ଶୋଭିତା। ଆଲିଙ୍ଗନ କଲା ପୁଂସ ହୋଇଣ ଲୋଭିତା।୫୪। ଚୁମ୍ବିବାବେଳକୁ ମୁଖରାଜୀବ ତାହାର। ଜୀବହୀନ ହୋଇ ତାହା ରହିଲା କଳେବର।୫୫। ଚାହିଁ ତରୁଣ ଅରୁଣ ଓଷ୍ଠୀର ଏ ରୀତି। ବଦନ ପବନ କେତେ ଦଉ କଲା ଶ୍ରୁତି ଯେ।୫୬। ଲୋତକ ଜଳରେ ଆଗ ଧୋଇ ଦେଲା ମୁଖ। ବୋଇଲା ମୁଁ ମରି ଦେଖିଲି ଏତେ ଦୁଃଖ।୫୭। ଏ ସମୟେ ଶୁଭିଲା ଅମ୍ବରୁ ଏହି ବାଣୀ। ଗଙ୍ଗା ସାଗର ସଙ୍ଗମେ ଝାସ ପୁଂସମଣି।୫୮। ଏ ବଲ୍ଲଭୀକୁ ଲଭିବୁ ନୃପସୁତ ହୋଇ। ଅନଳରେ ନ ଦହି ସେଠାରେ ଯାଅ ଥୋଇ।୫୯। ଏ ବଚନେ ସନ୍ତାପକୁ କିଛି ଶାନ୍ତି କଲା। ବଙ୍ଗଦେଶେ ଯାଇ ଗଙ୍ଗାସାଗରେ ଝାସିଲା।୬୦।

ଶବ୍ଦାର୍ଥ- (୪୫) ଉରଜ-ସ୍ତନ, ସୁବେଣୀ- ସୁନ୍ଦର କେଶ, କୁବେଣୀ-ଖୋଳୋଇ, ସଂପୁଟ-ଫରୁଆ, (୪୬) ରସଉଦୟା-ରସସୃଷ୍ଟିକାରୀ ନାରୀ। (୪୭) ତପତ- ତପ୍ତ (ତାପପୂର୍ଣ୍ଣ), ତପନୀୟାଙ୍ଗୀ- ସୁବର୍ଣ୍ଣ ପରି ଝଟକୁଥିବା ଶରୀର, ଦ୍ରହସିତ- ଦର ହସିତ, (୪୮) କକ୍ଷା- ପ୍ରତିଯୋଗୀ, କୁଟିଳାକ୍ଷା- ବକ୍ର ନେତ୍ରୀ, (୪୯) ସିଉକାର- ସ୍ୱୀକାର, (୫୦) ଦୁଜେ- ଦ୍ୱିତୀୟରେ, ଫୁଲଧନୁ ପାଣି- ଫୁଲଧନୁଧାରୀ ବୀର, (୫୧) ପଞ୍ଚବିଶିଖ-କାମଶର, (୫୨) କୃଶକଟୀ- କ୍ଷୀଣକଟୀ, ଭାବବତୀ- ଭାବପୂର୍ଣ୍ଣା ନାରୀ, (୫୪) ଦେହଲା-ଦ୍ୱାରବନ୍ଧ, ତ୍ରିବଳୀ ଶୋଭିତା- ତିନିପ୍ରକାର ଭଙ୍ଗୀରେ ଶୋଭାପୂର୍ଣ୍ଣା, (୫୫) ମୁଖରାଜୀବ-ପଦ୍ମମୁଖ, (୫୬) ଅରୁଣ ଓଷ୍ଠୀ- ରକ୍ତିମ ଅଧର ଯେଉଁ ନାରୀର, ବଦନପବନ- ମୁହଁରେ ଫୁଙ୍କିବା। (୫୮) ଅମ୍ବରୁ- ଆକାଶରୁ, (୫୯) ବଲ୍ଲଭୀ- ସ୍ତ୍ରୀ।

କର୍ଣ୍ଣାଟ ଦେଶରେ କାଞ୍ଚନାମେ ନଗ୍ରସାର। ଶଶିଶେଖର ନାମରେ ତହିଁ ନରେଶ୍ୱର।୬୧। ଶଶିରେଖା ନାମେ ତା'ର ଯେ ପଟ୍ଟମହିଷୀ। ପୁତ୍ରାର୍ଥେ ଅନେକ ବ୍ରତେ ତୋଷି କାଶୀବାସୀ।୬୨। ତା ଉଦର ଆକାଶରେ ପ୍ରକାଶ ହୋଇଲା। ଅକଳଙ୍କ କଳାନିଧି ପରାୟେ ଶୋହିଲା।୩୬। ଆହାଲାଦେ ଚନ୍ଦ୍ରଭାନୁ ତେଜ ଭାବିକରି। ଚନ୍ଦ୍ରଭାନୁ ନାମ ଦେଲେ ବିଚାରି ବିଚାରି।୬୪। ବେଦ ବେଦାନ୍ତେ ବିଧାତା ବ୍ୟାକରଣେ ହର। ସଙ୍ଗୀତରେ ନାରଦ ଶୃଙ୍ଗାର ଶାସ୍ତ୍ର ମାର।୬୫। କବିପଣେ ଗଣେଶ ଜ୍ୟୋତିଷ ବୃହସ୍ପତି। ଅଶ୍ୱାରୋହେ ମିହିର ଭୈରବୀ ପରାଗତି। ମନୁର୍ଦ୍ଧରେ ଅର୍ଜୁନ ଗଦାରେ ବୃକୋଦର। ଦାନୀରେ କର୍ଣ୍ଣ ମାନୀରେ କୁରୁ ଦଣ୍ଡଧର।୬୭। ବଳିଷ୍ଠରେ ବାଳୀ ଧାର୍ମିକରେ ଯୁଧିଷ୍ଠିର। ସୁନ୍ଦର ପଣରେ ତାଙ୍କୁ ସେହି ପଟାନ୍ତର। ୬୮। ମନ୍ତ୍ରୀ ଜ୍ୟୋତିଷ ସାଧୁତ ପୁରଧା କୁମର। ନାମ ଗୁଣନିଧି ବସନ୍ତକ ପୁରନ୍ଦର।୬୯। ରତ୍ନଧ୍ୱଜ ସହିତ ଏ ଚାରି ମିତ୍ର ହିତ। ନିଶି ଦିନ ଭିନ୍ନ ନୋହେ ଏହାଙ୍କ ସଙ୍ଗତ।୭୦। ହେ ରାମକୃଷ୍ଣ ସୁନ୍ଦର କଳାପ ମଣ୍ଡନ। ରାଧାପତି ରୁଚିହାସ ଅଘ ବିନାଶକ।୭୧। ଉପଇନ୍ଦ୍ର ଭଞ୍ଜ ବୀରବର ମନୋରଥ। ଏ ଗୀତ ପୂର୍ଣ୍ଣ ହେବାରେ କର ଏହା ସାର୍ଥ ଯେ।୭୨।

■

ଶବ୍ଦାର୍ଥ- (୬୧) ନରେଶ୍ୱର-ରାଜା, (୬୨) ପଟ୍ଟମହିଷୀ-ପାଟରାଣୀ, (୬୩) କଳାନିଧି- ଚନ୍ଦ୍ର, ଚନ୍ଦ୍ରରେ କଳଙ୍କ ଅଛି, (୬୪) ବିଧାତା- ବ୍ରହ୍ମା, ଆହାଲଦେ- ଆହ୍ଲାଦରେ (ଆନନ୍ଦରେ) (୭୦) କଳାପମଣ୍ଡନ-ମୟୂର ପୁଚ୍ଛଧାରୀ, (୭୧) ଅଘ- ପାପ, ରୁଚିହାସ- ସ୍ମିତହାସ୍ୟ।

ଦ୍ୱିତୀୟ ଛାନ୍ଦ
ଲାବଣ୍ୟବତୀର ଜନ୍ମ ପ୍ରସଙ୍ଗ
(ରାଗ- ପଚ୍ଚହ ମଞ୍ଜରୀ)

ଶୁଣ ହେ ସୁଜନେ ରସ କର୍ଣ୍ଣ ମନ ଲୋଭା। ରତ୍ନାକର ମଧରେ ସିଂହଳ ଦ୍ୱୀପ ଶୋଭା ଯେ।୧। କହିବାର ନୋହେ ସେ କଟକ ଛଟକକୁ। ରତନ ଝଟକ ହସେ ଆନ କଟକକୁ।୨। ଅଛନ୍ତି ଧନଦ ସମ ଧନବନ୍ତମାନେ। କର୍ଣ୍ଣେ ଶୁଣାଅଛି ସମାନକୁ ଏକା ଦାନେ ଯେ।୩। ଯେତେ କୋଟି ସୁବର୍ଣ୍ଣ ଯାହାକୁ ମିଳେ ତହିଁ। ତେବେ ଗୋଟି କଳସ ସେ ମନ୍ଦିରେ ବସାଇ ଯେ।୪। ଗୋରାଚନା ପ୍ରକାରେ ଯହିଁରେ ମୃଗମଦ। ନିତି ଜୀର୍ଣ୍ଣବସନକୁ ବିକନ୍ତି ପୁଳିନ୍ଦ ଯେ।୫। କୁଙ୍କୁମ ଉକୁଟାଇ ହୁଅନ୍ତି ନାରୀ ଯହିଁ। ହରିଦ୍ରାରେ ଆଦର କରିବେ କାହିଁପାଇଁ ଯେ।୬। ମାର୍ଗ ମାର୍ଜନେ ରଜନିକର ଆଣି ଯାଇ। ରଜନୀକର ଆଣନ୍ତି ଶକଟରେ ବହି ଯେ।୭। ହରିତକୀ ପାଇଁ ତିଆରିଲେ ବୈଦ୍ୟକୁଳ। ଭାରବାହେ ଭାରରେ ଆଣନ୍ତି ଜାତିଫଳ ଯେ।୮। ଶବରୀ ଶର୍ବରୀ ଶେଷୁଁ ଅରଣ୍ୟକୁ ଯାଇ। ହରି ବିଦାରିତ - କରି ମୋତି ପଡ଼ିଥାଇ ଯେ।୯। ବଦରୀ ଆଦରି ନେଇ ସରୋବରେ ଧୋଇ। ବିକା ତା ନଯିବ ବୋଲି ଆସନ୍ତି ପକାଇ ଯେ।୧୦। ଖଣ୍ଡପରଶୁ - ଧାରଣପୁର ପରିଷ୍କାରେ। ନ ଦହନ୍ତି ଶାମୁକ ମୁକତା ବିହୀନରେ ଯେ।୧୧।

ଶବ୍ଦାର୍ଥ- (୧) ରତ୍ନାକର- ସମୁଦ୍ର, (୨) କଟକ- ରାଜଧାନୀ, (୩) ଧନଦ ସମ- କୁବେର, ଛଟକ- ଶୋଭା, ଝଟକ-ତେଜ, (୫) ଗୋରୋଚନା- ଗୋ ନାଭିରୁ ନିର୍ଗତ ହଳଦିଆ ବର୍ଣ୍ଣ ପଦାର୍ଥ, ପୁଳିନ୍ଦ- କେଳା, ମୃଗମଦ-କସ୍ତୁରୀ, ଜୀର୍ଣ୍ଣବସନ-ପୁରୁଣା ଲୁଗା, (୬) ହରିଦ୍ରା- ହଳଦୀ, (୭) ମାର୍ଗ ମାର୍ଜନ- ରାସ୍ତା ଓଳାଇବା, ରଜନି କର-ଧୂଳି ସମୂହ, ବାଲିଆ ମାଟି, ରଜନୀକର- କର୍ପୂର, ଶକଟ- ଶଗଡ଼, (୮) ହରିତକୀ-ହରିଡ଼ା, ଭାରବାହେ- ବୋହି ଆଣୁଥିବା ଲୋକ, ଜାତିଫଳ- ଜାଇଫଳ, (୯) ଶର୍ବରୀ- ରାତି, ହରି-ସିଂହ, କରୀ-ହାତୀ, (୧୦) ବଦରୀ-ବରକୋଳି, (୧୧) ଖଣ୍ଡ ପରଶୁ- ଏକ ପ୍ରକାର ଅସ୍ତ୍ର, ଦହନ୍ତି- ପୋଡ଼ନ୍ତି।

ଯେଉଁ ହେମ କମନୀୟ କାମକରେ ହୋଇ। ସେ ଗ୍ରହଣୁ ବାରବାନେ ଦୃକପାତ ନାହିଁ ଯେ।୧୨। ଶିଶୁକାଳୁ ମୋଧାବିନୀ ମଦନ ଶଳାକା। ଭକ୍ଷନ୍ତି ଲବଙ୍ଗ ନାଗବଲ୍ଲୀ ଦଳ ଏକା ଯେ।୧୩। ଏଣୁ କଣ୍ଠରୋଧ ବାଧାହୀନ ଦିବ୍ୟ ତାନ। ଶିଖି ବିଷ୍ଣୁ ଚରିତ କରନ୍ତି ଭ୍ରମିଗାନ ଯେ।୧୪। ଗଜ ହୟ ଉପଜୀବୀ ଭ୍ରମନ୍ତି କେଦାରେ। ମାରାଗ ଜ୍ୟୋତିକି କରି ଜବସ ମନରେ ଯେ।୧୫। ବାସକରେ ଗ୍ରହଣ କରନ୍ତି ଯହିଁ ମଚ୍ଛ। ଭାବନ୍ତି ଏହି ପଥରେ ପଥରେକ ସ୍ୱଚ୍ଛ ଯେ।୧୬। ବଜ୍ର ଜାତି ବିନା ଗଜ ନ ଆଣନ୍ତି ବିନୁ। ଅଶ୍ୱଶାଳେ ବନ୍ଧା ନୋହେ ସିନ୍ଧୁଜାତ ବିନୁ ଯେ।୧୭। ମୂଷିକରେ ନେପାଳୀ ପାଳନା ସୁଆଦରେ। ଗନ୍ଧମାର୍ଜ୍ଜାର ପୋଷିତ ବିଡ଼ାଳ ପଦରେ ଯେ।୧୮। ମାଳିଆଳି-ଦକ୍ଷିଣାବର୍ତ୍ତକ ବିନା କମ୍ବୁ। ନ ଘେନନ୍ତି ଦେବାକୁ ହର ଚରଣେ ଅମ୍ବୁ ଯେ।୧୯। ଏକମୁଖୀ ରୁଦ୍ରାକ୍ଷ ଗ୍ରହଣ ଯୋଗୀକର। ବାଳକେ କିଣନ୍ତି ଦ୍ରାକ୍ଷା କେବଳ କୋଳିରେ ଯେ।୨୦। ଖଡ୍‌ଗ ଚର୍ମ ଆଢ଼େଣୀ ଧାରଣ ନପାଇ। ଖଡ଼ଗ ଚର୍ମରୁ ଆନ ଚର୍ମ ନ ଯୋଗାଇ ଯେ।୨୧। ଯହିଁ ବ୍ରହ୍ମଜାତି ବଜ୍ର କବଚ ମିଳଇ। ବଜ୍ର କବଚରେ ଅନୁରାଗ ଥିବ କାହିଁ ଯେ।୨୨। ପଦ୍ମିନୀ ଜନମ ସ୍ଥାନ ପଦ୍ମାକର ପୁରୀ। ଆନ ଜାତି ନାରୀଏ ଯହିଁରେ ପରିଚାରୀ ଯେ।୨୩। କିନ୍ନରୀ ଗୀତ ଶ୍ରବଣ ଯହିଁ ନିତି ନିତି। ମହୀ ମଧ୍ୟେ ସ୍ୱର୍ଗ ଯେ ହୋଇଛି ଉତପତ୍ତି ଯେ।୨୪। ସେ ନଗର ନରବର ନାମ ରତ୍ନେଶ୍ୱର। ବିଦ୍ୟୁଲତା ନାମେ ପଟ୍ଟମହିଷୀ ତାହାର ଯେ।୨୫। ପଞ୍ଚଶର ସମେ ପଞ୍ଚସୁତ କଳାଜାତ। ଦିବ୍ୟକୁମାରୀ ପ୍ରାପତେ କରେ ନାନା ବ୍ରତ ଯେ।୨୬। ଚୈତ୍ର ମଙ୍ଗଳବାରରେ ଆରମ୍ଭି ପୂଜାକୁ। ପଞ୍ଚମ ପାଳିରେ ତୋଷ କଲେ ଗିରିଜାଙ୍କୁ ଯେ।୨୭।

ଶବ୍ଦାର୍ଥ- (୧୨) ହେମ-ସୁନା, କମନୀୟ-ସୁନ୍ଦର, ବାରବାନ-ନକଲିସୁନା, ଦୃକ୍‌ପାତ-ଦୃଷ୍ଟିପାତ, (୧୩) ମୋଧାବିନୀ- ବୁଦ୍ଧିମତୀ, ମଦନଶଳାକା-କୋଇଲି, ଶୁଆଶାରୀ, ନାଗବଲ୍ଲୀ ଦଳ-ପାନପତ୍ର, (୧୪) ଦିବ୍ୟତାନ-ମଧୁରସ୍ୱର, (୧୫) ଗଜ-ହାତୀ, ହୟ-ଘୋଡ଼ା, ଉପଜୀବୀ-ବୃତ୍ତି, ମାରାଗ-ମର୍କତମଣି, ଜବସ-ଘାସ, (୧୬) ବାସକରେ-ବାସ୍ନାରେ, ମଚ୍ଛ-ମାଛ, (୧୭) ବ୍ରଜଜାତି- ସୁଲକ୍ଷଣବନ୍ତ, (୧୮) ଗନ୍ଧମାର୍ଜ୍ଜାର- ଶାଳିଆପତନୀ, ସୁଆଦରେ- ଉତ୍ତମ ଆଦର ସହିତ, ବିଡ଼ାଳ-ବିରାଡ଼ି, (୧୯) ମାଳିଆଳି- ମାଳିଘର ସ୍ତ୍ରୀମାନେ, କମ୍ବୁ-ଶଙ୍ଖ, ଅମ୍ବୁଜ-ଜଳ, (୨୦) ଦ୍ରାକ୍ଷା-ଅଙ୍ଗୁର,(୨୧) ଚର୍ମଆଢ଼େଣୀ-ଚମର ଢାଲ, (୨୩) ପରିଚାରୀ-ଚାକରାଣୀ, (୨୬) ପଞ୍ଚସର-କନ୍ଦର୍ପ (୨୭) ଗିରିଜା- ପାର୍ବତୀ (ପର୍ବତରୁ ଜାତ- ହିମାଳୟଙ୍କ କନ୍ୟା)

ବାଞ୍ଛାବତୀ ପିଣ୍ଡ ଥିଲା ଅଗମ୍ୟ କାନନ। ଆପଣେ ଅମ୍ବିକା ଯାଇ କଲେ ସଂଜୀବନ ଯେ।୨୮। ବୋଇଲେ ସୁନ୍ଦରୀ ହୁଅ ତୁ ରସାଳ ଫଳ। ଆଜ୍ଞା ଅବଧାରିଲା ସେ ରାମା ତତକାଳ ଯେ।୨୯। କରେ ଘେନି ସ୍ୱପ୍ନାଦେଶେ ମହୀଦେବୀ କରେ। ଦେଇଗଲେ ସେ ଆମ୍ରକୁ ପାର୍ବତୀ ସତ୍ୱରେ ଯେ।୩୦। ଚେତି ଯୁବତୀ ଦେଖିତ ହସ୍ତେ ଅଛି ଚୂତ। ଭକ୍ଷ ମୃଗାକ୍ଷୀ ନାୟକ ସଙ୍ଗେହେଲା ରତ ଯେ।୩୧। ଶୁଭବେଳେ ଗର୍ଭ ଦର୍ଭହାସୀ ଶୁଭ୍ରକେଶୀ। କେତେ ଦିନେ ଶୋଭାତାର ଆନ ଆନ ଦିଶି ଯେ।୩୨। କାନ୍ତି ସୁବର୍ଣ୍ଣେ ଦୋହଦ ପାରଦ ମିଶିଲା। ରଜତ ପିତୁଳା ତୁଲ୍ୟ ଅବଳା ଦିଶିଲା ଯେ।୩୩। କ୍ଷୀଣ ଯାଇଁ ପୀନ ହେଲା ରେକସଂଖ୍ୟା କଟୀ। ଖସି ନିତମ୍ବ - ବିମ୍ବକୁ ଆଶ୍ରେ କଲା ଶାଟୀ ଯେ।୩୪। ବେଶରେ ଆବେଶ ହେବା କ୍ରମଶେ ତୁଟିଲା। ଆହାରେ ବିମନା ହୋଇ ଗମନେ ଫୁଟିଲା ଯେ।୩୫। ବାହାରେ ହୋଇଲା ପତି ବିହାରକୁ ମତି। ମହିଳା ମହୀ ଶୟନେ ବଳାଇଲା ପ୍ରୀତି ଯେ।୩୬। ଦିବ୍ୟ ରୁଚିକି ରୁଚିଲା ମୃତ୍ତିକା ଭକ୍ଷଣ। ଚଞ୍ଚଳ ଚଳନମାନ ଛାଡ଼ିଲା ଈକ୍ଷଣ ଯେ।୩୭। ପୃଥୁରୋମା ନୟନୀ ଉଦର ପୃଥୁତର। ଅତି ଶୋଭା ନାଭି ଲେଉଟିଲା ପରକାର।୩୮। ନିଷ୍ପ୍ରଭ ଦିଶିଲା ଓଷ୍ଠ ତୁଟି ଯାଇ ରଙ୍ଗ। ଘନ ଘନ ଜୃମ୍ଭା ପୁନଃ ପୁନଃ ମୋଡ଼େ ଅଙ୍ଗ ଯେ।୩୯। ଶ୍ୟାମଳ କୋମଳ ଅଙ୍ଗା ସ୍ତନଅଗ୍ର ବହି। ହରଧର ଶୃଙ୍ଗେ ଜଳଧର ପରା ଶୋହି ଯେ।୪୦। ଦଶମାସ ଶେଷ ରସବତୀ ଅଶକତ। ଉତ୍ତମ ଲଗ୍ନ ମଗ୍ନରେ ସୁତା ପ୍ରସବିତ ଯେ।୪୧। କବି ବିଚାରି କି ଚାରିମୁଖ ସଙ୍ଗେ ବାଦ। ଆଚରି ମଦନମହୀପତି ବହି ମଦ ଯେ।୪୨।

ଶବ୍ଦାର୍ଥ- (୨୮) ସଜୀବନ-ଜୀବଦାନ, (୨୯) ରସାଳ-ଆମ୍ବ, ଅବଧାରିଲା-ସମ୍ପୂର୍ଣ୍ଣ ଜ୍ଞାନରେ ଆଦେଶ ଦେଲା, (୩୧) ଚୂତ- ଆମ୍ବ, ମୃଗାକ୍ଷୀ- ମୃଗ ଭଳି ଆଖି, (୩୨) ଦର୍ଭହାସୀ- ଅଟ୍ଟହାସୀ, (୩୩) ଦୋହଦ- ଗର୍ଭର ଇଚ୍ଛା, ରଜତ-ରୁପା, ପୀନ-ମୋଟା, (୩୪) ରେକସଂଖ୍ୟା କଟୀ- ସରୁ ଅଣ୍ଟା, ଶାଟୀ- ଶାଢ଼ି, ନିତମ୍ବ-ପିଚା, (୩୭) ଦିବ୍ୟରୁଚି- ଭଲଖାଦ୍ୟ, ଈକ୍ଷଣ-ଦୃଷ୍ଟି, (୩୮) ପୃଥୁରୋମା ନୟନୀ- ମୀନ ନୟନୀ, ଉଦର-ପେଟ, ପୃଥୁତର-ମୋଟା, (୩୯) ନିଷ୍ପ୍ରଭ- ହୀନପ୍ରଭ, ଜୃମ୍ଭା-ହାଇ, ହରଧର-ଶିବଙ୍କୁ ଧାରଣ କରିଥିବା ଶୃଙ୍ଗ, ଜଳଧର-ମେଘ, (୪୧) ସୁତା-କନ୍ୟା, (୪୨) ଚାରିମୁଖ-ବ୍ରହ୍ମା, ମଦନ-ମହୀପତି-କନ୍ଦର୍ପ, ମଦ-ଗର୍ବ।

ଉଦର ଶୋଭା ଉଦଧି ମନ୍ଥିଲା ଉଦ୍‌ବେଗ। ଉରଜ ମନ୍ଦରୁ ବଳି ସର୍ପରଜ୍ଜୁ ଯୋଗେ ଯେ।୪୩। ତହିଁରୁ ଜାତ ଜାଗତମୋହିନୀ ସ୍ୱଭାବେ। ଅବଶ୍ୟ ହୋଇବେ ହର ତପେ ଭଙ୍ଗ ଏବେ ଯେ।୪୪। ଧାତ୍ରୀ ଧରିତ୍ରୀଭୂଷାକୁ ନାଭିଚ୍ଛେଦ କରି। ଗଣକଗଣେ ବସିଣ ଜାତକ ବିଚାରି ଯେ।୪୫। ସୂତିକା ଗୃହରେ ଯେତେ ବିଧି ଶେଷ କଲେ। ଏକବିଂଶ ଦିନେ ଦୋଳିଶୟନ ବିହିଲେ ଯେ।୪୬। ଆସିଥିଲେ ବ୍ରହ୍ମଋଷି ଶୋଭାରାଶି ଚାହିଁ। ବିଚାରିଲେ କେତେ କଷ୍ଟଶ୍ରମ କଲା ବିହି ଯେ।୪୭। ମୁଖ ହେବ ଏମନ୍ତ ବିଚାରି ପଦ୍ମବିଧୁ। ହସ୍ତବାଳା କରି ଆଗୁ ବଢ଼ିଗଲା ସାଧୁ ଯେ।୪୮। ତହୁଁ ବାସ ଆହାଲାଦ ଦର୍ପଣରୁ ଝଳି। ଲହରୀରୁ କୁଟିଳ ଅଞ୍ଜନପୁଞ୍ଜ କାଳୀ ଯେ। ୪୯। କୁରଙ୍ଗରୁ ତରଙ୍ଗ ବିଦ୍ରୁମ ରଙ୍ଗ ହରି। ଲବଣୀ ଶିରୀଷରୁ କୋମଳ ବଳେ ତୁଳି ଯେ।୫୦। ସୁବର୍ଣ୍ଣର ବର୍ଣ୍ଣ ଗତି ହଂସଠାରୁ ଗତି। ଏ ରୂପେ ଉପମାବର୍ଗ ଯେତେକ ଅଛନ୍ତି ଯେ।୫୧। ବିହି ସବୁଠାରୁ ସାର ସାର ଭାଗ ଆଣି। ପୁରଟ ପ୍ରତିମା ପରି ରଚିଲା ରମଣୀ ଯେ।୫୨। କବି ଯେତେ ଥିଲେ ସୀଉକାର ତା ନ କଲେ। ବିଧାତା ବିଧାନୀ କାହୁଁ ଏ ହେବ ବୋଇଲେ ଯେ।୫୩। ଦେଖ ପଦ୍ମ ଲପନ ଶୋଭାକୁ ଯାର ହାରି। ଚରଣ ତଳେ ଶରଣ ପଶିଅଛି ଡରି ଯେ।୫୪। ପଦ୍ମଜାତ ସିନା ବିଧି ବିହିଲା କେମନ୍ତେ। ଏମନ୍ତ ସମ୍ମତ ହେଲା ସମସ୍ତଙ୍କ ଚିତ୍ତେ ଯେ।୫୫। ସର୍ବ ମତେ ସର୍ବ ଶୋଭାସ୍ଥାନ ବୋଲି ବାଳୀ। ଲାବଣ୍ୟବତୀ ନାମକୁ ଦେଲେ ଭଳି ଭାଳି ଯେ।୫୬। ବଳକ୍ଷ ପକ୍ଷର କଳାକର କଳାପରି। ଦିନୁ ଦିନୁ ଶୋଭା ବୃଦ୍ଧି ନରେନ୍ଦ୍ର କୁମାରୀ ଯେ।୫୭। କେତେଦିନ ଉଭା ଭିତ୍ତି ଧରି ବିମ୍ବାଧରୀ। କରୀ ଗମନରେ ପୁଣି ମହୀ ଶୋଭା କରି ଯେ।୫୮।

ଶବ୍ଦାର୍ଥ- (୪୩) ଉଦଧି-ସମୁଦ୍ର, ଉରଜ-ସ୍ତନ, ସର୍ପରଜ୍ଜୁ- ସର୍ପ ଦଉଡ଼ି, (୪୫) ଧାତ୍ରୀ-ଗାଈ, ଭୂଷା-ଶୋଭା, (୪୮) ପଦ୍ମବିଧୁ-ଚନ୍ଦ୍ର, (୪୯) ଆହାଲାଦ- ଆହ୍ଲାଦ (ଆନନ୍ଦ), ଅଞ୍ଜନପୁଞ୍ଜ- କଜ୍ଜଳ ରାଶି, (୫୦) କୁରଙ୍ଗ- ହରିଣ, ତୁଳି- ତୁଳନାକରି, ତରଙ୍ଗ- ଚାହାଣି ଢଙ୍ଗ, ବିଦ୍ରୁମ- ପୋହଳାରଙ୍ଗ, ହରି-ହରଣ କରି, (୫୨) ସୀଉକାର- ସ୍ୱୀକାର, ପୁରଟ-ସୁବର୍ଣ୍ଣ, ଲପନ-ମୁଖ, (୫୭) ବଳକ୍ଷ ପକ୍ଷ- ଶୁକ୍ଳପକ୍ଷ, କଳାକର-ଚନ୍ଦ୍ର, (୫୮) ବିମ୍ବାଧରୀ- ବିମ୍ବପରି ଅଧର ଯେଉଁ ନାରୀର, କରୀ-ଗଜ, ଉଭା- ଠିଆ, ଭିତ୍ତି- କାନ୍ଥ।

ରଜନୀକର ବଦନା ରଜନିକରରେ। କରଇ ଖେଳା ରଚନା ଶିଶୁଙ୍କ ସଙ୍ଗରେ ଯେ।୫୯। ରବି ରଥ ରଖେ ବଶ ହୋଇ ତା ସୁଷମେ। ଏଣୁ କରି ଦୀର୍ଘଦିନ ଜାଣିଲି ଗ୍ରୀଷମେ ଯେ।୬୦। ବିଶ୍ୱସୃକ ବିଶ୍ୱକର୍ମା ଶିଳ୍ପୀ ହୋଇ ଗୋପ୍ୟେ। ନିର୍ମାଣ ବାରଣଦନ୍ତ ପିତୁଳା ତା ରୂପେ ଯେ।୬୧। ଉପି ଲେପି କୁଙ୍କମ ଦିଅନ୍ତି ନେଇ କରେ। ହେବ ବି ନୋହିବ ସମ ଏମନ୍ତ ଶଙ୍କାରେ ଯେ।୬୨। ମନକୁ ନ ଆସି ଆରଦିନ ଚିତ୍ରକର। ହୋଇ ଚିତ୍ତେ ବିଚିତ୍ର ଲେଖନ୍ତେ ଶୋଭା ତା'ର ଯେ।୬୩। ତଥାପି ସୁଷମା ସମା ପ୍ରତିମା ନୋହିଁ। ଶୋଭାକୁ ବର୍ଣ୍ଣନ୍ତି କବି ବୃତ୍ତ କରି ତହିଁ ଯେ।୬୪। ଏମନ୍ତ ଯଶ ଜେମାର ଜଗତେ ଶୁଭିଲା। ଯୋଗୀଜନ ମୋହନାସ୍ତ୍ର ମାର ଭିଆଇଲା ଯେ।୬୫। ଏ ବିଚାରେ ମହେଶ ପାଷାଣ ହେଲେ କିବା। ଯୁବା ହେବାଯାଏ ଆଉ ଶରୀରେ ନ ଥିବା ଯେ।୬୬। ପଢ଼ାଶୁକେ ଶିଳା ଧୂପ କୋକିଳେ ବରଷା। ହୋଇଲା ପାଠ ପଠନ କାଳ ମୃଧୁଭାଷା ଯେ।୬୭। ସରସ୍ୱତୀ ଗୋଚରରେ ବିଦ୍ୟା ଥିଲା ଯେତେ। ଦେଲେ କହି ସେ ଦ୍ୱନ୍ଦ୍ୱ ତୁ ନ କରିବୁ ମୋତେ ଯେ।୬୮। ଲଜ୍ଜା ପଟ୍ଟମହିଷୀକି ଘେନି ଯଉବନ। ରାଜା ଆସି ଆକର୍ଷିଲା ଅଙ୍ଗ ଦେଶମାନ ଯେ।୬୯। ପାତ୍ର ମନ୍ତ୍ରୀ ଜଘନ ଉରୁସତ୍ୟ। ଶାଢ଼ି ପାଇ ଏମାନେ ହୋଇଲେ କୃତକୃତ୍ୟ ଯେ।୭୦। କୁଚଅଙ୍କୁରିବାରେ ବସନ ଉଠିଦିଶେ। ହୃଦୟବେଦୀରେ ଅଭିଷେକ କୁମ୍ଭ କି ସେ ଯେ।୭୧। ଏ ସମୟେ ମାହୁନ୍ତ ସୁନ୍ଦରୀ ମତ୍ତକାରୀ। ଅନ୍ତଃପୁର ଟୋପରେ ରଖିଲା ବେଳେ ଧରି ସେ।୭୨। ନେତ୍ରାଞ୍ଚଳରେ ଚଳ ପରକାଶ ହେଲାଆସି। ଚତୁରୀ ବଳି ଚାତୁରୀମାନଙ୍କୁ ପ୍ରକାଶି ଯେ।୭୩। ଏ ପ୍ରତୀତ ଯୁବାଜିତ ଇଚ୍ଛାକରୀ ଭୀରୁ। ଶରବିନ୍ଧି ଶିଖେ କି ସଂସାର ଗୁରୁଠାରୁ ଯେ।୭୪।

ଶବ୍ଦାର୍ଥ- (୫୯) ରଜନୀ କର- ଚନ୍ଦ୍ର କିରଣ, ରଜନିକର- ଧୂଳିମୁହଁ, (୬୦) ସୁଷମେ- ସୌନ୍ଦର୍ଯ୍ୟରେ, (୬୧) ବିଶ୍ୱସୃକ-ବ୍ରହ୍ମା, (୬୨) ଉପି-ଚିକ୍କଣ କରି, (୬୫) ମୋହାନାସ୍ତ୍ର- ମୋହକାରୀ ଅସ୍ତ୍ର, ମାର-କନ୍ଦର୍ପ, (୬୭) ପଢ଼ାଶୁକ-ପଢ଼ାଶୁଆ, ଶିଳା-ପଥର, ଧୂପ-ଉଦୁଉଦିଆ ଖରା, (୬୯) ପଟ୍ଟମହିଷୀ- ପାଟରାଣୀ, (୭୦) ନିତମ୍ବ- ପିଚା, ଜଘନ-ଜଙ୍ଘ, ଉରୁ-ବିରାଟ, କୃତକୃତ୍ୟ-କୃତାର୍ଥ, (୭୨) ମତ୍ତକରୀ-ମତ୍ତହସ୍ତୀ, ଟୋପ-ଅନ୍ତଃପୁର, (୭୪) ପ୍ରତୀତ-ବିବେଚନା, ଯୁବାଜିତ-ଯୁବକମାନଙ୍କୁ ଜୟ କରିବା, ଇଚ୍ଛାକରୀ-ଇଚ୍ଛା ରୂପକ ହସ୍ତୀ, ଭୀରୁ-ଭୟାଳୁ।

ସୁନ୍ଦରୀ ସଂସାରେ ସେ ହେବାରୁ ଚକ୍ରବର୍ତ୍ତୀ। ଦେଲା କି ପତି ଅଙ୍ଗରେ ଭୂପତି ସମ୍ପତ୍ତି ଯେ। ୭୫। କୁନ୍ତଳ ଦେଶରେ ଚୂଡ଼ା ଶୋଭା କରାଇଲା। ବିଦର୍ଭରେ ହାସକୁ ପ୍ରଭୁତ୍ୱ ପଣ ଦେଲା ଯେ।୭୬। ମାଳବରେ କଣ୍ଠକୁ ଭୂଷଣ କଲା ନେଇ। ଚୋଳରେ ଶୋଭିତ କଲା ଉରଜକୁ ତହିଁ ଯେ।୭୭। କାଞ୍ଚିରେ ରଞ୍ଜନ କଲା ମଧ୍ୟକୁ ନିରତ। କନକକଟକେ କଲା ପାଦକୁ ପୂଜିତ ଯେ।୭୮। ମଣିରମଣୀ ମଣିକିଶାଣ ଯଉବନ। ବହୁମୂଲ୍ୟ ପ୍ରଭାକୁ ବଢ଼ାଇ ଦିନୁ ଦିନ ଯେ।୭୯। ଉପମା ଆଣିବା କାହୁଁ ମହାକବି ହେଲେ। ସୁନ୍ଦରେ ଯାହାର ଅଙ୍ଗେ ସୁନ୍ଦରୀ ହୋଇଲେ ଯେ।୮୦। ଜୟ ଜଗନ୍ନାଥ ରାମ ଶ୍ରେୟର ନିଳୟ। ମୁନିଗଣ କାମଦାୟ ପଦ୍ମବାସୀ ପ୍ରିୟ ହେ।୮୧। ଉପଇନ୍ଦ୍ରଭଞ୍ଜ ବୀରବରର ଭାବିତ। ନିର୍ଦ୍ଦୋଷରେ ଏହୁ ଗୀତ ହେଉ ସମାପତ ହେ।୮୨।

■

ଶବ୍ଦାର୍ଥ- (୭୫) ଭୂପତି ସମ୍ପତ୍ତି-ରାଜ ସମ୍ପତ୍ତି। (୭୬) କୁନ୍ତଳ- କେଶ, ଚୂଡ଼ା-ବିଦର୍ଭ-ଓଠ, (୭୭) ମାଳବ- ମାଳ ସମୂହ, ଚୋଳ- ପରିଧେୟ, ଉରଜ-କୁଚ, (୭୮) କାଞ୍ଚି-କଟୀ ଶୋଭା, ରଞ୍ଜନ- ଆନନ୍ଦଦାୟକ, ମଧ୍ୟ-କଟୀ, କନକକଟକ-ସୁବର୍ଣ୍ଣବଳା, (୮୧) ଶ୍ରେୟ-ଉପଯୁକ୍ତ, ନିଳୟ-ଘର, କାମଦାୟ-କାମନାପୂର୍ଣ୍ଣ କାରୀ (୮୨) ଭାବିତ-ଚିନ୍ତିତ।

ତୃତୀୟ ଛାନ୍ଦ

ଲାବଣ୍ୟବତୀ ଯୌବନ ପ୍ରାପ୍ତ ପର୍ବର ଶୋଭାର ସଂକେତ

(ରାଗ- କେଦାର)

ଶୁଣ ରସିକେ ନବ ଯଉବନୀ	ହୋଇ ବନିତା ମଣ୍ଡିଲା ଅବନୀ ।୧।
ଏଣୁ ଉପମାଗଣ ନିରନ୍ତର	କି କରିବା ଭାବି ହେଲେ କାତର ।୨।
ଝଳି କାନ୍ତିରେ ଲଭିଣ ଭୀତିକି	କଲା କଣ୍ଟକ ଦୁର୍ଗକୁ କେତକୀ ।୩।
ପାଞ୍ଚେ ମନ୍ଦର କୁଚ ବଢ଼ିବାରେ	କିମ୍ପା ବୁଡ଼ି ନ ମଲି ପାରାବାରେ ।୪।
ନାସା ପୁଡ଼ା ଫୁଲିବାର ଅନାଇ	ଭାଷାବନ୍ଧେ ଶୁକ ମନ ମନାଇ ।୫।
ମୁଖେ ପ୍ରଚାର ପରିଚାରିପଣ	ସୁଖେ ଦର୍ପ ହାତୁଁ କଳାଦର୍ପଣ ।୬।
କମ୍ବୁ କଣ୍ଠ ଦେଖି ଅତି ଆର୍ତ୍ତରୁ	ସମ ନୋହେ ବୋଲି ଡାକେ ପ୍ରାତରୁ ।୭।
ନେତ୍ର ସଙ୍ଗେ ଲକ୍ଷିବେ କି ସୁମରି	ମୀନ ଜଳ ହୀନରେ ଯାଏ ମରି ।୮।
ହୋଇ ହାସରେ କୁସୁମ ବିଜିତ	ମକରନ୍ଦ ଛଳେ ଅଶ୍ରୁ ତେଜିତ ।୯।
ରମ୍ଭା ଉପମା ପଦ ପ୍ରଦେଶକେ	ଆଉ କେହୁ ସମ ହେବ ଅଂଶକେ ।୧୦।
କୁନ୍ଦକୋରକ ହୀରକ - ରଦନା	ସୁଧାକର ସରସିଜ ବଦନା ।୧୧।
ଏ ପ୍ରୟୋଗ ପରମ୍ପରା ଅଛିତ	ବାଳାଠାରେ ବର୍ଣ୍ଣିବାରେ କୁତ୍ସିତ ।୧୨।
କଞ୍ଜ ଖଞ୍ଜନ ଗଞ୍ଜନ ଲୋଚନା	ମତ୍ତ ପରଭୃତ ଜିତ ବଚନା ।୧୩।
ଏ ବିଧିରେ ବର୍ଣ୍ଣିଲେ ସେ ଚତୁରୀ	କେତେ ହୋଇବ କବିତା ଚାତୁରୀ ।୧୪।
ଯହିଁ କୃଶ କଲା ମଧ୍ୟ ଶୋଭିତ	ତହିଁ ଚାହିଁ ହେଉଥାଇ ଲୋଭିତ ।୧୫।
ତହିଁ ସୁନ୍ଦରେ ସୁନ୍ଦର ହୋଇଲେ	କିସ ଅଧିକ ହୋଇବ ବୋଇଲେ ।୧୬
ଏ ପ୍ରକାର ସୁନ୍ଦରୀ କୃଶୋଦରୀ	ଅଛି ଦିନେ ସେ ଶୟନ ଆଦରି ।୧୭
ନିଦ୍ରା ନାଶ ଅବକାଶ ଆଶାରେ	ଜଗିଛନ୍ତି ଏତେ ସଖୀ ଆଶାରେ ।୧୮

ଶବ୍ଦାର୍ଥ- (୧) ଅବନୀ-ପୃଥିବୀ, (୩) କାନ୍ତି-ଶୋଭା, ଭୀତି-ଭୟ, (୪) ମନ୍ଦର-ପର୍ବତ, ପାରାବାର-ସମୁଦ୍ର, (୭) କମ୍ବୁ-ଶଙ୍ଖ, (୯) ମକରନ୍ଦ-ଅମୃତ, (୧୦) ରମ୍ଭା-କଦଳୀଗଛ, (୧୧) କୁନ୍ଦକୋରକ-କନ୍ଦଫୁଲ କଢ଼ି, ରଦନ-ଦାନ୍ତ, ସୁଧାକର-ଚନ୍ଦ୍ର, ସରସିଜ-ପଦ୍ମ, (୧୩) କଞ୍ଜ-ପଦ୍ମ, ଖଞ୍ଜନ-କଜଳପାତି, ଗଞ୍ଜନ-ପରାଜିତ, ମତ୍ତ-ପାଗଳ, ପରଭୃତ-କୋଇଲି, (୧୫) କୃଶ-କ୍ଷୀଣ, (୧୭) କୃଶୋଦରୀ-କ୍ଷୀଣ ପେଟୀ ସ୍ତ୍ରୀ

ନିଜ ଧାତ୍ରୀ ପୁତ୍ରୀ ହେମ ମଞ୍ଜରୀ   ଅକ୍ଷିପକ୍ଷୀ ବନ୍ଦିକି ସେ ପଞ୍ଜରୀ ।୧୯
କାମକଳା ନାମ ମନ୍ତ୍ରୀ ଦୁହିତା   ବିହି ବିନ୍ଧାଣୀ ବୋଲଇ ବିହିତା ।୨୦
ରସଲେଖା ସୁରେଖା ଚିତ୍ରଲେଖା   ହାରାବଳୀ ଚନ୍ଦ୍ରାବଳି ଏ ଲେଖା ।୨୧
ରତ୍ନମାଳା ହେମମାଳା ବିମଳା   ପ୍ରେମଶୀଳା ସୁଶୀଳା ପରିମାଳା ।୨୨
କଳ୍ପଲତା ମଦାଳସା ମଞ୍ଜୁଳା   ପ୍ରେମ ସୁଧାନିଧି ପ୍ରଭାମଞ୍ଜୁଳା ।୨୩
ଷୋଳ ସାମନ୍ତସୁତା ରୂପେ ସରି   କାହୁଁ ହୋଇବ ସ୍ୱର୍ଗ ଅପସରୀ ।୨୪
ଅଙ୍ଗ ସ୍ୱେଦ ନୋହିବାକୁ ଜନିତା   ଚାଳେ ଫୁଲବ୍ୟଞ୍ଜନ ଯେ ବିନତା ।୨୫
ଖଦି ଚାମର ରାଜ ଉପଚାର   ଭାଳି କେହି କେହି ପରେ ପ୍ରଚାର ।୨୬
କରି ଚରଣେ କର ନିବେଶନ   ଧୀରେଧୀରେ କେ କରେ ଆଶ୍ୱାସନ ।୨୭
ପୁଗ ଖଦିର ଚୂର୍ଣ୍ଣ କେ ଶୋଭାଙ୍ଗୀ   ଦିବ୍ୟପଳିତା ନାକ ବଲ୍ଲୀ ଭାଙ୍ଗି ।୨୮
ବାଛି ଝୀନବାସ କୁଞ୍ଚି ସତ୍ୱରେ   ଉଞ୍ଚି ରଖିଛି କେ ଚୂନା ଅତରେ ।୨୯
ଦଳମାନ ହରି କରି ସେବତୀ   ଗୁନ୍ଥି ଅଛି କେ ମାନିଆ ଯୁବତୀ ।୩୦
ଝରା ଶିକଳୀ ଗଳାକୁ ମାଳିକା   କରୁଛନ୍ତି କେହି କେହି ବାଳିକା ।୩୧
ଭରି ଲବଣୀ ସିନ୍ଦୂର ଦଳନା   କରୁଅଛି ବସି କେଉଁ ଲଳନା ।୩୨
ମୃଗମଦ ଗୋଳୁଚି କେଉଁ ମିତ   କୁଚ ବିଚିତ୍ର ଚିତ୍ରକ ନିମିତ୍ତ ।୩୩
ଫେଡ଼ା ଫେଡ଼ି କେ ବାଛୁଛି ରତନ   ଅଳଙ୍କାରେ ଯେଉଁମାନେ ଯତନ ।୩୪
ଘନସାର ମିଶାଇ ଚନ୍ଦନରେ   କେହୁ ଥୋଇଛି ହରଷ ମନରେ ।୩୫
ସଖୀମାନଙ୍କର ଏହି ବ୍ୟାପାର   ପରିଚାରିକା ଅଛନ୍ତି ଅପାର ।୩୬
ଫୁଲ ଫଳଙ୍କର ନାମ ଉଦିତ   ଧରି ଝରୀ ପରିଖା କେ ମୋଦିତ ।୩୭
କେହି କରୁଛି ମୁକୁର ମାର୍ଜନ   କେ ଖରଡ଼ ପାରିବାରେ ରଞ୍ଜନ ।୩୮

ଶବ୍ଦାର୍ଥ- (୧୯) ଆକ୍ଷ-ଆଖି, ଧାତୀ-ଧାଈ, (୨୦) ଦୁହିତା-କନ୍ୟା, ବିହିତା-ଉପଯୁକ୍ତ । (୨୫) ସ୍ୱେଦ-ଝାଳ, ଜନିତ-ଜନ୍ମ, ଫୁଲବ୍ୟଞ୍ଜନ-ଫୁଲର ବିଞ୍ଚଣା, (୨୬)ଖଦିଚାମର-ମୟୂର ପୁଚ୍ଛରେ ତିଆରି ଚାମର, ଚାମର-ଚଅଁର, ରାଜଉପଚାର-ଶ୍ରେଷ୍ଠ ଉପଚାର, (୨୭) ନିବେଶନ-ଥୋଇବା, (୨୮) ପୁଗ-ଗୁଆ, ଖଦିର-ଖଇର, ନାଗବଲ୍ଲୀ-ପାନ, ଚୂର୍ଣ୍ଣ-ଚୂନ, ଦିବ୍ୟ ପାଳିତ-ଭଲ ପାଚିଲା, (୨୯) ଝୀନ-ଖୁବ୍‌ପତଳା, (୩୦) ଦଳମାନ-ପାଖୁଡ଼ା, ମାନିଆ-ମାନିନୀ, (୩୧) ଶିକଳୀ- ବନ୍ଧୀ- ବନ୍ଧା ହୋଇଥିବା, (୩୨) ଦଳନା-ଘାଣ୍ଟିବା, ଲଳନା-ଯୁବତୀ, (୩୩) ମୃଗମଦ-କସ୍ତୁରୀ, ବିଚିତ୍ରଚିତ୍ରକ-ନାନା ପ୍ରକାର ଚିତ୍ରକରିବା, (୩୫) ଘନସାର- କର୍ପୂର ବନ୍ଧା ହୋଇଥିବା, (୩୭) ଝରୀ ପରିଖା-ସୁରେଇ ପରି ପିକଦାନୀ, ମୋଦିତ-ଆନନ୍ଦିତ । (୩୮) ମୁକୁର-ଦର୍ପଣ, ମାର୍ଜନ-ସଫା କରିବା, ଖରଡ଼-ମଶିଣା, ରଞ୍ଜନ-ସୁନ୍ଦର ।

ଅପସର କେ ଦେଉଛି ସତ୍ୱରେ   ପୀଠ ପକାଉଛି କେହୁ ଚତ୍ୱରେ   ।୩୯
ଜଳ ଆଣୁଛି କେ ହେମ କୁମ୍ଭରେ   ନାହିଁ ଅସର ଏହି ଆରମ୍ଭରେ   ।୪୦
ଶୁକ୍ଳପକ୍ଷ ଦଶମୀ ବୁଧବାରେ   ସିଦ୍ଧ ସାଧଯୋଗ ଯୋଗ ଦେବାରେ   ।୪୧
ଦିନ ଅଷ୍ଟଦଣ୍ଡ ଭୋଗ ଆଦିତ୍ୟ   ଶୁକ୍ରବେଳା ତୁଳଲଗ୍ନ ବିଦିତ   ।୪୨
ପୁଷ୍ୟାନକ୍ଷତ୍ରେ କକଡ଼ା ଚନ୍ଦ୍ରରେ   ବୃହସ୍ପତି ଛନ୍ତି ଉଚ୍ଚ କେନ୍ଦ୍ରରେ   ।୪୩
ସ୍ଥିତି ଶଉରୀ ମଙ୍ଗଳ ମକରେ   ମେଷେ ଅସୁରଗୁରୁ ଲୀଳା କରେ   ।୪୫
ଧନ୍ୟ ହୋଇଅଛି ରାହୁ କନ୍ୟାରେ   ବୁଧ ମିଥୁନରେ କେତୁ ମୀନରେ   ।୪୬।
ଏ ସମୟରେ ରମଣୀ ରତନ   ଋତୁ ଲଭିଣ ଭଜିଲା ଚେତନ   ।୪୭।
ନିଦ୍ରାଗିରି ହତେ ପବି ପତନ   ଯାହା ଚଳିଲାଟି କାମକେତନ   ।୪୮।
ଜାତି ମାଳାକୁ ଠାରି ନେତ୍ରାନ୍ତରେ   ଗଲା ଗୋପ୍ୟମନ୍ଦିରେ ତରତରେ   ।୪୯।
ଘନ ଲେଖା ସେ କେଡ଼େ ବିବେକରେ   ରଙ୍ଗପାଟ ଦୁକୂଳେ ନେଇ କରେ   ।୫୦।
ଯାଇଁ ଏକାନ୍ତେ ଯତ୍ନେ ରତ୍ନବେଶୀ   ଜଙ୍ଘସନ୍ଧିପାଶେ ଦୃଷ୍ଟି ନିବେଶି   ।୫୧।
ବିମ୍ବ ସ୍ଫଟିକ ବାଡ଼ରେ ଯେସନ   ଫୁଲ ମନ୍ଦାର ତେମନ୍ତ ପ୍ରସନ୍ନ   ।୫୨।
ଚୂର୍ଣ୍ଣ ଭୂମିରେ ମଣ୍ଡଳ ଆକାରେ   ଦ୍ରବ ହିଙ୍ଗୁଳ ଢ଼ାଳିଲା ପ୍ରକାରେ   ।୫୩।
ଦେଖି ସୁଖୀ ହୋଇ ଆନ ବସନ   ପିନ୍ଧି ହେଲା ସ୍ମରପୁର ଦର୍ଶନ   ।୫୪।
ହେମ ପଦକରେ କାମ ବଣିକ   କଳଶ ନାୟକ କି ଦିବ୍ୟ ମାଣିକ୍ୟ   ।୫୫।
ଯୁବାଜୟକୁ ପାତ୍ରିର ସଂକଳ୍ପ   କରେ ବିମ୍ବଫଳେ ନାହିଁ ବିକଳ୍ପ   ।୫୬।
ଯଉବନମାଳୀ ସ୍ତନଶମ୍ଭୁରେ   ପୂଜା ବିହି ସାରି ସ୍ୱର୍ଣ୍ଣକମ୍ବୁରେ   ।୫୭।
ପାରିଜାତ ପ୍ରସାଦ କି ଥୋଇଛି   ସେହି ପ୍ରକାରେ ରୁଚିର ହୋଇଛି   ।୫୮।
ବାଳଭାନୁ ଜାନୁଗିରି ଗୁହାରେ   ସ୍ଥିତ ଆଭାସୁଛି ଆଗ ବାହାରେ   ।୫୯।

ଶବ୍ଦାର୍ଥ- (୩୯) ଅପସର-ତକିଆ, ସତ୍ୱରେ-ଶୀଘ୍ର, ପୀଠ-ଚଉକି, ଚତ୍ୱରେ-ଅଗଣାରେ, (୪୦) ହେମ- ସୁନା, କୁମ୍ଭ-କଳସ, ଅସର-ଫୁରୁସତ। (୪୧) ସିଦ୍ଧ-ପ୍ରଧାନ ଯୋଗ, (୪୨) ଅଷ୍ଟଦଶ-ଆଠଦଣ୍ଡ, ଆଦିତ୍ୟ-ସୂର୍ଯ୍ୟ, (୪୪) ଶଉରୀ-ଶନି, (୪୮) ନିଦ୍ରାଗିରି-ନିଦ ରୂପକ ପର୍ବତ, ପବି-ବଜ୍ର, କାମକେତନ-କାମପତାକା, (୪୯) ଜାତିମାଳ-ସଖୀ ଜାଇଫୁଲ, ନେତ୍ରାନ୍ତରେ-ଆଖି କୋଣରେ, ଗୋପ୍ୟ ମନ୍ଦିର- ଗୁପ୍ତ ଘର, (୫୦) ଦୁକୂଳ-ଦୁଇଟି ରଙ୍ଗ ପାଟ। (୫୩) ଚୂର୍ଣ୍ଣଭୂମିରେ-ଚୂନାମାଟି ଉପରେ, ମଣ୍ଡନ-ଗୋଲ, ଦ୍ରବହିଙ୍ଗୁଳ-ଏକ ଧାତବ ପଦାର୍ଥ, (୫୪) ସ୍ମରପୁର- କନ୍ଦର୍ପର ଘର, (୫୫) କାମବଣିକ-କନ୍ଦର୍ପ ବେପାରୀ, (୫୭) ଯୌବନମାଳୀ-ଯୌବନ ରୂପକ ଶିବଙ୍କ ସେବକ, ସ୍ତନ ଶମ୍ଭୁ-ସ୍ତନ ରୂପକ ଶମ୍ଭୁ, ସ୍ୱର୍ଣ୍ଣ କମ୍ବୁ-ସୁନା ଶଙ୍ଖ, (୫୯) ଜାନୁଗିରି-ଜାନୁ ରୂପକ ଗିରି।

ଅଧୋମୁଖରେ ଶୋଣିତ ବମନ କଚ୍ଛପ କି କରଇ ଘେନ ମନ ।୬୦।
ଚିତ୍ର ଘେନିବା କରି ମାନସରେ ରତି କି ଜଘନ-ପେଢ଼ି ଶେଷରେ ।୬୧।
ନବନୀତରେ ସିନ୍ଦୂର ଗୋଳିଲା ଏହି ଉପମାରେ ଚିତ୍ତ ବଳିଲା ।୬୩।
ଉଡ଼ାଇଲାଣି ସୁରଙ୍ଗ ପତାକା ଏଣୁ ପଡ଼ିଲା ଚଳଦଳେ ଡକା ।୬୪।
ଧାତା କୋମଳେ ଏ ତନୁ ରଚିଲା ଅନୁରାଗେ ପୂର୍ଣ୍ଣ କରି ସଞ୍ଚିଲା ।୬୫।
ଭଲା ମଧ ଚିରିଥିଲା ନଖରେ ବ୍ୟକ୍ତ ହୋଇଛି କି ଇଚ୍ଛାସୁଖରେ ।୬୬।
ଗୋରୋଚନା ଲକ୍ଷ ବଡ଼ ଲକ୍ଷଣ କେହି ଯେହ୍ନୁ ହୁଅନ୍ତି ବିଚକ୍ଷଣ ।୬୭।
ତାଙ୍କ ଉପରେ କିବା ସକ୍ରୋଧରେ ମହା ଆରକ୍ତିମାକୁ ମୁଖେ ଧରେ ।୬୮।
ଦେଖି ଏମନ୍ତ ଶୋଭା ତାମରସ ଫୁଲ ବାସିନୀର ଜାତ ହରଷ ।୬୯।
ଉରୁସନ୍ଧି ରୁନ୍ଧି ରଙ୍ଗ ଦୁକୂଳ ପିନ୍ଧି ସଖ୍ୟ ଜାଣିବାକୁ ଆକୁଳ ।୭୦।
ନିଦ୍ରା ଭାଜି ଜେମା ଯିବା ବିଧାନ ସଖୀମାନେ କଲେ ଅନୁସନ୍ଧାନ ।୭୧।
କିମ୍ପା ନୋଇଲା ମର୍ଦ୍ଦନ ମାର୍ଜଣା ବେଗେ ଗଲାତ ନ ଯାଇ ଏ ଜଣା ।୭୨।
କେ ବୋଇଲା ଅତ୍ୟନ୍ତ ରସମୟ ପ୍ରକଟିଲା କି କୁସୁମ ସମୟ ।୭୩।
କେ ବୋଇଲା ସେ ପୀରତି ଲମ୍ପଟ ଆମ୍ଭଠାରେ କରନ୍ତା କି କପଟ ।୭୪।
କେ ବୋଇଲା ଛଳି ଏ ଭାରତୀକି ଲାଜ ବଳିଆଁଇ ଥିବ ପ୍ରୀତିକି ।୭୫।
ଏହି ସମୟକୁ ହୋଇ ସୁବେଶ ପାଟ ଜଉତିଷ ସୁତା ପ୍ରବେଶ ।୭୬।
ଛାଇ ମପାଇ ମୂଳକରି କାଳ ଜେମା ପାଶକୁ ଚଳିଲେ ତତ୍କାଳ ।୭୭।
ଯାଉଁ ପଥରେ ଦେଖିଲେ ଚେଟିକି ଘେନି ଆସୁଅଛି ନାଟଶାଟୀକି ।୭୮।
ବାସେ ଗୋଡ଼ାଇ ଅଛନ୍ତି ଅଳିଏ ଏ ସଙ୍କେତୁ ସତ କରି ଆଳିଏ ।୭୯।
ଯାଇଁ ନୃପସୁତା ପାଶେ ମିଳିଲେ ହାସ ରହସ ଭାବରେ ଛଳିଲେ ।୮୦।
ତୁମ୍ଭ ଆମ୍ଭ ପ୍ରୀତି ନୁହେଁ ଆଜର ଯଉବନ ସଙ୍ଗୁ ସଙ୍ଗ ଲାଜର ।୮୧।
ତାହା ସଙ୍ଗୁ କଲୁ ଏତେ ଅନ୍ତର କି କରିବୁ ସଙ୍ଗ ହେଲେ କାନ୍ତର ।୮୨।
ବାଣୀ କୋକିଳୁ ମଧୁର ହେବାରୁ ନଖ ନିଆଳୀ ଛବି ବହିବାକୁ ।୮୩।

ଶବ୍ଦାର୍ଥ- (୬୦) ଶୋଣିତ-ରକ୍ତ, ବମନ-ବାନ୍ତି, କଚ୍ଛପ-କଇଁଛ, (୬୧) ଜଘନ-ଜଙ୍ଘ, (୬୨) ନବନୀତ-ଲହୁଣି, (୬୩) ମାରପୁର-କନ୍ଦର୍ପର ରାଜଧାନୀ, ଗୁମାନ-ଅଭିମାନ, (୬୪) ସୁରଙ୍ଗ-ଲାଲ, ଚଳଦଳେ- ଅଶ୍ୱତଥ୍ ପତ୍ର, (୬୫) ଅନୁରାଗ-ସ୍ନେହ,(୬୭) ଗୋରଚନା-ଏକ ସୁଗନ୍ଧିତ ପଦାର୍ଥ ଯାହା ଗାଈ ଦେହରୁ ବାହାରେ । (୬୮) ଆରକ୍ତିମା- ରଙ୍ଗିମା, (୬୯) ଫୁଲ ବାସିନୀ- ରତୁମତୀ ନାରୀ, (୭୦) ଉରୁ-ଜଙ୍ଘ ରୁନ୍ଧି- ବନ୍ଦ କରି, ରଙ୍ଗ ଦୁକୁଳ-ନାଲିଆ ପାଟ । (୭୨) ମର୍ଦ୍ଦନ- ଘସି ହେବା, ମାର୍ଜଣା- ସ୍ନାନ, (୭୩) ପ୍ରକଟିଲା- ପ୍ରକାଶ ପାଇଲା, (୭୮) ଚେଟି-ଦାସୀ, ଶାଟୀ-ଶାଢ଼ି, (୭୯) ଅଳି-ଭ୍ରମର, ଆଳି-ସଖୀ ।

ହୃଦନଦରେ ଚିତ୍ତରଞ୍ଜିବାରେ ସ୍ତନ - କମଳ କଳା ବଢ଼ିବାରେ ।୮୪।
କାନ୍ତି କେତକୀ ଦିନୁ ଦିନ ଚାରୁ ଚାହିଁ ଆମ୍ଭେମାନେ ମନେ ବିଚାରୁ ।୮୫।
ପୁଷ୍ପ ସମୟ ହେଲାଣି ନିକଟ ସତ କହ ହୋଇଲା କି ପ୍ରକଟ ।୮୬।
ଶୁଣି ସଖୀଏ କହିଲା ଏସନ ନ କହିଲେ କହିଲାନି ବସନ ।୮୭।
ବନେ ବିକଶିତ ହେଲେ ମାଧବୀ ମଧୁପେ କି ନ ଜାଣନ୍ତି ବାନ୍ଧବୀ ।୮୮।
ପାଟସୂତ୍ରରେ ଗୁନ୍ଥିଣ ମୋତିକି ଜେମା ଲୁଚାଇ ଲୋଡୁଛି ଜ୍ୟୋତିକି ।୮୯।
କେତେବେଳଯାଏ ସୂର୍ଯ୍ୟ ଉଦିତ କରିପାରେ କୁଜ୍‌ଝଟିକା ଆଚ୍ଛାଦିତ ।୯୦।
କେତେବେଳେ ଲୁଚନ୍ତା ପକ୍ଷ୍ମଳାକ୍ଷା ଦିନାନ୍ତରେଣ ଘେନି କାହିଁ ଲାକ୍ଷା ।୯୧।
ଅବା ସିନ୍ଦୂର ପୋଛିଲି କହିବ ଆଗ ଅଞ୍ଚଳେ ନୋହେ ସେ ନୋହିବା ।୯୨।
ସହଚରୀ ପରିହାସ ସରିତେ ମୃଦୁଭାଷୀ ଭାସିଗଲା ତ୍ୱରିତେ ।୯୩।
ମୁଖ ନିବେଶିଲା ନିଜ ଉରଜେ କ୍ଷିତି ଠୁଙ୍କି ଆରମ୍ଭିଲା କରଜେ ।୯୪।
ପ୍ରେମଶୀଳା ମାତା ପାଶେ ଜଣାଇ ଶର-ମନ୍ଦିର ସମ୍ଭାର ଅଣାଇ ।୯୫।
ମାଷ ତଣ୍ଡୁଳରେ ଗୃହ ଗଢ଼ାଇ ବାସ ପ୍ରାକାର ପ୍ରକାରେ ବେଢ଼ାଇ ।୯୬।
ଚାରିପାଶେ ଚାରିଗୋଟି ମାର୍ଗଣ ଅବିଳମ୍ବେ ପୋତିଲେ ସଖୀଗଣ ।୯୭।
ନାରିକେଳ ଚେଳ ଦୂର୍ବାରୋପକୁ ଭରି ସମୀପେ ଥୋଇଲେ ସୂର୍ପକୁ ।୯୮।
ମଧ୍ୟେ ବସାଇଲେ ଯେ ନବବାଳୀ ଶୁଭ ଅର୍ଥରେ ଦେଲେ ହୁଳହୁଳି ।୯୯।
ସେହି ଶବଦ ଜନକ ଶୁଣିଲେ ଜୀର୍ଣ୍ଣମୁଦୁସୁଲି ଠାରୁ ଜାଣିଲେ ।୧୦୦।
ଉଚ୍ଛୁଳିଲା ପୁରଦ୍ୱାର ବାଦ୍ୟରେ ବାଦ୍ୟ ଏମନ୍ତ କହେ କି ନାଦରେ ।୧୦୧।
ଯୁବା ହୋଇ ସାହା ହେଲା ଜଗତେ ମଦନକୁ ଶୁଭିଲା ଏ ଯୁଗତେ ।୧୦୨।
ଯୋଗୀଜୟ ମୂଳ ମନମଥର ଲଭି ଏ ଭୟ ମହେଶ ପଥର ।୧୦୩।
ଆମ୍ଭ ଦମ୍ଭ କେତେ ଭାବି ବହନେ ରଷି ପଶିଲେ ନୈନିଷା ଗହନେ ।୧୦୪।
କାଣ୍ଡ ଗୃହେ ଶୋହେ ବାଳା ଉଚିତ ଏହି ଉପମା ଜାତ ହୋଏ ଚିତ୍ତ ।୧୦୫।

ଶବ୍ଦାର୍ଥ- (୮୮) ମଧୁପ-ଭ୍ରମର, (୯୦) କୁଜ୍‌ଝଟିକା-କୁହୁଡ଼ି, (୯୧) ପକ୍ଷ୍ମଳାକ୍ଷା-ଭୂରୁ ଶୋଭିନୀ, ଦିନାନ୍ତରେ- ଦିନ ଶେଷରେ, ଲାକ୍ଷା- ଅଳତା, (୯୨) ଅଞ୍ଚଳ-ଲୁଗାକାନି, (୯୩) ସରିତ-ନଈ, ସ୍ରୋତ, (୯୪) ଉରଜ- ସ୍ତନ, କରଜ-ନଖ (୯୨) ମାଷ- ବିରି, ତଣ୍ଡୁଳ-ଚାଉଳ, ବାସ-ଲୁଗା, ପ୍ରାକାର-ପାଚେରି, (୯୭) ମାର୍ଗଣ-ଶର, (୯୮) ଚେଳ-ଲୁଗା, ଦୂର୍ବା-ଦୁବ, ରୋପ-ମଙ୍ଗଳା ରୋପଣ, ସୂର୍ପ-କୁଲା, ନାଦ-ଶବ୍ଦ, (୯୯) ନବବାଳୀ-ନବକନ୍ୟା, (୧୦୦) ଜୀର୍ଣ୍ଣ ମୁଦୁସୁଲି- ବୁଢ଼ୀଦାସୀ, (୧୦୨) ମଦନ- କନ୍ଦର୍ପ, (୧୦୩) ମନମଥ- ମନ୍ମଥ (କନ୍ଦର୍ପ)।

କରି ସଂକଳ୍ପ ସେ ସାତଦିନକୁ   କରେ କି ରତିଦେବୀ ପୂଜନକୁ |୧୦୬|
ସାତଦୀପ ହିଁ ହୋଇଛି ଦୀପିତ   ସାତକୁମ୍ଭ କୁମ୍ଭ କୁଚ ସ୍ଥାପିତ |୧୦୭|
ଶ୍ରୁବ ଶ୍ରୁଚ ରୋମାବଳୀ ନାଭି ତା   ଜଘନ ତା ହେମଦେବୀ ଶୋଭିତା |୧୦୮|
ଉରୁ ସୁଚାରୁ କଦଳୀ କାଣ୍ଡରେ   ଶୋଭା ବରାଙ୍ଗୀ ଆହୁତି କୁଣ୍ଡରେ |୧୦୯|
ଦୀପ୍ତ ଶ୍ରବଣ ତାଟଙ୍କ ଆଳତୀ   ବକ୍ତ୍ର ବିକାରକୁ କରି ଚଳନ୍ତି |୧୧୦|
ଯହିଁ ବରଣ ବ୍ରାହ୍ମଣ ସଂଚାରୀ   ମନ୍ତ୍ର ମଙ୍ଗଳଗୀତକୁ ଉଚ୍ଚାରି |୧୧୧|
ନିଃସଂଶୟରେ ଏ କଥା ଉଦୟ   ପଶୁ ହୋଇବେ ଯୁବା ସମୁଦାୟ |୧୧୨|
ସିଦ୍ଧ ହେବ ଏହି ବାଞ୍ଛା ତାହାର   ଆଉ ବଲ୍ଲଭୀ ନୋହିବ ନାହାର |୧୧୩|
ଭିକ୍ଷୁ ନାପିତ ରଜକ ଉଲ୍ଲାସେ   ପୂର୍ଣ୍ଣସ୍ନାନ ସାରି ଦାନ କଲା ସେ |୧୧୪|
ଦିବ୍ୟ ତଇଳ ତଣ୍ଡୁଳ ଅମ୍ବର   ଅବଶେଷେ ପକାଇଲେ ସମ୍ବର |୧୧୫|
ବେଶ କରି ସାରି ନୃପନନ୍ଦନା   କରାଇଲେ ରବି ଅର୍ଘ୍ୟ ବନ୍ଦନା |୧୧୬|
ବେଶ କହିବାକୁ ଆଗ ଦିଶିଲା   ନେତ୍ରାଞ୍ଜନ ବିବେକକୁ ଧ୍ୱଂସିଲା |୧୧୭|
ଏଣୁ ଉପମାଗଣ ଅନୁକୂଳ   ଅଭଦ୍ରତା ଭଜି ହେଲେ ଆକୁଳ |୧୧୮|
ପୁଣି ଇଷ୍ଟଦେବୀ ନିଜ ମାତାଙ୍କୁ   ନିଉଛାଳି ଯେ କରାଇଲେ ତାଙ୍କୁ |୧୧୯|
ଏଥି ଉତ୍ତାରେ ଜ୍ୟୋତିଷ କୁମାରୀ   କରଯୋଡ଼ି କହେ ଭୋ ସୁକୁମାରୀ |୧୨୦|
ହେଲି ମେଲାଣି ବରଭୁବନରେ   ଏକା ଥିବା ଦିବ୍ୟ ଅବଧାନରେ |୧୨୧|
ଜେମା ବାସ ଅଳଙ୍କାର ଅପାର   ସ୍ନେହବାଣୀ କହି ଦେଲା କୃପାର |୧୨୨|
ପଢ଼ା ଶୁକ ଗୋଟିଏ ସେହୁ ମାଗି   ସ୍ନେହେ ଦତ୍ତ କଲା ତାହା ହେମାଙ୍ଗୀ |୧୨୩|
ଗଲା ସେ ନାରୀ କର୍ଣ୍ଣାଟ ଦେଶକୁ   ଶୁକ ଆସିବ କର୍ମ ଉଦ୍ଦେଶ୍ୟକୁ |୧୨୪|
କାନ୍ତି ଗନ୍ଧଫଳୀ ବଳି ଝଳିତ   ଯେ କର୍ବୁରକାନ୍ତି ଗର୍ବ ଦଳିତ |୧୨୫|
ଭାବି ସୀତା ରାମ ପାଦସାରସ   ଉପଇନ୍ଦ୍ର ବୀରବର ହରଷ |୧୨୬|

ଶବ୍ଦାର୍ଥ- (୧୦୮) ଶ୍ରୁଚ-ଯେଉଁପାତ୍ରରେ ଘିଅଥାଏ, ଶ୍ରୁବ- ହୋମ ପାଇଁ ବ୍ୟବହୃତ କାଠ ଡଙ୍କି, (୧୦୯) ଚାରୁ-ସୁନ୍ଦର, ବାରାଙ୍ଗୀ- ସୁନ୍ଦରୀ, (୧୧୦) ଦୀପ୍ତ-ତେଜୀୟାନ, ଶ୍ରବଣ-କର୍ଣ୍ଣ, ତାଟଙ୍କ-ତାଡ଼, ବକ୍ତ୍ର ବିକାର- ବିକାର ମୁଖଭଙ୍ଗୀ, (୧୧୧) ସଂଚାରୀ-ସଞ୍ଚରଣକାରୀ, (୧୧୨) ନିଃସଂଶୟ-ବିନା ସଂଶୟ, (୧୧୩) ବଲ୍ଲଭୀ-ସ୍ତ୍ରୀ, ନାହା-ସ୍ୱାମୀ, (୧୧୪) ନାପିତ-ଭଣ୍ଡାରୀ, ରଜକ-ଧୋବା, (୧୧୫) ତଣ୍ଡୁଳ-ଚାଉଳ, ଅମ୍ବର-ବସ୍ତ୍ର, ସମ୍ବର-ଜଳ, (୧୧୭) ନେତ୍ରାଞ୍ଜନ-ଚକ୍ଷୁରକଳା, (୧୧୯) ନିଉଛାଳି-ବିଶେଷ ପ୍ରାର୍ଥନା, (୧୨୧) ବରଭୁବନ-ବରଘର, (୧୨୩) ଦତ୍ତ-ଦାନ, ହେମାଙ୍ଗୀ-ସୁନାଦେହୀ, (୧୨୫) ଗନ୍ଧଫଳୀ- ଚମ୍ପା, କର୍ବୁର-ସୁନା, ଦଳିତ-ଦଳିବା, (୧୨୬) ପାଦ ସାରସ-ପାଦପଦ୍ମ, ହରଷ-ଆନନ୍ଦ।

ଚତୁର୍ଥ ଛାନ୍ଦ

ଲାବଣ୍ୟବତୀର ବେଶ ବିନ୍ୟାସ

(ରାଗ-ଚିନ୍ତା ଦେଶାକ୍ଷ)

ଏଥୁଅନ୍ତେ ଶୁଣ ରସିକଜନେ । ଦିନେ ବିଚାର କଲେ ସଖୀମାନେ ।
ଆମ୍ଭ ସଜନୀ ଯେ ସୁନ୍ଦରୀସାର । ନାହିଁ ନଥିଲା ନୋହିବ ସଂସାର ।
ପୁଣି ତ ଶୋଭା ବୟସେ ଯେ ।
ଆମ୍ଭ ଲୋଚନକୁ କବି ବଚନକୁ ପବିତ୍ର କରିବା ବେଶେ ଯେ ।୧।
ଏମନ୍ତ ଭାବି ଜଣାଇଲେ ଯାଇଁ । ଜନନୀ ତର୍ଜିଲେ ଆଜ ଡକାଇ ।
କି କର ତୁମ୍ଭେ ଜେମା ପାଶେ ଥାଇ । ସୁବେଶ ନୀତି ନ କରି କିମ୍ପାଇଁ ଗୋ ।
କେ ଜାଣେ କାହା ମାନସ ଗୋ ।
ତୁ ମନେ କରିଛୁ ଭୂଷଣ ଭୂଷା ମୁଁ କାହିଁକି ହୋଇବି ବେଶ ଗୋ ।୨।
ରସ ବିଷୟ ଶ୍ରବଣ କରିବା । ବନ୍ଧ ପଟଳ ପଟକୁ ଚାହିଁବା ।
ଦିବ୍ୟ ଅଳଙ୍କାରେ ମଣ୍ଡନ ହେବା । ଏବେ କଥାରେ ବଶ୍ୟହୋନ୍ତି ଯୁବା ।
ଶୁଣି ସୀଉକାର କରି ଯେ
ବ୍ୟାଧିବନ୍ତର ବାଞ୍ଛିତ ଉପଚାର ବୈଦ୍ୟ ବିହିଲାର ପରି ଯେ ।୩।
ଭଙ୍ଗୀରୁ ଜାଣିଲେ ସଙ୍ଗିନୀବ୍ରାତ । ହେଲା କୋମଳ ଅଙ୍ଗୀ ଅଙ୍ଗୀକୃତ ।
ତାଙ୍କ ନୟନ ବିକାରରୁ ଜାଣି । ଚତୁରୀ ପରିବାରୀମାନେ ଆଣି ଯେ ।
ଚାଙ୍ଗୁଡ଼ି ଭୂଷଣ ପେଡ଼ି ଯେ ।
ଯତନ ରତନ ମଣ୍ଡନ ବସନ ବାଛିଲେ ସଜନୀ ଫେଡ଼ି ଯେ ।୪।
ମଞ୍ଜୁ ବିଦ୍ୟୁରାଜି ପରାୟେ ରାଜି । ଚାହିଁଲେ ନୟନ ହୋଇବ ବୁଜି ।
ଅଳକାକୋଷେ ଥିବା ଅବା ତୁଲ୍ୟ । ହେଜି କରିବ ଧାତା ଅବା ମୂଲ୍ୟ ସେ ।
ଏ କାଳେ ସଜାଡ଼ି ଆଣି ଯେ ।
ଫୁଲ ଚାଙ୍ଗୁଡ଼ି ଚିତ୍ରକ ପେଡ଼ି ଫେଡ଼ି ସୁବାସ ତଇଳ ପୁଣି ଯେ ।୫।

ଶବ୍ଦାର୍ଥ- (୨) ତର୍ଜିଲେ-ଗାଳିଦେଲେ, ଭୂଷଣଭୂଷା-ସୁନ୍ଦରୀ,(୩) ବ୍ୟାଧିବନ୍ତ-ରୋଗୀ, ବାଞ୍ଛିତ-ଇଚ୍ଛାକରିବା, (୪) ବ୍ରାତ-ସମୂହ, ଅଙ୍ଗୀକୃତ-ସ୍ୱୀକୃତ, (୫) ବିଦ୍ୟୁରାଜି-ବିଜୁଳିପୁଞ୍ଜ, ଅଳକା କୋଷେ-କୁବେର ଭଣ୍ଡାରରେ ।

ସଜବିଧି ସଜ ସଜନୀ ଦେଖି । ଆସନେ ବସାଇ ପ୍ରସନ୍ନମୁଖୀ।
ଆଗ ଦେଖାଇଲେ ମୁକୁର ମାଜି । ହାରି ନିର୍ମଳେ କି ଶରଣ ଭଜି ସେ।
ଫେଡ଼ିଲେ କୋମଳ ବାଳ ଯେ।
ବେଗରେ ତଇଳ ଯୋଗରେ ଶଇଳସ୍ତନୀଯେ କଲେ କୋମଳ ଯେ।୬।
ଚରମେ ପଡ଼ି ମନୋରମ ଦିଶେ । ମଧ୍ୟେ କି ନିଶି ଦିନ ଦୁଇପାଶେ।
ପ୍ରଭା ବୃଦ୍ଧି ଦେଖି ମୁଖଚନ୍ଦ୍ରର । ପଳାଇ ଯାଉଛି କି ଅନ୍ଧକାର ସେ।
ସଖୀଏ ଜାଣନ୍ତି ବିଷେ ଯେ।
ଚାମର ମୟୂର ପୁଚ୍ଛ ଯା ଚାଲନ୍ତି ନିଉଛାଳୁଛନ୍ତି କେଶେ ଯେ।୭।
ମର୍ଦ୍ଦଳାକାର କଙ୍କତିକା ଝଳି । କାଙ୍ଗୁଲା କମ ସୁଷମା ପିତୁଳି।
ସୁସଞ୍ଜ ଘଞ୍ଜ ଦଶନ ଆବଳୀ । ଗଳିବ କି ନାହିଁ କୁନ୍ତଳ ଭାଳି ସେ।
ଆଳୀ ଖଡ଼ିକା ଗଳାଇ ଯେ,
ନଖେ ଟଙ୍କାରି ଦେଲେ ବେଶକାରୀକି ଦେଲା କେଶ କୁଣ୍ଡିଆଇ ଯେ।୮।
ମାଙ୍ଗ ଭାଙ୍ଗ ରଖି ଉତ୍ତମାଙ୍ଗରେ । ଆୟତ୍ତ କରି ସାମଳିଲା ଧୀରେ।
କରେ ଧରି ମୂଳେ ଭିଡ଼ା ଭିଡ଼ନ୍ତେ । ଅଦ୍ଭୁତ ଉପମା ଜନ୍ମିଲା ଚିତ୍ତେ ସେ।
କି କୋକନଦ ମଧ୍ୟରୁ ଯେ।
ସ୍ରବୁଛି କାଳିନ୍ଦୀ ଦ୍ରବୁଛି ଶୃଙ୍ଗାର ହା ହା ସେ ଅତ୍ୟନ୍ତ ଚାରୁ ଯେ।୯।
ରଙ୍ଗଭଣ୍ଡି ଭରି ଦିବ୍ୟ ଜୁଡ଼ାକୁ । ସଜାଡ଼ିଲେ ଯୁବା ଜ୍ଞାନବୁଡ଼ାକୁ।
ତମ ବିଦାରି କି ହୋଯେ ବାହାର । ପ୍ରଭାତେ ପ୍ରଭାବନ୍ତ ପ୍ରଭାକର ସେ।
ବେନି ବିଧି ପାଶ ସିଦ୍ଧି ଯେ।
ଯୋଗୀଜନ ମନ ମୃଗ ବନ୍ଧନେ କି କଲେ କିଆପତ୍ରୀ ବାନ୍ଧି ଯେ।୧୦।
ସିନ୍ଦୂର ଗାର ସୀମନ୍ତରେ ଦେଲେ । ବିଧୁନ୍ତୁଦକୁ ବିଧୁ ହାଣିଥିଲେ।
ଶୁଖି ନାହିଁ କି ସେ ରଥାଙ୍ଗ ଘାତ । ଆଜ ହୋଇଛି ରକତ ବ୍ୟକତ ସେ।
ସେ କ୍ଷତ କ୍ଷତଜ ଚାହିଁ ଯେ,

ଶବ୍ଦାର୍ଥ- (୬) ସଜବିଧି-ବେଶ ହେବା, ମୁକୁର-ଦର୍ପଣ, (୭) ଚରମେ-ପିଠିରେ, ପ୍ରଭା-ତେଜ, ବିଷେ-ପଦ୍ମନାଡ଼ରେ, (୮) ମର୍ଦ୍ଦଳାକାର-ମର୍ଦ୍ଦଳ ଆକୃତିର, କଙ୍କତିକା-ପାନିଆ, କାଙ୍ଗୁଲା-କାରୁକାର୍ଯ୍ୟ ପୂର୍ଣ୍ଣ, ସୁଷମା-ସୁନ୍ଦର, ଦଶନ ଆବାଳୀ- ଦନ୍ତାବଳୀ, କୁନ୍ତଳ-କେଶ, (୯) ମାଙ୍ଗଭାଙ୍ଗ-ସୀମନ୍ତ, ଉତ୍ତମାଙ୍ଗ-ଉତ୍ତମଅଙ୍ଗ (ମସ୍ତକ), କୋକନଦ-ରକ୍ତପଦ୍ମ, ସ୍ରବୁଛି-ଝରୁଛି, (୧୦) ରଙ୍ଗଭଣ୍ଡି-ଲାଲପାଟର ଖୋପା, ତମ-ଅନ୍ଧକାର, କିଆପତ୍ରୀ-କିଆପତ୍ର ପରି ଅଳଙ୍କାର।

ଲାଳସେ ଆଶେ ବଦନ ବିଧୁ ପାଶେ ନ ଗରାସେ ଭୟ ପାଇ ଯେ।୧୧।
ଜ୍ୟୋତି ମୋତି ମଥା ଜାଲି ମଣ୍ଡିଲେ । ମଣ୍ଡିଲେ ନାହିଁ ଧଇର୍ଯ୍ୟ ଖଣ୍ଡିଲେ।
କି ନୀଳମଣି ଧରଣୀରେ ଆସି । ଗବାକ୍ଷେ ଗଳି ପ୍ରକାଶିତ ଶଶୀ ଯେ।
ଜୁଡ଼ା ଜାଲି ଏ ସଦୃଶ ଯେ।
ଶ୍ୟାମଳ କମଳକଳିରେ କଲା କି ସେ କ୍ଷଣ ସୁଧା ବରଷା ଯେ।୧୨।
ତାରତରେ ଚନ୍ଦ୍ରଝୁମ୍ପି ଖଞ୍ଜିଲେ । ଖଞ୍ଜିଲେ କି ଅବା ମନ ରଞ୍ଜିଲେ।
ନବଘନରେ କି ଯାଉଛି ପଶି । ଏଣୁ ଅର୍ଦ୍ଧଚନ୍ଦ୍ର ରୁଚିର ଦିଶି ସେ।
ନୀଳ ପୀତରଙ୍ଗ ଫୁଲେ ଯେ।
ଗଭା କଲେ ଶୋଭା ଇନ୍ଦ୍ରଧନୁ ପ୍ରଭା ଉପମେୟ ତାହା ତୁଲେ ଯେ।୧୩।
ବକ୍ର ଡ଼ଉଁରା ହେମ ଦୁବଝରା । ଦେବାର ଦିଶିଲା ଏମନ୍ତ ପରା
କାମ ଯମୁନା ଜଳକେଳି ଇଚ୍ଛି । ସୁବର୍ଣ୍ଣନାବ କ୍ଷେପଣୀ କରିଛି ସେ।
ଦୁବ ଯା କମ୍ପିଲା ହୋଇ ସେ।
ଠାରେ କି ନାକ ନାଗ ନଗରେ ଏ ସମାନେ ଶୋଭା ନାହିଁ ଯେ।୧୪।
ସହଜେ ତ କର୍ବୁରିତ ଅଳକା । ପକାଇଲେ ଭୃଙ୍ଗ ଶ୍ରେଣୀରେ ଡକା।
ଦମ୍ଭ ଆରମ୍ଭ ବିନାଶ ଆମେ । ମଞ୍ଜୁଳ କଲେ ଅବତଂସ ଶେଷେ।
ଏମନ୍ତ ଚିତ୍ତରେ ଭାଳି ଯେ।
ମର୍କତ ନଳୀରୁ ବାହାରି ଯାଉଛି କି ଅତି ଜ୍ୱଳିତ ଗୁଳି ଯେ।୧୫।
ଅଳକା ଉର୍ଦ୍ଧ୍ୱେ ଝିଲିମିଲି ମାଳୀ । ଝଟକେ ଛଟକେ ଖଞ୍ଜିଲେ ଆଳୀ।
ଏମନ୍ତ ଅଦ୍ଭୁତ ନ ଥିଲା ଦେଖା । ବିନା ମେଘରେ ସ୍ଥିର ବିଦ୍ୟୁରେଖା।
ପାଶରେ ଧାଡ଼ିଏ ତାହା ଯେ।
ଇଚ୍ଛାରେ ନେତ୍ର ବନ୍ଦୀ ହେବ ମଣ୍ଡିଲା ଅନଙ୍ଗ ବିଚିତ୍ର କାରା ଯେ।୧୬।

ଶବ୍ଦାର୍ଥ- (୧୧) ସୀମନ୍ତ-ମଥା, ବିଧୁନ୍ତୁଦ-ରାହୁ, ବିଧୁ-ବିଷ୍ଣୁ, ରଥାଙ୍ଗ-ଚକ୍ର, ରକତ-ରକ୍ତ, ବ୍ୟକତ-ବ୍ୟକ୍ତ(ପ୍ରକାଶ କରିବା), ବିଧୁ-ଚନ୍ଦ୍ର, (୧୨) ଗବାକ୍ଷେ-ଝରକାରେ, କମଳକଳି-ପଦ୍ମକଢ଼ି, ସୁଧା-ଅମୃତ, (୧୩) ତାରତରେ-ଉଜ୍ଜ୍ୱଳ, ରଞ୍ଜିଲେ-ଆନନ୍ଦ ଦାୟକ କଲେ, ନବଘନ-ନୂଆମେଘ, ପୀତ-ହଳଦିଆ, ଉପମେୟ-ତୁଳନାଯୋଗ୍ୟ, (୧୪)ବଜ୍ରଡଉଁରା-ଗଭାଅଳଙ୍କାର, କାମ ଯମୁନା-କାମରୂପକ ଯମୁନା ନଈ, ନାକ-ସ୍ୱର୍ଗ, (୧୫) କର୍ବୁରିତ-କୁଞ୍ଚୁକୁଞ୍ଚିଆ, ଅଳକା-ଚୂନାବାଳ, ଅବତଂସ-ଶିରଧାରଣ, ଗୁଳି-ଅଗ୍ନିପିଣ୍ଡ, ଭୃଙ୍ଗ-ଭଅଁର, (୧୬) ବିଦ୍ୟୁରେଖା-ବିଜୁଳି ରେଖ. ଅନଙ୍ଗ-କାମଦେବ।

ଲଲାଟପଟ ଅର୍ଦ୍ଧଫରି ପରି | ମୃଗମଦ ତହିଁ ତିଳକ କରି।
ରାହୁ ବାଦ ଇଚ୍ଛି ନିଶାନାୟକ | ଭିଆଇ ଆଣି ଆଢ଼େଣୀ ସାୟକ ସେ।
ରହିଛି ସଂଯତ ହୋଇ ଯେ।
ଅଳକା ନିୟମ ସୀମାକୁ ଲଙ୍ଘିଲେ ହାଣିମ ସଂଶୟ ନାହିଁ ଯେ।୧୭।
କର୍ଣ୍ଣେ ତାଟଙ୍କ ମଣ୍ଡଳେ ବିଚାରି | କବି ଗୀଷ୍ପତି ନାମୁଁ ଆଣି ଧରି।
ଜୀବ ଭାର୍ଗବକୁ ବାନ୍ଧିଲା କି ସେ | ଆନନ ବେନିପାଶେ ବେନି କି ସେ।
ନେତ୍ରାନ୍ତେ କରେ ତର୍ଜନ ଯେ।
ଶ୍ରୁତିରେ ଉପମା ନାହିଁତ ବୋଲନ୍ତି ତୁମ୍ଭେ କର କି ବର୍ଣ୍ଣନ ହେ।୧୮।
ରତନ ଫୁଲ ଅତିହିଁ ଯତନ | ଝଲକେ ଝଲକାଲ ଅନୁମାନ।
ହର ମାରକୁ ଭସ୍ମ କରିଦେଲା | ଏ ତା ଛତ୍ରକ ରତିଠାରେ ଥିଲା ସେ।
କିଣି ଶୋଭାରେ ତାହାକୁ ଯେ।
ଲୋକେ ବଢ଼ାଇ ଜାଣିବାକୁ ଛଡ଼ାଇ ମଣ୍ଡନ କଲେ ଏହାକୁ ଯେ।୧୯।
ମଲ୍ଲୀକଢ଼ିତ ପରଂପରା କହି | ମଣ୍ଡିଲେନି ଖଞ୍ଜା ପରା ସେହି।
ଖଞ୍ଜିଲେ ସଜନୀ ଏହି ବିବେକେ | ଭୁଲନ୍ତୁ ପୁଂସ ମନ ଚଞ୍ଚରୀକେ ଯେ।
ତହିଁ କେ ପଡ଼ିବ ପୁଣି ଯେ।
ବାଳୀ ବୋଲି ବାଳୀ ଗୁପତ ଶାଙ୍କୋଳି ପାଶରେ ରଖିଲା ଆଣି ଯେ।୨୦।
ନେତ୍ର ବାଣ ଭ୍ରୂରୁ କମାଣ ଯୋଗେ | ମରମକୁ ଭେଦେ ବିନା ପ୍ରୟୋଗେ।
ଯାହା କଜ୍ଜ୍ୱଳ ଶାଣ ତହିଁ ଦେଲେ | ଆଉ କି ସଖୀ ସୃଷ୍ଟି ରଖିଥିଲେ ଯେ।
ବଡ଼ ବିଜ୍ଞା ସୁକୁମାରୀ ଯେ।
କୁତ୍ସିତ ଜନକୁ ଏ ଶସ୍ତ୍ରେ ମାରିବି ନ ବିନ୍ଧେ ଏହା ବିଚାରି ଯେ।୨୧।
ଶ୍ରାବଣକୁ ଯାହା ଲାଞ୍ଜଲାଗିଛି | ସେ କି ଆଖିକି ଡାକି ଶିଖାଉଛି।
ବ୍ରହ୍ମହତ୍ୟା ହେବ ଧାତା ବଧରେ | ତୋ ଅରି କୁରଙ୍ଗ ହରତ ଧରେ ସେ।
ପାରିଲେ ତାହାକୁ ମାର ଯେ।
କାହିଁଛି କାହିଁଛି ବୋଲି ଖୋଜିବାର ଚଞ୍ଚଳ ଗତିକି ତାରେ ଯେ।୨୨।

ଶବ୍ଦାର୍ଥ- (୧୭) ମୃଗମଦ-କସ୍ତୁରୀ, ନିଶାନାୟକ-ଚନ୍ଦ୍ର, ସାୟକ-ଶର, ଅର୍ଦ୍ଧଫରି-ଅଧାଢାଲ, (୧୭) ତାଟଙ୍କ-କର୍ଣ୍ଣଭୂଷଣ, କବି-ଶୁକ୍ର, ଗୀଷ୍ପତି-ବୃହସ୍ପତି, ଭାର୍ଗବ-ଶୁକ୍ରାଚାର୍ଯ୍ୟ, ଆନନ-ମୁଖ, ଶ୍ରୁତି-କର୍ଣ୍ଣ, (୧୯) ମାର-କନ୍ଦର୍ପ, (୨୦) ପୁଂସ-ପୁରୁଷ, ଚଞ୍ଚରୀକେ-ଭ୍ରମର, ବାଳୀ-ଫାଶିଆ, ବାଳୀ-ସୁଗ୍ରୀବର ଭାଇ, ବଡ଼ଭିଜ୍ଞା-ଅତିଚତୁରୀ, କୁରଙ୍ଗ-ମୃଗ, ଶାଙ୍କୋଳି-ବେଢ଼ି। (୨୧) ନେତ୍ର-ଆଖି, ଭ୍ରୂରୁ-ଆଖିପତା, ବିଜ୍ଞା-ଜ୍ଞାନୀ, (୨୨) ଲାଞ୍ଜୀ-ଆଖିର ଶେଷରୁ କାନ ପର୍ଯ୍ୟନ୍ତ କଳାଗାର, ଅରି-ଶତ୍ରୁ, କୁରଙ୍ଗ-ମୃଗ, ହରି ଶିବ।

ଘୋଣାରେ ଦେଲେ ମୋତି ନାକଚଣା । ଠିକଣା କଲି ଏ ଉପଲକ୍ଷଣା ।
ମାରିନେବ ମନ ମୀନ ଓଟାରି । ଥୋପ ଲଗାଇ କି ବଡ଼ଶୀ ଧରି ସେ ।
ପୁଟକେ ମାଣିକ୍ୟ ଗୁଣା ଯେ ।
ଝଟକେ କି ଦେଶେ ଅନଳ ଜ୍ୟୋତି ସେ ଛଟକେ କରୁଛି ବଣା ଯେ ।।୨୩।
ଗଣ୍ଡେ ଚାଣ୍ଡେ କରି ମକରୀ ଝଳି । ମୁକୁରେ ବିମ୍ବେ କି ତମାଳବଲ୍ଲୀ ।
ଚିବୁକେ ଭ୍ରମରୀ ଓଷ୍ଠ ବନ୍ଧୁକୁ । ମଧୁ ନ ପିଏ କି ଏହି ବିବେକୁ ସେ ।
ନାସା କୀର ଅଛି ଝାମ୍ପି ଯେ ।
ବିମ୍ବ ହୋଉଥିଲେ ଜମ୍ବୁ ଭାବି ମୋତେ ନ ପୁଣ ଚଞ୍ଚୁରେ ଚାପି ଯେ ।୨୪।
କଣ୍ଠେ ଦିଅନ୍ତେ ମୋତି ଚାପସରି । ରହିଲେ ଉପମାଏ ଅପସରି ।
କି କମ୍ବୁ ଜିଣିଲା ଯଶ ପ୍ରକାଶ । ମତ୍ତ କପୋତେ କି କରୁଛି ହାସ ସେ ।
ଯୋଡ଼ି-ମାଳି କାଚମାଳୀରେ ।
ଆଉ ମାଳିଆଳି କେତେକ କହିବା ଯେତେକ ମଣ୍ଡିଲେ ଆଳି ଯେ ।୨୫।
ଫୁଲି ଲମ୍ବି କଲା ଚରମ ଶୋଭା । ଖେଳାଇବା ପାଇଁ ଭରମ ପ୍ରଭା ।
ଶରମେ କାମ କି ମଣ୍ଡନ କଲା । ନୀଳରଙ୍ଗ ପୀତବର୍ଣ୍ଣ ଶୋଭିଲା ସେ ।
ବିଚିତ୍ର ଦୃଷ୍ଟି ପ୍ରକଟି ଯେ ।
କି ଇନ୍ଦୀବର ଶୋଣକଞ୍ଜ କୁମୁଦ ନିର୍ଜନ ନଦୀରେ ଫୁଟି ଯେ ।୨୬।
ରୋମାବଳି କର ଅଛି ପ୍ରସାରି । ଯଉବନ ଗଜ କୁଚ ଅମାରୀ ।
ଚୋଳ ଘୋଡ଼ଣୀ କି ମଣ୍ଡିଣ ଦ୍ୱାରା । ପ୍ରବାଳମାଳା କି ବଉଳଝରା ସେ ।
ପଦକ ମାହୁନ୍ତ ସ୍ଥାନୀ ଯେ ।
ଧନ୍ୟ ଧନ୍ୟ ରାମା ସୁଷମା କଲେ ତା ଏଡ଼ି ଉପମାକୁ ଘେନି ଯେ ।୨୭।

ଶବ୍ଦାର୍ଥ- (୨୩) ଘୋଣା-ନାକ, ନାକଚଣା-ନାକର ଅଳଙ୍କାର, ଉପଲକ୍ଷଣା-ଅନୁମାନ, ପୁଟକେ-ନାକର ପୁଡ଼ା, ଛଟକେ-ନାଶକରେ, (୨୪) ଗଣ୍ଡେ-ଗାଲରେ, ଚଣ୍ଡେ-ଶୀଘ୍ର, ଚିବୁକ-ଥୋଡ଼ି, କୀର-ଶୁଆ, ବିମ୍ବ-କଇଁଚି କାକୁଡ଼ି, ଜମ୍ବୁ-ଜାମୁକୋଳି, ଚଞ୍ଚୁ-ଥଣ୍ଟ, ମକରୀ-ମକର ରୂପକ ଚିତ୍ର, ମୁକୁରବିମ୍ବ-ଦର୍ପଣ ପ୍ରତିଫଳନ, (୨୫) ଚାପସରି-ଚିକା ଅଳଙ୍କାର, ଅପସରି-ଦୂରେଇଯିବା, କମ୍ବୁ-ଶଙ୍ଖ, (୨୬) ଚରମ-ପିଠି, ଉରମ-ଉର୍ମ (ସୁନା), ଶରମେ-ଶ୍ରମରେ, ଇନ୍ଦୀବର-ନୀଳ କଇଁ, ଶୋଣ କଞ୍ଜ-ଲାଲପଦ୍ମ, କୁମୁଦ-କଇଁ, (୨୭) କର-ହାତୀର ଶୁଣ୍ଢ, କିରଣ, ହସ୍ତ, ଅମାରୀ-ହାତୀ ପିଠି ଉପରେ ହାଉଦା, ଚୋଳ-ବସ୍ତ୍ର, ପ୍ରବାଳ-ପୋହଳା, ପଦକ-କଣ୍ଠ ଅଳଙ୍କାର ।

ବାହୁଟିସାର ଭାବି ଦେଲେ ତହିଁ । ଜ୍ଞାନ ତାଡ଼ନକୁ ତାଡ଼କୁ ବିହି ।
ଅତୁଲ୍ୟ ଠାରେ ମଣିବନ୍ଧ ପଛେ । ଅତୁଲ୍ୟ ମଣ୍ଡିଲେ ଅତ୍ୟନ୍ତ ସ୍ୱଚ୍ଛେ ସେ ।
ଦେଲେ ମରକତ ଚୁଡ଼ି ଯେ ।
କରଚମ୍ପା ଦାମ ଭ୍ରମରେ ଭ୍ରମରେ କି ଅବା ଜଡ଼ି ଯେ ।୨୮।
ସଖୀମାନେ ପାଞ୍ଚ ଅଙ୍ଗୁଳ ଚାହିଁ । କଲେ ପାଞ୍ଚ ପାଞ୍ଚ ନାରାଚ ଏହି ।
ପଞ୍ଚ ନାରାଚ ଭସ୍ମ ହେଲା ଦିନ । ଥୋଇଲା କି ଦେଖି ଏ ରମ୍ୟସ୍ଥାନ ଯେ ।
ଭେଦିବ ପଞ୍ଚ ମନକୁ ଯେ ।
ପଞ୍ଚରତ୍ନ ଦେଇ ପୂଜା କରିବା କି ବୋଲି ମୁଦି ଦେଲେ ତାକୁ ଯେ ।୨୯।
ହରିତାଳି କାଳୀ ଘେନି ବନିତା । ପଦ ଉପରେ ଉକୁଟିଲେ ଚିତା ।
ସୁନା କଚ୍ଛପ ବିଧି ବିରଚନା । ଫୁଙ୍କିଲେ ତହିଁ ମରକତ ମୀନା ସେ ।
ତୁମ୍ଭେ ତ ପୋଷିଲା ପକ୍ଷୀ ଯେ ।
ଅକ୍ଷି ନଥିବାର ମିତ୍ରେ ଲକ୍ଷିବାକୁ ତୁମ୍ଭର କି ଦୋଷ ଅଛି ଯେ ।୩୦।
ବଳା ପାଦେ ଅଛି ଅବଳା କେହି । ଏହି ବିଚାରେ କି ଖଞ୍ଜିଲେ ସହୀ ।
ହୋଇଅଛି ପୁଣି ଅତି ଝମକ । ଯୁବା ଚେତନା ଚମକ ଟମକ ସେ ।
ମଣ୍ଡିଲେ ମଞ୍ଜୁ ମଞ୍ଜୀର ଯେ ।
ତ୍ରିପୁର ତ୍ରିପୁରପର ଆତୁରକୁ ସ୍ମର କି ସାଜିଲା ତର ଯେ ।୩୧।
ଛଡ଼ାଇବ ସେ ଝିଙ୍କାରୀ ଝଙ୍କାର । ବଢ଼ାଇବ ପୁଣି କାମ ବିକାର ।
ପ୍ରପଦେ ଦେଲେ ଝୁଣ୍ଟିଆ ବାଜେଣୀ । ନ ଜାଣି କାହିଁକି ଏଡ଼େ ସାଜେଣୀ ସେ ।
ସହଚରୀ ହୋଇ ଲୋଭା ଯେ ।
ଶାଢ଼ି ପାଲଟିବା ପାଇଁ ସେ ଅବନୀ ଶୋଭା କରାଇଲେ ଉଭା ଯେ ।୩୨।
ବାହାର କଲେ ନୀଳ ଝୀନ ଶାଢ଼ି । ସିନ୍ଦୂର ଧଡ଼ି ଫୁଲ ଲିଙ୍ଗ ପଡ଼ି ।
ରଖିଲେ ରହିବ ମୁଠା ଭିତରେ । ସତେ ରଖିଥିଲେ ବଂଶ ନଳୀରେ ସେ ।

ଶବ୍ଦାର୍ଥ- (୨୮) ବାହୁଟିସାର-ବାହୁ ଅଳଙ୍କାର, ଜ୍ଞାନତାଡ଼ନ-ଜ୍ଞାନକୁ ଆହତ କରୁଥିବା, ତାଡ଼କ- ଅଳଙ୍କାର, ଭ୍ରମରେ-ଭୁଲରେ, ଭ୍ରମର ଭ୍ରମଣ କରିବାରେ,ଜଡ଼ି-ଲାଖି ରହିବା (୨୯) ପାଞ୍ଚ-ବିଚାର, ପଞ୍ଚ ନାରାଚ-ପଞ୍ଚଶର, (୩୦) ହରିତାଳି-ହଳଦିଆ ରଙ୍ଗର ପଦାର୍ଥ, ମୀନା-ପୁଟ, ବେଢ଼-ଚାରପାଖ, ଫାନ୍ଦ-କୌଶଳ, (୩୧) ହଂସକ-କଳା, ହଂସ-ଯୋଗୀ, ଲକ୍ଷିବା-ଦେଖିବା, (୩୨) ଚମକ-ଭୟ, ଟମକ-ବାଦ୍ୟ, ମଣ୍ଡିଲେ-ଭୂଷିତ କଲେ, ମଞ୍ଜୁ-ସୁନ୍ଦର, ମଞ୍ଜୀର-ନୂପୁର, ତ୍ରିପୁରପର-ମହାଦେବ, ସ୍ମର-କନ୍ଦର୍ପ, ତୂର-କାହାଳୀ, (୩୩) ଝିଙ୍କାରୀ-ଝିଙ୍କାରୀ ପୋକ, ଝଙ୍କାର-ଝନ୍‌ଝନ୍ ଶବ୍ଦ, ପ୍ରପଦେ-ପାଦ ।

ଉଞ୍ଛିଲେ କୁଞ୍ଛିଲେ ସକୀ ଯେ।
ବାଲା ବଳା ଆଞ୍ଛି କାଛି ପିନ୍ଧାଇଲେ ଉପମାଏ ରୁଣ୍ଡ ଦେଖି ଯେ।୩୩।
ଉରଜେ ପଡ଼ି ମୋହିଲା ନେତ୍ରକୁ । ମୁଦି ଥୋଇଲା କି କଳାଛତ୍ରକୁ।
ସ୍ପୀଚ ଦୁଇ ଲୁଚି ରୁଚି ଦିଶିଲା । ଯନ୍ତ୍ରତୁମ୍ବୀକି ନୀଳକସ କଲା ସେ।
ତ୍ରିକୋଣ ଚେଳ ଜଘନେ ଯେ।
ରୋମାବାଳୀଦଣ୍ଡ ମଣ୍ଡନ ଚିରାଳ ପରାୟ ପରତେ ମନେ ଯେ।୩୪।
ନିବିଡ଼ ନୀବୀ ଛବି ଗଲା ଜଣା । କାମ ମନ୍ଦିର ଜାଗ୍ରତକୁ ଠଣା।
ରଚିଲେ କୁଞ୍ଚା ଆଗେ ଲମ୍ବିପଡ଼ି । ଜାଣେ ମଦନ ଯାଉଥିଲା ପୋଡ଼ି ସେ।
ଜୀବ ଦେବ କରେ ଶାନ୍ତି ଯେ।
ଯୁବାଙ୍କ ଅଧୋଗତିକି ବିଚାରି ତେମନ୍ତ ଏ ଧୂମପନ୍ତି ଯେ।୩୫।
ବାଜିବା ବେଳକୁ ଯେଉଁ ରସନା । ଯୋଗୀକି ବୋଲିବ ଯୋଗେ ରସନା।
ଯୋଗୀଙ୍କି ବୋଲିବ ଯୋଗୀରେ ରସ । କଳା କେଳିରସ ନ ଲଭି ବିରସ ସେ।
ଭାବି କେଶରୀ କଟୀକି ଯେ।
ଅତି ହରଷରେ ବାନ୍ଧିଲେ ବାନ୍ଧବୀ ବାଜେଣୀ କ୍ଷୁଦ୍ର ଘଣ୍ଟିକି ଯେ।୩୬।
ବାଜିବା ବେଳକୁ ଯେଉଁ ରସନା । ଯୋଗୀକି ବୋଲିବ ଯୋଗ ରସନା ।
ଯୋଗୀଙ୍କି ବୋଲିବ ଯୋଗୀରେ ରସ । କଳା କେଳିରେ ନ ଲଭି ବିରସ ସେ ।
ଭାବି କେଶରୀ କଟୀକି ଯେ ।
ଅତି ହରଷରେ ବାନ୍ଧିଲେ ବାନ୍ଧବୀ ବାଜେଣୀ କ୍ଷୁଦ୍ର ଘଣ୍ଟିକି ଯେ ।୩୭।
ଭୁଞ୍ଜାଇଲେ ତହିଁ ଉତ୍ତାରୁ ପାନ । ଏକେ ଅଧର ଦୂଜେ ପରସନ୍ନ ।
ବିଦ୍ରୁମ ଉପି ରଙ୍ଗାଇଲେ ପୁନ । ଅରୁଣ କଲା କି ସିନ୍ଦୂରେ ସ୍ନାନ ସେ ।
ଶ୍ରୀକରେ ମୁକୁର ଦେଇ ଯେ ।
ହେଲା କି ନୋହିଲା ବୋଲି ପଚାରିଲେ ରମଣୀ ହସିଲେ। ହୋଇ ଯେ ।୩୮।

ଶବ୍ଦାର୍ଥ- (୩୪) ବଂଶନଳୀ-ବାଉଁଶ ନଳୀ, ଉଞ୍ଛିଲେ- ସଝାଡ଼ିଲେ, ଫୁଲଲିଙ୍ଗ-ଫୁଲଚିହ୍ନ, ଆଞ୍ଛି-ଅନୁମାନ କରି (୩୫)ମୁଦି-ବନ୍ଦ କରି, ସ୍ପୀଚ-ପିଚ୍ଛ, ଯନ୍ତ୍ରଚୁମ୍ବୀ-ଲାଉ ତୁମ୍ବାର ବାଦ୍ୟଯନ୍ତ୍ର, ନୀଳକସ-ନୀଳରଙ୍ଗ, ଜଘନ-ଜଙ୍ଘ, ରୋମାବଳୀ ଦଣ୍ଡ-ନାଭିରୁ ଗୁପ୍ତେନ୍ଦ୍ରିୟ ଯାଏଁ, ଚିରାଳ-ପତାକା, ପରତେ-ବିଶ୍ୱାସ, (୩୬) ନୀବୀ-ସ୍ତ୍ରୀ ପିନ୍ଧା ଲୁଗା, ଠଣା-ଠିକଣା, (୩୭) ରସନା-କଟୀ ଭୂଷଣ, କଳା-କେଳି, ବିରସ-ରସହୀନ,(୩୮) ଅଧର- ଓଷ୍ଠ, ଦୁଜେ-ଦ୍ୱିତୀୟରେ, ବିଦ୍ରୁମ-ପୋହଳା ରଙ୍ଗ, ଉପି-ଲେପନ କରିବା ପରସନ୍ନ-ପ୍ରସନ୍ନ, ମୁକୁର-ଦର୍ପଣ,

ଘୋଡ଼ାଇ ଦେଲେ ଯେ ଜରି ଘୋଡ଼ଣୀ । ଶମ୍ପାରେ ଆଚ୍ଛାଦିତ ନୀଳମଣି ।
ରୋପଣ ଚିତ୍ର ଅତୁଳ ପିତୁଳା । କେ କଲା କର କେହି ସ୍ଥିରହେଲା ସେ ।
ଅକ୍ଷୀ ପକ୍ଷୀ ଅଠାକାଠି ଯେ ।
ଘୋଡ଼ାଇ ଦେଲେ କି ଏହି ଭାବନାରେ ଦିନା କେତେ ଥାଉ ସୃଷ୍ଟି ଯେ ।୩୮।
ହିରଣ୍ୟ ତନୁରେ ଯେ କ୍ଷତକାରୀ । ଦାସବତ୍ସଳ ରାମ ନରହରି ।
ଧନେ ଅର୍ଜିତ ଅଘ କରି ହତ । ଉପଇନ୍ଦ୍ର ବୀରବର ରଚିତ ଯେ ।
ରସିକ ସିନ୍ଧୁକୁ ଛାନ୍ଦ ଯେ ।
କବି ସେ ଜାଣିମେ ଯେତେ ଶ୍ରମ ଏଥି ଏ ବେଶପେଶଳ ଛାନ୍ଦ ଯେ ।୩୯।

■

---

(୩୯) ଶମ୍ପା-ବିଜୁଳି, (୪୦) ବେଶ ପେଶଳ-ବେଶ ପରିପୂର୍ଣ୍ଣ ।

ପଞ୍ଚମ ଛାନ୍ଦ

ସଖୀଗଣଙ୍କ ସହ ଲାବଣ୍ୟବତୀର ଉପବନ ବିହାର

(ରାଗ-ବସନ୍ତ)

ଏହି ସମୟରେ ସୁନ୍ଦରୀ ଛାମୁରେ ପ୍ରଭାମଞ୍ଜୁଳା ଜଣାଇଲା। ଅତି ମଧୁର ମଧୁଋତୁ ପ୍ରବେଶ କିଛିଦିନ ହେଲା ହୋଇଲା। ଶ୍ରବଣ, କରିନାହୁଁ ନବକାମିନୀ। ପିକବଚନେ ପୁନଃ ପୁନଃ ପ୍ରକାଶ କଲାଣି ଅନ୍ଧାର ଯାମିନୀ।୧। ମଳୟଶିଖରୀ ଶିରୀ ଚୋରିକରି ବହିଲାଣି ମନ୍ଦସମୀର। ସୁମନାଙ୍କ ବାସ ଚୋରାଇ ନେବଟି ବୋଲି କହିଲାଣି ଭ୍ରମର। କେଶର, କେଶରେ ହେଲାଣି ମଞ୍ଜୁଳ। କେଶରେ ମଣ୍ଡନ କରିବା ଭଳିରେ ଫୁଟିଲେଣି କେତେ ବଞ୍ଜୁଳ।୨। ମଲ୍ଲୀ ମାଧବୀ ମକରନ୍ଦ ସାଧବୀ ହେଲେଣି ବାନ୍ଧବୀ କାନନେ। ତୁଷାର ନାଶ ଚାହିଁ ହାସ ପ୍ରକାଶ କଲେଣି ପଙ୍କଜ ଆନନେ। ହେଲାଣି, ଚର୍ଚ୍ଚରୀ ପ୍ରକଟ କଟକେ। ଅତନୁ ଫୁଲର ବିଶିଖ କାର୍ମୁକ ଘେନି ତର୍ଜିଲାନି କାମୁକେ ।୩। ଦୋଳା ଲୀଳା ସରିଗଲାଣି ହରିର ଶରୀର ହେଲାଣି ସ୍ୱେଦକୁ। ଚନ୍ଦନ କର୍ପୂର ସୁଧାଲେପ ପୁର ବ୍ୟଜନ ବଢ଼ାଇ ମୁଦକୁ। ଚତୁରି, ଜାଣି ନ ଥିବୁ ତୁ କିପାଇଁ। ଅଭି ଅଭିରାମ ଆରାମ ଦେଖିବା ବିଜେ କରିବାକୁ ଜଣାଇଁ।୪। ସଜନୀ ନିକର ଜାଣି ସୀଉକାର ମାର୍ଗ ପରିଷ୍କାର ରଚିଲେ। ଅମଳ କମଳ କୋମଳ ଚରଣ ପୀଡ଼ା ନୋହିବାକୁ ପାଞ୍ଚିଲେ। ପନିରେ, ଗନ୍ଧସାର ଗୋଳି ସିଞ୍ଚିଲେ। ଯୁବତୀ ସେବତୀ ପାଖୁଡ଼ା ମିଶାଇ ଘନସାର ଚୁରି ବିଞ୍ଚିଲେ।୫।

ଶବ୍ଦାର୍ଥ- (୧) ମଧୁଋତୁ- ବସନ୍ତ ଋତୁ, ନବକାମିନୀ-ନବଯୌବନା ସ୍ତ୍ରୀ, ଯାମିନୀ-ରାତ୍ର, (୨) ମଳୟଶିଖରୀ-ମଳୟ ପର୍ବତ ଉପର, ସୁମନାଙ୍କ ବାସ-ଫୁଲମାନଙ୍କ ସୁଗନ୍ଧି, ସ୍ତ୍ରୀ ମାନଙ୍କ ବସ୍ତ୍ର, ମନ୍ଦସମୀର-ଧୀର ପବନ, ବାସ-ବାସନା, ଲୁଗା, କେଶରେ-ବାଳରେ, ଜୁଡ଼ାରେ, ମଞ୍ଜୁଳ-ଶୋଭା, ବଞ୍ଜୁଳ-ଅଶୋକ କଢ଼, (୩) ଚର୍ଚ୍ଚରୀ-ଗୀତବାଦ୍ୟ, ଫଗୁଖେଳ, ଅତନୁ-କନ୍ଦର୍ପ, ବିଶିଖ-ଶର, କାର୍ମୁକ-ଧନୁ କାମୁକ-କାମାସକ୍ତ ପୁରୁଷ, ତର୍ଜିଲାନି-ଗର୍ଜନକଲାଣି (୪) ଦୋଳାଲୀଳା- ଝୁଲା କେଳି, ସ୍ୱେଦ-ଝାଳ, ସୁଧା-ଅମୃତ, ଲେପ-ଲେପନ କରିବା, ପୁର-ଶରୀର, ବ୍ୟଜନ-ବିଞ୍ଚଣା, ମୁଦକୁ- ଆନନ୍ଦକୁ, ଅଭିରାମ-ସୁନ୍ଦର, (୫) ସୀଉକାର-ସ୍ୱୀକାର, ଅମଳ-ନିର୍ମଳ, ପନିର-ସୁବାସଜଳ, ଘନସାର-କର୍ପୂର, ଗନ୍ଧସାର-ସୁବାସିତ ଚନ୍ଦନ।

ଝରି ପରିଖ ବିଞ୍ଚଣା ପାନମୁଣା ସଜନୀ ସଜାଡ଼ିଲେ ତହିଁ। ମନ୍ତ୍ରୀନନ୍ଦନା ଜଗତବନ୍ଦନାକୁ କରଭର ଦେଇ ଉଠାଇ। ସୁନ୍ଦରୀ, ସୃଷ୍ଟି ରାଜା ରାଜୁକମାରୀ। ବିଚାରି ଶ୍ୱେତ ଆତପତ୍ର ଟେକିଲେ ଚାମର ଚାଳନ ପ୍ରଚାରି।୬। କେଉଁ ପ୍ରବୀଣା ବୀଣାକୁ ବଜାଉଛି ଯାଉଛି ପ୍ରତୀତ ହେଉଛି। ବନ୍ଧନେ ବନ୍ଧୁର ବୀଥିଟି ଏଥିରେ ସାବଧାନ ଥାଇ କହୁଛି। ଗଗନେ, ଜେମାର ମୁଁ ମନେ କରଇଁ। ମନମଥ ରଥ ଯାତ୍ରା କି କରୁଛି ପଥ ମନୋରଥ ପରାଇ।୭। ଲଲାଟ ଲପନ ଚାନ୍ଦ ଦରପଣ ଚିକୁର ଚାମର ଯହିଁରେ। ତରଙ୍ଗ କୁରଙ୍ଗନୟନ ତୁରଙ୍ଗ କି ରଙ୍ଗ କରଇ ତହିଁରେ। କଳସ, ଚକ୍ର କୁଚଶ୍ରୋଣୀ ଚଟୁଳ। କଟୀମେଖଳା ଘଣ୍ଟି ଯହିଁ ପ୍ରକଟି ଅଞ୍ଚଳ ପତାକା ଚଞ୍ଚଳ।୮। ଶୋଭା ଏ ବିଧିରେ ପ୍ରବେଶ ସଧୀରେ ପୀନସ୍ତନା ଏ ବିପିନରେ। ବୁଲିବା ଖେଳିବା କୁସୁମ ତୋଳିବା ଆରମ୍ଭିଲେ ତୋଷ ମନରେ। ତହିଁରେ, ଛଳ ଉକ୍ତିମାନ କହିଲେ। ଶୁଣି ପରଭୃତ ଚକିତ ସ୍ତକିତ ମୁନିବିଭୂତିକି ବହିଲେ।୯। କହେ ଏକ ନାରୀ ବିଶେଷ ସୁନାରୀ ଏ ଦେଶରେ ବାସ କରିଛି। ଭୃଙ୍ଗ କିଂପୁରୁଷ ଚଞ୍ଚଳ ମାନସ ଏଥି ତିଥି ପୁଣି ଯାଉଛି। ତହିଁକି, ଝଳି, କହିଲା କଉଁ ଭୀରୁ। ମହାବିବେକୀ ହୋଇ ତୁହି କିମ୍ପାଇ ମଧୁପ ନାମକୁ ବିସ୍ମରୁ।୧୦। ଏକକୁ ଚାହିଁ ଆରେକ ସଖୀ କହି ନିକଟେ ନାଗେଶ୍ୱର ମୋର। ବୋଇଲା ହୋଇ ଥାଇଟି ନାଗେଶ୍ୱର ସୁପର୍ଣ୍ଣରେ କର ଆଦର। ସେ ଛଳେ, ଚିହ୍ନିଲା ନାଗେଶ୍ୱର କହ। ସୁମନାଭୂଷଣ ସଂପତ୍ତି ପାଇବ ତା'ପରେ ଯାଇଣ ଆରୋହ।୧୧। କେ କାହାକୁ କହେ ମୋଠାଇଁ ସଖୀ ରଖିଥିବ ଏକା କରୁଣା। ଦେବବଲ୍ଲଭକୁ ଲଭିବାରୁ ତୋତେ ବିଧାତା କଲାଣି ଫୁରୁଣା। ସେ ଶୁଣି, ବୋଇଲା

ଶବ୍ଦାର୍ଥ- (୬) ଝରି-ପାଣି ଗରା, ପରିଖ-ପିକଦାନି, କର ଭର-ହାତ ପୂର୍ଣ୍ଣ, ଶ୍ୱେତ-ଧଳା, ଆତପତ୍ର-ଚତା, (୭) ପ୍ରବୀଣା-ଧୁରନ୍ଧରା, ପ୍ରତୀତ-ମନେ ହେବା, ବନ୍ଧୁର-ଆବଡ଼ା ଖଶବଡ଼ା, ବୀଥି-ରାସ୍ତା, ମନମଥ-ମନ୍ମଥ (କନ୍ଦର୍ପ), (୮) ଲପନ-ମୁଖ, ଦରପଣ-ଦର୍ପଣ, ଚିକୁର-କେଶ, ତରଙ୍ଗ-ଲହରୀ, ଶ୍ରୋଣି-ପିଚା, କୁରଙ୍ଗ-ହରିଣୀ, ତୁରଙ୍ଗ-ଘୋଡ଼ା, ପ୍ରକଟି-ପ୍ରକାଶ ପାଇ, (୯) ପୀନ-ପୃଥୁଳ, ବିପିନ-ଉଦ୍ୟାନ, ପରଭୃତ-କୋଇଲି, ମୁନି ବିଭୂତି-ମଉନ ରହିବା, (୧୦) ସୁନାରୀ-ଉତ୍ତମ ନାରୀ, ଭୃଙ୍ଗ-ଭ୍ରମର, କାମୁକ, କିଂପୁରୁଷ-କଦାକାର ପୁରୁଷ, ଭୀରୁ-ଭୀତ ନାରୀ, ମଧୁପ-ଭ୍ରମର, ମଦ୍ୟପ, (୧୧) ନାଗେଶ୍ୱର-ଫୁଲର ନାଁ, ଶ୍ରେଷ୍ଠ ନାଗର, ସୁପର୍ଣ୍ଣ-କୋମଳ ପତ୍ର, ଗରୁଡ଼, ସୁମନାଭୂଷଣ ସଂପତ୍ତି-ସ୍ୱର୍ଗୀୟ ଐଶ୍ୱର୍ଯ୍ୟ, ଆରୋହ-ଚଢ଼ିବା।

ଏକଥା ଛାଡ଼ରେ । ଖୋଜିଲେ ନ ପାଇ ମୁଁ ବନ୍ଧୁଜୀବକୁ ପଡ଼ିଲି ବରାହ ଦାଢ଼ରେ ।୧୨। କେଡ଼େ ଚାତୁରୀରେ କହେ ସହଚରୀ ମୁଖକୁ ତାହାର ଅନାଇ । ବଶ କରବୀରେ ହୋଇଲା ଉତ୍ତାରେ ମଲ୍ଲି ମଲ୍ଲି ହେଉ କିପାଇଁ । ସେ ବୋଲେ, ଭଙ୍ଗୀରେ ଆଳୀକି ଚେତାଇ । ନିଆଳୀ ହେଲାଣି ଦେଖିଲା ଉତ୍ତାରୁ ପଳାଶ ପାଶେ ଯା ଗମଇଁ ।୧୩। କେ କହେ ଅଶୋକ ଲଭିଲୁ ସୁନ୍ଦରୀ କେତକୀ ହେଲାଟି ମୋହର । ସେ କହେ ସୁବର୍ଣ୍ଣ କାନ୍ତିହର ସେହି ଘୋଡ଼ାଇ ଯିବୁଟି ଶରୀର । ଏ କାଳେ, ଆଉ ଜଣେ ଛଳ ପ୍ରଚାରି । ଦେଖାଇ ତରୁ ଛୁରିଅନା ପାଶକୁ ଯିବି କି ନ ଯିବି ପଚାରି ।୧୪। ଦେଖରେ ରସାଳ ବିଟପୀ ପ୍ରବାଳ ବକୁଳମାଳରେ ଶୋହିଛି । ଶୋଭା ବନପ୍ରିୟ ଅବଲମ୍ବନ ଥିଲେ ବହୁତ ରୋଲମ୍ବ ମୋହିଛି । ଏମନ୍ତ, ଭାବି ବନେ କରୁ ବିଳାସ । ଘେନିଣ ଚର୍ଚ୍ଚରୀ ବିଧି ସହଚରୀ ପାରିବାରିକାଏ ପ୍ରବେଶ ।୧୫। ଦେଖି ହରଷ ଦୃଷ୍ଟିପାତେ ସାରସଜିତ-ଗତି ରସପଣ୍ଡିତା । କମନୀୟକମ ଚଉତନା ଘେନି କାଞ୍ଚଲାରେ ହେଲା ଶୋଭିତା । ବାନ୍ଧିଲା, ଭିଡ଼ି ମଧେ ଶାଢ଼ି ପଣତ । ଫଗୁମୁଣା ଖୋସି ହସିବାର ଚାହିଁ ସଖୀଏ ସାଜିଲେ ତୁରିତ ।୧୬। ଉନ୍ମତ୍ତ ମତ୍ତକାଶିନୀ ସଙ୍ଗେ ସଙ୍ଗେ ତରଙ୍ଗେ ଖେଳିଲେ କାମିନୀ । ମହୀ ଆକାଶ ଏକ ବେଳେ ପ୍ରକାଶେ କି ଅବା ଅନେକ ଦାମିନୀ । କି ଅବା, ତିଳପୁଷ୍ପ ଲତା ହେମର । ମହା ଅନୁରାଗ ପରାଗବୃଷ୍ଟିରେ ହୋଇ ଅଛନ୍ତି ତତ୍‌ପର । ୧୭। କଞ୍ଜ ଖଞ୍ଜନ ଗଞ୍ଜନ- ନେତ୍ରୀକି କେଉଁ ସୁହାଇ ସୁଧାଇଛି । ଆଉ ଅସାଧହୋଇ କେଉଁ ସୃଷ୍ଟିକି ରହିଛି ମନେ ଧାଇଛି । ନାହିଁକି, ଏତେକ

ଶବ୍ଦାର୍ଥ- (୧୨) ଦେବବଲ୍ଲଭ-ପୁନ୍ନାଗ ଗଛ, ଦେବତୁଲ୍ୟ ସ୍ୱାମୀ, ଫୁରୁଣା-ଆନନ୍ଦ, ବନ୍ଧୁଜୀବ-ସ୍ୱାମୀ, ବଧୁଲିଫୁଲ, ବରାହ ଦାଢ଼-ବାରହା ହାବୁଡ଼, କଣ୍ଟାଗଛ ଶ୍ରେଣୀର, ଫୁଲଜାତୀୟ, (୧୩) କରବୀ- ଫୁଲବିଶେଷ, ଉତ୍ତମ ପୁରୁଷ, ନିଆଳି-ଫୁଲ ବିଶେଷ, ସୁନ୍ଦରୀ, ପଳାଶ-ଫୁଲବିଶେଷ, ଅରସିକ ପୁରୁଷ, ମଲ୍ଲୀମଲ୍ଲୀ-ମଲ୍ଲୀଫୁଲ, ମଳି ମଳି ଶବ୍ଦ, ଆଳୀ-ସଖୀ, (୧୪) ଅଶୋକ-ଫୁଲ ଜାତୀୟ, ଶୋକ ବିହୀନ-ସୁବର୍ଣ୍ଣ- ସୁନା, କାନ୍ତିରେ- କାନ୍ତିକୁ ହରଣ କରୁଥିବା ରୂପ, (୧୫) ରସାଳ ବିଟପୀ-ଆମ୍ବ ଗଛ, ରସିକ ବିଟ ପୁରୁଷ, ପ୍ରବାଳ-ପୋହଳା, ବକୁଳ-ବଉଳ, ବିନପ୍ରିୟ-କୋଇଲି, ରୋଲମ୍ବ-ଭ୍ରମର, ଚର୍ଚ୍ଚରୀ ବିଧି-ପିଚକାରୀ ଖେଳ, ପାରିବାରିକ-ପରିବାର ସମ୍ବନ୍ଧୀୟ, (୧୬) ସାରସ- ହଂସ, ପଦ୍ମ, ରସ-ରାସ, କେଳି, କମ-ଚିତ୍ରିତ, ଚଉତନା-ରୋମାଲ, ସାରାସଜିତ ଗତି-ହଂସଠାରୁ ସୁନ୍ଦରଚାଲି । (୧୭) ମତ୍ତକାଶିନୀ-ଉତ୍ତମା ସୁନ୍ଦରୀ, ଦାମିନୀ-ବିଜୁଳି, ପରାଗବୃଷ୍ଟି-ଫୁଲରେଣୁ ବୃଷ୍ଟି କରିବା, ତିଳପୁଷ୍ପ-ରାଶିଫୁଲ ।

ବିବେକ ତାହାର। କୋଟିଏ ବ୍ରହ୍ମାଣ୍ଡ ଗୋଟିଏ ଭଙ୍ଗୀରେ ଜିଣିବା ଗୁମାନ ଯାହାର।୧୮। ମୁଠାରୁ ଫିଟି ଯିବାର ଏ ପ୍ରତୀତ ଫଗୁ ଖେଳିବାରେ ଲଳନା। ବସନ୍ତରାଜା ବଶକୁ କି କରନ୍ତି ରଙ୍ଗପାଟ ଚେଳ ଚାଳନା। ସେ ରଜ, ଯାଇଁ ଶୂନ୍ୟେ ରୁଣ୍ଡ ହୋଇଲା। ଅତ୍ୟନ୍ତ ଗୁଡିକ ଦିଗପରିବାର ମାଣିକ୍ୟଛତ୍ର କି ଧଇଲା।୧୯। କଙ୍କଣ କ୍ୱଣିତ ଧ୍ୱନିରୁ ମଣ୍ଡିତ ଭୁଜ ଡିଣ୍ଡିମ କି ବାଇଲା। ସ୍ୱଭାବେ, କୁଚ ପୂର୍ଣ୍ଣକୁମ୍ଭ ରାଜିଛି। ଚାରୁ ଚେଳ ଚୂତ ପ୍ରଲ୍ଲବ ସଂଯୁକ୍ତ ହାର ଉପହାର ସାଜିଛି।୨୦। ରମଣୀ ରମଣୀୟ କଲେ ଅବିରଗୁଣ୍ଡରେ ସେ ବନସରଣୀ। ମହୀମହିଳା ଋତୁକାଳ ଲଭିଲା ଏସନ ମାନସକୁ ଆଣି। ସେ ଧୂଳି, କାହିଁ ପବନ ଯୋଗେ ଉଡ଼ି। ଶୁଭ ସୂଚକ କହି ଜଉତିଷ କି ଯାଉଛି ଶିରେ ବାନ୍ଧି ଶାଢ଼ି।୨୧। ପନିର ନୀରେ ନିରନ୍ତରେ ପିଚିକା ଖେଳନ୍ତେ ନୀରରୁହଦୃଶା। ମଞ୍ଜୁ ମଞ୍ଜୀର ଘନରବ ମଧୁର ବସନ୍ତେ କରେ କି ବରଷା। ବିଜୁଳି, ପରି ଝଳି ଭୂଷା ରତନ। ଅଙ୍ଗରାଗେ ଅନ୍ଧଭୃଙ୍ଗ ଉଡ଼ିପଡ଼େ ହୋଏକି କରକା ପତନ।୨୨। କୁଙ୍କୁମ ପିଚିକା ବାଜି ଜର ଜର ସୁନ୍ଦର ଉରଜ କାହାର। କନକାଚଳରୁ କିବା ହରିତାଳ ପ୍ରବାହ ହେଉଛି ବାହାର। କର୍ପୂର, ଗୁଣ୍ଡି ମଣ୍ଡିତ କାହା ସ୍ତନ। ସୁବର୍ଣ୍ଣ ସ୍ୱୟମ୍ଭୁ ଶମ୍ଭୁଯୁଗଳ କି ହୋଇଲେ ଭସ୍ମ ବିଲେପନ।୨୩। କାହା କୁଚ ଫଗୁ ସଙ୍ଗରୁ ସୁସଞ୍ଚ ଏହି ପାଞ୍ଚ ହୋଇ ମାନସେ। ହୃଦୟ ସରୋବର ମଧ୍ୟେ ଉଦୟ କୋକନଦ କଢ଼ଯୁଗ ସେ। କାହାର ଛିଡ଼ି ହାର ଖସେ ମୁକୁତା। ପୟୋଧର ଛଳେ କ୍ଷୀରବିନ୍ଦୁ ବୃଷ୍ଟି କରିବାରେ କି ସେ ଶୋଭିତା।୨୪। କାଶ୍ମୀରରଜ କେ ମାରନ୍ତେ ପାଲଟି ଗ୍ରୀବା ବକ୍ର କରି ଚାହିଁଲା। ମନ୍ଦମରୁତେ କି ଉଲଟି ନଳିନ ଅଳି ସଂଯୁକ୍ତାରେ

ଶବ୍ଦାର୍ଥ- (୧୮) କଞ୍ଚ-ଫୁଲ ଜାତୀୟ, ଖଞ୍ଜନ-କଜଳପାତି ପକ୍ଷୀ, ଗଞ୍ଜନ-ତୁଚ୍ଛ, ସୁହାଇ-ସୁଖଯୋଗ୍ୟ, ସୁଧାଇଛି-ଅମୃତଇଚ୍ଛା, (୧୯) ପ୍ରତୀତ-ମନେ ହେବା, ବସନ୍ତ ରାଜା-କନ୍ଦର୍ପ, ଚେଳ-ବସ୍ତ୍ର, ରଜ-ଧୂଳି, ଦିଗପରିବାର-ଦିଗ ସବୁ, (୨୦) କଙ୍କଣ କ୍ୱଣିତ-କଙ୍କଣ ଧ୍ୱନି, ଚୂତ-ଆମ୍ବ, ପଲ୍ଲବ-କଅଁଳିଆ ପତ୍ର, (୨୧) ସରଣୀ-ରାସ୍ତା, ଋତୁକାଳ-ପୁଷ୍ପବତୀ ହେବା ସମୟ, (୨୨) ପନିର-ବିଶୁଦ୍ଧ, ନୀରରୁହ ଦୃଶା-ପଦ୍ମ ନୟନା, ମଞ୍ଜୁମଞ୍ଜୀର-ସୁନ୍ଦର ପାଦ ଭୂଷଣ, ଘନରବ-ମେଘ ଶବ୍ଦ, ଭୃଙ୍ଗ-ଭ୍ରମର, ଅଙ୍ଗରାଗ-ଚନ୍ଦନ କୁଙ୍କୁମ ପ୍ରଭୃତିରେ ଲେପନ ଦ୍ରବ୍ୟ, କରକା-କୁଆପଥର, (୨୩) କନକାଚଳ-ସୁବର୍ଣ୍ଣ ପର୍ବତ, ଶମ୍ଭୁଯୁଗଳ- ଦୁଇ ଶମ୍ଭୁ (୨୪) ସୁସଞ୍ଚ-ସୁନ୍ଦର, କୋକନଦ-ରକ୍ତପଦ୍ମ, କଢ଼ିଯୁଗ୍ମ-ଲଗାଲଗି ହୋଇଥିବା ଦୁଇକଢ଼, ପୟୋଧର-ସ୍ତନ, ମେଘ।

ରହିଲା । କେ କାହା, ମୁଖେ କସ୍ତୁରୀ ପଙ୍କ ଢ଼ାଳି । ମୃଗାଙ୍କ କଳଙ୍କ ଛଡ଼ାଇ ହେବାରୁ ବହିଯାଉଛି କିବା କାଳି ।୨୫। କାହା ଲଲାଟ ସିନ୍ଦୂର ବହିପଡ଼େ ସ୍ୱେଦ ହୋଇବାରୁ ଜନିତ । କେଶରାହୁ ଦନ୍ତ ଘାତରୁ ବ୍ୟକତ ଇନ୍ଦୁ ଦେହରୁ କି ରକତ । ସେକାଳେ, ଅତି ଚଞ୍ଚଳ ନେତ୍ରଗତି । ଦିଗଧାରାକୁ କି ଶ୍ୟାମଳ କୋମଳ କମଳେ ମଣ୍ଡନ୍ତି ଯୁବତୀ ।୨୬। ରତ୍ନକିରଣେ ଭାନୁପ୍ରଭା ପ୍ରକାଶି ଶ୍ରବଣେ ତାଟକ ଚଳନ୍ତି । ପ୍ରମଦା, ପ୍ରମୋଦଭରେ କି କରନ୍ତେ ଶ୍ରୀଅଙ୍ଗେ ମଙ୍ଗଳ ଆଳତି । ଚଳିତ, ନାସିକା ମୋତି ଉରହାର । ବାଦେ ନୂପୁର ନାଦେ କି ନାଚୁଛନ୍ତି ନର୍ତ୍ତକୀଗଣେ ଅହଙ୍କାର ।୨୭। କେଉଁ ଲତାରୁ କୁସୁମ ଖସିବାରୁ ଏମନ୍ତ ହେଉଛି ପରତେ । ଧନ୍ୟ ଧନ୍ୟ ବୋଲି ପ୍ରଶଂସା କରି କି ରତ୍ନ ବିଞ୍ଚୁଛନ୍ତି ନିରତେ । ପରାଗ, ଛଳେ ସିଞ୍ଚୁଛନ୍ତି କର୍ପୂର । ପଲ୍ଲବ ଛଳେ ପଣନ୍ତେ ବିଞ୍ଚୁଛନ୍ତି ଉପକାର ଭୂତେ ତାଙ୍କର ।୨୮। କେଉଁ କେଉଁ ତରୁ ତରୁଣୀମାନଙ୍କୁ ପକ୍ଷୀ ନିନାଦରେ କହନ୍ତି । ଏପରି ଉତ୍ସବ କେବେ ନୋହିଥିଲା ଦେଖି ନ ଥିବ ସୁରପତି । କେ ତରୁ, ଶାଖା ଲୋଟନ୍ତି ଫଳଭରେ । କି ପରିରମ୍ଭ ଆରମ୍ଭ କରୁଛନ୍ତି ରମ୍ଭୋରୁ ପାଦ ଲାଗି ଶିରେ ।୨୯। ଏମନ୍ତ ବେଳେ ଏକ ସଖୀ କହିଲା ତିନି ପ୍ରହର ହେଲା ବେଳ । ସ୍ନାନ ମାତ୍ରକୁ ଅବଧାନ ନୋହିଲା ଏତକ ରହୁ କୁତୂହଳ । ପୁଣି ସେ, ସେ କଥା କଲା ଅଙ୍ଗୀକାର । ଏହି ସମୟେ ଥୋକାଏ ଦାସୀ ଆସି ଘେନିଣ ମାର୍ଜନା ସମ୍ଭାର ।୩୦। ସରୋବର ତୀରେ ପ୍ରବେଶ ସୁବେଶ ଲାଗି ସମ୍ପୂର୍ଣ୍ଣ ଏ ଛାନ୍ଦ । କବି ଚାତୁରୀ ଅନେକ ଅଛି ପୂରି ଘେନିଲେ ଜନ୍ମିବ ଆନନ୍ଦ । ଜାଣିଲା, ଜନମନକୁ ଏ ତୋଷିବ । ମୂର୍ଖ ସ୍ୱଭାବ ଅଦୃଷ୍ଟରଜାପରି ସେ କାହୁଁ ରତି ପ୍ରକାଶିତ ।୩୧। ଅନନ୍ତଭୂଷଣ ବୃଷଧନୁ ଯୁତ ସହୃଦ ଭବତାପ ନାଶି । ଶ୍ରୀନିଳୟ ଦ୍ୱିଜରାଜ ବନ୍ଦନୀୟ ଜନକସୁଖକୁ ପ୍ରକାଶି । ସୁମରି, ମନେ ସେ ରାମଚନ୍ଦ୍ର ଶିବ । କହେ ଉପଇନ୍ଦ୍ର ଭଞ୍ଜ ବୀରବର ଯୁବଜନ କର୍ଣ୍ଣ ଉତ୍ସବ ।୩୨।

■

ଶବ୍ଦାର୍ଥ- (୨୫) କାଶ୍ମୀର ରଜ- କୁଙ୍କୁମ ଗୁଣ୍ଡ, ପାଲଟି-ଫେରି, ଗ୍ରୀବା-ବେକ,ମନ୍ଦମରୁତ-ଧୀରପବନ, ନଳିନ-ପଦ୍ମ, ମୃଗାଙ୍କ-ଚନ୍ଦ୍ର, (୨୬) ସ୍ୱେଦ-ଝାଳ, ବ୍ୟକତ (ପ୍ରକାଶ), ଦିଗଧରା-ଚାରିଦିଗ, ଇନ୍ଦୁ-ଚନ୍ଦ୍ର, (୨୭) ଭାନୁପ୍ରଭା-ସୂର୍ଯ୍ୟ ତେଜ, ପ୍ରମଦା-ସୁନ୍ଦରୀ ନାରୀ, ତାଟଙ୍କ-କର୍ଣ୍ଣ ଅଳଂକାର, (୨୮) ପରତେ-ବିଶ୍ୱାସ, ଉପକାର ଭୂତେ-ଉପକାର ପାଇଁ, (୨୯) ନିନାଦ-ରାବ ଶବ୍ଦ, ସୁରପତି-ଇନ୍ଦ୍ର, ପରିରମ୍ଭ-ଆଲିଙ୍ଗନ, ରମ୍ଭୋରୁ-କଦଳୀ ଗଛ ପରି ମୋଟା ଜଙ୍ଘ, (୩୦) କୁତୂହଳ-ଆନନ୍ଦ, ମାର୍ଜନା ସମ୍ଭାର-ସ୍ନାନ ଉପକରଣ, (୩୧) ଅଦୃଷ୍ଟ ରଜା-ବାଳିକା, ଅନନ୍ତ-ବାସୁକି, (୩୨) ବୃଷଧନୁଯୁତ-ଧର୍ମରକ୍ଷକ ଓ ଧନୁର୍ଦ୍ଧାରୀ, ଜନକସୁଖ-ମହର୍ଷିଜନକଙ୍କ ଆନନ୍ଦ, ଭବତାପ-ପୃଥିବୀ ଦୁଃଖ, ଦ୍ୱିଜରାଜ-ବ୍ରାହ୍ମଣ ଶ୍ରେଷ୍ଠ ।

ଷଷ୍ଠ ଛାନ୍ଦ

ସରୋବର ବର୍ଣ୍ଣନା ଓ ଲାବଣ୍ୟବତୀର ସରସୀ ବିହାର

(ରାଗ-ରାମକେରୀ)

ମନଦେଇ ଶୁଣ କୋବିଦେ ନୃପସୁତା ସୁକେଶୀ।
କୂଳରେ ବକୁଳ ମୂଳରେ ପୀଠ ଉପରେ ବସି ।୧।
ସରସୀଶୋଭିତ ଅନାଇଁ ମନ ନେତ୍ର ଲୋଭିତ।
ତଟ ଘଟନା ବିଦ୍ରୁମରେ ପକ୍ଷୀପନ୍ତି ବିମ୍ବିତ ।୨।
କି ନୀଳଶାଢ଼ି ହଂସାବଳୀ ରଙ୍ଗ ଧଡ଼ି ହୋଇଛି।
ଅବନୀ ବନିତା ବିସ୍ତାରେ କିବା ଜିଣିବା ଇଚ୍ଛି ।୩।
ପାବଚ୍ଛ ସ୍ୱଚ୍ଛ ସ୍ଫଟିକରେ ନୀରତୀର ପ୍ରତୀତ।
ସୁବେଣୀ ପରଶ ଭାବି କି ତହିଁ ତ୍ରିବେଣୀ ଖ୍ୟାତ ।୪।
ଦୀପଦଣ୍ଡି ଲଭି ମରାଳପନ୍ତି ଦିଏ ଭଉଁରୀ।
ବଡ଼ ବଡ଼ଭୀକି ବେଢ଼ିକି ଶୋଭା ଚୂର୍ଣ୍ଣ ଚଉଁରୀ ।୫।
ଜଳ ଜମ୍ବାଳ ଆବିଳରେ ଜନମନ ହରୁଛି।
ଜଳ ନିର୍ମଳରେ ଆଦର ଆଦରଶୁଁ ସାରୁଛି ।୬।
ଗଭୀର ଗୁଣକୁ ପଣ୍ଡିତ ଠାରୁ ଗୃହୀତ କରି।
ନର୍ତ୍ତକୀଠାରୁ ଭଉଁରୀ ଶିକ୍ଷା ପରା ଏହାରି ।୭।
ଅମୃତ ସଙ୍ଗତେ ହୋଇଛି ମିତ ମଧୁର ଗୁଣେ
ବିଧୁର ସ୍ନେହକୁ ବିଧୁର କରେ ଶୀତଳ ପଣେ ।୮।

ଶବ୍ଦାର୍ଥ- (୧) କୋବିଦ-ପଣ୍ଡିତ, ସୁକେଶୀ-ଉତ୍ତମ କେଶୀ, (୨) ସରସୀ-ପୁଷ୍କରିଣୀ, ଘଟଣ-ସୁନ୍ଦର, ବିଦ୍ରୁମ-ବୃକ୍ଷ ବିଶେଷ, ବିମ୍ବିତ-ଶୋଭିତ, (୩) ଅବନୀ ବନିତା-ପୃଥିବୀ ରୂପା ସ୍ତ୍ରୀ, (୪) ତ୍ରିବେଣୀ-ଗଙ୍ଗା, ଯାମୁନା ଓ ସରସ୍ୱତୀ ନଦୀର ସଙ୍ଗମ ସ୍ଥଳୀ, (୫) ମରାଳ-ହଂସ, ପନ୍ତି-ସମୂହ, ବଡ଼ଭୀ-କୋଠାଘର, ଚୂର୍ଣ୍ଣଚଉଁରୀ- ଏକ ମହଲା କୋଠାଘର, (୬) ଜମ୍ବାଳ- ପଙ୍କ, ଆବିଳ-ମଇଳା, ଆଦରଶୁଁ- ଦର୍ପଣରୁ, (୮) ବିଧୁର-ଚନ୍ଦ୍ରର, ବିଧୁର-ଦୁଃଖିତ।

କାମ ମରାଳୀରେ ପ୍ରକାଶମାନ ସୁଖଦାନରେ ।
କୁମୁଦରେ ଯେଣୁ ବିଦିତ ଯେଣୁ ହରିପ୍ରକାରେ ।୯।
ସର ଶୋଭା ଦେଖୁ ଦେଖୁ ସେ ସରେ ମର୍ଦ୍ଦନ ବିଧି ।
ବକ୍ଷ ପ୍ରମାଣେ ଜଳେ ଯାଇଁ ବିଜେ ଲାବଣ୍ୟନିଧି ।୧୦।
କବି ବିଚାରିଲେ ବିଚିତ୍ର ହେଲା ତୁମ୍ବୀ ବୁଡ଼ିଲା
ନ ବୁଡ଼ି ଶଇଳ ସଲିଳ ଉପରରେ ରହିଲା ।୧୧।
କିସ ପୁଣି ଦେଖା ନ ଯାଇ ଯେବେ ଥାଇ ଜୀବରେ ।
ବିଷମ ସମସ୍ୟା ପୂରଣ ହେଲା ଏହି ଠାବରେ ।୧୨।
ଅପୂର୍ବ ଅମ୍ବୁଜ ମୁଖକୁ ଚାହିଁ ଭୃଙ୍ଗ ଚକୋର ।
ଚୁମ୍ବିବା ଲୋଭରେ ଧାଇଁଲେ ଶ୍ରୁତି ଚାହିଁ କାତର ।୧୩।
କେଶ ଦରଶନେ ରଥାଙ୍ଗ ଧାଇଁ ଆହାର ବଶେ ।
ବିଚ୍ଛେଦ ଭୟରୁ ପଳାଇ ଗଲେ ନ ରହି ପାଶେ ।୧୪।
ନୟନ ଉଜ୍ଜ୍ୱଳ କଜ୍ଜଳଲାଞ୍ଛି ଅନାଇଁ ଦେଇ ।
ଗଭୀର ଜଳରେ ପଶିଲେ ମୀନ ଭୟକୁ ପାଇ ।୧୫।
ଭୂରୁ ନୟନ ଆନନକୁ ଚାହିଁ ଖଞ୍ଜନମାନେ ।
କୁରଙ୍ଗ ହୋ ଆମ୍ଭେ ମଲାଇଁ ବୋଲି ଡାକିଲେ ସ୍ୱନେ ।୧୬।
ଶମ୍ବର ଜନନୀ ଅମ୍ବୁରେ ସେହିକାଳେ ପଶିଲେ ।
ହାସପରିହାସ ସରସ-ଉକ୍ତିମାନ ଭାଷିଲେ ।୧୭।
ଦେଖରେ ନଳିନୀ ନଳିନୀ ନଳିନୀରେ ପୂରିତ ।
ଭ୍ରମନ୍ତି ଭ୍ରମରେ ଭ୍ରମରେ ଭ୍ରମରରେ ଶୋଭିତ ।୧୮।
ବି-ରାଜି ବିରାଜି ଅଛନ୍ତି ମୀନ ଭକ୍ଷଣ ପାଇଁ ।
ରାଜୀବ ରାଜୀବନୟନା ଏଥି ଖେଳା କରଇ ।୧୯।

ଶବ୍ଦାର୍ଥ- (୯) କାମ-ସ୍ନେହ, ମରାଳୀ-ହଂସରାଳି ଚଢ଼େଇ, ହରି-ଚନ୍ଦ୍ର, (୧୦) ସର-ସରୋବର,ମର୍ଦ୍ଦନ-ମାଲିସ୍ କରିବା (୧୧) ତୁମ୍ବୀ-ପିଚା, ଶଇଳ(ଶୈଳ)-ପର୍ବତ, (୧୩)ଅମ୍ବୁଜ-ପଦ୍ମ,ଚନ୍ଦ୍ର, ଶ୍ରୁତି-କାନ, ଚଂପାଫୁଲ, (୧୪) ରଥାଙ୍ଗ-ଚକ୍ରବାକ ପକ୍ଷୀ, (୧୬) ଭୃଙ୍ଗ-ଭ୍ରମର, ଖଞ୍ଜନ-କଜଳପାତିଆ ପକ୍ଷୀ, କୁରଙ୍ଗ-ହରିଣୀ, (୧୭) ଶମ୍ବରଜନନୀ-ପଦ୍ମମୁଖ, ଅମ୍ବୁରେ-ଜଳରେ, (୧୮) ନଳିନୀ-କଇଁଫୁଲ, ସୁନ୍ଦରୀ ରମଣୀ, ପୋଖରୀରେ ଭ୍ରମରେ-ଭୁଲବଶତଃ ଭଅଁରମାନେ, ଭଉଁରରେ, (୧୯) ବି-ରାଜି-ପକ୍ଷୀସମୂହ, ବିରାଜି-ଶୋଭିତ ହୋଇ, ରାଜୀବ-ପଦ୍ମ, ରାଜୀବ ନୟନା-ପଦ୍ମ ନୟନା ।

ସଲିଳେ ଉଡୁପ ଦେଖରେ ହୋଇଅଛି ଶୋଭନ।
ସଲୀଳେ ଉଡୁପବଦନୀ ଖେଳିବାକୁ ମୋ ମନ ।୨୦।
ନବୀନଜୀମୂତ ଜୀମୂତସ୍ତନା କିଏ ଉଦିତ।
ଏ ନୀଳକମଳ କମଳବିନ୍ଦୁ ବହି ତେମନ୍ତ ।୨୧।
ଭୁବନ ଏଥିରେ ପୂରିତ ମୋହେ ସର୍ବ ଭୁବନ।
ଜୀବନବନ୍ଧୁ ଏ ନିଶ୍ଚୟ ପ୍ରାଣୀଙ୍କର ଜୀବନ ।୨୨।
ଅହିମକର ତାପ ନାଶେ ଶୋଭା ସ୍ୱରସ ଚକ୍ରେ।
ଅହିମକର ତାପ ନାଶେ ଶୋଭା ସାରସ ଚକ୍ରେ ।୨୩।
ବଶ ପ୍ରକାଶିବ ସୁମନ-ସର ସୁମନସର।
ମହୀକି ଆଣିଲା ସୁମନ-ସର ସୁମନଶର ।୨୪।
ମନ୍ତ୍ରିଜା ପୁଚ୍ଛିଲା ଜେମାକୁ ଚାରିବର୍ଣ୍ଣେ ଏସନେ।
ଏକାକ୍ଷରେ ଖ୍ୟାତ ଧରଣୀ କରଭୂଷା ତ୍ରିବର୍ଣ୍ଣେ ।୨୫।
ବୟସ ନାମ ଖ୍ୟାତ ମୁନି ଯାହା କରେ ସେ ହେବ।
ପ୍ରାକର୍ମ ଦ୍ୱିବର୍ଣ୍ଣେ ବିଲୋମେ ରାମକୁମର ଥିବ ।୨୬।
ବ୍ୟସ୍ତେ ବସନ୍ତାଦି ଫୁଲେକ ତହିଁ ତଟର ନାମ।
ସମସ୍ତ ପଢ଼ିଲେ ହୋଇବ ଜଳେ ଥିଲା କୁସୁମ ।୨୭।
ଚତୁରୀ ତୁରିତେ ଜାଣିଲା ହସି କହିଲା ତହିଁ।
କଂସ କରୀବର ପରାୟେ ମୋତେ ପରତେ ହୋଇ ।୨୮।
ଫଳ ବେନିବର୍ଣ୍ଣ ପ୍ରାନ୍ତରେ ଦେଲେ ମୁକୁତା ନାମା।
ଶୁଣି ଧନ୍ୟ ବୋଲି ପ୍ରଶଂସା କଲେ ସକଳ ବାମା ।୨୯।
ଏ ବିଧିରେ ଭାଷି ଭାରତୀ ଜଳ କ୍ଷେପଣ କରି।
ଦେଖିଲା ନ ଥିଲା ଚଞ୍ଚଳ ବରଷିବାର ବାରି ।୩୦।

ଶବ୍ଦାର୍ଥ- (୨୦) ସଲିଳ-ଜଳ, ଉଡୁପ-ଚନ୍ଦ୍ର, ଡଙ୍ଗା, ସଲୀଳ-ଲୀଳାସହ, (୨୧) ଜୀମୂତ-ମେଘ, ନୀଳକମଳ-ନୀଳପଦ୍ମ, (୨୨) ଭୁବନ-ଜଳ, ଭୁବନ-ପୁର, (୨୩) ଅହିମକର- ସୂର୍ଯ୍ୟକିରଣ, ତାପ-ତେଜ, ସାରସଚକ୍ର-ପଦ୍ମସମୂହ, ଅହି-ସର୍ପ, ମକର-ମତ୍ସ୍ୟ, ସାରସଚକ୍ରେ, ହଂସପନ୍ତି, (୨୪) ସୁମନସର-ଫୁଲ ପୂର୍ଣ୍ଣ ସରୋବର, ସୁମନ-ସର-ଦେବତା, ପଣ୍ଡିତମାନଙ୍କର, ସୁମନ-ସର-ଜଳକ୍ରୀଡ଼ାରତା ସୁମନାମାନଙ୍କର, ସୁମନ-ଶର-ଫୁଲଶର, (୨୫) ମନ୍ତ୍ରିଜା-ମନ୍ତ୍ରୀ କନ୍ୟା, (୨୮) କଂସ କର କରବର-କଂସର ହାତୀ, (୨୯) ପ୍ରାନ୍ତରେ- ଶେଷରେ, (୩୦) କ୍ଷେପଣ-ଅତିକ୍ରମ କରିବା।

ଉତ୍ତାନ ପ୍ଲାବନେ ଉରଜମାନେ କି ମନୋହର।
ନଳଦୀକ୍ଷା ପାଇଁ ନାରୀକି ଭେଳା କଲେ ଭୂଧର ।୩୧।
ଆଜ କି କୁସୁମନାରାଚ ରାଜ ବହିତ୍ର ଲୀଳା।
କରୁଛି ତେମନ୍ତ ଶୋଭାକୁ ପୁଣି ବହିଲେ ବାଳା ।୩୨।
ବୁଡ଼ି କେ କାହାର ଚରଣ ଧରୁ ସେ ଜାଣି ଭାଷି।
ଗତିରେ ଗଜ ଅଛି ବୋଲି ମୋତେ କୁମ୍ଭୀର ଗ୍ରାସି ।୩୩।
ନାରୀ ବାରି ବାରି ନୋହିଲେ ତହିଁ ଘଡ଼ିଏ ଯାଏ।
ହାସ କୁମୁଦ ନେତ୍ର ମୀନ ମୁଖ କମଳ ପ୍ରାୟେ ।୩୪।
ଜଘନ ପୁଳିନ ଉରଜ ଚକ୍ରବାକ ମିଥୁନ
ରୋମାବଳୀ ଆଳି ଆବଳୀ ଗତି ହଂସ ସମାନ ।୩୫।
ଉଦର କମଳ ପଳାଶ ନାଭି ଜଳଭଉଁରୀ।
କର କୋକନାଦ ସୁବାହୁ ଯହିଁ ମୃଣାଳ ସରି ।୩୬।
ବାଳୀ ଜଳେ ମିଶି କରନ୍ତି କେଳି ଏ ହୋଏ ଜଣା।
ସଖୀ ସଙ୍ଗେ ମିଶି କ୍ରୀଡ଼ଇ ଯହିଁ ଚଞ୍ଚଳେକ୍ଷଣା ।୩୭।
କାହିଁକି ଏମନ୍ତେ ବୋଇଲେ ବୋଲି କେ ବା ବୋଲିବ।
ସୁଲକ୍ଷଣାକୁ ଏ ଲକ୍ଷଣା କାହୁଁ ସମାନ ହେବ ।୩୮।
ସ୍ନାନ ଅବଶେଷେ କୂଳକୁ କୁଳପାଳିକା ଆସି।
ଗଉର ଅଙ୍ଗରେ ଜଡ଼ି ସେ ଶାଢ଼ି ଏମନ୍ତ ଦିଶି ।୩୯।
ସ୍ଫଟିକବାଡ଼ ଫୁଟି ଦିଶେ କି ସେ ହେମପିତୁଳା।
ସ୍ତନସଂପୁଟେ କି ବାରଣଦନ୍ତ ପିଧାନ କଲା ।୪୦।
ଅତି ଜର ଜର ନୀରରେ ଯହୁଁ ଏମନ୍ତ ଭାବି।
ସେ ଚନ୍ଦ୍ରଶିଳ ଶଇଳ କି ହାସଚନ୍ଦ୍ରରେ ଦ୍ରବି ।୪୧।

ଶବ୍ଦାର୍ଥ- (୩୧) ଉତ୍ତାନ-ଚିତ୍ ହେବା, ପ୍ଲାବନ-ପହଁରିବା, ନଳଦୀକ୍ଷା-ତ୍ରେତୟା ଯୁଗର ବାନର ନଳର ଦୀକ୍ଷା, ଭୂଧର-ପର୍ବତ, କୁସୁମ ନାରାଚ-ପୁଷ୍ପଧନୁ, ବହିତ୍ର-ନୌକା, (୩୩) ଭାଷି-କହିବା, (୩୫) ଜଘନ-ଜଙ୍ଘ, ପୁଳିନ-ତଟ, ଚକ୍ରବାକ ମିଥୁନ-ଚକୁଆଚକୋଇ, ଆଳୀ ଆବଳୀ-ଭ୍ରମର ଗଣ, (୩୬) କୋକନଦ-ରକ୍ତ କଇଁ, ମୃଣାଳ-ପଦ୍ମନାଡ଼, (୩୭) ବାଳୀ-ଯୁବତୀ, କୁଳପାଳିକା-ନିଜ କୁଳର ସ୍ତ୍ରୀ, (୪୦) ସ୍ଫଟିକ ବାଡ଼-ସ୍ୱଚ୍ଛ ପଥରକାନ୍ଥ, ହେମପିତୁଳା-ସୁନାପିତୁଳା, ସ୍ତନ ସଂପୁଟ-ଦୁଇ ସ୍ତନର ସନ୍ଧିସ୍ଥଳ, ସ୍ତନରୂପକ ଫରୁଆ, ବାରଣ ଦନ୍ତ-ହାତୀ ଦନ୍ତ, ପିଧାନ- ଘୋଡ଼ାଇବା, (୪୧) ଚନ୍ଦ୍ରଶିଳ-ଚନ୍ଦ୍ରକାନ୍ତମଣି, ହାସଚନ୍ଦ୍ର-ହସ ରୂପକ ଚନ୍ଦ୍ର, ଚାରୁ-ମନୋହର, ନବତମାଳ-ନୂଆଲତା।

ବିନ୍ଦୁ ବିନ୍ଦୁ ଜଳ ରହିଛି ଗରୁ କୁଟିଳବାଳେ।
ତୁଷାର ବୃଷ୍ଟି କି ହୋଇଛି ନବତମାଳଦଳେ ।୪୨।
ନବଘନେ କିବା ଉଇଁଛି ତାର ତାରକାଶ୍ରେଣୀ।
ମୋତି ପତନ କି ହୋଇଛି ନୀଳମଣି ଧରଣୀ ।୪୩।
ଅଙ୍ଗ ଅଙ୍ଗନାର ପୋଛିଲେ ସଖୀମାନେ ସତ୍ୱରେ।
କେଶ ପୋଛିଦେଇ ଗଣ୍ଠିକି ଦେଲେ ଅଗ୍ରଭାଗରେ ।୪୪।
ଉଞ୍ଚିଦେଲେ ପୀତାମ୍ବରକୁ ଉରୁସନ୍ଧିକି ରୁନ୍ଧି।
ପିନ୍ଧି ନିତମ୍ବିନୀ ନିବିଡ଼େ ନୀବୀବନ୍ଧକୁ ବାନ୍ଧି ।୪୫।
ତୋରା ହୋଇଲା ଗୋରାଦେହ ଆଲିଙ୍ଗନକୁ ପାଇ।
ଧଡ଼ି ନ ଥିଲେ ଶାଢ଼ି ଥିଲା ପରା ଦିଶନ୍ତା ନାହିଁ ।୪୬।
ଜଣାଇଲେ ଏବେ ମନ୍ଦିରରେ ଯିବା ଅସ୍ତ ଦିନେଶ।
ଜଗତମୋହିନୀ ଜଗତୀ ପରେ ହେବୁ ସୁବେଶ ।୪୭।
ଶୁଣିକରି କରପଇଠ ଦେଇ ବିଜେ ସୁନ୍ଦରୀ।
କାମକଳାକୁ ସେ ଆକ୍ଷେପି ସଜନୀକି ପଚାରି ।୪୮।
ହରି କରେ କିସ ଶୋଭିତ, ରାତ୍ରେ କେ ହୋଏ ଭିନ୍ନ?
କାମେ କାମୁକ କି କରନ୍ତି, ଭୀମ କାହିଁ ଶୋଭନ? ।୪୯।
କେ ବରଜ-ରାଜ, ସଂସାର କରତା କେ ଅଟଇ?
ନୃପତି ଆଗରେ କି ବୋଲି ପ୍ରତିହାରୀ ଡାକଇ? ।୫୦।
କିଶୋଭା କରେ ଚନ୍ଦ୍ର କରେ, ତାରା କାହିଁ ଉଦିତ?
ବିଷ୍ଣୁର ସର୍ବଦା ମଣ୍ଡନ କି କି କହ ତ୍ୱରିତ? ।୫୧।
ସେ କହେ କମଳ, ରଥାଙ୍ଗ, ଦର, ଗଦା ନନ୍ଦକ।
ମଣିମା, ହରିତ ଅମ୍ବର ବୋଲି ହୋଏ ବିବେକ ।୫୨।

ଶବ୍ଦାର୍ଥ- (୪୩) ନବଘନ-ନୂଆମେଘ, ତାରକାଶ୍ରେଣୀ-ତାରକାମାଳା, ଅଙ୍ଗନା-ନାରୀ, (୪୪) ସତ୍ୱର-ଚଞ୍ଚଳ, ନିତମ୍ବିନୀ-ମୋଟା ପିଚାବିଶିଷ୍ଟା ସ୍ତ୍ରୀ, ନୀବୀବନ୍ଧ-ପିନ୍ଧିବା ବସ୍ତ୍ର ଗ୍ରନ୍ଥି, (୪୭) ଦିନେଶ-ସୂର୍ଯ୍ୟ, ଜଗତୀ-ସିଂହାସନ, (୪୮) ଆକ୍ଷେପି-ଆକର୍ଷଣ କରି, (୪୯) ହରି-ବିଷ୍ଣୁ, (୫୦) ବରଜ-ରାଜ-ବ୍ରଜରାଜ, ପ୍ରତିହାରୀ-ପ୍ରହରୀ, (୫୨) କମଳ-ପଦ୍ମ, ରଥାଙ୍ଗ-ସୁଦର୍ଶନ ଚକ୍ର, ଦର-ପାଞ୍ଚଜନ୍ୟଶଙ୍ଖ, ଗଦା-କୌମୋଦକୀ, ନନ୍ଦକ-ଖଣ୍ଡା, ମଣିମା-କୌସ୍ତୁଭମଣି, ହରିତ-ଅମ୍ବର-ହଳଦିଆ ବସ୍ତ୍ର।

ଶ୍ରବଣ ପ୍ରଶଂସା ସଂସାର ସାର-ରମଣୀ କଲା ।
ସଦନେ ପ୍ରବେଶ ହୋଇ ସେ ପୁଣି ସୁବେଶ ହେଲା ।୫୩।
ଏଠାରୁ ଏ ଛାନ୍ଦ ସମ୍ପୂର୍ଣ୍ଣ ଏତେ ଲକ୍ଷଣଯୁକ୍ତ ।
ଶ୍ଳେଷରେ ଅଭଙ୍ଗ ସଭଙ୍ଗ ଭଙ୍ଗାଭଙ୍ଗିହିଁ ବ୍ୟକ୍ତ ।୫୪।
ଛବିଧି ଯମକ ରୂପକ ଆଶ୍ରୟରେ ଦୀପକ
ବହିର୍ଲପି ଅନ୍ତର୍ଲପିକା ଘେନି କର୍ଣ୍ଣରୋଚକ ।୫୫।
ବଳି ଛଳି ରାମ ବାମନମୂର୍ତ୍ତି ମନରେ ଧ୍ୟାୟୀ ।
ଉପଇନ୍ଦ୍ର ବୀରବର ଯେ ଏହୁ ରସ କହଇ ।୫୬।

■

(୫୪/୫୫) ଏହି କାବ୍ୟରେ ଛ'ପ୍ରକାର ଯମକ ରହିଥିବା କଥା କବିସୂଚନା ଦେଇଛନ୍ତି । ପୁନଶ୍ଚ ରୂପକ, ଆଶ୍ରୟ, ଦୀପକ, ବହିର୍ଲପି ଓ ଅନ୍ତର୍ଲପି ପ୍ରଭୃତି ଅଳଂକାରର ପ୍ରୟୋଗ ଘଟିଛି ।

(୫୬) ବଳି-ଦାନବରାଜ, ଛଳି-ଛଳନାକରି, ବାମନମୂର୍ତ୍ତି- ଭଗବାନଙ୍କ ପଞ୍ଚମ ଅବତାର । ଏହି ଅବତାରରେ ବଳିକୁ ପାତାଳଗାମୀ କରାଇଥିଲେ ।

ସପ୍ତମ ଛାନ୍ଦ

ବାଜିକରର ସିଂହଳ ଦେଶକୁ ଗମନ ଓ ଭୋଜବିଦ୍ୟା ପ୍ରଦର୍ଶନ

(ରାଗ- ଭୂପାଳ)

ଏଥୁଅନ୍ତେ ଶୁଣ ଜନେ ମନଦେଇ । ମନୋହର ବସନ୍ତ ଋତୁକୁ ଚାହିଁ ।୧।
ବିଜେ ଆରାମେ କର୍ଣ୍ଣାଟ ରାଜସୁତ । ସମୀପରେ ବସିଛନ୍ତି ଚାରି ମିତ୍ର ।୨।
ସାବଧାନେ ମଣିମା ଖୁଣ୍ଟିଆ ଡାକେ । ସେବାନିପୁଣ ତହିଁ ଖଟଣୀ ଲୋକେ ।୩।
ଯଶ ବର୍ଣ୍ଣନା କରନ୍ତି ଭାଟେ ଶ୍ଳେଷେ । ଏକ ପଦରେ ଗୀତ କବିତ୍ୱ ବଶେ ।୪।
ଚନ୍ଦ୍ର ସେହି ଭାଷା ପରି ବୀର ଦାନୀ । କୀର୍ତ୍ତି ନିଶ୍ଚେ ତାର ହାର ଧୀର ମାନୀ ।୫।
ଯାନ ଜବ ଦେଖି ପର ଦର୍ପ ହୀନେ । ପାଏ ସୁଖଭାବନୀୟ ପ୍ରତିଦିନେ ।୬।
ଭେଟେ କବି ଗୀତ କରି ତ୍ରିବିଧିରେ । ପ୍ରାନ୍ତ ଯମକ ଶୃଙ୍ଖଳ ଗୋମୂତ୍ରରେ ।୭।
ଦରଚୟ ହର ଧୀର ପ୍ରଶଂସାର । ସାର ସାୟକର କର ଏ ସଂସାର ।୮।
ସାର ସାର ଜିତ ଗତି ହେ କୁମାର । ମାର ପରଶତ ଅତି ସୁକୁମାର ।୯।
ହଟ ଦେଖାଉ ଅଛନ୍ତି ନଟ ତହିଁ । ଚଢ଼ିବଂଶ ଶାଳକାରେ ଢୋଲବାଇ ।୧୦।
ନାଟ କରୁଅଛନ୍ତି ଗଣିକା ଆଳୀ । ଗୀତ ଗାଉଅଛନ୍ତି ଗୁଣିକେ ମିଳି ।୧୧।
ଗଜ ଅଶ୍ୱ ରତନ ବସନ ମାନ । ମୂଲ୍ୟ କରୁଛନ୍ତି ଜ୍ଞାନଶୀଳଜନ ।୧୨।
ରାଜାମାନେ ଗତ ଯୁଦ୍ଧକଥା ଭାଷି । କରୁଛନ୍ତି ସାଧନ ପଦାତି ଆସି ।୧୩।
ବସନ୍ତକା ମୁଖ ଚାହିଁ ପରିହାସେ । ଏହି ସମୟରେ ଗୁଣନିଧି ଭାଷେ ।୧୪।
ତୁମ୍ଭ କନ୍ୟା ଲାଭ ହେଲା ଦ୍ୱୀପାନ୍ତରେ । କିଛି ଅପୂର୍ବ ପଦାର୍ଥ ଏ ଉତ୍ତାରେ ।୧୫।
ଯୁବରାଜ ଛାମୁରେ ନ କଲ ଭେଟି । ଶୁଣି ସଲଜ୍ଜ ହୋଇ ସେ ବେଗେ ଉଠି ।୧୬।
ନିଜ ରମଣୀ ପାଶର ନେଇ କୀର । ଦେଲା ପଢ଼ା ଶୁଣି ସର୍ବେ ତୋଷଭର ।୧୭।
ଏହିକାଳେ ଜଣାଇଲା ବେତ୍ରକର । ଆସି ବୋଇତିଆଳେକ ଅଛି ଦ୍ୱାର ।୧୮।
ବୋଲି ସିଂହଳଦୀପୁ ଆସିଛି ମୁହିଁ । ଇଚ୍ଛା ମୋର ଯୁବରାଜ ଭେଟ ପାଇଁ ।୧୯।

ଶବ୍ଦାର୍ଥ- (୩) ଖଟଣୀ-ସେବା, (୬) ଜବ-ଶୀଘ୍ର, ସୁଖଭାବନୀୟ-ଉତ୍ତମ ମନ କଥା, (୧୦) ବଂଶ ଶଳାକା-ଉଚ୍ଚ କେଳା ବାଉଁଶ, (୧୧) ଗଣିକା- ବେଶ୍ୟା, ଆଳୀ- ସ୍ତ୍ରୀ, ଗୁଣିକା-ଗୁଣୀ, (୧୨) ଜ୍ଞାନଶୀଳ-ଜ୍ଞାନୀ, (୧୩) ପଦାତି-ପାଇକ, (୧୪) ପରିହାସେ-ଥଟ୍ଟାରେ, (୧୭) କୀର-ଶୁଆ, (୧୮) ବେତ୍ରକର-ଦ୍ୱାରପାଳ, ବୋଇତିଆଳେକ-ବୋଇତ ମାଲିକ।

ଶୁଣି ନୃପସୁତ କଲା ସୀଉକାର । ଆଣି ଛାମୁରେ ଭେଟାଇ ପ୍ରତିହାର ।୨୦।
ଶିରେ କର ଦେଇ ଭେଟି ଏତେ ଦ୍ରବ୍ୟ । ଦେଲା ପ୍ରମୋଦ ଚିତ୍ତରେ ସେ ସାଧବ ।୨୧।
ମେଷଚକ୍ଷୁ ନୀଳ ବ୍ରହ୍ମଜାତି ହୀରା । ତାର ମୁକୁତା କୁକୁଟ ଡିମ୍ବ ପରା ।୨୨।
ଅଛି ସୁମାଣିକ୍ୟ ପଦ୍ମରା ଜାତି । ଅଷ୍ଟବକ୍ର ପ୍ରବାଳ ହିଁ ପନ୍ତି ପନ୍ତି ।୨୩।
ଚନ୍ଦ୍ରକାନ୍ତ ପାଷାଣ ନୀଳେନ୍ଦ୍ର ମଣି । ଲକ୍ଷ୍ମୀ ନାରାୟଣ ଶିଳା ନୋହେ ଗଣି ।୨୪।
ଅଗୁରୁ ଚନ୍ଦନ ଅତର ଶ୍ରୀକର୍ପୂର । ଜଳୁ ପାତାଳ ଚୂଆ ପନିରନୀର ।୨୫।
ସମରାଜି ଜୁଆଦ ଜାହ୍ନବୀ ଜଳ । ମନୋହର ବଂଶପତ୍ର ହରିତାଳ ।୨୬।
ରୌପ୍ୟ ଇଛାକୁ ଫୁଲ ତୁଲରେ ଦେଇ । ଜମ୍ବୁନଦ ବିନା ଆନ ହେମ ନାହିଁ ।୨୭।
ମଣି ପଦରେ ମିହିରମଣି ଲେଖି । ଦନ୍ତେ ଦନ୍ତିଦନ୍ତ ନଖେ ବ୍ୟାଘ୍ରନଖ ।୨୮।
ଚର୍ମ ଆସନରେ ସାର ବୋଲିବାର । ଚର୍ମ ଆଢ଼େଣୀ ଖଡ଼୍ଗଚର୍ମ ସାର ।୨୯।
ଉନା ତରବାରୀ ବୁନ୍ଦି ଯମଦର । ଶଙ୍ଖ ଦକ୍ଷିଣାବର୍ତ୍ତକ ଶୁଦ୍ଧତର ।୩୦।
ଏକମୁଖୀ ରୁଦ୍ରାକ୍ଷରେ ସୁଶୋଭନ । ଝରୁ କନକମୃଗ ଚଉଁରୀମାନ ।୩୧।
ଶୁଭ୍ର କାଗଜ ଲହୁରୀ ଦେଶଜାତ । କାମ କାଞ୍ଚନ ନୀଳା ଅପ୍ରମିତ ।୩୨।
ସିନ୍ଧୁଜାତି ହୟ ଭାରବାହ ଖର । ବଜ୍ରଜାତି ଗଜ ପାଟଭାଲି କୀର ।୩୩।
ନେପାଳିକା ମୂଷିକା ସାଳିଆ ଝରୁ । ଲବଙ୍ଗର ଲାଲ ଜାତିଫଳ ତରୁ ।୩୪।
ଚକୋରକ ଦିନଜ୍ଞାତା ପାରାବତ । କଳପନ ଶୂନ୍ୟଖୁରୀ ସୁରଞ୍ଜିତ ।୩୫।
ଲୋହ ଚୁମ୍ବକ ପରଶୁଗ୍ରୀବ ଯହିଁ । ଦାସୀନେତ୍ର ଗଉରୀବେତ୍ରରେ ଶୋହି ।୩୬।
ଶୃଙ୍ଗ କମାଣ ତୀର ଚାତକପତ୍ର । ଲାଗିକି ବିଚିତ୍ର ବଶ କରେ ନେତ୍ର ।୩୭।
ମାନଦରୀଶାୟକ ଉତ୍ତରୀ ଫରୀ । ଅଛି ରୋପଣ ବନରେ ଚିତ୍ର କରି ।୩୮।
ଦେଖି ଦିବ୍ୟ ପଦାର୍ଥ ସମ୍ମୋହନରେ । କରେ ସାଧୁକୁ ପ୍ରଶଂସା ସୁମନରେ ।୩୯।

ଶବ୍ଦାର୍ଥ- (୨୦) ସୀଉକାର-ସ୍ୱୀକାର, ପ୍ରତିହାର-ପ୍ରହରୀ, (୨୨) ତାର-ଉଜ୍ଜ୍ୱଳ, (୨୩) ପ୍ରବାଳ-ପୋହଳା, ପନ୍ତିପନ୍ତି-ପେଣ୍ଠାପେଣ୍ଠା, (୨୫) ପନୀରନୀର-ସୁବାସିତ ଜଳ (୨୬) ସମରାଜି-ସୁବାସିତ ଦ୍ରବ୍ୟ, ସମରାଜି ଜୁଆଦ-କସ୍ତୁରୀ ମୃଗ, (୨୭) ଜମ୍ବୁନଦ-ଉତ୍କୃଷ୍ଟ ସୁନା, ମିହିରମଣି-ସର୍ଯ୍ୟକାନ୍ତ ମଣି, ଖଡ଼ଗ ଚର୍ମବାର-ଗଣ୍ଡାର ଚର୍ମ, (୨୮) ଦନ୍ତିଦନ୍ତ-ହାତୀଦନ୍ତ, (୩୦) ଉନା ତରବାରୀ ବୁନ୍ଦି ଯମଦର-ଯମ ଡରୁଥିବା, ଦକ୍ଷିଣାବର୍ତ୍ତକ-ଦକ୍ଷିଣମୁହାଁ, (୩୩) ହୟ-ଘୋଡା,ଖର-ଗଧ,ବଜ୍ରଜାତି-ଐରାବତ ଅଂଶ, (୩୪) ଜାତିଫଳ-ଜାଇଫଳ, (୩୫) ପାରାବତ-ପାରା, ସୁରଞ୍ଜିତ-ସୁନ୍ଦର,(୩୬) ପରଶୁଗ୍ରୀବ-ପରଶମଣି ପଥର, ଦାସୀନେତ୍ର-ନାନା ରଙ୍ଗର ବସ୍ତ୍ର, (୩୭) ଶୃଙ୍ଗକମାଣ-ଶିଙ୍ଗରେ ତିଆରି ଧନୁ, ଚାତକପତ୍ର-କଙ୍କପତ୍ର,(୩୮) ମାନଦରୀଶାୟକ-ଡାମଣା କାଠ ତିଆରି ଧନୁ ଯାହା ମନରେ ଭୟ ସଞ୍ଚାର କରିଥାଏ, ଫରୀ-ଅସ୍ତ୍ରବିଶେଷ।

ଏକ ଦେଶେ ଏ ନ ମିଳେ ବିଚାରିଲେ । କେଉଁ ଦେଶରୁ ଆଗତ ପଚାରିଲେ ।୪୦।
ସେ ବୋଇଲା ସିଂହଳ ଦ୍ୱୀପ ମୁହିଁ । ଏ ଦେଶକୁ ଆସିଛି ବାଣିଜ୍ୟ ପାଇଁ ।୪୧।
ଯେହୁ ଲାବଣ୍ୟବତୀ ସମ୍ଭବସ୍ଥାନ । ତହିଁ ଅପୂରୁବ କେଉଁ ଦ୍ରବ୍ୟମାନ ।୪୨।
ଲକ୍ଷ୍ମୀ ପରପୂରିତ ସେ ସବୁକାଳେ । ଏବେ ଅଧିକ ରାଜକୁମାରୀ ବଳେ ।୪୩।
ହେଉନାହିଁ ଯେ ଭରସା ତାହାଙ୍କରି । ଏହା କହିବାକୁ ଛନ୍ତି ଅନୁସରି ।୪୪।
ହରି ଉତ୍ସଙ୍ଗସଦନ ମୋର ଭ୍ରଷ୍ଟ । ନୋହୁ ତାକୁ ନ କରିବୁ ଏ ମୋ ପୃଷ୍ଟ ।୪୫।
ଏ ବଚନ ଶ୍ରବଣେ ସେ ଚାରିମିତ୍ରେ । ପରସ୍ପରେ ଠାରାଠାରି ହେଲେ ନେତ୍ରେ ।୪୬।
ମନ୍ତ୍ରୀ ସୁତ ବୋଇଲେ ଭୃତ୍ୟକୁ ଚାହିଁ । ଦିନ କେତେ ଭୋଗ ହେ ପଚାର ଯାଇ।୪୭।
ଏ ବଚନକୁ ଡାକିଲା ପ୍ରତିହାରୀ । ହୁଅ ସମସ୍ତେ ମେଲାଣି ନିଜ ପୁରୀ ।୪୮।
ତାହା ଡାକ ପ୍ରମାଣେ ନିର୍ଜ୍ଜନ ସଭା । ପୁଛେ ସାଧୁକୁ ନୃପଜ ହୋଇ ଲୋଭା ।୪୯।
ତୁମ୍ଭେ ଯାହା କହିଲ ହେ ଆଲୋକିତ । ସତେ ଏମନ୍ତ ସୁନ୍ଦରୀ ମଝେ ଜାତ ।୫୦।
ସେ ବୋଇଲା ଆମ୍ଭ ପରେ ଏତେ କଥା। ଘେନ ପ୍ରଥମ ପଦରେ ନାହିଁ ମିଥ୍ୟା ।୫୧।
ପରଦ୍ରବ୍ୟ ପରସ୍ତିରୀ ହରଣକୁ । ଲେଖୁଁ ଶୁଭ କରି ତହୁଁ ମରଣକୁ ।୫୨।
ନାହିଁ ଖଳ ଦୁର୍ଜ୍ଜନ ନିର୍ଦ୍ଧନ ଜନ । ଶୁଣିଲାର ପ୍ରସଙ୍ଗ ନ କହୁଁ ପୁନଃ ।୫୩।
ଦୂତ କବି ଭାଟ ତିନି ଜଣେ ଜଣେ । ନୋହୁଁ ଅଧିକ କହିବୁ କି କାରଣେ ।୫୪।
ଯାହା ସମେ ବ୍ରହ୍ମାଣ୍ଡ ଉଦରେ ବର । ନାହିଁ ଜଳିଗଲା ଦିନୁ ପଞ୍ଚଶର ।୫୫।
ତାକୁ ସମାନ ହେବାକୁ ଅଛି ଏହି । ଯାହା ଦର୍ପଣ ମଧ୍ୟର ଦିଶେ ସେହି ।୫୬।
ତାକୁ ଏ ରୂପେ ନିର୍ମାଣ କଲା ବିହି । କୀଟ କାଟୁ ଅକ୍ଷର ଯେମନ୍ତ ହୋଇ ।୫୭।
ଯେତେ କବି ବର୍ଣ୍ଣିଛନ୍ତି ଯେତେ ନାରୀ । ଠିକେ କହି ରମ୍ଭାରତି ନୋହେ ସରି ।୫୮।
ବଡ଼ କରି ବୋଲନ୍ତି ଲାବଣ୍ୟବତୀ । ସେହି ଜନମ ହୋଇଣ ଅଛି କ୍ଷିତି ।୫୯।
ଯଥା ନ ଦେଖି ନ ଖାଇ ସୁଧା ନାମ । ସର୍ବମତେ କହି ସ୍ୱାଦୁ ମନୋରମା ।୬୦।
ତଥା ଆଗୁ ଜାତ ହେବେ ବୋଲି ବାମା। ଖ୍ୟାତ ହୋଇଲା ଲାବଣ୍ୟବତୀନାମା ।୬୧।
ହାସ ଅଧର ଚାହିଁଲେ ଏ ସଂଶୟ । କରିଅଛି କାହା ଶୋଭା କେ ଉଦୟ ।୬୨।
ବାଳ ଅରୁଣ କି ସୁଧାସ୍ନାନ କରି । ଅନୁରାଗ ହରଷ ମିଶିଲାପରି ।୬୩।
କିବା ମାଣିକ୍ୟ କୁହରୁ ମେଳି ଜ୍ୟୋତି । ଦିଶେ ତଥା ଝଟକଇ ଦନ୍ତପନ୍ତି ।୬୪।
ସେ ଅଧରେ ଶୋଭା ତାମ୍ବୁଳ ବୋଳ । କେ କାହାକୁ ରଙ୍ଗ କଲା ହୋଏ ଗୋଳ ।୬୫।

ଶବ୍ଦାର୍ଥ- (୪୨) ସମ୍ଭବ ସ୍ଥାନ- ଜନ୍ମ ସ୍ଥାନ, (୪୫) ହରି ଉତ୍ସଙ୍ଗ ସଦନ- ହରିଙ୍କ କୋଳ ଯାହାଙ୍କର ନିତ୍ୟ ବାସସ୍ଥାନ, ପୃଷ୍ଟ-ଜାଣିବା ବିଷୟ, (୫୩) ଦୁର୍ଜ୍ଜନ-ଦୁଷ୍ଟ, (୫୫) ଯାହା ସମେ- ଯାହା ସମାନେ, ବ୍ରହ୍ମାଣ୍ଡ ଉଦରେ-ପୃଥିବୀ ଗର୍ଭରେ, (୫୭) କୀଟ-ପୋକ, (୬୪) କୁହର-ଗାତ, (୬୫) ତାମ୍ବୁଳ-ପାନ, ରତନ-ଦନ୍ତ, ଘନସାର-କର୍ପୂର।

କାହା ରଦନ ସେ କାଳେ ସେ ସୁନ୍ଦର । ସିନ୍ଦୂରରେ ମାଜିଲା କି ଘନସାର ।୬୬।
ବୋଲଢୋକିବା ବେଳେ ଦିଶଇ ଗଳେ । ଫଗୁପିଚକା ଯେମନ୍ତ କାଚନଳେ ।୬୭।
କଳେ ଥାଇ ପାନପିକ କି ମଞ୍ଜୁଳ । ପକ୍ୱ ନାରଙ୍ଗ ପ୍ରାୟ ଗଣ୍ଡସ୍ଥଳ ।୬୮।
ଅଙ୍ଗ ଅଛି ନବପୁଷ୍ପ ନବପକ୍ଷୀ । ଏକ ଏକ ଅଙ୍ଗେ ଲାଖି ରହେ ଆଖି ।୬୯।
ଭିଆଇଛି ଛାଣି ଆଣି ଶୋଭାସାର । ଜଗଜ୍ଜୟ ଜଙ୍ଗମମୂରତି ସାର ।୭୦।
ଅଥ ମନ୍ମଥର ମନଭେଦୀ ଶର । ମରମକୁ ଭେଦିବାରେ ମନୋହର ।୭୧।
ହର ପଥର ହେଲେ କାତର ଘୋଟି । ଘେନ ଏଥର ଯିବ ହୃଦୟ ଫୁଟି ।୭୨।
ରୂପ ଚୁମ୍ବକଶିଳର ମିତ୍ର କିଏ । ହୃଦୁଁ କାଢ଼ିନେବ ମନ ଲୋଭ ପ୍ରାୟେ ।୭୩।
ବରବର୍ଣ୍ଣିନା ବର୍ଣ୍ଣନା କରି ଯେତେ । ଉପମାଙ୍କ ଲାଭ ତାହା ହାନି ତେତେ ।୭୪।
ଭାବ ହାବଲୀଳା ବିଳସାଦି ଚିନ୍ତ । ଯାହା ଅଙ୍ଗେ ହୋଇଛନ୍ତି ମୂର୍ତ୍ତିମନ୍ତ ।୭୫।
ତାହା ଶୋଭା କହିଲେ ସରିବ ନାହିଁ । ପୂର୍ବେ ନଥିଲା ନୋହିବ ଏବେ ନାହିଁ ।୭୬।
ରାଜା କହିଛି ଜେମାକୁ କରବ ବର । ମୋର ମିତ୍ର ମନ୍ତ୍ରୀକି ହୋଇଛି ଭାର ।୭୭।
କନ୍ୟା ଅନୁରୂପେ ଆଉ ବର ନାହିଁ । ମନ ପ୍ରଧାନ ବିଭାକୁ ଅଛି ତହିଁ ।୭୮।
ଶୁଣି ମନ୍ତ୍ରୀସୁତ କଲା ଏ ଉତ୍ତର । ଆମ୍ଭ ନୃପତି ସୁତ ନୂତନ ମାର ।୭୯।
ହୋଇବ କି କାର୍ଯ୍ୟ ଉଦଯୋଗ କଲେ । ଶୁଣି ଶୁକ ପଢ଼ିଦେଲା ସେହି କାଳେ ।୮୦।
ସୁଧାପାନ କଲା ରାହୁ ଉପାୟରେ । ପ୍ରୀତ ହୋଇଅଛି ଚନ୍ଦ୍ର କୁମୁଦରେ ।୮୧।
ଗୁଞ୍ଜି ତୁଳା ହୋଇଛି ସୁବର୍ଣ୍ଣ ତୁଳେ । କର୍ମସବୁ ଉଚ୍ଚ ନୀଚ ପାଞ୍ଚ ବଳେ ।୮୨।
ଶୁଣି କୁମାରବର ଆଶ୍ଚର୍ଯ୍ୟ ଘେନି । ବୋଲେ ତୁହିଁ ଦେଖିଛୁ ମେଧାବିନୀ ।୮୩।
କୀର କହିଲା ସେ ରସାଭୂଷା ଯୋଷା । ଶିଶୁ କାଳରୁ ମୁହିଁ ତାହାଙ୍କ ପୋଷା ।୮୪।
ଶୁଣି ଚଞ୍ଚୁ ଚରଣକୁ ଧରି ତାର । ପୁଣି ଧରିଲା ବୋଇତିଆଳ କର ।୮୫।
ରାମା ନାମେ ମୋହନ ଉଚ୍ଚାଟଘର । ରୂପେ କି ଥିବ ନୋହିଛି ସେ ଗୋଚର ।୮୬।
ତୁମ୍ଭ ବଚନ ବସନ୍ତରତୁ ହେଲା । ତାହା ଯୋଗୁଁ ଆଶାତରୁ ପଲ୍ଲବିଲା ।୮୭।
କଲେ ନିରାଶ ହୋଇ ଗ୍ରୀଷମ କାଳ । ତାକୁ ଜାଳିଦେବଟି ବିରହ ନଳ ।୮୮।

ଶବ୍ଦାର୍ଥ- (୬୬) ରଦନ-ଦାନ୍ତ, ଘନସାର-କର୍ପୂର, (୬୭) ବୋଲ-କଳରେ ଜାକିଧରିଥିବା ପାନରସର ସ୍ତର, ମଞ୍ଜୁଳ-ଶୋଭାମୟ, ପକ୍ୱ ନାରଙ୍ଗ-ପାଚଲା ଲେମ୍ବୁ ସଦୃଶ, ରଙ୍ଗ, (୭୦) ଜଗଜ୍ଜୟ-ଜଗତ ଜୟକାରୀ, ଜଙ୍ଗମ ମୂରତି-ଗମନଶୀଳ ରୂପ, (୭୪) ବରବର୍ଣ୍ଣିନା-ସୁନ୍ଦରୀ ସ୍ତ୍ରୀ (ଲାବଣ୍ୟବତୀ), (୭୯) ନୂତନ ମାର- ନୂଆ କନ୍ଦର୍ପ, (୮୨) ଗୁଞ୍ଜି-କାଇଁଚ, (୮୩) ମେଧବିନୀ-ପଣ୍ଡିତା, (୮୪) ଯୋଷା-ନାରୀ, (୮୬) ଉଚ୍ଚାଟ-ଚଞ୍ଚଳତା, ପଲ୍ଲବିତା-କଅଁଳିଲା ।

ଶୁଣି ସେ ବୋଇଲେ ବୀର ହୁଅ ସ୍ଥିର । ଆମ୍ଭମାନଙ୍କୁ ଘେନି ଉପାୟ କର ।୮୯।
ପରିବେଶ ହେଲେ ପୁଷ୍ପକାଳ ସାର । ପିକ ନ ଲଭଇ କି ସହକାର ।୯୦।
ଏ ବଚନେ ଶାନ୍ତି ଲଭି ସେହୁ ପୁନଃ । ଖଡ଼ି ପକାଇ କଲେ ଶକୁନମାନ ।୯୧।
ସାଧୁତାକୁ ତହିଁ ଅନୁକୂଳ ଦେଲେ । ବିଜ୍ଞ ବ୍ରହ୍ମଚାରୀ ଜଣେ ସଙ୍ଗ କଲେ ।୯୨।
ଶୁଭେ ସେ କାଳେ ଆତାୟୀବାଣୀ ଭ୍ରମେ । ଗଲା ଦକ୍ଷିଣେ ଦ୍ୱିଜ ଗୋମାୟୁ ବାମେ ।୯୩।
ପଛୁଁ ପବନ ବହିଲା ହୋଇ ସ୍ୱଚ୍ଛ । ଗୋପୀ ଧୀବରୀ ଡାକିଲେ ଦଧିମାଛ ।୯୪।
ଆଶା ବଢ଼ିଲା ଶୁଭସୂଚକ ଜାଣି । ଛାନ୍ଦ ସମାପତ ତୋଷ ପୁଂସମଣି ।୯୫।
ନୀଳ ରୋହିତଶରୀର ଦରହାରୀ । ଶ୍ରୁତି ନିସ୍ତାରକ କୀର୍ତ୍ତି ଖ୍ୟାତକାରୀ ।୯୬।
ମୀନମୂର୍ତ୍ତି ରଘୁପତି ଶ୍ରୀପୟର । ଭାବେ ଉପଇନ୍ଦ୍ର ଭଞ୍ଜ ବୀରବର ।୯୭।

●

ଶବ୍ଦାର୍ଥ- (୯୦) ପୁଷ୍ପକାଳ-ଫୁଲଫୁଟିବା ସମୟ, ସହକାର-ଆମ୍ବ ଗଛ, (୯୧) ଶକୁନ-ଶୁଭସଙ୍କେତ, (୯୩) ଆତାୟୀ ବାଣୀ- ଶଙ୍ଖଚିଲ ବାଣୀ, ଗୋମାୟୁ-ବିଲୁଆ, (୯୫) ପୁଂସମଣି-ପୁରୁଷ ଶ୍ରେଷ୍ଠ, (୯୬) ରୋହିତ ଶରୀର-ମୀନ ଶରୀର, ଦରହାରୀ-ଭୟ ହରଣକାରୀ, ଶ୍ରୁତି-ବେଦ, ନିସ୍ତାରକ-ଉଦ୍ଧାର କର୍ତ୍ତା, (୯୬) ଖ୍ୟାତିକାରୀ-ବିଖ୍ୟାତକାରୀ ।

ଅଷ୍ଟମ ଛାନ୍ଦ
ଲାବଣ୍ୟବତୀ ପରିଣୟ ନିମନ୍ତେ
ସନ୍ନ୍ୟାସୀ ଚନ୍ଦ୍ରଭାନୁଙ୍କ ନିକଟେ ପ୍ରବେଶ
(ରାଗ- ମଙ୍ଗଳଗୁଜ୍ଜରୀ)

ଏଥୁ ଅନନ୍ତରେ ରସ ଶୁଣ ସୁଜନ । ମନ୍ତ୍ରୀକି ଡାକି ସିଂହଳଦ୍ୱୀପ ରାଜନ ।୧।
ବୋଇଲା କିଶୋରଦଶା ପ୍ରାପ୍ତ କୁମାରୀ । କର ବେଗେ ବର ଦେବା ବିବାହକରି ।୨।
ଶୁଣିଲେ ସୁନ୍ଦରୀ ଶୋଭା ହରିତୋଷରେ । ହରି ଘେନିଯିବେ ଅବା ବିଧି ବଶରେ ।୩।
ନୃପତି ହୋଇ ପ୍ରମାଦ ସମ୍ପତ୍ତି ବାଧ । ଶିରୀସ୍ନେହ ତୁଟିଗଲେ ସେ ହେବେକ୍ରୋଧ ।୪।
ଶୁଣି କରଯୋଡ଼ି କହେ ସଚିବ ତହିଁ । ମୋର ବିଚାରକୁ ବର ଦିଶୁତ ନାହିଁ ।୫।
ଶିବଙ୍କୁ ଦେଲେ ପାର୍ବତୀ ଶାପ ପଡ଼ିବ । ଭସ୍ମ ଭୂଷଣ ଅଙ୍ଗେ ଏ କେହି ଜଡ଼ିବ ।୬।
ଚନ୍ଦ୍ର ତା କ୍ଷୀଣ କଳଙ୍କୀ ତହିଁକି ସୁଖ । ଅଶ୍ୱିନୀ କୁମାର ହେଲେ ତୁରଙ୍ଗ ମୁଖ ।୭।
କୁସୁମଧନୁ ଅତନୁ ଅଛି ଆଉ କେ । ଚିତ୍ରପଟ ଦେଖାଇବା ମାନବଲୋକେ ।୮।
ରୁଣ୍ଡ ନରବରପନ୍ତି କରିବା ଆଣି । ଇଚ୍ଛାବର ବରୁ ପଛେ ରମଣୀମଣି ।୯।
ଭୂପତିବର ତହିଁକି ହେଲେ ସମ୍ମତ । ମାନବେ ଲେଖା ନ ଗଲା ସୁନ୍ଦରୀ ଚିତ୍ର ।୧୦।
ଜ୍ଞାନାନନ୍ଦ ନାମେ ଏକ ସନ୍ନ୍ୟାସୀ ଥିଲା । ସଚିବ ପ୍ରତିଭୂମାୟା ସମୀପେ ଗଲା ।୧୧।
ସେକାଳେ ସେ ବିଶ୍ୱକର୍ମା ଏକତ୍ୱମନେ । ନିର୍ମାଣୁଛନ୍ତି ପ୍ରତିମା ଜେମା ସମାନେ ।୧୨।
ଜଗତ ମଞ୍ଜୁ ମଞ୍ଜୁଷା ମଧ୍ୟେ ପ୍ରତିମା । ଦର୍ପଣ ଫୁଟି ଦିଶୁଛି ବାଳା ସୁଷମା ।୧୩।
ଏକାଳେ ସନ୍ନ୍ୟାସୀ କରି ସାମ ଗାୟନ । ଲାବଣ୍ୟବତୀ ସ୍ୱରୂପ ଘେନିଲାଦାନ ।୧୪।
ଦାନକଲାବେଳେ ମାତ୍ର କହିଲେ ଏତେ । ଆମ୍ଭ ବିନ୍ଧାଣିତ୍ୱ ଖ୍ୟାତ କର ଜଗତେ ।୧୫।

ଶବ୍ଦାର୍ଥ- (୩) ହରି-ବିଷ୍ଣୁ, ହରି-ହରଣ କରି, (୪) ଶିରୀ-ଲକ୍ଷ୍ମୀ, (୭) କ୍ଷୀଣ କଳଙ୍କି-ଅଳ୍ପ କଳଙ୍କ, ତୁରଙ୍ଗମୁଖ-ଘୋଡ଼ାମୁହଁ, (୮) କୁସୁମଧନୁ-ଫୁଲଧନୁ, ଅତନୁ-କନ୍ଦର୍ପ, (୧୦) ଭୂପତିବର-ରାଜାଙ୍କ ମଧ୍ୟରେ ଶ୍ରେଷ୍ଠ, (୧୧) ପ୍ରତିଭୂ-ପ୍ରତିନିଧି, (୧୩) ଜଗତ ମଞ୍ଜୁ-ଜଗତ ସୁନ୍ଦର, ମଞ୍ଜୁଷା-ଫରୁଆ, ବାଳା-କନ୍ୟା, ସୁଷମା- ସୁନ୍ଦର, (୧୪) ସାମ-ତୃତୀୟ ବେଦ, (୧୫) ବିନ୍ଧାଣିତ୍ୱ-କାରିଗରି ପଣିଆ ।

ସାଉକାର କଲା ଯୋଗୀ ବାହୁଡ଼ି ଆସି । ଦେଖାଇ ସ୍ୱରୂପ ମନ୍ତ୍ରୀ ମତିକି ତୋଷି ।୧୬।
ସେ ବୋଇଲେ ଧର୍ମତାତ ଆମ୍ଭେ ତୁମ୍ଭର ।ଆମ୍ଭବୋଲେ ଏହା ଘେନି ଭ୍ରମ ସଂସାର।୧୭।
ଦେଖାଇ ଭୂପତିଗଣେ ବଶ କରିବ । ଦୋଷ ଗୁଣସୁନ୍ଦର ପଣକୁ ବୁଝିବ ।୧୮।
ଏ ବଚନେ ଶିଷ୍ୟକରେ ପେଡ଼ା ବୁହାଇ। ଏଣୁ ଏବେ ଏତେ ଦେଶ ଭ୍ରମିଲା ସେହି।୧୯।
ଯେଉଁ ଦେଶେ ଯେଉଁ ରୂପେ କଲେ ଆଦର। କହୁଥାଇ ଚହିଁ ମହୀପତି ନିକର ।୨୦।
କୁନ୍ତଳ କୁନ୍ତଳବର୍ଣ୍ଣ ସାରିଲେ ଦିନ । ମତ୍ସ୍ୟଜନ ମତ୍ସ୍ୟପରି ନିମିଷ ହୀନ ।୨୧।
ନିଷେଧେ ନିଷେଧି ଆନ ଲୋକ ନକଲେ। ମାଳବରେ ମାଳା କରି ତାହା ଜପିଲେ।୨୨।
ମଘରେ ମଘବାପଦ ପାଇଲା ପରି । ବିଦେହ ବିଦେହଶରେ ହୋଇଲେ ଘାରି।୨୩।
ଭନାଉଜ କନ୍ୟାଉଚ୍ଚ ଶୁଭିଲା ବାଣୀ । ମରୁଦେଶ ମରୁ ରମ୍ଭା ଏମନ୍ତେ ଭଣି ।୨୪।
ଅଙ୍ଗରେ ଅଙ୍ଗନା ଅଙ୍ଗ ପ୍ରଶଂସା କଲେ । ଏହି ରମ୍ଭା ବୋଲି କଳିକଳିଙ୍ଗେ ହେଲେ ।୨୫।
ଧାତା ହଟ ଏହି ମରହଟ୍ଟା ବିଚର । ସଉରାଷ୍ଟ୍ରେ ଭାଷି ସଉଦାମିନୀ ସ୍ଥିର ।୨୬।
ଚୋଳେ ନିଚୋଳେଘୋଡ଼ାଇ ରଖିବା ଚିନ୍ତା। ଦ୍ରାବିଡ଼େ ନିବିଡ଼େ ଆଲିଙ୍ଗନେ ମମତା ।୨୭।
ଗୁର୍ଜୁରାତି ରାତି ଦିନେ ଦେଖିବା ଇଚ୍ଛା । ବିଦର୍ଭରେ ଦର୍ଭହାସୀ ଦର୍ଶନ ବାଞ୍ଛା ।୨୮।
ଉତ୍କଳେ ଉତ୍କଳା ହୋଇ ବିରହେ ଭାରୀ। ଗଉରୀଏ ଗଉରବ ଗଉଡ଼େ କରି ।୨୯।
ନେପାଳେ କପାଳଥିଲେ ପାଇବା ଭାବି। ମାଗଧେ ମାଗଧମୁଖେ ବର୍ଣ୍ଣାଇ ଛବି ।୩୦।
କୁଞ୍ଜଗଳେ ବାନ୍ଧି ବୁଲିବା ସ୍ନେହୀ । ବଙ୍ଗାଳି ଗାଳି ଉପମାବଳୀକି ଦେଇ ।୩୧।
ଲୋମ ଲୋମହର୍ଷିତା ଦେଖି ତ୍ୱରିତ । କଳେବର କଳେବରେ ଆନନ୍ଦଜାତ ।୩୨।
କେରଳେ ଭାବେ କେରମାଳୟା ହୋଇବ। ଯମନ ମନକୁ ଭିନ୍ନ ନୋହେ ଏ ଭାବ ।୩୩।
ସିନ୍ଧୁରେ ଭାଷିଲେ ସିନ୍ଧୁରେ ଯେ ଝାସିବା ସିନ୍ଧୁର ଗମନା ପ୍ରତିଅଙ୍ଗେ ମିଶିବ ।୩୪।
ବାଳା ତୁଳାପିତୁଳାକୁ ଚହିଁ ସରାଗେ । ପିତୁଳା କରି ରଖିଲେ ନୟନ ଯୁଗେ ।୩୫।
ବିଦଗଧେ ବିଦଗଧ କାମ ଦହନେ । ସେ ଭାବନା ନ ଛାଡ଼ିଲା ରଜନୀ ଦିନେ।୩୬।

ଶବ୍ଦାର୍ଥ- (୧୬) ସାଉକାର-ସ୍ୱୀକାର, (୧୭) ଧର୍ମତାତ-ଧର୍ମପିତା, (୨୦) ନିକର-ନିଶ୍ଚିତ, (୨୩) ମଘବା ପଦ-ଇନ୍ଦ୍ରପଦ, (୨୫) ଅଙ୍ଗନା ଅଙ୍ଗ-ଲାବଣ୍ୟବତୀର ଅଙ୍ଗ, (୨୬) ସଉଦାମିନୀ-(ସୌଦାମିନୀ) ବିଜୁଳି, (୨୭) ନିଚୋଳେ-କାଞ୍ଚୁଲାରେ, (୨୮) ଦର୍ଭହାସୀ-ଚଢ଼ିଆଫୁଲ ପରି ହସ, (୨୯) ଉତ୍କଳା-ଉତ୍କଣ୍ଠିତା, (୩୦) ମାଗଧମୁଖେ-ଭାଟ ମୁଖେ, (୩୧) କୁଞ୍ଜଗଳ-ଦେଶ, (୩୨) ଲୋମହର୍ଷିତା-ରୋମ ଟାଙ୍କୁରିବା, ତ୍ୱରିତ-ଚଞ୍ଚଳ, (୩୩) ଯମନ-ଦେଶ ନାଁ, କଳେବର-ଶରୀର, (୩୪) ସିନ୍ଧୁ-ଦେଶର ନାଁ, ସମୁଦ୍ର, ଗଜ, (୩୬) ବିଦଗଧ-ଦେଶ, ଜଳିଯିବା।

କେ ବୋଲେ ପଟ କିଏ କାହାର କପଟ । ଦେଖିଲେ କିଞ୍ଚିତ ଚିତ୍ତ ହୋଏ ଲମ୍ପଟ ।୩୭।
କେ ବୋଲେ ଏ କେହି ହେଲା ଦମ୍ଭ ରହିଲା । ସାତକୁମ୍ଭ କୁମ୍ଭଉରଜାକୁ ବିହିଲା ।୩୮।
କେ ବୋଲେ ସତେ କାମିନୀ ଅଛି ଏମନ୍ତେ । କେମନ୍ତେ ଗଢ଼ିଲା ବିହି ଆୟୁଷକେତେ ।୩୯।
କେ ବୋଲେ ସତେ ଏରୂପ ଥିଲେ ତରୁଣୀ । ଏତେକାଳେ ଅଳଙ୍କୃତା ହେଲା ଧରଣୀ ।୪୦।
କେ ବୋଲେ ମୋହନ ମୂର୍ତ୍ତିମନ୍ତ ହୋଇଲା । ସକଳ ସୁନ୍ଦର ଅଙ୍ଗେ ଘେନି ଅଇଲା ।୪୧।
କେ ବୋଲେ କି ଆନନୋହ ନେତ୍ର ସୁକୃତି । ଦେଖିଲାଇ ଲାବଣ୍ୟବତୀର ଆକୃତି ।୪୨।
ବିଚରିଲେ ଯୁବା ସୃଷ୍ଟି କିବା ପ୍ରଳୟ । ହୋଇଲା ହୋଇଛି ଉତପାତ ଉଦୟ ।୪୩।
ବିଦ୍ୟୁସ୍ଥିର ଇନ୍ଦୁ ଚିର ନିଶି ଦିବସ । ଅମଳିନ ହୋଇ ତ ନଳିନ ବିକାଶ ।୪୪।
ପୁଣି ବିଚରିଲେ ବଳଭୂମି ବିଚରି । ଅଙ୍ଗେ ଅଙ୍ଗେ ରହିଲା କି ଦୁର୍ଗକରି ।୪୫।
ଦେଖ ଏ ପ୍ରତ୍ୟକ୍ଷ କଥା କରୀକି ହରି । ମାରେ ଏବେ ଆରୋହିଛି ହରିକି କରୀ ।୪୬।
ଦର୍ଶନେ ରାଜନ ଯୋଗ ଆଗେ ଦେଇଛି । କଞ୍ଜପରେ ରଞ୍ଜନ ଖଞ୍ଜନ ହୋଇଛି ।୪୭।
ଯେ ନିର୍ମାଣ କେତେ ଅନୁମାନ କି ତାର । ନୋହେ ସେ ପୁରୁଷ କେଢ଼େ ଥୟତା କର।୪୮।
ହେଲେ ହୋଇଥିବା ଅବା ବିଧାତା ମାତା । ମନେ ମନାସିବା କଥା ହୁଅଇ କି ତା ।୪୯।
ପ୍ରୟୋଗ ଅସୁରୀ ସୀତା ସଦୃଶ ପରି । ଏରୂପକୁ ଅଛି କି ସେ ନିର୍ମାଣ କରି ।୫୦।
ଏମନ୍ତେ ରାମାପ୍ରଶଂସା ସଂସାରେ ଖ୍ୟାତ । ନୃପତି ସମୂହ ହେଲେ ଉଚ୍ଛନ୍ନ ଚିତ୍ତ ।୫୧।
ମନକୁ ପେକ୍ଷିତ କଲେ ସିଂହଳ ଦ୍ୱୀପ । ଶୟନେ ଦେଖିଲେ ସ୍ୱପ୍ନେ ବାଳା ସ୍ୱରୂପ ।୫୨।
ଅସର ପାଇ ବିନ୍ଧିଲା କୁସୁମ ଶର । ସାରିଲେ ଉଷୀର ବାଟି ଶିଶିର କର ।୫୩।
ଶିଶିର କରର ରବି ଛବି ପାଇଲେ । ନବପଲ୍ଲବ ଶୟନ କରି ଶୋଇଲେ ।୫୪।
ଦ୍ୱିଜ ରୁଣ୍ଡୀଭୂତକରି ଚଣ୍ଡୀ ବରଣ । ପ୍ରତିଦିନ କରିବାରେ ହେଲେ ନିପୁଣ ।୫୫।
ଶମ୍ପାଗୋରୀ ଅନୁକମ୍ପା କରିବା ପାଇଁ । ଶିବେ ଗୋଦୋହନ କରି ଚମ୍ପାଚଢ଼ାଇ ।୫୬।
ଆଜନ୍ମସୁଖୀ ନୟନେ ଦେଖିବା ପାଇଁ । ଗଣେଶଙ୍କୁ ଲଡୁ ଦେବା ଗଣନା ନାହିଁ ।୫୭।
କରେ ଛୁଇଁବାକୁ ତାର କୁଚ କଳସୀ । ରମାବଲ୍ଲଭଙ୍କୁ ଦେଲେ ଲକ୍ଷେ ତୁଳସୀ ।୫୮।
କାମଶାସ୍ତ୍ର ଦେଖି ସ୍ତିରୀ ବଶୀକରଣ । କଲେ ମନ୍ତ୍ର ଅଉଷଧିମଣି ଭିଆଣ ।୫୯।
ଶୋଭାଅର୍ଥେ ମଣ୍ଡିହେଲେ ରତ୍ନାଳଙ୍କାରେ । ପଉଣ୍ଡ୍ରିକ ବାସୁଦେବ ହେଲା ପ୍ରକାରେ ।୬୦।

ଶବ୍ଦାର୍ଥ- (୩୮) ସାତକୁମ୍ଭ-ସୁନା, (୪୩) ଉତପାତ-ଉତ୍ପାତ, (୪୪) ନଳିନ-ପଦ୍ମ, ବିଦ୍ୟୁତ୍-ବିଜୁଳି, ଇନ୍ଦୁ-ଚନ୍ଦ୍ର, (୪୬) କରୀ-ହାତୀ, ହରି-ସିଂହ, ଉର-ଛାତି, କଞ୍ଜ-ପଦ୍ମଫୁଲ, (୫୧) ରାମା-ଯୁବତୀ, (୫୨) ପେକ୍ଷିତ-ନିୟୋଜିତ, ବାଳା-ଯୁବତୀ, (୫୩) ଅସର-ଅବସର, ଉଷୀର-ବେଣାଚେର, ଶିଶିରକର-କର୍ପୂର, (୫୪) ନବପଲ୍ଲବ-ନବପତ୍ର, (୫୬) ଶମ୍ପାଗୋରୀ-ବିଜୁଳି ବର୍ଣ୍ଣ ପରି ଗୋରୀ, (୬୦) ପଉଣ୍ଡ୍ରିକ ବାସୁଦେବ-ନକଲି ବାସୁଦେବ।

କେତକୀଫୁଲ ବଞ୍ଚିତ ଯଥା ମଧୁପ । ତଥା ନୃପମଣ୍ଡଳ ବାଳାରେ ଲୋଲୁପ ।୬୧।
ନ ତୁଟିଲା ପୁଣି ଆଶା କେବେ ତାଙ୍କର । ବିରହିଣୀ ନାୟିକା ତ୍ରିବଳୀ ପ୍ରକାର ।୬୨।
ଉଚ୍ଚତରୁ ଫଳେ ଖର୍ବେ ଆଶୟୀ ପରି । ଲାବଣ୍ୟବତୀ ନାମକୁ ମନ୍ତର କରି ।୬୩।
ବାଳା ପ୍ରତିଅଙ୍ଗ ଶୋଭା ମାନସେ ଥୋଇ । ଆପଣା ଶୋଭାକୁ ଆଦରଶରେ ଚାହିଁ ।୬୪।
ବାହ୍ୟରେ ଆରମ୍ଭ ସେ ଅନ୍ତରେ ବ୍ୟାକୁଳ । ଭସ୍ମ ଆଚ୍ଛନ୍ନରେ ଥାଇ ଯଥା ଅନଳ ।୬୫।
ବିଚକ୍ଷଣ ଜନ ପେଷି ସିଂହଳ ଦ୍ୱୀପେ । ପ୍ରୀତି ଲଗାଇଲେ ରତ୍ନେଶ୍ୱର ମହୀପେ ।୬୬।
ଲାବଣ୍ୟବତୀ ସ୍ୱରୂପ ଆସିବା ଘୋଷ । ଆଗୁଁ ପ୍ରକଟ ହୋଇଲା କର୍ଣ୍ଣାଟଦେଶ ।୬୭।
ଚନ୍ଦ୍ରଭାନୁ ଭାବି ଯାହା ସାଧୁତ କହି । ତାକୁ କେ ନିର୍ମାଣି ରୂପପଟେ କେ ଲିହି ।୬୮।
ରୂପକାର ରଙ୍ଗାଜୀବ ମର୍ତ୍ତ୍ୟେରେ କାହିଁ । ମନକୁ ଆସେ ମଘବା ଭୁବନେ ନାହିଁ ।୬୯।
ହୋଇଥିଲା ମୋ ନେତ୍ରର ବିଧାତା ଋଣୀ । ଶୁଝିବ ବୋଲି କି ଆଣେ ପ୍ରତିତରୁଣୀ ।୭୦।
ଗୁରୁଦ୍ରୋହୀ ପୁଣି ସ୍ୱର୍ଗଭୋଗ ପାଇଛି । ସାତସିନ୍ଧୁ ଚଳୁ ଭିତରେ ରହିଛି ।୭୧।
ପକ୍ଷ ବିନା ହୋଇଅଛି ଗଗନଗତି । ଜଳ ଉପରେ ଶଇଳ ଭାସି ଅଛନ୍ତି ।୭୨
ଯେଉଁ ଦଇବେ ହୋଉଛି ଏତେ ବିଧାନ । ସେହି ଦଇବେ ହେଲାକି ବାଳାରତନ ।୭୩।
ଜ୍ୟେଷ୍ଠ ତୃଷିତ ଚାତକ ଯେମନ୍ତ ହୋଇ । ଜଳଦ ଦର୍ଶନେ ତନମନ କରଇ ।୭୪।
ଆଷାଢ଼େ ଘନ ଦୁର୍ଦ୍ଦିନ ଚକୋରପନ୍ତି । ଆଶା ଯେହ୍ନେ ଶରଦ ଆଗମେ କରନ୍ତି ।୭୫।
ସ୍ୱରୂପ ପ୍ରବେଶ ତଥା ଟେକିଲା ଆଶା । ଅସର ହୋଇଲା ତେଣୁ ବାସର ନିଶା ।୭୬।
ପାଛୋଟାଇ ପିଠିଆଇ ମନକୁ ମୁଦେ । କର୍ଣ୍ଣ ଡେରେ ଯଥା ମୃଗ ଘଣ୍ଟି ଶବଦେ ।୭୭।
ସପ୍ରେମେ ନୟନ ସେହି ଦିଗକୁ ଟେକି । ନିରେଖ କାଗଜ ଚକି ଯଥା କୁତୁକୀ ।୭୮।
ନିଦ୍ରା କ୍ଷୁଧା ବାଧା କରି ପାରିଲେ ନାହିଁ । ଅଳପ ଅନୁରାଗ କି ହୋଇବ କହି ।୭୯।
ବିନାୟକ ପୂଜ୍ୟ ସଦାଶିବ ତୋଷଦ । ସୁମନସଗଣର ଯେ ହରେ ବିଷାଦ ।୮୦।
ଉପେନ୍ଦ୍ର ଭଞ୍ଜ ବୀରବର ବିରଚେ । ଗୀତ ଶେଷ କରିବି ତାଙ୍କ କୃପାରେ ।୮୧।

ଶବ୍ଦାର୍ଥ- (୬୧) ମଧୁପ-ମଧୁପାନକାରୀ ଭ୍ରମର, ଲୋଲୁପ-ଅତି ଲୋଭୀ, (୬୨) ତ୍ରିବଳୀ-ନାରୀମାନଙ୍କର ନାଭିତଳ, (୬୪) ଆଦରଶ-ଦର୍ପଣ, (୬୬) ମହୀପେ-ରାଜା, (୬୭) ପ୍ରକଟ-ପ୍ରକାଶ, (୬୯) ରୂପକାର-ଚିତ୍ରକର, ରଙ୍ଗାଜୀବ-ଶିଳ୍ପୀ, ମଘବା-ଇନ୍ଦ୍ର, (୭୨) ପକ୍ଷ-ଡେଣା, ଗଗନ ଗତି-ଆକାଶଗତି, ଶଇଳ-ପର୍ବତ, (୭୪) ଜଳଦ-ମେଘ, ତନମନ-ଏକାଗ୍ରଚିତ୍ତ, (୭୫) ଘନ ଦୁର୍ଦ୍ଦିନ-ମେଘାଛନ୍ନ ଦିନ, ଚକୋର ପନ୍ତି-ଚକୋର ଗଣ, (୭୬) ଅସର-ନ ସରିବା, ବାସର-ଦିନ, (୭୭) ପିଠିଆଇ-ପଛ ଆଡ଼ ପରି, ମୁଦ-ଖୁସି, (୭୮) କାଗଜ ଚକି-ଗୁଡ଼ି ଉଡ଼ାଇବା କାଗଜ, (୮୦) ବିନାୟକ-ଗରୁଡ଼, ଗଣେଶ, ସୁମନସ-ଦେବତା, ତୋଷଦ-ଆନନ୍ଦକାରୀ।

ନବମ ଛାନ୍ଦ

ଲାବଣ୍ୟବତୀର ଚିତ୍ରପଟ ସହ ସନ୍ନ୍ୟାସୀଙ୍କର ଉପସ୍ଥିତି

(ରାଗ- ସାମଗୁଜ୍ଜରୀ)

ହୋଇଲା ପ୍ରବେଶ ଗ୍ରୀଷମ ସମୟ ସୁଷମା ପ୍ରୌଢ଼ା ଯୁବତୀକି ।
ରଜନୀ ମନୋହର କରି ବହିଲା ପକ୍ୱଚୂତଫଳ କାନ୍ତିକି ।
ପ୍ରଫୁଲ୍ଲ, ମଲ୍ଲିକା ହାସ ବିକାଶି ।
ରସିକ ଭ୍ରମଣ ଚାଟୂକୁ ନିରତ ପାଟଳି ଶ୍ରବଣ ନିବେଶି ।୧।
ଝିଙ୍କାରୀ ଝଙ୍କାର ଝୁଣ୍ଟିଆ ଝମକେ ଚମକ ପକାଇ ଯୁବାରେ ।
ରଖିଲା ମନକୁ ଘନରସେ ନେଇ ଚନ୍ଦ୍ର କିରଣେ ଶୋଇବାରେ ।
ଶାଲ୍ମଳୀ, ରଙ୍ଗେ ଅନୁରାଗ ଦେଖାଇ ।
ନବ ବିଟପକୁ ବିରହ ଦାବାଗ୍ନି ସଂଯୋଗରେ ଦହି ପକାଇ ।୨।
କେତେ ରଞ୍ଜନ ବ୍ୟଜନ ପ୍ରଭଞ୍ଜନ ପରଶେ ଶାନ୍ତିକି ବିହିଲା ।
ଜଳଯନ୍ତ୍ରପୁର କର୍ପୂର ଚନ୍ଦନ ମଣ୍ଡନରେ ଚିତ୍ତ ରହିଲା ।
ଜାଣିଲି, ଶୁଚି ମୂର୍ତ୍ତିମନ୍ତ ହୋଇଲା ।
ବିଦେଶ ନ ଯାଅ ବୋଲି ଜନଙ୍କୁ କି ରଜେ ତୁଷାନଳ ଥୋଇଲା ।୩।
ଏମନ୍ତ କାଳେ କାନନେ ନୃପସୁତ ପୁଷ୍କରିଣୀ ମଧ୍ୟ ମଣ୍ଡପେ ।
ହୋଇ ମିତ୍ରସଙ୍ଗ ବାଳାର ପ୍ରସଙ୍ଗ ପକାଇ ତାହା ନାମ ଜପେ ।
ପ୍ରକାଶେ, ବେଳୁଁ ବେଳ ଏହି ଭାଷାକୁ ।
ସାଧୁ କହିଲା ପରା ବିଧୁବଦନା ଅଛି ଆସୁଛି ମାନସକୁ ।୪।

ଶବ୍ଦାର୍ଥ- (୧) ପ୍ରୌଢ଼ା ଯୁବତୀ-ଯୌବନା ସ୍ତ୍ରୀ, ପକ୍ୱ-ପାଚିଲା, ଚୂତ-ଆମ୍ବ, ଚାଟୂ-ଖୋସାମଦ, ପାଟଳି-ଫୁଲବିଶେଷ, (୨) ଝୁଣ୍ଟିଆ-ପାଦ ଆଙ୍ଗୁଳି ଅଳଙ୍କାର, ଶାଲ୍ମଳୀ-ଶିଉଳି, ଅନୁରାଗ-ସ୍ନେହ, ବିଟପ-ଗଛ, ଦାବାଗ୍ନି-ଜଙ୍ଗଲର ନିଆଁ, (୩) ପ୍ରଭଞ୍ଜନ-ପବନ, ଜଳଯନ୍ତ୍ରପୁର-ଜଳପୂର୍ଣ୍ଣ ଯନ୍ତ୍ର ଘର, ଶୁଚି-ଗ୍ରୀଷ୍ମମାସ, ରଜେ-ରାଗରେ, ତୁଷାନଳ-ଚକ୍ଷୁ ନିଆଁ, (୪) ବିଧୁବଦନା-ଚନ୍ଦ୍ରବଦନା, ମାନସକୁ-ମନକୁ ।

କହିଲେ ମିତେ ନ ଘେନ ଏତେ ଚିତ୍ତେ ନ ଥିଲାକୁ ନିକି ଜଗତ।
ଘଟଣ ଘଟସ୍ତନା ସମେ ଘଟଣା ପିତୁଳା ହୋଇଛି ଆଗତ।
ଏକାଳେ, ମାଳିକ କହେ ସନ୍ନିଧାନେ।
ମହ୍ଲାର ଆସିଛି ନାମ ମଦନିକା ଗଣିକା ତବ ଦରଶନେ ।୫।
ପଋରେ କୁମାର ପ୍ରଶଂସା ଯାହାର ଶୁଣୁଥିଲାଇଁ ଏ ସେ ନାରୀ।
ଯାହା ଜନମକାଳୁ ମର୍ତ୍ତ୍ୟମଣ୍ଡଳେ ଆସିଲେ ନାହିଁ ଅପସରୀ।
ତହିଁକି, ହୋଇ କଲା ମନ୍ତ୍ରୀ ନନ୍ଦନ।
ଜାଣି ସୀଉକାର ଆଣି ମାଳାକାର ଭେଟାଇଲା ରାମାରତନ ।୬।
ନବଯଉବନ ଶାଣରେ ଶାଣିତ କାହା ମନ ବଶ ନୋହିବ।
ସ୍ତମ୍ଭନ ମୋହନ ବଶ୍ୟ ଉଚ୍ଚାଟନ ମୂର୍ତ୍ତିମନ୍ତ କଲା ଦଇବ।
ଦେଖିଲା, ମାତ୍ରେ ଗାତ୍ରେ ଆଖି ଲାଖିଲା।
ଚାପରେ ରୋପ ବସାଇ କୋପଭରେ ମାର ମରମରେ ଯୋଖିଲା ।୭।
ସୁବର୍ଣ୍ଣ ସୁବର୍ଣ୍ଣବଳୟ ଯାହାର ଏ ସଂଶୟକୁ କରାଉଛି।
କାହାକୁ କେ ବଡ଼ ତାରତମ୍ୟ ଆଉ କାରଣ ହିଁ ଯହିଁ ନୋହୁଛି।
ଚିକୁର, ଲୋଟଣୀ ଜୁଡ଼ାରେ ଶୋଭନ।
ଏ ଭାବେ ବାନ୍ଧବୀ ପୁରୁଷଙ୍କ ମନ ବୋଲି କେ କରିଛି ବନ୍ଧନ ।୮।
ମୋତିଜାଲି ଝଳି ତାରତାରକା କି ଉଦୟ ହେଲେ ନବଘନେ।
କିବା ଇନ୍ଦୁକୁ ଗ୍ରାସୁ ସୁଧାବିନ୍ଦୁକୁ ରହିଛି ରହୁ ଅପଘନେ।
ତଳକୁ, ଦିବ୍ୟ ଚନ୍ଦ୍ରଝୁମ୍ପା ଲମ୍ବିତ।
ଅର୍ଦ୍ଧେନ୍ଦୁ ଅଧୋଭାଗେ ଲଭି ଉଦୟ ସପ୍ତରଷି କିବା ଜଡ଼ିତ ।୯।
ଋରୁ ଅଳକା ଝିଲିମିଲି ମାଳିକା ଅଗ୍ରେ ଲମ୍ବିତ କ୍ଷୁଦ୍ର ମୋତି।
ହେମଲତା ଶିଖେ ମଧୁକରପନ୍ତି ମଧୁ କିବା ସଞ୍ଚୁଅଛନ୍ତି।
କସ୍ତୁରୀ, ଊର୍ଦ୍ଧ୍ୱତିଳକ ଭାଲଦେଶେ।
ବିକାଶ ସାରଣ ମଧୁ ଅଳିବଂଶ ଗମନ କି ତମାଳ ପାଶେ ।୧୦।

ଶବ୍ଦାର୍ଥ- (୫) ଘଟଣ-ସୁନ୍ଦର, ମାଳିକ-ବଗିଚା ରକ୍ଷକ, ମହ୍ଲାରୁ-ମହ୍ଲାର ଦେଶରୁ, ଗଣିକା-ବେଶ୍ୟା, (୬) ସୀଉକାର-ସ୍ୱୀକାର, (୭) ଚାପ-ଧନୁ, ଗାତ୍ର-ଶରୀର, ରୋମ-ଶର, (୮) ଚିକୁର-ଶିରକେଶ, (୯) ନବଘନ-ନୂଆ ମେଘ, ଅପଘନ-ଶରୀର, ଅର୍ଦ୍ଧେନ୍ଦୁ-ଚନ୍ଦ୍ର, (୧୦) ମଧୁକର-ମଧୁପ, ପନ୍ତି-ସମୂହ, ଅଳିବଂଶ-ଭଅଁର ଜାତି, ଭାଲ-କପାଳ

ତାଟଙ୍କ ହୀରାରେ ହସୁଛି ଶ୍ରବଣ ପାଶାଦି ଉପମାନଙ୍କୁ।
ଆହୁରି ବଜ୍ର ମଲ୍ଲୀକଢ଼ ଧରିଛି ଧଇର୍ଯ୍ୟ-ଧରି ଧ୍ୱଂସନକୁ।
ବଦନ, ବିକାରେ କମ୍ପକୁ ବହିଛି।
ହା ହା ବାଳୀ ପୁର ଝଲକାଝଲକ ପଲକ ଘଉଡ଼ି ଦେଉଛି ।୧୧।
ଲଳିତ ଜ୍ୟୋତି ଜ୍ୱଳିତ ମୋତିବର ଜ୍ଞାନ ନାଶେ ନା ସେ ତାହାର।
ନିର୍ମଳ ଭାବରେ ବିମ୍ବ ଓଷ୍ଠ ବିମ୍ବ ଧର ଅର୍ଦ୍ଧ ଅରୁଣତର।
ଆରଦ୍ରା, ରୋହିଣୀକି ଘେନି କୋଳରେ।
କଳଙ୍କ ହୀନ ପର୍ବଶର୍ବରୀଶ କି ଉଦିତ ଶରଦ କାଳରେ ।୧୨।
ବଶୀକରଣ ତ୍ରିବିଧ ମଣି ମନ୍ତ୍ର ଔଷଧ ଯେଉଁ ନେତ୍ରେ ଅଛି।
ଶୂଳୀ ଭଳି ଯତି ଢାଳି ଅନାଇଲେ ଢଳିବେ ମନକୁ ପାଉଛି।
ଯହିଁର, ଅଞ୍ଜନ ଦମ୍ଭକୁ ତରାସେ।
ଭାଲ ଗଣ୍ଡ ଖଣ୍ଡଚନ୍ଦ୍ରମା ସୁଷମା ସୀମାବାରବାର ପରା ସେ ।୧୩।
ରୋମାବଳୀ ଝଳି ମର୍କତ ପ୍ରବାଳ କଟୀ ଘଣ୍ଟିରବ ସଂଯୁତ।
ଉରଜଯୁଗ ତୁମ୍ବି ସାର ତ୍ରିବଳୀ ଚିତ୍ର ବଲକୀ କଲା ଜାତ।
ବିଧିରେ, ବିଧିର ବୁଦ୍ଧି ଭ୍ରମ ହେଲା
ମନ୍ଦ ମଧୁର ଘନସାର ହାସଟି ଜାଣିଲି ଏତେ, ଦୂର କଲା ।୧୪।
ଜରି କାଞ୍ଚଲା ପାଟଡ଼ୋର ଚରମେ ଭିଡ଼ି ଆଚ୍ଛାଦିଛି ଯତନେ।
ହିରଣ୍ୟଗର୍ଭ ହୁଡ଼ ବ୍ୟକ୍ତ ନୋହିବ ଏହି କାମନା କରି ମନେ।
ତାହାର, ଖୋଳ ପରାୟେ ସେ ଦିଶଇ
ଉଚ୍ଚ ପୃଥୁଳ ଗୋପିତ ନୋହେ କଦା ନେତ୍ରେ ଅବନୀ ନ ଦେଖାଇ ।୧୫।
ଏମନ୍ତ ମଣୁଛି ଅଙ୍ଗରାଜ ପଦ ଅଙ୍ଗନଠାରେ ସମ୍ଭାବିତ।
ମହାଉତପାତ ମନ୍ଦ ବୋଲି ତାକୁ କରୁଅଛି ଯେଣୁ ଗୋପିତ।
ସେ କଥା, ଯୁକ୍ତ ନୁହଇ ଦେଖିବାର
ଚୀର ଆଚ୍ଛାଦିତ ଏଥକୁ କରିଛି ଫଳ ଚୁମ୍ବୁଛି ମଧୁକର ।୧୬।

ଶବ୍ଦାର୍ଥ- (୧୧) ତାଟଙ୍କ-କାନ ଅଳଙ୍କାର, ଶ୍ରବଣ-କାନ, ବାଳୀ-କାନର ଛୋଟ ଅଳଙ୍କାର, (୧୨) ଅର୍ଦ୍ଧ ଅରୁଣତର-ଅର୍ଦ୍ଧ ରକ୍ତିମାଯୁକ୍ତ, ପର୍ବ ଶର୍ବରୀଶ-ପୂର୍ଣ୍ଣିମା ଚନ୍ଦ୍ର, (୧୩) ଶୂଳୀ-ମହାଦେବ, ତରାସେ-ତ୍ରାସେ (ଭୟରେ),(୧୪)ସୁଷମା-ସୁନ୍ଦର, ବଲକୀ-ଲତା, (୧୫) ଅବନୀ-ପୃଥିବୀ, (୧୬) ଅଙ୍ଗରାଜ-ଶରୀରର ମାଲିକ, ଯୁକ୍ତ-ଉପଯୁକ୍ତ, ଚୀର-ବସ୍ତ୍ର।

କରସନାଳ କୋକନଦ ବାହାର କି ତନୁ ଶୋଭା ସରସୀରୁ।
ଅତୁଲ୍ୟ ପଛେ ଆନ ଭୂଷା ଧରିଛି ରୂପଗର୍ବିତା ଲକ୍ଷଣାରୁ।
ରଣିତ, କିଙ୍କିଣୀ କଟୀରେ ଖଞ୍ଜିଛି।
କାମିନୀକି କାମରଥ ବୋଲିବାର ଶତ ଘଣ୍ଟିଚୟ ସାଜିଛି ।୧୭।
ନାହିଁ ତୁଳା କୋଟି ଜଗତରେ ବୋଲି ଘେନିଛି ପାଦରେ ଆଦରେ।
କ୍ଷୁରୀ ନାରୀ ଧନ୍ୟ ବୋଲାଇ ଅଲକ୍ତ ପଦରାଗ ବ୍ୟକ୍ତ ଦେବାରେ।
ଦିଶୁଛି, ଏପରିରେ ତନୁ ଗଉର।
ଚମ୍ପକ ଗଭା ପତନୀ ଶାଢ଼ି ଥିବା ଚିକୁର ଧଡ଼ିରୁ ଗୋଚର ।୧୮।
କାର୍ଯ୍ୟକୁ କାରଣ କରି କହିଲଇଁ ମଦନିକାର ଶୋଭା କିଛି।
ବିସ୍ତର କହି ବସିଲେ ଏହି ଶଙ୍କା ବହୁତ ଛାନ୍ଦ ହେବା ଅଛି।
ଶୋଭାକୁ, ଚାହିଁ ସ୍ଥଗିତ ନେତ୍ରପୁଂସ।
ଜଣେ ଜଣାଉ ସିଂହଳପତି ଜେମା ସ୍ୱରୂପ ହୋଇଲା ପ୍ରବେଶ ।୧୯।
ସମ୍ଭ୍ରମେ ଉଠି ପାଛୋଟି ଯିବା ମନଜାଣି ନିଷେଧ କଲେ ମିତ।
ଆସ ଆସ ବୋଲି ସନ୍ନ୍ୟାସୀ ପାଶକୁ ଦୂତ ଉପରେ ଗଲେ ଦୂତ।
ପ୍ରବେଶ, ଆସନ ଦେଇ ବସାଇଲେ।
ଚତୁର ମିତ୍ରେ ଚତୁର ବାରବଧୂ ପ୍ରଶଂସାଦିରେ କଥା ହେଲେ ।୨୦।
କେ ବୋଲେ ଚାହିଁ ଚଞ୍ଚଳ ଚକ୍ଷୁପକ୍ଷ୍ମ ବୁଦ୍ଧି କରେ ବଣା।
ଚନ୍ଦ୍ରେ ଚକୋର ବସି ସୁଧା ପିଇବା ମର୍ତ୍ତ୍ୟେ କି କମ୍ପାଉଛି ଡେଣା।
କେ ବୋଲେ, ଚାହିଁ ନାସାଫୁଲା ପଣକୁ।
ଏ ଚାତୁରୀର ଚାତୁରୀ କରିଛିଟି ବିଜୟ ଏ ଫୁଲବାଣକୁ ।୨୧।
କେ ବୋଲେ ଚାହିଁ ଚାହିଁ ଦେଇ ନୟନ ଉରଜପରେ ଯା ନିଅଇ।
ଏହି ଶିବସେନା କାମ ପରାଭବ ନ କରିବ ଏହା କହଇ।

ଶବ୍ଦାର୍ଥ- (୧୭) କରସନାଳ-ଡେମ୍ଫଲଗା ହାତ, ଗଣିତ-ଶବ୍ଦାୟିତ, ରୁଣୀତ-ରୁଣୁଝୁଣୁ ଶବ୍ଦ କରିବା, କୋକନଦ-ରକ୍ତପଦ୍ମ, ଘଣ୍ଟିଚୟ-ଘାଗୁଡ଼ି, (୧୮) କ୍ଷୁରୀନାରୀ-ଭଣ୍ଡାରୁଣୀ, ଅଲକ୍ତ-ଅଳତା, ପଦରାଗ-ପାଦ ଶୋଭା, ଚିକୁର-କେଶ, ପକ୍ଷୀବିଶେଷ, ନେତ୍ରପୁଂସ-ପୁରୁଷ ନେତ୍ର, ପ୍ରତ୍ୟକ୍ଷଦର୍ଶୀ, ସଂଭ୍ରମେ-ଶୀଘ୍ର, ଛାଦ-ଗୋପନ,(୨୦) ବାରବଧୂ-ବେଶ୍ୟା, (୨୧) ଚକ୍ଷୁପକ୍ଷ୍ମ-ଆଖିପତା, ଚକୋର-ଚକୁଆପକ୍ଷୀ,

କେ ବୋଲେ, ଝହିଁ ତା ମଧୁର ହାସକୁ।
ଅଧର ଦେଖାଇ ଦେଉଛି ତରୁଣ ଅରୁଣ ଜିଣିଲା ଯଶକୁ ।୨୨।
ସନ୍ନ୍ୟାସୀ ଭାଷି ଯାହା ପ୍ରତି ପ୍ରତିମା ଆଣିଛି ଦର୍ଶନ ଦେବାକୁ।
ଏ ଯୋଷା ଯୋଗ୍ୟ ନୋହେ ତା ପଦଘଷା-ଉପଳ ଉପମା ହେବାକୁ।
ଭୋ ଯତି, କି କହ ମନ୍ତ୍ରୀଜ ବୋଇଲେ।
ପ୍ରତ୍ୟକ୍ଷ କଥାରେ କେଉଁ ଅନୁମାନ ବୋଲି ସେ ପେଡ଼ାକୁ ଫେଇଲେ ।୨୩।
ଏ ବାମାକୁ ବାସ ଉପହାର ଦିଅ ଅଧିକାରୀକି ଆଜ୍ଞା ଦେଇ।
ତନ୍ମନା ହେଲା ରାମା ରୂପ ଲୋକେନ ବିଷୟ ପଛକୁ ପକାଇ।
ସମ୍ପୂର୍ଣ୍ଣ, ଏ ଛାନ୍ଦ ଚତୁର୍ବିଂଶ ପଦ।
ଅଯୋଧ୍ୟାଇନ୍ଦ୍ର ଧ୍ୟାନରେ ଉପଇନ୍ଦ୍ର ନାଶିବ ଅର୍ଜିତ ଆପଦ ।୨୪।

■

---

(୨୨) ପରାଭବ-ହାରିଯିବା, ଉରଜପରେ-ସ୍ତନ ପରେ।

(୨୩) ଯୋଷା-ନାରୀ, ଉପଳ-ପଥର, (୨୩) ଯତି-ବ୍ରାହ୍ମଣ, (୨୪) ତନ୍ମନା-ତଦ୍‌ଗଦପ୍ରଣା, ଲୋକେନ-ଦେଖିବାରେ, ବିଷ-ସମ୍ପତ୍ତି, ସମସ୍ୟା, ଅଯୋଧ୍ୟା ଇନ୍ଦ୍ର-ଅଯୋଧ୍ୟା ରାଜା।

ଦଶମ ଛାନ୍ଦ

ମିତ୍ରଗଣଙ୍କ ସହ ଚନ୍ଦ୍ରଭାନୁ ଲାବଣ୍ୟବତୀର ଚିତ୍ରପଟ ଦର୍ଶନ

(ରାଗ- ଦଶାକ୍ଷ)

ଏଥୁ ଅନନ୍ତରେ ରସିକସାର । କର୍ଣ୍ଣ ମୁଖରେ ସୁଧାପାନ କର ।
ନୃପସୁତ ଆଗେ ପେଡ଼ି ଫେଡ଼ିଲା । ସେ ରୂପ ଉପରେ ନେତ୍ର ପଡ଼ିଲା ।
କି ପଡ଼ିଲା ନାହିଁ ଜଡ଼ିଲା ଘେନ । ଜଡ଼ିଲା ନାହିଁଟି ବୁଡ଼ିଲା ଜ୍ଞାନ ।୧।
ମୂର୍ତ୍ତିମନ୍ତ କଲା ମଦନ କଳା । କନକନିଭ ମଦନ ପିତୁଳା ।
କାଚବାଡ଼ପୁରେ ବସିଲା ପରି । ମୁକୁରେ ଫିଟି ଦିଶୁଛି ମାଧୁରୀ ।
କି ସୁନ୍ଦରା ସମେ ଆଉ କାହିଁକି । ସଚିତ୍ର ହୋଇ ବିଚିତ୍ର ହୋଇଛି ।୨।
ସରସିଜେ ଶିଶୁ ଆଳିଆବଳୀ । ବସିଥିଲା ପରା ଅଳକା ଝଳି ।
ଅଧରେତ ଅଛି ହାସ ଝଳକ । କର୍ପୂରେ ମାଜିଲା ପରା ମାଣିକ୍ୟ ।
କି ସୁନ୍ଦର। ପୁଣି ପକ୍ଷ୍ମ ଗଢ଼ୁରୀ । ଗଳିଦେବ ପରା ଧୈର୍ଯ୍ୟକତୁରୀ ।୩।
ଆଗ ଅନୁରାଗ ଭ୍ରମ ଉପୁଜି । ରାମା କି ପ୍ରତିମା ପାରେ ହେଜି ।
ଚକିତ ସ୍ତମ୍ଭିତ ଦଣ୍ଡେ ହୋଇଲା । ମନେ ମନେ ଲକ୍ଷେ ଚୁମ୍ବନଦେଲା ।
କି ସୁନ୍ଦର ମନ ନୟନ ପ୍ରାଣ । ସେହି ଶୋଭାରେ କଲା ସମର୍ପଣ ।୪।
ଏଣୁ ସେ ସୁତନୁ ତନୁତନକୁ । ଆସେ ଅନୁମାନ ଅନୁମାନକୁ ।
ଆଲୋକିତ ହେଲା ଲୋକିତ କରି । କରଇ ଉପମା ନୁହଇ ସରି ।
କି ସୁନ୍ଦର। କବି ବଚନ ପଥ । କୃତାର୍ଥ କରଣେ ହେଲା ସମର୍ଥ ।୫।
ବେଣୀ ଶୋଭା ଅବା ସାଧିବା ପାଇଁ । ରତୀଶ ପଟ୍ଟୀଶ ଅଛି ଭିଆଇ ।
କନକ ପିଆଣିଆକୁ ଅସମ । ମୁକୁତାଜାଲି ମୁଠଜାଲି କମ ।
କି ସୁନ୍ଦର। ପୁଣି ଦିଶେ କୁସୁମ । ପୂଜା କରେ କି ଜଗଜ୍ଜୟକାମେ ।୬।

ଶବ୍ଦାର୍ଥ- (୨) ମଦନ କଳା-କାମକଳା, କନକନିଭ-ସୁନାପରି ଉଜ୍ଜ୍ୱଳ, କାଚବାଡ଼ପୁର-କାନ୍ଥରେ କାଚ ଲଗାଘର, ମୁକୁର-ଦର୍ପଣ, (୩) ସରସିଜ-ପଦ୍ମଫୁଲ, ଶିଶୁଆଳି ଆବାଳୀ-ଶିଶୁ ଭଅଁର ସବୁ, ଅଳକା-ଚୂର୍ଣ୍ଣକୁନ୍ତଳ, ପକ୍ଷ୍ମ-ଚକ୍ଷୁ ଲୋମ, (୪) ଅନୁରାଗ-ସ୍ନେହ, (୫) ସୁତନୁ-ଉତ୍ତମ ଶରୀର, (୬) ରତୀଶ-କନ୍ଦର୍ପ, ପଟ୍ଟୀଶ-ସୂକ୍ଷ୍ମବସ୍ତ୍ର ବିଶେଷ, ପିଆଣିଆ-ବେଣୀର ଆଭରଣ, ଜଗଜ୍ଜୟ-ଜଗତଜିତା।

ଦ୍ୱିତୀୟାତିଥି ଭ୍ରମ ସେହିଠାରେ । ଅବତଂସ ଚନ୍ଦ୍ର ଝୁମ୍ପି ଥିବାରେ ।
ଜାଜ୍ୱଲ୍ୟ ତାରକା ଚାନ୍ଦ ଦୀଧିତି । ସୁଧାବିନ୍ଦୁ ସ୍ରବ ପରାୟ ମୋତି ।
କି ସୁନ୍ଦର। କାମ ରତ୍ନତୋରଣା । ଝିଲିମିଲି ମାଳୀ ସେହି ଲକ୍ଷଣା ।୭।
କର୍ଣ୍ଣ ହୋଇଅଛି ବନ୍ଦି ଆବାସ । ଏଥିକି ଉପମା କରିବା କିସ ।
ଭାଳୁ ଭାଳୁ ଦୃଷ୍ଟି ପତନ ହେଲା । ବାଳି ବୋଲି ମନେ ଯତନେ କଲା ।
କି ସୁନ୍ଦର। ଫୁଲ ସୁମଲ୍ଲୀ କଢ଼ି । ଝଲକ ଉପମାମକୁ ଗଲା ହୁଡ଼ି ।୮।
ଭଲ ଚାହିଁ କଲା ଭାଲ ବିଚାର । ଏ ହେମ କାପ ତରାସ ଧାତାର ।
ଲେଖିଛି ଚିତ୍ର କବିତ୍ୱ ଏଥିରେ । ଏ ବାଳା ସମାନ ନାହିଁ ପୃଥ୍ୱୀରେ ।
କି ସୁନ୍ଦର। ଗୁଣେ ନାଗଭୁବନେ । ସ୍ୱର୍ଗପୁରେ ଆଉ ନାହିଁ ସମାନେ ।୯।
ବଡ଼ କି ଚତୁର ପାଞ୍ଝିବା ଏହା । ବଡ଼ କରି ଜଡ଼ ଘେନିମେ ଯାହା ।
ରଙ୍ଗ ଶୁକଳ କଳା ତିନିଜାତି । ଚୋପିଛଳେ ଅଛି ଅକ୍ଷରପନ୍ତି ।
କି ସୁନ୍ଦର। ଦୃଷ୍ଟି ଚଳିବ ନାହିଁ । ଦେଉଥିଲେ ତାର ଚିତାକୁ ଚାହିଁ ।୧୦।
ଅତି ବିଚିତ୍ର ଛୁରିକା ନୟନ । ଅଞ୍ଜନଲାଞ୍ଛି ବ୍ୟାଜେ ମହାମୁନ ।
ଶିବ ଶିର କଳାକର କଳାଏ । କଳା ହୋଇ ବିଷଜ୍ୱାଳାର ଭୟେ ।
ଭୂରୁ ଠାରେ ଭୀରୁ ପକାଇ ଆସି । ଲକ୍ଷ୍ୟ ପ୍ରକାରେ ଏହି ଲକ୍ଷ୍ୟ ଦିଶି ।
କି ସୁନ୍ଦର। ପର୍ଶୁରାମ ପରଶୁ । ବାମା କହେ ରାମା ଶବଦବଶୁ ।୧୧।
ନ ମାରୁ ଚାହାଣି ଚଟକ କରି । ମରମକୁ ଭେଦି ଯାଏ ବାହାରି ।
କି ସୁନ୍ଦର। ଦୃଷ୍ଟି କରାଇ ସତ । ଅନ୍ତେ ରକତ ହେବାରୁ ବ୍ୟକତ ।୧୨।
ଏ ପାଞ୍ଚେ ଚାହିଁଲା ଅନେକ ବାର । ଆପଣା ଗାତ୍ରକୁ ନେତ୍ରକୁ ତାର ।
କ୍ଷତ ନ ଦେଖି ଲଭିଲା ତତ୍ପର । ଚମତକାରରେ ଚମକତାର ।
କି ସୁନ୍ଦର। ସମେ ଆନ ଦିଶି । ଏହି ପଦକ ସେ ହୋଇଲା ଘୋଷି।୧୩।
ଯେଉଁ ନୟନରେ ଏଡ଼େ ବଡ଼ାଇ । ମୃଗକୁ ଦେଲା ନଗର ଛଡ଼ାଇ ।
ବୁଡ଼ା କରିଦେଲା ମୀନକମଳ । ମୋ ସଙ୍ଗେ ହେଉଥାଅ ବୋଲି ତୁଳ ।
କି ସୁନ୍ଦର। ପଦ୍ମ ଥିଲାକୁ ଦୋଷେ । ଦଣ୍ଡ ଦିଆଇଲା ତୁହିନ ବଶେ ।୧୪।

ଶବ୍ଦାର୍ଥ- (୭) ଅବତଂଶ-ଶିର ଭୂଷଣ, ଜାଜ୍ୱଲ୍ୟ-ଅତିଶୟ ଉଜ୍ଜ୍ୱଳ, ଦୀଧିତି-କିରଣ, ସ୍ରବ-ଝରଣା, ରତ୍ନ ତୋରଣା-ରତ୍ନର ଫାଟକ,(୮)ବନ୍ଦି ଆବାସ-କାନର ଅଳଙ୍କାର, ବନ୍ଦୀଘର, ସୁମଲ୍ଲୀକଢ଼ି-ଉତ୍ତମ ମଲ୍ଲୀ କଢ଼ି, ହୁଡ଼ି-ଭୁଲି,(୯)ଭାଲ-କପାଳ, କାପ-କାନ ଅଳଙ୍କାର,(୧୦) ଶୁକଳ-ଶୁକ୍ଳ (ଧଳା),(୧୧)କଳାକର-ଚନ୍ଦ୍ର,(୧୨)ବ୍ୟକତ-ବ୍ୟକ୍ତ (ପ୍ରକାଶ),(୧୩) ଗାତ୍ର-ଶରୀର,(୧୪)ନଗର-ସହର, ନଗ-ପର୍ବତ, ତୁହିନ-ଶୀତକାଳ, କାକର, ତୁ-ହୀନ, ଊଣା।

ଗଣ୍ଡେ ଚିତ୍ରିତା ପ୍ରକାର ମକରୀ | ଏ ଅନୁମାନରୁ ଆନ ନ କରି |
ନାରୀରଥ ସଜ ହେବା ହେତୁରେ | ମଣ୍ଡିଲା କନ୍ଦର୍ପ ନିଜ କେତୁରେ |
କି ସୁନ୍ଦର। ନାସାପୁଟ ଭେସର | ତୂଣୀର ସ୍ଥିତି ରତ୍ନପୁଙ୍ଖଶର ।୧୫।
ଏମନ୍ତ ସାଜେଣି ରହିଁ କି ଡରି | ସ୍ୱୟମ୍ଭୁ ଶମ୍ଭୁ କୁଚ ରୂପ ଧରି |
ଆଚ୍ଛାଦିତ ହୋଇ ଚେଳ-କବଚେ | ବାଳାରେ ଶରଣ ଉତ୍ତମ ପାଞ୍ଚେ |
କି ସୁନ୍ଦର। ହାର ଜାହ୍ନବୀ ଦିଶେ | ରେମାବଳୀକାଳ ଭୁଜଙ୍ଗପାଶେ ।୧୬।
ସଂପୁଟ ଉପମା ଉରଜେ ମଞ୍ଜୁ | ମୁକୁତାମାଳା କୁନ୍ଦ କାଳରଜ୍ଜୁ |
ଯଉବନ ରାଜା ସ୍ୱସ୍ୱ ତହିଁ | ପ୍ରେମାଳଙ୍କାର ସହତ ପୂରାଇ |
କି ସୁନ୍ଦର। କରି ଘୋଡ଼ାଇଛି | ଜାଗ୍ରତପଣ ଲଜ୍ଜାକୁ ଦେଇଛି ।୧୭।
ନୀଳ ଜଳଦ ବିଜୁଳିକି ଭିଡ଼ି | ଥିଲା ପରା କରେ ମର୍କତ ଚୁଡ଼ି |
ଭୁଜେ ବାଜବନ୍ଧ ରତ୍ନ ମାଧୁରୀ | ନଦୀ ଲହରୀରେ କହ୍ଲାର ପରି |
କି ସୁନ୍ଦର। ଜିଣି ଅଶୋକ କଳି | ମାଣିକ୍ୟ ମୁଦିରେ ଝଳି ଅଙ୍ଗୁଳି ।୧୮।
ଚିବୁକ ଚତୁର୍ଥୀଚନ୍ଦ୍ର ଭ୍ରମରୀ | କଳଙ୍କ ଆସିଲା ପରି ଅଙ୍କୁରି |
ଚାପସରିରେ ମନୋରମ ଗଳା | ବ୍ୟାଧି ବୁଦ୍ଧି କି ବ୍ୟାଧି ଏବେ କଲା |
କି ସୁନ୍ଦର। ମତ୍ତକପୋତ ପାଶେ | ବାନ୍ଧି ଥୋଇଛି ଗିରିପରେ କିସେ ।୧୯।
ସୁନ୍ଦରୀ ଅବଳା ପଦକୁ ଛଳି | ତ୍ରିବିଧେ ବନ୍ଧନ ହୋଇଛି ବଳୀ |
ଆସିନାହିଁ ଏ ସଂଶୟ ମଧେ | ଭାଙ୍ଗିପଡ଼ିବାକୁ ସେ ଗୁଣେ ବାନ୍ଧେ |
କି ସୁନ୍ଦର। ତହିଁ ଖଞ୍ଜି କିଙ୍କିଣୀ | ଏଣୁ କଟୀ ଥିବା ହେଉଛି ଜାଣି ।୨୦।
ପିନ୍ଧାଇ ଅଛି ବାସ କୁଞ୍ଚା ଦେଇ | ଗଢ଼ିଛି ପୁଣି ପିତୁଳା ବସାଇ |
ନାଭି ଆଦି ତନୁମାନେ ତାହାର | ଗୁଲଫ ପର୍ଯ୍ୟନ୍ତ ନୋହିଲା ଗୋଚର |
କି ସୁନ୍ଦର। ତହିଁ ଦିଶୁଛି ପାଦେ | ସ୍ଥଳ ସରସିଜ ଶୋଭାରେ ନିନ୍ଦେ ।୨୧।

ଶବ୍ଦାର୍ଥ- (୧୫) ଗଣ୍ଡ-ଗାଲ, ମକରୀ-ମଗର, କେତୁରେ-ପତାକାରେ, ନାସା ପୁଟ-ନାକପୁଡ଼ା, ଭେସର-ଭଙ୍ଗୀର, (୧୬) ସ୍ୱୟମ୍ଭୁ-ଆପଣାଛାଏଁ ଜନ୍ମିତ, ଶମ୍ଭୁ-ଶିବ (ଏଠାରେ ସ୍ତନ), ଚେଳକବଚ-ରକ୍ଷା ପାଇବା ବସ୍ତ୍ର, ଜାହ୍ନବୀ-ଗଙ୍ଗା, ଭୁଜଙ୍ଗ-ସର୍ପ, (୧୭) ସମ୍ପୁଟ-ଫରୁଆ, ଉରଜ-ସ୍ତନ, (୧୮) ଜଳଦ-ମେଘ, ବାଜବନ୍ଧ-ଅଳଙ୍କାର ବିଶେଷ, କହ୍ଲାର-ରଙ୍ଗକଇଁ ଧଳାପଦ୍ମ, ନାଲିପଦ୍ମ, ଚାପସରି-ଗଳା ଅଳଙ୍କାର, (୧୯) ଚିବୁକ-ଗାଲ, ଭ୍ରମରୀ-ଏକପ୍ରକାର ଚିତା, (୨୦) ଛଳି-ଛଳନା କରି, ଗୁଲଫ-ଗୋଇଠି, ସ୍ଥଳ ସରସିଜ-ସ୍ଥଳ ପଦ୍ମ।

ତୋଡ଼ର ଚୂଳୀ ମୃଗମଦଚିତା । ପଶ୍ଚିମାଣୀ ଝୁଣ୍ଟିଆରେ ମଣ୍ଡିତା ।
ହୋଇଛି ବ୍ୟକ୍ତ ଅଳକ୍ତ ରଙ୍ଗରେ । ଶରଣ ରକ୍ଷଣ ଅନୁରାଗରେ ।
କି ସୁନ୍ଦର। ଚରଣକୁ ବାଳାର । ଶରଣ ଅର୍ଥରେ ପ୍ରସାରୁ କର ।୨୨।
ମିତ୍ରକହେ ନୋହେ ଲାବଣ୍ୟଧାମା । ଆସିଅଛି ସିନା ପ୍ରତିପ୍ରତିମା ।
ସନ୍ନ୍ୟାସୀ ଭାଷିଲା ସେହି କାଳକୁ । ଜେମା ସୁନ୍ଦରୀମା ତୁଲ ତିଳକୁ ।
ହେ ସୁନ୍ଦର। ଅଙ୍ଗେ ଅଙ୍ଗେ ଏହାର । ନିର୍ମାଣ ସିନା ଅଛି ରୂପକାର ।୨୩।
କୁମାର ଦମ୍ଭକୁ ଊଣା ଦିଶିଲା । ବିଚାରି ସଚିବ ସୁତ ଭାଷିଲା ।
ସୁବର୍ଣ୍ଣ ସୀତାରେ ବଶ ଶ୍ରୀରାମ । ଯାହାର ଯହିଁରେ ବଳଇ ପ୍ରେମ ।
କି ଗୋସାଇଁ। ଏଥୁ ଅଧିକ ବୋଲ । ଆମ୍ଭ ବିଚାରରେ ନାହିଁ ଏହା ତୁଲ୍ୟ ।୨୪।
ନୃପଜ ବୋଲେ କିମ୍ପା ନୋହିଥିବ । ଅଜୀବେ କଲା ଯେ କାମ ସଜୀବ ।
ସଜୀବ ବିଶେଷ ଚାତୁରୀ ଘେନି । ଶୋଭା ହୋଇଥିବ ନବଯୌବନୀ ।
କି ସଙ୍ଗୀତ। ନୟନର କି ତପ । ଦେଖିଲାଟିକି ସେ ବାଳା ସ୍ୱରୂପ ।୨୫।
ଏରୂପେ ବୋଲି କରିବାକୁ ଧାନ । ଦ୍ୱାର ହେଲା ଗତି ଦେବାକୁ ଘେନ ।
ପ୍ରାଣେତ ଆଉ ନ ରଖିବ ମାର । ଏହି କଥା ହେଲା ଏଥିରେ ସାର ।
କି ସଙ୍ଗାତ। ଆମ୍ଭ ସୁକୃତରାଶି । ପିତୁଳା ଆଣିଲା ହୋଇ ତପସ୍ୱୀ ।୨୬।
ବୀର ଉଚ୍ଚାଟ କରି ସନ୍ନ୍ୟାସୀ । ଚକ୍ଷୁ ବନ୍ଧନ ମାୟାକୁ ପ୍ରକାଶି ।
ଶିଷ୍ୟ ସଙ୍ଗେ ସେହିକ୍ଷଣି ଅନ୍ତର । ପ୍ରତେ ଅନ୍ତର୍ଦ୍ଧାନ ହେଲା ପ୍ରକାର ।
କି ସୁନ୍ଦର। ମନେ ହେଲା ଏ ଧାତା । ନୋହିଲେ ଗଢ଼ନ୍ତା କିଏ ବନିତା ।୨୭।
ଚିତ୍ତୁ ନ ଛାଡ଼ିଲା ଏହି କାତର । ମାଗନ୍ତି ସୁଗତି ସଙ୍ଗତି ବର ।
ଦମ୍ଭକୁ ହେଲା ତାହାର କାରଣ । ସ୍ୱରୂପକୁ ଛାଡ଼ିଯିବାରୁ ଜାଣ ।
ସେ ସୁନ୍ଦର। କଲା ଏହି ଭରସା । ପ୍ରାପତ ମୋତେ ହୋଇବ ସୁଦୃଶା ।୨୮।
ଚାହୁଁ ପ୍ରତିମା ଚକ୍ଷୁ ନ ପିଛାଡ଼ି । ତାତ ହକରା ପ୍ରତିବନ୍ଧ ପଡ଼ି ।
ପ୍ରତିବନ୍ଧ ପଡ଼ି ହେଇବ କିସ । ଲେଖା ହେଲା ସେ ରୂପ ପ୍ରତିଦିଶ ।
କି ସୁନ୍ଦର। ଚିତ୍ରପଟ ତ କଲା । ସଭାରେ ବସିବା କାଳ ହରିଲା ।୨୯।

ଶବ୍ଦାର୍ଥ- (୨୨) ତୋଡ଼ର-ପଦା ଅଳଙ୍କର, ପଶ୍ଚିମାଣୀ-ପଶ୍ଚିମ ଦେଶ ସମ୍ବନ୍ଧୀୟ, ଝୁଣ୍ଟିଆ-ପାଦ ଭୂଷଣ, ମୃଗମଦ-କସ୍ତୁରୀ, ଅଳକ୍ତ-ଅଳତା, ପ୍ରସାରୁ-ବଢ଼ାଉ, (୨୩) ଲାବଣ୍ୟଧାମା-ସୌନ୍ଦର୍ଯ୍ୟ ସ୍ଥଳ, (୨୫) ନୃପଜ-ନୃପସୁତ, ଅଜୀବ-ଜୀବହୀନ, (୨୬) ସୁକୃତ ରାଶି-ଯଶ, (୨୭) ପ୍ରତେ-ପରତେ (ବିଶ୍ୱାସ), ଉଚ୍ଚାଟ-ଉତ୍କଣ୍ଠା, ପ୍ରାପତ-ପ୍ରାପ୍ତ(ପାଇବା) (୨୮) ସୁଗତି-ଉତ୍ତମ ଗତି, (୨୯) ତାତ-ପିତା, ହକରା-ଡାକରା, ପ୍ରତିବନ୍ଧ-ବାଧ, ପ୍ରତିଦିଶ-ପ୍ରତିଦିଗ।

ଯୋଗୀନ୍ଦ୍ର ପ୍ରବେଶ ସିଂହଳ ଦ୍ୱୀପେ । ଏକାନ୍ତେ କହିଲେ ମନ୍ତ୍ରୀ ସମୀପେ ।
କର୍ଣ୍ଣାଟଦେଶେ ମହୀପତି ସୁତ । କନ୍ୟାର ଅନୁରୂପେ ବର ସେତ ।
କି ସୁନ୍ଦର। ଗୁଣମନ୍ଦିର ସେହି । ବୀର ତୁଲ୍ୟ ହୋଇ ଜଗତେ ନାହିଁ ।୩୦।
ତାକୁ ଯେ ଦେଲା ଯୁବରାଜ ପଦ । ଜାଣିଲି ବିଧାତା ଅତି କୋବିଦ ।
ଆନ ରାଜପୁତ୍ରେ କୁଳ ବେଭାର । ଯୁବତୀ ରତନ ଚିତ୍ତ ତତ୍ପର ।
କି ସୁନ୍ଦର। ଜାତ କାମ ମହୀରେ । କୁମାର ଏଣୁ କହେ ବିଜ୍ଞ ନରେ ।୩୧।
ତାତ ବିବେକ ପଣେ ରାଜପଣ । ଜାଣି କରନ୍ତି ତାକୁ ସମର୍ପଣ ।
ଉଚ୍ଚାଟ ହୋଇ ସ୍ୱରୂପ ଦେଖି । ତାକୁ ପ୍ରଦାନ କରିବା ସୁମୁଖୀ ।
କି ସୁନ୍ଦର। କଥା ସଚିବ ଶୁଣି । ନୃପତି ଆଗେ ଜଣାଇଲା ପୁଣି ।୩୨।
କାହିଁକି ସଦୃଶ ରାଜା ବୋଇଲା । ମନ୍ତ୍ରୀ କହେ କେବେ ଦେଖା ନଗଣା ।
ଭୂପତି କହେ ତାକୁ କି ପ୍ରକାରେ । ଦୂତ ନ ପେଷି ଆଣିବା ଏ ପୁରେ। ।
କି ସୁନ୍ଦର। ପାଞ୍ଚ ମନ୍ତ୍ରୀ କଥନ । କରିବା ଅପୂର୍ବ ଯାତ୍ରା ରଚନ ।୩୩।
ବଶ ହୋଇଛି ଘୋଷ ଶୁଣି ଆସୁ । ଆମ୍ଭର କନ୍ୟା ଯାଚିବା ନ ଦିଶୁ ।
ସର୍ବ ସମ୍ମତେ ଏ ବିଚ୍ଚର ମୂଳ । ଦୀର୍ଘ ଦିନରେ କଲେ ଯାତ୍ରା ଗୋଳ ।
କି ସୁନ୍ଦର। ଛାନ୍ଦ ହୋଇଲା ଶେଷ । ରାମ ରାମ ପ୍ରତି ଅଭଙ୍ଗ ଶ୍ଳେଷ ।୩୪।
ତାତବତ୍ସଳ ମୁନି ବେଶଧାରୀ । ଅଧିକଭୁଜ ଦର୍ପହତକାରୀ ।
ଉପଇନ୍ଦ୍ର ବୀରବର ଭାବଇ । ଏ ଗୀତ ଶୁଭେ ଶେଷ ହେବା ପାଇଁ।
ହେ ଜନେ। ଶୁଣି ହୁଅ ସନ୍ତୋଷ । ଖଳ କର୍ଣ୍ଣବିଳେ ନୋହୁ ପ୍ରବେଶ ।୩୫।

ଶବ୍ଦାର୍ଥ- (୩୧) କୋବିଦ-ପଣ୍ଡିତ, (୩୨) ଉଚ୍ଚାଟ-ଉତ୍କଣ୍ଠା, ସୁମୁଖୀ-ସୁନ୍ଦରୀ, (୩୫) ତାତ ବତ୍ସଳ-ପିତୃ ସ୍ନେହୀ, ଭୁଜଦର୍ପ-ଭୁଜକ୍ଷମତା, କର୍ଣ୍ଣବିଳେ-କାନ ଭିତରେ, ତାର ସ୍ୱର-ଉଚ୍ଚ ସ୍ୱର।

ଏକାଦଶ ଛାନ୍ଦ
ଲାବଣ୍ୟବତୀର ସ୍ୱପ୍ନ ଦର୍ଶନ
(ରାଗ- ଚୋଖି)

ଏଥୁଅନ୍ତେ ଶୁଣ ରସ ଗ୍ରୀଷ୍ମେ ନିଶି ପ୍ରବେଶ
ଉଦୟ ତାରା ଜୀବେଶ ହେଲେ ଆକାଶେ।
ଚକ୍ର ସୁଖଚକ୍ର-ନକ୍ର- ଛେଦନେ ହୀରଚକ୍ରେ
ଫିଙ୍ଗିଛି ତାତ ସିଦ୍ଧିରେ କାମ କି ରୋଷେ।
ବେଶ ହେବ କି ରାତ୍ର ବାଳୀ।
ସ୍ଫଟିକ ପେଟୀରେ କିବା କସ୍ତୁରୀ ଦଳି ।୧।
ଆଜି କି ବିଭାବରୀକି ହୋଇବ ବିଭା ବରିକି
ମଲ୍ଲୀମାଳା ଦେଇ ବିଧୁ କିରଣେ ମଣି।
ବିଚିତ୍ର ଏ ସ୍ୱୟମ୍ବର ନାରୀକି ବରିଲା ବର
ଏତେକାଳେ ଦେଖାଗଲା ଏ କଥା ପୁଣି।
ରବିକରେ ମହୀମହିଳା
ତାପି ହୋଇଥିଲା କି ଚନ୍ଦନ ଲେପି ।୨।
ଶୀତଳ ଯାହା କିରଣ ପରଶରେ ସମୀରଣ
ରଣରଣ ମିତ୍ରପଣ ଘେନିକି ଏବେ।
ବିରହୀଗୁଣ ବରହୀ ଠାରେ ଆଦରିଲା ସେହି
ସେ ଅଚି ଯା ଗର୍ଭେ ତହୁଁ ଜାତ ସ୍ୱଭାବେ।
ପୁଂସ ଶୋଇ ସୁଧାଚତ୍ୱର
ଚନ୍ଦ୍ର ରହିଁ ହୋଇଲା ଅଧିକେ କାତର ।୩।

ଶବ୍ଦାର୍ଥ- (୧) ତାରା ଜୀବେଶ-ଚନ୍ଦ୍ର, ନକ୍ର-କୁମ୍ଭୀର, ହୀରକଚକ୍ର-ହୀରାଚକ୍ର, ତାତସିଦ୍ଧି-ପିତାଙ୍କୁ ଜିଣିବା ପାଇଁ, ରାତ୍ର ବାଳୀ-ରାତ୍ରୀ ରୂପକ ନାରୀ (୨) ବିଭାବରୀ-ରାତ୍ରି, ବରୀ-ବରଣ କରି, ବିଧୁ-ଚନ୍ଦ୍ର, ମହୀ ମହିଳା-ପୃଥିବୀ ରୂପକ ସ୍ତ୍ରୀ, (୩) ବରହୀ- ଅଗ୍ନି, ମୟୂର, ବିରହୀ-କାମୁକ, କାମାତୁର, ସୁଧା-ଚୂନ, ଅମୃତ, ଚତ୍ୱର-ଅଗଣା, ସମୀରଣ-ପବନ, ପୁଂସ-ପୁରୁଷ।

ହାସ ନାସା ଗତି ରୀତି ବଚନ ରମ୍ୟତା ପ୍ରୀତି
ଏକାନ୍ତ ହେବାଦି ଯେତେ କଥା ସୁମରେ।
ସ୍ୱରଭଙ୍ଗ ପ୍ରବଳରେ ଭାଷା କେ ବର୍ଣ୍ଣେ ଉଚ୍ଚରେ
ତଥାପି ବାଳା ଭାବନା ଥାଇ ତହିଁରେ।
ସବର୍ଣ୍ଣାଦି ଶବଦ ଶୁଣି
ସାଧୁ ଶୁକ ଅଇଲେକି ହୁଅଇ ଗୁଣି ।୪।
ଯେମନ୍ତ ଦେଖିଛି ଚିତ୍ରେ ତେମନ୍ତ ଦିଶଇ ନେତ୍ରେ
କେମନ୍ତେ ଲଭିବି ମୂଳ ବିଚାର ଏହି।
ଯେବେ ଏ ଯୁବା ବୟସେ ଦିବ୍ୟରାମା ନାହିଁ ପାଶେ
କି ଲାଭ ତହୁ ନୃପ ସମ୍ପତ୍ତି ଥାଇ।
ଆରତେ ଯେ ଚିନ୍ତିଲା ଶିବ।
ତାକୁ ଦେଖାଅ ନୋହିଲେ ଯାଉ ଏ ଜୀବ।୫।
ତେଣେ ନୃପତିନନ୍ଦିନୀ ରୁଚିରତର ଚାନ୍ଦିନୀ
ରାତ୍ରିରେ ମଣ୍ଡି ଚନ୍ଦ୍ରିନୀ ଚନ୍ଦ୍ରକୁ ଚାହିଁ।
ପଦ୍ମିନୀ ହୋଇ କାତର ଭଜି ମଦନ ବିକାର
କରଇ ଚିତ୍ତେ ବିଚାର ଶ୍ୱାସ ପକାଇ।
ମୋହ ସମ କରମହୀନ
କାହିଁ ପତିସଙ୍ଗ ନାହିଁ ଲଭି ଯୌବନ ।୬।
ସୁବର୍ଣ୍ଣ ସମାନ ନାରୀ ବିନୟା ଟାଙ୍ଗଣା ପରି
ବିରହ ଅନଳେ ହୋଇଥାଇ ଯେ ଦହି
ଭବଜଳଯୁକ୍ତ ଦିଶେ କୋଳ କଷଟିରେ କଷେ
ପରଶ ରସାଣ ପ୍ରୀତି ବାନ ବଢ଼ାଇ।
କମ କରି କରଇ ଭୋଗ
ବଣିକ ଗୁଣିକ ପ୍ରିୟ ବହି ସରାଗ ।୭।

ଶବ୍ଦାର୍ଥ- (୪) ସ୍ୱରଭଂଗ-ଗଳା ବସିଯିବା, ସୁମରେ-ମନେକରେ,ସବର୍ଣ୍ଣ-ଯେଉଁ ଶବ୍ଦରେ ସ ଅକ୍ଷର ପ୍ରଥମେ ଥାଏ। (୫) ଦିବ୍ୟରାମା-ଦିବ୍ୟନାରୀ, (୬) ରୁଚିର ତର-ଅତି ସୁନ୍ଦର, ଚନ୍ଦ୍ରିନୀ-ଚନ୍ଦ୍ରକିରଣ, ପଦ୍ମିନୀ-ଉତ୍କୃଷ୍ଟା ସୁନ୍ଦରୀ, ରସାଣ-ଶାଣଦିଆ, ବାନ-ତେଜ, କମ-ତାରକସି କାମ, ସରାଗ-ସ୍ନେହ। (୭) ଟାଙ୍ଗଣା-ସୋହାଗା

ଦୁର୍ଗା ମୋ ଦୁର୍ଗତି ହର ଏମନ୍ତ ବ୍ୟାକୁଳ ତାର
ହରଉମା ଦୟାକଲେ ସେ ନାରୀ ପୁଂସେ।
ନିଦ୍ରାବଶରେ ସ୍ୱପନ ଦେଖିଲେ ସତ ବିଧାନ
ଏକ ଯୋଗିନୀ ପ୍ରବେଶ କୁମାର ପାଶେ।
କର ଧରି ନିଦ୍ରା ଭାଙ୍ଗିଲା।
ଗଗନମାର୍ଗେ କୁମାରୀ ପୁରକୁ ନେଲା ।୮।
ବୋଇଲା ଲାବଣ୍ୟବତୀ ଅଟଇ ଏହି ଯୁବତୀ
ଚନ୍ଦନୀରେ ଶୋଇଛି ସେ ପଲ୍ୟଙ୍କ ପର।
ସଖୀ ବେଢ଼ି ଚରିପାଶେ ଜ୍ଞାନହୀନ ନିଦ୍ରାବଶେ
ମନାଇ ପାରିଲେ ଭୋଗ କର ନାଗର।
ଏତେ କହି ହେଲା ଅନ୍ତର
ଶୋଭା ଚହିଁ ଲୋଭା ହୋଇ ଉଭା କୁମର ।୯।
ମନେ ପାଞ୍ଚେ ମଞ୍ଚେ ଜାତ କାହିଁକି ଏ ଅଦଭୁତ
ଏବେ ଜାଣିଲି ମୋହର ନୟନ ଭାଗ୍ୟେ।
ଏ ବର୍ଣ୍ଣ ସୁବର୍ଣ୍ଣକମ ହୁଅନ୍ତା କି ତାରତମ
ଭିନ୍ନ ଜାଣି ହେଲା ସିନା ରତନ ଯୋଗେ।
ହରଷ ଏମନ୍ତ ସ୍ୱରୂପ
ଏତେକାଳ ଯାଏ ହୋଇଥିଲା ଏ ଗୋପ୍ୟ ।୧୦।
ଏକା ଏ ନୋହେ ହରଷ ପୁଣି ମିଶିଛି ସରସ
ମିଳିଛି ଶୋଭା ବିଶେଷ ଦୀପ୍ତିକି ଘେନି।
ସୁବାସ ମନ୍ଦିର ଏହି ଦିଶୁଅଛି ବ୍ୟକ୍ତ ହୋଇ
ବହିଲା ସୁକୃତ କରିଥିଲା ଅବନୀ।
ଭାବ ହାବଲୀଳା ପ୍ରସନ୍ନ
ହୁଅନ୍ତି ଯାହା ପ୍ରସାଦେ ସେ କି ସମାନ ।୧୧।
ଅଣିମାଦି ସୁଖଦାୟୀ ଶୋଇଅଛି ଅଣିଆଇଁ
ପଲ୍ୟଙ୍କ ଅଙ୍କରେ ଦିଶେ ଏମନ୍ତ ଶୋଭା

ଶବ୍ଦାର୍ଥ- (୮) ସତବିଧାନ- ସତ ଘଟଣା, (୧୦)ସୁବର୍ଣ୍ଣକମ-ସୁନାର ଶିଳ୍ପ କାମ, ଗୋପ୍ୟ-ଗୁପ୍ତରେ, (୧୧) ଦୀପ୍ତି-ଶୋଭା, ହାବ-ଶୃଙ୍ଗାର ଜନିତ ବିଳାସ

ରସାଣ ରଜତବାଡ଼େ   କନକଲତା କି ଜଡ଼େ
ବିଶଦ ଘନରେ କି ସେ ଚପଳା ପ୍ରଭା।
ବାମାକର କପୋଳତଳ
କେନ୍ଦୁ ପଲ୍ଲବେ ଥୁଆ କି ଫୁଲ କମଳ ।୧୨।
ବୁଜିବାରୁ ଶୋଭାନେତ୍ର   କି ନୀଳେନ୍ଦ୍ରୀ ବରପତ୍ର
ଓଲଟାଇ ଦର୍ପଣେ ଥୋଇଛି କୁତୁକେ।
କି ଅବା ଖଞ୍ଜନ ଯୁଗ   ନିଶ୍ଚଳ ହେବାରୁ ଯୋଗ
ଅଞ୍ଜନ ଅଠା କାଠିରେ ଏକାବେଳକେ।
ମୀନରାଶି ଉଦୟ ଆସି
ମୃଗାଙ୍କ ଅଙ୍କରେ ହେଲା ପରାୟ ଦିଶି ।୧୩।
ବାମା ବାମଦେବ ଦୁଇ   ଯେଣୁ ତ୍ରିପୁର ବିଜୟୀ
ଦ୍ୱନ୍ଦ୍ୱକରି ପୂର୍ଣ୍ଣଚନ୍ଦ୍ର ଦ୍ୱିଭାଗ କଲେ।
ଖଣ୍ଡେ ଖଣ୍ଡେ ଭାଲ ଦେଶେ   କୀରତି ପ୍ରକାଶ ଆଶେ
ନିଶ୍ଚେ ପ୍ରମୋଦ ମାନସେ ଆଣି ବହିଲେ।
ଘେନିଅଛି ଚନ୍ଦନପାଟୀ
ଲୋକନେ ଏହି ଉପମା ମନେ ପ୍ରକଟି ।୧୪।
ଝିଲି ମିଲି ମାଳି ପାନ   ପତ୍ରିରେ ଅତି ଶୋଭନ
ମାର ମଙ୍ଗଳ ପଲ୍ଲବ ତୋରଣ ପରା।
କତୁରା କୁରୁଳୀ ଝଳି   ବାତେଚଳେ ଅଳିଆଳି
ପକ୍ଷ ଚଳି କିବା ଉଡ଼ିଯିବାକୁ ତ୍ୱରା।
ମୁକୁତା ସୀମନ୍ତ ଉପରେ
କାଳିନ୍ଦୀ ମଧ୍ୟେ କି ବହେ ଜାହ୍ନବୀ ଧାରେ ।୧୫।

---

(୧୨) ଅଣିମା-ଅଷ୍ଟ ଐଶ୍ୱର୍ଯ୍ୟ, ଅଙ୍କ-କୋଳ, ରସାଣ-ଅତି ଉଜ୍ଜ୍ୱଳ, ରଜତବାଡ଼-ରୁପାବାଡ଼, କନକଲତା-ସୁବର୍ଣ୍ଣଲତା, ବିଶଦ-ନିର୍ମଳ, ଘନ-ମେଘ, ଚପଳପ୍ରଭା-ବିଜୁଳି ତେଜ, କେନ୍ଦୁପଲ୍ଲବ-କଅଁଳିଆ କେନ୍ଦୁପତ୍ର, କମଳ-ପଦ୍ମ, (୧୩) ନୀଳେନ୍ଦ୍ରିବରପତ୍ର-ନୀଳକଇଁ ପାଖୁଡ଼ା, କୁତୁକେ-କୌତୁକରେ, ମୃଗାଙ୍କ-ଚନ୍ଦ୍ର, ଅଙ୍କ-ଦେହ, ଚିହ୍ନ, (୧୪) ବାମଦେବ-ଶିବ, କୀରତି-କୀର୍ତ୍ତି, ଚନ୍ଦନପାଟୀ-ଚନ୍ଦନଚିତା ଧାଡ଼ି, ପ୍ରକଟି-ପ୍ରକାଶି, (୧୫) ମାର-କନ୍ଦର୍ପ, ପଲ୍ଲବ-କଅଁଳ ପତ୍ର, କୁରୁଳୀ-ଚୂର୍ଣ୍ଣକୁନ୍ତଳ, ଅଳିଆଳି-ଭ୍ରମର ପନ୍ତି, ସୀମନ୍ତ-ସୁନ୍ଥା, କେଶବୀଥି।

ଶ୍ରଦ୍ଧାରୁ କରିଛି ଯୋଷା   ଚୂର୍ଣ୍ଣ ଚିକୁରକୁ ଖୋଷା
ଦିଶୁଛି ଯତ୍ନ ଚଉଁରୀ ରତ୍ନ ଭଉଁରୀ।
କେତୁମୁଣ୍ଡ ତୁଣ୍ଡେ ପଶି   ଗଲାଣି ଶରଦଶଶୀ
କେବଳ କିରଣ ଦିଶୁଅଛି ମାଧୁରୀ।
ଆଡ଼ଖୋଷା କୁସୁମ ତୋରା
ହାହାକାର ପରି ରୁଣ୍ଡୀଭୂତ କି ତାରା ।୧୬।
ଗଣ୍ଡଖଣ୍ଡ ପରେ ପଦ୍ମ-   ରାଗତାଟଙ୍କର ସଦ୍ମ
ଚନ୍ଦ୍ରଠାରେ ସାନ୍ଦ୍ର ସ୍ନେହୀ ଆରଦ୍ରା କି ସେ।
କରେ ବିପରୀତ ରତି   ସେପରି ହୋଏ ପ୍ରତୀତି
ମିଶି ଶଶୀ ଜ୍ୟୋତି ଆସି ଫୁଲେ କି ଦିଶେ।
ଜଣାଉଛି ରସିକା କର୍ଣ୍ଣ
ତୋ ଶୋଭା ଯଶ ହେଲାଣି ମହୀରେ ପୂର୍ଣ୍ଣ ।୧୭।
ଅଛି ବଜ୍ରମଲ୍ଲୀ କଢ଼ି   ବିଧାତା କି ବଜ୍ରେ ଗଢ଼ି
ସୁନ୍ଦରୀ ସଂସାର ଇନ୍ଦ୍ର କରି ଦେଇଛି।
ଧଇର୍ଯ୍ୟ ବୃତ୍ରଅସୁର   ନାଶ କରିଣ ଏଥିର
ଥିରଗମନା କି ଥିର ହୋଇ ରହିଛି।
କହୁଛି ଝଲକା ଝଲକ
ମୁହିଁ ରଖିନାହିଁ ସୁର ନେତ୍ର ପଲକ ।୧୮।
ପାନ କଲ ପୂରି ତୁଣ୍ଡେ   ଫୁଟି ଦିଶୁଅଛି ଗଣ୍ଡେ
ମୁକୁରେ ଜବାକୁସୁମ ପ୍ରତିବିମ୍ବେ କି।
ଶ୍ୱାସବଶେ ଫୁଲେ ଘୋଣା   ତହିଁ ଲୀଳା ନାକଚଣା
ଉତ୍‌ଫୁଲ୍ଲ ତିଳଫୁଲକୁ ଭୃଙ୍ଗ ଚୁମ୍ବେ କି।
ଥୋପି ପଡ଼େ ରଙ୍ଗ ଅଧର
ଭସ୍ମହୀନ ପକ୍ୱବିମ୍ବେ ମନ ନ ଧରେ।୧୯।

ଶବ୍ଦାର୍ଥ- (୧୬) ଯୋଷା-ବାଳା, ଚୂର୍ଣ୍ଣ-ଚିକୁର-ଚୁନା ଚୁନା ବାଳ, କେତୁମୁଣ୍ଡ ତୁଣ୍ଡେ-ରାହୁପାଟିରେ, ଶରଦ ଶଶୀ-ଶରତକାଳୀନ ଜହ୍ନ, (୧୭) ତାଟଙ୍କ-କର୍ଣ୍ଣ ଅଳଙ୍କାର, ଶଶୀ-ଜହ୍ନ, ସଦ୍ମ-ବାସସ୍ଥାନ, ସାନ୍ଦ୍ର-ନିବିଡ଼, ପ୍ରତୀତି-ବିଶ୍ୱାସ, (୧୮) ସୁର-ଦେବତା, (୧୯) ମୁକୁର-ଦର୍ପଣ, ଜବାକୁସୁମ-ରକ୍ତ ମନ୍ଦାର, ଗଣ୍ଡେ-ଗାଲରେ, ପକ୍ୱବିମ୍ବେ-ପାଚିଲା କଇଁଚି କାକୁଡ଼ି।

ଦମ୍ଭ ଉଦଧି ମନ୍ଥନ ଅଚଳସ୍ତନ ଚନ୍ଦନ
ଲେପନ ହୋଇ ଶୋଭନ ବସନ ଗଳି।
ସୁଧାକୋଷ ବେନି ଆଣି ଢାଙ୍କି କି କାଚ ଢାଙ୍କୁଣୀ
ଭାଳି ଦାୟିତ୍ୱ ଭୋଗକୁ ରଖିଛି ବାଳୀ।
ସ୍ଫଟିକ ପ୍ରାସାଦ ସଦୃଶୀ
ନବଘନ କାନ୍ତି ଅଛି ତହିଁରେ ମିଶି ।୨୦।
ଯାଉଁଳି ତାଡ଼ ସଜାଡ଼ି କାଳିଆରୀ ଶଙ୍ଖଚୁଡ଼ି
ସୁପ୍ରୀତିରେ ଘେନିବାରୁ କାନ୍ତି ଅଧିକା।
ସ୍କୀଚେ ନୀଚେ କରସ୍ଥିତି ନଖେ ମଞ୍ଜୁଆତି
ଚିତ୍ରିତ ହୋଇଛି ପୁଣି ଚାନ୍ଦ ତାରକା।
ତୁମ୍ବୀ ଦଣ୍ଡସାର ଭିଆଇ
ବୀଣାହେବ ଗୁଣ ଆଣି ଯାଉଛି ବହି ।୨୧।
ଦରଶନେ ରୋମରାଜି ଦଣ୍ଡେ ସଂଶୟ ଉପୁଜି
କରି ନାହିଁ ବେଣୀ ଫୁଟି ଦିଶୁଛି କିସ।
ରହିଁ କଚ୍ଛପ ଜଘନ ଭାଜିଲା ସନ୍ଦେହମାନ
ଏ ତାହା ବନ୍ଧନ ରଜ୍ଜୁ କଲା ମାନସ।
ଉରୁ ଦେଖି ଦୂରୁଁ ସେ ଲୋଭୀ
ମାଂସଳ ଗଉର ପକ୍ୱ ଚୂତ କି ଶୋଭି ।୨୨।
ଶାଢ଼ିଧାଢ଼ୀ ପଡ଼ି ଜଡ଼ି ନିବିଡ଼େ ନୀବୀ ନିବାଡ଼ି
ଅଛି କେତେ ଛନ୍ଦେ ଭିଡ଼ି ବିବେକ ଭଳି।
କବିଦମ୍ଭ ଭୂବିଧର ପବିଛବି ମନୋହର
ଚିତ୍ତ ମତ୍ତ ଦ୍ୱିରଦ ବନ୍ଧନ ଶିକୁଳି।
ଉପମା ବୁଡ଼ାଇବ କୂଟେ
ଶୋଭାନଦୀକି ଭଉଁରୀ ଦେଇ ପ୍ରକଟେ ।୨୩।

ଶବ୍ଦାର୍ଥ-(୨୦)ଉଦଧି-ସମୁଦ୍ର, ଅଚଳସ୍ତନ-ପର୍ବତ ରୂପକ ସ୍ତନ, ସୁଧାକୋଷ-ଅମୃତ ଭଣ୍ଡାର ତୁଲ୍ୟ ସ୍ତନଦ୍ୱୟ, ନବଘନ-ନୂଆମେଘ, କାନ୍ତି-ତେଜ,(୨୧)କଳିଆରୀ-ହାତଖଡ଼ୁ, ସ୍କୀଚେନୀଚେ-ପିଚା ତଳରେ, କରସ୍ଥିତି-ଟିପଚିହ୍ନ, ତୁମ୍ବୀ-ଲାଉ ତୁମ୍ବା,(୨୧)ଦଣ୍ଡସାର-ଶ୍ରେଷ୍ଠଦନ୍ତ,(୨୨)କଚ୍ଛପ ଜଘନ-କଚ୍ଛପୃଷ୍ଠ ସମାନଜଙ୍ଘ,ଉରୁ-ଜଙ୍ଘ, ଚୂତ-ଆମ୍ବ,(୨୩) ନିବିଡ଼େ-ଦୃଢ଼ରେ, ନୀବୀ-କଛା, ନିବାଡ଼ି-ଟାଣି କରି, ଭୂବିଧର-ପର୍ବତ, ପବି-ବଜ୍ର, ଦ୍ୱିରଦ-ହାତୀ।

ନିତମ୍ବ ନିଗମ ସ୍ଥାନ ପାଶ ପାତିଛି ମଦନ
ଧରିବାକୁ ଅକ୍ଷି ପକ୍ଷୀ କରି ମମତା।
କଲେ କି ନୟନ ମନ ନୀବୀରେ ତାର ସଦନ
ହେଲେ ସେ ନୀବୀ ସଦନ ଏ ସଂଶୟ ତା।
ଅବକାଶ ରଖିଲା ନାହିଁ
ଆଉ ଶୋଭା ଦେଖିବାକୁ ଉଛନ୍ନ ଯହିଁ ।୨୪।
ଭଜୁ ନ ଭଜୁ ବାନ୍ଧବୀ ଆଗ ମୁଁ ନିଦ୍ରା ଭାଙ୍ଗିବି
ତନୁ ହେଲେ ଛୁଇଁଥିବି ଏ ବଡ଼ ଲାଭ।
ଯେ ପାରେ ବାଳା ମନାଇଁ ନିଶ୍ଚେ ମର୍ତ୍ତ୍ୟେ ଇନ୍ଦ୍ର ସେହି
ମନରେ ଭାବନା କରି ପରମ ଶୁଭ।
ଜାନୁ ଧରି ଦେଲା ଝୁଲାଇ
ପୁଂସ କର ଲାଗି ନିଦ୍ରା ବିନାଶ ହୋଇ ।୨୫।
ଉଠି ଭାଙ୍ଗନ୍ତେ ଅଳସ କି ଶୋଭା କୁଚକଳସ
ଟେକି ହୋଏ କି ମେରୁକି ଜିଣିବା ଗର୍ବେ।
ଊର୍ଦ୍ଧ୍ୱେଛନ୍ଦି କର ବେନି ଶୋଭା ଲପନକୁ ଘେନି
ଚନ୍ଦ୍ରେ କି ବିଦ୍ୟୁପରିଧି ହୋଇଲା ଏବେ।
ମୁଖ ଜୃମ୍ଭାବଶେ ରାଜିତ
ଦରବିକଶିତ କୋନଦ ଯେବନ୍ତ ।୨୬।
ନୟନେ ଚଞ୍ଚଳ ମିଶେ ଗଣବଣା ଏଣୀ କି ସେ
ଶର ପ୍ରାୟ ଯାଇ ପୁଂସ ଲାଖେ ପଡ଼ିଲା।
ସେ ସୁନ୍ଦର ପାରାବାର ରସରତନ ଆକର
ମୀନପ୍ରାୟ ହୋଇ ତହିଁ ବେଗେ ବୁଡ଼ିଲା।
ଲାଜେ ମୁଖ ନୁଆଇଁ ଘନେ
ସମ୍ଭାବନା କଲା ପ୍ରାୟ ଉଠିଲା ଛନ୍ନେ ।୨୭।

ଶବ୍ଦାର୍ଥ- (୨୪) ନିତମ୍ବ-ପିଚ୍ଛ, କଟୀ ପଛ ଭାଗ, ନିଗମ-ଦୁର୍ଗମ, ନୀବୀ-କଛା, (୨୬) ଶୋଭା ଲପନ-ସୁନ୍ଦର ମୁଖ, ବିଦ୍ୟୁପରିଧି-ମଣ୍ଡକାଳର ବିଜୁଳି, ଜୃମ୍ଭା- ହାଇ ମାରିବା, ରାଜିତ-ଶୋଭିତ, ଦର ବିକଶିତ-ଅର୍ଦ୍ଧ ପ୍ରସ୍ଫୁଟିତ, କୋକନଦ-ରକ୍ତକଇଁ, (୨୭) ଗଣବଣା-ପଲଛଡ଼ା, ଏଣୀ-ମୃଗ, ପାରାବାର-ସମୁଦ୍ର, ଆକର-ଖଣି, ଘନେ-ବେଗରେ, ସମ୍ଭାବନା-ଆଦର।

ଭାଳୁଛି ନୁହଇ ମାର ନାହିଁ ଫୁଲ ଧନୁ ଶର
ସୁଧାକର ନୋହେ ତହିଁ କଳଙ୍କ ଅଛି।
ଆଉ ଦେବତାମାନଙ୍କୁ କିମ୍ପା ଆଣିବା ମନକୁ
ମୋହରି ସୁକୃତୁଁ ଏ ପୁରୁଷ ହୋଇଛି।
ମୋର ପୁଣି ସୁକୃତ କେତେ
ଏମନ୍ତ ଶୋଭା ହେବାରୁ ଜାତ ଜଗତେ ।୨୮।
ନିକଟେ ଗୋକୁଳେ ହରି ମୋହନ ରୂପକୁ ଧରି
ଥିଲେ ନାଶ କରିଛନ୍ତି ଅବନୀଭାର।
ଏତେବେଗେ ଅବତାର କିମ୍ପା ହୋଇବ ତାଙ୍କର
କି ମୂର୍ତ୍ତିମନ୍ତ ଉପମା ଦ୍ରବ୍ୟଙ୍କ ସାର।
ଏ ରୂପେ ବିଚାରୁଁ ସୁକେଶୀ
କ୍ଷୀର ନୀର ପ୍ରାୟ ମନ ପୁରୁଷେ ମିଶି ।୨୯।
ଏକାଳେ କର କୋରକ କରି ତରୁଣତିଳକ
ବୋଇଲା ହେ ଜୀବେଶ୍ୱରୀ ବିନୟ ଘେନ।
ଚରଣେ ଅଳତା ପରି ପଛେ ପଛେ ଛାଇପରି
ଅନୁସରି ଥିବାକୁ ମୋ ହେଉଛି ମନ।
ମୋତେ ଦିଅ ବସନ ଭାଗ୍ୟ
ହେଲିଣି ସବୁମତେ କୃତାର୍ଥ ଯୋଗ୍ୟ ।୩୦।
ଯେବେ ମୋର ଭାଗ୍ୟ ନାହିଁ ତୋତେ କି ପାରନ୍ତି ଚାହିଁ
ବିଶେଷତ ତନୁ ଛୁଇଁ ଏ କଥା ଭାବ।
ମୋ ମତେ ମୁଁ ତୋ ସେବକ ହେଲିଣି କାମପାବକ
ଜାଳିଲେ ଏହି ଅଯଶ କାହାକୁ ହେବ।
ବିନୟ ପ୍ରଶଂସାକୁ ବାଣୀ
ନାହିଁ ମୁଁ କି କହିବି ତୁ ଦୟାଳୁମଣି ।୩୧।
ମିଥ୍ୟା ନୋହେ ନିଦ୍ରାବ୍ୟାଜେ ନେତ୍ର ଯମଦାଢ଼କୁ ଯେ
ରଖିଥିଲୁଁ ପକ୍ଷ୍ମକୋଷ୍ଠୁ କରି ବାହାର।

ଶବ୍ଦାର୍ଥ- (୨୮) ମାର-କନ୍ଦର୍ପ, ସୁଧାକର-ଚନ୍ଦ୍ର, (୨୯) ଅବନୀ-ପୃଥିବୀ, (୩୦) କୋରକ-ଯୋଡ଼ହସ୍ତ, ତରୁଣ ତିଳକ-ତରୁଣ ଶ୍ରେଷ୍ଠ, ବସନ-ସ୍ଥାନ, ବସ୍ତ୍ର।

ହୃଦରେ ମାରି ଓଟାରି ଘେନିଗଲୁ ଝଟ କରି
ଦେଖ ମୁକୁରେ ରୁଧିରେ ହୋଏ ଜର୍ଜର।
ହାସ ଔଷଧିଶ ପ୍ରକାଶ
ନକଲେ ନବୀନା ଗଲି ସିନା ବିନାଶ ।୩୨।
ସେ ରମଣୀ ଚନ୍ଦ୍ରମଣି ହୋଇଲା ଏମନ୍ତ ମଣି
ଚାଟୁଚନ୍ଦ୍ରେ ଦ୍ରବୀଭୂତ କଲା ନାଗର।
ହାସ କରିଲା ପରାୟ ଶ୍ରୀମୁଖ ପ୍ରସନ୍ନ ହୋଏ।
ହେଲା ଜାଣି ବକ୍ର ନେତ୍ରେ ତା ସୀଉକାର।
କରଧରି ଶିରେ ଲଗାଇ
କୋଳ କରି ସୁରସିକ ପଲ୍ୟଙ୍କେ ନେଇ ।୩୩।
ବସି ବସାଇଲା କୋଳେ ଲପନ ଚୁମ୍ବିବାବେଳେ
ଜେମା କରେ ଦେଲା ବେଗେ ରତନମୁଦି।
ଜେମା କାଢ଼ି ମୋତିମାଳା ଲମ୍ବାଇଲା ପୁଂସଗଳା
ପରସ୍ପର ବରଣେ ହୋଇଲେ ପ୍ରମୋଦୀ।
ସେ କାଳକୁ ଅସ୍ତ ଚନ୍ଦ୍ରମା
କୁମାର ସ୍ୱରୂପ ବାଢ଼େ ଲେଖି ପ୍ରତିମା ।୩୪।
ଦେବୀ ଯେ ମାୟା ହରିଲା ବୀରକୁ ସ୍ୱ-ପୁରେ ନେଲା
ରଜନୀ ବିନାଶ ନିଦ୍ରା ସେକାଳେ ହତ।
ବଜ୍ର କିମ୍ବା ନ ପଡ଼ିଲା ଏ ଦଣ୍ଡ କାହିଁକି ହେଲା
ପିଶୁନ ଧାତା କି କଲା ଦାରୁଣ କୃତ।
ରାମ ବୋଲି ବିସ୍ମୟ ହୋଇ
ଉପଇନ୍ଦ୍ର ବୀରବର ଏ ରସ କହି ।୩୫।

■

ଶବ୍ଦାର୍ଥ- (୩୨) ନିଦ୍ରା ବ୍ୟାଜେ- ନିଦ୍ରା ଛଳେ, ଯମଦାଢ଼-ଅସ୍ତ୍ରବିଶେଷ, ପକ୍ଷ୍ମକୋଷ-ପକ୍ଷ୍ମରୂପକ ଶସ୍ତ୍ର ରଖିବା କୋଷ, ମୁକୁରେ-ଦର୍ପଣରେ, ଔଷଧୀଶ-ଚନ୍ଦ୍ର, (୩୩) ଚାଟୁଚନ୍ଦ୍ର-ଚାଟୁରୂପ ଶୀତଳ ବଚନ, ସୀଉକାର-ସ୍ୱୀକାର, ଦ୍ରବୀଭୂତ-ଦ୍ରବିଯିବା, (୩୪) ଲପନ-ମୁଖ, ପ୍ରମୋଦି-ଆନନ୍ଦିତ ହେବା, ମଣି-ମନେକରି, ଚନ୍ଦ୍ର-କର୍ପୂର, (୩୫) ପିଶୁନ-ନିଷ୍ଠୁର।

ଦ୍ୱାଦଶ ଛାନ୍ଦ

ଲାବଣ୍ୟବତୀର ମନସ୍ତାପ ଓ ଖେଦ

(ରାଗ- କଉଶିକ)

ଚେତି ଚତୁରୀ ଚହିଁଲା ନିଶି ନାଶେ ପାଶେ ନାହିଁ ଦିବ୍ୟ ତରୁଣ।
ମାରି ହୃଦେ ହାତ ନାଥ ନାଥ ବୋଲି ଅତି ଉଚ୍ଚେ କଲା କାରୁଣ୍ୟ।
ଖୋଜେ ଅଧୀରେ, ଚେତନା ହତ ସେ ବିଧିରେ।
ଶେଯ ଲେଉଟାଇ କବରୀ ଫିଟାଇ କର ଭରି କୁଚ ସନ୍ଧିରେ ।୧।
ପୁଣି ବୋଲଇ ହେ ଜାଣି ମୁଁ ନଥିଲି ଦଇବ ତୁ ଏଡ଼େ ଦାରୁଣ।
କ୍ଷୁଧାତୁରକୁ ସୁଧା ତୁଲ୍ୟ ଭୋଜନ ପରଶିଲୁ କେଉଁ କାରଣ।
ଭୁଞ୍ଜି ବସିବା, ବେଳେ କୁଳିଶ ବୃଷ୍ଟି କଲୁ।
ଯେବେ କଲୁ ତେବେ ପରାଣ ନ ନେଲୁ ଏଡ଼େ ବ୍ୟାକୁଳ କିମ୍ପା ଦେଲୁ ।୨।
ଏ ବାଣୀ ଶ୍ରବଣେ ଶୁଣି ସଖୀଗଣେ ପଚାରିଲେ ଏ କି ବିଷୟ।
ତାରତରଳ ନୟନରେ ସରଳ ହୃଦୟା ପୂରାଇଛୁ ଲୁହ।
ବାଳୀ ରତନ, ବାଳିଶ ପରାୟ ହୋଇଲୁ।
ପୁରୁଷପଦ ଦିବାକର ଅଗମ୍ୟ ପୁରେ କାହୁଁ ପ୍ରିୟ ପାଇଲୁ ।୩।
ବୋଲେ ନାଗରୀ ସାଗରେ ସ୍ନାନ କରି ଯେମନ୍ତେ ତୃଷ୍ଣା ନ ତୁଟିଲା।
କଳ୍ପ ତରୁରେ ଫଳ ନାହିଁ ଯେମନ୍ତେ ତେମନ୍ତେ ଦଶା ତ ଘଟିଲା।
ଦିବ୍ୟ ପୁରୁଷେ, ତ ଆସି ରସି ବସି ମୋ ପାଶେ।
ଅଙ୍ଗେ ଅଙ୍ଗମେଳେ ରସ ଜାତବେଳେ ବିଚ୍ଛେଦ ହୋଇଲେ କି ଦୋଷେ ।୪।
ଆଳି ଭାଳିଲେ ଚନ୍ଦନ ମହୀରୁହ ପରାୟ ଏହି ଅନ୍ତଃପୁର।
ଉରଗ କଞ୍ଚୁକେ ବେଷ୍ଟିତ ହେବାରେ ରାତ୍ରି ଦିବସେ ଭୟଙ୍କର।
ଅଛି ତହିଁରେ, ପବନର ମାତ୍ର ସ୍ପରଶ।
ଏ କେଉଁ ଦେବରେ ଗମ୍ୟ ହୋଇଥିବ ଭେଦିତ ନ ଥିବ ମନୁଷ୍ୟ ।୫।

ଶବ୍ଦାର୍ଥ- (୧) ଚେତି-ଚେତନା ପାଇ, କୁଚ-ସ୍ତନ, କବରୀ-ବାଳ, (୨) କୁଳିଶ-ବଜ୍ର, (୩) ବାଳିଶ-ଅଜ୍ଞ, (୫) ଆଳି-ସଖୀ, ଉରଗ-ସାପ, କଞ୍ଚୁକ-ସାପକାତି, ମହୀରୁହ-ବୃକ୍ଷ, ସ୍ପରଶ-ସ୍ପର୍ଶ (ଛୁଇଁବା)।

ଜେମାକୁ ପୁଚ୍ଛିଲେ ତାଣ୍ଡବ ଚିତ୍ରକୁ ଦେଖିଛୁ ତ ଶିବ ସଦନେ।
ତହିଁ କେଉଁ ଦେବେ ବଶ ହେଲୁ ଏବେ କି ଅବା ରହିଲୁ ମଦନେ।
ଶୁଣି ସୁନ୍ଦରୀ, ଶିର କମ୍ପାଇ କଲା ନାହିଁ।
ଧାତ୍ରୀ ପୁତ୍ରୀ ମନ୍ତ୍ରୀ ସୁତାକୁ ପଚରିଲା ସ୍ୱପନରେ ଭୁଲି କିମ୍ପାଇ ।୬।
ଚିକୁର ଶୋଭି ମୁକୁର ପ୍ରତିବିମ୍ବ ଆଲିଙ୍ଗନେ ଯେବେ ଆସିବ।
ମୃଗତୃଷ୍ଣା ଜଳ ତୃଷ୍ଣାକୁ ନାଶିବ ସ୍ୱପ୍ନ ତେବେ ସତ ଦିଶିବ।
କହେ ସଚିବ, ସୁତା ସବୁ ବଡ଼ ଦଇବ।
କାହା ମନେ ଥିଲା ଅଗାଧ ସମୁଦ୍ର ଚଳୁ ଭିତରେ ସମ୍ପାଇବ ।୭।
ସେ ପୁଣି ବୋଇଲା ସେ କଥା ସେ ରୂପେ ଏ କଥା କୁଜ୍‌ଝଟିପ୍ଳବନ।
ପବନକୁ ଫାଶ ପାତି ବସିଥିଲେ ସେ କାହିଁ ହୋଇବ ବନ୍ଧନ।
ପୁଣି ସେ କହେ, ଉଷା ଅନିରୁଦ୍ଧ କେମନ୍ତ।
ସେ ବୋଲେ ସେତ ଯଦୁପରେ ସେ ଥିଲା ଜାଣିଲେ ଏ କାହୁଁ ସମ୍ଭୂତ ।୮।
ପରିମଳା ନାମେ ସଜନୀ ବୋଇଲା ଜେମାକୁ ଅନାଇଁ ମହୀକି।
ଆଖି ଥାଉଁ ଦେଖି ନ ପାର ସଙ୍କେତ ଭୋଳ ହୁଅ ନାହିଁ ପାଇଁକି।
ନୋହେ ସ୍ୱପନ, ସତ ଚହିଁ କିନା ବାଳାକୁ।
କେଉଁ ଦେବୀର ଏ ମାୟା ହେଲେ ହେବ ଲଭିଛି ବଲ୍ଲଭ ଲୀଳାକୁ ।୯।
ଗଣ୍ଡମଣ୍ଡଳ ପାଟଳ ଚୁମ୍ବିବାରେ ତାମ୍ବୁଳବୋଳେ ତ ଲାଗିଛି।
ପାନବଶରେ ରଦବାସ ବିଶେଷ ଶୋଭା ଦନ୍ତ କ୍ଷତେ ହୋଇଛି।
ଚନ୍ଦ୍ର ଚନ୍ଦନ, ଠାବେ ଠାବେ ଅଙ୍ଗେ ଜଡ଼ିଛି।
କାମକାତରେ ଭିଡ଼ିଛି ତରତରେ କଙ୍କଣ ପଦରେ ପୀଡ଼ିଛି ।୧୦।
ଛୁଇଁବା ବେଳରେ ଶ୍ରୀଅଙ୍ଗ ଜେମାର ଦେଇଥିବ ସିନା ଆଦରେ।
ଯେଉଁ ମୁଦ୍ରିକା ଅନାମିକାମଣ୍ଡନ କେହି ଦେଖିଛ କିଏ ପୁରେ।
ଯହୁଁ ଦେଖାଇ, ଏ ରୂପେ ସଙ୍କେତ ନିକର।
ଏ କାଳେ ଚହିଁ ବୋଲେ ବାଡ଼କୁ ସେ ପରା ଏ ଚିତ୍ର ସୁନ୍ଦର।୧୧।

ଶବ୍ଦାର୍ଥ- (୬) ତାଣ୍ଡବ-ଶିବଙ୍କ ନୃତ୍ୟ, ସଦନ-ଘର, ମଦନ-କନ୍ଦର୍ପ, ଧାତ୍ରୀପୁତ୍ରୀ-ଦାସୀ କନ୍ୟା, (୭) ଚିକୁର-କେଶ, ସଚିବ-ମନ୍ତ୍ରୀ, (୮) କୁଜଝଟି-କୁହୁଡ଼ି, ପ୍ଳବନ-ପହଁରିବା, (୯) ବଲ୍ଲଭ-ସ୍ୱାମୀ, (୧୦) ଗଣ୍ଡମଣ୍ଡଳ-ଗାଲ ଦେଶ, ପାଟଳ-ରକ୍ତବର୍ଣ୍ଣ, ପାନବଶରେ-ପାନ ଯୋଗୁଁ, ରଦବାସ-ଓଷ୍ଠ, ଚନ୍ଦ୍ର-କର୍ପୂର, ପୀଡ଼ିଛି-କଙ୍କଣ ଦାଗ ଗୋଡ଼ରେ ରହିଛି, (୧୧) ଅନାମିକା-କାଣି ଆଙ୍ଗୁଠି, ନିକର-ସମୂହ।

ଉପମା ସୃଷ୍ଟି ସୃଷ୍ଟି କରି ବିମ୍ବୋଷ୍ଠୀ ଦୁର୍ଲଭ ବଲ୍ଲଭ ରୂପକୁ
ଦେଖି ଭାଳିଲେ ପରମେଷ୍ଠୀ ଗୋଟିଏ କଲା କୋଟିଏ କନ୍ଦର୍ପକୁ ।
ସର୍ବ ଜନନୀ, ଅନିମିଷ ହୋଇ ରହିଲେ ।
ନୋହିଲେ କାହିଁକି ଜଗତମୋହିନୀ ମନକୁ ମୋହିଲା କହିଲେ ।୧୨।
ପ୍ରବୋଧ କଲେ ଏ ବିଧିରେ ସଧୀରେ ବୁଦ୍ଧିରେ ଦେଖାଇ ପ୍ରମାଣ ।
ପୁରୁଷ ପଦେ ଏହାକୁ ସ୍ତିରୀପଦେ ତୋତେ ଧାତା କଲା ନିର୍ମାଣ ।
ଆଉ ଆନରେ, ସଙ୍ଗତି କାହୁଁ ଭିଆଇବ ।
ତୁଳାପାତ୍ରେ ଊଣା ଅଧିକ ପଦାର୍ଥ ପଡ଼ିଲେ କି ସମେ ରହିବ ।୧୩।
ଏତେ କହି ଦେଲେ ନୀତିକି ବଢ଼ାଇ ସେ ଦିନୁ ବିହିଲା କ୍ଷୀଣକୁ ।
ସ୍ୱପନସଙ୍ଗ ପ୍ରସଙ୍ଗ ଚିନ୍ତି ଚିତ୍ର ଚାହିଁ ହରୁଥାଏ ଦିନକୁ ।
ବିଦା ହେବାକୁ, ଶରଧା ହୋଏ ଏହି ଭାବି ।
ପୁଣି ସେ ପୁରୁଷ ପାଶକୁ ଅଇଲେ ଅଞ୍ଚଳେ ଅଞ୍ଚଳ ବାନ୍ଧିବି ।୧୪।
ବିରହ ଅଧିକ ଧିକ କଲା ବେଶ ହାରା ଭାରାଧରା ଶୟନ ।
ଅପଘନେ ଘର କଲା ସ୍ମରଜ୍ୱର ନୀର ପୂର ହେଲା ନୟନ ।
ମହା ଆକୁଳ, ଜନିତ ହୋଇଲା ନିରତେ ।
ସ୍ତୋକ ସ୍ତୋକ କରି ତନୁକୁ କାଟିଲା ମଦନ ବସାଇ କରତେ ।୧୫।
ବୋଲଇ ସଖୀରେ ବିଚିତ୍ର ନାଗର ସ୍ନେହସାଗରରେ ମଜ୍ଜିଲି ।
ଅବଶ୍ୟ ଲଭିବି ଭାବରତନକୁ ଏମନ୍ତ ଚିତ୍ତରେ ହେଜିଲି ।
ଏତେ ବେଳକୁ, ଜୀବନ ଆଶାକୁ ତେଜିଲି ।
କାମେ ଭ୍ରମେ ପଡ଼ି କରମବଶରେ ସ୍ଥଳ ନପାଇ ମୁଁ ବୁଡ଼ିଲି ।୧୬।
ଯିବାକୁ ଜୀବ ଶୋଚନା ହେଉ ନାହିଁ ଏହି କଥାକୁ ମନେ ଭାବି ।
ସାଗର ଝାସ ଫଳ ନିକି ବିଅର୍ଥ ହେବ ମନାସିବା ପାଇବି ।
କୃପା କରିକି, ଆଉ କର୍ଣ୍ଣଧାର ହୋଇବ ।
କଲା କଥା ଯେହି ଅନ୍ୟଥା କରିଛି ଏମନ୍ତ ଦାରୁଣ ଦଇବ ।୧୭।

ଶବ୍ଦାର୍ଥ- (୧୨)ବିମ୍ବୋଷ୍ଠୀ-ବିମ୍ବପରି ଓଷ୍ଠ ଯେଉଁ ନାରୀର, ବଲ୍ଲଭ-ସ୍ୱାମୀ, ପରମେଷ୍ଠୀ-ବ୍ରହ୍ମା, ସର୍ବଜନନୀ-ଦୁର୍ଗା, ଅନିମିଷ-ପଲକ ନ ପଡ଼ି, ପୁରୁଷ ପଦ-ଶ୍ରେଷ୍ଠ ପୁରୁଷ, (୧୩) ପ୍ରବୋଧ-ଶାନ୍ତି, ବିଧିରେ-ନିୟମରେ, ତୁଳାପାତ୍ର-ତରାଜୁ, (୧୪) ଅଞ୍ଚଳ-ଲୁଗାକାନି, (୧୫)ଅପଘନ-ଶରୀର, ହାରା-ସ୍ତନ, ସ୍ମର-କନ୍ଦର୍ପ, ନୀରପୁର-ଲୋତକପୂର୍ଣ୍ଣ, ନିରତେ-ନିରନ୍ତରେ, ସ୍ତୋକ ସ୍ତୋକ-ଖଣ୍ଡ ଖଣ୍ଡ, ମଦନ-କନ୍ଦର୍ପ, (୧୭) ଶୋଚନା-ଚିନ୍ତା, ବିଅର୍ଥ-ଅକାରଣ, କର୍ଣ୍ଣଧାର-ନାବିକ ।

ସଖୀ କହିଲେ ଦୁଃଖ ସହି ଧଇର୍ଯ୍ୟ ହେଲେ କାର୍ଯ୍ୟ ଲଭି ଅବଶ୍ୟ।
ହରି ଅରିଘାତ ସହି ରହିଲାରୁ ରାହୁ ପିଇଛିତ ପୀୟୂଷ।
ତୁ ଯେ ତୃଷାର୍ତ୍ତୀ-ଚାତକୀ ତୋ ତୃଷା ହରିବ।
ମଙ୍ଗଳ ଚଳନେ ଉଇଁଲା ଘନ କି ଜଳ ବରଷା ନ କରିବ ।୧୮।
ଏକାଳେ ବଳୟ-ଶୋଭୀ କୁବଳୟ ନୟନୀ ମଳୟ ସମୀରେ।
ଛଳେ ଭୋଗୀ ପ୍ରୀତି ତୁମ୍ଭଙ୍କୁ ବୋଲୁଛି ସେହି ଗୁଣ ବହ ମେଠାରେ।
ଆହେ ପବନ, ବୋଲାଅ ଜଗତଜୀବନ।
ଏବେ ମୋ ଜୀବନ ନେବାକୁ ହୋଇଛ ଯଥା ସନ୍ନିପାତେ ଜୀବନ ।୧୯।
ଯହିଁ ତହିଁ ତୋତେ ମଧୁକାଳ ହୋଏ ଦକ୍ଷିଣ ଶବଦ ପ୍ରକଟ।
ସେତୁ ହେତୁରେ ଯେଉଁମାନେ ରଖିଲେ କି ନିନ୍ଦିବା ସେତ ମର୍କଟ।
ମନ୍ଦ ମରୁତ, ବୋଲୁଛି ଯେଣୁ ତନୁ ପୋଡୁ।
ଦେବତା ହୋଇଲେ ପୁଣ ମାତା ଗୁଣ ରାବଣ ପରାୟେ ନ ଛାଡୁ ।୨୦।
ଲାଗିଲେ କିମ୍ପା ବ୍ୟଥିତ ନ କରିବୁ କାଳେ ବୋଲାଉ ଖଣ୍ଡଭୂତ।
ଏତେକ ବିବେକ ଇନ୍ଦ୍ରର ନୋହିଲା ଦେହରୁ ହେବ ବଳବନ୍ତ।
ଜଳ ପବନ, ଏକ ସିନା ସ୍ତୁତି ନ ଘେନ।
ରାମଠାରୁ ଜଣାଯାଉଛି ନିସତ ହେବ ଗଲାବେଳେ ଜୀବନ ।୨୧।
ପୁଣି ଶୁଣି ପିକବାଣୀ ଗୁଣି ଜଇମିନିକିମଣି ବଜ୍ରଘାତ।
ଚେତନାବଶେ ଅବଶେ ବସେ ଭାଷେ ମୋ ହତରୁ କେଉଁ ମହତ।
ମୁଁ ଯେ ଅବଳା, ମୋ ବଧ ଜଗତେ କଲୁଷ।
ବକୁଳ ଆସବ ଅଗୁଁ ଦ୍ୱିଜ ହେଲେ ହୋଇଲୁ କି ଜ୍ଞାନ-ବିନାଶ ।୨୨।
ପଞ୍ଚମସ୍ୱରେ ତୋ ପଞ୍ଚଶର ଥିଲା ପଞ୍ଚତ୍ୱ ଇଚ୍ଛା କରି ମୋର।
କଳକଣ୍ଠ ନାମ ଆଦ୍ୟବର୍ଣ୍ଣ ଏବେ ଆଶ୍ଳେଷ କଲା କି ଆକାର।
ଆଗୁଁ ଜାଣି ମୁଁ, ନଥିଲି ଏମନ୍ତ ବୋଲିଣ।
ବ୍ୟାଧ ପୋଷ ବଧ ବିଚାରିଥିଲେ ତୁ କିମ୍ପା ଦେଖାନ୍ତୁ ବଡ଼ପଣ।୨୩।

ଶବ୍ଦାର୍ଥ- (୧୮) ହରି-ବିଷ୍ଣୁ, ଅରିଘାତ-ଚକ୍ରଘାତ, ପୀୟୂଷ-ଅମୃତ, ଘନ-ମେଘ, (୧୯) କୁବଳୟ ନୟନୀ-ନୀଳପଦ୍ମ ନୟନା, (୨୦) ମଧୁକାଳ-ବସନ୍ତ ସମୟ, ପ୍ରକଟ-ପ୍ରକାଶ, ମର୍କଟ-ମାଙ୍କଡ଼, ମନ୍ଦ ମରୁତ-ଧୀର ପବନ, (୨୧) ନିସତ-ଦୁର୍ବଳ, ଜୀବନ-ଜଳ, (୨୨) ଜଇମିନି-ଜୈମିନି ଋଷି, ଆସବ-ଅର୍କ, ମହୀ ଦ୍ୱିଜ-ପକ୍ଷୀ, ବ୍ରାହ୍ମଣ, (୨୩) ପଞ୍ଚତ୍ୱ-ମୃତ୍ୟୁ, କଳକଣ୍ଠ-କୋଇଲି, ଆଶ୍ଳେଷ-ଯୁକ୍ତ, କାଳକଣ୍ଠ-ଡାହୁକ।

କୁସୁମଶର କୁ ପୁଣି ବୋଲୁଅଛି ହତ୍ୟା ଘେନିବୁ କି ମୋହର।
ଏ କେଉଁ ବଡ଼ାଇ ମନୁ ଜାତ ହୋଇ ମନ୍ମଥପଦ ପୁରସ୍କାର।
ତୁ କି କସ୍ତୁରୀ, ଠାରୁ ଏ ଦୀକ୍ଷାକୁ ପାଇଲୁ।
ପଶୁସମ୍ଭବ ଅଚେତ ଦ୍ରବ୍ୟ ସଙ୍ଗେ ବିଗ୍ରରେ ତୁଳନା ହୋଇଲୁ ।୨୪।
ଯେ ବୋଲେ ମାର ତାହାକୁ ତୁହି ମାର ନ ମାର ବୋଲେ ମୁଁ ନିରତେ।
ମୋ ତନୁ ନାଶ କରି ବାସ କରିବୁ କାହିଁ ବିଗ୍ରର କରୁ ଏତେ।
ଦେଖ ଅନଳ, କାଷ୍ଠକୁ ନଷ୍ଟ କରି ଲିଭେ।
ପ୍ରେତ ହେବାରୁ ପ୍ରେତ ପତି ସମୀପେ ନେବା ବିଗ୍ରର କରୁ ଏବେ ।୨୫।
ଯାହା କୁମାର ତେଡ଼େ ସିଦ୍ଧି କିକରି ଛାଡ଼ିବୁ ନୋହେ ଏ ବେଭାର।
ଯାହାକୁ ମାର ତହିଁରୁ କେତେ ଭୂତି ପ୍ରାପତ ହେଲାଣି ତୋହର।
ମୁଁ ତା ହୁଡ଼ିଛି, ଏହି ସୁକୃତରୁ ନିଶ୍ଚୟ।
ପୂର୍ବରେ ଭୂତ ସ୍ୱରୂପ ହୋଇଥିଲୁ ଅନୁଚିତ ଚିତ୍ତ ଉଦୟ ।୨୬।
ରୋଗ ଋଣ ଶତ୍ରୁ ଶେଷକୁ ରଖିଲେ ଆପଣାର ବାଧା ସେ କଥା।
ସର୍ବ ସର୍ବଜ୍ଞାତା କଲା କଥା ପୁଣି କାହିଁକି କଲେ ସେ ଅନ୍ୟଥା।
ନାହିଁ ଶୋଚନ, ହେଲେ ହେଲି ମୁଁ ହୀନିମାନ।
ପୁଣି ଜାଣିବେ ବିଷବୃକ୍ଷ ସ୍ଥାପିବା ଉମା କରି ଯେ ଦିନମାନ ।୨୭।
କାମୀର କେଉଁ ଦେବତାରେ ବିଶ୍ୱାସ ନିଶ୍ୱାସ ଦୁଇ କଥା ନାହିଁ।
ସିନ୍ଧୁ ଶମ୍ବରେ ସମ୍ବର ବୁଡ଼ାଇଲା ତେବେ ରହିଲୁ ଜୀବେ ତୁହି।
ଏତେ କହି ସେ, ଖରଶ୍ୱାସ ତେଜି ମଉନ।
ଆଳୀଅଙ୍କେ ଢଳି ପଡ଼ିଲାବେଳକୁ କର୍ଣ୍ଣ ଫୁଙ୍କି କଲେ ଚେତନ ।୨୮।
ସଲିଳ ସିଞ୍ଚିଲେ ସଧୀରେ ବିଞ୍ଚିଲେ ପଲ୍ଲବଶଯ୍ୟାରେ ଶୁଆଇ।
ଦେଲେ ମୃଣାଳ ବ୍ୟାଳ ମଣି ରମଣୀ ଚମକି ସୁପର୍ଣ୍ଣ ବୋଲଇ।
କରେ ଭଜନ, ଶିବ ଶିବ ବୋଲି ବନିତା।
ଗଳାର ହାର କରୁ କରୁ ବାହାର ଫୁଟି ଫାଟି ଗଲେ ମୁକୁତା ।୨୯।

ଶବ୍ଦାର୍ଥ- (୨୪) ମନ୍ମଥ-କନ୍ଦର୍ପ, (୨୫) ମାର-କନ୍ଦର୍ପ, ବିଘ୍ନ, ମାରିବା, ନିରତେ-ସର୍ବଦା, ପ୍ରେତପତି-ଯମ, (୨୬) ଭୂତି-ସମ୍ପତ୍ତି, (୨୭) ଶର୍ବ-ଶିବ, (୨୮) କାମୀ-କାମୁକ ଲୋକ, ସିନ୍ଧୁ ଶମ୍ବରେ-ସମୁଦ୍ର ଜଳରେ, ସମ୍ବର-ସମ୍ବରାସୁର, ଆଳୀ-ସଖୀ, (୨୯) ସଲିଳ-ଜଳ, ପଲ୍ଲବ-କଅଁଳପତ୍ର, ମୃଣାଳ-ମହୁନାଡ଼, ବ୍ୟାଳ-ସର୍ପ, ସୁପର୍ଣ୍ଣ-ଗରୁଡ଼।

ସହଚରୀଏ ତା ଚରିତ ଅନାଇଁ ତୁରିତେ ଏ ମନ୍ତ ବିଚାରି।
ଦୂର କରିଣ ଶୁକ ଶାରୀ ପଞ୍ଜୁରୀ ଉଡ଼ିଗଲେ ପୁଷ୍ପମଞ୍ଜରୀ।
ଜଳାକବାଟି, ଉଶୀର ବାଟି କଲେ ହତ।
ବିଚାରିଲେ ନବବଧୂ ବିଧୁ କେହି ନ ଦେଖିବ ଏହା ଭାବ ତା।୩୦।
ଜଣେ କହିଲା ଅତି ଯତ୍ନ କରିଣ ଯୋଗ୍ୟ ମନ୍ଦିରେ ରଖିଥିବା।
କେ କହେ ଜନନୀ ହକରା ସେ କାଳେ ହେଲେବି ଉପାୟ କରିବା।
କେଉଁ ସଜନୀ, ବୋଇଲା ଏ ବିଚାର ଭଲ।
ଘାସ ଦିଆଇ ଶଶ କୃଶ ହରିବା ମାଡ଼ିବସୁ ଚନ୍ଦ୍ରମଣ୍ଡଳ ।୩୧।
କେ କହେ ଏ କିଛି ନୋହେ ଗଗନକୁ କେ ପୁଣି କରିବ ଗମନ।
ରାହୁ ଯୋଡ଼ି ହେବା ନିମିତ୍ତ କରିବା ଜରା ଦୈବତୀକି ପ୍ରସନ୍ନ।
ଶୁଣି ସେ ବୋଲେ, ସେ ପାପୀ ଶରୀର ଅମର।
ସିଂହିକାସୁତ ଉଦରକୁ ଚରିବ ପରା ହନୁମାନ ପ୍ରକାର ।୩୨।
ଚତୁର ସଖୀ ବୋଇଲା ସର୍ବପରି ବିଚାର ଏହିରେ ସଜନୀ।
କି ମନ୍ତ୍ର ବଶ କରନ୍ତାଇଁ ରହନ୍ତା ଏ ପୁରେ ଦିବସ ରଜନୀ।
ମହାମାନ୍ତ୍ରୀକ, ଜନମାନଙ୍କୁ ଗୋ ପଚାର।
ମନ୍ତ୍ରୀନନ୍ଦନ ବୋଇଲା ଏଥୁ ତହୁଁ କିମ୍ପା ବୃଥା କର ବିଚାର ।୩୩।
ବଡ଼ ହୋଇ କିସ ହୋଇବ ଅର୍ଜିଲା କର୍ମ ସିନା ଭୋଗ ହୋଇବ।
ସାଗର ମନ୍ଥନେ ଗରଳ ପାଇଲେ ଭୋଗ କଲେଟି ମହାଦେବ।
ଶୁଣି ଏ ବାଣୀ, ସମସ୍ତେ ବୋଇଲେ ପ୍ରମାଣ।
ଶିରୀଷ ଦେହାରେ ଏହା ଅରଜିଲୁ କଲେ ଅତି ଉଚ୍ଚେ କାରୁଣ୍ୟ ।୩୪।
ଲାବଣ୍ୟନିଧିର କି ବ୍ୟାଧି ବୃଦ୍ଧି ଏ ଶବ୍ଦ ରାଜା ରାଣୀ ଶୁଣିଲେ।
ହୋଇ ଉତ୍ସୁକ ଚିକିତ୍ସକ ମନ୍ତ୍ରୀକି ହକରା କରାଇ ଆଣିଲେ।
ଶୁଣି ସେ ଯାଇଁ, ଦେଖିଲେ ରମଣୀ ରତନ।
ଜରତା ମୁଦୁସୁଲୀ ଆଗେ କହିଲେ ଏ ଜ୍ୱରକୁ ଏହି ବିଧାନ ।୩୫।

ଶବ୍ଦାର୍ଥ- (୩୦) ଜଳାକବାଟି-ପଞ୍ଜର, ଉଶୀର-ସୁଗନ୍ଧ ବେଣା ଚେର, ବିଧୁ-ଚନ୍ଦ୍ର, (୩୧) ଗୋପ୍ୟ-ଗୋପନ, ମନ୍ଦିର-ଘର, ହକରା-ଡାକରା, ଶଶ-ଠେକୁଆ, କୃଶ-କ୍ଷୀଣ, (୩୨) ଜରା ଦୈବାତୀ-ବୁଣୀ ଠାକୁରାଣୀ, ସିଂହିକା ସୁତ-ରାହୁ, ଉଦର-ପେଟ, (୩୩) ସର୍ବପରି-ସବୁଠାରୁ ଶ୍ରେଷ୍ଠ, ମହାମାନ୍ତ୍ରୀକ-ଝଡ଼ାଫୁଙ୍କା କରୁଥିବା ଗୁଣିଆ, ଶିରୀଷ ଦେହ-କୋମଳ ଦେହା, (୩୫) ଉତ୍ସୁକ-ଉତ୍କଣ୍ଠିତ, ଜରତା-ବୃଦ୍ଧା, ମୁଦୁସୁଲୀ-ଚକାରାଣୀ।

ରସ ବିନା ଏ ନ ଘୁଞ୍ଚିବ ରୁଚିବ ମଧୁର ଆହାର ହୋଇଲେ ।
ଶାନ୍ତି ହେବ ଚିନ୍ତା ତାପ ରାତ୍ରେ ଚନ୍ଦ୍ରଭାନୁରେ ଏକ ଶଯ୍ୟା କଲେ
ରୋଗ ବିଷମ, ରାଗଜନ୍ୟ ହୋଇ ହୋଇଛି ।
ପୁଟପାକରେ ଯେତେକ ଅଉଷଧି ଏ ଗୁଣ ନ କରିବେ କିଛି ।୩୬।
କତିରେ ଯେତେ ସଖୀ ଥିଲେ ଶ୍ରୁତିରେ ରହିଲେ ବିରସ ମତିରେ ।
ଚତୁରୀ ନାମେ ମାଳିନୀ ପରବେଶ ଏହି ସମୟେ ଅନ୍ତଃପୁରେ ।
ପୁଷ୍ପ ଚାଙ୍ଗୁଡ଼ା, ଘେନି ସନ୍ନିକଟ ହୋଇଲା ।
ଯେମନ୍ତ ସୁବେଶ ଯହିଁକି ପ୍ରବେଶ, ଆର ଛାନ୍ଦକୁ ସେ ରହିଲା ।୩୭।
ହେ ରାମ କାମସୁନ୍ଦର ଗୁଣବନ୍ତ ଶିଳୀମୁଖ ଧନୁ ଧାରଣ ।
ସୀତାମ୍ବୁଜମୁଖୀ ପ୍ରୀତି ପ୍ରମୋଦିତ ହରି ମିତ୍ରପଣ ପ୍ରମାଣ ।
ଜାଣ ବିରହ, ବିପତ୍ତି ହର ତତପର ।
କହେ ଉପଇନ୍ଦ୍ର ଭଞ୍ଜ ବୀରବର ଏ ଛାନ୍ଦ ଅତି ମନୋହର ।୩୮।

ଶବ୍ଦାର୍ଥ- (୩୬) ରସ-ଫଳରସ, ଶୃଙ୍ଗାର ରସ, ଚନ୍ଦ୍ରଭାନୁ-ଚନ୍ଦ୍ରକିରଣ, ନାମବିଶେଷ, ରାଗଜନ୍ୟ-ପ୍ରୀତି କାରଣରୁ, ପଟପାକ-ଶୋଧନ ଯୁକ୍ତ ଧାତୁମିଶା ଔଷଧି, (୩୭) କତିରେ-ପାଖରେ, ଶ୍ରୁତିରେ-ଶୁଣିବାରେ, (୩୮) ଶିଳୀମୁଖ-ଭ୍ରମର, ବାଣ, ହରି-ବିଷ୍ଣୁ, ସୂର୍ଯ୍ୟ, ସୀତାମ୍ବୁଜ-ଧଳାପଦ୍ମ

ତ୍ରୟୋଦଶ ଛାନ୍ଦ
ମାଳିନୀର ଆଗମନ ଓ ତା'ର ଶୋଭା ବର୍ଣ୍ଣନ
(ରାଗ- କଉଶିକ)

ଏଥୁ ଅନନ୍ତରେ ରସ, ଶୁଣ ହେ ମାଳିନୀ ବେଶ, ଟଭାଫାଳ ପରି ଖୋଷା ଖୋଷିଛି ଯୋଷା ଯେ ।୧। ଗର୍ଭକ କଳା ଚଉଁରୀ, ପ୍ରକାଶେ ରତ୍ନ ଭଉଁରି, ଖଞ୍ଜିଅଛି ଗୋଟି ଚମ୍ପା, ଧଇର୍ଯ୍ୟ କିମ୍ପା ଏ ।୨। ଅନ୍ଧାର ନିଶାରେ ନଭେ, ନିର୍ମଳ ତାରା କି ଶୋଭେ, ଦିଶଇ ତେମନ୍ତ ପରା, ଲୋଚନ କାରା ଏ ।୩। ଏଥକୁ କେଶ ତ୍ରିଭଙ୍ଗେ, ଧାରା ଦେଖାଇଛି ମାଙ୍ଗେ, ଘନ ରାହୁ ଭୃଙ୍ଗଶ୍ରେଣୀ, ଅଛି କି ଜିଣି ।୪। ଲଲାଟେ ଚନ୍ଦନ ଚିତା, ସିନ୍ଦୂର ବିନ୍ଦୁ ଶୋଭିତା, ଚନ୍ଦ୍ର କୋଳେ କି ସବିତା, ଏହି ଭଙ୍ଗି ତା ଏ ।୫। ଶ୍ରବଣେ ଝରୁ କୁଣ୍ଡଳ, ଦୋହଲେ ଗଣ୍ଡମଣ୍ଡଳ ସୁବର୍ଣ୍ଣ ପାଶୀ ଉପରେ ଚିତ୍ତକୁ ହରେ ଏ ।୬। ଫୁଲଗୁଣା, ମାଠଗୁଣା କରଇ ବିବେକବଣା ନାସା ପୁଟକେ, ପୁଟକେ ଥାଇ ଝଟକେ ଏ ।୭। ଲାଞ୍ଛି ବିହୀନେ କଜ୍ଜଳ ନୟନେ ଦିଶେ ଉଜ୍ଜ୍ୱଳ, ପଦ୍ମେ କି ଭ୍ରମର ଖେଳା ତେମନ୍ତେ ଡୋଳା ଏ ।୮। କଣ୍ଠେ ସୁନାକଣ୍ଠି ମାଳି, ପ୍ରବାଳେ ହୋଇଛି ଝଳି, ପଛକୁ ରୁଚିର ଫୁଲି, ମାନସ ଭୁଲି ଏ ।୯। ଉଚ ଘଞ୍ଚ କୁଚ ବେନି, ହେଲା ଦିନୁ ଯଉବନୀ, ଦେଖିତ ନାହିଁ ଅବନୀ, ଲୋଚନ ବେନି ଏ ।୧୦। ମାରିବାକୁ ଯୁବ କୁଳ, କାମ କରି ଅନୁକୂଳ ଟେକିଛି କି ଶାଢ଼ି ଘେର ତଥା ସୁନ୍ଦର ଏ ।୧୧। ବିଦମାଳା ପାଟବ୍ରତ ତାଡ଼ରେ ଭୁଜ ଦୀପିତ, କାମ ଆଦି ଖଡ୍ଗବାହୀ ହସ୍ତରେ ଶୋହି ଏ ।୧୨। ବାମକରର ଅଙ୍ଗୁଳି, ତ୍ରିସରି ମୁଦିରେ ଝଳି, ଚରଣକେ ବଳା ପଟେ, ନାଦ ପ୍ରକଟେ ଯେ ।୧୩।

ଶବ୍ଦାର୍ଥ- (୧) ଟଭାଫାଳ-ନାରଂଗଲେମ୍ବୁର ଫଳ, (୨) ଗର୍ଭକ-ଭିତରେ ପୁରାଇବା, ଯୋଷା-ସ୍ତ୍ରୀ, (୩) ନଭ-ଆକାଶ, (୪) ମାଙ୍ଗେ-ମସ୍ତକରେ, ଭୃଙ୍ଗ-ଭ୍ରମର, (୫) ସବିତା-ସୂର୍ଯ୍ୟ, (୯) ପ୍ରବାଳ-ପୋହଳା, (୧୦) ଅବନୀ-ପୃଥିବୀ, ଲୋଚନ-ଆଖି, (୧୨) ଦୀପିତ-ଦୀପ୍ତ, ଶୋହିଏ-ଶୋଭାପାଏ, ବିଦମାଳା-ଘଣ୍ଟିମାଳା, (୧୩) ପ୍ରକଟେ-ପ୍ରକାଶ କରେ, ପ୍ରପଦ-ପାଦର ଅଗ୍ର ଅଙ୍ଗୁଳି, ବେଢ଼-ପାଦର ଚାରିପାଖ, କାମ-ମନମୁତାବକ ।

ପ୍ରପଦରେ କଂସାମୁଦି, ଶବଦେ ଧଇର୍ଯ୍ୟ ଖେଦି, ବେଢ଼ରେ ଅଳତା ଚିତ୍ର ବିଚିତ୍ର ଯେ ।୧୪। ବ୍ୟକ୍ତି ବିଞ୍ଜଣି ପଣନ୍ତ, ଉର ଉପରେ ଲମ୍ବିତ, ବନ୍ଧନ ଛନ୍ଦନ ନୀବୀ, ମୋହନ ଛବି ଯେ ।୧୫। ସ୍ତନଊର୍ଦ୍ଧ୍ୱେ କଣ୍ଠ ତଳେ, ମଣିବନ୍ଧ କରମୂଳେ, ପାଦପରେ ଚିବୁକରେ, କି ମନୋହରେ ଯେ ।୧୬। ହରିତାଳୀ କାଳୀ ଚିତା, ଉକୁଟାଇଛି ବନିତା, ଦେହ ତ ଅତ୍ୟନ୍ତ ଗୋରା, ତହିଁକି ତୋରା ଯେ ।୧୭। ନୋହେ ଉଚ୍ଚ ଖର୍ବ ଅତି, କଥା ଏ ନୋହେ ଯୁବତୀ, ପୀନ ନୋହି କ୍ଷୀଣ ନୋହି, ଏମନ୍ତ ଦେହୀ ଯେ ।୧୮। ବିବର୍ଜିତ ଗଣ୍ଠି ଶିରା, ପାଚିଲା ରସାଳ ପରା, ବୟସ ଷୋଳ ସତର, ଏଥି ଭିତରେ ଯେ ।୧୯। କୁସୁମ ଚାଙ୍ଗୁଡ଼ା କରେ, ଗୋଡ଼ାଇଛନ୍ତି ଭ୍ରମରେ, ଗଜ ପରାୟେ ମନ୍ଥର, ଗମନ ତାର ଯେ ।୨୦। ପଣତ ଦେଇଛି ଶିରେ, ଧରିଛି ଦକ୍ଷିଣ କରେ, ମୁଖ ହସିଲାର ପ୍ରାୟେ, କି ଶୋଭାପାଏ ଯେ ।୨୧। ମନ୍ତ୍ରୀସୁତା ଆଗେ ନେଇ, ସୁମନ ସମ୍ଭାର ଥୋଇ, ଧୀରେ ହର ଉମା ଆଜ୍ଞା, କହିଲା ବିଜ୍ଞା ଯେ ।୨୨। ସତକି ବୋଲି ପଚାରି, କେତକୀଜିତ ଗଉରୀ, ଛାମୁଁକୁ ନେଇ ସତ୍ୱରେ, ପ୍ରମୋଦ ଭରେ ଯେ ।୨୩। ବୋଲେ ଜେମା ସାବଧାନ ହୁଅ ଅପୂର୍ବବିଧାନ, କହୁଛି ଚତୁରୀ ଆସି, ସୁଧା ବରଷି ଯେ ।୨୪। ରାମା ଶୁଣି ବୋଲେ ବସ, କେମନ୍ତେ କଥା ସେ ଭାଷ, ପୁଣି ଆରମ୍ଭିଲା ତହିଁ ମାଳିନୀ ଯେ ।୨୫। ତୋ ଖଟଣୀ ଫଳ ମୋର, ଏଣୁ ଭଲ ବାଞ୍ଛା ତୋର, ବରକୁ ମୁଁ କହୁଥାଇଁ, ହରେ ଜଣାଇଁ ଯେ ।୨୬। ଗଲା କାଲି ଚତୁର୍ଦ୍ଦଶୀ, ହୋଇଥିଲି ଉପବାସୀ, ଦେଉଳ ଭିତରେ ଯାଇଁ, ଜଗାର ଦେଇ ଯେ ।୨୭। ବସିଥିଲି ଉଜାଗରେ, ରଜନୀ ଅଚି ପହରେ, ଅଳପ ଆସିଲା ଢୋଳ ଏମନ୍ତ ବେଳ ଯେ ।୨୮। ଈଷିତେ କଥା ସୁମରି, ଏକ୍ଷଣି ରୋମ ଟାଙ୍କୁରି, ଶିରୋ ଜଟା ଅର୍ଦ୍ଧ ଶଶୀ, ମଞ୍ଜୁଳ ଦିଶି ଯେ ।୨୯। କୁନ୍ଦ କ୍ଷୀର ଦର ରୁଚି, ତେଜ ଗଞ୍ଜି ତହିଁ ଶୁଚି, ହୋଇଛନ୍ତି ଦିଗମ୍ବର, ଭସ୍ମ ଧୂସର ଯେ ।୩୦। ପାର୍ବତୀଙ୍କୁ ବାମ କରେ, ଧରିଅଛନ୍ତି

ଶବ୍ଦାର୍ଥ- (୧୫) ବିଞ୍ଜଣି-ବିଞ୍ଜଣାର ଅର୍ଦ୍ଧଗୋଲ ସମାନ, ପଣନ୍ତ-ପଣତକାନି, ଉର-ଛାତି, ନୀବୀ-ଲୁଗାର ଗଣ୍ଠ, (୧୬) ଚିବୁକ-ଓଷ୍ଠର ତଳଭାଗ, (୧୭) ଉକୁଟାଇଛି-କୁଟାଇଛି, (୧୮) ପୀନ-ମୋଟା, (୧୯) ରସାଳ-ଆମ୍ବ, ବିବର୍ଜିତ-ପରିତ୍ୟଜ, (୨୨) ସୁମନ-ଫୁଲ, (୨୩) ପ୍ରମୋଦ-ଆନନ୍ଦ, (୨୪) ସୁଧା-ଅମୃତ, (୨୮) ଉଜାଗର-ଅନିଦ୍ରା, (୨୯) ଶଶୀ-ଜହ୍ନ, ମଞ୍ଜୁଳ-ମନୋହର, (୩୦) କୁନ୍ଦ-ଫୁଲବିଶେଷ, ଦର-ଶଙ୍ଖ, ଦିଗମ୍ବର-ଶିବ ।

ସ୍ନେହରେ, ଦକ୍ଷିଣ କରରେ ବେତ୍ର, ବିଜେ ତ୍ରିନେତ୍ର ଯେ ।୩୧। ସେ ବେତ୍ର ମୋତେ ଛୁଆଁଇ, ତକ୍ଷଣେ ମୋ ଚେତା ହୋଇ, ଚାହିଁ ଶିବା ଶିବ ରମ୍ୟ, କଲି ପ୍ରଣମ୍ୟ ଯେ ।୩୨। ମୁଖ ମୃଦୁହାସେ ପୂର୍ଣ୍ଣ, କଲେ ମୋତେ ଅବଧାନ, ନୃପଜା ପାଇଁ ତୁ ମୋତେ, ଜଣାଉ ନିତ୍ୟେ ଗୋ ।୩୩। ଚନ୍ଦ୍ରମୁଖୀ ଏ ନିଶାରେ, ଶୋଇଥିଲା ଚନ୍ଦ୍ରକରେ, ମୋର ଆଜ୍ଞାରେ ଯୋଗିନୀ, ପୁରୁଷେ ଘେନି ଯେ ।୩୪। ପ୍ରବେଶ ବାଳା ପାଶର, ଚିହ୍ନାଇ ଦେଇ ଅନ୍ତର, ସେ ପୁଣି ନିଦ୍ରା ଭାଙ୍ଗିଲା, ବିନୟୀ ହେଲା ଯେ ।୩୫। ରାମା ସୀତ୍‌କାର ବେଳେ, ଆଲିଙ୍ଗନ ହେବା କାଳେ, ଯୋଗିନୀ ମାୟାର ବଶ, ହରିଲା ପୁଂସ ଯେ ।୩୬। ଏଣୁ ବହୁତ ବ୍ୟଥିତ, ହେଉଛି ଜେମାର ଜାତ, ତୁ ଯାଇ କହ ବାଳାକୁ, ଲଭିବ ତାକୁ ଯେ ।୩୭। ମୁଁ ପୁଚ୍ଛା କଲି ଏମନ୍ତ, କେଉଁ ରାଜାର ସେ ସୁତ, ନାମ ତାର କିସ ପୁଣି, କହିଲେ ଶୁଣି ସେ ।୩୮। କର୍ଣ୍ଣାଟ କାଞ୍ଚନଗରେ, ଶଶିଶେଖର କୋଳରେ, ହୋଇଅଛି ସେ ଜନମ, ଲୋକାଭିରାମ ଯେ ।୩୯। ଚନ୍ଦ୍ରଭାନୁ ତାର ନାମ, କାମିନୀ ମୋହନ କାମ, ରମଣୀ ତାକୁ ପାଇବ, ସୁଖୀ ହୋଇବ ଯେ ।୪୦। ସାଧୁକୁଳ ବ୍ରହ୍ମଚାରୀ, ପରବେଶ କାଲି ପରି, ଘେନି ତାହାର ସନ୍ଦେଶ, ହେବ ଏ ଦେଶ ଯେ ।୪୧। ଏତେ ଆଜ୍ଞାଦେଇ ହର, ହୋଇଲା ବେଲୁଁ ଅନ୍ତର, ଆଉ ମୋତେ ନିଦ୍ରା ନାହିଁ, ଅଇଲି କହି ଯେ ।୪୨। ନାମ ଶ୍ରବଣେ ତାହାର, ହେଲା ଚନ୍ଦ୍ର ଦିବାକର, ସଂଶୟ ଅନ୍ଧାର ଦୂର, କଲା ତାହାର ଯେ ।୪୩। ପୁଣି ସେ ଜଳ ପରାୟେ, ଆଶାତରୁ ପଲ୍ଲବାଏ, ପ୍ରମୋଦ ପଦ୍ମ ପ୍ରକାଶେ, ରବି ସଦୃଶେ ଯେ ।୪୪। ଶୁଣି ଯଥା ଘନଘୋଷ, ତୃଷାର୍ତ୍ତ ଚାତକ ତୋଷ, ବରଷିବ କରି ମତି, ହୋଇ ନୃପତି ଯେ ।୪୫। କେବଣ ଚକୋର ମୋହୀ, କର୍ପୂରକଡ଼କୁ ଚାହିଁ, ସେ ଚନ୍ଦ୍ର ପାଇଲେ ଯଥା, ତଥା ଏ କଥା ଯେ ।୪୬। ଚୂତ ହେଲେ ପଲ୍ଲବିତ, ଭାବି ହେବେ ମୁକୁଳିତ, ପିକ ଯଥା ଆନନ୍ଦିତ, ହେଲେ ତେମନ୍ତ ଯେ ।୪୭। ସନ୍ନିପାତର ନାଟିକା, ଲାଗିଲେ ଯଥା ତଟକା, କିଛି କିଛି ହୋଏ ଭିନ୍ନ, ତେମନ୍ତ ମନ ଯେ ।୪୮। ବାଳକ ପରାୟ ହୋଇ, ପୁଚ୍ଛା କଲେ ତାହି ତାହି,

---

ଶବ୍ଦାର୍ଥ- (୩୨) ରମ୍ୟ-ସୌନ୍ଦର୍ଯ୍ୟ, (୩୩) ନୃପଜା-ରାଜକନ୍ୟା, (୩୯) ଲୋକାଭିରାମ-ମନୁଷ୍ୟ ମଧ୍ୟରେ ଅତି ସୁନ୍ଦର, (୪୦) କାମିନୀ ମୋହନ-ସ୍ତ୍ରୀ ମୋହକାରୀ (୪୩) ଚନ୍ଦ୍ରଦିବାକର-ଚନ୍ଦ୍ରଭାନୁ, (୪୫) ଘନ ଘୋଷ-ମେଘ ଗର୍ଜନ, (୪୯) ତାହି ତାହି-ସେହି ସେହି।

ମାଳିନୀକି କଲେ ଦାନ, ରତ୍ନବସନ ଯେ ।୪୯।
ଗିରିଜା ନିମିତ୍ତେ ପୁଣି, ଦେଲେ ସେ ଚିତା କାଛେଣୀ, ଖଞ୍ଜିଲେ ମନ୍ଦାରମାଳୀ, ଉପନ ବଳି ଯେ ।୫୦। ଶମ୍ଭୁ ଅଙ୍ଗେ ଗୋ ଦୋହନ, ପାଇଁ ଦେଲେ ଧେନୁ ଦାନ, ବିଲ୍ୱପତ୍ର ଜଳଶାୟୀ, ଭୋଗର ପାଇ ଯେ ।୫୧। ବରାଟକ ଦେଲେ ଗଣି, ନାଗ ଚନ୍ଦ୍ର ପାଇଁ ପୁଣି, ସୁବର୍ଣ୍ଣ ବଣିକ କରେ, ଦେଲେ ସତ୍ୱରେ ଯେ ।୫୨। ଚତୁରାକୁ କହେ ଜେମା, ଜଣାଇବ ହର ଉମା, ଛାମୁରେ ବାଣୀ ଏମନ୍ତ, ମୋର ଶପଥ ଗୋ ।୫୩। ଯେବେ ଲଭିବି ସେ ଯୁବା, ମୋ ଜୀବ ଥିବାରେ ସେବା, ବିଘ୍ନ ହିଁ ନୋହିବ ଦିନେ, ବିଧି ବିଧାନ ଯେ ।୫୪। ନ ଥିଲେ ଲଭିବା ଯୋଗ, ମରଣ କରିବେ ବେଗ, ମୋ ଭୂଷା ଚମ୍ପା ଚଢ଼ାଇ, ପୂଜିବେ ସହି ଯେ ।୫୫। ପୁଣି ବୋଲେ ସହଚରୀ, ଆତୁର ନୁହ ସୁନ୍ଦରୀ, ଦୁଇ କରେ ଭୁଞ୍ଜେ ଭୋଗୀ, ହେଲେ କି ସୁଖୀ ଗୋ ।୫୬। ପକ୍ଷୀ ପକ୍ଷ ଥିଲେ ପାଇ, ଶକ୍ୟାନୁରୂପେ ଗମଇ, ହେଲାଣି ଏ କାର୍ଯ୍ୟ ପୂର୍ଣ୍ଣ, ସୂଚକମାନ ଗୋ ।୫୭। ଦିଶୁଛି ବିଧି ସୁମୁଖ, ସ୍ୱପ୍ନ, ସତ୍ୟ ହେଲା ଦେଖ, କିଛିକାଳ ଧର ଧୈର୍ଯ୍ୟ, ଲଭିବୁ କାର୍ଯ୍ୟ ଗୋ ।୫୮। ହେମନ୍ତ ଋତୁ ପ୍ରବେଶ, ପଦ୍ମବନ କରେ ଧ୍ୱଂସ, ମୂଳ ଥିବାରୁ ବସନ୍ତେ, ପଲ୍ଲବେ ସତେ ଯେ ।୫୯। କ୍ଷୀଣ ହୋଇ କଷ୍ଟ ସହି, ଜୀବମାତ୍ରେ ଥିଲେ ତୁହି, ଲଭିବୁ ପରମ ଭୋଗ, ଅଛି ଏ ଯୋଗ ଗୋ ।୬୦। ମାଳତୀ ଅଗମ୍ୟ ବନେ, ଫୁଟିଲେ ବିଚାର ମନେ, ଭୃଙ୍ଗେ କି ଭୋଗ୍ୟ ନୁହଇ, ପରାଣ ସହୀ ଗୋ ।୬୧। ଏ କଥା ଭାବ ତୁ ଚିତ୍ତ, ମଧୁମକ୍ଷିକା ସଞ୍ଚିତ, ଦେବଭୋଗ୍ୟ ହୁଏ କେହି, ବିଚାର ସହି ଗୋ ।୬୨। ଫଣୀ ଜାଗ୍ରତେ ଚନ୍ଦନ, ଥିଲେ ହେଁ କର ଭାବନ, ଭୋଗ ହେଉଛି କି ନାହିଁ, ପରାଣ ସହୀ ଗୋ ।୬୩। ଯେବେଟି କୁସୁମ ଫୁଟେ, ତେବେ ସୁଗନ୍ଧ ପ୍ରକଟେ, ଯହିଁ ତହିଁ ନଦୀଜଳ, ସମୁଦ୍ରେ ଠୁଳ ଗୋ ।୬୪। ଏମନ୍ତ ବଚନ ସିଦ୍ଧି, କରି ମାନସ ପ୍ରବୋଧି, ଯତନ କଲେ ଲଳନା, ସଖୀ ପାଳନା ଯେ ।୬୫।

ଶବ୍ଦାର୍ଥ- (୫୦) ଗିରିଜା-ପାର୍ବତୀ, କାଛେଣୀ-କ୍ଷୁଦ୍ର ଲୁଗାଖଣ୍ଡ, ଉପନ-ଦୁର୍ଗାପୂଜାର ସାମଗ୍ରୀ, (୫୧) ଗୋ ଦୋହନ-ଗାଈ ଦୁହାଁ, ଧେନୁ-ଗାଈ, ବିଲ୍ୱପତ୍ର-ବେଲପତ୍ର, (୫୨) ବରାଟକ-କଉଡ଼ି, (୫୭) ଶକ୍ୟାନୁରୂପ-କ୍ଷମତା ଅନୁରୂପ, (୫୮) ବିଧି-ଶୁଭଲକ୍ଷଣ, (୬୧) ଭୃଙ୍ଗ-ଭ୍ରମର, (୬୩) ଫଣୀ ଜାଗ୍ରତ-ସର୍ପ ବେଷ୍ଟିତ ।

ନାୟକ ସୁଖଦାୟକ, ତା ନାମ କରି ତାରକ, ଜପିଲା ହୃଦରେ ଧରି, ଅବନୀଶିରୀ ଯେ ।୬୬। ମାଳିନୀ ହେଲା ମେଲାଣି, ଗଲା ନିଜପୁର ପୁଣି, ଏ ଛାନ୍ଦ ହୋଇଲା ଶେଷ, ଅତି ହରଷେ ଯେ ।୬୭। ହଂସ ବଂଶକୁ ତୋଷିତ, ସର୍ବଦା ଶ୍ରୁତିରଞ୍ଜିତ, କର୍ବୁର କାନ୍ତି ଗଞ୍ଜିତ କାନ୍ତି ଦୀପତ ଯେ ।୬୮। ସେ ରାମ ବିଧିରେ ଧ୍ୟାୟୀ, ଭଞ୍ଜ ବୀରବର କହି, ତୁମ୍ଭ ରଚନା ସମସ୍ତ, ପୂରୁ ଏ ଗୀତ ହେ ।୬୯।

■

ଶବ୍ଦାର୍ଥ- (୬୬) ତାରକ-ଉଦ୍ଧାର କର୍ତ୍ତା, ଅବନୀଶିରୀ-ପୃଥିବୀର ସୌନ୍ଦର୍ଯ୍ୟ, (୬୮) ହଂସ ବଂଶ-ସୂର୍ଯ୍ୟବଂଶ, ଶ୍ରୁତିରଞ୍ଜିତ-କର୍ଣ୍ଣ ମୋହିତ, ଦୀପତ-ଦୀପ୍ତ (ତେଜୀୟାନ), କର୍ବୁର-ନାନାବର୍ଣ୍ଣ ।

ଚତୁର୍ଦ୍ଦଶ ଛାନ୍ଦ

ଚନ୍ଦ୍ରଭାନୁର ଶୋକ

(ରାଗ- କଳହଂସ କେଦାର)

ଶୁଣ ରସିକ ରସ ଏଥୁ ଅନ୍ତରେ	। କୁମାର ଶୋଇଥିଲା ପୁରଚତ୍ୱରେ ଯେ।
କାତର ହୋଇ ରହିଁ ନିଦ୍ରା ବିନାଶେ	। ନାହିଁ ଯମିନୀ ନାହିଁ କାମିନୀ ପାଶେ ଯେ ।୧।
ବସି ଘୋଷିଲା ଥାଇ ତା ଠାରେ ମନ	। ଏଣୁ ସ୍ୱପନେ ଦେଖା ଦେଲା ସେ ଧନ ଯେ।
ଉରଦେଶକୁ ରହିଁ ଦେଖିଲା ହାର	। କୁଙ୍କୁମେ ହୋଇଅଛି ସେ ଜରଜର ଯେ ।୨।
ଆହାରେ ସୁକୁମାରୀ ନୃପକୁମାରୀ	। ବୋଲି ହୃଦରେ ଦକ୍ଷ କରକୁ ମାରି ଯେ।
ଜଳକଳସେ ଚନ୍ଦ୍ର ବିମ୍ବକୁ ଧରି	। ପାରିଲି ନାହିଁ ସୁଧା ଭୋଗକୁ କରି ଯେ ।୩।
ମନୁ ମୂର୍ଚ୍ଛନ୍ତି ଅବା ସ୍ୱପନ ବୋଲି	। ଜାଣିଲି ଏହି ଦେହେ କୃତାର୍ଥ ହେଲି ରେ।
ସାକ୍ଷାତ ପରି ଦେଇ ସ୍ୱପନ ସଙ୍ଗ	। କରୁତ କାମ ବ୍ୟାଧ କର କୁରଙ୍ଗ ରେ ।୪।
ସ୍ୱର୍ଗ ସମ୍ପଦ ଯେଉଁ କର୍ମରେ ଥାଇ	। ବିଚିତ୍ର ମଣେ ବଜ୍ର ପତନେ ତହିଁ ରେ।
ତୋର ହୃଦୟ ବନ୍ଧୁ କରୁଣା ସ୍ଥାନ	। ତହୁଁ ଅଙ୍କୁରି ଯଥା କଠିନ ସ୍ତନ ରେ ।୫।
ମନକୁ ଯେବେ ପାଶେ ରଖିଲୁ ତୋର	। କି ଅପରାଧ ମୋତେ କଲୁ ଅନ୍ତର ରେ।
ଜାଣିବାରେ ମୋ ଦୋଷ ନାହିଁତ କିଛି	। ଦିଶେ ଯା ଦିଶୁ ପୂର୍ଣ୍ଣ କରୁଣା ଅଛି ରେ ।୬।
କିଅବା ମୋତେ କାନ୍ତ ବୋଲିବା ପାଇଁ	। ଲାଜ ପାଇଲୁ ରରୁ ଚନ୍ଦ୍ରମାମୁହିଁ ରେ।
ସେବି ମୁଁ ଥାନ୍ତି ପାଶେ ହୋଇ କୋୟର	।ଏହା କିମ୍ପା ନ କଲୁ ନାଗରୀବର ରେ ।୭।
ଶିବ କେମନ୍ତେ ଦେଖ ବହିଲେ ଶିରେ	। ଶଶୀ ଶବଦ ଥାଉ ଚନ୍ଦ୍ର ସ୍ନେହରେ ଯେ।
ଏମନ୍ତ ଆଣ ତୋର ଅବଧାନକୁ	। ପ୍ରଭୁ ସେ ବଡ଼ କରେ ଦାସ ଜନକୁ ରେ ।୮।
ଭସ୍ମକୁ ଅଙ୍କୁରାଇ ତାହା ନୟନେ	। ତା ଥାଉଁ ଭସ୍ମ ହେଲେ ଆଶାୟୀଜନ ରେ।
ଏ ଅପଯଶ ଦୋଷ ହେବ କାହାର	। ଚରଣ ଧରେ ମୁଁ ଯେ ଶରଣ ତୋର ରେ ।୯।
କଲେ ତୁ ଚିର ଅନୁଗ୍ରହ ହୁଅନ୍ତି	। ଅତଳା ଚିତ୍ରେ ଚିତ୍ରକାର ହୁଅନ୍ତି ରେ।
ସେବାରେ ଆଳୀ ଫୁଲଗୁଚ୍ଛାରେ ମାଳୀ	। ହୋଇ ଲଗାନ୍ତି କାମବଦନେ କାଳୀ ରେ।୧୦।

ଶବ୍ଦାର୍ଥ- (୧) ଚତ୍ୱର-ଅଗଣା, ଯାମିନୀ-ରାତ୍ର, ଉର-ଛାତି, (୩) ସୁଧା-ଅମୃତ, (୪) କୁରଙ୍ଗ-ହରିଣ, (୭) ରରୁ-ସୁନ୍ଦର, କୋୟର-ଚାକର

ପରାଣେଶ୍ୱରୀ ବିନା ଆନ ବଚନେ । ଡାକନ୍ତି ନାହିଁ ତୋତେ ରଜନୀ ଦିନ ରେ ।
ପ୍ରସଙ୍ଗ ବଶେ ଆରମ୍ଭିଲେ ତୁ କୋପ । ଛଡ଼ାଉଥାନ୍ତି ଝଟୂ ପ୍ରକାଶି ତାପ ରେ ।୧୧।
ଦ୍ରାକ୍ଷାରୁ ସ୍ୱାଦୁ ଘନସାରୁଁ ଶୀତଳ । ପିକୁଁ ସୁସ୍ୱର ଲବଣୀରୁ କୋମଳ ରେ ।
ଭାଷା କହିଲା ବେଳେ ନାସା ଫୁଲାଇ । ଚକ୍ରବର୍ତ୍ତୀ ପଣକୁ ଗଣନ୍ତି ନାହିଁ ରେ ।୧୨।
ଏତେ ସହିଲା ନାହିଁ ଖଳ ବିଧାତା । ମୁଁ ତାର କେଉଁ ଶତ୍ରୁ ନ କଲା ଚିନ୍ତା ଯେ ।
ତୁଷାର ନାଶ କରେ ଜନମସ୍ଥାନ । ତାଠାରେ ନ ସମ୍ଭାଦେ ଏ କୂଟରେମାନ ।୧୩।
ଦୁର୍ବଳ ମାରିବାକୁ ସମସ୍ତେ ଆଗ । କାମକୁ ମହାଦେବ କଲେ ଅନଙ୍ଗ ଯେ ।
ନୋହିଲା ତାଙ୍କ ଦର୍ପଦଳନ ଭଳି । ବିନା ଦୋଷରେ ଗଲେ ମୋତେ ତ ଜାଳିଲେ ।୧୪।
ମିତ୍ରେ ଶୁଣି ବୋଇଲେ ଜୀବନ ରଖ । ଜୀବନରୁ ଅଧିକ କେହି ନ ଲେଖ ହେ ।
ଜୀବନ ଥିଲେ ହୋଏ ସବୁ ପ୍ରାପତ । ହୁଅଇ ସମ୍ଭାବିତ ଅସମ୍ଭାବିତ ହେ ।୧୫।
ଧ୍ରୁବ ବାଳକ ବ୍ରହ୍ମଜ୍ଞାନ କହିଲା । ଅଗସ୍ତି କରୋଦରେ ସିନ୍ଧୁ ରହିଲା ଯେ ।
ପକ୍ଷ ନ ଥାଇ କପି ଗଗନଗତି । କର୍ପୂରରୁ ବିରହେ ଜାତ ତପତି ଯେ ।୧୬।
ବିଷହିଁ ହୋଏ ହିତ ସନ୍ନିପାତରେ । ବାସୁକି ବିନା ପୃଥ୍ୱୀ ଧାରଣ ନରେ ଯେ ।
ରାଜ୍ୟ ନଥାଇ ସର୍ବସମ୍ମତେ ରାଜା । କନ୍ଦର୍ପ ପାଉଅଛି ପୃଥ୍ୱୀରେ ପୂଜା ଯେ ।୧୭।
ଜଳ ବିହୀନେ ସବୁକାଳେ ପ୍ରକାଶ । ସବିତା କରେ ହୋଇଛି ସାରସ ଯେ ।
ଶବଦ ଶୁଭେ ସର୍ପଶ୍ରୁତି ନଥାଇ । ପ୍ରହଲାଦ ମହୀନ୍ଦ୍ର ଜନକଦ୍ରୋହୀ ହେ ।୧୮।
ଏ କଥାମାନ ଯଥା ହୋଇଛି ଘେନ । ତଥା ସତ ହୋଇବ ତୁମ୍ଭ ସ୍ୱପନ ହେ ।
ସ୍ୱପନ ଯେବେ ତୁମ୍ଭେ ସତ ନ କର । କହ କାହିଁକି ଅଛି ତା ଦେଲା ହାର ଯେ ।୧୯।
ଯେବେ ସୁଯୋଗ ନାହିଁ ତୁମ୍ଭ କର୍ମର । କାହିଁ ସିଂହଳଦ୍ୱୀପ କାହିଁ ଏ ପୁର ହେ ।
କାହିଁ ସିଦ୍ଧଯୋଗିନୀ କେ କାହିଁ ଥିଲା । ସ୍ୱପ୍ନ ପରି ମାୟାରେ ସାକ୍ଷାତ ହେଲା ଯେ ।୨୦।
ଆରତ ହେଲେ କାର୍ଯ୍ୟ ନୁହଇ ବେଗ । କାଳକୁ ଝହିଁ ଭୋଗ ହୁଅଇ ଯୋଗ ହେ ।
କୁମାର କହେ ମୋର ମୋହିଲା ଚିତ୍ତ । ଆରତ ହୋଇବାର ନୋହେ ଆୟତ୍ତ ଯେ ।୨୧।
ନାରୀରୁ ବଡ଼ ହୋଇ ଜଗତେ ନହିଁ । ବାନରୀ ରୂପେ ହେଲେ ପବନ ମୋହି ଯେ ।
ଏକେ ଅଦୃଷ୍ଟରଜା ଦୁଜେ ଧୀବରୀ । ପରାଶର ଋଷିର ବିବେକ ହରି ଯେ ।୨୨।
ଅମୂଲ୍ୟ ରାମାରତ୍ନ ଦେଖା ଉତ୍ତାରେ । ବଶ ନୋହିବ କେହୁ ଯୁବା ସଂସାରେ ଯେ ।
ଏମନ୍ତ ପଦାର୍ଥ କି ଲାବଣ୍ୟନିଧି । ସ୍ୱପ୍ନେ ତା ପରା ଦେଖି ନ ଥିବ ବିଧି ଯେ ।୨୩।

ଶବ୍ଦାର୍ଥ- (୧୨) ଘନସାର-କର୍ପୂର, ପିକ, କୋଇଲି, ଦ୍ରାକ୍ଷା-ଅଙ୍ଗୁର, (୧୪) ଅନଂଗ-ଦେହଶୂନ୍ୟ, (୧୬) କରୋଦରେ-ହାତ ମଧ୍ୟରେ, (୧୮) ସବିତା-ସୂର୍ଯ୍ୟ, ସାରସ-ପଦ୍ମ, ଶ୍ରୁତି-କର୍ଣ୍ଣ, (୨୧) ଆରତ-ଅସ୍ଥିର, (୨୨) ଦୁଜେ-ଦ୍ୱିତୀୟରେ, ଧୀବରୀ-କେଉଟୁଣୀ ।

ବାଳୀର ଶୋଭା ସୁବେଶକୁ ସ୍ୱବେଶ । ଅଧରେ ସମାପତ ହୁଅଇ ହାସ ଯେ ।
ଅରୁଣ କୋଳେ ନବ ଚନ୍ଦ୍ରମା ଦିଶି । ବିଜୁଳି ପରି ଯାଇ ସେକ୍ଷଣି ମିଶି ଯେ ।୨୪।
କାଚ କଳସେ ଯଥା ଜଳା ଗୁପତ । ପଡ଼ିଲା ପରି ଦିଶେ ନ ପଡ଼ଇ ତ ଯେ ।
ହସିଲାବେଳେ ଖସି ପଡ଼ିଲା ପରା । ଖସି ନ ପଡ଼େ କଥା ଅମୃତ ଧାରେ ଯେ ।୨୫।
ତା ନେତ୍ର ଗତାଗତ ଅପାଙ୍ଗ ସରି । ଦୁଇ ଦିଗକୁ ଢାଳେ କେମନ୍ତେ କରି ସେ ।
ଅନଙ୍ଗ କି ତୁରଙ୍ଗ ଧାଉଡ଼ି ଦେଇ । ତୀର ସନ୍ଧାନେ ଧୈର୍ଯ୍ୟ ଘଉଡ଼ି ନେଇ ସେ ।୨୬।
ଚାହିଁବା ମାତ୍ରେ ବୁଡ଼ିଯାଇ ଚେତନ । କେଡ଼େ ମାଧୁରୀ ତହିଁ ପକ୍ଷ୍ମପତନ ଯେ ।
ଘେନିକି ବେନି ତାଟକଙ୍କୁ ସୁରାବ୍ଜ । ଉଦିତ ମୁଦିତକୁ ଭଜେ ନୀଳାବ୍ଜ ଯେ ।୨୭।
ସୁସଞ୍ଚ ଘଞ୍ଚ କୁଚ ଯେମନ୍ତ ଦିଶେ । କେମନ୍ତ ବୋଲି କୁହା ନ ଯିବ ଶେଷେ ଯେ ।
ଏମନ୍ତ ହେଲେ ବାଣୀ ପବିତ୍ର ପାଇଁ । ବର୍ଣ୍ଣନା କରୁଥାଇ ଉପମା ଦେଇ ଯେ ।୨୮।
ସୁନ୍ଦର ସଦନେ କି ସ୍ୱର୍ଣ୍ଣ ପଞ୍ଜୁରି । ଧାତା ରଖିଛି ଅକ୍ଷିପକ୍ଷୀକି ଧରି ଯେ ।
ମେରୁ ଏଡ଼ିକି ବୋଲି ଉଚ୍ଚ ଦେଖାଇ । ମନ ମିହିରକର ଛାଡ଼ି ନ ଯାଇ ଯେ ।୨୯।
ବାଳୀ ଅନେକ ଦାହ କନକ ବଲ୍ଲୀ । ଭୁଜାନ୍ତରକୁ କ୍ରୋଡ଼ ସମସ୍ତେ ବୋଲି ଯେ ।
ସ୍ତନ ମଧୁର ମଧୁ କୋଷକୁ ଆଣି । ସଞ୍ଚିଲେ କି ରୋମାବଳି ସରଘାଶ୍ରେଣୀ ଯେ ।୩୦।
ଶୃଙ୍ଗାର ରସଲତା ରୋମାଳୀ ବ୍ୟାଜ । ଫଳିଛି ପ୍ରେମାମୃତ ଫଳ ଉରଜ ଯେ ।
ଇତର ଭାଗ୍ୟେ ପରାପତ ହେବ ସେ । ଧନ୍ୟ ବର୍ଣ୍ଣିଲ ସ୍ତନ ମନ୍ତ୍ରୀଜ ଭାଷେ ଯେ ।୩୧।
ଜାଣିଲି ସେହିସ୍ତନ କିଛି ସମାନ । ଲଭିଏ ମାନ ଲଭିଲେକି ଏମାନ ଯେ ।
ଶ୍ରୀଫଳ ଯେ ଶ୍ରୀମନ୍ତ ପ୍ରଥମୁ ହୋଇ । ତୃଣରାଜ ପଦକୁ ପଛେ ପକାଇ ଯେ ।୩୨।
ରୁଦ୍ରଶିବ ହେବାର ସଂଶୟ ଦୂର । ଏତେ କାଳକେ ଆସି ହେଲା ମୋହର ଯେ ।
ଯେବେ ଲଭିଲଣି ସେ ସ୍ତନ ସ୍ପରଶ । ଜାନୁ ସିଂହାସନେ ବସିବ ଅବଶ୍ୟ ଯେ ।୩୩।
କୁମାର ବୋଲେ ଆନ ବ୍ୟବସାୟକୁ । କରି କି କାର୍ଯ୍ୟ ବର୍ଣ୍ଣୁଥିବା ତାହାକୁ ଯେ ।
କାନ୍ତି ଏମନ୍ତ ଝଳି ତହିଁକି ଚାହିଁ । ଭାଲେ ତିଳକ ଲେଖି ହୋଇବ ଯହିଁ ଯେ ।୩୪।

ଶବ୍ଦାର୍ଥ- (୨୪) ଅଧର-ଓଷ୍ଠ, (୨୬) ଅପାଙ୍ଗ-ନେତ୍ର କୋଣ, ତୁରଙ୍ଗ-ଘୋଡ଼ା, (୨୭) ପକ୍ଷ୍ମପତନ-ଆଖିପତା ପଡ଼ିବା, ତାଟଙ୍କ-କର୍ଣ୍ଣ ଅଳଙ୍କାର, ସୁରାବ୍ଜ-ଚନ୍ଦ୍ର, ନୀଳବ୍ଜ-ନୀଳପଦ୍ମ, (୨୮) ସୁସଞ୍ଚ-ସୁନ୍ଦର, ବାଣୀ-ସରସ୍ୱତୀ, (୨୯) ସଦନ-ଘର, ଅକ୍ଷିପକ୍ଷୀ-ଯେ ଅକ୍ଷି ସେ ପକ୍ଷୀ, ମିହିର କର-ସୂର୍ଯ୍ୟ କିରଣ, ଅନେକ ଦାହ କନକ-ସୁନାକୁ ବହୁବାର ପୋଡ଼ା ଯାଇଥିବା, ବଲ୍ଲୀ-ନୃତ୍ୟ, ଭୁଜାନ୍ତର-କ୍ରୋଧ, ମଧୁକୋଷ-ମହୁଫେଣା, (୩୦) ସରଘା ଶ୍ରେଣୀ-ମହୁମାଛି ଦଳ, (୩୧) ବ୍ୟାଜ-ପଟ, ଉରଜ-ସ୍ତନ, ପରାପତ-ପ୍ରାପ୍ତ, (୩୨) ତୃଣରାଜ-ତୃଣ ଶ୍ରେଷ୍ଠ, (୩୩) ସ୍ପରଶ-ସ୍ପର୍ଶ (ଛୁଇଁବା)।

ପୀୟୂଷ ପିତୁଳାକୁ ସୁନା ରସାଣ । ଏକା ଭାବି କି ଧାତା କଲା ଭିଆଣ ଯେ ।
ସଂସାର ସାରସବୁ ଲାବଣ୍ୟମାନ । ପ୍ରତିବିମ୍ବ ଦେଖିବ ହେବାକୁ ସ୍ଥାନ ଯେ ।୩୫।
କି ଗଉରବ ଅନ୍ୟ ଗଉର ଦ୍ରବ୍ୟେ । କୁଙ୍କୁମ ଶୋଭା କରେ ଯେ ଅବୟବେ ଯେ ।
ସିନ୍ଧୁକୁ ଗୁରୁ କରି ମନ ଏମନ୍ତ । ମିଶିବି ଅଙ୍ଗେ ଜଳେ ଜଳ ଯେମନ୍ତ ଯେ ।୩୬।
ମମତା ଏହି ଖଗବର ପ୍ରକାର । ତା ଆଗେ ବସିଥିବି ଯୋଡ଼ିଣ କର ଯେ ।
ପାର୍ବତୀ ଶିବ ଅର୍ଦ୍ଧଅଙ୍ଗ ପରିରେ । ସେ ଆଲିଙ୍ଗନ ହୋଇଥିବ ଶରୀରେ ଯେ ।୩୭।
ବିଷ୍ଣୁ କୋଳୁଁ କମଳା ପରାୟ ସେହି । ଅନ୍ତର ହୋଇ ଦଣ୍ଡେ ନ ଯିବ କାହିଁ ଯେ ।
କଳେବରକୁ ଯଥା ନ ଛାଡ଼େ ଛାଇ । ମୁଁ ତାକୁ ନ ଛାଡ଼ିବି ତେମନ୍ତ ହୋଇ ଯେ ।୩୮।
ଯେବେ ଜୀବନେ ଥିବି ଉପାୟ କରି । ତପ ହେଳେ ମନାଇ ହର ଗଉରୀ ଯେ ।
ଲଭିବି ବଲ୍ଲଭୀ ରତନ ଅବଶ୍ୟ । ଯୋଗେ ସଙ୍ଗମ ନୋହୁଁ ହୋଇଲେ ନାଶ ଯେ ।୩୯।
ତାକୁ ପାଇବି ଅଛି ଏହି ଭରସା । ଚନ୍ଦ୍ର ଲଭିଲା ମଲା ଉତ୍ତାରୁ ଶଶା ଯେ ।
ତା ନାମ କରୁଥିବି ମୁଁ ସୁମରଣ । କଲେ ତା ଜୀବ ହେବ ମୋ ସୁମରଣ ଯେ ।୪୦।
ପୁରୋଧାସୁତ ବୋଲେ ତୋ ଶତ୍ରୁ ମରୁ । ଦୁର୍ଗା କୃପାରୁ ଭୋଗ କର ତୁ ଭୀରୁ ଯେ ।
ସାଧୁତ ଶୁକ ବ୍ରହ୍ମଚାରୀ ଯାଇଛି । ସେ ଆସିଲେ ଉପାୟ କରିବା କିଛି ଯେ ।୪୧।
ଦ୍ୱୀପ ସପତ ଶୋଭା ଜମ୍ବୁପ୍ଲକ୍ଷରେ । କୁଶ କ୍ରୌଞ୍ଚ ଶାକ ଶାଲ୍ମଳୀ ପୁଷ୍କରେ ଯେ ।
ଲବଣେକ୍ଷୁ ସୁରା ଦଧି ଘୃତ ଦୁଗ୍ଧେ । ପୟ ଘେନି ସପତ ସମୁଦ୍ର ସିଦ୍ଧ ଯେ ।୪୨।
ପୂର୍ବେ ନରରାଜାଏ ଅଛନ୍ତି ଭ୍ରମି । ସିଂହଳ ଦ୍ୱୀପେ ଅଛି କରୀନ୍ଦ୍ର ଗାମୀ ଯେ ।
ଏଥିପାଇଁ ଛାଡ଼ିବି କିମ୍ବା ଜୀବନ । ଅବିରତେ କରିବା ଉପାୟମାନ ଯେ ।୪୩।
ସେ ତ ସ୍ୱଭାବେ ସ୍ତ୍ରୀରୀ ପୁଂସ ଭଜିବ । ରସିକ ଜଣେ ସିନା ବିଭା ହୋଇବ ଯେ ।
ଏମନ୍ତ ବଚନରେ ବୋଧିଲେ ଚିତ୍ତ । ଏ ଛାନ୍ଦ ଅତି ରମ୍ୟ ହୋଇଲା ପ୍ରାନ୍ତ ଯେ ।୪୪।
ଦୈତ୍ୟହନ୍ତା ଚତୁର ଭୁଜ ରଞ୍ଜିତ । ଚିତ୍ରଭାନୁ ପରାୟ ତେଜ ଜ୍ୱଳିତ ଯେ ।
ହେ ରାମ ନାରାୟଣ ଦୁରିତ ଧ୍ୱଂସ । କହଇ ଉପଇନ୍ଦ୍ର ଭଞ୍ଜ ଏରସ ଯେ ।୪୫।

■

ଶବ୍ଦାର୍ଥ- (୩୫) ପୀୟୁଷ-ଅମୃତ, (୩୬) ଗଉର ଦ୍ରବ୍ୟ-ସୁନାର ଦ୍ରବ୍ୟ, ଅବୟବ-ଶରୀର, ସିନ୍ଧୁ-ସମୁଦ୍ର, (୩୭) ଖଗବର-ଗରୁଡ଼, (୩୮) କମଳା-ଲକ୍ଷ୍ମୀ, କଳେବର-ଶରୀର, ବଲ୍ଲଭୀ-ସ୍ତ୍ରୀ, (୪୧) ପୁରୋଧା-ପୁରୋହିତ, ଭୀରୂ-ରମଣୀ, (୪୨) ପୟ-ଜଳ, କରୀନ୍ଦ୍ରଗାମୀ-ଗଜ ଗମନା ।

ପଞ୍ଚଦଶ ଛାନ୍ଦ

ଐନ୍ଦ୍ରଜାଲିକର ଇନ୍ଦ୍ରଜାଲ ପ୍ରଦର୍ଶନ

(ରାଗ- ବସନ୍ତ ଭୈରବ)

ଶୁଣ ଜନେ ଏଣୁ ବିଧାତାକୁ ବଡ଼ ବୋଲି
ବ୍ୟାଜେ ଧନ ଅର୍ଜନେ ଅନେକ ଦେଶ ବୁଲି ସେ।
ସିଂହଳଦ୍ୱୀପେ ପ୍ରବେଶ ହେଲା ନଟବର
ଲୋକବଶକାରୀ ସେ ବିନୋଦ ନାମ ତାର ଯେ।
ହସ୍ତେ ବାଙ୍କି କାଖେ ଯାକି ଅଛି ସର୍ପପେଟୀ
ଦେହେ ଘଷି ହୋଇଛି ଚନ୍ଦନ ପରା ମାଟି ଯେ ।୧।
ମଲ୍ଲବିଦ୍ୟା ପଣ୍ଡିତ ଫଳିଛି ବାହୁ ବେନି
ତହିଁତ ଶୋଭିତ ଯେ ମୟୂରଚୂଳ ଘେନି ଯେ।
ବକ୍ରଜୁଡ଼ାକୁ ବେଢ଼ିଛି ଅଏଁଳାର ଫୁଲ
ଉଞ୍ଚାରି ଧରିଛି ଭଲା କଳା ଓରମାଳ ଯେ।
ସୁନାମୋଡ଼ିଆ ପନସକଢ଼ିଆ କୁଣ୍ଡଳ
ଦୋହଲି ଶୋଭା କରୁଛି ତା ଗଣ୍ଡମଣ୍ଡଳ ଯେ ।୨।
ହସୁଁ ଦିଶେ ସୁନାଖିଲ ଝଲ ଝଲ ଦନ୍ତେ
ପାନେ ପାଚି ଯାଇଛି ସେ ଜମ୍ବୁଫଳମତେ ଯେ।
ସିନ୍ଦୂର ଚିତାହିଁ ତା ହଟକେଶ୍ୱର ପଣେ।
ବିଭୂତି ଘଷିହୋଇଛି ଯୁବକ ଈକ୍ଷଣେ ଯେ।
ବକ ଶ୍ୟାମଳ ବାନା ତା ଭୁଜଙ୍ଗ ପଇତା
ମହା ମହା ଗୁରୁମାନଙ୍କର ଦର୍ପହନ୍ତା ଯେ ।୩।

ଶବ୍ଦାର୍ଥ- (୧) ବ୍ୟାଜେ-ଛଳନାରେ, (୨) ମଲ୍ଲବିଦ୍ୟା ପଣ୍ଡିତ-ମଲ୍ଲଯୁଦ୍ଧରେ ଧୁରନ୍ଧର, ବକ୍ରଜୁଡ଼ା-ବଙ୍କାରେ ବନ୍ଧା କେଶ, ଗଣ୍ଡମଣ୍ଡଳ-ଗାଲ, (୩) ଈକ୍ଷଣେ-ଆଖିରେ, ଭୁଜଙ୍ଗ-ସାପ।

ଧଣ୍ଡ ଶିକଳୀ ଚରଣେ କର କଙ୍କଣରେ
ବିରାଜିଛି ହେମବାଳୀ ବାମ ଶ୍ରବଣରେ ଯେ।
ପିନ୍ଧିଛି ପତନୀ ଫେଟା ପରି ନୀବୀ କରି
ରଙ୍ଗପାଟ ଖଣ୍ଡୁଆଏ କଟୀରେ ମାଧୁରୀ ଯେ।
ବେଢ଼ିଛନ୍ତି ଶିଷ୍ୟ ଉପଶିଷ୍ୟ ବେଶ ହୋଇ
କେ ଚଉତନା କେ ପାଗ ମୁଣ୍ଡେ ମଣ୍ଡିଆଇ ଯେ ।୪।
ପିନ୍ଧି ଚଳନାକାଛକୁ ବାନ୍ଧିଛନ୍ତି ତହିଁ
ଭାଲେ କାଳୀ ଚିତା କେ ବିଭୂତିଭୂଷା ଦେହୀ ଯେ।
ବହିଛନ୍ତି ସେ ବଂଶ ଶଳାକା ଆଦି ଢୋଲ
ଘଟ ନାଟ ଅରଟା ରଣପା ଦି ମଞ୍ଜୁଳ ଯେ।
ମଧ୍ୟବର୍ତ୍ତୀ ପ୍ରେମରୂପା ନାମେ ନଟୀସାର
ବୟସରେ ଷୋଡ଼ଶୀ ବେଶରେ ମନୋହର ଯେ ।୫।
ସେ ବିଟପୀ ବିଟପୀଧଈର୍ଯ୍ୟା ବିଟପୀକି
ଛେଦନେ କୁଠାର ପରା ମନରେ ତରକି ଯେ।
ଚିତ୍ତେ କରି ଧରିବାକୁ ଦର୍ପଣ ଝଟକ
ମୁଖ ମାଠି ତଇଳେ କରିଛି ଜକ ଜକ ଯେ।
ଅଙ୍ଗେ ସଂଗ କରିଅଛି ସେ ବନହଳଦୀ
କାନ୍ତି ହୋଇଛି ପାଚିଲା ଆମ୍ବ ପ୍ରତିଦ୍ୱନ୍ଦ୍ୱୀ ଯେ ।୬।
କସ୍ତୁରୀରେ ଅଳକାକୁ ନୂତନେ ଖଣ୍ଡିଛି
ଫୁଲଗୁଡ଼ାଏ ଜୁଡ଼ାରେ ଯତନେ ମଣ୍ଡିଛି ଯେ।
ଦଣ୍ଡିଛି ସେ ଜଳଦ ବକାଳୀ ମହୋଜ୍ଜ୍ୱଳ
ବହଳ କରି ଘେନିଛି ନୟନେ କଜ୍ଜଳ ଯେ।
ମୃଗ ହୋଇଲାକୁ ଅଛି ଚଞ୍ଚଳ ଚତୁରୀ
ଖେଳା ଭୂମିଯାକ ବିଞ୍ଚି ହୋଇଛି କସ୍ତୁରୀ ଯେ ।୭।

ଶବ୍ଦାର୍ଥ- (୪) ଶିକଳୀ-ଏକ ପ୍ରକାର ବଳା, ହେମବାଳୀ-କାନର ସୁନା ଅଳଙ୍କାର, ଫେଟା-ରଙ୍ଗପାଟ, ନୀବୀ-କଟି ବସ୍ତ୍ରର ଗଣ୍ଠି, (୫) ଚଳନା କାଛ-ମଲ୍ଲଙ୍କ ପିନ୍ଧିବା କାଛ, ଭାଲେ-କପାଳରେ, ଦୀର୍ଘଶଳାକା-ଲମ୍ବା ବାଉଁଶ, ଅରଟା-ବାଦ୍ୟଯନ୍ତ୍ରବିଶେଷ, (୬) ବିଟପୀ-ଅସତୀ, ତରଳି-ବିଚାର କରି, ପ୍ରତିଦ୍ୱନ୍ଦ୍ୱୀ-ସମାନ, (୭) ଜଳଦ-ମେଘ, ବକାଳି-ବକପନନ୍ତି।

ଅଭ୍ର ଚିତା ଶୁଭ୍ର ହୋଇଅଛି ଭାଲପଟ
ଭାନୁକର ଲାଗି ଝଟକଇ ଝଟଝଟ ଯେ।
ଜଳେକି ତହିଁ ଜ୍ୱଳନ କାମଡ଼ାଳୀ ବହି
ଆସୁଥିଲା ଉପମାକୁ ସେ ବାମା ଲଭଇ ଯେ।
ଶରଲକ୍ଷ କଟାକ୍ଷ ତା ପାଇଁ ଯୋଗୀରାଜି।
ବିନ୍ଧିବା ଭୟେ ଥରିଲେ ମୃଗଚର୍ମ ତେଜି ଯେ ।୮।
ବେନିପୁଟରେ ତା ଗୁଣା ନାକଚଣା ଅଛି।
ନାସାଦଣ୍ଡି ଫେଡ଼ାଇ ଗୁଣାଏ ଲଗାଇଛି ଯେ।
ତିନି ପୁରେ ମୋତେ ରତି ବିଚକ୍ଷଣା ଗୁଣେ
ନାରୀ ନାହିଁ ବୋଲି ଚିହ୍ନ ବହିଛି ଆପଣେ ଯେ।
ସୁନା ମଲ୍ଲୀକଢ଼ୀ ଫୁଲ ଜାଲିପଟି କାମ।
ବାଳାର କରିଛି ଶ୍ରବଣକୁ ମନୋହର ଯେ ।୯।
ତହିଁ ଝଲକାଇ ସେ ଝଲକ ଝଲକାକୁ
ଆସ ବୋଲି ପାଶକୁ ଡାକଇ ପୁରୁଷଙ୍କୁ ଯେ।
ଅଧରେ ଯେ କରିଅଛି ପାନରଙ୍ଗ ସଙ୍ଗ
ପ୍ରବାଳ ଉପିଲା ଥୋପି ପଡ଼ଇ କି ରଙ୍ଗ ଯେ।
କୁଟାଇଛି ଚିବୁକେ ମକ୍ଷିକା ଝରୁଚିତ୍ର
ଓଷ୍ଠେ ମଧୁ ସଞ୍ଚିବାକୁ ସେ ଉପସ୍ଥିତ ଯେ ।୧୦।
ଲାକ୍ଷା ଚିଞ୍ଚ ରସେ ପଗଇଛି ଦନ୍ତରାଜି
ଦେଉଛି ସେ ପାଚିଲା ଡାଳିମ୍ବମଞ୍ଜି ଗଞ୍ଜି ଯେ।
କାଚମାଳୀ ମୋତିମାଳୀ କଣ୍ଠମାଳୀ ମଞ୍ଜୁ
କମ୍ବୁକଣ୍ଠେ ଲଗାଇ ଅଛି କି କୁନ୍ଦାରଜ୍ଜୁ ଯେ।
ନବଘନ ହେଲା ପ୍ରାୟ ଗିରିଶୃଙ୍ଗ ଗିଳି
ଉଚ୍ଚକୁଚେ ରାଜିତ ହୋଇଛି ନୀଳଚେଳୀ ଯେ ।୧୧।

ଶବ୍ଦାର୍ଥ- (୮) ଅଭ୍ରଚିତା-ଅଭ୍ର ତିଆରି ଚିତା, ଭାନୁକର-ସୂର୍ଯ୍ୟକିରଣ, କାମ-ଇଚ୍ଛା, ଡାଳୀ-ଏକ ପ୍ରକାର ମୃଗୟା, (୯) ବେନିପୁଟ-ଦୁଇନାକ ପୁଡ଼ା, ପ୍ରବାଳ-ପୋହଳା, ଚିବୁକ-ଅଧରର ତଳ ଭାଗ, ମକ୍ଷିକା-ମାଛି, ଉପିଲା-ମାଠି, (୧୧) ନବଘନ-ନବମେଘ, ଚିଞ୍ଚା-ତେନ୍ତୁଳି, ମଞ୍ଜୁ-ସୁନ୍ଦର, କୁନ୍ଦାରଜ୍ଜୁ-ଚିକ୍‌କଣ ବୋଳା ଦଉଡ଼ି, ନୀଳଚେଳୀ-ନୀଳ ରଙ୍ଗର କାଞ୍ଚୁଲା।

କକ୍ଷଭୁଜ ଅର୍ଦ୍ଧକୁ ବୋଲଇ ସେ ଅଛି ଗ୍ରାସି
କାଳିନ୍ଦୀରୁ ମୃଣାଳ ବାହାର ପରା ଦିଶି ଯେ।
ସେ ଭୁଜେ ବାନ୍ଧିଛି ରୂପାସୁତା ବିଦମାଳୀ
ପାଣିରେ ତା ପାଣିକାଚ ମହ୍ଣା କଡ଼ିଆଳୀ ଯେ।
ଅଞ୍ଜନ ଚିତ୍ରେ ରଞ୍ଜନ କରଜ ପାପୁଲି
ଦର୍ପଣବସା ମୁଦିରେ ଦୀପିତ ଅଙ୍ଗୁଳି ଯେ ।୧୨।
ଅଛି ଜଙ୍ଘତଳେ ଭିଡ଼ି ଦେଇ କଟୀ ଡୋରେ
ପିନ୍ଧିଛି ସେ ଅତଲସ ଲହଙ୍ଗା ଉପରେ ଯେ।
ବାନ୍ଧିଅଛି କ୍ଷୁଦ୍ର ଘଣ୍ଟି ବାଜେ ଝମଝମ
କନ୍ଧେ ଉପରାଣ ଜରୀ ପାଛୋଡ଼ା ସୁକ୍ଷମ ଯେ।
ରଣଝଣ ହୋଇ ଖଞ୍ଜାଘାଘୁଡ଼ି ଚରଣେ
ଡାକେ ରସିକେ ସଞ୍ଚିତ ଧନ ବିତରଣେ ଯେ ।୧୩।
ରୋମାବାଳୀ ଚହିଁ ଜନେ ଭ୍ରମ ଉପୁଜଇ
ସ୍ତନପେଟୀରୁ କି କାଳବ୍ୟାଳ ବାହାରଇ ଯେ।
ମୁଦି ଲଗାଇଛି ତିନି ତିନି ପ୍ରପଦରେ
ଧରିଛି ଅମୃତ ଘଷାଧନ ବେନି କରେ ଯେ।
ଏମନ୍ତରେ ନଟନଟୀ ରାଜଦ୍ୱାରେ ଯାଇ
ଦେଖିବାକୁ ଲୋକେ ଛନ୍ତି ସଙ୍ଗତେ ଗୋଡ଼ାଇ ଯେ ।୧୪।
ସିଂହଦ୍ୱାରେ ବସି ବଜାଇଲେ ଢୋଲ ତୁରୀ
ନୃପତି ଛାମୁରେ ଯାଇଁ ଜଣାଇଲେ ଦ୍ୱାରୀ ଯେ।
ହେବ ବିଭୋ ବନ୍ଧୁ କୁମୁଦ ବିଧୁ ମହାରାଜ
ଆସିଛି ଇନ୍ଦ୍ରଜାଲିକ କର୍ଣ୍ଣାଟ ତା ରାଜ୍ୟ ଯେ।
ଶୁଣି ତୁମ୍ଭ ଦାତୃଗୁଣ କରିବାକୁ ହଟ
ଆସୁ ବୋଲିବାକୁ ତହିଁ ନୃପତି ମୁକୁଟ ଯେ ।୧୫।

ଶବ୍ଦାର୍ଥ- (୧୨) କକ୍ଷଭୁଜ ଅର୍ଦ୍ଧ-କାଖପାଖ ହାତ ଅଧା, ମିହ୍ଣା-ଏକ ଧାତୁ ଅଳଙ୍କାର, କଡ଼ିଆଳୀ-ହାତବଳା, (୧୩) ଜଙ୍ଘି-ଜଙ୍ଘିଆ, କଟୀ ଡୋର-ଅଣ୍ଟା ଦଉଡ଼ି, ଅତଲସ-ଲୁଗାର ଭଲ, ଲହଙ୍ଗା-ପିନ୍ଧାଶାଢ଼ି, (୧୪) କଳାବ୍ୟାଜ-କଳାନାଗ, ପ୍ରପଦ-ପାଦ ଅଗ୍ର, ସ୍ତନପେଟୀ-ସ୍ତନ ରୂପକ ପେଡ଼ି, ଅମୃତ ଘଷାଧନ-ଏକ ପ୍ରକାର ସ୍ୱର ବାଦ୍ୟ, (୧୫) କୁମୁଦ-କଇଁ, ବିଧୁ-ଚନ୍ଦ୍ର, ଦାତୃଗଣ-ଦାନୀପଣ, ପ୍ରତିହାରୀ-ଦ୍ୱାରରକ୍ଷୀ, ଗୋଟି କାଞ୍ଚନ-ଏକ ପ୍ରକାର ମୂକବିଦ୍ୟା।

ତହିଁ ଦେଲେ ପ୍ରତିହାରୀ ଦଶ ବିଂଶ ଧାଇଁ
ଛାମୁରେ ସେ ଭେଟାଇଲେ ନଟ ନଟୀ ନେଇ ଯେ।
ରାଜା ପଚାରିଲେ ଅହୋ କି କି ବିଦ୍ୟା ଜାଣ
ସେ କହିଲା ଦ୍ୱୀପେଶ୍ୱର ସାବଧାନେ ଶୁଣ ହେ।
କୁହୁକ ଗୋଟିକାଞ୍ଜନ ସ୍ତମ୍ଭନ ମୋହନ
ବଶ୍ୟ ଉଚ୍ଚାଟନ ଜାଣେ ମୁଁ ଭୋଜ ରାଜନ ଯେ ।୧୬।
ଗଦ ପଦେ ବିଷ ଝାଡ଼ଣେ ମୁଁ ଧନ୍ୱନ୍ତରୀ
ଗୁରୁଏ ଘେନନ୍ତି ମୋତେ ମହାଗୁରୁ କରି ଯେ।
ମାୟା ରଚନରେ ମୟ ପରି ମୋତେ ଘେନ
ପୁଣ ଏ ଅଙ୍ଗନାସାରେ ଗୁଣ ଅକଥନ ଯେ।
ନୃତ୍ୟ ଦେଖିଲେ ବାସବ ରମ୍ଭା ପାସୋରିବେ
ଗାନ ଶୁଣିଲେ ବୀଣାକୁ କିମ୍ପା ପ୍ରଶଂସିବେ ହେ ।୧୭।
ଆମ୍ଭ କୁଳଧର୍ମ ବିଦ୍ୟାରତେ ନାହିଁ ସରି
ତୁମ୍ଭେ କି ଆଜ୍ଞା କରୁଛ କହ ଦଣ୍ଡଧାରୀ ହେ।
ନୃପତି ବୋଇଲେ ରହ କରିସାରୁ ସନ୍ଧ୍ୟା
ରାମାୟଣ ଦେଖାଅ ଜାଣିବା ତୁମ୍ଭ ବିଦ୍ୟା ହେ।
କେତେବେଳେ ହେଲା ତହିଁ ସନ୍ଧ୍ୟା ଅବଶେଷ
ରାଜା ଅବରୋଧନାରୀ ଜଗତୀ ପ୍ରବେଶ ଯେ ।୧୮।
ବଡ଼ ବଡ଼ଭୀ ମସ୍ତକ ମଣ୍ଡିଲା କୁମାରୀ
କେବଳ ଅଛନ୍ତି ସଙ୍ଗେ ପ୍ରିୟ ସହଚରୀ ଯେ।
କରିଛି କରୀନ୍ଦ୍ର ଗତି ଏ ପାଞ୍ଚ ସ୍ୱଭାବ
ରାମଚରିତ ଦେଖିଲେ କାମ ପୂର୍ଣ୍ଣ ହେବ ଯେ।
ଏହି କାଳେ ଜାଲିକ ବୋଇଲା ନେତ୍ର ବୁଜ
ନେତ୍ର ବୁଜନ୍ତେ ରଚିଲା ଏ ମାୟାସମାଜ ଯେ ।୧୯।
ତହିଁ ଲୋମଦଗ୍ଧ ଜନେ ଲୋମ ପଦେ ବୋଲେ
ଜରତା ରତାର ରଣ୍ୟଶୃଙ୍ଗ ଆସି ହେଲେ ଯେ।

ଶବ୍ଦାର୍ଥ- (୧୭) ଗଦ-ବିଷ ଝାଡ଼ିବା ପାଇଁ ଔଷଧ, ଧନ୍ୱନ୍ତରୀ-ଦେବ ବୈଦ୍ୟ, ମୟ-ଦାନବ ଶିଳ୍ପୀ, ଅଙ୍ଗନା-ଯୁବତୀ, ବାସବ-ଇନ୍ଦ୍ର, (୧୮) ବଡ଼ଭୀ-ଅଟ୍ଟାଳିକା, କରୀନ୍ଦ୍ରଗତି-ଗଜଗମନ, ଅବରୋଧନାରୀ-ଅନ୍ତଃପୁରନାରୀ।

ସେ ଦେଶରେ ବୃଷ୍ଟି କଲେ ତୁଷ୍ଟି ହେଲେ ରାଜା
ଶାନ୍ତା କାନ୍ତା ଦେଇକରି କଲେ ଦିବ୍ୟପୂଜା ଯେ ।
ଦଶରଥ ମନୋରଥ ସାର୍ଥ ହେବା ପାଇଁ
ସେ ମୁନିକି ଘେନିଗଲେ ରଥରେ ବସାଇ ଯେ ।୨୦।
ଛରୁ ଚରୁ ସ୍ୱରୂପେ ହୋଇଲେ ପଦ୍ମନାଭ
କଉଶଲ୍ୟା କୈକେୟୀ ସୁମିତ୍ରା ଭକ୍ଷ ଗର୍ଭ ଯେ ।
ଅଭିରାମ ଶ୍ରୀରାମ ଭରତ ସୁଭାରତ
ସଲକ୍ଷ୍ମଣ ଲକ୍ଷ୍ମଣ ଶତ୍ରୁଘ୍ନ ହେଲେ ଯାତ ।
କ୍ରତୁ ରକ୍ଷା ହେତୁ ବିଶ୍ୱାମିତ୍ର ଆସି ନେଲେ
ବନେ ତାଡ଼କୀ ଶମନ ଭୁବନେ ପେଷିଲେ ହେ ।୨୧।
ସୁବାହୁ ସୁବାହୁ ବଳେ ମାରି ମାରୀଚକୁ
ଆକାଶରେ ଶରେ ଉଡ଼ାଇଲେ ଯେ ଯଶକୁ ଯେ ।
ପଥରେ ପଥରେ ନାରୀ କରି କଲେ ମୋଦ
ଦାସ ବତ୍ସଳ ଦାସରେ ଧୁଆଇଲେ ପଦ ଯେ ।
ଖଣ୍ଡପରଶୁ କୋଦଣ୍ଡ ବେନି ଖଣ୍ଡ କରି
ସୀତା ବିବାହ ନିର୍ବାହ ନୃପଦର୍ପ ହିର ଯେ ।୨୨।
ବଜ୍ରପରି ଭୃଗୁପତି ଭୃଗୁକୁ ଭେଦିଲେ
ଅଭିଷେକ କରିବା ମମତା ତାତ କଲେ ଯେ ।
ମନ୍ଥରା ମନ୍ଥନେ କାନ୍ତାନୁଜ ଘେନି ସଙ୍ଗେ
ବିଚିତ୍ର ଚିତ୍ରକୂଟରେ ବିହରିଲେ ରଙ୍ଗେ ଯେ ।
ବକ୍ର କଲେ ଶକ୍ରସୁତ ଚକ୍ର ନେତ୍ରରାଜି
ଭରତ ପ୍ରବୋଧି ସୁବୁଦ୍ଧିରେ ଗିରି ତେଜି ଯେ ।୨୩।
ବିରାୟୁଧେ ବୀରାୟୁଧେ ବଧ ବିଚରିଲେ
ଅମଳାନ ବସ୍ତ୍ର ବ୍ରହ୍ମଶସ୍ତ୍ରକୁ ପାଇଲେ ଯେ ।

ଶବ୍ଦାର୍ଥ- (୨୧) ଚରୁ-ଖାରୀ, ପଦ୍ମନାଭ-ବିଷ୍ଣୁ, ଶୁଭରତ-ଶୁଭଯୁକ୍ତ, କ୍ରତୁ-ଯଜ୍ଞ, ଶମନ-ଯମ, (୨୨) ସୁବାହୁ-ରାମଚନ୍ଦ୍ର, ସୁବାହୁ-ଅସୁରର ନାମ, ମୋଦ-ଆନନ୍ଦ, ଦାସରେ-କୈବର୍ତ୍ତରେ, ଖଣ୍ଡ ପରଶୁ-ଶିବ, କୋଦଣ୍ଡ-ଧନୁ, (୨୩) ଭୃଗୁପତି-ପର୍ଶୁରାମ, କାନ୍ତାନୁଜ-ସ୍ତ୍ରୀ ଓ ଅନୁଜ, ଶକ୍ରସୁତ-କାଉ, ବିରାଧ-ଅସୁରର ନାଁ ।

ଦଣ୍ଡକାରଣ୍ୟକୁ ମଣ୍ଡି ସୂର୍ପଣକା ଦଣ୍ଡି
ଖର ଖର ଦୂଷଣ ତ୍ରିଶିର ଶିର ଖଣ୍ଡି ଯେ।
ହେମ ସାରଙ୍ଗ ରଙ୍ଗରେ ଲଙ୍କା ଦଣ୍ଡାଧାରୀ
ସୀମା ସିତାଂଶୁମୁଖୀକି ଉଟଜରୁ ହରି ଯେ ।୨୪।
ମାର୍ଗରେ ବିନାଶ ଖଗ ଖଡ଼୍‌ଗ ପ୍ରହାରେ
ରହେ ଶୋକବତୀ ସୀତା ଅଶୋକ ବନରେ।
ବାସେ ନ ଦେଖି ସୁମୁଖୀ ମହାଦୁଃଖୀ ରାମ
ବିଳାପ କଳାପ ମାପ କରଣେ କେ କ୍ଷମ।
ରକ୍ଷଦେଶ ଗମନ ସନ୍ଦେଶ ପକ୍ଷୀ କହି
କବନ୍ଧ ବନ୍ଧନେ ପଡ଼ି ତାହା ନାଶ ବିହି ଯେ ।୨୫।
ଫଳଦାନେ ମୋକ୍ଷଫଳ ଲଭିଲା ଶବରୀ
କ୍ଷୀରପାନେ ବର-ବରଜରେ ବାଞ୍ଛା ପୂରି ଯେ।
କାମ କାମନାକୁ ମୁନି ଚିତ୍ତେ ଜନ୍ମାଇଲେ
ପମ୍ପାସରେ କୋକଶୋକକାରକ ହୋଇଲେ ଯେ।
ମିତ୍ରବଂଶୀ ମିତ୍ର ବସି ମିତ୍ରପୁତ୍ର ସଙ୍ଗେ
ଭେଦି ଶାଳ ଦୁନ୍ଦୁଭି ଅସ୍ଥିକି ଫେଳେ ରଙ୍ଗେ ଯେ ।୨୬।
ଶାଖାମୃଗରାଜ ମୃଗରାଜ କୋଟିବଳ
ଶର ଶରଭରେ କଲେ ବିନାଶ ଚପଳ ଯେ।
ମାଲ୍ୟବନ୍ତ ଧରଣୀଧରରେ ପୁର ରଚି
ରଘୁବୀର ବିରହେ ବରଷାକାଳ ବଞ୍ଚି ଯେ।
କୁକ୍‌କୁଟକୁ ମୁକୁଟ ସେ ଗିରିକୂଟେ ଦେଇ
ଲଭି ବଲ୍ଲଭୀ ଉଦନ୍ତ ଦୂତ ପଠିଆଇ ଯେ ।୨୭।
ଜଳେ ସେତୁ କଲେ ଶିଳେ ନଳେ ଦେଇ ଯଶ
ଲଙ୍କା ବେଢ଼ି ଶଙ୍କା କରାଇଲେ ଦୈତ ବଂଶ ଯେ।

ଶବ୍ଦାର୍ଥ- (୨୪) ଖର-ଦୁଷ୍ଟ, ଶୀଘ୍ର, ଶାଖାମୃଗ-ମର୍କଟ, ଶରଭରେ-ମୃଗ ପରି, ଏକା ଶରରେ, ସିତାଂଶୁମୁଖୀ-ଚନ୍ଦ୍ରମୁଖୀ, ହେମ-ସୁବର୍ଣ୍ଣ, ସାରଙ୍ଗ-ମୃଗ, ଉଦଜ-ପତ୍ରକୁଡ଼ିଆ, (୨୫) ମାର୍ଗ-ରାସ୍ତା, ଖଗ-ପକ୍ଷୀ, ବାସ-ଘର, ରକ୍ଷ-ଅସୁର, (୨୬) ମିତ୍ରବଂଶୀ-ସୂର୍ଯ୍ୟବଂଶୀ, ମିତ୍ରପୁତ୍ର-ସୂର୍ଯ୍ୟପୁତ୍ର ସୁଗ୍ରୀବ, (୨୭) ଶାଖାମୃଗ-ମର୍କଟ, ମୃଗରାଜ-ସିଂହ, ଶରଭରେ-ମୃଗ ପରି, ବଲ୍ଲଭ-ସ୍ୱାମୀ, ଉଦନ୍ତ-ଖବର

ବିଷଧରପାଶ ତ୍ରାସ ନାଶ କଲା ବୀଶ
ଅନୀକିନୀ ଅନେକ ହୋଇଲେ ରଣେ ନାଶ ଯେ।
ଘଟକର୍ଣ୍ଣ ଘଟତ୍ୟାଗ ଅତିକାୟ କ୍ଷୟ
ପୁରୁହୁତଜିତ ହତ ବ୍ରହ୍ମାସ୍ତ୍ର ଉଦୟ ଯେ ।୨୮।
ହନୁମାନ ଗନ୍ଧମାର୍ଦନ ଗମନ ଲୀଳା
ଭରତ ଉଦନ୍ତ ପ୍ରାପ୍ତ ଲକ୍ଷ୍ମଣ ଜିଇଁଲା ଯେ।
ଶ୍ରୀରାମଚନ୍ଦ୍ର ନରେନ୍ଦ୍ର ଶର ସର୍ପ ନେଇ
ଲଙ୍କପତି ଅଙ୍କପେଟୀ ଭିତରେ ପୁରାଇ ଯେ।
ଅଭୀଷଣ ବିଭୀଷଣେ ଅଭିଷେକ କରି।
ବଇଦେହୀ ଦହି ଅନଳରେ ହେମ ପରି ଯେ ।୨୯।
ପୁଷ୍ପକରେ ପୁଷ୍କର ସବଳେ ଗଲେ ଗତି
ଯୋଦ୍ଧାବର ଅଯୋଧ୍ୟାରେ ହୋଇଲେ ନୃପତି ଯେ।
ଦେଖାଉଁ ଦେଖାଉଁ ରାମାୟଣ ମହୋତ୍ସବ
ଚନ୍ଦ୍ରବଦନୀକି ଦେଖାଇଲା ଅନ୍ୟଭାବ ଯେ।
କର୍ଣ୍ଣାଟ ରାଜନନ୍ଦନ ରାମ ଆଗେ ଉଭା
ବିଶ୍ୱମ୍ଭର ଆଗେ ବିଶ୍ୱକେତୁ ଯଥା ଶୋଭା ଯେ ।୩୦।
କୁମାରୀକି ଶୁଭୁଛି ଏମନ୍ତ ଜଣାଉଛି
ଆନ ବରେ ମୋର ପ୍ରୟୋଜନ ନାହିଁ କିଛି ଯେ।
ହେ ରାମ ଶ୍ୟାମସୁନ୍ଦର ଅଛ ଦତ୍ତ କରି
ସୁଗ୍ରୀବକୁ ତାରା ବିଭୀଷଣେ ମନ୍ଦୋଦରୀ ଯେ।
ଲାବଣ୍ୟବତୀ ଯୁବତୀ ଶିରୋମଣି ମୋର
ମନୋହରୀ ହୋଇବ ଏମନ୍ତ କୃପା କର ହେ ।୩୧।
ସେ ନବୀନା ବିନା ଆନେ ନ ରସେ ମୋ ମନ
ଦହନ କରୁଛି ମୋତେ ମଦନଦହନ ହେ।
ପ୍ରଭୁ ତୁମ୍ଭେ ବିରହ ବେଦନା ଅନୁଭବୀ
ନ ଘେନିଲେ ଆଉ କାହା ଆଗେ ଜଣାଇବି।

ଶବ୍ଦାର୍ଥ- (୨୮) ତ୍ରାସ-ଭୟ, ଅନୀକିନୀ-ସେନା, ପୁରୁହୁତ-ଇନ୍ଦ୍ର, ଘଟକର୍ଣ୍ଣ-କୁମ୍ଭକର୍ଣ୍ଣ, ବୀଶ-ଗରୁଡ଼, (୩୦) ପୁଷ୍ପକରେ-ପୁଷ୍ପକ ଯାନରେ, ପୁଷ୍କରେ-ଆକାଶରେ, ବିଶ୍ୱମ୍ଭର-ବିଷ୍ଣୁ, ବିଶ୍ୱକେତୁ-କନ୍ଦର୍ପ, (୩୨) ଦହନ-ଦହିବା, କସ୍ତୁରୀ ସୁବାସୀ-ଲାବଣ୍ୟବତୀ।

କରୁଣା ଲୋକନେ ରାମ ଅସ୍ତୁବାଣୀ ଭାଷି
ଦେଖି ଶୁଣି ଏମନ୍ତ ଯେ କସ୍ତୁରୀସୁବାସୀ ଯେ ।୩୨।
ଆଳୀକି ଦେଖାଇ ଦେଲା ଅଙ୍ଗୁଳି ଦେଖାଇ
ସ୍ୱପନ ସମ୍ପତ୍ତି ପତି ପୁରୁଷ ମୋ ଏହି ଯେ ।
ସଖୀ ବୋଇଲା ସୁନ୍ଦର ସୃଷ୍ଟି ପୁରନ୍ଦର
ଏଥର ଅଇଲେ ପାଶେ ଏ ଉପାୟ କର ଯେ ।
ଉଦ୍ଧତକୁ ବିଚାର ନ କରି କମ୍ବୁକଣ୍ଠୀ
ଭେଟୁଁ ଦେବୁ ଅଞ୍ଚଳେ ଅଞ୍ଚଳେ ଦୃଢ଼ଗଣ୍ଠି ଯେ ।୩୩।
ବାହୁବନ୍ଧନେ ବାନ୍ଧିବୁ ଅତି ଯତ୍ନ କରି
ନ ଯାଇ ପାରିବ ଶେଷ ହୋଇଲେ ଶର୍ବରୀ ଗୋ ।
ରତିଭୋଗ ଯାଏ ଯେବେ ସହିବ ଦଇବ
ସେ ପ୍ରେମ ରଜ୍ଜୁରେ ବାନ୍ଧି ହୋଇଣ ରହିବ ଗୋ ।
ଯେଉଁ ରତିରସ ବଶ କରଇ ବ୍ରହ୍ମାକୁ
ଅଧିକ କି କରିବା ପୁରୁଷ ଭ୍ରମରକୁ ଗୋ ।୩୪।
ସଜନୀଏ ମଧୁର ବଚନ କହୁ କହୁଁ
ଜଗତୀ ପ୍ରବେଶ ସେ କୁମାର ଚାହୁଁ ଚାହୁଁ ଯେ ।
କୁମାରୀ ବିଚାରେ ସ୍ୱପ୍ନ ସଙ୍ଗ ଦିନ ଦିଶି
ସେହି ଶୁଭଲଗ୍ନ ଘେନି ବାହୁଡ଼ି କି ଆସି ଯେ ।
ଏମନ୍ତେ ସେ ରସିକ ପ୍ରକାଶେ ବଚନକୁ
କିଣିଲୁ ଧନ ଜୀବନ ମନ ଲୋଚନକୁ ଗୋ ।୩୫।
ମଧୁ ବିନା ମଧୁପର ଆନ ଗତି ନାହିଁ
ମଧୁ ବିନା ଆନେ କି କୁମୁଦ ପ୍ରକାଶଇ ଗୋ ।
ବନ୍ଧୁ ବିନା ଆନ ଗତି ନାହିଁ ମୋ ଜଗତେ
ଆନକୁ ନ ବରି ଏକା ବରିବୁ ତୁ ମୋତେ ଗୋ ।
ଏତିକି ମାଗୁଣି ମୋ କେତକୀ ବରନାକୁ
ସେ କୁମର କରୁଁ ଏ ବିନୟ ରଚନାକୁ ଯେ ।୩୬।

ଶବ୍ଦାର୍ଥ- (୩୩) ଆଳୀ-ଯୁବତୀ, ସଖୀ, ସୃଷ୍ଟି ପୁରନ୍ଦର-ସୃଷ୍ଟିର ସାର, କମ୍ବୁକଣ୍ଠୀ-ଶଙ୍ଖପରି କଣ୍ଠ, (୩୪) ଶର୍ବରୀ-ରାତି, ପ୍ରେମରଜ୍ଜୁ-ପ୍ରେମ ଦଉଡ଼ି, ନିଶି-ରାତ୍ର, (୩୫) ଲୋଚନ-ଚକ୍ଷୁ, (୩୬) ମଧୁପ-ମହୁମାଛି, କୁମୁଦ-କଇଁ

ସଖୀ ବୋଲେ ଆମ୍ଭ ସଖୀ ସତ୍ୟର ଜନନୀ
ବରଣ ଯେ କରିଛି ମୁକୁତାମାଳା ଘେନି ଯେ।
କୋଟିକଣ୍ଠେ ଏ କଥା ହୋଇଛି ନିକି ଆନ
ଘନ ତେଜି ଗଙ୍ଗାଜଳେ ଚାତକର ମନ ଯେ।
ତୁମ୍ଭ ପୁରୁଷେ ସହଜେ ଚନ୍ଦ୍ରମା ପ୍ରକାର
ତାରାପତି ହୋଇଲେ କୁମୁଦେ ଭୋଗ କର ଯେ ।୩୭।
ଚନ୍ଦ୍ରମୁଖୀ କି ରଖିଛି ସଖୀ ଥିଲା ଲାଜ
ମନେ କରେ ଗଳାରେ ବେଢ଼ାଇ ଦେବି ଭୁଜ ଯେ।
ଜାଣି ତାହା ସହଚରୀ ଅନ୍ତର ହେବାକୁ
କୁହୁକ କୁଶଳୀ ହରି ନେଲା ସେ ମାୟାକୁ ଯେ।
କୁମାର କୁମାରୀ ରୀତି ଆନକୁ ନ ଦିଶି
ରାମାୟଣ ଚରିତେ ସମସ୍ତେ ହେଲେ ତୋଷୀ ଯେ ।୩୮।
ରାଟ ହାଟକ କଟକ ଘୋଟକ ରତନ
ହାଟ ବାଟ ଜୁର ଶାଢ଼ି ବାସ କଲେ ଦାନ ଯେ।
ଯେତେଲୋକ ଦେଖୁଥିଲେ ଦେଲେ ସଭା ଜୁର
ସବୁରୂପେ ପୂର୍ଣ୍ଣ ହେଲା ମନୋରଥ ତାର ଯେ।
ବ୍ୟାକୁଳ ଅନଳେ ଦଗଧ କୁଟିଳ କଟାକ୍ଷ
ଶତ୍ରୁ ମିତ୍ର ହେଲା ପ୍ରାୟ କଲା ମୋହ ରକ୍ଷା ହେ ।୩୯।
କେତେବେଳେ ଏ ରୂପ ଭଜିଲା ଭାବମୟୀ
ଜନନୀ ହକରା କେତେ ଦଣ୍ଡକୁ ବଞ୍ଚାଇ ଯେ।
ଏ ଉତ୍ତାରୁ ଶଙ୍କା ଉପୁଜାଇ ଦେଲେ ଆଳୀ
ଗୁପତ କଥା ପ୍ରକଟ ହେଲା ନବବାଳି ଗୋ।
ତୁ ରାଜକୁମାରୀ ତୋତେ ହେବ ବଡ଼ ଲାଜ
ସରିବ ଆମ୍ଭ ମହତ୍ୱ ନ ପାଇବୁ କାର୍ଯ୍ୟ ଗୋ ।୪୦।
ହଳାହଳ ପାନେ ପ୍ରାଣ ରକ୍ଷା ବାଞ୍ଛା କରୁ
ସନ୍ନିପାତକୁ ସେ ହିତ ହୁଏ ସିନା ଭୀରୁ ଗୋ।
ତେଜ ରୋଗ ଜନମିଲେ ଆଉ ରକ୍ଷା କାହିଁ
ଚତୁରୀର ଏତେକ ବିବେକ ହେଉ ନାହିଁ ଗୋ।

ଶବ୍ଦାର୍ଥ- (୩୭) ଘନ-ମେଘ, ତାରାପତି-ଚନ୍ଦ୍ର, କୁମୁଦ-କଇଁ, (୩୯) ପଟ-ବସ୍ତ୍ର, ହାଟକ-ସୁନା, କଟକ-ଖଡୁ, କୁଟିଳକଟାକ୍ଷ-ଆଖି କୋଣରେ ଚାହିଁବା, ମୋହ-ଅଜ୍ଞାନ, ଜୁର-ଜବରଦସ୍ତ, (୪୦) ପ୍ରକଟ-ପ୍ରକାଶ, ଦଣ୍ଡ-ସମୟ।

ଏହି ବଡ଼ ଭୟ ତା ନିଗୂଢ଼ ହୋଇ କରି
ପଳାଇଲା ପ୍ରାଣକୁ ରଖିଲା ବେଳେ ଧରି ସେ ।୪୧।
ନଟ ଯାଇ କେତେ ଦିନେ କର୍ଣ୍ଣାଟେ ପ୍ରବେଶ
କୁମାରକୁ କହିଲା ଦୁର୍ଲ୍ଲଭ କନ୍ୟା ବଶ ଯେ।
ନାମ ଦେଶ ପଚାରିଲେ ତାହିଁ ପ୍ରକାଶିଲା
କୁମାର ବିଚାରେ ମୋର ସୁକୃତ ଦିଶିଲା ଯେ।
ଅଘକରୀନ୍ଦ୍ର ପାରିନ୍ଦ୍ର ଅଯୋଧ୍ୟା ନରେନ୍ଦ୍ର
ଭାବି ଛାନ୍ଦ ଶେଷ କଲା ଭଞ୍ଜ ଉପଇନ୍ଦ୍ର ଯେ ।୪୨।

ଶବ୍ଦାର୍ଥ- (୪୧) ହଳାହଳ-ବିଷ, ଭୀରୁ-ନାରୀ, (୪୨) ଅଘକରୀନ୍ଦ୍ର-ପାପ ରୂପକ ହସ୍ତୀ, ପାରିନ୍ଦ୍ର-ସିଂହ।

ଷୋଡ଼ଶ ଛାନ୍ଦ

ମିତ୍ରମାନଙ୍କ ସମ୍ମୁଖରେ ଚନ୍ଦ୍ରଭାନୁ ଦ୍ୱାରା ଲାବଣ୍ୟବତୀର ରୂପ ବର୍ଣ୍ଣନା

(ରାଗ- ଗୁଜ୍ଜରୀ)

ଇନ୍ଦ୍ରଜାଲିକ ମୁଖୁଁ ଶୁଣି । ବଶ ହେବାରୁ ପୃଥୁଶ୍ରୋଣୀ ।
ଚିତ୍ତୋଲ ଶୋଭା ଅନୁରାଗ । କିଛି ପ୍ରକାଶେ ମିତ୍ର ଆଗ ।୧।
ହା ହା ସେ ନରେନ୍ଦ୍ର କୁମାରୀ । ଅବନୀ ଶିରୀ ସୁକୁମାରୀ ।
ପଲ୍ୟଙ୍କ ଅଙ୍କେ ଶୋଇଥିଲା । ସ୍ୱକୃତି ଦୂତୀ ଭେଟାଇଲା ।୨।
ସଂସାରେ ଯେତେ ଦୃଷ୍ଟି ଅଛି । ତାଠାରେ ପୁଷ୍ଟି ସେ ହୋଇଛି ।
ଏଣୁ ଜଗତ ଜୟରୂପ । ପୁଣି କନ୍ଦର୍ପ ରସକୂପ ।୩।
ତହିଁ ନୟନ ମୀନ ପଡ଼ି । କି ଚିତ୍ର ରହିବାର ବୁଡ଼ି ।
ଆଗ ପଛକୁ ସମ ଶୋଭା । ଶୋଭାବୃନ୍ଦରେ ହେମପ୍ରଭା ।୪।
ପ୍ରଭାମାନଙ୍କ ନିଜ ଧାମ । ଅନ୍ୟୋଽନ୍ୟେ ନାମରୂପ ସମ ।
ସମ ନୋହିଲେ ଆଉ କାହିଁ । ମୁକୁର ଦେଖାବେଳେ ଦୁଇ ।୫।
ଅଳଙ୍କାରକୁ ଅଳଙ୍କାର । ନିଶ୍ଚୟ ସେହି ରାମାବର ।
ଭାବାଦି ଯେତେ ଅଳଙ୍କାର । ସେମାନେ ଅଳଙ୍କାର ସାର ।୬।
ଅନୁରାଗର ବିଷ ସେହି । ଅନୁରାଗକୁ ଜନମାଇଁ ।
ଯୌବନ ଶୋଭା ସେ କାମିନୀ। ଯୌବନ ଶୋଭା ତାହା ଘେନି ।୭।
ମୁଖ ପ୍ରଶଂସା କଳାକର । ତାହା ପ୍ରଶଂସା ମୁଖ ତାର ।
ତା ରୂପ ଅସ୍ତ୍ର କରି ଘେନ । ରୂପାସ୍ତ୍ର ବୋଲାଇ ମଦନ ।୮।
ଯୁବାସଂସାର ସଂହାରିଣୀ । ଯୋଷାରେ ସଂସାର କାରେଣୀ ।
କୁଙ୍କୁମକାନ୍ତି ଅସମରେ । ସଂକୋଚ ବହିଛି ନାମରେ ।୯।
ସୁନ୍ଦରୀ ପୁରନ୍ଦର ମୋହି । ସୁନ୍ଦରୀ ପୁରନ୍ଦର ଏହି ।
ଦେଖି ତା ସର୍ବାଙ୍ଗ ସୁନ୍ଦର । ଚିତ୍ତେ ଚିନ୍ତଇ ପୁରନ୍ଦର ।୧୦।

ଶବ୍ଦାର୍ଥ- (୧) ପୃଥୁଶ୍ରୋଣୀ-ପୃଥୁଳ ନିତମ୍ବ, ଚିତ୍ତୋଇ-ମନେ କରିବା,(୨) ଅବନୀ-ପୃଥିବୀ, (୪) ହେମ ପ୍ରଭା-ସୁନାର ତେଜ,(୫) ମୁକୁର-ଦର୍ପଣ,(୭) ବିଷ-ପଦ୍ମନାଡ଼, (୮)କଳାକର-ଚନ୍ଦ୍ର, ରୂପାସ୍ତ୍ର-କନ୍ଦର୍ପ,(୧୦) ପୁରନ୍ଦର-ଇନ୍ଦ୍ର,ସୁନ୍ଦରୀ ପୁରନ୍ଦର-ସୁନ୍ଦରୀ ମଧ୍ୟରେ ଶ୍ରେଷ୍ଠ।

କି ତପ କରି ପିନ୍ଧା ଶାଢ଼ି । ସେ ବାଳା ପ୍ରତିଅଙ୍ଗେ ଜଡ଼ି ।
ଜାଣିଲେ ସେ ତପ ସାଧନ୍ତି । ତେତିକିବେଳୁ ହୁଏ ମତି ।୧୧।
ନିଦ୍ରା ଭଗ୍ନ ସଂଲଗ୍ନ ବେଳେ । ଭୃଙ୍ଗୀଏ ଅନୁକୂଳ କଲେ ।
ଲୁଟି ଯେ ଗଲେ ଧୈର୍ଯ୍ୟଧନ । ପ୍ରଥମେ ଧରି ନେଲେ ମନ ।୧୨।
ଅଙ୍ଗ ଦେଶରେ ଲାଜ ପ୍ରୀତି । ହୋଇଥିବେ ଯେ ବେନି ମନ୍ତ୍ରୀ ।
ସେ କେତେବେଳେ ବଳିଆର । ହୋଇଲେ ଅନୁଗ୍ରହ ତାର ।୧୩।
ଉରଜ ପୁର ଚକ୍ରବର୍ତ୍ତୀ । ଦେଖାଇ ବିଶେଷ ଉନ୍ନତି ।
ଦେଖାଇ ନେଲା ହାତେ ପତ୍ର । ହେଲି ବୋଲି ମୁଁ ତୋର ଭୃତ୍ୟ ।୧୪।
କନକ ମହୀଧର ଠାରୁ । ଉଦରେ ରଖିଛି ତା ଭୀରୁ ।
କସ୍ତୁରୀପଙ୍କ ବର୍ଣ୍ଣପନ୍ତି । ରୋମାଳୀ ବୋଲାଉ ଅଛନ୍ତି ।୧୫।
ଯହିଁ ଏମନ୍ତ ଧୈର୍ଯ୍ୟବନ୍ତ । ଦେଖି ନ ପାରିଲା ଗୁରୁତ୍ୱ ।
ଆଉ କାହାର ତାକୁ ଚହିଁ । ବାଞ୍ଛା ନୋହିବ ଦାସ ହୋଇ ।୧୬।
ବାଳୀ ଢାଳିଲା ବେଳେ ନେତ୍ର । ଜୀବନ ହୋଇଲା ଆରତ ।
ଖେଳି ଆସୁଛି କାଳ ଅହି । ଏ ମୋତେ ଦଂଶିବାର ପାଇଁ ।୧୭।
ପିଛଡ଼ା ପେଡ଼ାମଧ୍ୟେ ଥିଲା । କି ରୂପେ ଫିଟି ଏ ଅଇଲା ।
ନ ମାନିବାରୁ ଗଦ ପଦ । ନିଶସ୍ତ୍ର ହେଲା ବିଷବୈଦ୍ୟ ।୧୮।
ଏ କାଳେ ନେତ୍ରବୋଧ ତାକୁ । ଢାଳି ଏ ଦେବ ଅମୃତକୁ ।
ଆଜୁଁ ତୁ ହୋଇଲୁ ଅମର । ଦେଖି ଏ ଶିରୀ ପ୍ରାପ୍ତ ମୋର ।୧୯।
ଅନୁରାଗ ଚହାଁଣୀ ସେହି । ଅପାଙ୍ଗ ଥିଲା ସାକ୍ଷୀ ହୋଇ ।
ଶୋଭା ସେ ଦିଶିଲା ଏମନ୍ତ । ଫୁଲ୍ଲାରବିନ୍ଦେ ଅଳିଯୁକ୍ତ ।୨୦।
ଅନଙ୍ଗ ପବନ ବିକାରେ । ଝଟତି ଢଳିବା ପ୍ରକାରେ ।
ଘେନି ଶୁକଳ ରଙ୍ଗ କଳା । ପଲକ କିବା ଚିତ୍ର କଲା ।୨୧।
ମୋହର କି ଇତର ପୁଣ୍ୟ । ତ୍ରିବେଣୀ ଘାଟେ କଲି ସ୍ନାନ ।
କଟାକ୍ଷ ଅଙ୍କୁଶ ସଦୃଶୀ । ମନ ମାତଙ୍ଗକୁ ଆକର୍ଷି ।୨୨।

ଶବ୍ଦାର୍ଥ- (୧୨) ଭୃଙ୍ଗୀ-ଶିବଙ୍କ ଦ୍ୱାରୀ, ବିଟପୀ ସ୍ତ୍ରୀ, (୧୪) ଉରଜପୁର-ସ୍ତନରୂପକ ଅନ୍ତଃପୁର, (୧୫) କନକ ମହୀଧର-ମେରୁପର୍ବତ, ଭୀରୁ-ସୁନ୍ଦରୀ, ଭୟାଳୁ, କସ୍ତୁରୀପ-କସ୍ତୁରୀ, ରୋମାଳୀ-ରୋମାବଳୀ, (୧୭) କାଳଅହି-କାଳସର୍ପ, (୧୮) ପିଛଡ଼ା-ପଲକ ପାତ, ବିଷବୈଦ୍ୟ-କେଳା, (୧୯) ନେତ୍ରବୋଧ-ପ୍ରତ୍ୟକ୍ଷଜ୍ଞାନ, (୨୦) ଅପାଙ୍ଗ-ଆଖିକୋଣ, (୨୧) ଅନଙ୍ଗ-କନ୍ଦର୍ପ, ଶୁକଳ-ଶୁକ୍ଳ (ଧଳା), ପଲକ-ଆଖିପତା, (୨୨) କଟାକ୍ଷ-ଆଖି କୋଣ, ମାତଙ୍ଗ-ହାତୀ।

ଉଚ୍ଛନ୍ନ ମାହୁନ୍ତ ଆରୋହି । ତାର ଆୟତ୍ତ କରି ନେଇ ।
ଜାନୁ ଅର୍ଗଳିର ନିକଟେ । ଥିଲା ଶିକୁଳୀ ନୀବୀକୂଟେ ।୨୩।
ନିବିଡ଼େ ପକାଇଲା ବାନ୍ଧି । ଭ୍ରମ ମଦିରା ପାନେ ବୋଧି ।
ଭାବିଲି ସ୍ୱର୍ଗଦ୍ୱାର ଏହି । ମୋକ୍ଷ ଏଥିରେ ଅଛି ରହି ।୨୪।
ସନ୍ନିଧେ ମଧ୍ୟେ ସିଂହସ୍ଥିତ । ନୋହିଲେ ହୁଅଇ ଏମନ୍ତ ।
ନିତମ୍ବ ଚନ୍ଦ୍ର ବିମ୍ବ ସତ । ସେ ସ୍ଥାନେ ହୁଅନ୍ତା ଉଦିତ ।୨୫।
ଲଭିଲି ଯେତେ ପୁଣ୍ୟ ତୋତେ । ଲଙ୍ଘିତ ପାରନ୍ତି କେମନ୍ତେ ।
ଜଘନ ଭଦ୍ରାସନ ଗୋପ୍ୟେ । ବିଶ୍ରାମେ ଇନ୍ଦ୍ରପଦ ସ୍ଥାପେ ।୨୬।
ଏହି ଅଭୀଷ୍ଟ କରୁଅଛି । ନ ଜାଣି ଧାତା କି ଲେଖିଛି ।
ମନ ବୁଦ୍ଧି ନୟନ ପ୍ରାଣ । ତାହାର କିଣା ହେଲେ ଜାଣ ।୨୭।
ଏଣୁ ମୋ ଭଲ ମନ୍ଦ କର୍ତ୍ତା । ନୋହିଲା ନବୀନ ବନିତା ।
ମୋର ଦେହରେ ମୋ ଆୟତ୍ତ । କେହି ରହିଲା ଘେନି ଚିତ୍ତ ।୨୮।
ଦାହ କନକ ବରନୀକି । ସୁଭାଗ୍ୟ ଗଲା ମୋର ବିକି ।
ଓଷ୍ଠ ପ୍ରବାଳପାତ୍ରେ ଥିଲା । ହାସ ମୁକୁତାରେ କିଣିଲା ।୨୯।
ସେ ତାହା କିଣି ଗଲା ସିନା । ଏବେ ମୁଁ ପାଉଛି ବେଦନା ।
ରତି ରତନ ବରତନ । ଦେଇ କରିବାକୁ ଯତନ ।୩୦।
କେ ଯାଇ ଜାଣନ୍ତା ମୋ ପାଇଁ । କରୁଣା କଳ୍ପତରୁ ସେହି ।
ଆହା କରନ୍ତା ଏହା ଶୁଣି । ଛାମୁରେ ନିଅଇ ସେକ୍ଷଣି ।୩୧।
ଦିଅନ୍ତା ଅଶେଷ ସମ୍ପତ୍ତି । ଦହନ୍ତା ପାଇବା ବିପତ୍ତି ।
ମନକୁ-ମନାଇ ସେବାରେ । ମଜ୍ଜନ୍ତି ମୁଁ ନିଶି ଦିବାରେ ।୩୨।
ଯାହାର ନାସାଫୁଲା ପଣ । ଫୁଲାଇ ଦେଇ ଫୁଲବାଣ ।
ବିଘ୍ନରେ ଏ ତୂଣୀ ସମରେ । ଅସ୍ତ୍ରେ ତ କମ୍ପାଇବି ଦ୍ୱାରେ ।୩୩।
ସବୁ ସୁବେଶ ମାନେ ତାକୁ । ସେ ପୁଣି ସୁବେଶ ବେଶକୁ ।
ମଳିନ ହୋଇଥିଲେ ବେଶେ । ଜଗତ ମୋହି ପାରଇ ସେ ।୩୪।
ପଙ୍କ ମଧ୍ୟରେ ପଦ୍ମ ଥାଇ । ଯଥା ରସିକ ଭୃଙ୍ଗ ମୋହି ।
ଘେନନ୍ତି ଦେବତାଏ ଶିରେ । ବହନ୍ତି ବିଧୁ ସୂର୍ଯ୍ୟ କରେ ।୩୫।

---

(୨୩) ନୀବୀ-ପିନ୍ଧାବସ୍ତ୍ରର ଗଣ୍ଠି, (୨୫) ନିତମ୍ବ-ପିଚା, (୨୬) ଜଘନ-ଜଙ୍ଘ, ଭଦ୍ରାସନ-ସିଂହାସନ, (୨୯) କନକ-ସୁନା, (୩୦) ବରତନ-ପାତ୍ର, (୩୨) ଦହନ୍ତା-ଦୂର କରନ୍ତା, (୩୩) ତୂଣୀ-ଶରମୁଣା, (୩୫) ଭୃଙ୍ଗ-ଭ୍ରମର।

ଶର କରିଛି ଶମ୍ବରାରି । ରାମା ସୁଷମା ସେହିପରି ।
ସ୍ୱଭାବେ ମୋର ବେନି ଆଖି । ଯହିଁ ପଡ଼ଇ ରହେ ଲାଖି ।୩୬।
ସେ କୋଟି କୋଟି ହୋଇଥିଲେ । ସେ ଶୋଭା ଦେଖିଥାନ୍ତି ଭଲେ ।
ଅଙ୍ଗକେ ଶତ ଶତ ରଖି । ସୁଖୀ ହୁଅନ୍ତି ଦେଖି ଦେଖି ।୩୭।
ଯେ ବାଳ ଚରିତ ଅଶେଷ । ଏମନ୍ତ କହୁଁ କହୁଁ ପୁଂସ ।
ଚଳରୁ ପୁରୁଷ କଲା ଆନ । ଏ ଛାନ୍ଦ ହୋଇଲା ସମ୍ପୂର୍ଣ୍ଣ ।୩୮।
ଯେ ବଂଶେ ଇଷ୍ଟ ଦୁର୍ଗାଦେବୀ । ବରହି କୋଷରୁ ସମ୍ଭବି ।
ମନୁଷ୍ୟ ଏହି ଅଦଭୁତ । ଭଞ୍ଜାନୁଭଞ୍ଜ ନାମ ସତ ।୩୯।
ବିଶିଷ୍ଟ ବିଶିଷ୍ଟ ପାଳକା । ଶ୍ରୀରାମେ ଦତ୍ତ ରାଜଟୀକା ।
ସେ କୁଳେ ରାଜା ଧନଞ୍ଜୟ । ସମସ୍ତ ଗୁଣର ନିଳୟ ।୪୦।
ଘୁମୁସର ଅଧିପ ପଣେ । ଲୋକ ବିଖ୍ୟାତ କବି ଗୁଣେ ।
ତଦ୍‌ଗତ ତାହାଙ୍କ ତନୁଜ । ନରେଶ ନୀଳକଣ୍ଠ ଭଞ୍ଜ ।୪୧।
ତାହାଙ୍କ ଜ୍ୟେଷ୍ଠ ସୁତ ମୁହିଁ । ଉପେନ୍ଦ୍ର ଭଞ୍ଜ ନାମ ବହି ।
ତାରକମନ୍ତ୍ର ପରସାଦେ । ମୋହର କବିପଣ ଉଦେ ।୪୨।
କଳଙ୍କ ବିହୀନ ମୋ ଗୀତ । ଖଳ ରାହୁରେ ଅଦୂଷିତ ।
ବିଚିତ୍ର ସୁଧାକର ଏହି । ସୁମନାବୃନ୍ଦ ସୁଖଦାୟୀ ।୪୩।
ନାରିକେଳ ଯେ ରସପୂର । ଭକ୍ଷି ନ ପାରଇ ବାନର ।
ତାର କି ସ୍ୱାଦୁ ଯଶ ନୋହି । ପ୍ରସଙ୍ଗୁ ଗଲି ମଧ୍ୟ କହି ।୪୪।

■

ଶବ୍ଦାର୍ଥ- (୩୮) ପୁଂସ-ପୁରୁଷ, (୩୯) ବରହି କୋଷ-ମୟୂର ଡିମ୍ବ, (୪୧) ଅଧିପ-ରାଜା, (୪୩) ଖଳ-ଦୁଷ୍ଟ, ମୂର୍ଖ, ସୁଧାକର-ଚନ୍ଦ୍ର, ସୁମନାବୃନ୍ଦ-ପଣ୍ଡିତଗଣ।

ସପ୍ତଦଶ ଛାନ୍ଦ
ବ୍ରହ୍ମଚାରୀ ଦ୍ୱାରା ଲାବଣ୍ୟବତୀର ବାର୍ତ୍ତା ଚନ୍ଦ୍ରଭାନୁ ନିକଟେ ପହଞ୍ଚିବା
(ରାଗ- ଶଙ୍କରାଭରଣ)

ବହିତ୍ର ଲାଗିଲା ଯାଇ ସିଂହଳ ଦ୍ୱୀପରେ ।
ସାଧବ ଯୁବତୀମାନେ ଅତି ପ୍ରମୋଦରେ
ଗଲେ ବହିତ୍ର ବନ୍ଦାଇ ଅର୍ଘ୍ୟସ୍ଥାଳୀମାନ କରେ ହୁଳହୁଳି ଦେଇ ।୧।
ରତ୍ନାକର ସାଧୁତା ଭଗିନୀ ମେଘମାଳା ।
ଦଇବେ ସେ ଦିନ ଭ୍ରାତୃପୁରେ ଯାଇଥିଲା ।
ତାକୁ ଜାୟା ସଙ୍ଗେ ଦେଖି, ହୋଇଲା ବୋଇତିଆଳ ଅତିଶୟ ସୁଖୀ ।୨।
ପୁରେ ପ୍ରବେଶ ଏକାନ୍ତେ ବଲ୍ଲଭୀ ସଙ୍ଗତେ
ହାସ କଉତୁକ ବେଳେ କହୁଛ ସୁଚିତ୍ତେ ।
ଧନ ମୋହ ରାଣ ତୋତେ, ମୁଁ ଯାହା ବୋଲିବି ତାହା କରିବୁ ତ୍ୱରିତେ ।୩।
ବିପରୀତ ମାଗିବେ ପରା ଏମନ୍ତ ଘେନି
ଅତି ରସିକାଚତୁରୀ ଦଣ୍ଡେ ହେଲା ତୁନି ।
କହ ଶୁଣିବା ସେ କଥା, ବୋଇଲା ଲଜ୍ଜିତ ହୋଇ ପୋତିଲା ସେ ମଥା ।୪।
ନାୟକ କହିଲା ତୋ ନଣନ୍ଦ ମେଘମାଳା ।
ପରିହାସ ତାହାଠାରେ ତୋର ପ୍ରବର୍ତ୍ତିଲା ।
ସେ କୁମାରୀ ପ୍ରାଣ ପରି, ତୁ ତାହାକୁ କହିବୁ କହିବ ଯାଇକରି ।୫।
ବିଦ୍ୟାନଗ୍ର ନୃପତି ନନ୍ଦନ ଚନ୍ଦ୍ରଭାନୁ ।
ଲାବଣ୍ୟବତୀର ଶୋଭା ଶୁଣିଲାର ଦିନୁ ।
ହୋଇଅଛି ଅତି ବଶ, ନ ପାଇଲେ ଜୀବନରେ କ୍ଷଣେ ନାହିଁ ଆଶ ।୬।

ଶବ୍ଦାର୍ଥ- (୧) ବହିତ୍ର-ଜାହାଜ, ପ୍ରମୋଦରେ-ଆନନ୍ଦରେ, (୨) ଜାୟା-ସ୍ତ୍ରୀ, (୩) ବଲ୍ଲଭୀ-ସ୍ତ୍ରୀ, ତ୍ୱରିତ-ଚଞ୍ଚଳ, (୫) ପ୍ରବର୍ତ୍ତିଲା-ସୃଷ୍ଟି ହେଲା ।

ସୁନ୍ଦରପଣକୁ ଆଉ ଗାରେ କାହିଁ ନାହିଁ।
କୁଳେ ଉଜ୍ଜ୍ୱଳ ସାମର୍ଥେ ଭୋଗକରେ ମହୀ।
ଅବଧୂତ ହେବା ବିଭା, ଭଜ ସେ ରସିକକୁଞ୍ଜରକୁ ମହାଶୋଭା ।୭।
ସୁମନା ବୋଇଲା ଦେଖ ଏ ପ୍ରାଣ ଯାହାର।
ଏ କଥାକୁ କାହିଁ ପାଇଁ ନିୟମ ତାହାର।
ଏତେ କହି ଗଲା ଉଠି, ମେଘମାଳା ପାଶରେ ପ୍ରବେଶ ବିମ୍ବଓଷ୍ଠୀ ।୮।
ବସି ପାଶେ ଘଡ଼ିଏ ମାତିଲା ପରିହାସେ।
କ୍ରମଶେ କ୍ରମଶେ କରି ପକାଇଲା ବିଷେ।
ଜେମା ବିଭା ନୋହିବେକି, କି ଉପାୟ ତାତ ମାତ କରନ୍ତି ଏଥିକି ।୯।
ସେ ରାମା ତରକି ଥିଲା ବ୍ରହ୍ମଚାରୀ ଶୁକ।
ଜ୍ୟେଷ୍ଠଭ୍ରାତା ସଙ୍ଗତରେ କରି ଅବଲୋକ।
ଏବେ ମନରେ ବିଚାରେ, ଭ୍ରାତା କହି ପଠିଆଇ ଅଛି ଏହା କରେ ।୧୦
ମାଳିନୀ କହିବାର ଆସୁଛି ସତ ହୋଇ।
ମୁଁ କିମ୍ପାଇଁ ଛାଡ଼ିବିଟି ସଖୀର ବଡ଼ାଇ।
ପାଞ୍ଚି ଏମନ୍ତ କହିଲା, ସମେ ବର ମିଳିଲେ ବିବାହ ହେବ ବାଳା ।୧୧।
ମାନସରେ ହେଲେ ସିନା ମରାଳ ରସିବ।
ମେଘ ନୀର ହେଲେ ସିନା ଚାତକ ତୋଷିବ।
ମନେ ମନହିଁ ମିଶିବ, ଚନ୍ଦ୍ର ହେଲେ ସିନା ଚକୋରକୁ ଉଲ୍ଲସିବ ।୧୨।
ଚୂତ ମଞ୍ଜରୀରେ ଯେବେ କୋକିଳ ରସିବ।
ତେବେ ସିନା ଅତିଅନ୍ତ ସୁନ୍ଦର ଦିଶିବ।
ଶୁଣି ଏ କହେ ଏମନ୍ତ, ଏହି ବିଧିରେ ମିଳିଲେ ହେବ କି ସମ୍ମତ ।୧୩।
ଦ୍ୱିତୀୟା ବୋଲେ ସମ୍ମତ ନୋହିବ କାହିଁକି।
ବିଧାତା ଘଟାଇ ଦେଇ ଯେ ଯୋଗ୍ୟ ଯହିଁକି।
ପ୍ରତିବନ୍ଧ ଅଛି ଏତେ, ସ୍ୱପ୍ନବଶେ ପୁରୁଷେ ଦେଖିଛି ଦିନେ ରାତ୍ରେ ।୧୪।

ଶବ୍ଦାର୍ଥ- (୭) ମହୀ-ପୃଥିବୀ, ଅବଧୂତ-ସ୍ଥିର ଭାବନା, ରସିକ କୁଞ୍ଜର-ରସିକ ଶ୍ରେଷ୍ଠ, (୮) ବିମ୍ବଓଷ୍ଠୀ-ବିମ୍ବଫଳ ପରି ଓଷ୍ଠ ଯାହାର, ବିଷେ-ବିଷୟରେ, (୧୨) ମରାଳ-ହଂସ (୧୩) ଚୂତମଞ୍ଜରୀ-ଆମ୍ବବଉଳ।

ଦୀର୍ଘନେତ୍ରୀ ସତ୍ୟ-ଜନୟିତ୍ରୀ ବୋଲି ଘେନ।
ଅଙ୍ଗୀକାର କଲା କଥା ନ କରିବ ଆନ।
ସତ୍ୟେ ବିଷ ଭକ୍ଷି ହର, ସତ୍ୟ ଲଙ୍ଘି ନାହିଁଟି କୂଳକୁ ଅକୂପାର ।୧୫।
ଅସୁରଯୁବତୀ ବୃନ୍ଦାବତୀ ପୂର୍ବେ ଥିଲା।
ଶ୍ରୀପତି କେଡ଼େ ସୁନ୍ଦର ବର ନ ରସିଲା।
ମାୟାଧର କଲେ ମାୟା, ସତ୍ୟ ଘେନି ଅନଳେ ଦହନ କଲା କାୟା ।୧୬।
ତଥାପି ହିଁ ଶୁଣିବା ସେ କେମନ୍ତ ସୁନ୍ଦର।
ପ୍ରଥମା କହେ ଜାଣିଛି କାମାବେଶ ତାର।
କାଞ୍ଚିପତି ପ୍ରିୟସୁତ, ଚନ୍ଦ୍ରଭାନୁ ଜେମାରେ ହୋଇଛି ଅନୁରକ୍ତ ।୧୭।
ଏତେ ବୋଲି ପ୍ରାଣପ୍ରିୟା ପାଶକୁ ଗମନ।
ପୁନରପି କହିଲା ସେ ସକଳ ବିଧାନ।
ଘେନି ବ୍ରହ୍ମଚାରୀ କୀର, ପୋତପାଳ ବସି କରେ ଏମନ୍ତ ବିଚାର ।୧୮।
ତ୍ରିବିଧ ଦୂତ ଶାସ୍ତ୍ରରେ ଲିଖିତ ହୋଇଛି।
ଦ୍ୱିବିଧ ଦୂତରୁ ଆଉ କାର୍ଯ୍ୟ ନାହିଁ କିଛି।
ପଢ଼େ ଯେଉଁ କାର୍ଯ୍ୟ ଯହିଁ, ସେ କାର୍ଯ୍ୟ ନିର୍ବାହ କରେ ପ୍ରତ୍ୟୁତ୍ତର ଦେଇ ।୧୯।
ପ୍ରଭୁ ପଚାରିଲେ ଶଙ୍କା ନ ଥାଇ ଯାହାର।
ତାହାକୁ ସଂସାରେ କହି ସୁଶ୍ଳିଷ୍ଟାର୍ଥଚାର।
ଦୂତ ହେଲେ ମିଛ କହି, କାର୍ଯ୍ୟକାଳେ ମିଥ୍ୟା କହିବାର ଦୋଷ ନାହିଁ ।୨୦।
ନର ଅବା କୁଞ୍ଜର ବା ଅଶ୍ୱତ୍ଥାମା ହତ।
କାର୍ଯ୍ୟେ କହିଲେଟି ଯୁଧିଷ୍ଠିର ସତ୍ୟବନ୍ତ।
ଆମ୍ଭେ କହିବା ଏମନ୍ତ, ଚିତ୍ରେ ସ୍ୱପ୍ନେ ଦେଖିଛି ବା ତାକୁ ନୃପସୁତ ।୨୧।
ବ୍ରହ୍ମଚାରୀ କହିଲା ଚାତକ ଯହିଁ ଥାଇ।
ସେହି ସ୍ଥାନେ ନିତିନିତି ଘନ ବରଷଇ।
ସ୍ୱପ୍ନେ ଦେଖିଅଛି ବୀର, ପରମ କରମବନ୍ତମାନଙ୍କେ ସେ ସାର ।୨୨।

ଶବ୍ଦାର୍ଥ- (୧୫) ସତ୍ୟ ଜନୟିତ୍ରୀ-ସତ୍ୟ କଥା ଯେ କରେ, ଅକୂପାର-ସମୁଦ୍ର, (୧୬) ମାୟାଧର-ବିଷ୍ଣୁ, ଶ୍ରୀପତି-ବିଷ୍ଣୁ, (୧୭) କାମାବେଶ-କନ୍ଦର୍ପ, (୧୮) ପୋତପାଳ-ବୋଇତ ମାଲିକ, କୀର-ଶୁଆ, (୨୦) ସୁଶ୍ଳିଷ୍ଟାର୍ଥ ଚାର-ଯେଉଁ ଦୂତ ବିଦାୟ ସୂଚକ ବାକ୍ୟ ବୁଝାଇ ଦେଇପାରେ, (୨୧) କୁଞ୍ଜର-ହସ୍ତୀ

ବନଦୁର୍ଗା ଉପାସନା ମୋର ସବୁଦିନେ।
ସେ କହିଲେ ଆସୁ ଆସୁ ଦେଖିଲି ସ୍ୱପନେ।
ଜାଣ ସାକ୍ଷାତ୍ ପ୍ରକାର, ବେନି ଚିତ୍ତ ରସିବ କରିଛୁ ପରିସ୍କର ।୨୩।
ଏତେ ବୋଲି ଶୁକ ଦେଲେ ମେଘମାଳା କରେ।
ଆଦ୍ୟୁଁ ପ୍ରାନ୍ତଯାଏ କଥନ ସେ ଧୀରେ ଗିରେ।
ମେଧାବିନୀ ଘେନି ସଖୀ, ଅବରୋଧରେ ଯାଇଣ ଭେଟିଲା ସୁମୁଖୀ ।୨୪।
ପୁଂସ ପ୍ରତିରୂପ ଚିତ୍ରଲେଖା ଯେଉଁ ପୁରେ।
ତହିଁ ଶୋଇଛି ନବୀନା ପଲ୍ଲବ ଶେଯରେ।
ବାଡ଼ଚିତ୍ର ରହିଁ କୀର, ହେଲା କାର୍ଯ୍ୟ ବୋଲିଣ ଚିତ୍ତକୁ କଲା ସ୍ଥିର ।୨୫।
ଅନାଇଲା ସେ ଶୋଭା ହୋଇଛି ଆନ ଆନ।
କୈଳାସ ପର୍ବତ ପ୍ରାୟ ମେରୁ ପରି ସ୍ତନ।
ନେତ୍ରେ ପୂରିଅଛି ଜଳ, ଦୂର କରି ଦେଇଅଛି ଉଜ୍ଜ୍ୱଳ କଜ୍ଜଳ ।୨୬।
ଫାଟିଫୁଟି ପଡୁଅଛି ମୁକୁତା ମାଳିକା।
ଚନ୍ଦନ ପଡ଼ି ତନୁରେ ହେଉଛି ଫୋଟକା।
ନଭେ ଦ୍ୱିତୀୟାର ଶଶୀ, ଉଦୟ ହେଲା ପରାୟ ଶେଯେ ଶୋଭା ଦିଶି ।୨୭।
ପାକ କଲା ଶାକ ପ୍ରାୟ ଜଳଜର ପୂର୍ଣ୍ଣ।
ମୃଣାଳନାଳ ପଡ଼ିଲା ମାତ୍ରେ ଗାତ୍ରେ ଚୂର୍ଣ୍ଣ।
ଉଶୀରର ଲେପ ଯହିଁ, ତପତ ଲୋହେ ଜମ୍ବାଳ ପରାୟେ ଶୁଖଇ ।୨୮।
ରତ୍ନଶାଣେ ବସିଲେ ନ ତୁଟେ ଶୋଭା ଯଥା।
ତଥା କ୍ଷୀଣ ହେଲେ ଲଭି ମନମଥ ବ୍ୟଥା।
ଶୋଭା ହୋଇ ନାହିଁ ହତ, ରତି ରତିକି ସମାନ ନୋହିବ ଏମନ୍ତ ।୨୯।
ଦନ୍ତି-ଦନ୍ତ ପିତୁଳା କି ରଜତ ପିତୁଳା।
ତୁଳା-କୋମଳାଙ୍ଗୀ ବହିଅଛି ଏହି ତୁଳା।
ଗଣ୍ଡେ ବହେ ଲୁହଧାରା, ପୋଛିବାରୁ କେବଳ ଦିଶୁଛି ତେତେ ତୋରା ।୩୦।

ଶବ୍ଦାର୍ଥ- (୨୪) ଗିରେ-କଥାରେ, (୨୫) ପଲ୍ଲବ-କୋମଳ ପତ୍ର, (୨୭) ନଭେ- ଆକାଶରେ, ଶଶୀ-ଚନ୍ଦ୍ର, (୨୮) ମୃଣାଳ-ମହୁନାଡ଼, ଗାତ୍ରେ-ଦେହରେ, ଉଶୀର-ବେଣାଚେର, ଜମ୍ବାଳ-ପଙ୍କ, (୨୯) ମନମଥ-ମନ୍ମଥ (କନ୍ଦର୍ପ), ରତି-ସ୍ନେହ, ରତିକି-କନ୍ଦର୍ପର ସ୍ତ୍ରୀ, ରଜତ ପିତୁଳା-ରୁପାର କୁଣ୍ଢେଇ, ଗଣ୍ଡେ-ଗାଲରେ, ହେମାଙ୍ଗ-ସୁନାର ଅଙ୍ଗ।

ଦେଖିବାକୁ ଲୋକେ ନୋହିବାକୁ ଭ୍ରମଚିତ୍ତ।
ରାମା ବହିଛି କି ଏତେ ହେମାଙ୍ଗୀ ସଙ୍କେତ।
ହାସହୀନେ ଦିଶେ ମୁଖ, ଦିନ ଥାଇଁ ଉଦୟ କି ବିଶଦମୟୂଖ ।୩୧।
ଶୁକ ଏ ଦଶାକୁ ତାର ଅନାଇ ବିଚାରେ।
ଧାତାରୁ ଦାରୁଣ ହୋଇ ନାହିଁ ଏ ସଂସାରେ।
ଏତେ ଦୁଃଖତ ଏହାର, ଏତେ ଏତେ ବିଧି କଲା କେବଣ ବୁଦ୍ଧିର ।୩୨।
ଭୋଗୀ ଭୋଗକୁ ଯୋଖିଲା ମଳୟ ଅନଳ।
ଶିବ ଭୋଗେ ସିନ୍ଧୁ କଲା ମନ୍ଥନେ ଗରଳ।
ଦେଲା ରାହୁକୁ ଅମୃତ, କଳାନିଧି ପରା ଦ୍ରବ୍ୟେ କଳଙ୍କ ଅଙ୍କିତ ।୩୩।
ତୀର୍ଥରାଜ ଜଳ କଲା ଲବଣ ସହିତ।
ଧର୍ମେ ନୀଚ ପରାଭବ ବିହିଲା ଯେମନ୍ତ।
ତଥା କୋମଳ ପିଣ୍ଡକୁ, ବିହିଲା ଉଦଣ୍ଡ ଫୁଲ କୋଦଣ୍ଡ ଦଣ୍ଡକୁ ।୩୪।
ଧୈର୍ଯ୍ୟ ରଖି ନ ପାରି ସେ ପୁଚ୍ଛିଲା ଏସନ।
ଥୋକାଏ ଦିନ ହୋଇଲି ବୋଲି ପାଶୁଁ ଭିନ୍ନ।
କ୍ଲେଶ ସ୍ୱଭାବ ହୃଦୟେ, ନ ବହି କି କଥା ଏହୁ କୁହ ତ ନିଶ୍ଚୟେ ।୩୫।
ଏ ବଚନେ ଚଞ୍ଚଳ ଲୋଚନେ ବାଳା ଚାହିଁ।
ଚିହ୍ନିଲା ଆପଣାର ପୋଷିଲା ଶୁକ ତହିଁ।
ବିଚାରିଲା ଶୁଭ ହେଲା, ଶିବ ଆଜ୍ଞା ଘଟିଲା ଚତୁରା କହିଥିଲେ ।୩୬।
କାଞ୍ଚି ନଗରକୁ ସଖୀ ନେଇଥିଲା ମାଗି।
ଜାଣିଲା ସେ କୁମର ମୋହରେ ଅନୁରାଗୀ।
କିମ୍ବା ନୋହିଲେ ଅଇଲା, କହ ବୋଲି ନେତ୍ରାନ୍ତରେ ସଖୀକି ଠାରିଲା ।୩୭।
କହୁଛି ହେମମଞ୍ଜରୀ ଫଳାଶନ ଚାହିଁ।
ଯେଉଁଦିନ ସ୍ୱପନେ ଏ ହେଲା ଭୂତ ସ୍ନେହୀ।
ପ୍ରେତ ଅତନୁ ବିଚାର, ପ୍ରେତପତି ପାଶେ ନେବ ଜୀବନ ଏହାର ।୩୮।

ଶବ୍ଦାର୍ଥ- (୩୧) ରାମା-ଯୁବତୀ, ହେମାଙ୍ଗୀ-ସ୍ୱର୍ଣ୍ଣ ଅଙ୍ଗପରି ଯେଉଁ ରମଣୀ, ବିଶଦ ମୟୂଖ-ଶୁଭ୍ର ଉଜ୍ଜ୍ୱଳତା, ଚନ୍ଦ୍ର, (୩୩) ଭୋଗୀ-ସାପ, ସୁଖୀ, ଅନିଳ-ପବନ, କଳାନିଧି-ଲାବଣ୍ୟବତୀ, (୩୪) ତୀର୍ଥରାଜ-ସମୁଦ୍ର, ପିଣ୍ଡ-ଶରୀର, ଫୁଲକୋଦଣ୍ଡ-ଫୁଲଧନୁ, (୩୬) ଲୋଚନେ-ଚକ୍ଷୁରେ, (୩୭) ନେତ୍ରାନ୍ତେ-ନେତ୍ର କୋଣରେ, (୩୮) ଫଳାଶନ-ଫଳ ଆହାର, ଭୂତସ୍ନେହୀ-ଅତୀତ ସ୍ନେହୀ, ପ୍ରେତପତି-ଯମ।

ଶୀତଭାନୁ ଏହି ନାମ ଆଦ୍ୟ ଦ୍ୱିଅକ୍ଷର।
ଛାଡ଼ି ସନ୍ତାପିତ କରୁଅଛି ନିରନ୍ତର।
ତେଜ ଅନଳ ପ୍ରକାର, ବହିବାରୁ ଦହି ଦେଉଅଛି କଳେବର ।୩୯।
ପିକ କଳ ପ୍ରଥମରେ ଆକାର ବହିଛି।
ଯାମ ହିଁ ଆକାର ବିନା ବାଳାରେ ହୋଇଛି।
ଜଣା ନ ଯାଇକି ଦଶା, ଏଣୁ ନଦୀ ବିପରୀତ ହୋଇଲା ସୁଦୃଶା ।୪୦।
ଶୁକ ଏ ଉତ୍ତର କଲା ଭିତ୍ତିର ଯେ ଲେଖା।
ଏ ପୁରୁଷ ବିନୁ ତ ଆନକୁ ନାହିଁ ଦେଖା।
ଏହି ଦେଖିଛି ବାଳାକୁ, ଚିତ୍ରସ୍ୱପ୍ନେ ଚିନ୍ତା କରେ ନିରତେ ଲୀଳାକୁ ।୪୧।
ଏହା ବିରହକୁ ତା ବିରହ ଅଛି ବଳି।
ଅନୁରାଗ ମଧ୍ୟେ ଏ ଦୁହିଁକି ସାର କଲି।
ଧାତା ସୁନ୍ଦର ସଂସାରେ, ଜନ୍ମୁ ରାଜା କରିଅଛି ସ୍ତିରୀ ପୁରୁଷରେ ।୪୨।
ତା ହୃଦବନରେ ଜଳୁଅଛି କାମାନଳ।
ଘନ ହୋଇ ଘନରସବଶରୁ ଶୀତଳ
କରୁ କରକରଦନା, ତପତ ଲୋହ ଜମ୍ବାଳ ଏହାର ବେଦନା ।୪୩।
ନ ହରିବନିକି ଚନ୍ଦ୍ରଭାନୁ ସେ ବୋଲାଇ।
ଉଦୟ ଲଭିଛି ସିନା ଏହି ତାପ ପାଇଁ।
ଶୁଣି ଏ କଥା ତାହାର, ବୋଇଲେ ଲଳନାକୁ ପାଳନ ପୁନଃ କର ।୪୪।
ଦେଇ ଲେଖି ଅତ୍ୟନ୍ତ କାତର କାମୁଁ ରଖ।
ଶୁକର ଏ ବାଣୀ ଶୁଣି ସର୍ବେ ଲଭି ସୁଖ।
ସେ ବୋଇଲେ ଆମ୍ଭେ ନାରୀ, ପ୍ରଥମରେ ଲେଖିବୁଁଟି ପତ୍ରିକା କି କରି ।୪୫।
ରବିକର ପରଶେ ପଦ୍ମକୁ କରେ ତୋଷ।
ପଲ୍ଲବିତ ଲତା ଉପସ୍ଥିତେ ମଧୁମାସ।
ଚୂତ ମୁକୁଳ ଅଶନ, ହୋଇଲେ ସିନା କହଇ କୋକିଳ ବଚନ ।୪୬।

ଶବ୍ଦାର୍ଥ- (୩୯) ଶୀତଭାନୁ-ଚନ୍ଦ୍ର, କଳେବର-ଶରୀର, (୪୦) ପିକକଳ-କୋକିଳ ରାଜ, ଯାମ-ଦଣ୍ଡ ବାକ୍ଷଣ, (୪୩) ଘନ-ମେଘ, ଘନରସ-ଜଳ, କରକରଦନା-ଡାଳିମ୍ବ ମଞ୍ଜି ପରି ଦାନ୍ତ, କୁଆପଥର ପରି ଦାନ୍ତ, ଜମ୍ବାଳ-କାଦୁଅ, (୪୫) କାମୁଁ-କାମବାଧାରୁ, ପତ୍ରିକା-ଚିଠି, (୪୬) ରବିକର- ସୂର୍ଯ୍ୟକିରଣ, ଚୂତ-ଆମ୍ବ, ମୁକୁଳ-କଢ଼ି, ଅଶନ-ଭୋଜନ।

ଘନ ଗରଜିଲେ ସିନା ମୟୂର ଅନାଇଁ।
ଆନନ୍ଦରେ ନୃତ୍ୟକରି ବାଣୀ ପ୍ରକାଶଇ।
କୀର ବୋଇଲା ଏ ସତ, ତେବେ ପ୍ରେମପତ୍ର ଯାଇ ଆଣୁ ଆମ୍ଭ ଦୂତ ।୪୭।
ମେଘମାଳା ପଠିଆଇ ବୋଧି ବ୍ରହ୍ମଚରୀ।
ଯେତେ କହିଲେ ତ ଆଗେ କହିବା ବିସ୍ତାରି।
ଗଲା ସେ କୁମାର ପାଶ, ନାରୀ ମାନସ ଉଲ୍ଲାସ ଛାନ୍ଦ ହେଲା ଶେଷ ।୪୮।
ମହିଷ ବିଜୟୀ ଅତି ସୁରଭି ସ୍ୱରୂପ।
ସଦାଶିବ ସୁଖଦାନ କରଣେ ଲୋଲୁପ।
ରାମ ଦୁର୍ଗା ଇଷ୍ଟଦେବୀ, ଉପଇନ୍ଦ୍ର ବୀରବର ଦୁଃଖ ନାଶେ ଭାବି ।୪୯।

■

ଶବ୍ଦାର୍ଥ- (୪୭) ବାଣୀ-ମୟୂରରାବ, (୪୯) ସଦାଶିବ-ଶିବ, ଲୋଲୁପ-ଲୋଭୀ, ମହିଷ ବିଜୟୀ-ମହିଷାସୁର ବିଜୟୀ, ଦୁର୍ଗା।

ଅଷ୍ଟାଦଶ ଛାନ୍ଦ

ବ୍ରହ୍ମଚାରୀ ଚନ୍ଦ୍ରଭାନୁଠାରୁ ପତ୍ର ନେଇ ଲାବଣ୍ୟବତୀକୁ ପ୍ରଦାନ

(ରାଗ- ମାଳବ)

ଶୁଣ ବିଶୁଦ୍ଧବୁଧ ଏଥୁ ଅନ୍ତେ । ଚିତ୍ରରୁ ଚିତ୍ର ଚରିତ ସୁଚିତ୍ତେ ।୧।
କୁମର ଚରିମିତ୍ର ସଙ୍ଗେ ବସି । ବୀଣାଜିଣା ବାଣୀ ପ୍ରସଙ୍ଗେ ଭାଷି ।୨।
ପ୍ରେମବୀଜ ତାର ରୋପିତ ହୃଦେ । ରୋମାଞ୍ଚିତ ବ୍ୟାଜେ ଅଙ୍କୁରେ ଉଦେ ।୩।
ତାହାକୁ ବୃଦ୍ଧି କରିବାର ପାଇଁ । ସ୍ୱେଦ ସଲିଳ ପ୍ରକାଶିତ ହୋଇ ।୪।
ବୋଲଇ ଅଦ୍ଭୁତସ୍ଥଳୀ ସୁନ୍ଦରୀ । ଫୁଲରୁ ଫଳ ଯେଣୁ ଜାତି କରି ।୫।
ଏ ଘେନି କରଇ ବିବେକ ବଣା । ଫୁଲରୁ ଫଳ ଜାତ ଥିଲା ଶୁଣା ।୬।
ଶଙ୍ଖ ଉପରେ ପଦ୍ମ ବିକଶିତ । ଏହି ନୁହଇ କି ଅତି ଅଦ୍ଭୁତ ।୭।
ପଦ୍ମ ମଧ୍ୟରୁ ଶଙ୍ଖ ଜାତ ଶୁଣି । ବିଷ୍ଣୁ ବହିଛନ୍ତି ବିଚିତ୍ର ପୁଣି ।୮।
ନ ଶୁଣି ଚିତ୍ତରୁ ହୋଏ ବିଶୋର । ଭାଳି ନିଧି ନାମ ଦେଲେ କୁବେର ।୯।
ସଂସାରେ ପ୍ରକଟ ହେବାକୁ ଧାତା । ସଂଖ୍ୟା ଗଣନାରେ ରଖିଲା କି ତା ।୧୦।
ପୁଣି ନୟନ ଯୁଗେ ଦେଖିଅଛି । କେମନ୍ତ ପ୍ରକାରେ ପାରିବ ମୂର୍ଚ୍ଛି ।୧୧।
ଏମନ୍ତ ପ୍ରକାରେ କଥନ ବେଳେ । ବ୍ରହ୍ମଚାରୀ ଆସି ଛାମୁରେ ମିଳେ ।୧୨।
ନମସ୍କାର କରି ଦେଇ ଆସନ । ସାଧୁ ତ ଶୁକ ନ ଦେଖି ଉଚ୍ଛନ୍ନ ।୧୩।
ଭାବେ ମୋର ଯେବେ ସୁକୃତ ଥିଲା । ସ୍ୱପ୍ନେ ଦର୍ଶନ ଦିନଭୋଗ ହେଲା ।୧୪।
ଏବେତ ସୁକୃତ ହୋଇଛି ଊଣା । କାହିଁକି କରିବା ବାଳା କରୁଣା ।୧୫।
ଦୁର୍ଲ୍ଲଭ ପଦାର୍ଥେ ଦେବାରୁ ମନ । ଆଜ ହୋଇଲା ମୋ ମରଣ ଦିନ ।୧୬।
ସେ ବାଣୀ ସଙ୍ଗେ ଜୀବନ ଯିବଟି । ରହି ବ୍ୟାକୁଳ ମୋତେ ନ ଦେବୁଟି ।୧୭।
ଦ୍ୱିଜ ରୀତି ଦେଖି ବିଚାର କଲା । ନ ଭଜିଲା ଶଙ୍କା ଏହାର ହେଲା ।୧୮।
ଆଶଙ୍କା କାହିଁକି ନ ଥିବ ପୁଣି । ସ୍ୱର୍ଗକୁ ପକାଇଅଛି ନିଃଶ୍ରେଣୀ ।୧୯।

ଶବ୍ଦାର୍ଥ- (୧) ବୁଧ-ପଣ୍ଡିତ, ରୋମାଞ୍ଚିତ-ପୁଲକିତ, ବ୍ୟାଜେ-ଛଳରେ, ଅଙ୍କୁର-ଗଜା, ଉଦେ-ଉଦୟହୁଏ, (୪) ସ୍ୱେଦସଲିଳ-ଝାଳ, (୭) ଶଙ୍ଖ-କଣ୍ଠ, ପଦ୍ମ-ଜଳ, (୧୦) ପ୍ରକଟ-ପ୍ରକାଶ, (୧୮) ଦ୍ୱିଜ-ବ୍ରାହ୍ମଣ, (୧୯) ନିଃଶ୍ରେଣୀ-ନିଶୁଣି,

ପୁଣି ଚନ୍ଦ୍ରକୁ ବଢ଼ାଇଛି ପାଣି । ତମ ରଜନୀରେ ଦେଖିବ ପୁଣି ।୨୦।
କହିଲା ଏମନ୍ତ ବଚନ ଭାଳି । କରୁଣା-ବୃକ୍ଷ କି ନିରାଶ ଫଳି ।୨୧।
ମାନସ ଦେଇ ସେବିଲେ ମହେଶ । ପ୍ରାଣୀର ବ୍ୟାଧି କି ନୁହଇ ନାଶ ।୨୨।
ଯାଚକ ଦାନ ମାଗିଯାଇ କର୍ଣ୍ଣେ । ଶୂନ୍ୟେ ଆସିଛି କି ଶୁଣିଛ କର୍ଣ୍ଣେ ।୨୩।
ମେଘ କି କରେ ଅଳପ ବରଷା । ନିଷ୍ଫଳ କାହିଁ ହୋଇଛି ତପସ୍ୟା ।୨୪।
ଏ ବାଣୀ ରାଜାଙ୍କା ଧରି ରଖିଲା । ଯମ ପାଶେ ପ୍ରାଣ ପଳାଉଥିଲା ।୨୫।
ଦୁଷ୍ଟ ସଂଶୟକୁ ପକାଇ ହାଣି । ଯାବତ ବିଧିକି ପକାଇ ପୁଣି ।୨୬।
କନ୍ୟା ସ୍ୱପ୍ନରେ ଯେମନ୍ତ ଦେଖିଲା । ବାଡ଼ରେ ଦେବୀ ଚିତ୍ରରେ ଲେଖିଲା ।୨୭।
ଦଣ୍ଡ ଦଣ୍ଡକରେ ଫୁଲକୋଦଣ୍ଡ । ସେଦିନୁ ଯେଉଁ ରୂପେ ଦେଲା ଦଣ୍ଡ ।୨୮।
କାହିଁକି ବୋଇଲା ପୁରୁଷ ସାର । ବାଳାଠାରେ ନାହିଁ ବିନୟ ତାର ।୨୯।
ଏମନ୍ତରେ ଯେଉଁ ବାଳା ସୌନ୍ଦର୍ଯ୍ୟ । ଚାହିଁ ରହିବ ନାହିଁ ପଶୁଧୈର୍ଯ୍ୟ ।୩୦।
ପାଷାଣ ନେବ ତରଳ ପଦବୀ । ଏଥି ଉତ୍ତାରେ ଆଉ କି କହିବି ।୩୧।
ଧାତା ଦାରୁଣ ହେବା ନୁହେଁ ବଡ଼ । ନ ଜାଣେ ରସ ଜନ୍ମୁ ବେଦ ଜଡ଼ ।୩୨।
ଏଥି ଉତ୍ତାରୁ ଆମ୍ଭର ପ୍ରବେଶ । ସଖୀ ସଙ୍ଗେ ଦୂତ ପେଷିଲେ ପାଶ ।୩୩।
ତୁମ୍ଭର ଭାଗ୍ୟ ଅତି ବଳିଆର । ଶୁଣିଲାକ୍ଷଣି ହେଲା ସୀଉକାର ।୩୪।
ଚତୁରୀଗୁଣେ ନ ଦେଲା ଚିଟାଉ । ବହୁତ କହି କି ହୋଇବ ଆଉ ।୩୫।
ଯିବାକୁ ଜୀବ କଣ୍ଠେ ଅଛି ରହି । ଲେଉଟାଅ ତାକୁ ପତ୍ରିକା ଦେଇ ।୩୬।
ଏ ବାଣୀ ଶ୍ରବଣେ ମିତ୍ରକୁ ଚାହିଁ । କୁମାର କହିଲା ଗଦ୍‌ଗଦ୍ ହୋଇ ।୩୭।
ଶୁଭିଛି ଯେତେ ତା ସୁନ୍ଦରୀପଣ । ତେଡ଼ିକି ଅଛି ଅନୁରାଗ ପୁଣ ।୩୮।
ତାକୁ ଦେଖିବାକୁ ବିନୟ ଭାବେ । ବଚନେ ଆଉ କି ଜଗତେ ଥିବେ ।୩୯।
ଭିଆଉଁ ଭିଆଉଁ ବିନୟ ଭାଷା । ଶେଷ ହୋଇଯିବ ଜୀବନ ଆଶା ।୪୦।
ଗଲେ ଏ କଥାକୁ ନାହିଁ ଶୋଚନା । ଦୁଃଖ ପାଇବ ମଞ୍ଜୁଳ ଲୋଚନା ।୪୧।
ଯଥା କଥା କରି ତାକୁ ଜଣାଣ । ଲେଖିବା ତୁଳିକା କାଗଜ ଆଣ ।୪୨।
ଆଣି ଲେଖିଲେ ବିଚାରି ବିଚାରି । ପତ୍ରିକା ଘେନି ଗଲେ ବ୍ରହ୍ମଚାରୀ ।୪୩।
କହିବାକୁ ଯେତେ କହିବା ବାଣୀ । ଶେଷହିଁ ଶେଷ ନ କରିବେ ପୁଣି ।୪୪।
ଦୂତ ସିଂହଳ ଦ୍ୱୀପରେ ପ୍ରବେଶ । ସୁମୁଖୀ ଦେଖିଣ ହୋଇଲା ତୋଷ ।୪୫।

---

(୨୩) ଯାଚକ-ମାଗିବା ଲୋକ, (୨୬) ଦୁଷ୍ଟ ସଂଶୟ-ମନ୍ଦ ବିଚାର, (୩୨) ଦାରୁଣ-ନିଷ୍ଠୁର, ବେଦଜଡ଼-ଜ୍ଞାନହୀନ, (୩୪) ସୀଉକାର-ସ୍ୱୀକାର, (୩୬) ପତ୍ରିକା-ଚିଠି।

ଅବରୋଧକୁ ସଙ୍ଗେ ଘେନିଗଲେ । ପୁର ପ୍ରାଙ୍ଗଣେ ନେଇ ବସାଇଲେ ।୪୬।
କୁମାରୀ ବସିଛି ସଖୀଙ୍କ ସଙ୍ଗ । ଶୁକ କହୁଛି କୁମାର ପ୍ରସଙ୍ଗ ।୪୭।
ଏ କାଳେ ମିଳି କହେ ଏ ଭାଷକୁ । ଯେଉଁ ଗୋସାଇଁ ତୋ ପ୍ରାଣ ପାଶକୁ ।୪୮।
ଯାଇଥିଲେ ଆଣିଛନ୍ତି ପ୍ରମୋଦେ । ମୋହନ ମନ୍ତର ପତର ମୁଦେ ।୪୯।
ଉଚ୍ଛନ୍ନେ ବାଳା ପଚାରିଲା କାହିଁ । ବୋଇଲା ଆସିଛି ଦ୍ୱାରେ ବସାଇ ।୫୦।
କି କୃତ୍ୟ କଲୁ ମନ୍ତ୍ରୀ ସୁତା ବୋଲେ । ଦେଖିଥିବ ତାକୁ ଦୁଆରପାଳେ ।୫୧।
ସେ ବୋଲେ ସେ ଜାଣେ ଚକ୍ଷୁବନ୍ଧନ। ସ୍ତିରୀ ବୋଲି ଚିହ୍ନି ଛାଡ଼ନ୍ତି ଜନ ।୫୨।
ଏଥିରେ ହରଷ ଅଧିକା ହେଲା । ଦ୍ୱାରାନ୍ତର ହୋଇ ଜେମା ରହିଲା ।୫୩।
ଦ୍ୱିଜକୁ କହିଦେଲା ମେଘମାଳା । ନମସ୍କାର କରୁଅଛନ୍ତି ବାଳା ।୫୪।
ମନୋରଥ ଅସ୍ତୁ ହେଉ ଏ ବାଣୀ । କଲ୍ୟାଣ କଲା ଯୋଡ଼ି ବେନିପାଣି ।୫୫।
ଜଟାରୁ ଚଟାଉ ବାହାର କଲା । ଏଠାରେ ଏ ଛାନ୍ଦ ଶେଷ ହୋଇଲା ।୫୬।
ରାମଜିତ ରାମ ରାମବିନୋଦୀ । ଉପଇନ୍ଦ୍ର ବୀର ସନ୍ତାପ ଛେଦି ।୫୭।

■

ଶବ୍ଦାର୍ଥ- (୪୪) ଶେଷ-ଶେଷଦେବ, (୪୬) ଅବରୋଧ-ଅନ୍ତଃପୁର, (୪୯) ପ୍ରମୋଦେ-ଆନନ୍ଦରେ, (୫୩) ଦ୍ୱାରନ୍ତର-କବାଟ କୋଣର, (୫୭) ରାମଜିତ-ପର୍ଶୁରାମ ବିଜୟୀ, ରାମ ବିନୋଦୀ-ମୃଗ ଦେଖି ଆନନ୍ଦିତ ହେବା, ସନ୍ତାପ-ଦୁଃଖ।

ଊନବିଂଶ ଛାନ୍ଦ

ଲାବଣ୍ୟବତୀର ଚନ୍ଦ୍ରଭାନୁ ଲିଖିତ ପତ୍ର ପ୍ରାପ୍ତି ଓ ପଠନ ଜନିତ ଆନନ୍ଦ

(ରାଗ- ଶଙ୍କରାଭରଣ)

ଘେନି ମହୀଦେବୀ ହସ୍ତରେ ପତ୍ରିକା ବହି ପୁଲକିତ ଗାତ୍ରକୁ।
କରି ନିଉଛାଳି ବେନି ନେତ୍ରକୁ।
ଚଞ୍ଚଳେକ୍ଷଣୀ ଅଞ୍ଚଳେ ଉର କର ପାଏଡ଼ା କଲା ସେ ପତ୍ରକୁ ସେ।
ସୁନ୍ଦରୀ, ଘେନି ଶିରେ ଲଗାଇଲା ସତ୍ୱରେ।
ଶଶୀ କରଗତ ଚିନ୍ତି ଚିତ୍ତରେ।
ମୁଦରେ କୁମୁଦ ହାସକୁ ପ୍ରକାଶି ମୁଦ ଭାଙ୍ଗିଲା କି ତରେ ସେ। ସୁନ୍ଦରୀ ।୧।
ଯୋଖିଲା ଏମନ୍ତ ଦେଖିଲା ଅଲକ୍ତେ ଲେଖିଲା ଅକ୍ଷର ପନ୍ତିକି।
କେଉଁ ପୁଟେ ରଙ୍ଗ କଲା ମୋତିକି।
ବଢ଼ିଲା ଆନନ୍ଦସାଗର ପଢ଼ିଲା ରସଗର୍ଭ ଭାରତୀକି ସେ।
ସୁନ୍ଦରୀ, ପଦ ପଦକେ ପଦବୀ ପ୍ରଦାନ
ମୋହ ହେଲେ ଶ୍ରୁତି ମନ ନୟନ।
ମାରଦର ଦର ହେବାକୁ ପ୍ରଥମ ଉରଜଶମ୍ଭୁ ବଦନରେ। ସୁନ୍ଦରୀ ।୨।
ଅତି ସଉନ୍ଦର୍ଯ୍ୟବତୀ ମୁନି ଧୈର୍ଯ୍ୟ କମ୍ପାକାରୀ ଶମ୍ପା ଗଉରୀ।
ମହୀ ମହିଳାର ଚମ୍ପାଚଉଁରୀ।
ଯାହା ସୁଷମା ସମାନ ନୋହି ହର ଅଙ୍ଗେ ଲୁଚିବା ଗଉରୀ ରେ।

ଶବ୍ଦାର୍ଥ- (୧) ମହୀଦେବ-ବ୍ରାହ୍ମଣ, ଗାତ୍ର-ଶରୀର, ନିଉଛାଳି-ପ୍ରଣାମ କରି, ଚଞ୍ଚଳେକ୍ଷଣୀ-ଚଞ୍ଚଳ ନୟନା, ଉର-ଛାତି, ପାଏଡ଼ା-ପାହାଡ଼ା, ସତ୍ୱର-ଶୀଘ୍ର, ଶଶୀ-ଚନ୍ଦ୍ର, କୁମୁଦ-କଇଁ, (୨) ଅଲକ୍ତେ-ଅଳତାରେ, ପନ୍ତି-ସମୂହ, ପୁଟ-ରଙ୍ଗର ଆବରଣ, ରସଗର୍ଭ-ରସପୂର୍ଣ୍ଣ, ମାରଦର-କନ୍ଦର୍ପଭୟ, ଉରଜଶମ୍ଭୁ-କୁଚ ରୂପକ ଶମ୍ଭୁ।

ସୁନ୍ଦରୀ, ଯେଣୁ ପରମାନନ୍ଦ ସମୁଦାୟ
ଦୀପ୍ତି ମଣ୍ଡିତ ସ୍ନେହ ସୁଧାମୟ ।
ଶୋଭାସିନ୍ଧୁ ଜାତ ରମା କି ଚନ୍ଦ୍ରମା ଛିଡ଼ିନାହିଁ ଏ ସଂଶୟରେ । ସୁନ୍ଦରୀ ।୩।
ଶୋଭା ପ୍ରଶଂସାରେ ସଂସାରେ ଜଣେ ତୁ ନାହିଁ ତୋ ରୂପ ସମସରି ।
ଉପମାଏ ରହିଲେ ଅପସରି ।
ବରବର୍ଣ୍ଣିନା ବର୍ଣ୍ଣନା ମୁଁ କଲି ଏହି କଥାକୁ ବିଗ୍ଭରିରେ ।
ସୁନ୍ଦରୀ, କବି ଗଣେଶ ଗଣେଶ ହୋଇବ
ଶେଷ ବଦନକୁ ପୁଣି ରହିବ
ବିଧାତା ଆୟୁଷ ପାଇଲେ ତୋ ଶୋଭା ଲେଶ ଶେଷ ବା କହିବାରେ । ସୁନ୍ଦରୀ ।୪।
ସୁରନଗରୀନାଗରୀ ଶିରଭୂଷା ଯୋଷାରତା ନ ରସାଳସି ।
କେତେ ବାର ଗଙ୍ଗାରେ ଥିଲି ଝାସି
ଶିର ଦେଇଣ ଶିଶିରକର ଶିର ମନାଇବା ପୁଣ୍ୟ ଦିଶିରେ ।
ସୁନ୍ଦରୀ, ହେଲି ଜଣାଣ ଦେବା ଯୋଗ୍ୟ ମୁହିଁ
ଏ ପୁଣ୍ୟରୁ କି ଏଡ଼େ ଭାଗ୍ୟ ହୋଇ ।
ପ୍ରଭୁ ସେବକକୁ ବଡ଼ କରେ ଅନୁଗ୍ରହ ଫଳ ଏହି ରେ । ସୁନ୍ଦରୀ ।୫।
ରଙ୍ଗରାଜୀବ ଚରଣରେ ଶରଣ ପଶିଲି ଏ ଘେନି ଭରସା ।
ଗଜ ନୋହିଲେ ତୋ ଗତି ସଦୃଶା ।
ଶରଣେ ବାରଣ କଲୁ ଅଙ୍ଗୀକାର ବାରଣ ଗତି ପ୍ରଶଂସାରେ ।
ସୁନ୍ଦରୀ, ଆଶା କେବେ ହେଁ ନୋହିବ ଛେଦିତ
ଶ୍ରବଣରେ ହୋଇଲିଣି ମୋହିତ ।
ରସଉଦୟା ସୁହୃଦୟା ଦୟାଳୁ ନାମ ଜଗତେ ବିଦିତ ରେ । ସୁନ୍ଦରୀ ।୬।
ମନମୀନ ହୃଦ ସରୋବରେ ଥିଲା କଟାକ୍ଷ ବନଶୀ ପକାଇ ।
ତାର ବଦନେ ପ୍ରେମସୁଧା ଦେଇ ।
ଆକର୍ଷି ନେଇ ଉରଜ କଳସୀରେ ମଦାଳସୀ ଅଛୁ ଥୋଇ ରେ ।

ଶବ୍ଦାର୍ଥ- (୩) ଶମ୍ପାଗଉରୀ-ଖୁବ୍ ଗୋରା, ସୁଷମା-ମନୋହର, ମହୀ ମହିଳା-ପୃଥିବୀ ସୁନ୍ଦରୀ କନ୍ୟା, ସମୁଦାୟ-ସମସ୍ତେ, ଦୀପ୍ତି ମଣ୍ଡିତ-ସୌନ୍ଦର୍ଯ୍ୟ ମଣ୍ଡିତ, ସୁଧାମୟ-ଅମୃତମୟ, ଶୋଭା ସିନ୍ଧୁ-ଶୋଭା ସମୁଦ୍ର, ରମା-ଲକ୍ଷ୍ମୀ (୫) ସୁରନଗରୀ-ଦେବପୁର, ଯୋଷାରତନ-ସ୍ତ୍ରୀ ରତ୍ନ, ଶିଶିକର ଶିର-ଶିବ, (୬) ରଙ୍ଗରାଜୀବ-ରକ୍ତପଦ୍ମ, ରସଉଦୟା-ଶୃଙ୍ଗାର ଭାବ ଉଦ୍ରେକକାରିଣୀ ।

ସୁନ୍ଦରୀ, ତୋର ମନ ମନୋରମ ମନ୍ଦିରେ।
ବନ୍ଦୀ ହୋଇଲେ ତ ଏ ଦୁହିଁଙ୍କ ସଖ କଥନ ନୋହେ ବନ୍ଦିରେ । ସୁନ୍ଦରୀ ।୭।
ବିରହ ଅନଳ ପ୍ରଜ୍ୱଳିତ ଅତି ମୋତେ କରିବ ବୋଲି ଦାହ।
କିମ୍ବା ନ ଦେହେ ଘେନେ ମୁଁ ସନ୍ଦେହ।
ତୋ ପ୍ରେମନୀର ହୃଦୟରେ ପଡ଼ିଣ ଯେଣୁ ଜରଜର ଦେହରେ।
ସୁନ୍ଦରୀ, ଜୀବ ନେବ କାମ ଅଛି କଟାଳି
ଯତ୍ନ କରି ରଖିଅଛି ଏହା ଭଳି।
ଢଳିଗଲେ ଘଟ ଢାଳିଯିବ ସିନା ପରିପୂର୍ଣ୍ଣ ସ୍ନେହବାରି ରେ । ସୁନ୍ଦରୀ ।୮।
ଅବଧାନେ ଅଛି ଦେବରେ ଦେବତା ଭୋଗ ସେ ଦାନ୍ତରେ ବିହୀନ।
କରେ ନିମିଷ ହତ ଦରଶନ।
କୁଚ-କାଞ୍ଚନ ଶିଖରୀରେ ବିହାର ଅଧରେ ଅମୃତ ପାନ ରେ।
ସୁନ୍ଦରୀ, ହୋଇବାରୁ ଉରୁରମ୍ଭାରେ ସ୍ନେହୀ।
ମୋକ୍ଷପଦ ନୀବୀରେ ଅଛି ରହି।
ଆଉ ଦୁର୍ଲଭ ହୋଇ ତୋତେ କେ ଅଛି କେବଳ ଦୁର୍ଲଭ ତୁହିରେ । ସୁନ୍ଦରୀ ।୯।
ଗୁଣ ସରିତ ସଂଗ୍ରହକୁ ସାଗର ବିଗ୍ରହ ନିଶ୍ଚୟ ତୋହର
ସତେ ରସ ରତନର ଆକର।
ତହିଁ ମହତୀ ଯୋଗ ଏବେ ପଡ଼ିଛି ମଜ୍ଜନେ କୃତାର୍ଥ କରରେ।
ସୁନ୍ଦରୀ, ଏକେ କାମଧେନୁ ପରି ରମ୍ଭୋରୁ।
ଦୁଜେ ତୁ ଯେ ସୁରତ ସୁରତରୁ।
କାହାକୁ କହିବି ଦୁର୍ଦ୍ଦଶା ମୋହର ନ ତୁଟିଲେ ଏ ଉତ୍ତାରୁ ରେ । ସୁନ୍ଦରୀ ।୧୦।
ଘନେ କୁଳିଶ ଚନ୍ଦନେ ଅହି ଥିଲେ ଭୟରୁ ଗତକ ପବନ।
ତହିଁ ସେନେହ ଛାଡ଼ନ୍ତି କି ଘେନ।
କର୍ମକୁ ରହିଁ ନିର୍ଦ୍ଦୟ ହେଲେ ମୋତେ ଛାଡ଼ି ନ ପାରିବି ଧନରେ।
ସୁନ୍ଦରୀ, କାମ କରୁ ପଛେ କଲେ ଅଶୁଭ

ଶବ୍ଦାର୍ଥ- (୭) ପ୍ରେମସୁଧା-ପ୍ରେମ ରୂପକ ଅମୃତ, ବଦନେ-ମୁଖରେ, ବନ୍ଦୀ-ଭାଟ, (୯) ଅବଧାନ-ଜ୍ଞାତ ହେବା, ମନୋଯୋଗ, ଉରୁ-ଜଙ୍ଘ, ଉରୁରମ୍ଭା-କଦଳୀ ଗଛ ପରି ଜଙ୍ଘ, ନୀବୀ-ପିନ୍ଧା ଲୁଗାର ଗଣ୍ଠି, (୧୦) ଗୁଣ ସରିତ-ଗୁଣ ନଦୀ, ଆକର-ଉତ୍ପତ୍ତି ସ୍ଥଳ, ମହତୀ-ଶ୍ରେଷ୍ଠ, ରମ୍ଭୋରୁ-ରମ୍ଭାଉରୁ ସମାନ, ଘନ ଜଘନା, (୧୧) ଘନେ-ଘେରେ, କୁଳିଶ-ବଜ୍ର, ଅହି-ସର୍ପ।

ରାହୁ ପ୍ରାୟ ମୋର ଆଶା ଆରମ୍ଭ।
ହର ଆଦି ଦେବେ ବିରୋଧୀ ହୋଇଲେ ଛାଡ଼ଇ କି ସୁଧା ଲୋଭରେ । ସୁନ୍ଦରୀ ।୧୧।
ହୃଦକେଦାରରେ ଅନୁରାଗ ବୀଜ ଅତି ଯତ୍ନ କରି ବୁଣିଛି।
ଭଲ କାଳ ହେଲା ଯହୁଁ ଜାଣିଛି।
କ୍ରମେ ସେ ଅଙ୍କୁର ଘନରସ ବୃଷ୍ଟି ବିହୀନେ ଦୁଃଖ ହୋଇଛି ରେ।
ସୁନ୍ଦରୀ, ନ କରିବ କି କରିବ ବରଷା।
ପଚ୍ଛେ ତୁ ଯେ ମହାଜ୍ୟୋତିଷ ଯୋଷା।
ନାସିକା ମୋତି ବୃହସ୍ପତି ଚଳନ ଯୋଗକୁ ଟେକିଛି ଆଶାରେ । ସୁନ୍ଦରୀ ।୧୨।
ଅଛି ଯେଉଁ ଜୀବ ବୀଣା ଜିଣା ବାଣୀ କିଣା ଅଙ୍ଗଦେଶେ ତୋହର।
କେଡ଼େ ଭରସା ସନ୍ତପ ବ୍ୟାଧର।
ଶମନପାଶେ ଉଛନ୍ନ ପାଶେ ଧରି ନେବା ପାଇଁ ତତ୍‌ପର ରେ।
ସୁନ୍ଦରୀ, କଲି ଗୋଚର ମୋର ଦୋଷ ନାହିଁ।
ହେବ କାହାକୁ ଏ ଅଯଶ ସହି।
ତୋତେ ଏମନ୍ତ ବୋଲିବା ଅଧିକାର ମୁଁ ପାଇଲି କାହିଁରେ । ସୁନ୍ଦରୀ ।୧୩।
ନବବନିତା ଅପୂର୍ବ ପୁଷ୍ପଲତା ପ୍ରକାଶ ଷୋଳଜାତି ଫୁଲ।
ତିଳପୁଷ୍ପ କୁନ୍ଦ ଚାରି କମଳ।
କୁମୁଦ ବଧୁଲି ପାଟଳୀ ନିଆଳୀ ଚମ୍ପା ଶିରୀଷ ଉତ୍ପଳ ରେ।
ସୁନ୍ଦରୀ, ଷଣକୁସୁମ ଅଶୋକ ମନ୍ଦାର
ଭୋଖି ଭୃଙ୍ଗ ମୁଁ ଚୁମ୍ବନେ ଆତୁର।
କେତକୀ ବରନା ନାମ ଅଙ୍ଗୀକାର କଲେ ସରିଲାଟି ମୋର । ସୁନ୍ଦରୀ ।୧୪।
ଅନଙ୍ଗ ବଧିବା ଇଚ୍ଛା କରି ତୋରେ ବିନ୍ଧି ନ ପାରୁଥିବ ବାଣ।
ଶୋଭା ଅନାଇଁ କ୍ଷୀଣ ହେବ ଗୁଣ।
ମୁଁ କି ଉପାୟେ ତୋ ଦରଶନ ଯାଏ ଜିଇଁବି କହିବି ପୁଣରେ।
ସୁନ୍ଦରୀ, ବଞ୍ଚିଥିଲେ ଅଛି ଏତେ କାରଣ।
ଲାକ୍ଷା ଲେଖିବି ଧରି ତୋ ଚରଣ।
ଚିତ୍ର ରହି ତୁ ଯେ ପ୍ରଶଂସା କରିବୁ ସେ ବାଣୀ ହେବ ଶ୍ରବଣରେ, ସୁନ୍ଦରୀ ।୧୫।

ଶବ୍ଦାର୍ଥ- (୧୨) କେଦାର-କିଆରି, ଅନୁରାଗ-ସ୍ନେହ, ଘନରସ-ଜଳ, ଶମନ-ଯମ, (୧୪) ତିଳ-ରାଶି, (୧୫) ଅନଙ୍ଗ-କନ୍ଦର୍ପ, ଲାକ୍ଷା-ଅଳତ. ସୁଗାତ୍ରୀ-ସୁନ୍ଦରଦେହୀ

ଗଭାକୁ ଶୋଭା ହେବା ଭଳି କୁସୁମ ଗୁନ୍ଥି ଦେଉଥିବି ସୁଗାତ୍ରୀ।
ଶିବରାତ୍ରି କରିବି ସବୁ ରାତ୍ରି।
ଆଗ କି ମାଗିବି ସେବା ଜାଣି କୃପା କରୁ ସିନା କୃପାପାତ୍ରୀରେ।
ସୁନ୍ଦରୀ, ଇଚ୍ଛାମନ ଭିତରେ ଦେହ ରହୁ।
ଏ ନୋହିଲେ ବିଧାତା ପକ୍ଷ ହେଉ।
ଯାଇ ତୋ ପାଶେ ମୋ ସେବା ଦେଖାଇବା ଯୋଗ ବେଗ ହୋଇ ହେଉ ରେ। ସୁନ୍ଦରୀ।୧୬।
କ୍ଷିତି ଥିଲେ ନରପତି ଶୋଭା ପାଇ ରାତି ଥିଲେ ଚନ୍ଦ୍ର ଉଜ୍ଜ୍ୱଳ।
ପଦ୍ମ ଥିଲେ ସରୋବର ମଞ୍ଜୁଳ।
ଘେନି ସେହି ମତି ଯୁବତୀ କତିରେ ଥିବା ଯୁବାର ମଙ୍ଗଳରେ।
ସୁନ୍ଦରୀ, ଲଭି ନାହିଁ ଯେ ବଲ୍ଲଭୀ ସୁରସ
ମହା ସମ୍ପତ୍ତି ଥାଇ ହେବ କିସ।
ନୟନ ନ ଥାଇ ଦେବ ଦରଶନେ ଗଲା ପ୍ରାୟ ଉପହାସ ରେ। ସୁନ୍ଦରୀ।୧୭।
ଘେନିରେ ଯୁବତୀ ପରଶ ପରଶୁ ପୁରୁଷ କୋହ କରେ ହେମ।
ଭଙ୍ଗୀବଚନ ହିମଧାମ ସମ।
ହୃଦୟସ୍ଥଳ ଚନ୍ଦ୍ରକାନ୍ତି ମଣିର ଦ୍ରବୀଭୂତକୁ ସେ କ୍ଷମ ରେ।
ସୁନ୍ଦରୀ, ଏହା ଶୁଣିଛି ରସିକ ବଦନ
ଅନୁଭବ ନାହିଁ ମୋର ଏମାନ।
କି କରି ଜାଣିବି କରୀଜିତଗତି କରିବୁ ଏ ଅବଧାନ ରେ। ସୁନ୍ଦରୀ।୧୮।
ଶିରଫୁଲ ଗଭା କେତେ କାଳ ଶୋଭା କି ଶୀତଳକାରୀ ଚନ୍ଦନ।
ଏ ବଚନ ତୋହଠାରେ ବନ୍ଦନ।
କି ବୋଲି ବୋଲିବି ମଶାରୀମଶକ ପରାୟ ଭ୍ରମୁଛି ମନରେ।
ସୁନ୍ଦରୀ, ବନ୍ଧୁଧନ ତୋତେରେ ପ୍ରେମଶୀଳା
ବୋଲିବି କି ନାହିଁ ଚିତ୍ତ ରସିଲା।
ଗଲେ ପ୍ରାଣ ରହି ବନ୍ଧୁଧନ ଦୁଇ ଥିଲେ ଅଛି ଏ ଶୁଣିଲାରେ। ସୁନ୍ଦରୀ।୧୯।
ଅତି ଦରିଦ୍ର ମୁଁ ବହିତ୍ର ବଣିଜ ଉପାୟ ବଳରେ।
ଭଲ ମନ୍ଦ ଅଛି କି କପାଳରେ।

ଶବ୍ଦାର୍ଥ- (୧୬) ସୁଗାତ୍ରୀ-ଉତ୍ତମ ଦେହୀ, (୧୭) କ୍ଷିତି-ପୃଥିବୀ, ମଞ୍ଜୁଳ-ମନୋହର, ବଲ୍ଲଭୀ-ସ୍ତ୍ରୀ, (୧୮) ପରଶ-ସ୍ପର୍ଶ, ପରଶୁ-ପର୍ଶୁ, ଲୋହ-ଲୁହା, ହେମ-ସୁନା, ଭଙ୍ଗୀ ବଚନ - କହିବା ଚାତୁରୀ, କରୀଜିତ ଗତି - ଗଜଜିଣା ଗତି।

ଦଇବ ସେ ତୁହି ସେ ତୋତେ ଗୋଚର ଦୟାରେ ଲଗା କୂଳରେ ରେ।
ସୁନ୍ଦରୀ, ମାର ତସ୍କର ଘେନି ଦର ଅଛି
ପ୍ରାଣଧନ ଲୁଟିବାକୁ ଜଗିଛି।
ଅଷ୍ଟସାତ୍ତ୍ୱିକ ଅଣଚଶ ପବନ ଛିନ୍ନ ଭ୍ରମେ ପକାଉଛି ରେ । ସୁନ୍ଦରୀ ।୨୦।
ନେତ୍ରେ କର୍ଣ୍ଣକୁ ଆକ୍ଷେପ କରି ଦଳି ତ୍ରିବିଧେ କରିଛୁ ବନ୍ଧନ।
ହାସେ ହରି ଚନ୍ଦ୍ର ଦର୍ପ ଦଳନ।
ଜୀମୂତ ବାହନ ପଦ ଦରଶନ ଜନେ କରୁଅଛୁ ଦାନରେ।
ସୁନ୍ଦରୀ, ବଚନରେ ଅନୁସରି ଥିବି ଯେ।
ଦାନୀମାନଙ୍କୁ ଜିଣିଛୁ ଭାବି ଯେ।
ତନୁଦାନକୁ ମୁଁ ଅର୍ଥୀ ହୋଇଅଛି ବୋଲିବୁ ନିକି ନ ଦେବୁ ରେ ସୁନ୍ଦରୀ ।୨୧।
ଦେବୀ ଭେଟାଇଲା ନିଶାର୍ଦ୍ଧେ ପଲ୍ୟଙ୍କେ କରିଥିଲୁ ବାଳା ଶୟନ।
ହା ହା କି ଶୋଭା ଦେଖିଲା ନୟନ।
ସେହି ତ୍ରୁଟିକେ କୋଟି କୋଟି ମଘବା ସନ୍ତତି କରିଛୁ ଦାନ ରେ।
ସୁନ୍ଦରୀ, ଯେବେ ଚିର ହୁଅନ୍ତା ସେ ମୁହୂର୍ତ୍ତ।
ଯୁବାବୃନ୍ଦେ ହୋଇଥାନ୍ତି ସାମନ୍ତ।
ଭୀରୁ ଉରୁ ଛୁଇଁ ଝୁଲାଇ ଦେବାର ନୋହେ ଇତର ସୁକୃତରେ । ସୁନ୍ଦରୀ ।୨୨।
ନିଦ୍ରା ବିନାଶ ଅବଶଭର ଘେନି କଷାଇତ ନେତ୍ର ଚତୁରୀ।
ମୋତେ ବକ୍ରେ ଅନାଇଁଲୁ କି କରି।
ଅନୁରାଗ ଜଳେ ବୁଡ଼ାଇ କମଳ ବେଗେ ଢାଳିଦେଲା ପରି ରେ।
ସୁନ୍ଦରୀ, ଲାଜ ବଶରୁ ରସିକା ସିହାଣୀ।
ଚହିଁ ନ ଚହିଁ କଲୁ ଚହାଁଣୀ।
ଉଡ଼ି ପୂର୍ଣ୍ଣ ଚନ୍ଦ୍ର ମଣ୍ଡଳୁ ମନ୍ଦିରେ ବସିଲା ପରାୟ ପୁଣିରେ । ସୁନ୍ଦରୀ ।୨୩।
ବିନୟରେ ମୋ ଲୟ ଦେଇ ଉଦୟ କଲୁଁ ଯେ କରୁଣା କିଞ୍ଚିତ।
ପ୍ରାଣ ରଖିଲା ସେ ସୁଧା ସଞ୍ଚିତ।
ମାଣିକ୍ୟ କୁହରେ ହୀରା ଝଟକିଲା ପରା ସ୍ମିତହାସ ଜାତରେ।
ସୁନ୍ଦରୀ, ମୋର ଜନ୍ମାନ୍ତେ ଖଣ୍ଡତପ ଥିଲା।

ଶବ୍ଦାର୍ଥ- (୨୦) ବହିତ୍ର-ବୋଇତ, (୨୧) ଆକ୍ଷେପ-ନିନ୍ଦା, ତ୍ରିବିଧ-କଟୀତଳର ବଳିତ୍ରୟ, ହରି-ଚନ୍ଦ୍ର-କର୍ପୂର, ଜୀମୂତ ବାହନ ପଦ-ଇନ୍ଦ୍ର ପଦ, (୨୨) ମଘବା-ଇନ୍ଦ୍ର, ଭୀରୁ-ରମଣୀ, ଉରୁ-ଜଙ୍ଘ, (୨୩) ସିହାଣୀ ଶ୍ରେଷ୍ଠ, (୨୪) କୁହ-ଗର୍ତ୍ତ।

ସେହି ସମୟେ ନିଶି ନାଶ ହେଲା ।
ସେହି ସମୟେ ନିଶି ନାଶ ହେଲା ।
ବଢ଼ିବାରୁ ମହା ସନ୍ତାପ ନୟନେ ମନେ ଆନ ନ ରୁଚିଲାରେ । ସୁନ୍ଦରୀ ।୨୪।
ଚତୁରୀ ଋଟୁକୁ ଋତୁରୀ କରି ଯେ ଯେତେ ବାଣୀ କହି ଯୁକତେ ।
ସେ କି ସମ ହେବ ଜଗତେ ।
କରଯୋଡ଼ି ମୁଁ ଜଣାଉଛି ସନ୍ଦେଶ ଦୋଷ ନ ଧରିବୁ ଚିତ୍ତେ ରେ ।
ସୁନ୍ଦରୀ, ସବୁ ସଖୀଙ୍କ ସଙ୍ଗୋଳା ମୋହର
ତୁମ୍ଭ ସଙ୍ଗତେ ମୋତେ ଜଣେ କର ।
ମନ ମନାଇଁ ଅବକାଶ ଅନାଇଁ ଘେନାଇଁ କହି ଛାମୁ ରେ । ସୁନ୍ଦରୀ ।୨୫।
ବେଗେ ଦୂତକୁ ମେଲାଣି ଦେଇ ଦେବ ଶ୍ରୀହସ୍ତ ସନ୍ତକ ଲେଖକୁ ।
ପାଇ ପାଇ ମୁଁ ଅଲେଖ ସୁଖକୁ ।
କୃଶ ହେଲେ ଆଶାଦଣ୍ଡ ଆଲମ୍ବନ କରି ଘଉଡ଼ି ଦୁଃଖକୁ ରେ ।
ସୁନ୍ଦରୀ, ଯିବି ଜୀବିତେ ପ୍ରଭୁର ଛାମୁକୁ ।
ବ୍ୟଥା କହି ଦଣ୍ଡାଇବି କାମକୁ ।
ଏତିକି କାମନା ଏ ବିନା ନବୀନା ମିଳୁଛି ଯାହା କର୍ମକୁରେ । ସୁନ୍ଦରୀ ।୨୬।
ବଳିଆର ଯେ ତ୍ରିବଳୀ ଶୋଭିନୀକି କହିବାକୁ ଅଛି ଆହୁରି ।
ପ୍ରୀତି ବିରୋଧୀ ଯେତେ ସହଚରୀ ।
ଦଇବେ ହୋଇଲେ ପ୍ରବୋଧ କରିବୁ ତାହାଙ୍କର କର ଧରିରେ ।
ସୁନ୍ଦରୀ, ପର ଉପକାର ଯଶ ଥୋଇଲେ
ଦେଖ ମହାଦେବ ବିଷ ଖାଇଲେ ।
ଦେଖ ଭୃତ୍ୟପଦ ହୃଦେ ଧରି ହରି ଭାବଗ୍ରାହୀ ବୋଲାଇଲେ ରେ । ସୁନ୍ଦରୀ ।୨୭।
ପଢ଼ି ଏ ପତ୍ର ରୋମାଞ୍ଚିତ ଗାତ୍ର କି ହେଲା ଅନୁରାଗ ଅଙ୍କୁର ।
କିବା ମାଗିବା ଯୁବା ସଙ୍ଗ ବର ।
ଆନନ୍ଦ ଅଶ୍ରୁଜଳରେ ଅଭିଷେକ କରାଇଲା କୁଚହର ସେ ।

ଶବ୍ଦାର୍ଥ- (୨୬) କୃଶ-ସରୁ, ଆଶାବାଡ଼ି,(୨୭)ପ୍ରବୋଧ-ଆଶ୍ୱାସନା, ତ୍ରିବଳୀଶୋଭିନୀ-ପେଟରେ ଥିବା ତିନୋଟି ରେଖା, (୨୮) ଗାତ୍ର-ଦେହ, କୁଚହର-କୁଚ ରୂପକ ଶିବ ।

ସୁନ୍ଦରୀ, ଦେଖି ଦ୍ୱିଜଙ୍କୁ ସେ ମୋତି କଳାପ
ମନେ ଏ କଥା କରି ସଙ୍କଳପ ।
ଏହାରଠାରେ ଏ ହାର ଥିଲେ ଦେଖି ଜାଣନ୍ତି ସିନା ସେ ସନ୍ତାପ ସେ । ସୁନ୍ଦରୀ ।୨୮।
ପ୍ରତିଉତ୍ତର ପତ୍ର ଦେଇ ତାଙ୍କୁ କାତର ସାଗରୁ ଉଦ୍ଧର ।
କହେ ଏକାଳେ ବ୍ରହ୍ମଚାରୀ କୀର ।
ଅନୁନୟ ଲେଖି ଛନ୍ଦ ପୂର୍ଣ୍ଣ ହେଲା ରସିକ ଉଲ୍ଲାସକର ହେ ।
ସୁଜନେ, ରାମ ଲକ୍ଷ୍ମଣ ଅମ୍ବୁଜ ବଦନ ।
ବୃଷାସନଙ୍କର ଯେହୁ ବନ୍ଦନ ।
କହେ ଉପେନ୍ଦ୍ରଭଞ୍ଜ ବୀରବର ତାଙ୍କ ପାଦେ ଦେଇ ମନ ହେ ।ସୁଜନେ ।୨୯।

ଶବ୍ଦାର୍ଥ- (୨୯) କୀର-ଶୁଆ, ଅମ୍ବୁଜ ବଦନ-ପଦ୍ମମୁଖ ।

ବିଂଶ ଛାନ୍ଦ
ଲାବଣ୍ୟବତୀର ପତ୍ର ଘେନି ବ୍ରହ୍ମଚାରୀ
ଚନ୍ଦ୍ରଭାନୁ ନିକଟେ ପ୍ରବେଶ
(ରାଗ- ଚିନ୍ତାଭୈରବ)

ଆଣି କାଗଜକୁ ନବବାଳୀ ଅନୁରାଗୁ ନ ଲେଖିଲା କାଳୀ
କୁଙ୍କୁମେ ଲିଖିତ ବର୍ଣ୍ଣ ନିଜ ବର୍ଣ୍ଣ।
ଭାଳି ଆଳୀଙ୍କ ନାମରେ ଛଳି ସେ । ସୁନ୍ଦରୀ ।୧।
ବିଭୋ ବୀରବର ଭୂପସୁତ ଗଣେଶ୍ୱର ସମାନେ ପଣ୍ଡିତ
ଗୁଣରେ ନାହିଁତ ଅବନୀମଣ୍ଡଳେ
ଏଣୁକରି ଗୁରୁ ପ୍ରଶଂସିତ ହେ । ସୁନ୍ଦର ।୨।
ମହା ମହା ମନୋହର ଧାମ ଆମ୍ଭେ ବୋଲୁଅଛୁ ଅନୁପମ
ହେମ ତୁଲେ ଗୁଞ୍ଜା ତୁଳନା ପରାୟେ
ଯାହା ଇଚ୍ଛା ବୋଲନ୍ତୁ କାମ ହେ। ସୁନ୍ଦର ।୩।
ଦାତା ପଣ କର୍ଣ୍ଣେ ଅଛୁ ଶୁଣି ତହିଁକି ଲକ୍ଷ୍ୟ ଦେବାକୁ ପୁଣି
ଯାଚକ ମାନସ ଏ ରୂପେ ସନ୍ତୋଷ,
ଏକା ଏହାର ହେଉ ଧରଣୀ ହେ । ସୁନ୍ଦର ।୪।
ପୁଣି ବଧ କରିବାରେ ଅରି କର ଯଶକୁ ଅଛ ବିସ୍ତାରି
ଦୟାଳୁ ଗୁଣ ତ ନୁହଇ ଜାଣିବା
ତୁମ୍ଭେ କେଡ଼େ ପର ଉପକାରୀ ହେ। ସୁନ୍ଦର ।୫।

ଶବ୍ଦାର୍ଥ- (୧) ନବବାଳୀ-ନବଯୁବତୀ, ନିଜବର୍ଣ୍ଣ-ସ୍ୱାକ୍ଷର, ଗୁରୁ-ବୃହସ୍ପତି, (୨) ଗୁଞ୍ଜା-କାଇଁଚ, କାମ-କନ୍ଦର୍ପ, ଭୂପ-ରାଜା, ଭୂତସୁତ-ରାଜକୁମାର, (୪) ଯାଚକ-ମାଗିବା ଲୋକ, ଧରଣୀ-ପୃଥିବୀ, ପର୍ବତ, ଅରି-ଶତ୍ରୁ, କୋଷ-ଧନ ଭଣ୍ଡାର।

ଯାହା ରତନ କୋଷ ସଞ୍ଚିତ   ସଦା ଅତୁଟ ସମୁଦ୍ରବତ
ଏହି କଥାମାନ ବିଚିତ୍ର ମଣିଲୁ
ସେହି ଚୋରାଇ ନେଇ କି ଚିତ୍ତ ହେ । ସୁନ୍ଦର ।୬।
ସ୍ୱପ୍ନେ ଦେଖାଦେଲେ ଯେଉଁ ନିଶା   ହୋଇଥିଲା ସେଦିନ ସୁଦଶା
ଜଳକଳସ ଚନ୍ଦ୍ର ବିମ୍ବ ଧରିବା -
ପରି ଯେହ୍ନୁ କରୁଥିଲା ଆଶା ହେ । ସୁନ୍ଦର ।୭।
ଏବେ ଦାଇବେ ଦେଲା ସେ ସତ   କେହି ନୋହିବ ପୁଣି ଲୋଭିତ
ଜୀବନ ଯିବ ପାଖରେ ନ ପାଇଲେ
ଏହି ବାଣୀ ହୋଇବ ବିଦିତ ହେ । ସୁନ୍ଦର ।୮।
ଯାର ପହଣ୍ଡକ ଶତେ କୋଶ   ତାର ମେରୁ ଲଙ୍ଘିବାକୁ ଆଶ
ଜଳେ ସାଗରସୁତ ପ୍ରାୟ ସଜୀବେ
ତାପାନଳେ ନୋହେ କ୍ଳେଶ ନାଶ ହେ। ସୁନ୍ଦର ।୯।
ହରିହର ସୁପ୍ରସନ୍ନ ଥିବ   ମାର ପୁରନ୍ଦର କରୀ ହେବ
ଭାଗ୍ୟ ଭଗୀରଥ ହୋଇ ଯେବେ ତବ
ସ୍ନେହ ଗଙ୍ଗାଜଳ ମଜ୍ଜାଇବ ହେ । ସୁନ୍ଦର ।୧୦।
ଭାବେ ମହୀ ଅନାଇ ଯାହାକୁ   ଏକବର ବରିବି ଏହାକୁ
ତାକୁ ସେ ଏକାନ୍ତେ ରସିବ ବୋଇଲେ
ବାଳା ନ ଛାଡ଼ିବ ଉତ୍ସାହକୁ ହେ। ସୁନ୍ଦର ।୧୧।
ଛଳେ ସେ ଦୟା ସଲିଳରାଶି   ନ କରିବେ ମୋତେ ନିକି ଦାସୀ
ଘେନାଇ କହିବା କଥା ଏ ନୁହଇ
ଘେନ ତୁମ୍ଭଙ୍କୁ କେମନ୍ତେ ଦିଶି ହେ । ସୁନ୍ଦର ।୧୨।
ଦୂତ ସଙ୍ଗେ ଅଇଲେ ଦେଖିବ   କଥା ଯଥାର୍ଥ କେବା ଲେଖିବ
କୃଶକଟୀ ଆଗେ ପାଛୋଟି ଯିବାର
ବିଧି ସ୍ଥିରୀ କରିଛି ଦଇବ ହେ। ସୁନ୍ଦର ।୧୩।

ଶବ୍ଦାର୍ଥ- (୭) ସୁଦଶା-ଭଲଦିନ, ଚନ୍ଦ୍ରବିମ୍ବ-ଚନ୍ଦ୍ରମଣ୍ଡଳ, (୮) ବିଦିତ-ବିଖ୍ୟାତ, (୯) ସାଗରସୁତ-ସଗର ରାଜାଙ୍କ ପୁତ୍ର, ପହଣ୍ଡକ-ପାହୁଣ୍ଡେବାଟ, ତାପାନଳ-କାମାଗ୍ନି, (୧୦) ମାର-କନ୍ଦର୍ପ, ପୁରନ୍ଦର କରୀ-ଇନ୍ଦ୍ରଙ୍କ ହସ୍ତୀ ଐରାବତ, (୧୨)ସଲିଳ-ଜଳ,(୧୩) କୃଶକଟୀ-କ୍ଷୀଣକଟୀ।

ଫୁଲ ଭୃଙ୍ଗର ଭୃଙ୍ଗ ଫୁଲର ଫୁଲ କରଇ କି ଅଭିସାର
ପ୍ରତି ପ୍ରତିନିଧି ମନକୁ ପେଷିଛି
ତାହା ସଙ୍ଗେ ଏବେ ବିଜେକର ହେ । ସୁନ୍ଦର ।୧୪।
ଯେବେ ନାହିଁ ଏତେ ଅନୁଗ୍ରହ ଜେମା ନେତ୍ରେ କିମ୍ବା କଲ ଗୃହ
ତୁମ୍ଭ ପୁର ତ ଅଳକାରୁ ଅଧିକ
ତହୁଁ ରମ୍ୟ ହେଲା କିଏ କହ ହେ । ସୁନ୍ଦର ।୧୫।
ହୃଦବନେ ଥିଲା ମନମୃଗ ତହିଁ ବିରହ ଅନଳ ବେଗ
ପଳାଇ ତୁମ୍ଭ ଶୋଭାବନେ ପଶିଲା
ତହିଁ ନାହିଁ ପରା ଏ ଉଦ୍‌ବେଗ ହେ । ସୁନ୍ଦର ।୧୬।
ପ୍ରଭୋ ବିଚାର କରିବ ମନ ସ୍ମର ଶରହିଁ ଏହି ବିଧାନ
ପ୍ରକଟି କୁଜ୍‌ଝଟି ତପନକୁ କୋଟି
ନାଶ କରିଦେଇ ପଦ୍ମବନ ହେ। ସୁନ୍ଦର ।୧୭।
ପରମ୍ପରା ସେ ଜନକୁ ମାରେ ଈଶ୍ୱରଙ୍କୁ ମାତ୍ର ଜ୍ୱାଳା କରେ
ତୁମ୍ଭେ ବଳବନ୍ତ ଅବଳା କୋମଳା
ଆମ୍ଭ ପ୍ରାଣସଜନୀ ବେଭାରେ ହେ। ସୁନ୍ଦର ।୧୮।
ରାମା ତୁମ୍ଭ ସ୍ନେହୀ ହେଲାଠାରେ ବିରହ ଯେ ଅଙ୍ଗ ଭୋଗକରେ
ଏ ଊଣା କାହାକୁ ହେବ ମନେ ମନେ
ବସି ଭାବନା କରିବ ଥରେ ହେ। ସୁନ୍ଦର ।୧୯।
ଜାତି ପଦ୍ମିନୀ ହାସକୁ ଚାହିଁ ନିତି ମହାତ୍ରାସ କରୁଥାଇ
ଚନ୍ଦ୍ର ସେ ହିଂସାରେ ସାନ୍ଦ୍ର ହୋଇ ଏବେ
ଚନ୍ଦ୍ର ତନୁକୁ ଦେଉଛି ଦହି ହେ । ସୁନ୍ଦର ।୨୦।
ଜାଣ ପରା ଇନ୍ଦ୍ରଜାଲ ମାୟା ସବୁ ଦିଗେ ଦେଖାଇଛ କାୟା
ମାୟା କରି ମୋହିବାକୁ ତୁମ୍ଭଠାରେ
ବାଳା ହୋଇ ନାହିଁ କି ବିନୟା ହେ । ସୁନ୍ଦର ।୨୧।

ଶବ୍ଦାର୍ଥ- (୧୪) ଭୃଙ୍ଗ-ଭ୍ରମର, (୧୫) ରମ୍ୟ-ରମଣୀୟ, ଅଳକା-କୁବେରପୁର, (୧୭) ସ୍ମର-କନ୍ଦର୍ପ, ପ୍ରକଟି-ପକାଶ କରି, କୁଜ୍‌ଝଟି-କୁହୁଡ଼ି, ତପନ-ସୂର୍ଯ୍ୟ,(୧୮) ବେଭାରେ-ଉଚିତନ୍ୟାୟରେ, (୨୦) ତ୍ରାସ-ଭୟ, ସାନ୍ଦ୍ର-ଗାଢ଼।

କେତେ କୁସୁମ ଜଗତେ ନାହିଁ   ରବିକର ନ ପାରଇ ସହି
ତିଳେ ଶେଫାଳିକା ଏ ନବମାଳିକା।
ତଥା ବେଦନା ସହି ନୁହଇ ହେ । ସୁନ୍ଦର ।୨୨।
ନୃପସୁତ ତାରା ମଧ୍ୟେ ଶୋହି   ପର ତସ୍କରକୁ ଭୟ ଦେଇ
ଆମ୍ଭ ସଜନୀ ରଜନୀଠାରୁ କାମ
ତମ ନ ଖଣ୍ଡିଲ କାହିଁ ପାଇଁ ହେ । ସୁନ୍ଦର ।୨୪।
ଭାନୁ ଭଜିଲେ ଅତି ସ୍ନେହାଧୀନ   ଛାଡ଼ିବ କି ହେଲେ ହୀନିମାନ
ଅନଳେ ଦହିଲେ ସୁବାସକୁ ନିକି
କେବେ ଛାଡ଼ଇ ଚନ୍ଦ୍ର ଚନ୍ଦନ ହେ । ସୁନ୍ଦର ।୨୬।
ମନେ କରିଅଛି ପଙ୍କଜାକ୍ଷୀ   ମଲା ପ୍ରୀତିରେ କପୋତପକ୍ଷୀ
ଧନ୍ୟ ଶବଦ ତ ସେ ରୂପ ରହିବ
ଆଗ ସ୍ନେହୀରେ ତାହାକୁ ଲେଖି ହେ। ସୁନ୍ଦର ।୨୭।
ମହାଶଙ୍କା ହୋଏ ଏହା ଭାବି   ବୀରଯଶେ ବର୍ଣ୍ଣିଛନ୍ତି କବି
ଅତି କଠିନ ଉରସ୍ଥଳ ବାଜିଲେ
ସବୁ ରୂପେ ହତ ହୁଏ ପବି ହେ । ସୁନ୍ଦର ।୨୮।
ନାରୀବୋଧ ଏହା ଶୁଣିକରି   ହୋଇଥିବ ନାରିକେଳ ପରି
ଦୟାଶୀଳ ନାମ ନୋହିଲେ କାହିଁକି
ହୃଦେ ଅଛି ଘନରସ ପୂରି ହେ । ସୁନ୍ଦର ।୨୯।
ଚନ୍ଦ୍ରମାର ଅଶ୍ୱିନୀକୁମାର   ଏମାନେ ଯେ ପରମ ସୁନ୍ଦର
ଏ ମୂର୍ତ୍ତି ହୋଇ କ୍ଷିତିରେ ଉତପତ୍ତି
ବୋଲି ପ୍ରଶଂସା ଖ୍ୟାତ ତୁମ୍ଭର ହେ ସୁନ୍ଦର ।୩୦।
ଶୋଭା ଚହିଁ ଶିଳା ଦ୍ରବୀଭୂତ   କର ଉଚ୍ଛନ୍ନ ଯୁବାର ଚିତ୍ତ
ନୃପ ନନ୍ଦିନୀର ବ୍ୟାଧି ନାଶ କଲେ
ଆମ୍ଭେ ଜାଣିବୁ ଏ କଥା ସତ ହେ ସୁନ୍ଦର ।୩୧।

ଶବ୍ଦାର୍ଥ- (୨୨) ତିଳେ-ସାମାନ୍ୟ, ଶେଫାଳିକା-ଗଙ୍ଗଶିଉଳି, ନବମାଳିକା-ନିଆଳି ଫୁଲ, (୨୩) କୁମୁଦ-କଇଁ, ମୋଦିତ-ଆନନ୍ଦିତତ, ରଜନୀ- ହଳଦୀ, ରାତି, (୨୪) କାମତମ-ଇଚ୍ଛୁକ, ଶୋହି-ଶୋଭାପାଇ, (୨୫) ଭାନୁ-ସୂର୍ଯ୍ୟ, ମିହିରମଣି-ସୂର୍ଯ୍ୟକାନ୍ତମଣି, (୨୬) ଚନ୍ଦ୍ର-କର୍ପୂର, (୨୭) ପଙ୍କଜାକ୍ଷୀ-ପଦ୍ମାକ୍ଷୀ, (୨୮) ଉରସ୍ଥଳ-ବକ୍ଷସ୍ଥଳ, ପବି-ବଜ୍ର, (୨୯) ଘନରସ-ଜଳ, (୩୦) କ୍ଷିତି-ପୃଥିବୀ, (୩୧) ନୃପନନ୍ଦିନୀ-ଲାବଣ୍ୟବତୀ, ବ୍ୟାଧି-ରୋଗ।

ଯେଣୁ ବିଶ୍ରାମ ମଣ୍ଡପ　　କାହିଁ ସ୍ତୁତି ତାଙ୍କ ଅନୁରୂପ
ଆମ୍ଭ ସଖୀ ଯେ ତୁମ୍ଭର ବୋଲାଇବ
କେଉଁ ସ୍ଥାନ କରିଥିଲା ତପ ହେ । ସୁନ୍ଦର ।୩୨।
ଆଉ ଅଧିକ ଜଣାଏ କିସ　　କ୍ଷମା କରିବ ଜଣାଣ ଦୋଷ
କର୍ମ ମୋହ ସ୍ତମ୍ଭ ପ୍ରତିବନ୍ଧ ଘେନି
ଲେଖି ନା ପାରିଲା ରାମାଈଶ ହେ। ସୁନ୍ଦର ।୩୩।
ଶିବରାତ୍ରି ରାମରେ ଉତ୍ସବ　　ରାମେଶ୍ୱର ଦେବଠାରେ ହେବ
ଯେବେ କରୁଣାଅରୁଣାଧରୀଠାରେ ଥିବ
ସେଠାକୁ ବିଜେ କରିବ ହେ ସୁନ୍ଦର ।୩୪।
ପଡ଼େ ପତଙ୍ଗ ସେନେହ ଧାରି　　ଯଥା ଅନଳ ତାହାକୁ ଜାରି
ବିଜେ ନ କଲେ ଏ ପୀରତି କୀରତି
ଖ୍ୟାତ ହୋଇବଟି ସେହିପରି ହେ । ସୁନ୍ଦର ।୩୫।
ଲେଖି ଏ ରୂପେ ପତ୍ରିକା ବାଳା　　ମନ୍ତ୍ରୀ ନନ୍ଦନା ହସ୍ତକୁ ଦେଲା
ପାଠକରି ଘେନି ରସଗର୍ଭେ ଭାଷା
ଅତି ତୃପତି ହୋଇ ମୁଦିଲା ସେ। ସୁନ୍ଦରୀ।୩୬।
କରି ବନ୍ଧନ ରୁଚିର ଚୀରେ　　ଜତୁ ଦେଲା ଯତନେ ଉପରେ
ଦୁର୍ଗାମାଧବ ସୁମରି ବ୍ରହ୍ମଚାରୀ
କରେ ଦେଲା ଅତି ହରଷରେ ସେ। ସୁନ୍ଦରୀ ।୩୭।
ନେଇ କୀର ଦ୍ୱିଜବର ଆଗେ　　ସଖୀମାନେ କହିଲେ ସରାଗେ
ବେଗେ ଆଗବନ ନ କଲେ କୁମାର
ରାମା ନେଲାଟି ଶମନ ଭୋଗେ ହେ । ସୁନ୍ଦର ।୩୮।
ଯତ୍ନେ ଘେନିଣ ଅମୂଲ୍ୟ ମୁଦ　　ଦୁଇ ଦ୍ୱିଜ ହୋଇଲେ ପ୍ରମୋଦ
ମେଲାଣି ହୋଇ ସାଧବକୁ କହିଣ
କରି ହରିଙ୍କି ମଙ୍ଗଳପ୍ରଦ ହେ। ସୁଜନେ ।୩୯।
ଘେନି କାଞ୍ଚି ଶୋଭିନୀ ଉଦନ୍ତ　　କାଞ୍ଚିପୁରେ ଗମନ ତୁରିତ
ଉପଇନ୍ଦ୍ର ଭଞ୍ଜ ବୀରବର ଚିତ୍ତ-ଭୃଙ୍ଗ
ରାମ ପାଦପଦ୍ମେ ରତ ହେ । ସୁଜନେ ।୪୦।

■

ଶବ୍ଦାର୍ଥ- (୩୩) ପ୍ରତିବନ୍ଧ-ବାରଣ କରିବା, ରାମାଈଶ-ସୁନ୍ଦରୀ ଶିରୋମଣି, (୩୫) ସେନେହ-ସ୍ନେହ, ଜାରି-ନଷ୍ଟ, (୩୬) ପତ୍ରିକା-ଚିଠି, (୩୭) ରୁଚିର-ସୁନ୍ଦର, ଚୀରେ-ଚିରା କନାରେ, ଜତୁ, ଜତୁ-ଜଉ, (୩୮) କୀର-ଶୁଆ, ଶମନ-ଯମ, (୪୦) କାଞ୍ଚି-ଅଣ୍ଟାସୂତା, ଉଦନ୍ତ-ସନ୍ଦେଶ, ତୁରିତ-ଶୀଘ୍ର, ଚିତ୍ତଭୃଙ୍ଗ-ମନଭ୍ରମର।

ଏକବିଂଶ ଛାନ୍ଦ
ବର୍ଷାଋତୁ ଓ ଚନ୍ଦ୍ରଭାନୁର ବିରହ ବର୍ଣ୍ଣନ
(ରାଗ- ଭୈରବ)

ଏଥୁଅନ୍ତେ ଦେଖେ ବୀର ହୋଇଲା ବରଷା ।
ବିଚାର କରଇ ଥିଲା ଏମନ୍ତ ଭରସା ।୧।
ରସାଳସା ସଙ୍ଗ ହେଲା ଉତ୍ତାରୁ ହୋଇବ ।
କେଡ଼େ ବେଗେ ଏ ଋତୁକୁ କଲା ଦୁର୍ଦ୍ଦଇବ ।୨।
ବୃଦ୍ଧି ହେଲା ନଦୀମାନ ଲୋକନ କରିବେ ।
କୋଳ ଅବଲମ୍ବ କରି ପଥିକ ତରିବେ ।୩।
କୋଳ ଅବଲମ୍ବ ନାହିଁ କାମ ସିନ୍ଧୁ କେହି ।
ତରିବି କୋଳ ସ୍ୱରୂପୀକି ଅଛନ୍ତି ବିହି ।୪।
ସୁମନା ଚୁମ୍ବନେ ଭୃଙ୍ଗ ହେବ ତୋଷମନ ।
ଥାଉ ସୁମନା ଚୁମ୍ବନ ନାହିଁ ଦରଶନ ।୫।
ଘନରସ ଯୋଗେ ବନଦାବାନଳ ଲିଭେ ।
ଘନରସ ଯୋଗେ ନାହିଁ କି କରିବି ଏବେ ।୬।
ହୃଦବନ ଦାବାନଳ କେହି ହେବ ଶାନ୍ତି ।
ମୋର କର୍ମ ଘେନି ହେଲା ଅପୂରୁବ ରାତି ।୭।
ନ ଲିଭଇ ଅଧିକେ ଏବେ ଜଳଇ ଘେନ ।
ଶିଖୀ ନାମ ଯେ ଦେଇଛି କେକୀକି ସେ ଧନ୍ୟ ।୮।
କାମୀ ହୃଦ ଖାଣ୍ଡବ ଦହନେ ଏ ପାଣ୍ଡବ ।
କଲାଣି ଶିଖା ପ୍ରକାଶି ଆରମ୍ଭ ତାଣ୍ଡବ ।୯।

ଶବ୍ଦାର୍ଥ- (୨) ରସାଳସା-ରସରେ ବୁଡ଼ିଥିବା ନାୟିକା,ଦୁର୍ଦ୍ଦଇବ-ମନ୍ଦବିଧାତା, (୩) ଲୋକନ-ଦେଖିବା (୪) ଅବଲମ୍ବ-ଆଶ୍ରୟ, କୋଳସ୍ୱରୂପୀ-ବରାହ,(୫)ସୁମନା-ନିଆଳି ଫୁଲ, ସୁନ୍ଦରୀ ସ୍ତ୍ରୀ, ଭୃଙ୍ଗ-ଭ୍ରମର, (୬) ଘନରସ-ବର୍ଷାଜଳ ରସ, ଦାବାନଳ-ବନଅଗ୍ନି,(୮)ଶିଖୀ-ମୟୂର, ଅଗ୍ନି, କେକୀ-ମୟୂରୀ ।

ଆରେ ଶ୍ୟାମା କି କରିବି ତୁହି ପରିତ୍ରାଣ ।
ବୋଲି ମୋହକୁ ଭଜିଲା କୁମର ସେ କ୍ଷଣ ।୧୦।
ସଖା ମୁଖେ ଜଳ ସିଞ୍ଚି ଅଞ୍ଚଳେ ବିଞ୍ଚିଲେ ।
ଚେତନ ବଶେ ପଲ୍ଲବେ ଶେଯେ ଶୁଆଇଲେ ।୧୧।
ଏ ସମୟେ ପରବେଶ ବ୍ରହ୍ମଚାରୀ କୀର ।
ଏ ରୀତି ଦେଖି ଭାଷିଲେ ଧୀର ହେବା ବୀର ।୧୨।
ଉଠ ହେ ରସିକ ଯିବା ସୁନ୍ଦରୀ ସନ୍ନିଧି ।
ଅଙ୍ଗେ ସାଜିଛି ସେ କାମବ୍ୟାଧି ଅଉଷଧି ।୧୩।
ବାଳ ଶଇବାଳ ନବପ୍ରବାଳ ଅଧର ।
କୋମଳବାହୁ କମଳ ନାଳ ମନୋହର ।୧୪।
ପ୍ରେମଜଳେ ପୂର୍ଣ୍ଣ ନାଭି ରସକୂପେ ଲେଖ ।
ହାସ ଘନସାର ଅଉଷଧିଈଶ ମୁଖ ହେ ।୧୫।
ଆହୁରି ରୋଚକ ଦ୍ରବ୍ୟମାନ ଅଛି ସିଞ୍ଚି ।
ମାରଜ୍ୱର ଛାର କେତେ ଯାଇ ସିନା ଘୁଞ୍ଚି ଯେ ।୧୬।
ଦଶନ ଡାଳିମ୍ବବୀଜ ମାତୃଳଙ୍ଗ ସ୍ତନ ।
ବଚନ ସିତାରେ ଆଗ ହରି ନେବ ମନ ।୧୭।
ମୃତ ପ୍ରାୟ ହୋଇଥିଲା ମହୀପତି ସୁତ ।
ଏ ବାଣୀ ଶ୍ରବଣେ ହେଲା ସଞ୍ଜିବନୀ ମନ୍ତ୍ର ।୧୮।
ଉଠି ବସି ଅନାଇଲା ଦୂତଙ୍କ ବଦନ ।
ନୂତନ ଅନ୍ଧେ ପ୍ରାପତ ହେଲା କି ନୟନ ।୧୯।
ଅତି ଦରିଦ୍ରେ ରତନ ପାଇଲାର ପରି ।
ଶୁକ ଶିର ଚୁମ୍ବି ଦ୍ୱିଜେ ନମସ୍କାର କରି ।୨୦।
କୃତକୃତ୍ୟ ଦୂତ ହେଲା ଘେନିଲା ଚିଟାଉ ।
ଶୁଣି କେତେ ରସ ଜାତ ଫିଟାଉ ଫିଟାଉ ।୨୧।

ଶବ୍ଦାର୍ଥ- (୧୦) ଶ୍ୟାମା-ସୁନ୍ଦରୀ, (୧୧) ଅଞ୍ଚଳେ-କାନିରେ, (୧୩) ସନ୍ନିଧି-ନିକଟ, (୧୪) ଶଇବାଳ-ଶିଉଳି, ନବପ୍ରବାଳ-ନବପଲ୍ଲବ, କମଳନାଳ-ପଦ୍ମନାଡ଼, (୧୫) ଘନସାର-କର୍ପୂର, (୧୬) ମାରଜ୍ୱର-କନ୍ଦର୍ପ ଜ୍ୱର, (୧୭) ଦଶନ-ଦନ୍ତ, ମାତୃଳଙ୍ଗ-ଟଭା, ସିତା-ଶାକର, (୧୯) ପ୍ରାପତ-ପ୍ରାପ୍ତ ।

ମୁଦ ଦେଖି ମୁଦ ଲଭି ଲୋଭୀ ହେଲା ନେତ୍ର ।
ପ୍ରେମ ଅଙ୍କୁର ରୋମାଞ୍ଚ ପୂର୍ଣ୍ଣ ହେଲା ଗାତ୍ର ।୨୨।
ସଙ୍କେତ ଜାଣିମା ପାଇଁ ମନ ଉଦ୍‌ବେଗ ।
କରକୁ ସ୍ତୁତି କରୁଛି ବେଗ ଭାଙ୍ଗ ଭାଙ୍ଗ ।୨୩।
ଶ୍ରବଣକୁ ଶ୍ରବଣ ଉଛନ୍ନ ହେଉଅଛି ।
ରସ ଆସ୍ୱାଦନକୁ ରସନା ଏକା ଇଚ୍ଛି ଯେ ।୨୪।
ଜୀବ କଣ୍ଠେ ଅନୁକୂଳେ କଲା ଏହା ଭାବି ।
ଅସୀଉକାରର ଯିବି ସୀଉକାରେ ଥିବି ଯେ ।୨୫।
କିବା ବାଳା ମୁଦେ ତାକୁ ଶଙ୍ଖେ ପୂରାଇଲା ।
ତାଟଙ୍କ ଚକ୍ର ଆଚ୍ଛାଦି ରଖିବି ବୋଇଲା ।୨୬।
ସର୍ବେ ନେତ୍ରେ ସ୍ତୁତି କଲେ ହୋଇବୁ ତୁ ମୋହି ।
ମୁଦ ଫିଟୁ ଦୁଃଖ ତୁଟୁ ବର୍ଣ୍ଣ ଦେଖ ତୁହି ଯେ ।୨୭।
ପ୍ରଥମେ ତୋହୋ ପରତେ ଘେନି ସିନା ରସୁ ।
ଆମ୍ଭଙ୍କୁ ଛାଡ଼ିଣ ସୁଖ ଭୁଞ୍ଜୁ କେଉଁ ଯଶୁ ଯେ ।୨୮।
ମୂର୍ଖକୁ ବୁଝାଇବାର ଅତି କଷ୍ଟ ଜାଣ ।
କେତେବେଳେ ବିଳମ୍ବ ତାହାରି ଘେନି ପୁଣ ଯେ ।୨୯।
ନିବିଡ଼ ନୀତିକି ଏହିରୂପେ ଏହି କର ।
ଘେନି ଫେଡ଼ିବି ଜନ୍ମିଲା ଏମନ୍ତ ବିଚାର ଯେ ।୩୦।
ରଖି ସେ ନ ଦେଲା ଆଉ ଇନ୍ଦ୍ରିୟଙ୍କ ଦ୍ୱନ୍ଦ୍ୱ ।
ଫେଇ ପତ୍ରିକାକୁ ଚାହିଁ ହୋଇଲା ଆନନ୍ଦ ଯେ ।୩୧।
ବିରଳ ସମବର୍ତ୍ତୁଳ ତା ଅକ୍ଷର ଧାଡ଼ି ।
ନାଗେଶ୍ୱର ପୁଷ୍ପକେଶରରେ ତନୁ ଜଡ଼ି ଯେ ।୩୨।
ଶ୍ରେଣୀ ଶ୍ରେଣୀ ହୋଇ ଶିଶୁମଧୁକର କି ସେ ।
ଫୁଲ୍ଲପୁଣ୍ଡରୀକେ ବସିଛନ୍ତି ରସବଶେ ଯେ ।୩୩।

ଶବ୍ଦାର୍ଥ- (୨୨) ଗାତ୍ର-ଶରୀର, (୨୫) ଅସୀଉକାର-ଅସ୍ୱୀକାର, ସୀଉକାର-ସ୍ୱୀକାର, ତାଟଙ୍କ-କାନର ଏକ ଅଳଙ୍କାର, ଶଙ୍ଖ-ଗଳା ଦେଶ, (୩୧) ପତ୍ରିକା-ଚିଠି, ଫେଇ-ଖୋଲି । (୩୨) ବିରଳ-ଛଡ଼ାଛଡ଼ା, ପରିଷ୍କାର, ସମବର୍ତ୍ତୁଳ-ସମାନ ଗୋଲାକର, (୩୩) ଶ୍ରେଣୀଶ୍ରେଣୀ- ଧାଡ଼ିଧାଡ଼ି, ଶିଶୁ ମଧୁକର-ଶିଶୁ ଭ୍ରମର, ଫୁଲ୍ଲ ପୁଣ୍ଡରୀକେ-ଫୁଟିଲା ଧଳା ପଦ୍ମରେ ।

ରଜତପତ୍ରେ କି ଉକୁଟିଛି ହେମମଲ୍ଲୀ।
ଫୁଲ ପରା ପଦ ବିଶ୍ରାମିତ ମ୍ଳାନ ଫୁଲି ।୩୪।
ଜିଣି ଉନ୍ମାଦ ଶ୍ୱସନ ଦହନ ଶୋଷଣ।
ସମ୍ମୋହନ ଘେନି ପଞ୍ଚବାଣ ପଞ୍ଚବାଣ ଯେ ।୩୫।
ଚୂତ ନବମାଳିକା ଅଶୋକ ନୀଳୋତ୍ପଳ।
ପଦ୍ମ ଘେନି ପାଞ୍ଚଜାତି ଫୁଲରେ ମଞ୍ଜୁଳ ଯେ ।୩୬।
ମନ୍ତ୍ରବଳେ ସେକାଳେ ଅଲକ୍ଷ୍ୟ ଲକ୍ଷ୍ୟ କଲା।
ଏକଶର ଯାର ମହେଶ୍ୱର ନ ସହିଲା ଯେ ।୩୭।
ସହିଲା କେମନ୍ତେ ଏତେ ମନୁଷ୍ୟ ଶରୀରେ।
ଘେନେ ପଡ଼ି ଭସ୍ମ ସେ ବିରହକୃଶାନୁରେ ଯେ ।୩୮।
ମନୁ ଜାତ ମାର ମନ୍ମେ ମନ ମାରୁ ଜାତ।
ସାତ୍ତ୍ୱିକ କୁଳ ସିଦ୍ଧିକି ରଖିଲା ନିୟତ ଯେ ।୩୯।
କୁମାର ପଢ଼ିଲା ପତ୍ର ପୁନଃପୁନଃ କରି।
ପଦ ପଦକେ ଅଶେଷ ରସ ଅଛି ପୂରି ଯେ ।୪୦।
ଏଥୁ ଘେନିଲା ତାହାର ରସବତୀ ଗୁଣ।
ଦୃଷ୍ଟାନ୍ତରୁ ଜାଣିଲା ପଣ୍ଡିତାପଣ ପୁଣ ଯେ ।୪୧।
ସଖୀମାନେ ଲେଖିବାରୁ ଜାଣିଲା ଚତୁରୀ।
ସଙ୍କେତରୁ ଜାଣିଲା ସେ ବିରହେ ଆତୁରୀ ସେ ।୪୨।
ଶିରେ ଉରେ ଲଗାଇଲା ପୁନଃପୁନଃ ପତ୍ର।
କିଛିକିଛି ସାନ୍ତ୍ୱନା ହୋଇଲା ତେଣେ ଗାତ୍ର ଯେ ।୪୩।
ସମ୍ଭାବନା କଲା ଗାତ୍ରକୁ ହିଁ ଶାନ୍ତି କଲା।
ଅଙ୍ଗେ ଅଙ୍ଗେ ଭାଗ ନେଲେ ଯେଝା ଭାଗ ଦେଲା ଯେ ।୪୪।
ନେତ୍ର ଦେଖି କର୍ଣ୍ଣ ଶୁଣି ମନ ଘେନି ତୋଷ।
କର ଫେଇ ମୁଖୁ ପିଇ ଜୀବ ଭୟ ନାଶ ଯେ ।୪୫।

ଶବ୍ଦାର୍ଥ- (୩୪) ରଜତ ପତ୍ର-ରୁପା ପତ୍ର, ହେମମଲ୍ଲୀ-ସୁନାମଲ୍ଲୀ, ଉକୁଟିବା-ପ୍ରକାଶ ପାଇବା, ବିଶ୍ରାମିତ-ବିଶ୍ରାମ ନେଇଥିବା, ଉନ୍ମାଦ ଶ୍ୱସନ-ଉନ୍ମାଦଜାତ ନିଶ୍ୱାସ, (୩୮) କୃଶାନୁ-ଅଗ୍ନି, (୩୯) ମାରୁ-ଦୁର୍ଗନ୍ଧ, ଅପରିଷ୍କାର, ମାର-କନ୍ଦର୍ପ, ନିୟତ-ନିଶ୍ଚିତ, (୪୦) ପୁନଃପୁନଃ-ବାରମ୍ବାର, (୪୩) ଗାତ୍ର-ଶରୀର।

କହେ ମନ୍ତ୍ରୀ ପୁରୋହିତ ସୁତ ମୁଖ ଚାହିଁ।
ଶିବରାତ୍ରି କି ଯିବାକୁ ପ୍ରିୟା ଅଛି ଲିହି ଯେ ।୪୬।
କି ଉପାୟ କରି ଯିବା ପୁଣ ଦେଶ ଦୂର।
ଶୁଣି ସେ କହିଲେ ଅଛି ତହିଁକି ବିଚାର ଯେ ।୪୭।
ଆମ୍ଭେ ସମ୍ମତ କରାଉ ସିନା ଦଣ୍ଡଧାରୀ।
ଏ କେଉଁ କଥା ସମ୍ମତି କଲା ଯେବେ ନାରୀ ଯେ ।୪୮।
ପୁଚ୍ଛେ ବୀର ଦୂତେ ଆଉ କି କହିଛି ଯୋଷା।
କୀର କହେ କି କହିବି ଶୁଣ ତାର ଦଶା ହେ ।୪୯।
ତର ତର ତୁମ୍ଭ ଭେଟେ କି କାତରତର।
ପର ପରତରୁ ଦୁଃଖ ସୁରୁଚି ରତିର ଯେ ।୫୦।
ଜର ଜର ତନୁ ବାଜି ଫୁଲଶର ଶର।
ଥର ଥର ହୋଇ ବୋଲେ କଷ୍ଟ ହର ହର ଯେ ।୫୧।
ବର ବରନାକୁ ଦହେ ସୁଧାକର କର।
ସାର-ସାରସପତର ଗନ୍ଧସାର ସାର ଯେ ।୫୨।
ମାର ମାରଣୁଁ ପୂରାଇଛି ଗାର ଗାର।
ବାର ବାର ପ୍ରଳାପ ଅନାଇଁ ତାର ତାର ଯେ ।୫୩।
ଚିର ବିରହ ନାଶ ରସନିଧିର ଧୀର।
ନ ଜିଇଁବ ଆଉ ହେଲେ ବିଳମ୍ବ ଯିବାର ଯେ ।୫୪।
ଏ ବଚନେ ଛଇଳ ହୋଇଲା ଛନ୍ନ ଛନ୍ନ।
ଅଶ୍ରୁ ପୂରେଇ ନୟନ କଲା ଥନଥନ ଯେ ।୫୫।
ପୁଣି ଶୁଭାଇ ପଢ଼ିଲା ସୁନ୍ଦରୀ ସନ୍ଦେଶ।
ପଦେ ପଦେ ଅର୍ଥ କରି ଘେନିଲା ସୁରସ ଯେ ।୫୬।
ସେ ପତ୍ର ହୋଇଲା ଜାଣ ବିକଶିତ ପଦ୍ମ।
ରୋଲମ୍ବ ହୋଇ କୁମାର ମନ କଲା ପଦ୍ମ ଯେ ।୫୭।
ପ୍ରତିକ୍ଷଣେ ଶୁକ ବ୍ରହ୍ମଚାରୀ ରାମା କଥା।
କହିବାରେ ଆତୁର ଅଧିକାଧିକ ବ୍ୟଥା ଯେ ।୫୮।

ଶବ୍ଦାର୍ଥ- (୪୬) ଲିହି-ଲେଖି, (୫୦) ପରତରୁ-ପରିଚୟରୁ, (୫୨) ବରବଦନା-ଶ୍ରେଷ୍ଠ ସ୍ତ୍ରୀ, ସୁଧାକର-ଚନ୍ଦ୍ର, ସାରସ ପତର-ପଦ୍ମପତ୍ର, ସାର-ଶ୍ରେଷ୍ଠ, (୫୩) ମାରି-କନ୍ଦର୍ପ, (୫୫) ଥନଥନା-ଲୋତକପୂର୍ଣ୍ଣ ଅବସ୍ଥା, (୫୭) ରୋଲମ୍ବ-ଭ୍ରମର।

ଫାଲ୍‌ଗୁନ ଫାଲ୍‌ଗୁନ ପୁନଃ ପୁନଃ ଜପ କରେ।
ଦୁଃଖ-ଭୀଷ୍ମ ନାଶ ହୋଇବାର ସେ ବିଘ୍ନରେ ଯେ ।୫୯।
ସ୍ତୁତି କରେ ଶିବରାତ୍ରି ପଦ କର ସିଦ୍ଧି।
ସେହିଠାରେ ଦର୍ଶନ କରାଅ ଭାବନିଧି ଯେ ।୬୦।
କେଉଁ ମାସେ କେତେ ଦିନ କ୍ଷୟ ତା ଲେଖଇ।
ବୃଦ୍ଧି ନୋହିବାରୁ ଚଣ୍ଡୀ କବଚ ଗୁଣାଇ ଯେ ।୬୧।
ବାଳୀପ୍ରିୟ ହୋଇ କରି ବାଳି ବିନାଶନ।
ହରି ପ୍ରିୟ ହୋଇ କରି ହରି ବିଛେଦନ ଯେ ।୬୨।
ସ୍ୱୟଂ ଚକ୍ରଧର ଚକ୍ରସୁଖ ହତକାରୀ।
ସେ ରାମଚନ୍ଦ୍ର ଚରଣ ଚିତ୍ତରେ ସୁମରି ଯେ ।୬୩।
କହେ ଉପଇନ୍ଦ୍ର ଭଞ୍ଜ ବୀରବର ରସ।
ନୃପସୁତ ଉତ୍ସବକାରକ ଛାନ୍ଦ ଶେଷ ଯେ ।୬୪।

■

ଶବ୍ଦାର୍ଥ- (୫୯) ଫାଲଗୁନ-ବସନ୍ତ ମାସ, ଅର୍ଜୁନ, ଦୁଃଖ-ଭୀଷ୍ମ-ବଡ଼ ଦୁଃଖ, (୬୦) ଭାବନିଧି-ଲାବଣ୍ୟବତୀ, (୬୧) ଗୁଣାଇ-ମନେପକାଇ, (୬୨) ବାଳୀପ୍ରିୟ-ସ୍ତ୍ରୀ ପ୍ରିୟ, ବାଳି-ବାନର ରାଜା, ହରିପ୍ରିୟ-ବାନର ମିତ, ହରି ବିଛେଦନ-ଅସୁର ହତ୍ୟାକାରୀ, (୬୩) ଚକ୍ରସୁଖ-ଶତ୍ରୁର ସୁଖ।

ଦ୍ୱାବିଂଶ ଛାନ୍ଦ
ଲାବଣ୍ୟବତୀର ବିରହ
(ରାଗ- କାମୋଦୀ)

ଦେଖି ନବକାଳିକା ବକାଳିକା ମାଳିକା
ଆଳୀ କାଳିକା କାନ୍ତ ସ୍ମରି ।
ରକ୍ଷା କେମନ୍ତେ କରି କରିବା ମତ୍ତକରୀ
ଗତିକି ଏମନ୍ତ ବିଚାରି ସେ ସହଚରୀ ।
ଭାବେ ବଞ୍ଚିଲେ ଏକାଳକୁ । କଥା ଥିବ କାଳକାଳକୁ
ଏକେ ତ କ୍ଷୀଣ ଦିନ ହେଲା ଦୁର୍ଦ୍ଦିନ ଦିନ
ନ ଲଭୁ ବଲ୍ଲଭ ମେଳକୁ ରେ ।୧।
ହିତ ଅନ୍ୟମାନଙ୍କୁ ସତ କାମୀଜନଙ୍କୁ
ଅହି ପରା ଅହିତ ଏହି ।
ହତ କୃଶାନୁ ସାନୁ- ମାନରୁ ଭାନୁ ଭାନୁ-
ତାପରୁ ନିସ୍ତରିଲା ମହୀରେ । ସହଚରୀ ।
ବିରହାନଳ ହୃଦସ୍ଥଳେ । ଜଳେ ସେ ହତ ନୋହେ ଜଳେ ।
କରୁଛି ଜାତ ଜାତ ବେଦକୁ ସତ ଶତ-
ହ୍ରଦା-ଛଳରେ ଘନ କୋଳେ ରେ ।୨।
ଯେଉଁ ସୁନ୍ଦରୀ ଦରୀ- ଭୂତରୁ ଗଣ୍ଡ ଧରି
ଧରିତ୍ରୀ ଶୟନ କରିଛି ।

ଶବ୍ଦାର୍ଥ- (୧) କାଳିକା-କଳାରଙ୍ଗର ବର୍ଷୁକ ମେଘ, ବକାଳିକା ମାଳିକା-ଧଳାବଗ ପନ୍ତି, ଆଳୀ-ସଖୀ, କାଳିକାକାନ୍ତ-ଶିବ, ମତ୍ତକରୀ-ମତ୍ତହସ୍ତୀ, ବଲ୍ଲଭ-ସ୍ୱାମୀ, (୨) ଅହିପରା-ସର୍ପପ୍ରାୟ, କୃଷାନୁ-ଅଗ୍ନି, ସାନୁମାନ-ପର୍ବତ, ଭାନୁ-ସୂର୍ଯ୍ୟ, ଜାତବେଦ-ଅଗ୍ନି, ଭାନୁ-ତାପ, ଶତହ୍ରଦା-ବିଜୁଳି, ଘନ-ମେଘ ।

କଣ୍ଠେ ଜୀବନ ବନ- ପୂର୍ଣ୍ଣ ନୟନ ଘନ
ଘନ ନିଶ୍ୱାସକୁ ଛାଡୁଛି ରେ। ସହଚରୀ।
ପକାଇ ଆପଣା ଅଙ୍କର। ଲୋଡ଼ିଲେ ନ ଲାଗଇ କର।
ଯେହ୍ନୁ ଏଡ଼େ ଦୁର୍ବଳ ଝଞ୍ଜାନିଳ ପ୍ରବଳ
ଉଡ଼ିଯାଇଟି ଯତ୍ନ କର ରେ ।୩।
ଘୋଟୁଁ ଘଟକୁ ମାର ଚିନ୍ତେ ଘଟକୁମାର
ପିକ ଡାକକୁ ଶୁଣି ସେହି।
ଏ ନାଦ ସହି ସହି ହୋଇ ମହାବିରହୀ
ରହିବ ଜୀବନେଟି କେହିରେ। ସହଚରୀ।
ସ୍ତନିତବେଳେ କର୍ଣ୍ଣେ କର। ଦେବତା ଏ ଉପାୟ କର।
ପୟୋଧରକୁ ଧର ବିଚାରି ପୟୋଧର
ଗ୍ରାସେଟି ପୁରୋଦରେ ଭର ରେ ।୪।
କରି ପିକକୁ ମୂକ ମକ ମକ ଶାମୁକ
କାମୁକ ଚମକକୁ ନିତ୍ୟେ।
ରାମା ହେବାକୁ ଶିବା ଶିବାଗଣ ପୋଷିବା
ଶିବାଙ୍କୁ ମନାଇବା ବ୍ରତେ ରେ । ସହଚରୀ।
ତୋଷ ଖଣ୍ଡପରଶୁଧର। ନିତି ଲିପାଅ ସୁଧା ପୁର।
ଧନକୁ ଉପଚାର ଧନକୁ କି ବିଚାର
ପେଷ ଗୋ ଚାର ନ ପଚାର ।୫।
ଦେଖ କେକୀକଳାପ ନାଚେ ଟେକି କଳାପ
ବିପ୍ରଳାପ କରୁଛି କେତେ।

ଶବ୍ଦାର୍ଥ- (୩) ଦରୀଭୂତ-ଭୟ ଯୋଗୁଁ, ଗଣ୍ଡ ଧରି-ଗାଲରେ ହାତ ଦେଇ, ବନ-ଜଳ, ଝଞ୍ଜାନିଳ-ବର୍ଷା ସହିତ ମହାପବନ, (୪) ଘୋଟୁଁ-ବେଢ଼ିବାକୁ, ମାର-କନ୍ଦର୍ପ, ଘଟ-ଶରୀର, ଘଟକୁମାର-ଅଗସ୍ତି ଋଷି, ସ୍ତନିତ-ମେଘ ଗର୍ଜନ, ପୟୋଧର-ମେଘ, ସ୍ତନ, ଧର-ପର୍ବତ, ପୁରୋଦରେ-ଘର ଭିତରେ, ଭର-ରଖିବା, (୫) ରାମା-ସୁନ୍ଦରୀ, ଶିବାଗଣ-ବିଲୁଆମାନେ, ଶିବା-ପାର୍ବତୀ, ମକମକ-ଉଦ୍ଧତ, ଖଣ୍ଡ ପରଶୁଧର-ଶିବ, ମିସ୍ତ୍ରୀତାପିଆ, ସୁଧା-ଚୂନ, ଧନ- (ଏଠାରେ ଲାବଣ୍ୟବତୀ)

ଏହାର କି ଲବ୍ଧ କରି ଅବଧ ବଧ
ବ୍ୟାଧଙ୍କୁ କହିବା କି ହତେ ରେ । ସହଚରୀ।
ପର୍ଣ୍ଣବାଡ଼ ଲଗୁଡ଼ ପାଶ। ଘେନି କରନ୍ତୁ ବେଗେ ନାଶ।
କରି ଏ ପତ୍ର ଗୋତ୍ର ବ୍ୟଜନ ଆତପତ୍ର
ଦେବାକୁ ଦେବଙ୍କୁ ମନାସ ରେ ।୬।
ନୁହ ଏଥେଁ ଉଦାସ ଦାସ କରିବା ଦାସ
ଆଣୁ ଯେ ପାଶେ ପାଶେ ଧରି।
ଡାକେ କାଳକଣ୍ଟକ ବିରହିଣୀ କଣ୍ଟକ
ଯାଉ ତା ଉତପାତ ସରି ରେ । ସହଚରୀ।
ଉପାଡ଼ିବା ପୁଷ୍ପଲତାକୁ। ବିମନା ନ କର ତୁ ତାକୁ।
ସୁମନରେ ସୁମନା- ଶୋଭୀ ଭୃଙ୍ଗ ସୁମନା
ହୋଇ ତାପିବ ସୁମନାକୁ ରେ ।୭।
ମରାଳ ମାନସକୁ ଯାଉଛି ମାନସକୁ
ଏ କଥା କେବେ ନ ଆଣିବ।
ଯାର ନାହିଁ ଜୀବେଶ ତାର ଜୀବ ଜୀବେଶ
ପାଶରେ ପ୍ରବେଶ କରିବରେ। ସହଚରୀ।
ପକ୍ଷୀ ପକ୍ଷରୁ ଉଡ଼ିଯାଇ। ଛାଡ଼ିଦେବା ଉପାଡ଼ି ତାହି।
ଆମ୍ଭ ନେତ୍ର ସମ୍ପତ୍ତି ପତି ସଙ୍ଗତି ଗତି
ପାଇବାଯାଏ ଥାଉ ରହି ରେ ।୮।
ଜାତ ହୋଇ ସ୍ଫୋଟକ ଯେ ଝଟକ ହାଟକ
ତନୁରେ ଲାଗିଲେ ଚନ୍ଦନ।

ଶବ୍ଦାର୍ଥ- (୬) କେକୀକଳାପ-ମୟୂରଗୁଡ଼ିକ, କଳାପ-ମୟୂରପୁଚ୍ଛ, ବିପ୍ରଳାପ-ବିରୋଧୀ କଥା, ପର୍ଣ୍ଣବାଡ଼-ତାଳପତ୍ର ନିର୍ମିତ ବାଡ଼, ଲଗୁଡ଼-ବାଡ଼ି, ପାଶ-ଫାଶ, ପତ୍ରଗୋଣ୍ଡ-ପକ୍ଷୀମାନେ, ବ୍ୟଜନ-ବିଞ୍ଚଣା, ଆତପତ୍ର-ଛତା, ମନାସ-ମାନସିକ, (୭) ଉଦାସ-ମାନ୍ଦା ହେବା, ଦାସ-ପକ୍ଷୀ ଶିକାରୀ, ଦାସ କରିବା-ଆୟତ୍ତ କରିବା, କାଳକଣ୍ଟକ-ଡାହୁକ, ସୁମନା-ସଖୀର ନାଁ, ସୁମନା-ଫୁଲ, ଭୃଙ୍ଗ-ଭ୍ରମର, ସୁମନା-ଉତ୍ତମା ସ୍ତ୍ରୀ (ଲାବଣ୍ୟବତୀ), (୮) ମରାଳ-ହଂସ, ମାନସ-ମନ, ମାନସରୋବର, ଜୀବେଶ-ଯମ, ସ୍ୱାମୀ।

ଏ ମହୋଜ୍ଜ୍ୱଳ ଜଳ ଜ୍ୱଳନ ଜନ୍ମସ୍ଥଳ
ଛୁଇଁଲେ କରିବ ଦହନରେ। ସହଚରୀ।
ଏହାକୁ ଯଦି କରିଥିବା ଭ୍ରମରେ ଚତ୍ୱରେ ନ ନେବା।
ହତ ଉଶୀର ବାଟି କଳା ପରାୟ ବାଟି
ଜଳ କବାଟିକି ନାଶିବାରେ ।୯।
ଏ ଦୁରନ୍ତ ଦର୍ଦ୍ଦୁର ଚେତନା କରେ ଦୂର
ଭିଦୁର କାହିଁ ଆନେ ପଡ଼ି।
କରମକୁ ଏହାର ହରହାର ଆହାର
ଗରୁଡ଼ କଲା କିବା ଲୋଡ଼ି ରେ। ସହଚରୀ।
ଅରଜି ଅଛି ଏ ଉତ୍ସବ। ଗରଜି ଗରଜି ମରିବ।
କେ ହେବ ଏ ବରଦ ହୋଇ ସିଂହ ଶରଦ
ନୀରଦ ଦ୍ୱିରଦ ଭାଞ୍ଜିବରେ ।୧୦।
ଏ କାଳ ଏକା- ଏକାକୀରେ ପକାଇ ଡକା
ବିଦ୍ୟୁତ୍‌ଫଡ଼କା ଅଛି ବହି
କି କଲେ ଗିରିଟେକା ଚିତ୍ତ ଚମକ ଟେକା
କରକା ମାରୁଛି ତୁହାର ରେ। ସହଚରୀ।
ଏହି କାମନା ପଉରୋଷେ। ଏମାନେ ଭିଆଇଛି ରୋଷେ
ଯଥା ନୀପଜାଳକ ତଥା ହୋଇ ପୁଲକ
ପୁର ସୁତନୁ ତନୁ ଦେଶରେ ।୧୧।
ଯେମନ୍ତ ନୀରଧାର ତେମନ୍ତ ନିରନ୍ତର
ନୀର ନୀରଜନେତ୍ରୁଁ ବହୁ।
ଯଥା ପଙ୍କିଳାମହୀ ମହିଳାଗଣ୍ଡ ସେହି
ପ୍ରତି ପତିଦିନରେ ହେଉ ରେ । ସହଚରୀ।

ଶବ୍ଦାର୍ଥ- (୯) ସ୍ଫୋଟକ-ଫୋଟକା, ଝଟକ-ଝଟକିବା, ହାଟକ-ସୁନା, ଜ୍ୱଳନ-ଅଗ୍ନି, ଚତ୍ୱର-ଅଗଣା, ଉଶୀର-ବେଣାଚେର, ବାଟି-ଗୋଲାକାର ବାଟୁଳି, (୧୦) ଦୁରନ୍ତ-ଦୁଷ୍ଟ, ଦର୍ଦ୍ଦୁର-ବେଙ୍ଗ, ଭିଦୁର-ବଜ୍ର, ହରହାର-ସର୍ପ, ବରଦ-ବରଦାତା, ସିଂହ ଶରଦ-ସିଂହରୂପକ ଶରତ କାଳ, ନୀରଦ-ମେଘ, ଦ୍ୱିରଦ-ହାତୀ, (୧୧) ବିଦ୍ୟୁ-ବିଦ୍ୟୁତ, ଫଡ଼କା-ପତାକା, କରକା-କୁଆପଥର, ପଉରୋଷେ-ପୌରଷରେ, ନୀପଜାଳକ-କଦମ୍ବଫୁଲ, ପୁଲକ-ଆନନ୍ଦ, ସୁତନୁ-ଉତ୍ତମ ଅଙ୍ଗ।

ପିକ ପ୍ରାୟ ବାଣୀ ନ ଫିଟୁ। ଅନ୍ଧାର ପ୍ରାୟ ଚିନ୍ତା ଘୋଟୁ।
ମାର ମାର୍ଗଣ ଗଣ ପ୍ରହାରେ ପୁଣ ପୁଣ
ମାଳତୀ ସଙ୍ଗେ ହୃଦ ଫୁଟୁରେ ।୧୨।
ହେଉ କାନ୍ତି ଗୁପତ ସପତ ହରି ବତ
ପର୍ବତବତ ହେଉ ଜ୍ଞାନ।
ରଖିଛି ସବୁଠାର ଏହି ପ୍ରକାରେ ଠାର
ଧୈର୍ଯ୍ୟ କୁଠ କୁଠାର ଘନରେ । ସହଚର।
ଯେତେ ଉପାୟ ଭାଳିବଇଁ। ସେ ଚରିତ କିଛି ନୋହଇ
ବୁଦ୍ଧି ସରିତ ତୁରି- ତକୁ ଘେନ ବାରିତ
ନୃପତି ଆନ କି କରଇରେ ।୧୩।
କେ ପୁଣି ବେଗେ ଯିବ ଜୀବ ଧବେ କହିବ
ଜୀବଧବେ ନେଉଛି ଜୀବ।
କେଉଁ କାର୍ଯ୍ୟ ଭଜିବ ପଛେ ଯେମନ୍ତେ ଯିବ
ନ ଦେଖିବ ମୁଖ ରାଜୀବ ରେ। ସହଚରୀ।
ତୁମ୍ଭେ ଚନ୍ଦ୍ର ସେ ଜୀବଞ୍ଜୀବ। ଶୁଣିଣ ଉପାୟ ସର୍ଜିବ।
ଉଚ୍ଚରେ ଥିଲେ ଜୀବ ଏ ଶୁଭ ଅରଜିବ
ଆସିବା ବିଳମ୍ବ ତେଜିବରେ ।୧୪।
ପୁରୀ ପୂରିଲା ଏହି କାଳେ ହା ରାବେ ତହିଁ
ସହୀ ନ ସହି ଗଲେ ଧାଇଁ।
ଅଛି କି ନାହିଁ ତୁଳା- କରଣେ ପ୍ରାଣ ତୁଳା
ଜାନୁବର୍ତ୍ତୁଳା ନାସେ ଦେଇ ସେ। ସହଚରୀ।
ଚିତ୍ରପିତୁଳା ପ୍ରାୟ ରହିଁ। ଟେକି ଫୁଙ୍କିଲେ କର୍ଣ୍ଣ ଦୁଇ
ଅର୍ଣ୍ଣ ପର୍ଣ୍ଣରେ ସିଞ୍ଚି ଶୀର୍ଣ୍ଣ କଟୀକି ବିଞ୍ଚି
ଲଲାଟେ ଚନ୍ଦ୍ରଚୂର୍ଣ୍ଣ ଦେଇ ସେ ।୧୫।

ଶବ୍ଦାର୍ଥ- (୧୨) ନୀର-ଜଳ, ନୀରଜ-ପଦ୍ମ, ମହିଳାଗଣ୍ଡ-ମହିଳାର କପୋଳ, ମାର-କନ୍ଦର୍ପ, ମାର୍ଗଣ ଗଣ-ଶର ସବୁ, (୧୩) ସପତହରି-ସୂର୍ଯ୍ୟ, କୁଠ-ଗଛ, ଘନ-ମେଘ, ସରିତ-ନଦୀ, ତୁରିତ-ଶୀଘ୍ର, ନୃପତି-ରାଜା, ସମୁଦ୍ର, ବାରିତ-ବାରଣ କରିବା, (୧୪) ଜୀବଧନ-ସ୍ୱାମୀ, ଯମ, ମୁଖରାଜୀବ-ମୁଖପଦ୍ମ ଜୀବଞ୍ଜୀବ-ଚକୋର, ଜୀବ-ପ୍ରାଣ, (୧୫) ତୁଳା-କପାତୁଳା, ତୁଳ-ତୁଳନା, ନାସେ-ନାକରେ, ଅର୍ଣ୍ଣ-ଜଳ, ପର୍ଣ୍ଣ-ପତ୍ର, ଚନ୍ଦ୍ରଚୂର୍ଣ୍ଣ-କର୍ପୂରଗୁଣ୍ଡ।

ଚଣ୍ଡୀରିଷ୍ଟ ଖଣ୍ଡନେ   ଚଣ୍ଡୀ ମନାସି ମନେ
ଗ୍ରହଶାନ୍ତିକି ବିଚାରିଲେ ।
ପୀତବସନ କାର୍ତ୍ତ   ସ୍ୱରେ ବହୁତ ଆର୍ତ୍ତ
ସ୍ୱରେ ଭୂସୁରେ ଉସର୍ଗିଲେ ସେ । ପ୍ରାଣସହି ।
ଭାଳନ୍ତି ପାଇ ଆଉଜୀବ । ଆମ୍ଭ ଉରକୁ ଆଉଜିବ ।
ସେତେବେଳେ ଚେତନ   ପାଇ ରାମ ରତନ
ଧୀରେ ବୋଇଲା ଶିବ ଶିବ ସେ ।୧୬।
ସଖୀ ଏମନ୍ତ ମତ୍ତ-   କାଶିନୀ ଚିତ୍ତହିତ
ନିମିତ୍ତ ବଚନ ରଚିତ ।
ପ୍ରସ୍ଥାନ କାନ୍ତ କାନ୍ତ   କଲେ ଉଦନ୍ତ ଦନ୍ତ-
ଶୋଭିନୀ କହିଲେ ସାଧୁତ ରେ । ସହଚରୀ ।
ରହିଛନ୍ତି କେରଳ ଦେଶେ । ନର୍ମଦାନଦୀ ବୁଦ୍ଧି ବଶେ ।
ଗୁଣମଣିକି ଗୁଣେ   ସନ୍ତାପିତ ଦ୍ୱିଗୁଣେ
ଫଗୁଣେ ହେବେ ପରବେଶ ରେ ।୧୭।
ଏହୁ ପ୍ରମାଣ ମାଣ -   ବକ ମୃଗାକ୍ଷୀ ପ୍ରାଣ
ପ୍ରାଣକୁ କେତେ ଦିନ ରଖ ।
ସମ ଅନୁରାଗରେ   ନାହିଁ କେଉଁ ନଗରେ
ସେହି ନଗରେ ସାର ଲେଖରେ । ସହଚରୀ ।
ମହତ ଯେ ଅଟନ୍ତି ସେହି । ତୋ ହତ ଶୁଣିବାରୁ ସହୀ ।
ମରଣକୁ ବରଣ   କରିବେ ରଣ ରଣ -
ବାଣଗଣ ତାପକୁ ବହି ।୧୮।
ଏହି ବାଣୀ ତତ୍‌କ୍ଷଣ   ପରାଣକୁ ରକ୍ଷଣ
କ୍ଷଣକାନ୍ତି କାନ୍ତିର ହେଲା ।
ବୀଣାଜୀଣା ବଚନା   ସୁଲୋଚନା ଶୋଚନା
ରଚନା କିଛି ଶାନ୍ତି କଲା ସେ । ସହଚରୀ ।

ଶବ୍ଦାର୍ଥ- (୧୬) ଚଣ୍ଡୀରିଷ୍ଟ-ଅତିକଷ୍ଟ, ପୀତବସନ-ହଳଦିଆ ଲୁଗା, କାର୍ତ୍ତସ୍ୱର-ସୁନା, ଭୂସୁର-ବ୍ରାହ୍ମଣ, (୧୭) ମତ୍ତ କାଶିନୀ-ସୁନ୍ଦରୀ ସ୍ତ୍ରୀ, କାନ୍ତ-ସ୍ୱାମୀ, ସୁନ୍ଦର, ଉଦନ୍ତ-ଖବର, (୧୮) ମାଣବକ-ଶିଶୁ, ମୃଗାକ୍ଷୀ-ମୃଗ ପରି ଆଖି ଯେଉଁ ନାରୀର, ରଣରଣ-କନ୍ଦର୍ପ, ବାଣଗଣ-ଶରଗଣ ।

ଜାଗ୍ରତ କ୍ଷଣଦା ବାସରେ। ହୋଇଣ ଥାନ୍ତି ତା ପାଶରେ।
ଫୁଲ ନାରାଚ ନାରା- ଚକୁ ହେଲା କବଚ
ଦରଶନ ଲୋଭ ଯହିଁରେ ରେ ।୧୯।
ଘନଘୋଷ ଘୋଷଣ କ୍ଷଣପୁଷ୍ପ ଦୂଷଣ
କାନ୍ତି ଶୁଣି ସେ ଦିନୁ ମଣେ।
ତେଜି ମହୀଶୟନ ପ୍ରକାଶି ବାତାୟନ
ନୟନ ନିବେଶି ତକ୍ଷଣେ ସେ । ସହଚରୀ।
ମାନଙ୍କୁ ଭାଷଇ ଏ ଭାଷ। ବାହାରେ ମୁଦୁସୁଲୀ ପେଷ।
ହେଲେ କି ମାନବେଶ- ସୁତ ଆଜ ପ୍ରବେଶ
ଏ ଦେଖ ବୁଝ ଏ ସନ୍ଦେଶ ରେ ।୨୦।
ପୁଂସ ଦୃଶ ସଦୃଶ ଘେନ ସାରସ ରସ-
କଳା ଚୁମ୍ବନ ଦିନ ରସି।
କରି ମୃଣାଳନାଳ ମାଳ ତମାଳ ମାଳ-
ମଞ୍ଜୁଳା ବସି ନାମେ ଘୋଷି ସେ ସୁକୁମାରୀ।
କାନ୍ତି ଛଳେ ପିନ୍ଧେ ଅମ୍ବର। ହାସ ଛଳେ ଘେନେ କର୍ପୂର।
ହୋଇ ତଭାବମୟ ନେଲା ଘନ ସମୟ
ରକ୍ଷା ହେଲେ ସଖୀ ନିକର ସେ ।୨୧।
ଶରଦକାଳେ ସୁଧା- କରକର ବସୁଧା
ଭୂଷାକୁ ଦେଖାଇ ନ ଦେଲେ।
ରତ୍ନହୀନ ତୁହିନ ନ ପୁଣ ହେତୁହୀନ
କରିବ ବୋଲି ବିଚାରିଲେ ସେ। ସହଚରୀ।
ପଦ୍ମିନୀ ପଦ୍ମବାସୀ ସଖୀ। ପଦ୍ମନୟନୀ ପଦ୍ମମୁଖୀ।

ଶବ୍ଦାର୍ଥ- (୧୯) କ୍ଷଣକାନ୍ତି-ବିଜୁଳି ବର୍ଣ୍ଣ, କ୍ଷଣଦା-ରାତି, ବାସରେ-ଦିନରେ, ନାରାଚ-ଶର, ସାଞ୍ଜୁ-କବଚ (୨୦) ଘନଘୋଷ-ମେଘ ଗର୍ଜନ, କ୍ଷଣପୁଷ୍ପ-ଛଣ ଫୁଲ, ଦୂଷଣ-ଦୋଷ, ବାତାୟନ-ଝରକା, ମୁଦୁସୁଲୀ-ପରିଚାରିକା, ମାନବେଶ ସୁତ-ରାଜପୁତ୍ର, (୨୧) ପୁଂସ-ପୁରୁଷ, ଦୃଶ-ଦେଖାଯିବା, ସାରସ-ପଦ୍ମ, ମୃଣାଳ ନାଳ-ପଦ୍ମନାଡ଼, ଅମ୍ବର-ବସ୍ତ୍ର, ସଖୀନିକର-ସଖୀମାନେ।

ପଦ୍ମକର ପୟର   ପଦ୍ମପତ୍ର ଉଦର
ପଦ୍ମକୋଷ ଉରଜେ ଖୋସି ସେ ।୨୨।
ଶୁକପୋତ କପୋତ   ରତ ଶୀତ ମରୁତ
କମ୍ପିତ କରୁଥାଇ ପୁନ ।
ଏ ଚିନ୍ତା ଅଦଭୁତ   ଚିତା ହୃଦେ ସଂଭୁତ
ସଜୀବେ ସଜନୀ ଦହନ ହେ। ସାଧୁଜନେ।
ଏ ଛାନ୍ଦ ଏବେ ହେଲା ଶେଷ। ବୁଧ ବୋଧକ କି ରହସ୍ୟ।
ସୁମରି ଉପଇନ୍ଦ୍ର   କହଇ ଉପଇନ୍ଦ୍ର-
ଭଞ୍ଜ ବୀରବର ଏ ରସ ଯେ ।୨୩।

■

ଶବ୍ଦାର୍ଥ- (୨୨) ସୁଧାକର-ଚନ୍ଦ୍ର, କର-କିରଣ, ତୁହିନ-କାକର, ହେତୁହୀନ-ଅଜ୍ଞାନ, ପୟର-ପାଦ, ଉଦର-ପେଟ, ପଦ୍ମକୋଷ-ପଦ୍ମଫୁଲ, ଉରଜ-ସ୍ତନ, (୨୩) ଶୁକପୋତ-ଶୁଆ ଛୁଆ, ରତ-ଶବ୍ଦ, ମରୁତ-ପବନ, ସଂଭୂତ-ଜାତ।

ତ୍ରୟୋବିଂଶ ଛାନ୍ଦ

ଚନ୍ଦ୍ରଭାନୁର ରାମେଶ୍ୱର ଯାତ୍ରା

(ରାଗ- କଲ୍ୟାଣ ଆହାରୀ)

ଦିନେକ ଦିନେଶ ଦଶଦଣ୍ଡ ଭୋଗ ମଣ୍ଡପେ ବସିଛି କୁମାର।
ସଚିବନନ୍ଦନ ପ୍ରବେଶ ହୋଇଲା ପତନୀ ଶାଢ଼ି ଅଛି ଶିର।
କହିଲା। ପୁରୋଧାସୁତ ଜଣାଇଲା।
ଶିବଉତ୍ସବ ଦେଖିବାକୁ ତୁମ୍ଭଙ୍କ ତାତ ସନମତି ହୋଇଲା ।୧।
ଜରତକାମିନୀ ବାଳକ ଜାଳକ କେବଳ ରହିବେ ନଗରେ।
ସର୍ବ ଅର୍ବ ଦନ୍ତୀ ପଦାତି ସ୍ୟନ୍ଦନ ପନ୍ତି ଯିବେ ତୁମ୍ଭ ସଙ୍ଗରେ।
ଏଥକୁ। ଅଧିକାରୀ ଶାଢ଼ି ମୋହର।
ଏ ବାଣୀ ଚନ୍ଦ୍ର ଉଦିତେ ଉଚ୍ଛୁଳିଲା ନଗର ଆନନ୍ଦ ସାଗର ।୨।
ଏକାଳେ ଡଗରା ଦିଅଇ ନାଗରା ଶୁଣି ନଗ୍ରଜନେ ଉଚ୍ଛନ୍ନ।
ଲେଖି ନେଲେ ଆସି ମନ୍ତ୍ରୀ ସନ୍ନିଧିରୁ ଥିଲା ଯା ବାକି ବରତନ।
ନୂତନେ। ଜଳି କରି ଶସ୍ତ୍ରମାନଙ୍କୁ।
କେ ଜତୁ ଦିଆଇ କେହୁ ହିଙ୍ଗୁଳାଇ କେ ବନ୍ଧାଇ ଆନ କୋଷକୁ ।୩।
କେ ଘୃତ ଲଗାଇ କେ କ୍ଷଣ ଶୁଖାଇ କେ ସିଆଇଁ ତହିଁ ତୂଣୀର।
କବଚ କବାଇ ରାଗ କରି ଟୋପି ବକତର ଏହି ପ୍ରକାର।
ଶକଟ। ଭାରବାହ ବଳୀବର୍ଦ୍ଦକୁ।
ଥିଲା ଯାହାର ସଜ କଲା ନ ଥିଲା ମୂଲ୍ୟ କରି ଆଣି ତାହାକୁ ।୪।

ଶବ୍ଦାର୍ଥ- (୧) ଦିନେଶ-ସୂର୍ଯ୍ୟ, ସଚିବନନ୍ଦନ-ମନ୍ତ୍ରୀପୁତ୍ର, ପୁରୋଧାସୁତ-ପୁରୋହିତ ପୁତ୍ର, ତାତ-ପିତା, ସନମତି-ସମ୍ମତି (୨) ଜରତ କାମିନୀ-ବୃଦ୍ଧା, ଜାଳକ-ଶିଶୁ, ଅର୍ବ-ଘୋଡ଼ା, ପଦାତି-ପାଇକ, ଘୋଡ଼ା ସବାର, ଦନ୍ତୀ-ହାତୀ, ସ୍ୟନ୍ଦନ-ରଥ, ପନ୍ତି-ସମୂହ, (୩) ବରତନ-ପାଉଣା, ଜତୁ-ଜଉ, କୋଷ-ଅସ୍ତ୍ର ରଖିବା ସ୍ଥାନ, (୪) ତୂଣୀର-ଶର ରଖିବା ମୁଣି, କବାଇ-ମାଜିବା, ବକତର-ସମୟ, ଶକଟ-ଶଗଡ଼, ବଳୀବର୍ଦ୍ଦ-ବଳଦ।

ସୁବର୍ଣ୍ଣ ରୌପ୍ୟ ବରାଟକ ସମ୍ବଳ କମ୍ବଳ ଆଦି ଜରୀଚେଳ
କଂସାଦି ପାତ୍ର ମଞ୍ଜୁଷ ପେଡ଼ି ପେଡ଼ା ଗଣ୍ଠିରାମାନ କରି ଠୁଳ।
କରି ଯେ। ଦ୍ୱିଜରୁ ମାତଙ୍ଗ ପର୍ଯ୍ୟନ୍ତେ।
ଯେ ଯାହା ବୃତ୍ତିରେ ଆଗମନ ମନ ଉଚ୍ଛନ୍ନ ହୋଇଲେ ସମସ୍ତେ ।୫।
କୋଷ ଅଧିକାରୀ ଅତି ତୋଷ ଭରି ଅମାର ମଶୁରି ସଜାଡ଼ି।
ତୂର୍ଣ୍ଣ କରି ପୂର୍ଣ୍ଣ କଲା ସେ ସ୍ୱଭାବେ ସମ୍ଭାରରେ ଗାଡ଼ି ଶଗଡ଼ି।
ଏମନ୍ତେ। ରଜନୀ ହୋଇଲା ପ୍ରବେଶ।
କ୍ରମଶଃ କ୍ରମଶଃ ତାମସ ବଶରେ ଦୃଶ୍ୟା ଦୃଶ୍ୟ ହେଲା ବିନାଶ ।୬।
କେତେ କାମୀ ଭୂମି ମଣ୍ଡଳେ କେତେ ମୁହିଁ ଭ୍ରମିବି କାମ କି ପାଞ୍ଚିଲା।
କଜ୍ଜ୍ୱଳ ମହୋଜ୍ୱଳ ଜନେ ପ୍ରଳୟ କ୍ଷୟ କରିବାକୁ ବାଞ୍ଛିଲା।
ସ୍ୱର୍ଭାନୁ। ଡରେ କି ପଳେଇଲେ ଭାନୁ।
ତମ-ତନୁରେ ଜଗତ ଗିଳୁଛି କି ଭାବି ଆନ ନାହିଁ ଏ ବିନୁ ।୭।
ପାଶେ ଥାଇ ଦେଖା ଦେଖି ନୋହି ଦୁଃଖୀ ଭୃଙ୍ଗୀ ଭୃଙ୍ଗ ଧ୍ୱନି ଘୋଷିଲେ
ସଙ୍କେତ ସ୍ଥାନେ ଯାଇଥିବା କାମିନୀ ଚମକି ହୃଦ ଆଉଁସିଲେ।
ଅସିତେ। ତରଗଣ ଏହି ଆର୍ତ୍ତରେ।
ଧ୍ୱନି କରିବାର ଶୁଣି ବରନାରୀ ଆଶାୟୀ ଅନାଇ ଦୁଆରେ ।୮।
ଅଞ୍ଜନଦିଗ-ଗଜ ସଜ ଆଜ କି ଯୁଦ୍ଧ ଇଚ୍ଛି ଆମ୍ଭ ସଙ୍ଗରେ।
ଏହା ବିଚାରି ଯେ ରଡ଼ି ଯେ ପ୍ରଚାର ମତ୍ତ ମାତଙ୍ଗ ଆତଙ୍ଗରେ
ବକୁଳ। ମୂଳେ ଥିବାର ବିରହିଣୀ।
ଶ୍ରବଣେ ବୋଇଲା କାନ୍ତ ସତ୍ୟବାଦୀ କେ ଘେନି ବୋଲନ୍ତି ମିତଣୀ ।୯।
କର୍ଣ୍ଣାଟ ପୁରଜନେ ଯିବା ଉଚ୍ଛନେ ଉନ୍ନିଦ୍ରେ ଏମନ୍ତ ରାତ୍ରରେ।
କେ କାହା ପୀରତି ଯୁବତୀ କତିକି ଯିବାକୁ କହୁଛି ଦୂତୀରେ।

ଶବ୍ଦାର୍ଥ- (୫) ବକତର-ସାଞ୍ଜୁ, ଦ୍ୱିଜ-ବ୍ରାହ୍ମଣ, ବରାଟକ-କଉଡ଼ି, ମାତଙ୍ଗ-ହାତୀ, ଅନ୍ୟ ଜାତି-ଚଣ୍ଡାଳ, ଜରୀଚେଳ-ଜରୀଲଗା ବସ୍ତ୍ର, (୬) କୋଷ ଅଧିକାରୀ-ଭଣ୍ଡାର ହିସାବ ରକ୍ଷକ, ଅମାର-ଧାନ କୋଠି, ମଶୁରି-ଖଟଉପରେ ପକାଇବା ବସ୍ତ୍ର, ତୂର୍ଣ୍ଣ-ଶୀଘ୍ର, ତାମସ-ଅନ୍ଧାର, (୭) ସ୍ୱର୍ଭାନୁ-ରାହୁ, ଭାନୁ-ସୂର୍ଯ୍ୟ, ତମ-ତନୁରେ-ଅନ୍ଧକାର ସମୟେ, ଭୃଙ୍ଗୀ-କାମୁକ, ଭ୍ରମର, ଅସିତେ-ଅନ୍ଧାରରେ, ତରଗଣ-ଇତରଗଣ, ବରନାରୀ-ଶ୍ରେଷ୍ଠନାରୀ, (୯) ଅଞ୍ଜନଦିଗ-ପଶ୍ଚିମଦିଗ, ମାତଙ୍ଗ-ହାତୀ, ଉନ୍ନିଦ୍ରେ-ନ ଶୋଇ, ଫୁଲଧନୁ ସୂନୁ-କନ୍ଦର୍ପର ପୁତ୍ର, ବଲ୍ଲଭୀ-ସ୍ତ୍ରୀ(ଅନିରୁଦ୍ଧର ସ୍ତ୍ରୀ ଉଷା।

ଭେଟାଇ। ଆଜ ପାରିବୁକି ଧନକୁ।
ଫୁଲଧନୁସୂନୁ ବଲ୍ଲଭୀ-କାଳରୁ ମୁଁ ଯେ କରିବି ପ୍ରସ୍ଥାନକୁ ।୧୦।
କେ ଜାର ଦେଖିଲା କୁଳଟାପାଶକୁ ଆଶ କରି ଦିନ ଯାଉଛି।
ଯୁଗଳ ନୋହିବାରୁ ରାମକୁମର ଯୁଗସରି ମୋତେ ହେଉଛି।
ଧନରେ। କରିଥାଅ ଏବେ କୃତାର୍ଥ।
ଯାଉଛି ବିଦେଶେ ଯୋଗେ ଦେବଗୁରୁ ଗଲେ ହୋଇବତ ବିଅର୍ଥ।୧୧।
କେ ଜାର ଭାଷି ସ୍ନେହେ ଭାବରାଶିକି ଗଣି କଳ୍ପନା ତୋରେ କରି।
କନ୍ୟା ତୁଳାଅଙ୍ଗୀ ସିଂହକଟୀ ମୀନ ନୟନା କୁମ୍ଭସ୍ତନା ଭାରି।
ଭ୍ରୂଲତା। ଧନୁରେ ପୁଣି ମନୋହର।
ମକରକେତୁ-ତାପେ ତୋ ପ୍ରେମଜଳେ ମନ-କକଡ଼ା ମଗ୍ନ ମୋର ।୧୨।
ବିରହ ବିଛା ସମ ଘାତ କରୁଛି ମେଷ କରୁଁ ଦର୍ଶନେ।
ଏକା ମିଥୁନ ହୋଇଲେ ରେ ନାୟିକା ସବୁ ହେଲା ଗୋ ଅବଧାନେ।
ଏ ବାଣୀ। ଶୁଣି ସେ ହସିଲା ହୋଇଲା।
ଆଲିଙ୍ଗନ କରି ଇଚ୍ଛାବତୀ ନାରୀ ବକ୍ଷାରୂଢ଼େ ବନ୍ଧେ ତୋଷିଲା ।୧୩।
ପୁଷ୍ପସମୟ ନିକଟ ପରକଟ ରମଣୀ ତୁଲେ ବିଟ ରମି।
ସଖାଙ୍କୁ କହେ ବଚନେ ସ୍ନେହାଧୀନା କୋଳେ କୋମଳା ପରିଣାମି।
ରତିରୁ ବିଙ୍କ କରେ ସ୍ତନ କଠିନ।
ବୋଲି ଜାଣିଲି ସୁବର୍ଣ୍ଣ ସୁବର୍ଣ୍ଣ କି ଅବା ଅଞ୍ଜନ ।୧୪।
କାହା ବଲ୍ଲଭ ବଲ୍ଲଭୀକି କହୁଛି କି କଲା ଦାରୁଣ ଦଇବ
ମନେ ତ ନଥିଲା ତରୁଣକାଳରେ ତରୁଣୀ ବିଚ୍ଛେଦ ହୋଇବ।
ଜୀବନ। ତେଜି ଯେ ଦଇବ ବଶରେ।
ଘେନ ଘେନ ଆରେ ପରାଣ ଦ୍ୱିତୀୟ ଏକ ଅଧିକ ଦିବସରେ ।୧୫।
ସୁନ୍ଦରୀକି କୋଳେ ବସାଇ ଭାଷେ କେ ରସାଇ ପ୍ରକାଶିଣ ପ୍ରେମ।
ଦଣ୍ଡଧର ଅନୁଗତ ଭଲ ନୋହେ ସେହି ହୋଇବାର ଉତ୍ତମ।

ଶବ୍ଦାର୍ଥ- (୧୧) ଜାର-ବିଟ ପୁରୁଷ, କୁଳଟା-ଅସତୀ ସ୍ତ୍ରୀ, ରାମକୁମର-ଲବ (ଅଳ୍ପସମୟ), ଦେବଗୁରୁ-ବୃହସ୍ପତି, (୧୨) ମକରକେତୁ-କନ୍ଦର୍ପ, (୧୩) ବକ୍ଷାରୂଢ଼େ-ଛାତି ଉପରେ ଚଢ଼ାଇ, ବନ୍ଧେ-ବିଭିନ୍ନ ରତି ବନ୍ଧରେ, ମିଥୁନ-ଯୁଗଳ (ପୁରୁଷ ସ୍ତ୍ରୀ) (୧୪) ପରକଟ-ପ୍ରକଟ (ପ୍ରକାଶ), ସୁବର୍ଣ୍ଣ-ସୁନା, ଉତ୍ତମବର୍ଣ୍ଣ, କମଳା-ଲକ୍ଷ୍ମୀ,(୧୫) ବଲ୍ଲଭ-ସ୍ୱାମୀ, ବଲ୍ଲଭୀ-ସ୍ତ୍ରୀ।

ଗୁଣୀ ତୁ। ମାଗୁଣୀ ଏତେକ ମୋହର।
ମନେ ପଡୁଥିବ ରଜନୀ ଦିବସେ ଜାଣୁ ତା ଯେମନ୍ତେ ମୁଁ ତୋର ।୧୬।
କେ ପ୍ରିୟାଚିବୁକ ଧରିଣ ଉନ୍ନତି ଛାଡ଼ି ଭାଷିଲା ଏ ବିନତି।
ଶୀତକରଜା ଶୀତେ କାମ ଈଷିତ ନାରାଚେ ହୋଇଅଛି ଭୀତି।
କରିବି। କବଚ ପାଞ୍ଚ ମୋ ଏସନ।
ବରବର୍ଣ୍ଣନୀ ସଞ୍ଚା ଥିଲା କରିଣ ଦିଅ ମୋତେ ପିନ୍ଧା ବସନ ।୧୭।
କେ ପ୍ରଦୀପ ପ୍ରଦୀପକ କରି ପୁରେ ପୁରତେ ପ୍ରିୟାକୁ ବସାଇ।
ଚିତ୍ରେ ବିଚିତ୍ରେ ଲେଖିଲା ସ୍ୱରୂପକୁ ପ୍ରଭାତ ଦର୍ଶନ ପାଇଁ।
ସେ ଦେଖି। ଧୀର କରି ଏହା ବୋଇଲା।
ବିଦେହଜା-ପ୍ରିୟ ତୁଲେ ନଗଲେ କି ମୋତେ ସଙ୍ଗେ ନେଲେ କି ହେଲା ।୧୮।
କାହାର ବାଲୀ ନବୀନା ବିପରୀତ ବିନା ସକଳ ଭୋଗିଥିଲା।
ମଣି ଦୀପିତକ ଦର୍ପଣ ବିତାନ ଥିଲା ପୁରେ ରତି ବିହିଲା।
ସେ ଭୋଗ। ପାଇଲା ଦଇବ ବଶକୁ।
ଭାବେ ଅଧିକ ଦେବାକୁ ରଖିଥିଲା ଯିବା ବେଳକୁ ବିଦେଶକୁ ।୧୯।
କେଉଁ ଦମ୍ପତି ରଖି ସବୁ ସମ୍ପତ୍ତି ବର୍ଣ୍ଣୁଁ ମତିରେ ଏହା ଧାୟି।
ସ୍ମର ଅରାତି ହେବ ରାତି ନ ପାହୁଁ ତାହା ରଜନୀ କରୁ ବିହି।
ଯେ ପୁଣି। ବିହିଲା ବିଚ୍ଛେଦ ବିପତ୍ତି।
ପୁଂଲିଙ୍ଗେ ସ୍ତ୍ରୀଲିଙ୍ଗେ ତାହା ଶବ୍ଦ ରୂପ କେବେ ନୋହିଥିବ ସମ୍ମତି ।୨୦।
କେ ପୁଂସ ସତ୍ୱରେ, ଚତ୍ୱରେ ରୋପିତ କଲା ଆଣି ଜାତିଲତାକୁ।
ପରିଚାରିକାକୁ ଡକାଇ କହିଲା କୋଳେ ବସାଇ ବନିତାକୁ।
ଏହାକୁ। ଯତ୍ନ କରିବାକୁ ସନ୍ତତେ।
ପ୍ରବାସ ପ୍ରୟାଣ ଦୋଷ ନ ଘେନିବ ଯାଉଅଛି ଅଣାଆୟତ୍ତେ।୨୧।

ଶବ୍ଦାର୍ଥ- (୧୬) ଦଣ୍ଡଧର-ରାଜା, ଯମ, (୧୭) ଚିବୁକ-ଓଷ୍ଠ, ଶୀତ କାରକା-ସୁନ୍ଦରୀ, ଈଷିତ-ସାମାନ୍ୟ, କାମ-କନ୍ଦର୍ପ, ବରବର୍ଣ୍ଣନୀ-ଶ୍ରେଷ୍ଠ ସ୍ତ୍ରୀ, ସଞ୍ଚା-ସଜାଡ଼ି, (୧୮) ପ୍ରଦୀପ-ଦୀପ, ପ୍ରଦୀପକ-ଜାଳି, ବିଦେହଜା-ସୀତା, ବିଦେହଜା- ପ୍ରିୟ-ରାମ, (୧୯) ଦୀପିତକ-ଉଜ୍ଜ୍ୱଳ, ଦର୍ପଣ ବିତାନ-ଦର୍ପଣ ଲଗା ଚାନ୍ଦୁଆ, ସ୍ମର-କନ୍ଦର୍ପ, (୨୧) ସତ୍ୱରେ-ଶୀଘ୍ର, ଚତ୍ୱରେ-ଅଗଣାରେ, ଜାତିଲତା-ଜାଇଫୁଲ ଲତା, ପରିଚାରିକା-ଦାସୀ, ବନିତା-ସ୍ତ୍ରୀ, ସନ୍ତତେ-ସର୍ବଦା, ପ୍ରୟାଣ-ଯାତ୍ରା।

କେ ଜାୟାପତି ଯୋଗ ହୋଇ ନଥିଲେ ସେ ଉତ୍ସବ କଲେ ସେ ରାତି।
ନାନାଗତି ପ୍ରକାଶିଲା ରତିପତି-ଭୋଳରେ ରସବତୀ।
ରସାନ୍ତେ। ରମଣ ମୁଖକୁ ଚାହିଁଲା।
ମୟୂର କଣ୍ଟକେ ବୃକ୍ଷ ପଟେ ଲେଖି କାମ ବିମନକୁ ହରିଲା ।୨୨।
କେ ଦମ୍ଭ ହାରି ମନୋହାରୀକି କହେ ଏ କଥା ଚିତ୍ର ଲାଗେ ମୋତେ।
ଜୀବନ ତେଜି ପିଣ୍ଡକୁ ସଙ୍ଗେ ନେଇ ପୁରୁଷେ ଜିଇଁବେ କେମନ୍ତେ।
ଏ ତନୁ। ପୁଲକ ପୁଣି ନ ବହିବ।
ସେ ପୁଣି ଗଦଗଦେ ବୋଇଲା କେ ଜାଣି କି ଭିଆଇ ଅଛି ଦଇବ।୨୩।
କେଉଁ ସୁନ୍ଦରୀ କେତକୀ ଦଳୋଦରେ ଦୟିତ ଛାମୁକୁ ଲେଖିଲା।
ମୁଁ ଯେ ଜୀବଧନ ତୁମ୍ଭଙ୍କୁ ବୋଲିବା ଏହିଠାରେ ସାର୍ଥ ହୋଇଲା।
ତୁମ୍ଭର। ଅଛି ଲୋହମୟ କବଚ।
ତୁମ୍ଭେ ସିନା ମୋର ଦୂର ହେବ କେହି ସହିବି ବିଷମ ନାରାଚ ।୨୪।
କେଉଁ ନାରୀ ଚିତ୍ର ପ୍ରତିମାର ପରିରେ ବାରି ନୟନେ ଭରିଲା।
କେ କହେ। ଯିବା ପଛେ ଆନ ଦେଶକୁ।
ନ ଗଲେ ଯେବେ ନରପତି ସରୋଷ ହୋଇବେ କରମ ବଶକୁ ।୨୫।
କେ କହେ ସଖୀଙ୍କି ଚନ୍ଦ୍ରଶେଖରଙ୍କୁ ପୂଜନ କରି ଏଥିପାଇଁ
ପ୍ରିୟ ନ ଯାଉଁ ଜୀବନ ଯାଉ ମୋର ଦୁଃଖୀ ନୋହିବଟି ମୁହିଁ।
କେ ଭାଳେ ବିଲଗ୍ନ ହେଲେ ଭରୁଁ ଉର।
ନିଦ୍ରା ନ ମାଡ଼ଇ ଏ ନିଶିକି କେହିଁ ବଞ୍ଚିବି କି କର୍ମ ମୋହର ।୨୬।
କେହୁ ବଲ୍ଲଭେ ନିୟମ କରାଇଲା ଆନ ଯୁବତୀ ନ ଛୁଇଁବ।
କେ ବୋଇଲା କାମଚିତ୍ରେ ମୁଁ ଥିବିଟି ମୋ ପାଇଁ ଦର୍ଶନ କରିବ।
କୋ ହାର। ବାହାର କରି କଣ୍ଠେ ଦେଲା।
ଦେଖୁଥିଲେ ମୁହଁ ମନେ ପଡୁଥିବି ଏମନ୍ତ ଭାବନା ହୋଇଲା ।୨୭।
କେ ଜାଣି ବିରହଜ୍ୱର ଜାତ ଉରେ ଥୋଇ ପଙ୍କେରୁହ-ଦଳକୁ।
କିଛି ନ କହି ନାୟକ କରେ ଦେଲା ମେଲାଣି ମାଗିଲା ବେଳକୁ।

ଶବ୍ଦାର୍ଥ- (୨୨) ଜାୟାପତି-ସ୍ୱାମୀ-ସ୍ତ୍ରୀ, ରତିପତି-କନ୍ଦର୍ପ, ମୟୂରକଣ୍ଟକ-ସମ୍ଭୋଗର ଅଭାବ, ରସାନ୍ତେ-ରସ ଶେଷରେ, (୨୪) କେତକୁ ଦଳୋଦରେ-କେତକୀ ପାଖୁଡ଼ାରେ, ଦୟିତ-ସ୍ୱାମୀ, ଲେଶହମୟ-କବଚଚ-ସତ୍ ସାହସ, ବିଷମ ନାରାଚ-କନ୍ଦର୍ପ ଶର, (୨୬) ବିଲଗ୍ନ-ଖୋଲା, (୨୭) ବଲ୍ଲଭ-ସ୍ୱାମୀ।

କେ ଭାବେ। ଅଳପ ହେଲା ମୋ ସଙ୍ଗତି।
ଦରିଦ୍ର ରତନ ପାଇ ହରାଇଲା ପରାୟ ହୋଇଲା ବିମତି ।୨୮।
କେ ଲେଖିଲା ପଟେ ପତିକି ବସାଇ ଆପେ ପାଦ ସେବା କରଇ।
ଯେତେଦୂରେ ଥିଲେ ଏରୂପେ ଅଗ୍ରତେ ଅଛି ମୁଁ ଏ ଅକ୍ଷର ଲିହି।
ବାନ୍ଧିତ। ଜୀବନସନେ ପେଡ଼ିପରେ।
ଥୋଇଲା ଚତୁରୀ କି ସ୍ନେହ ଆତୁରୀ ମାନସ ମୋହିବା ବିଚାରେ ।୨୯।
କେ ବୋଇଲା ମୋହ ପାଇଁ ନ ଭାଳିବ ସାରିବ ବେଳ କାଳେ ମାତି।
ତୁମ୍ଭେ ସର୍ବଶୁଭେ ଥିଲେ ସବୁ ଅଛି ନ ମିଳିବେ କେତେ ଯୁବତୀ।
କେ ସଖୀ। ଦ୍ୱାରାରେ ଏମନ୍ତ କୁହାଇ।
ବାହୁଡ଼ି ଆସି ଯାହାକୁ ବିଭା ହେବ ଏରୂପେ ନୋହିବ ଅସ୍ନେହୀ ।୩୦।
କେ ପତି ଯିବାକୁ ଦୃପତିମତିରେ ଜାରେ ବୋଲଇ ଦିନେ ଥାଅ।
ଅନେକ କାଳୁ ବାଞ୍ଛିତ କଲା ସୁଖ ମୋତେ ହେଁ ଦିଅ ତୁମ୍ଭେ ପାଅ।
କେ ଶାଶୂ। ନଣନ୍ଦ ଭୟରେ ପ୍ରିୟକୁ।
କିଛି ନ କହି ତକ୍ଷଣେ ଜାତ କରି ଈକ୍ଷଣେ ନିବାରି ପୟକୁ ।୩୧।
କାହା ସହଚରୀ ପୁରୁଷେ ପଚାରି ଯାଉଛ କେଉଁ ଶିବ ଦେଖି।
ବକ୍ଷରେ ସ୍ୱଚ୍ଛରେ ଶମ୍ଭୁଯୁଗଳକୁ ଜନମ କରିଛି ମୋ ସଖୀ।
ଏ ବିଧି। ତରୁଣ ତରୁଣୀ ଉଚ୍ଛନ୍ନ।
ବହୁତ ଛାନ୍ଦେ କଲେ ତାହା ବର୍ଣ୍ଣନ ତେବେ ହେଁ ନୋହିବ ସମ୍ପୂର୍ଣ୍ଣ ।୩୨।
ଏମନ୍ତ ନିଶି ଶେଷ ଦରଘୋଷରେ ଦର ଲଭିଲେ ଜାର ବ୍ୟୁହ।
କୁକ୍‌କୁଟବାଣୀକୁ ଠାରେ ହାଣି ଦେଲା ଦମ୍ପତି ସୁଖ ମହୀରୁହ।
ପ୍ରାଚୀ ଯେ। ବହିଲା ଅରୁଣ ବର୍ଣ୍ଣକୁ।
ଡଗରା ନାଗରା କରାଇଲା ତ୍ୱରା ସାଜ ସାଜ ବୋଲି ସୈନ୍ୟକୁ ।୩୩।
ବାଜିଲେ ତୂର ସାଜିଲେ ଚତୁରଙ୍ଗ ପ୍ରବେଶ ହେଲେ ସିଂହଦ୍ୱାର।
କହେ ଜ୍ୟୋତିଷ ମଙ୍ଗଳବେଳ ହେଲା ଅନୁକୂଳ କର କୁମାର।

ଶବ୍ଦାର୍ଥ- (୨୮) ଉର-ଛାତି, ପଙ୍କେରୁହ-ପଦ୍ମ, ଦଳ-ପାଖୁଡ଼ା (୩୧) ଜାରେ-ବିଟପୀ ପୁରୁଷରେ, ଈକ୍ଷଣେ-ଚକ୍ଷୁରେ, ପୟ-ଅଶ୍ରୁଜଳ, (୩୨) ଶମ୍ଭୁଯୁଗଳ-ସ୍ତନଯୁଗଳ, (୩୩) ଦରଘୋଷ-ଶଙ୍ଖଶବ୍ଦ, ଦର-ଭୟ, ଜାରବ୍ୟୂହ-ବିଟପୁରୁଷମାନେ, କୁକ୍‌କୁଟ-କୁକୁଡ଼ା, ମହୀରୁହ- ବୃକ୍ଷ, ପ୍ରାଚୀ-ପୂର୍ବଦିଗ, ଅରୁଣବର୍ଣ୍ଣ-ଫଗୁବର୍ଣ୍ଣ, ତ୍ୱରା-ଶୀଘ୍ର।

ସ୍ଥାପିଲେ । ରମ୍ଭା ବୃକ୍ଷ କୁମ୍ଭ ପୁରତେ ।
ଭୂଷଣେ ଆରମ୍ଭା ରମ୍ଭା ପରି ବେଶ୍ୟା ମୋହିଲେ ସୁମଙ୍ଗଳ ଗୀତେ ।୩୪।
ରାମାଭିଷେକ ପଟ ଭୃତ୍ୟେ ଦେଖାଇ ଦିଅନ୍ତି ରାମା ହୁଳହୁଳି ।
ବିଧାତା ବିଧାନେ ପୁରୋଧାନନ୍ଦନେ ମଙ୍ଗଳାରୋପଣ କୁଶଳୀ ।
କୀରତି । ବନ୍ଦନା ବନ୍ଦିବୃନ୍ଦ କରେ ।
ବାହାର ହୋଇଲେ ନୃପତିନନ୍ଦନ ରାମାରୂପ ଚିନ୍ତି ଚିତ୍ତରେ ।୩୫।
ପଲ୍ଲବତ୍ରୋଣ ଅଧର ପୟୋଧର ପୂର୍ଣ୍ଣକୁମ୍ଭ ମୀନ ନୟନ ।
ଗତି ହଂସବତ ପାରାବତ ଗଳ ମଙ୍ଗଳ ଅଷ୍ଟକ ବଚନ ।
ଜଘନ । ଭଦ୍ରାସନ ଊରୁ କଦଳୀ ।
ଶଙ୍ଖ ମୃଦୁହାସ ଚୁଚୁକ ତ୍ରମୂକ ସର୍ବମଙ୍ଗଳପ୍ରଦ ଭାଳି ।୩୬।
ସୁକୁମାରୀ ରାଜକୁମାରୀକି ଭାବି କରି ଅମାରି ପରେ ବିଜେ ।
କ୍ଷତ୍ରି ଠାରୁ ଶୂଦ୍ରଯାଏ ପ୍ରଣମିତ କଲ୍ୟାଣ ବାଞ୍ଛା କଲେ ଦ୍ୱିଜେ ।
କଲେ ଯେ । ସମ୍ଭାରରେ ସୈନ୍ୟ ଗମନ ।
ମହୀ କମ୍ପନ ପନ୍ନଗପତି ଶଙ୍କି ଧୂଳିରେ ଲୁଚିଲେ ତପନ ।୩୭।
ସର ପଦ୍ମ ଚକ୍ରବାକ କଲେ ପଦ୍ମ ଅବଲୋକ ମଣି ଶର୍ବରୀ ।
ରଥାଙ୍ଗ ନାଦେ କଳାପୀ ନାଚେ ମୋଦେ କୁଳଟା ହେଲେ ଅଭିସାରୀ ।
କାକରେ । ନିଳୟଗତି ଲୀଳା କରେ ।
କୁଳପାଳିକା ବାଳିକା ଦୀପାଳିକା ପୁରମାନଙ୍କରେ ଜାଳିଲେ ।୩୮।
ବାଦ୍ୟଦମକ ଖଡ୍ଗ ଫରି ଝମକ ଧନୁ ଘୋଷ ଗଜ ଚିତ୍କାର ।
ତୁରଙ୍ଗ ହ୍ରେଷା ଆଶାରେ ପୂର୍ଣ୍ଣ ହେଲା ହେଲେ ଦିଗବନ୍ତୀ କାତର ।
ମଣିଲେ । ଗର୍ଜ୍ଜିକିସେ ମହାକେଶରୀ ।
ମଇନାକ ଲୁଚେ ଇନ୍ଦ୍ର ଶତକୋଟି କୋଟି କୋଟି ମାରେ ବିଚାରି ।୩୯।

ଶବ୍ଦାର୍ଥ- (୩୪) ଚତୁରଙ୍ଗ-ଚତୁରଙ୍ଗ ସୈନ୍ୟ, ପୁରତେ-ଅଗ୍ରରେ, (୩୫) ପୁରୋଧା-ପୁରୋହିତ, କୀରତି-କୀର୍ତ୍ତି, ବନ୍ଦିବୃନ୍ଦ-ସ୍ତାବକ ଗଣ, (୩୬) ପଲ୍ଲବ ତ୍ରୋଣ-ପତ୍ର ତୋରଣ, ପୟୋଧର-ମେଘ, ସ୍ତନ, ପାରାବତ-ପାରାପଲ, ଊରୁ-ଜଙ୍ଘ, ତ୍ରମୁକ-ଗୁଆ, (୩୭) ଅମାରି-ହାତୀ ପିଠିରେ ବସିବା ଆସନ, ପନ୍ନଗପତି-ମହାନାଗ, ତପନ-ସୂର୍ଯ୍ୟ, (୩୮) ସର-ପୁଷ୍କରିଣୀ, ଅବଲୋକ-ଦେଖି, ଶର୍ବରୀ-ରାତ୍ରି, ରଥାଙ୍ଗ-ବଜ୍ର, ଚକ୍ରବାକ ପକ୍ଷୀ, କଳାପୀ-ମୟୂର, ମୋଦେ-ଆନନ୍ଦରେ, ନିଳୟଗତି-ଘରକୁ ଗତି, (୩୯) ତୁରଙ୍ଗ ହ୍ରେଷା-ଘୋଡ଼ାର ହ୍ରେଷା ଶବ୍ଦ, ଦିଗଦନ୍ତୀ-ଦିଗସମୂହ, ହାତୀ, ଦିଗସବୁ, କେଶରୀ-ସିଂହ-ଶତକୋଟି-ବଜ୍ର, ମଇନାକ-ପର୍ବତର ନାମ

ପଥ ରାଜନ ପ୍ରଜାଜନ ସମାନ ପୂଜନ କଲେ ସ୍ଥାନେ ସ୍ଥାନେ।
ଜଳ ହୀନ ହେଲେ ସରିତ କାସାର ଆନନ୍ଦେ ଶିବ ଗୃଧ୍ରମାନେ।
ଯାବତ। ଯାଦମେବ ସ୍ୱାଦ ଲଭିଲେ।
ବହୁତ ଦିଗରେ ଯାଇ କିସ୍କିନ୍ଧ୍ୟା ପୁର ପ୍ରଦେଶକୁ ଲଭିଲେ ।୪୦।
ବାସବସଦନ ପ୍ରକାର ସେ ବନ କଟକ ସମାନ ଶୋଭନ।
ନିଶାର୍ଦ୍ଧେ ନିଷାଦେ ଭ୍ରମିଲେ ବିଷାଦେ ହୀନ ହୋଇ ଜନ ଶୟନ।
ମନୁଜ। ରୂପୀ ମନୋଜ ମନୋହର।
ଦନୁଜତନୁବାରଣ ରାମ ଚିନ୍ତି କହଇ ଭଞ୍ଜ ବୀରବର ।୪୧।

■

ଶବ୍ଦାର୍ଥ- (୪୦) ସରିତ-ନଦୀ, କାସାର-ପୋଖରୀ, ଯାଦମେଦ-ମାଛ ପ୍ରଭୃତି ଜଳଚର, (୪୧) ବାସବସଦନ-ଇନ୍ଦ୍ରଭବନ, କଟକ-ରାଜନଅର, ନିଷାଦ-ଶବର, ହୀନଜନ ଶୟନ-ଲୋକ ନିଦ୍ରାରେ ବାଧାପ୍ରାପ୍ତ, ମନୋଜ ମନୋହର-କନ୍ଦର୍ପ ପରି ରୂପ, ଦନୁଜ-ଅସୁର।

ଚତୁର୍ବିଂଶ ଛାନ୍ଦ
ଲାବଣ୍ୟବତୀ ନିକଟକୁ ବ୍ରହ୍ମଚାରୀ ପ୍ରେରଣ ଓ ଚନ୍ଦ୍ରଭାନୁର ମୃଗୟା ବିହାର
(ରାଗ- ପାହାଡ଼ିଆ କେଦାର)

ଶୁଣ ସୁମତି ବିନାଶ ରାତି ପୂର୍ବହରିତ କୁଙ୍କୁମ କାନ୍ତି
ଚେତି ମାଗଧ ଆରମ୍ଭେ ସ୍ତୁତି କୀର୍ତ୍ତିନିକର ଯେ।
ଟେକି ମୁକୁଟ ଡାକେ କୁକୁଟ ସେ ବାଣୀ ଭାର୍ଯ୍ୟାପତିକି କୂଟ।
ସରମାନଙ୍କ ସାରସ ସ୍ଫୁଟ ଗର୍ଜେ ଭ୍ରମର ଯେ।
ଉଠି କୁମର କାଠିଲାଗି ହୁଅଇ ଯେ
କରଯୋଡ଼ି ସଚିବ ସୁତ ଜଣାଇ ଯେ।
କହୁଅଛନ୍ତି ଶିକାରୀଜନ ବହୁ ଜୀବରେ ଏ ବନ ଘନ
ହେବ କି ବିଭୋ ଶିକାରମାନ ଆଜକ ରହି ଯେ ।୧।
ଶୁଣି ଏମନ୍ତ ଚିତ୍ତେ ବିଚାରି ଆଗପେଷିଲେ ସେ ବ୍ରହ୍ମଚାରୀ
ରାଜ ପତ୍ରିକା ପାଶେ ବିନୟ ପତ୍ରିକା ଦେଇ ଯେ।
ତହିଁ ଉତ୍ତାରୁ ଶିକାର ସଜ ଆଣ ବୋଲନ୍ତେ ନୃପ ଆତ୍ମଜ
ଶୁଭିଲା ଡାକ ସଇନ ସାଜ ତୁରିତେ ତହିଁ ଯେ।
ପ୍ରଥମରେ ଏ ବଳ ହେଲେ ବାହାର ଯେ।
ଲୋଧା ଗୋଧାରେ କରି ମଣ୍ଡନ କର ଯେ।
ଭ୍ରମକ ପଶୁସ୍ତୋମରେ ସେହି ସୁଚର୍ମ ବର୍ମ ତୋମର ଶୋହି
ବାଜବଇରୀ ହସ୍ତେ ବସାଇ ଭସ୍ମଜର୍ଜର ଯେ ।୨।

ଶବ୍ଦାର୍ଥ- (୧) ପୂର୍ବହରିତ-ପୂର୍ବଦିଗ, ମାଗଧ-ସ୍ତୁତି ପାଠକ, ସର-ପୋଖରୀ, ସାରସ-ପଦ୍ମ, ସ୍ଫୁଟ-ବିକାଶ, (୨) ରାଜପୁତ୍ରିକା-ରାଜାଝିଅ, ଆତ୍ମଜ-ପୁତ୍ର, ଲୋଧଗୋଧା-ଗୋଧିଚମର ଢାଙ୍କୁଣି, ଭ୍ରମକ-ବୁଲିବା, ପଶୁସ୍ତୋମ-ପଶୁସମୂହ, ବର୍ମ-କବଚ, ତୋମର-ଶାବଳ ପରି ଅସ୍ତ୍ର, ବାଜ-ବାହୁବନ୍ଧନ, ଭସ୍ମଜର୍ଜର-ଭସ୍ମ ବିଲୋପନ।

ଶବରପନ୍ତି କି ଭୟଙ୍କର   ଯଥା ପରେତରାଟ କିଙ୍କର
ଭୂଷା ବରାଟ ଗଞ୍ଜାନିକର ମଧୁରେ ମତ୍ତ ଯେ।
ମନ୍ତର ପଢ଼ି ଧୂଳି ଉଡ଼ାଇ   ଗଲେ ସେ ପଶୁପଦ ଗୋଡ଼ାଇ
ଧମନ ଝପେ କାଣ୍ଡ ଚଢ଼ାଇ ଟାଙ୍ଗି ଗୃହୀତ ଯେ।
ବ୍ୟାଧେ ବହିଣ ନଳ ତାଳତାଟିକି ଯେ।
ନଳିଆଳିରେ ଘେନି ଅଠାକାଠିକି ଯେ।
ବହି ବାଗୁରା କେ ତହିଁ ତ୍ୱରା   ବହୁତ ମୃଗ ଶାବକ ଧରା
ଶାଖା ବେଷ୍ଟନେ ବଲ୍ଲରୀ ପରା ଲଭି ଦୃଷ୍ଟିକି ଯେ ।୩।
କୁମର ବିଜେ ହୟ ପିଠିରେ   ତାକୁ ସମାନ ନାହିଁ ସୃଷ୍ଟିରେ
ଏମନ୍ତ ହୋଏ କବି ଦୃଷ୍ଟିରେ ସମ୍ଭାବ୍ୟ ତହିଁ ଯେ।
ସୁବର୍ଣ୍ଣଜରୀକଶା ବାଖର   ପନ୍ନ ଡେଣା କି ବିସ୍ତାରେ ତାର
ଡେଇଁ ଯିବାକୁ ସପ୍ତ ସାଗର ଇଚ୍ଛା କମ୍ପାଏ ଯେ।
ବୀରବଳକୁ ଲଘିଂ ନ ପାରି ରହି ଯେ।
ଯେଣୁ ସୁଜାଣ ଅଛି କରକୁ ଚହିଁ ଯେ।
ମେରୁ ମହୀରେ ମିଶିବ ଯେବେ   ଖୁରିବି ସ୍ଥାନ ନୋହିବ ତେବେ
ତା ଚୂର୍ଣ୍ଣ ଭାବି ରହିବାଠାବେ ଖୁର ମାଇଲ ଯେ ।୪।
ସଙ୍ଗେ ଥିବାର ତୁରଙ୍ଗବଂଶ   ପ୍ରଶଂସା ଆଉ କରିବା କିସ
ଜବକୁ ପବମାନ ସଦୃଶ ପୂର୍ଣ୍ଣ ଲକ୍ଷଣେ ଯେ।
ହୋଇଲେ ବେଗବନ୍ତ ମାତଙ୍ଗ   ନ ଦିଶେ ସାଦି ସୁଉତ୍ତମାଙ୍ଗ
କୁମୁମଝରା ଏଥୁ ଉତ୍ତୁଙ୍ଗ ଅଟନ୍ତି ପୁଣ ଯେ।
ଅତିଶୀଘ୍ରେ ରାଉତ ମାହୁନ୍ତଚୟ ଯେ।
ବେଢ଼ି ବୀରକୁ କଲେ ଶୋଭା ଉଦୟ ଯେ।

ଶବ୍ଦାର୍ଥ- (୩) ପନ୍ତି-ସମୂହ, ପରେତରାଟ-ଯମ, ବରାଟ-କଉଡ଼ି, ମଧୁରେ-ମଦରେ, ପଶୁପଦ-ପଶୁ ରହିବା ସ୍ଥାନ, ଧମନ-ନଳ ଢାମଣ କାଠର ଧନୁ, ନଳିଆଳି-ନଳିସବୁ, ବାଗୁରା-ଜାଲ ଫାଶ, ବଲ୍ଲରୀ-ଲତା, ତାଳତାଟି-ତାଳପତ୍ରର ତାଟି, (୪) ହୟ-ଘୋଡ଼ା, ବାଖର-ଘୋଡ଼ା ତୁଣ୍ଡରେ ଲାଗିଥିବା ଚମଡ଼ା ସୂତା, ବୀରବଳ-ସୈନ୍ୟବଳ, ଖୁର-ଗାଈଗୋରୁ, ଘୋଡ଼ା ପ୍ରଭୃତିଙ୍କ ଖୁରା, କ୍ଷୌର ଅସ୍ତ୍ର।

ପଦାନ୍ତିପନ୍ତି ସଙ୍ଗେ ଧାଇଁଲେ ରମ୍ୟ ବିପିନେ ଯାଇ ପାଇଲେ
ଅଦ୍ଭୁତ ଶୋଭାମାନ ଚାହିଁଲେ ତୋଷ ଉଦୟ ଯେ ।୫।
ନଥିଲା ହୋଇ ପାଦପ ତହିଁ ଆଉ ଚଉଦ ଭୁବନେ ନାହିଁ
ମରିଚ ଅଳାଇଚ କଙ୍କୋଳ ସଘନ ଯହିଁ ଯେ।
ବୈଦ୍ୟେ ଭାବନ୍ତି ଔଷଧ ପନ୍ତି ପ୍ରଭାରେ ଅତି ଥିବେ ଯେ ପ୍ରତି
ରଜନୀ ଏଥି ଚନ୍ଦିନୀରାତି କାନ୍ତିକି ବହି ଯେ।
ଫଳେ ହେଠ କମାଳୀ କୁମ୍ଭୀ ଜମ୍ବୀର ଯେ।
ଦିଶୁଛନ୍ତି ପ୍ରଣାମ କଲା ପ୍ରକାର ଯେ।
ବାରମାସରେ ବିକାଶ ଜାତି ନୀପ କୁଟଜ ସୁମନାପନ୍ତି
ହୃଦେ ହରଷ ଦେଖାଉଛନ୍ତି କି ନିରନ୍ତର ଯେ ।୬।
ସଫଳ ତହିଁ ଗୁଆ ନାରଙ୍ଗ ଶ୍ରୀଫଳ ତୁଙ୍ଗ ସମାତୁଳଙ୍ଗ
ଲାଙ୍ଗଳୀ କରମଙ୍ଗାହିଁ ସଙ୍ଗ ବିପୁଳ ଭାବ ଯେ।
ଶିଶୁଠାବରୁ ଜରତୀ ସରି ସ୍ତନ ଶୋଭନ ଥିବାରୁ ଧରି
ଉତ୍‌ଫୁଲ୍ଲ ସ୍ତମ୍ଭ ଅଛି ଆଦରି ପୁନ୍ନାଗ ଧବ ଯେ।
ଅଙ୍ଗବାସ ମାଧବୀ ସୁପରିମଳ ଯେ।
ହୋଇ ପ୍ରସରୁଅଛି ମନ୍ଦ ଅନିଳ ଯେ।
ବରାହଦାଢ଼ ନବମାଳିକା ନୂତନ କରବୀର କଳିକା
ଯଥା ବାଳିକା ନଖମାଳିକା ମହାଉଜ୍ଜ୍ୱଳ ଯେ ।୭।
କୁଞ୍ଜକୁଟୀରମାନ ରୁଚିର ଯୂଥିକା ମୋତିବିତାନ ଚିର
ପଦନ ପୁଷ୍ପଶଯ୍ୟା ପ୍ରକାର ଶେଫାଳିକାର ଯେ।
ଭାଷନ୍ତି ଭାଷ ସାରୀ କପୋତ ସୁମନ ରତିରସରେ ମତ୍ତ
ପାନ ଖଦିର ଲବଙ୍ଗସ୍ଥିତ କି ମନୋହର ଯେ।

ଶବ୍ଦାର୍ଥ- (୫) ତୁରଙ୍ଗ-ଘୋଡ଼ା, ଜବ-ଚଞ୍ଚଳ, ପବମାନ-ପବନ, ମାତଙ୍ଗ-ହାତୀ, ସାଦି-ସୈନ୍ୟ, ସୁଉତ୍ତମାଙ୍ଗ-ମୁଣ୍ଡ, (୬) କଙ୍କୋଳ-ଗନ୍ଧଦ୍ରବ୍ୟ, ହେଠ-ନିମ୍ନଭାଗ, କମାଳୀ-ଫଳ ବିଶେଷ, କୁମ୍ଭୀ-କଇଥ ଗଛ, ଜମ୍ବୀର-ବରୁଣଫଳ, ଜାତି-ଜାଈ, ନୀପ-କଦମ୍ବ, କୁଟଜ-ବଣମଲ୍ଲୀ, ସୁମନାପନ୍ତି-ନବମାଳିକା ଫୁଲ, ଉତ୍ତମ ନାରୀ ଗଣ, (୭) ନାରଙ୍ଗ-ନାରଙ୍ଗଫଳ, ଶ୍ରୀଫଳ-ବେଲ, ନଡ଼ିଆ, ସମାତୁଳଙ୍ଗ-ଟଭା, ଲାଙ୍ଗଳୀ-ନଡ଼ିଆ, ଜରତୀ-ବୃଦ୍ଧ, ପୁନ୍ନାଗ-ଜାଇଫୁଲ, ନାଗେଶ୍ୱର, ଧବ-ଢଉଗଛ, ବରାହଦାଢ଼-କଣ୍ଟାଗଛ, ନବମାଳିକା-ମାଳତୀଫୁଲ, ଅନିଳ-ପବନ, କରବୀର-କନିଅର, କଳିକା-କଢ଼ି।

ଦୀକ୍ଷା ବିହୀନ ଶିକ୍ଷା କନ୍ଦର୍ପ କେଳି ଯେ।
ତାରା ବସନ୍ତି ପାରାବତହିଁ ଖେଳି ଯେ।
ପକ୍ୱଣବାସ ଅଶୋକ ଡାଳି ସ୍ତବ ରବିଦ୍ୟୋତିରେ ଝଳି
ଭ୍ରମ କରିଣ ଶଶ ହରିଣ ସମ୍ବର ମିଳି ଯେ ।୮।
ଚନ୍ଦ୍ରିକା ଟେକି ନାଚନ୍ତି କେକୀ ଉର୍ଦ୍ଧ୍ୱରୁ ଖସୁଚନ୍ତି ଚାତକୀ
ଯହିଁ ତମାଳ ତରୁକୁ ତର୍କି ଜଳଦ କରି ଯେ।
ଅମ୍ଳାନ ଗୁଳ୍ମ ବଲ୍ଲୀକ ମତ କୁସୁମ ପୀତ ରଙ୍ଗ ଅସିତ
ଶ୍ରେଣୀଭୂତିରେ ସେ ପୁରୁହୂତ କୋଦଣ୍ଡ ପରି ଯେ।
ମତ୍ତଦ୍ୱିରଦ ନାଦ ଉଚ୍ଚରେ ଶୁଭି ଯେ।
ଚମ୍ପା ସମ୍ପାତ ଶମ୍ପାକୁ ସମ ଲଭି ଯେ।
ବକୁଳ ମକରନ୍ଦ ବରଷେ ଡାହୁକ କେ କା ବାଣୀକି ଘୋଷେ
ବକାଳୀ ଗତ ଆଗତବଶେ ସ୍ୱଭାବେ ଶୋଭି ଯେ ।୯।
ପ୍ରଫୁଲ୍ଲ ମଲ୍ଲୀବଲ୍ଲୀକା ମାନ ତାରା ସହିତେ ନୀଳ ଗମନ
ଛିଡ଼ି ପଡ଼ିଲା ଧରା ଶୋଭନ ପରାୟେ ତର୍କ ଯେ।
ଅନାଇ ତାହା ଅସିତ ନୀଳ- ଦାସୀ ପ୍ରକାଶ ରଥାଙ୍ଗକୁଳ
ପ୍ରବେଶ ହୋଇ ମହାବ୍ୟାକୁଳ ପକ୍ଷ ବିବେକ ଯେ।
ରହିଁ ଚକୋର ଚାଣ୍ଡେ ଚକ୍ଷୁ ଯୁଗ୍ମକୁ ଯେ।
ରଖେ ଚତୁରପଣେ କାନ୍ତ ଯୋଗକୁ ଯେ।
ବାରୁଣୀ ପୁଷ୍ପବନ୍ତ ମନ୍ଦାର ଦେଖି ଆନନ୍ଦ ଦିବାନ୍ଧକାର
ତରୁ ଦୋଳିକା ଆଦି ବିହର କଲେ ରଙ୍ଗକୁ ଯେ ।୧୦।
କିଂଶୁକ ଶୁକ ଯେ ବୃକ୍ଷେ ଥାଇ ଭ୍ରମରେ ସେହୁ ଭ୍ରମ କରାଇ
ଚୂତପରାଗେ ସେ ଅନ୍ଧ ହୋଇ ହେଉଁ ପତନ ଯେ।

ଶବ୍ଦାର୍ଥ- (୮) ଯୁଥିକା-ଯୁଇ, ଶେଫାଳିକା-ଗଙ୍ଗଶିଉଳି, ଖଦିର-ଖଇର, ପକ୍ୱଣବାସ-ପତ୍ର କୁଡ଼ିଆ, ସ୍ତବନ-ଫୁଲ ପେଣ୍ଡା, ରବି ଜ୍ୟୋତି-ଖରା, ଶଶ-ଠେକୁଆ, (୯) କେକୀ-ମୟୂରୀ, ଚନ୍ଦ୍ରିକା-ମୟୂର ପୁଚ୍ଛ, ଜଳଦ-ମେଘ, ଗୁଳ୍ମ-ଛୋଟ ବୁଦା, ବଲ୍ଲୀକ-ଉଈହୁଙ୍କା, ଅସିତ-କଳା, ଶ୍ରେଣୀ ଭୂତି-ଧାଡ଼ି ଧାଡ଼ି, ପୁରୁହୂତ-ଇନ୍ଦ୍ର, ଦ୍ୱିରଦ-ହାତୀ, ସମ୍ପାତ-ପଡ଼ିଥିବା, ଶମ୍ପା-ବିଜୁଳି, ବକୁଳ-ବଉଳ, ମକରନ୍ଦ-ପୁଷ୍ପମଧୁ, ବକାଳୀ-ବକପନ୍ତି, (୧୦) ଦାସୀ-କୁରୁବକ ଫୁଲ, ରଥାଙ୍ଗକୁଳ-ଚକ୍ରବାକଗଣ, ବାରୁଣୀ-ପଶ୍ଚିମଦିଗ, ଦିବାନ୍ଧକାର-ପେଚା।

ଜମ୍ବୁ ବିଟପରେ ଉଡ଼ିଣ ସେ ଯେ ବିମ୍ବ ପାଶକୁ ବାହୁଡ଼ି ଲାଜେ
ଗଲାରେ ବୋଲି ଜମ୍ବୁକ ଗର୍ଜେ କରି ଲୋକନ ଯେ ।
ତହିଁ କସ୍ତୁରୀପଙ୍କେ ପଙ୍କିଲା ମହୀ ଯେ
ସଡ଼ି ପଡ଼ି ଏମନ୍ତ କୋକିଳ ଧାୟି ଯେ ।
ଆସ୍ୱାଦ୍ଧେ କରି ଏ ରସ ପାନ କରଇ ମୁଁ ଯେ ପଞ୍ଚମଗାନ
ଏହା ଯା ଜାଣୁ ନାହାନ୍ତି ଆନ ମୋ ଭାଗ୍ୟେ ଏହି ଯେ ।୧୧।
ଡାଳିମ୍ବ ବୀଜେ ତଳ ଅବନୀ ବୁଣିଲା ପ୍ରାୟ ମାଣିକଚୂନୀ
ଖଞ୍ଜନେ ମିଳୁଛନ୍ତି ଏ ଘେନି କରଣେ ସ୍ଥାନ ଯେ ।
ପଡ଼ି ଗୁଗୁଳ ଶାଳନିର୍ଯ୍ୟାସେ ବଂଶ ଅନଳେ ଧୂମ୍ର ପ୍ରକାଶେ
ପୁଳିନ୍ଦ ଅଗ୍ନିଦେବାର ତ୍ରାସେ ସରଘାମାନ ଯେ ।
ଉଡ୍ଡୁଅଛନ୍ତି ଛାଡ଼ି ମଧୁକୋଷକୁ ଯେ ।
କରି ମଣ୍ଡଳୀ କରୁଛନ୍ତି ଘୋଷକୁ ଯେ ।
ଯେଣେ ତାହିଁଲେ ନବ ପାଟଳୀ ଜୟନ୍ତୀ କୁରୁବକ ଶାଳ୍ମଳୀ
ପୁଷ୍ପିତ କେନ୍ଦୁ ପଲ୍ଲବେ ଝଳି ସେହି ତ୍ରାସକୁ ଯେ ।୧୨।
କୃଷ୍ଣମଞ୍ଜରୀଗଣ ଚରମେ ହଂସ ସରାଳୀ କାଳିନ୍ଦୀ ଭ୍ରମେ
ବିହାର କରୁଛନ୍ତି ଅଗମ୍ୟେ ସୁମନୋରମ୍ୟେ ଯେ ।
ବ୍ୟାଳେ ମୃଣାଳ ବୃଦ୍ଧି କରନ୍ତି କଙ୍କ ନକୁଳ ଯେ ନ ଧରନ୍ତି
ପକ୍ଷୀ ଛାୟାକୁ ଡାଳେ ଧାମନ୍ତି ବିଡ଼ାଳେ ଶ୍ରମେ ଯେ ।
ଅର୍କପାଷାଣମାନେ ସେ ବନକ୍ଷିତି ଯେ ।
ବଡ଼ ବଡ଼ ହୋଇଣ ପଡ଼ିଅଛନ୍ତି ଯେ ।
ମତ୍ତଗର୍ବିତ ସିଂହ ସ୍ୱଦେହ ତହିଁ ଅନାଇ ଜାତ ସନ୍ଦେହ
ଆରମ୍ଭି ଆସୁଛନ୍ତି କଳହ ସ୍ୱ ନାଦେ ଅତି ଯେ ।୧୩।

ଶବ୍ଦାର୍ଥ- (୧୧) କିଂଶୁକ-ପଳାଶ ଗଛ, ଚୂତପରାଗ-ଆମ୍ବ ବଉଳ, ଜମ୍ବୁ-ଜାମୁକୋଳି, ଜମ୍ବୁକ-ବିଲୁଆ, ବିମ୍ବ-ବିମ୍ବଫଳ, କସ୍ତୁରୀପଙ୍କ-କସ୍ତୁରୀ ସମାନ ପଙ୍କ, (୧୨) ଅବନୀ-ପୃଥିବୀ, ଖଞ୍ଜନ-ଖଞ୍ଜନ ପକ୍ଷୀ, ଗୁଗଳ-ଧୂଆଁ ଦେବା ପଦାର୍ଥ, ଶାଳ ନିର୍ଯ୍ୟାସେ-ଝୁଣା, ପୁଳିନ୍ଦ-ଶବର ଜାତି, ସରଘା-ମହୁମାଛି, ମଧୁକୋଷ-ମହୁ ଫେଣା, କୁରୁବକ-କୁରୁମ, ଶାଳ୍ମଳୀ-ଶିମିଳି, ପାଟଳୀ-ଫୁଲବିଶେଷ, ତ୍ରାସ-ତରାସ, (୧୩) କୃଷ୍ଣ ମଞ୍ଜରୀ-ଫୁଲବିଶେଷ, ଚରମ-ପିଠି, ସରାଳୀ-ଜଳଚର ପକ୍ଷୀବିଶେଷ, ବ୍ୟାଳ-ସର୍ପ, କଙ୍କ-ଶୃଗାଳ ପରି ପଶୁ, ବିଡ଼ାଳ-ବଣବିରାଡ଼ି, ନକୁଳ-ନେଉଳ, ଅର୍କପାଷାଣେ-ସୂର୍ଯ୍ୟକାନ୍ତ ପଥର, ବନକ୍ଷିତି-ବନଭୂମି ।

ପତନ ଜାତିଫଳ ଅମୃତା ପକ୍ୱବଦରୀ ଗଜ ମୁକୁତା
ବିବେକ ନ କରିଣ ମାଡ଼ି ତା ଗମିଲେ ସୈନ୍ୟ ଯେ।
ଏଳାଦି ଭରଦ୍ୱାଜ ପତ୍ରରେ ଚିତ୍ରିତ ପଥ କି ବିଚିତ୍ରରେ
ସର୍ବେ ପ୍ରଶଂସା କଲେ ଚିତ୍ତରେ ଏ ବନ ଧନ୍ୟ ଯେ।
ଅତି ମୁଖଚହଳ ନିଶାଣଘାତେ ଯେ।
ହେଲେ ଚକିତ ପଶୁ ପତଙ୍ଗ ଯେତେ ଯେ।
ଛାଡୁଁ ସେ ବନ ସେ ବନଧର ମାଡ଼ି ଆସିଲା ମଣି ସାଗର
ଅତ୍ୟନ୍ତ ଲୋକ ପତାକା ଚୀର କଲ୍ଲୋଳ ପ୍ରତେ ଯେ ।୧୪।
କରୀ ମଣିଲେ ମକରୀ କରି ତୁରଙ୍ଗ ତହିଁ ଶଫରୀ ପରି
କୂର୍ମ ସୁଚର୍ମ ସୁକ୍ଷୁମ ଫରୀ ଉଷ୍ଣୀଷ ଫେନ ଯେ।
କୃପାଣ ଝଟଝଟ ଝଟକ ବହଇ ଯତ୍ନ ରତ୍ନ ଝଟକ
ଭ୍ରମ ପଦାତି ଭଉଁରୀ ଠିକବାଦ୍ୟ ବର୍ଣ୍ଣନ ଯେ।
ପୂରି ଏସନ ସୈନ୍ୟ ସେ ମହାରଣ୍ୟ ଯେ।
ପଞ୍ଚକୋଶ ମଧ୍ୟରେ ରଖିଣ ସ୍ଥାନ ଯେ।
ଘଞ୍ଚରେ ଯାଇଁ ବାଡ଼ ବେଢ଼ାଇ ଉଚ୍ଚରେ ବୃକ୍ଷେ ମଞ୍ଚା ବନ୍ଧାଇ
ଯନ୍ତା ବସାଇ ଟୋପ ଖୋଲାଇ ଜଗିଲେ ଜନ ଯେ ।୧୫।
ପଳାଉ ଜୀବେ ଯହିଁରେ ସ୍ଥିତି ବହି ସେ ଦନ୍ତୀଦନ୍ତ ଆକୃତି
ତହିଁ ମର୍କତଶିଳାର ଜ୍ୟୋତି ଯାଇଛି ନଭେ ଯେ।
ଟେକି ଅଛି କି ଏଥିକି କର ପିଇବ ଆଣି ସ୍ୱର୍ନଦୀ ନୀର
କରଟଦନ୍ତ କଟକେ ତାର ପେଚକ ଶୋଭେ ଯେ।
ଧାତୁ ଧାରା ଶବଳାମାଳା ସଦୃଶୀ ଯେ।
ଜଳପ୍ରବାହ ଦାନଜଳ ବରଷି ଯେ।

ଶବ୍ଦାର୍ଥ- (୧୪) ଅମୃତ-ହରିଡ଼ା, ପକ୍ୱ-ପାଚିଲା-ବଦରି-ବରକୋଳି, ଏଳା-ଅଳାଇଚ, ଭରଦ୍ୱାଜ ପତ୍ର-ଭଦଭଦଳିଆ ପକ୍ଷୀର ପର, ବନଧର-ମେଘ, ଲୋଳ-ଓହଳିବା, ଚୀର-କନା, କଲ୍ଲୋଳ-ଲହରୀ, ପ୍ରତେ-ପରତେ (ବିଶ୍ୱାସ), (୧୫) କରୀ-ହାତୀ, ମକରୀ-ମଗର ମାଛ, ତୁରଙ୍ଗ-ଘୋଡ଼ା, ଶଫରୀ-କେରାଣ୍ଡି ମାଛ, ଫରୀ-ଆଢ଼ଣି, କୂର୍ମ-କଇଁଛ, ଉଷ୍ଣୀଶ-ମୁଣ୍ଡର ପଗଡ଼ି, ଭ୍ରମ ପଦାତି-ବୁଲୁଥିବା ପାଇକ, ଟୋପ-ଗାତ।

ପିପ୍‌ପଳ ଅଶନକୁ ଗୃହୀତ କରି ସିନ୍ଦୂରେ ତିଳକେ ଯୁତ
ଦିବସବନ୍ଧୁ ଯହିଁ ମାହୁନ୍ତ ପରାୟେ ଦିଶି ଯେ ।୧୬।
ସେ ଗ୍ରାବୁଁ ଜୀବ ସତ୍ୱରେ କାଳୀ ଦେଇ କୁହାଟ ଟମକ ଢାଳି
ଫିଙ୍ଗିଲେ ସାଦି କୁନ୍ତ ଶାବେଳୀ ବିନ୍ଧିଲେ ତୀର ଯେ ।
ପ୍ରତି ନଳୀରୁ ଗୁଳି ବାହାରି ଧାଡ଼ି ଦେବାରେ ବାଜ ବଇରୀ
ମାଡ଼ି ବସିଲେ ପକ୍ଷୀ କି ଧରି କି ମନୋହର ଯେ ।
ଜାଲେ ପଡ଼ିଲେ ଆର୍ତ୍ତେ ପଶୁନିକର ଯେ ।
ଗର୍ତ୍ତେ ପଡ଼ିଲେ କେତେ କେତେ କୁଞ୍ଜର ଯେ ।
ମାରରେ ମାର ଏ ବୀର ଗିର ପୂରିତ ହେଲା ଅମରପୁର
ସାଜିଲା ଅବା କଉଁ ଅସୁର ଭାବିଲେ ସୁର ଯେ ।୧୭।
ଭଲ୍ଲରେ ଭଲ ଭଲ୍ଲୁ ଭୂଷିଲେ ମଲ୍ଲ ଯୁଝିଲେ ଶାର୍ଦ୍ଦୂଳ ତୁଲେ
ଖଡ଼ଗ ଚ୍ଛେଟ ପରୀକ୍ଷା କଲେ ଖଡ଼ଗ ପରେ ଯେ ।
ଶରଭ ଶରଭରେ ବିନାଶ ବାରଣ କଲେ ଭୂଦାର ନିଶି
ସୁଦାଢ଼ ଯମଦାଢ଼ ପ୍ରକାଶି ଅତି କୋପର ଯେ ।
ଛାଡ଼ି ଶଲ୍ଲକିପଲ ଶ୍ୱାନ ହିଁ ହିଂସେ ଯେ ।
ମହୀ କି ଲାଲ ଦିଶେ କୀଲାଲ ବଶେ ଯେ ।
ସର୍ବାଙ୍ଗ ରଙ୍ଗ କଲେ ଜନାଳି ଗଜ ବରଛା କୁରଙ୍ଗ ନଳି
ଯୋଗରେ ଫଗୁ ପିଚିକା ଖେଳ ଅତି ହରଷେ ଯେ ।୧୮।
କୁମର ରଚୁଁ ମୃଗୟା ରସ ଲଭିଣ ତ୍ରାସ ପୁଚ୍ଛେ ମହୀଷ
ଅଛି କି ନାହିଁ ମୋର ଆୟୁଷ ବୁଝ ଜୀବେଶ ହେ ।

ଶବ୍ଦାର୍ଥ- (୧୬) ଦନ୍ତୀଦନ୍ତ-ବଳୟ ଓ ବକ୍ଷସ୍ଥାନ, ମର୍କତ ଶିଳା-ମର୍କତମଣି ପଥର, ସ୍ୱର୍ନଦୀ-ଗଙ୍ଗା, ନୀର-ଜଳ, କରଟ-ହାତୀର ଗଣ୍ଡ, ଶବଳା-ନାନାବର୍ଣ୍ଣ ଯୁକ୍ତ, ଦାନଜଳ-ହାତୀର ମଦଜଳ, ପିପ୍‌ପଳ-ଅଶ୍ୱତ୍‌ଥ ପତ୍ର, ପେଚକ-ହାତୀର ଲାଙ୍ଗୁଳ ମୂଳ, ପେଚ୍ଚ, ଅଶନ-ଖାଇବା, ଯୁତ-ଯୁକ୍ତ, ଦିବସବନ୍ଧୁ-ସୂର୍ଯ୍ୟ, (୧୭) ଗ୍ରାବୁଁ-ପର୍ବତରୁ, ସତ୍ୱରେ-ଶୀଘ୍ର, କାଳୀ-ଘଉଡ଼ିବା, କୁହାଟ-ଭୟ, ସାଦି-ଅଶ୍ୱାରୋହୀ, କୁଞ୍ଜର-ହାତୀ, ବାଜ-ଛଞ୍ଚାଣ ପକ୍ଷୀ, ସୁର-ଦେବତା, ସୂର୍ଯ୍ୟ, (୧୮) ଭଲ୍ଲ-ବର୍ଚ୍ଛା, ଭାଲୁ, ଶାର୍ଦ୍ଦୂଳ-ବାଘ, ଖଡଗ୍-ଖଣ୍ଡା, ଗଣ୍ଡା, ଶରଭ-ମୃଗ, ଶର, ବାରଣ-ହାତୀ, ଭୂଦାର-ବରାହ, ଯମଦାଢ଼-ଏକ ଅସ୍ତ୍ର, ଶଲ୍ଲଲୀ-ଝିଙ୍କ ପକ୍ଷୀ, ଶ୍ୱାନ-କୁକୁର, କୀଲାଲ-ରକ୍ତ, ଜନାଳି-ଜନସମୁଦ୍ର, ବରଛା-ବର୍ଚ୍ଛା, କୁରଙ୍ଗ-ହରିଣ ।

ଶଙ୍କର ଶଶାଙ୍କର ଉର　　　　ବାତ ଅଶନ ଦୁର୍ଗା ପୟର
ବହିଲା ସେହି ଦଣ୍ଡକ ଧର ବର୍ଣ୍ଣିବା କିସ ଯେ।
ସ୍ୱାମୀ କରଇ ତାର ସଖୀକି ସ୍ଥିର ଯେ।
ଖଣ୍ଡା ଶବଦ ଅଛି କିଛି ନ ଡର ଯେ।
ସର୍ବାଙ୍ଗପଣେ ବିଧି ଶିଖାଇ　　　　କରି କୁମର ଉଦନ୍ତ ତୁହି
ଲାବଣ୍ୟବତୀ ଛାମୁକୁ ଯାଇ ମରାଳବର ଯେ ।୧୯।
ମୃଗୟା ଶେଷ ଯୁବ ନରେଶ　　　　ବାହୁଡ଼ି ହେଲେ ବସା ପ୍ରବେଶ
ମେଦ ବଣ୍ଟାଇ ମୋଦ ଅଶେଷ ସଚିବସୁତ ଯେ।
କୋଷେ ରହିଲା ଗନ୍ଧମାର୍ଜାର　　　　ବରାଙ୍ଗ ଗଜ ମୋତି ଋମର
ଖଡ଼ଗପାତ୍ର ଦତ୍ତ ଭୂସୁରଗଣେ ସତ୍ୱର ଯେ।
ତୋଷି ବୈଷ୍ଣବ ଦ୍ୱିପୀ ଅଜିନ ଦେଇ ଯେ।
ଶିଶୁଲାଳସୀ ଲୋକେ କରଜ ନେଇ ଯେ।
ବଜ୍ରକବଚ ଗଣ୍ଡକ ଜାତି　　　　ଲଭେ ମାହୁନ୍ତ ରାଉତପନ୍ତି
ପଦଗ ପକ୍ଷଦାନେ ତୃପତି ବିଶେଷେ ହୋଇ ଯେ ।୨୦।
କରୀ-ଦଶନ ଲଭି ତକ୍ଷକେ　　　　ଶୃଙ୍ଗ ପ୍ରଦାନ କୁନ୍ଦକାରକେ
ଚର୍ମକାରକୁ ଚର୍ମ ଉତ୍ସୁକେ ନିଅ ବୋଇଲେ ଯେ।
ବରାହ ଲୋମ ପାଟରା ଲୋକେ　　ମୃଗନାଭିକ ପାଇ ବଣିକେ
ମନ୍ତ୍ରୀନନ୍ଦନ ଗୁଣ ଅଧିକେ ପ୍ରଶଂସା କଲେ ଯେ।
ତହିଁ ନଳ ଗଉରୀ ଶଉରୀ ବିଧି।
ପାକ ଲୋକ ନିଜର କରିଣ ସିଦ୍ଧି।
ତୋଷିଉଦର କଲେ ଶୟନ ବି ଧିଯେ ।
ପ୍ରଭାତେ ସୈନ୍ୟ ସାଜି ଗମନ　　　ଶୁଭିଲା ଉଚ୍ଚେ ନାଗରାସ୍ୱନ
ଶ୍ରୀରାମ ନାମ ଉପେନ୍ଦ୍ର ବ୍ୟାଧି ଔଷଧି ଯେ ।୨୧।

■

ଶବ୍ଦାର୍ଥ- (୧୯) ତ୍ରାସ-ଭୟ, ମହୀଷ-ଯମବାହନ, ଜୀବେଶ-ଯମ, ଶଙ୍କର-ମହାଦେବ, କର-କିରଣ, ବାତ ଅଶନ-ପବନ ଆହାରୀ, ଦୁର୍ଗା ପୟର-ଦୁର୍ଗାଙ୍କ ପାଦ, ମରାଳବର-ଶ୍ରେଷ୍ଠ ହଂସ, (୨୦) ମୋଦ-ଆନନ୍ଦ, ଗନ୍ଧମାର୍ଜାର-ଶଳିଆପତନି, ବରାଙ୍ଗ-ମୁଣ୍ଡ, କରଜ-ବାଘନଖ, ଖଡ୍‌ଗ ପତ୍ର-ଗଣ୍ଡାର ଲାଞ୍ଜ, ଭୂସୁର-ବ୍ରାହ୍ମଣ, ପଦଗ-ପାଇକ, ଦ୍ୱୀପିଅଜିନ-ବାଘଛାଲ, (୨୧) କରୀଦଶନ-ହାତୀଦାନ୍ତ, ତକ୍ଷକ-ବଢ଼େଇ, ମୃଗନାଭି-କସ୍ତୁରୀ, ଶୃଙ୍ଗ-ଶିଙ୍ଗ।

ପଞ୍ଚବିଂଶ ଛାନ୍ଦ

ଲାବଣ୍ୟବତୀର ପତ୍ର ପ୍ରାପ୍ତ, ପଠନ ଓ ଉତ୍ତର ପ୍ରଦାନ

(ରାଗ- ଘଣ୍ଟାରବ)

ଫାଲ୍‌ଗୁନ ଶୋଭା ପ୍ରକାଶି ଶିଶିରେ ବସନ୍ତ ମିଶି
ବାଳବାମାତନୁ ସୀମାକୁ ଆଶ୍ଳେଷ ଯୌବନ କଲା କି ଆସି ।୧।
କୁଜଝଟି ରେଣୁ ବିହାର କ୍ରମେ କ୍ରମେ ହେଲା ଦୂର
ନୂତନ ସ୍ତବକ ସ୍ତନ ଅଙ୍କୁରିଲା ପିକବାଣୀ କି ମଧୁର ।୨।
କାନ୍ତି କେତକୀ ମାଧୁରୀ ନିଆଳୀ କରଜ ପରି
ଡୋଳା ଚଞ୍ଚରୀକେ ଚଞ୍ଚଳ ଚାତୁରୀ ଆଣିଲା ବିଶେଷ କରି ।୩।
କାମେ ଭୟ ଉପୁଜାଇ ପୁନ୍ନାଗେ ଉତ୍‌ଫୁଲ୍ଲ ଦେଇ
ଦର ବିକଶିତ ମଲ୍ଲୀ ମୃଦୁହାସ ପଲ୍ଲବ ଓଷ୍ଠ ଦେଖାଇ ।୪।
ଏକାଳେ ସିଂହଳ ଈଶ ମତି କରି ଅତି ତୋଷ
ବୋଇତେ ଚାଳିଦେଲେ ଅନ୍ତଃପୁରସ୍ଥ ରାମେଶ୍ୱରଦେବ ପାଶ ।୫।
ସେ ମହୀପତି କୁମାରୀ ପରାବାର ହେଉଁ ପାରି
କି କରିବି ମୁହିଁ ନ ଗଲା ଏହି ଚିନ୍ତା ସାଙ୍ଗସଖୀଙ୍କି ପଚାରି ।୬।
ଏକେତ ନଗର ଦୂର ଦୂଜେ ସେ ନାଗରବର
ଯୁବାମଣି ଅବା ବିଜେ ନ କରିବେ ସରିଲା ସଂସାର ମୋର ।୭।
ମୁଁ ଯେ ରାଜସୁତା ହୋଇ ଦୁର୍ଲଭେ ମନ ବଳାଇ
ଆକାଶ ପ୍ରକାଶ ଚନ୍ଦ୍ର ଧରିବାକୁ ନିଃଶ୍ରେଣୀ କାହିଁ ଖୋଜଇ ।୮।
ଏମନ୍ତ ବିଚାର ବେଳେ କାମକଳା ଆସି ମିଳେ
ବୋଲେ ଦୀର୍ଘ ନେତ୍ରୀ ଏ ଯାତ୍ରା ଭିଆଣ ତୋର ବିଭାହେବା ଛଳେ ।୯।

ଶବ୍ଦାର୍ଥ- (୧) ବାଳବାମା ତନୁ-ରଜସ୍ୱଳା ପୂର୍ବ ଅବସ୍ଥା, ଆଶ୍ଳେଷ-ଆଲିଙ୍ଗନ, (୨) କୁଜଝଟି-କୁହୁଡ଼ି, ରେଣୁ-ବାଲି, ସୂକ୍ଷ୍ମାଂଶ, ସ୍ତବକ-ପେଣ୍ଡା, (୩) ଚଞ୍ଚରୀକ-ଭ୍ରମର, (୮) ନିଃଶ୍ରେଣୀ-ନିଶୁଣି ।

ପୂରିଲା କାମନା ତୋର ବରିବୁ ମନକୁ ବର
 ଚନ୍ଦ୍ର ଆନନୀ ଜନନୀ ଡାକି ମୋତେ କହୁଥିଲେ ଏ ବିଚାର ।୧୦।
ଗଲା ପ୍ରତିବନ୍ଧ ସବୁ ଆଉ କି ଚିନ୍ତାର୍ଥୀ ହେବୁ
 ବାଳା ଗୁପ୍ତେ ମାଳା ଦେଲେ ପୁଂସବାହୁ ଗଳାକୁ ମାଳକରିବୁ ।୧୧।
ଏକାଳେ ବହିତ୍ର ବେଳା ଲଭିଲା ଆରୋହୀ ଦୋଳା
 ଯିବାକାଳେ ବ୍ରହ୍ମଚାରୀ ସହଚରୀ ହସ୍ତରେ ପତ୍ରିକା ଦେଲା ।୧୨।
ଦିବ୍ୟ ମନ୍ଦିରେ ଉତୁରି ପଲ୍ୟଙ୍କେ ବସୁ ଚତୁରୀ
 ଦ୍ୱିଦନ୍ତଗମନା କରେ ସେ ଉଦନ୍ତ ଦେଲା ଯେ ହେମମଞ୍ଜରୀ ।୧୩।
ଦେଖିଲା ପଦ୍ମ ମଧ୍ୟର ଦେଖିଲା କାଳୀ ଅକ୍ଷର
 ପାରିନ୍ଦ୍ର ମଧ୍ୟା ପଚାରି ନ ପାରିଲା ନ ଆସିବା ଆସିବାର ।୧୪।
ଏ ପାଞ୍ଚ ଦେଲା ପକାଇ କାତର ଅନ୍ତର ହୋଇ
 ବହୁତ ଦିନ ନଳିନ ହୋଇଥିଲେ ମଳିନତା ଥାନ୍ତା ପାଇ ।୧୫।
ଅବନୀ ଶିରୀ ସୁନ୍ଦରୀ ଈଶ୍ୱରୀ ନବ କିଶୋରୀ
 ଲୀଳାବିଳାସୀ ଭୃତ୍ୟ ଚିତ୍ତଉଲ୍ଲାସୀ ନାଗରୀ ସଂସାର ଶିରୀ ।୧୬।
ଆନନ୍ଦଦାୟିନୀ କାମେ ଜ୍ଞାନହାରିଣୀ ତା ବାମେ
 କୁନ୍ଦ ସୁନ୍ଦର ରଦନାକୁ ଚଉଦ ବ୍ରହ୍ମାଣ୍ଡରେ ନାହିଁ ସମେ ।୧୭।
ତୋଷ ରାଜହଂସ ଚିତ୍ତ ରହିଥିଲେ ଯହିଁ ସତ
 ଜାଣୁ ଜାଣୁ ମଣି ମାନସରୋବରେ ବରଷାରେ ଉପଗତ ।୧୮।
ହାଟକଝଟକ ଦେହା ଇନ୍ଦୁହାସୀ ଗୁରୁସ୍ନେହା
 ଛାଡ଼ିବ ଗୁମାନ ମାନସୁଁ ମଦନ ତୁ ହୋଇଲାକ୍ଷଣି ସାହା ।୧୯।
ତାରକାଶୋଭା ବାଳାକୁ ହାର କରିବି ଗଳାକୁ
 କରିଛି ମନେ ଗୁଣବନ୍ତ ମାଳିକା ରତନ ରସକଳାକୁ ।୨୦।
ରଘୁନାଥଙ୍କୁ ଜଣାଇ ଏତେ ପଢ଼ିଦେଲା ଚାହିଁ
 ଅନ୍ତରଲିପିରେକି ମନ୍ତର ଏଥି ରସିକ ଅଛି କି ଲିହି ।୨୧।

ଶବ୍ଦାର୍ଥ- (୧୧) ପ୍ରତିବନ୍ଧ-ବାଧାବିଘ୍ନ, (୧୨) ଦୋଳା-ଯାନ, ପତ୍ରିକା-ଚିଠି, (୧୪) ପାରିନ୍ଦ୍ରମଧ୍ୟା-ସିଂହକଟୀ, (୧୫) ନଳିନ-ପଦ୍ମ, (୧୬) ଅବନୀଶିରୀ ସୁନ୍ଦରୀ-ପୃଥିବୀରେ ସୁନ୍ଦରୀ ଶ୍ରେଷ୍ଠ, (୧୭) ବାମେ-ସୁନ୍ଦର ପଣରେ, (୧୯) ଇନ୍ଦୁହାସୀ-ଚନ୍ଦ୍ରହାସୀ, (୨୧) ଜଜର-ବ୍ୟସ୍ତ, ଗୁରୁ ଚେଟିନୀ-ବିଶ୍ୱସ୍ତ ଦାସୀ।

"ଅଇଲି ଆଜ୍ଞାକୁ ତୋର ଯାହା ଇଚ୍ଛା ତାହା କର"
ପାଦୁଁ ପାଦୁଁ ବର୍ଣ୍ଣେ ବର୍ଣ୍ଣେ ଘେନି ହେଲା ଘନଜଘନା ଜର୍ଜର ।୨୨।
ସଖୀଙ୍କି ଜଣାଇ ଦେଲା ଚିଟାଉ ରଚନା କଲା।
ଚତୁରୀ ଚାରୁଚେଟିନୀ ଜଣେ ଘେନି ଶିବ ମନ୍ଦିରକୁ ଗଲା ।୨୩।
ଏକାଳେ କୁମରବର ପ୍ରବେଶ ପ୍ରାସାଦ ଦ୍ୱାର
ଯହିଁ ବିଚରଇ ମେରୁ ଏ ଉରଜ ପରା ଧରାବନିତାର ।୨୪।
ମନ୍ଦାକିନୀଧାର ହାର ଶୋଭା କରୁଛି ଅମ୍ବର
ବିଚିତ୍ର ଚିତ୍ରଚନ୍ଦ୍ରାଲେପ ଉଜ୍ଜ୍ୱଳ ଦରଶନେ ମନୋହର ।୨୫।
ତହୁଁ ଭିତରକୁ ଗଲା ହର ଦରଶନ କଲା।
ଚମ୍ପାଗୋରୀ ଅନୁକମ୍ପା କରିବାକୁ କେତେ ଚମ୍ପା ଚଢ଼ାଇଲା ।୨୬।
କୁମର ତହୁଁ ବାହାରି ଆଗେ ଅଛି ବ୍ରହ୍ମଚାରୀ
ଉମା ଦରଶନେ ବାଳାବାମା ଦେଲା କେତକୀ ପ୍ରସାଦ କରି ।୨୭।
ଘେନିଲା ହୃଦେ ଲଗାଇ ମୁଦେ ଅକ୍ଷରକୁ ଚାହିଁ
ଉଲ୍ଲସି ହୋଇ ଉଠିଲା ଲୋମ ତା'ର ଏତିକି ହୋଇଲା କହି ।୨୮।
ଶ୍ରୀକଣ୍ଠ ଅନ୍ଧକଘାତୀ ଗଙ୍ଗାଧର ମୁକ୍ତାକାନ୍ତି
ଅଙ୍କର ଖଟ୍ୱାଙ୍ଗ ଲୁବ୍ଧ ଉମାରସେ ଛିଦ୍ରେ - ଶୟଭୂଷ ପ୍ରୀତି ।୨୯।
ଅଛି ପତ୍ର କରେ ଧରି ମଣ୍ଡିଲା କରି ଅମାରୀ।
ଶିଶୁ ଅଙ୍ଗନା ସେହିଠାରୁ ବାହୁଡ଼ି ପରିବେଶ ଅନ୍ତଃପୁରୀ ।୩୦।
ଲେଖି ବିଧି ଦେବା ତହିଁ ସମସ୍ତ ସଖୀଙ୍କ କହି
ପତ୍ର ପାଇବାରୁ ଯେମନ୍ତେ ବୋଇଲା ପୁଲକାଇ ଦେଇ ଦେହୀ ।୩୧।
କେ ବୋଲେ ସୁବର୍ଣ୍ଣ ଚାହିଁ ମାର ଥିବ ତନୁ ଦେହି
ସେ ତାପ ହରଣେ ହରନାମମାନ ବିଶେଷରେ ହେଲା କହି ।୩୨।
କେ ବୋଇଲା ଏଥେ ଅଛି ଶ୍ରୀଅଙ୍ଗ ମୁଁ ସଙ୍ଖୋଳୁଛି
ସମସ୍ତେ ଘେନିଲେ ଏହି ଭାଷା ତାର ରସାନୁଭବୀ ହୋଇଛି ।୩୩।

ଶବ୍ଦାର୍ଥ- (୨୪) ଉରଜ- ସ୍ତନ, ଧରା ବନିତା-ପୃଥିବୀ ମହିଳା, (୨୫) ମନ୍ଦାକିନୀ-ଗଙ୍ଗା, ଅମ୍ବର-ଆକାଶ, ବସ୍ତ୍ର, (୨୯) ଶ୍ରୀକଣ୍ଠ-ଶିବ, ଖଟ୍ୱାଙ୍ଗ-ଧ୍ୟାନ ବେଳେ ବ୍ୟବହୃତ କାଷ୍ଠ ଦଣ୍ଡ, ଲୁବ୍ଧ-ଲୋଭୀ, ଶଶାଙ୍କ-ମହାଦେବ, (୩୦) ଅମାରୀ-ହାତୀ ପିଠି ଉପରେ ଥିବା ଆସନ, ଶିଶୁଅଙ୍ଗନା-ଦାସୀ, (୩୧) ପୁଲକାଇ-ଆନନ୍ଦ କରାଇ, ମାର-କନ୍ଦପ।

ଭାଗ୍ୟେ ଆମ୍ଭ କୋମଳାଙ୍ଗୀ ହୋଇଛି ତା ପ୍ରାଣସଂଗୀ
କୋପ କଲାବେଳେ କୋପନା ନାମରେ କହୁଥିବ ଦେଇ ଭଙ୍ଗୀ ।୩୪।
ଏମନ୍ତେ ନୃପ ନନ୍ଦନ ପ୍ରବେଶ କେଶର ବନ
ମଣ୍ଡନ କରି ମଣ୍ଡପ ଘେନେ ବାଳା ପତ୍ର ପଢ଼ି ପୁନଃ ପୁନଃ ।୩୫।
ହେ ପ୍ରଭୋ ଆମ୍ଭ ସଜନୀ ସୁନ୍ଦର ରାକା ରଜନୀ
ଏ ପୁର ଆକାଶ ପ୍ରକାଶ ଲଭିଲା ତୁମ୍ଭେ ଚନ୍ଦ୍ରହେବା ଘେନି ।୩୬।
ହୃଦକୁମୁଦ ଏହାର ଆଗୁଁ ତ ଉତ୍‌ଫୁଲକର
ଏ ନିଶା ଲୋଚନ ଚକୋର ତୃଷାକୁ ବିଳମ୍ବ ନ କରି ହର ।୩୭।
ବିଧାତା ବିଧାନ ଏହି ଶ୍ୟାମା ଭାବନା କରଇ
ସଙ୍ଗେ ସଙ୍ଗେ ତୁମ୍ଭେ ନଗରଚରମ ନଗକୁ ମଣ୍ଡିବ ଯାଇ ।୩୮।
ପଢ଼ି ଜର ଜର ହୋଇ ବୋଇଲା ମିତ୍ରଙ୍କୁ ଚାହିଁ
କେମନ୍ତ ସନ୍ଦର୍ଭ ରସଗର୍ଭଭାଷ ବଳାମଣିଠାରେ ଥାଇ ।୩୯।
ଚତୁରୀଗୁଣରେ ଦେଖ ସଖୀଏ ସୁନ୍ଦରୀ ଯୋଖ
ଏଥି ଭୃଙ୍ଗ ସଙ୍ଗ ଦୁର୍ଲଭ ବୋଲିଟି ଲେଖିଲେ କେତକୀ ଲେଖ ।୪୦।
ସଖା କହେ ଶଙ୍କା ଏତେ କରନ୍ତି ତାତ ସମ୍ମତେ
ଶୁକ ପକ୍ଷରୁ ସାକ୍ଷାତ ହୋଇବାକୁ କେଉଁ ସ୍ଥାନରେ କେମନ୍ତେ ।୪୧।
ବାମେ ବାମାବର ସ୍ଥିତି ଦକ୍ଷିଣେ ଲକ୍ଷ୍ମଣ ଯତି
ମଧ୍ୟେ ବିଜେ ଯେଉଁ ଶ୍ୟାମଳ ସୁନ୍ଦର ତାଙ୍କୁ ଉପଇନ୍ଦ୍ର ଚିନ୍ତି ।୪୨।

■

ଶବ୍ଦାର୍ଥ- (୩୪) କୋପନା-ସ୍ତ୍ରୀ, ରାଗନା, (୩୬) ରାକା-ପୂର୍ଣ୍ଣିମା, (୩୭) ହୃଦ କୁମୁଦ-ହୃଦ ରୂପକ କଇଁ, ଉତ୍‌ଫୁଲକର-ଆନନ୍ଦବର୍ଦ୍ଧକ, ନିଶା-ରାତ୍ର, ହର-ଦୂର କର, (୩୮) ଶ୍ୟାମା-ସୁନ୍ଦରୀ, ନଗର ଚରମ-ନଗର ଶେଷ, ନଗ-ପର୍ବତ, (୩୯) ସନ୍ଦର୍ଭ-ଉଚ୍ଚକୋଟୀର ଲେଖା, (୪୦) ଭୃଙ୍ଗ-ଭ୍ରମର, ରସିକ, (୪୧) ତାତ-ପିତା।

ଷଡ଼୍‌ବିଂଶ ଛାନ୍ଦ

ଚନ୍ଦ୍ରଭାନୁର ନାରୀବେଶ ଧାରଣ ପୂର୍ବକ ମନ୍ଦିରେ ପ୍ରବେଶ

(ରାଗ- ଚିନ୍ତା ଦେଶାକ୍ଷ)

ମୋଧାବିନୀ ପୁଣି ଗତି ଅନ୍ତଃପୁରୀକି । ଭେଟିଲା ରାଜକୁମାରୀ ସୁକୁମାରୀକି ।୧।
ପଚାରିଲା ପ୍ରିୟ ସହଚରୀ କି ତହିଁ । ସାକ୍ଷାତ ଦର୍ଶନ ହେବ କେମନ୍ତେ ହୋଇ ।୨।
ବିଚାରି ମନ୍ତ୍ରୀନନ୍ଦନା କଲା ଉତ୍ତର । ନାରୀବେଶ ଧରିବେ ମଦନ ସୁନ୍ଦର ।୩।
ନାରୀବେଶ ବୋଲି ଏତେମାତ୍ର କରିବେ । ତଳକୁ ସେ କୋମଳ ବାଳକୁ ବାନ୍ଧିବେ ।୪।
ନୀଳନିଚୋଳ ଓଢ଼ଣି ଥିବେ ସର୍ବାଙ୍ଗେ । ଚଳିବେ ବାମାଚରଣ ଚଳିଲେ ଆଗେ ।୫।
ମଞ୍ଜୁ ମଞ୍ଜିରେ ଖଞ୍ଜିବେ ସୁରଙ୍ଗ ପାଦେ । ଦ୍ୱାସ୍ଥେହେବ ନାରୀଭ୍ରମ ଏତେକ ଉଦେ ।୬।
ଚତୁରାବନ୍ଧୁ କାମିନୀବୃନ୍ଦରେ ମିଶି । ହେଜିଥିବେ ଯିବାବେଳକୁ ପଶି ।୭।
ଜେମା ଦରଶନବେଳେ ରାମା ମାତର । ପୂରିଥିବେ ସିନା ସେ ପ୍ରାସାଦ ଭିତର ।୮।
ସ୍ୱରୂପେ ଆମ୍ଭଙ୍କୁ ଦେଖାଦେଇ ତାରିବେ । ଆସିବା ବେଳକୁ ଏହି ବିଧି କରିବେ ।୯।
କୀର ଭାଷେ ଯାହାବୋଲେ ଜୀବନଦେବ । ନାରୀବେଶେ କିମ୍ପା ଅଙ୍ଗୀକାର ନୋହିବ ।୧୦।
ତରୁଣୀମଣି ତରୁଣୀ ନୋହିବ ତେବେ । ପୁରୁଷ ହୋଇ ଶୁଝିବ ଭାବେ ସ୍ୱଭାବେ ।୧୧।
ବୀଣାଭାଷୀ କିଣା ସିନା ତରୁଣବର । ତାହା ଉଣା ଅଧିକେ କରୁଣା ଏହାର ।୧୨।
ରାମନାମ କବଚରେ କବଚି ଦେହୀ । ଫୁଲବାଣ ବାଣଗଣ ସେ ପୁଣ ସହି ।୧୩।
ବାତ୍ସାୟନ ଋଷି ଅନୁଷ୍ଟୁପ ଛନ୍ଦରେ । ରତି ବୀଜ ମହାଦେବ ଦେବତା କରେ ।୧୪।
ବୋଲେ ମୁଖରଖ ଚନ୍ଦ୍ରଜିତ ବଦନା । ତରଙ୍ଗନେତ୍ରୀ ମୋ ନେତ୍ର ସମ୍ପତ୍ତି ସିନା ।୧୫।
କୋକିଳବଚନୁ ପଦେ ଶ୍ରବଣ ଛୁଇଁ । ଅଧର ଧରିଅରୁଣଧରୀ ବୋଲଇ ।୧୬।
କମ୍ବୁକଣ୍ଠୀ ମୋର କଣ୍ଠମାଳାର ବତ । ବୋଲି କଣ୍ଠ ଛୁଇଁଦେଇ ଭାବ କେମନ୍ତ ।୧୭।
ନାସିକାକୁବୋଲେ ଅତି ତୋଷିବା ତୋର । ରସରାଜ ପୁରବାସୀ ରସିକାବାର ।୧୮।

ଶବ୍ଦାର୍ଥ- (୧) ମେଧାବିନୀ-ବୁଦ୍ଧିମତା, (୫) ନୀଳ ନିଚୋଳ-ନୀଳବର୍ଣ୍ଣ ଲୁଗା, (୬) ମଞ୍ଜୁ ମଞ୍ଜୀର-ସୁନ୍ଦର ପାଦଭୂଷଣ, ଦ୍ୱାସ୍ଥ-ଦୁଆରୀ, (୧୦) କୀର-ଶୁଆ, (୧୭) କମ୍ବୁ-ଶଙ୍ଖ ।

ହୃଦୟରେ କର ଭୂଷା ଉଦୟ କରି । ନୀରଜକଢ଼ି ଉରଜ ରକ୍ଷା ତୋହରି ।୧୯।
ମଧ୍ୟେ ସିଂହମଧ୍ୟମା ରମ୍ଭୋରୁ ଉରୁରେ । ଭୁଜେ ବିସଭୁଜ ଧନୁଭ୍ରୂରୁ ଭ୍ରୂରେ ।୨୦।
ଉଦରେ କୃଶୋଦରୀ ପଦ କହଇ । ପକ୍ଷୀ ଜନ୍ତୁ ସିନା କେତେ କହିବି ମୁହିଁ ।୨୧।
ମନ୍ତ୍ରୀଜା ବୋଇଲେ ସେ ପୁରୁଷ ଭ୍ରମର । ଅଧିକ ହେଲା ଏମନ୍ତ ହେବା ତାଙ୍କର ।୨୨।
ପଲ୍ଲବ ବିକାଶ ଏହା ଭ୍ରମର ପାଇଁ । ଆମ୍ଭ ସଖୀ ବେଦନା କି ହୋଇବ କହି ।୨୩।
ବୋଲଇ ନୁହଇ ଆନ ବିହିଛି ବିହି । ମଙ୍ଗଳ ଗ୍ରହ ସର୍ବଦା ଶୁଭଦ ନୋହି ।୨୫।
ତପସ୍ୟା କି କେବେ ହୋଇଅଛି ବିଫଳ । ଉପଚାର ସୁବାହୁ ସନାଳ କମଳ ।୨୬।
ସବୁ ଉପଚାର ଏହି ପ୍ରକାରେ ବ୍ୟର୍ଥ । ଏ ତାପ ନାଶନେ ଏକା ବୀର ସମର୍ଥ ।୨୭।
ଆଜ ରଜନୀରେ କରାଇବୁଁ ସାକ୍ଷାତ । ଏତେବେଳଯାଏ ଥିଲା ଆମ୍ଭ ଆୟତ୍ତ ।୨୮।
ଏଣିକି ଏଣୀନୟନା କରମେ ଯାହା । ଧାତା ଲେଖିଥିବ ଭୋଗ କରିବ ତାହା ।୨୯।
ଶୁକ ବୋଇଲା ସୁକର୍ମବନ୍ତ ଏ ବେନି । ଦେଖ ତାତ ସନମତ ହେବ ଏ ଘେନି ।୩୦।
ଏତେ କହି ଫଳାଶନ ମେଲାଣି ହେଲା । କୁମାର ଛାମୁରେ ଯାଇଁ ସବୁ କହିଲା ।୩୧।
ସିଂହଳେଶ୍ୱର ମନ୍ତ୍ରୀକି ପ୍ରେଷିତ କଲେ । ସେ ଆସି ଯୁବା ନରେଶ ଘେନିଣ ଗଲେ ।୩୨।
ରାଜା ସଙ୍ଗେ ସଙ୍ଗ ହୋଇ ସୁନ୍ଦରଈଶ । ପ୍ରାସାଦେ ଉତ୍ସବସ୍ଥାନେ ହେଲେ ପ୍ରବେଶ ।୩୩।
ନୃପତିସମୂହ ରୁଣ୍ଡୀଭୂତ ସେଠାର । ଚୋଳ କୁନ୍ତଳ କେରଳ ମହ୍ଲାର ।୩୪।
ମତ୍ସ କଚ୍ଛ ଡାହାଳ କୁଶଳ ଚୋଡ଼ଙ୍ଗ । ବିଦେହ ବିଦର୍ଭ ଅଙ୍ଗ ବଙ୍ଗ କଳିଙ୍ଗ ।୩୫।
ମଗଧ ନିଷେଧ ମହାରାଷ୍ଟ୍ର ଶ୍ରୀହଟ୍ଟ । ରାଜୁରାଡି ନିହୁତି ମାଳବ ସୌରାଷ୍ଟ୍ର ।୩୬।
କମ୍ବୋଜ ଲାହୁର ଚେଦି ଭୋଟ ଦ୍ରାବିଡ଼ା । ମରୁ ନେପାଳ ଉତ୍କଳ ଲୋମଶ ଗୌଡ଼ା ।୩୭।
ରାଜଏ ବୀରକୁ ଦେଖି କଲେ ପ୍ରଶଂସା । ଛାଡ଼ିଲେ ଲାବଣ୍ୟବତୀ ଲଭିବା ଆଶା ।୩୮।
ଯେମନ୍ତ ଉତ୍ସବ ହୋଇଅଛି ସେ ସ୍ଥାନ । ନାହିଁ ନଥିବ ନୋହିବ ଏ ଅନୁମାନ ।୩୯।
ତମୋନୁଦ ପ୍ରଦୀପର ଗଣନା ନାହିଁ । ଚନ୍ଦ୍ର ଉଦିଆ ପ୍ରକାଶ ବିଶେଷ ତହିଁ ।୪୦।
ସେହି ଆଲୋକରେ ଅବା ତାମସୀ ନିଶି । ଚାନ୍ଦନୀ ରାତିକି ସବୁ ପ୍ରକାରେ ହସି ।୪୧।

ଶବ୍ଦାର୍ଥ- (୧୯) ନୀରଜ କଢ଼ି-ପଦ୍ମକଢ଼ି, ଉରଜ-ସ୍ତନ, (୨୦) ରମ୍ଭୋରୁ-କଦଳୀଗଛ ପରି, ଉରୁ-ଜଙ୍ଘ, ବିସଭୁଜ-ପଦ୍ମନାଡ଼ ପରି ବାହୁ, ଧନୁଭ୍ରୂରୁ-ଧନୁ ପରି ଆଖିପତା, (୨୧) ଉଦର-ପେଟ, କୃଶଉଦରୀ-କ୍ଷୀଣୋଦରୀ, ମନ୍ତ୍ରୀଜା-ମନ୍ତ୍ରୀ କନ୍ୟା, (୨୪) ପଲ୍ଲବ-କୋମଳ ପତ୍ର, ସନାଳ କମଳ-ନାଡ଼ ସହ ପଦ୍ମଫୁଲ, (୨୯) ଏଣୀ-ହରିଣୀ, (୩୧) ଫଳାଶନ-ଶୁକପକ୍ଷୀ, (୪୦) ତମୋନୁଦ-ଅନ୍ଧାର ଦୂର କରିବା, ପ୍ରଦୀପ-ଆଲୋକ, (୪୧) ତାମସୀ-ଅନ୍ଧାର ।

ବାଣଗଣ କିରଣରେ ଶୋଭିତ ତାରା । ବିଧୁକୁ ଖୋଜନ୍ତି ଯୁଦ୍ଧ କରିବେ ପରା ।୪୨।
ମୁଖର ମୁଖରବରେ ଭାଷେ ସାଗର । କେଉଁ ସିନ୍ଧୁ କଲା କି ପ୍ରଳୟ ସଂହାର ।୪୩।
ତୂରନାଦେ ଲଙ୍କା ପୁରବାସୀ ଆତୁର । ଚିତ୍ତେ କରି ହନୁମନ୍ତ ରଡ଼ି ପ୍ରକାର ।୪୪।
ରାଜସୂୟ ଯାଗ ପରି ସେଠାର । ଜନଗହଳରେ ହୋଇଅଛି ସୁନ୍ଦର ।୪୫।
ନଟ କରେ ନାଟ ନଟ ହଟ କରାଇ । ରାଟଠାରୁ ପାଟଶାଟୀ ବରାଟ ପାଇଁ ।୪୬।
ଭାଟ କବିତ୍ୱ ପଟଳେ କହନ୍ତି କୀର୍ତ୍ତି । ସାଧୁ ବିଧୁଶେଖରଙ୍କୁ କରନ୍ତି ସ୍ତୁତି ।୪୭।
ଥୋଣ୍ଟେ ଖଣ୍ଟ ପରକଟ ନିକଟ ହୋଇ । କଳକଣ୍ଠି କଣ୍ଠ କରେ ନିଏ ଛିଣ୍ଡାଇ ।୪୮।
ନଟ ବିଟପୀଙ୍କ ନେତ୍ରାନ୍ତରେ ଠାରନ୍ତି । ଗଣିକାକୁ ଧନିଏ ସୁବର୍ଣ୍ଣ ଦେଖାନ୍ତି ।୪୯।
ଦୁଷ୍ଟନଷ୍ଟ ବ୍ୟୂହ କଳହରେ ଉନ୍ମତ୍ତ । କୁଳଟା ହଟ ବିଷାଦ କରେ ଉଦିତ ।୫୦।
ପାଟରାପଟଳ ନାନାବାଟେ ଭ୍ରମନ୍ତି । ପାଟ କୁହାଟରେ କ୍ରୟ ବିକ୍ରେ କରନ୍ତି ।୫୧।
କାନ୍ତକଟୀବାସ ଧଟୀ ଦୃଢ଼ରେ ଧରି । ଖର୍ବଟକ ନାରୀଚୟ ବିହାର କରି ।୫୨।
କଟକ ନାରୀ ଛଟକ କହି ନୁହଇ । ହାସଝଟକେ ନିଅନ୍ତି ମନକୁ ମୋହି ।୫୩।
ଯଜମାନ ଦ୍ୱିଜମାନେ ଘେନି ଗମନ୍ତି । ହର ଦରଶନରେ ଉଚ୍ଛନ୍ନ ହଅନ୍ତି ।୫୪।
ଯୁବା ପୁରୁଷ ସୁନ୍ଦରୀ ଯୁବତୀ ଚହିଁ । ପଛେ ଗୋଡ଼ାଇ ମଦନେ ହୁଅନ୍ତି ମୋହି ।୫୫।
କେ କାହାକୁ ନିଷେଧ ସେ ନୋହେ ବିହିତ । ହର ଦରଶନେ ଆସି କର ଦୁରିତ ।୫୬।
ଯେ ଯାହାକୁ କାଳାନ୍ତରେ ଦେଖିନଥିଲେ । ସେହି ସମୟରେ ଚତୁରାକ୍ଷ ହୋଇଲେ ।୫୭।
ବସନ ଭୂଷଣ ଯେ ଯାହାର ସଞ୍ଚିତ । ସେ ଦିନ ହୋଇ ଅଛନ୍ତି ସର୍ବ ଭୂଷିତ ।୫୮।
ହାଟର ଝଟକ କହିବାର ନୁହଇ । ଜନନୀ ଜନକ ଛାଡ଼ି ସବୁ ମିଳଇ ।୫୯।
ଉରଜ କୁମ୍ଭକାରକ ତରୁଣୀ ବିବେକୀ । ଲୁଚାଇ ଉରଜ କୁମ୍ଭ ସଂପୁଟି ବିକି ।୬୦।
ଚନ୍ଦ୍ରଚାମରୀ ସିନ୍ଦୂର ବିକନ୍ତି ଯହିଁ । ନାଗର ପୁରୁଷେ ତାକୁ ଭଙ୍ଗୀରେ କହି ।୬୧।
ହାସ କେଶ ଅଧରେ ଦେଖାଇ ଅଙ୍ଗୁଳି । ଏହାଛଡ଼ା ଏହା ବିକି କିପାଇଁ ବାଳି ।୬୨।

ଶବ୍ଦାର୍ଥ- (୪୨) ବିଧୁ-ଚନ୍ଦ୍ର, (୪୩) ମୁଖର-ମୁଖରୁ, ମୁଖରବରେ-କୋଳାହଳ, ସିନ୍ଧୁ-ସମୁଦ୍ର, ନଦୀ, (୪୪) ତୂରନାଦେ-ତୂର ବାଦ୍ୟଶବ୍ଦ, (୪୬) ରାଟ-ରାଜା, ପାଟଶାଟୀ-ପାଟଶାଢ଼ି, ବରାଟ-କଉଡ଼ି, (୪୭) ଭାଟ-ସ୍ତବକ, ପଟଳେ-ମାଧ୍ୟମରେ, ବିଧୁଶେଖର-ମହାଦେବ, (୪୮) ଥୋଣ୍ଟେ-ଗୁପ୍ତରେ, ପରକଟ-ପ୍ରକଟ(ପ୍ରକାଶ), (୪୯) ବିଟପୀ-ବେଶ୍ୟା, ନେତ୍ରାନ୍ତରେ-ଚକ୍ଷୁ କୋଣରେ, ଗଣିକା-ବେଶ୍ୟା, (୫୦) କୁଳଟା-ଅସତୀ, (୫୨) କାନ୍ତକଟିବାସଧଡ଼ି-ପୁରୁଷର କଟୀ ଲୁଗା ଧଡ଼ି, କଟକନାରୀ-ସହରନାରୀ, ଖର୍ବଟକ-ପଲ୍ଲୀନାରୀ, (୫୬) କାଳାନ୍ତରେ-ସମସ୍ତ ଅନ୍ତରରେ, ଚତୁରାକ୍ଷ-ଚାରିଆଖିର ମିଳନ, (୬୦) ଉରଜ-ସ୍ତନ, ସମ୍ପୁଟ-ଫରୁଆ, ଚନ୍ଦ୍ର-କର୍ପୂର, ଚାମରୀ-ଚଉଁରୀ।

ଗୁଡ଼କାର ବାଳୀଙ୍କ ପସରା ସନ୍ନିଧେ । ଶିତାରୁ ସ୍ୱାଦୁ ଅଛିକି ପୁଚ୍ଛନ୍ତି ବୁଧେ ।୬୩।
ସେ ବୋଲନ୍ତି ଅଛି ଏ ପ୍ରବାଳ ମଧ୍ୟରେ । ତେମନ୍ତ ସ୍ୱାଦୁ ପଦାର୍ଥ ନାହିଁ ବିଧୁରେ ।୬୪।
ବର୍ଣ୍ଣିଲେ ତ ସରିବାର ପ୍ରସଙ୍ଗ ନୋହି । ଚରିତ୍ରମାତ୍ରକ କିଛି ବୋଲାଇଁ କହି ।୬୫।
କୁମାରୀ ଦର୍ଶନକୁ ଉଚ୍ଛନ୍ନ କୁମର । ମନକୁ ମନ୍ଥନ ତାର କରଇ ମାର ।୬୬।
କେଶରବନକୁ ସେ ଗମନ ତ୍ୱରିତ । ସିଂହଳେଶ ପାଶେ ମନ୍ତ୍ରୀସୁତ ପ୍ରେଷିତ ।୬୭।
ସେ ଯାଇଁ କହିଲା ରାଜ୍ୟ କର୍ଣ୍ଣାଟପୁରେ । ଅନ୍ତଃପୁରନାରୀଛନ୍ତି ବୀର ସଙ୍ଗରେ ।୬୮।
ସେ ଦରଶନ କରିବେ ଶୁଣି ନୃପତି । ପରୀକ୍ଷା ହକାରୀ ଆଜ୍ଞା ଦେଲେ ତଡ଼ତି ।୬୯।
ଯେତେବେଳେ ଅବରୋଧ ଦର୍ଶନହେବ । ଏହାଙ୍କ ଅନ୍ତଃପୁରସ୍ଥଗଣ ଛାଡ଼ିବ ।୭୦।
ବୀର ପାଶେ ଆଗମନ ସଚିବ ସୁତ । କହିଲା ନୃପତି ସୀଉକାର ଉଦନ୍ତ ।୭୧।
ମାଳିକ କାମିନୀଗଣ ସଙ୍ଗ ବିଚରି । ରତ୍ନମୟ ହାନ୍ଦୋଳା ଆରୋହଣ କରି ।୭୨।
ପ୍ରବେଶ ହେଲେ ଦେଉଳ ପଶ୍ଚିମଦ୍ୱାରେ । ବେତ୍ରକ ନିଷେଧ କରିଦେଲେ ସତ୍ୱରେ ।୭୩।
ସେ ଚରିମିତ୍ର ପ୍ରାକାର ଅନ୍ତରେ ରହି । ରାଜଜେମା ବିଜୟପଥକୁ ଅନାଇଁ ।୭୪।
ଏକାଳେ ନୃପ ଆଜ୍ଞାରେ କୁମାରୀ ବିଜେ । ପୁରଦ୍ୱାରେ ନାନାବିଧ ବାଦ୍ୟ ହିଁ ବାଜେ ।୭୫।
ସୁଖାସନ ବେଢ଼ି ପରିଚାରୀ ନିକର । ଚଳାନ୍ତି ମୟୂର ପୁଚ୍ଛ ଖଦି ଚାମର ।୭୬।
ଚନ୍ଦ୍ରସୂର୍ଯ୍ୟ ତାରାସୁତ ଉହାଡ଼ି କଲା । ନୀଳଗିରି ଦରୀରୁ କି ବିଜେ କମଳା ।୭୭।
ଯେତେ ନିକଟେ ବାଜଇ ବାଦ୍ର ନିସ୍ୱନ । ତେତେ ସଜାଡ଼ି ବିନ୍ଧୁଛି ଶର ମଦନ ।୭୮।
ତେତିକି ମନ ଆନନ୍ଦ ବୃଦ୍ଧି ହେଉଛି । ଉଚ୍ଛନ୍ନ ସରିତ ଉତ୍କଟକୁ ପାଉଛି ।୭୯।
ପୟେକାର ମୁଦୁସୁଲୀ କଞ୍ଚୁକୀ ନିକର । ଆଡ଼ହୋ ଆଡ଼ହୋ ଡାକେ କରି କାତର ।୮୦।
ମଣିମା ଡାକ ଅଣିମା ସୁଖଦାୟିନ । ପ୍ରବେଶ ପଶ୍ଚିମଦ୍ୱାରେ ହାନ୍ଦୋଳାମାନ ।୮୧।
ଘଣ୍ଟିନାଦେ କର୍ଣ୍ଣଟେକେ ଯେମନ୍ତେ ମୃଗ । ତପ୍ପରା ବୃଦ୍ଧି ନୃପତିସୁତ ଉଦ୍‌ବେଗ ।୮୨।

ଶବ୍ଦାର୍ଥ- (୬୩) ଗୁଡ଼କାରବାଳୀ-ଗୁଡ଼ିଆଣୀ, ଶିତା-ସାକର, ନବାତ, ବୁଧ-ପଣ୍ଡିତ, ପ୍ରବାଳ-ପୋହଳା, (୬୯) ପରୀକ୍ଷା-ପରିଚ୍ଛା, (୭୧) ସୀଉକାର-ସ୍ୱୀକାର, ଉଦନ୍ତ-ଖବର, (୭୨) ମାଳିକ-ମାଳି, ହାନ୍ଦୋଳା-ସବାରି, (୭୩) ବେତ୍ରକ-ଦ୍ୱାରପାଳ, (୭୪) ପ୍ରାକାର-ପାଚେରି, (୭୭) ଉହାଡ଼ି-ଘୋଡ଼େଇ ହୋଇ, ନିକର-ସମୂହ, (୭୭) ନୀଳଗିରିଦରୀ-ନୀଳସୁନ୍ଦର ପର୍ବତ ଗୁହା, (୭୮) ନିସ୍ୱନ-ଶବ୍ଦ, ବାଦ୍ର-ବାଦ୍ୟ, (୭୯) ସରିତ-ନଦୀ, (୮୦) ପୟେକାର-ପାଇକ, ମୁଦୁସୁଲୀ-ଦାସୀ, କଞ୍ଚୁକୀ-ଅନ୍ତଃପୁର ରକ୍ଷକ, (୮୧) ଅଣିମା-ଆଠପ୍ରକାର ଧନଭଣ୍ଡାର ମଧ୍ୟରୁ ଅନ୍ୟତମ, (୮୨) ତପ୍ପରା-ସେହିପରି ।

ମନରେ ଭାବନା କରି ଧନ୍ୟ ଏ ନିଶି । ଯେଣୁ ଏ କଳାପ୍ରବୀଣା ମୋ ମନ ତୋଷି ।୮୩।
ଚତୁରଦଶୀର ନିଶି ହୋଇ ତରୁଣୀ । ଦୂତି ହୋଇ ଭେଟାଉଛି ନବ ତରୁଣୀ ।୮୪।
ବିରହୀବତ୍ସଳା ସବୁକାଳେ ଦରଶ । ତାଙ୍କୁ ଚନ୍ଦ୍ରତାପେ ବୋଲି କରେ ବିନାଶ ।୮୫।
ପୂର୍ଣ୍ଣ ପକ୍ଷଦିନ ବୋଲି ଏ ପୂର୍ଣ୍ଣପକ୍ଷ । ମୋତେ କଳା ଦେଖି ଅତି ଦୀନ ଅରକ୍ଷ ।୮୬।
ରାମଜାଣେ ଯେତେସୁଖ ଜାତ ଏକାଳେ । ସୀତା ମାଳ ଘେନି ବର ଆସିବା ବେଳେ ।୮୭।
ଉପଇନ୍ଦ୍ର ବୀରବର ତାଙ୍କ କୋୟର । ଏଣୁ ହେଲା କିଛି ବର୍ଣ୍ଣିବାକୁ ଗୋଚର ।୮୮।

■

ଶବ୍ଦାର୍ଥ- (୮୩) କଳାପ୍ରବୀଣା-ପଣ୍ଡିତା, (୮୪) ଚତୁରଦଶୀ-ଚତୁର୍ଦ୍ଦଶୀ, (୮୫) ବିରହୀ ବତ୍ସଳ-ବିରହରେ ଉତ୍ସବ, (୮୬) ପୂର୍ଣ୍ଣପକ୍ଷଦିନେ- ପନ୍ଦର ଦିନରେ (୮୮) କୋୟର-ଠକର ।

ସପ୍ତବିଂଶ ଛାନ୍ଦ

ଲାବଣ୍ୟବତୀ ଓ ଚନ୍ଦ୍ରଭାନୁର ମନ୍ଦିରରେ ସାକ୍ଷାତ

(ରାଗ-ବସନ୍ତବରାଡ଼ି)

ବିରଞ୍ଚି ରଚିଛି ଏ ସଂସାର ସାର ସୁନ୍ଦରୀଯାକ ଏକକରି।
ଶ୍ରୀଧାମ ମୁଖ ସ୍ୱଭାବେ ରାଗଲତା ସୁକାନ୍ତିରେ କରି ଗଉରୀ।
ସର୍ବଦା-ସୁଭଦ୍ରା ସେ ଯେ ମନ୍ଦୋଦରୀ।
ରମ୍ଭାଉରୁ ସୀତା ମଧୁରବଚନା ତାରାତନୁ କରେ ମାଧୁରୀ।୧।
ପଲ୍ୟଙ୍କ ଅଙ୍କରୁ ଉତୁରୀ ଝଲକି ଏମନ୍ତ ଚତୁରୀ ରତନ।
ଋଷି ବସିବେ ସଂସାର କରିବାକୁ ଯୋଗେ ହେଲେ ନେତ୍ର ପତନ
ଭାଳିବେ। ଏ ଚତୁରୀ କାମକତୁରି
ନାଗରୀ ନାମରିପୁମଧ୍ୟା ମଞ୍ଜୁଳ ନଗରୀ ସୁରସ ସାଗରୀ ।୨।
ଅବନୀବନିତା ମଘବାପଦକୁ ପଦକୁ ଚଳିବାରେ ଦେଇ।
କିଙ୍କଣୀ କିଣିକିଣି କି ଅଣିମାଦି ସୁଖଶ୍ରୁତିକି ଦେବା ପାଇଁ।
ଡାକିଲେ । ହଂସକେ ହଂସ କେ ସମାନ
କର ଏ ଗତିକି ସମର ଦ୍ୱିରଦ ମଦ କରଇ ଯେ ମର୍ଦ୍ଦନ ।୩।
ଅତନୁ ସ୍ୟନ୍ଦନ ଚନ୍ଦନ ଶୀତଳ ତନୁକୁ ରଞ୍ଜାଇ।
ପହଣ୍ଡ ମଣାଇ ସଙ୍ଗୀତ ପ୍ରବୀଣା ସଙ୍ଗିନୀଏ ବୀଣା ବଜାଇ।
କୁମାର। ଥିବା ସ୍ଥାନକୁ ଅନୁସରି।
ଶୋଭାଙ୍ଗୀକି ପାନ ଭାଙ୍ଗି ଦେଇ ମନ ତୋଷୁଅଛି ମନ୍ତ୍ରୀକୁମାରୀ ।୪।

ଶବ୍ଦାର୍ଥ- (୧)ବିରଞ୍ଚି-ବିଧାତା, ବ୍ରହ୍ମା, ଶ୍ରୀଧାମ-ଲକ୍ଷ୍ମୀ ନାରାୟଣଙ୍କ ନିବାସସ୍ଥଳ, ରାଗଲତା-ସ୍ନେହଲତା, (୨) କାମକତୁର-କନ୍ଦର୍ପକୁ କାଟିବା କତୁର, ନାଗରିପୁ ମଧ୍ୟା-(ନାଗ ଅର୍ଥ ହାତୀ, ହାତୀର ଶତ୍ରୁ ସିଂହ) ସିଂହକଟୀ, ମଂଜୁଳ-ସୁନ୍ଦର (୩) ଅବନୀ ବନିତା-ମର୍ତ୍ତ୍ୟ କନ୍ୟା, ମଘବା ପଦ-ଇନ୍ଦ୍ର, ଅଣିମାଦି-ଅଷ୍ଟ ଐଶ୍ୱର୍ଯ୍ୟ ଭଣ୍ଡାର, ହଂସ-ଯତି, ହଂସକ-ନୂପୁର, ଦ୍ୱିରଦ-ହାତୀ, ମଦ-ଗର୍ବ, (୪) ଅତନୁ ସ୍ୟନ୍ଦନ-କନ୍ଦର୍ପ ରଥ।

ଅମରମୋହିନୀ ଭ୍ରମର କେଶିନୀ ମେଘମାଳ ଚଳେ ଚମର।
ବିମ୍ବବିଡ଼ମ୍ବ ଡାଳିମ୍ବପୁଷ୍ପାଧାରୀ ଧରିଛି ଧାତ୍ରୀ ପୁତ୍ରୀ କର।
ଆଗରେ। ପରିଚରିକାଏ ମଞ୍ଜୁଳ।
ଦିହୁଡ଼ି ଜ୍ୟୋତିରେ ଘଉଡ଼ି ନେଉ ସେ ଅଛନ୍ତି ଅନ୍ଧାରପଟଳ ।୫।
ସୁରସିକ ରସନିଧିର ସନ୍ନିଧି ଏ ବିଧିରେ ହେଉଁ ପ୍ରବେଶ।
ମହା ଅନୁଭୂତ ଶୋଭା ସେ ଦେଖିଲା ସମ୍ଭୂତ ଉପମା ଅଶେଷ।
ମଧୁର। ହାତ ବିରାଜିତ ଅଧରେ
କି ରତିଜିତ କୀରତି ଉଦେ ବାଳା କରୁଛି ଅରୁଣ ମଧରେ ।୬।
ତାଟଙ୍କ ହୀରା ଝଟକ ଦୀପ ପରା ଲପନ ଶୋଭାକୁ ଦେଖାଇ।
ଦର୍ପକଦର୍ପଣ ଦର୍ପହର ବୋଲି ଅଳକା ଅକ୍ଷରେ ଲେଖାଇ।
ରହିଲା। ସେହି କବି କି ମୋତି ହୋଇ।
ଆନନ୍ଦ ବିନାରେ ଆନ ନବୀନାରେ ଦୃଷ୍ଟିପାତ ନୋହୁ ଧିକାଇ ।୭।
ରସିକାମଣିର ସେ ନାସିକଫୁଲେ ତିଳଫୁଲେ କରେ ଧିକ୍କାର।
ବିରହ ଅନଳ ପ୍ରଜ୍ୱଳ ହେବାକୁ ଯନ୍ତ୍ର ତାଇଦେଲା ପ୍ରକାର।
କୁଟିଳ। କୁନ୍ତଳ କି ଶୋଭା ଦିଶୁଛି।
ବାଳିକା ମଲ୍ଲିକା ମାଳିକା କବରୀ ଘନ ଶର୍ବରୀକି ହସୁଛି।୮।
ଦରକଣ୍ଠିନୀର ଦରକମ୍ପା ଶିର ଝଲକା ଝଲକ ଥରଇ
ଜାନୁବର୍ତ୍ତୁଳ ତୁଳା ହୋଇ ଅବଳା କାହିଁ ନାହିଁ ନାହିଁ କରଇ।
ସୁନ୍ଦରୀ। ସୃଷ୍ଟିରେ ବାଳା ଚକ୍ରବର୍ତ୍ତୀ।
ହୋଇଛି ବୋଲି କି କର୍ଣ୍ଣ ଧରିଅଛି ସୁଜ୍ୟୋତି ମୋତିଫୁଲ ଛତି ।୯
ତାମର ବାସୀ ପ୍ରେମରସବାସୀ ପୁସ୍ତକ ପରାଯେ ଏ ଘେନି।
ଅମୂଲ୍ୟ ଗୁଣରେ ସଂଯୁକ୍ତ ହୋଇଣ ସୁମନା ସୁମନ ମୋହିନୀ।

ଶବ୍ଦାର୍ଥ- (୫) ମେଘମାଳା-ସଖୀର ନାଁ, ବିମ୍ବବିଡ଼ିମ୍ବ-ପାଚିଲା ବିମ୍ବ ଫଳକୁ ତୁଚ୍ଛ କରୁଥିବା (କଇଁଚି କାକୁଡ଼ି ତୁଲ୍ୟ), ଧାତ୍ରୀ ପୁତ୍ରୀ-ଧାଈ ମାଆର କନ୍ୟା, ପଟଳ-ସମୂହ, (୬) ସନ୍ନିଧି-ନିକଟ, ସମ୍ଭୂତ-ଜାତ, ଅଶେଷ-ଅସଂଖ୍ୟ, ହାହା ବିରାଜିତ-ହସ ଶୋଭିତ, (୭) ତାଟଙ୍କ-କର୍ଣ୍ଣ ଅଳଙ୍କାର, ଲପନ-ମୁଖ, ଦର୍ପକ ଦର୍ପଣ-କନ୍ଦର୍ପର ଦର୍ପଣ, ଅଳକା-ଚୂର୍ଣ୍ଣକୁନ୍ତଳ, ଧିଆଇ-ବିଚାରକରି, (୮) ତିଳଫୁଲ-ରାଶି ଫୁଲ, ଯନ୍ତ୍ରତାଇ-ଅଗ୍ନି ଜ୍ୱଳନ ପାଇଁ ପବନ ଦେବାଯନ୍ତ୍ର, କୁନ୍ତଳ-କେଶ, କବରୀ-ଖୋଷା, ଶର୍ବରୀ-ରାତି, କୁଟିଳ-କୁଞ୍ଚିକୁଞ୍ଚିଆ, (୯) ଦରକଣ୍ଠୀ-କମ୍ବୁକଣ୍ଠୀ, ଦର-ଶଙ୍ଖ, ଅଧା, ଜାନୁବର୍ତ୍ତୁଳ-ଗୋଲଜଙ୍ଘ।

ଲଲାଟେ। ଚିତ୍ରକ କର୍ପୂରେ କସ୍ତୁରୀ।
ମାଣିକ୍ୟ ମରକତ ସିନା ଫୁଙ୍କିଛି ସୁନାପାଟରେ କି ସୁନାରୀ ।୧୦।
କମଳଦଳେ ଢଳ ଢଳ କାଳିନ୍ଦୀ ଜଳ ପରା ଡୋଳା ଢଳୁଛି।
କଜ୍ଜଳ ସୂତ୍ରରେ ଲାଗି ନୀଳମଣି ସାରଣି କି ଅବା ଢଳୁଛି।
ଭୂଲତା। ଚପେ କରି ଶର ସନ୍ଧାନ।
ଧୈର୍ଯ୍ୟ-କୁରଙ୍ଗଙ୍କୁ ମୃଗୟା ରଙ୍ଗରେ ବାନ୍ଧି ଆସୁଛି କି ମଦନ ।୧୧।
ସେକାଳେ ବଦନ ମଦନରାଜନ ନାଟ ସଦନ ସୁରଞ୍ଜନ।
ନୂପୁର ବାଦ୍ୟନାଦେ ବାଦେ ନାଚନ୍ତି ଯୋଷା ପୋଷା ବେନି ଖଞ୍ଜନ।
କାହିଁକି। ନିରତେ କୋଣକୁ ଯାଉଛି।
ଚହିଁକି ଉତ୍ତଂସ ଅନଳ ସରାଗେ ସେହିଦିଗେ ମୀନ ଧାଉଁଛି ।୧୨।
ଏ କେଉଁ ଚରିତ ଦ୍ୱରିତ ଦ୍ୱରିତ ଦୁଇଦିଗକୁ ସେ ଯାଉଛି।
କି ଅବା ଅମୃତ କୁଣ୍ଡରେ ମଜ୍ଜାଇ ପୁରୁଷ ମନକୁ ମୋହୁଛି।
ନବୀନା। ଧଇର୍ଯ୍ୟ ବନ୍ଧୁକୁ ଭାଙ୍ଗଇ।
କଳାବତୀ କଳା କମଳ ବୃଷ୍ଟିକି ଦୃଷ୍ଟି ଯେ ପରେ କରିଯାଇ ।୧୩।
ଅତିହିଁ ବିସ୍ଫାରିତ ଲୋଲ ଲୋଚନବତୀ ମୁଖଶୋଭା ଗ୍ରାସିବ।
ବିଚରିଲା ଚରିମୁଖ ମାର ମାର ସଂସାର ରଚନା ନାଶିବ।
ଏଣୁ କି। ସୀମା ବାରଣ କରି ଗାର।
ଅଞ୍ଜନେ ଦେଇଛି ଆଉ ନ ବଢ଼ିବୁ ତେବେ କର୍ଣ୍ଣଗତ ସଂଚାର ।୧୪।
ବିଧି ବଚନ ନ ମାନିଲା ଲୋଚନ ସହଜେ ସ୍ୱଇଛା ବିହାରୀ।
ରଖୁ ନ ରଖୁ ତରୁଣ ସୃଷ୍ଟିଯାକ ଜାଣନ୍ତୁ ଆୟତ୍ତ ତାହାରି।
ଏଥିକି। ହୋଇଛି କି ନୀଳ ଲୋହିତ।
ନୀଳ ଲୋହିତ ଆଗରେ ପଡ଼ିଗଲେ ସମ୍ପାଦିତ କାମ ମହତ ।୧୫।
ଝୀନ ବସନ ଫୁଟି ଦିଶେ ପ୍ରସନ୍ନ ରୋମାଳୀ ପୟୋଧର ଦୁଇ।
ଶୃଙ୍ଗାର ରସଲତା ଊର୍ଦ୍ଧ୍ୱେ ବିଧାତା ପ୍ରେମାମୃତ ଫଳ ଫଳାଇ।

ଶବ୍ଦାର୍ଥ- (୧୦) ତାମରସବାସୀ-ପଦ୍ମନିବାସୀ, ସୁମନା-ଉତ୍ତମ ମନା, ସୁମନ-ଦେବତା, ସୁନାରୀ-ଉତ୍ତମନାରୀ, ସ୍ୱର୍ଣ୍ଣକାର। (୧୧) କାଳିନ୍ଦୀ-ଯମୁନା, କଜ୍ଜଳ ସୂତ୍ର-କଜ୍ଜଳ ଲାଞ୍ଜି, ସାରଣି-ଖେଳନା ଜାତୀୟ, କୁରଙ୍ଗ-ହରିଣ, (୧୨) ନାଟ ସଦନ-ନାଟଘର, ସୁରଞ୍ଜନ-ସୁନ୍ଦର, ବେନି ଖଞ୍ଜନ-ଦୁଇଟି କଜଳପାତି, ଉତ୍ତଂସ-କୁଣ୍ଡଳ, (୧୪) ବିସ୍ଫାରିତ-ବିସ୍ତାରିତ, ଚାରିମୁଖ-ବ୍ରହ୍ମା, ନୀଳଲୋହିତ-ଶିବ।

ପଦ୍ମିନୀ। ଯେଣୁ କୋରକ ବେନି ବହି।
ସେ ଯେବେ ଫୁଟିବେ ଏ ତେବେ ଚୁମ୍ବିବେ ଭୃଙ୍ଗପନ୍ତି ଏହି ଆଶାୟୀ ।୧୬।
ସ୍ୱୟମ୍ଭୁ ଶମ୍ଭୁ କମ୍ବୁଧର ସୁତକୁ ଦୟାରୁ ସଞ୍ଜୀବନୀ ମନ୍ତ୍ର।
ସେହି ସ୍ଥାନେ ଦେଇ ମନୋଭାବ କଲେ ଏମନ୍ତ ଘେନୁଅଛି ଚିତ୍ତ।
ନିକଟଟେ। ରହିଛି ଅହି ହୋଇ ସ୍ୱଚ୍ଛ।
ଯୁବା ବଇକୁଣ୍ଠ ବଡ଼ଭୀକି କିବା ଇନ୍ଦ୍ରନୀଳମଣି ପାବଛ। ୧୭।
ଲାବଣ୍ୟ ନୀରେ ଯୌବନ କରି ଧୀରେ ମଜ୍ଜନ ହୋଇ କି ରହିଛି।
ଜନ ଅଦମ୍ଭକର କୁମ୍ଭ କରକୁ କେବଳ ମାତ୍ର ଦେଖାଇଛି।
ଏଣୁଟି। ଗଇରୀକରେ ସେ ଚିତ୍ରିତ।
ଯେ ହେବ ମାହୁନ୍ତ ନଖାଙ୍କୁଶ ଘାତ କରିବ କେତେ ତା ସୁକୃତ ।୧୮।
ସୁକଣ୍ଠୀ କଣ୍ଠୀରବ ମଧ୍ୟା ହୃଦରେ ରସ ରତନ ଗଣ୍ଠି ଥୋଇ।
ଜଗିଛି କି ଅବା କାମ ଅଧିକାରୀ ମର୍କତ ଦଣ୍ଡ ଡେରିଦେଇ।
ଚତୁର। ମନ ପଶି ଏଣୁ ନ ପାରି।
ନିଶି ଦିବସରେ ବସିଅଛି କେଉଁ ପ୍ରକାରେ କରିବଟି ଚୋରି ।୧୯।
ଏକେ ମନକୁ ଅଗମ୍ୟ ହେଲା ଦୁଜେ କଠିନ ସଙ୍ଗେ କର ପ୍ରୀତି।
କବି ପଣହିଁ ଅତ୍ୟନ୍ତ ଟାଣ ହେଲା ଏଣୁ ବର୍ଣ୍ଣିବାରୁ ନିବର୍ତ୍ତି।
କୁମର। ଚହିଁ ବେଲୁଁ ବେଳ ଲେଲୁପ।
ନୟନେ ଅୟନ ପଥିକ କଲା ଯେ ଏକା ରସିକବର ରୂପ ।୨୦।
ଯାବତ ବ୍ରତଫଳ ହେଲା ସଫଳ ତୀର୍ଥଫଳ ହିଁ ଯେ ମିଶିଲା।
ଦେବ ଦରଶନ ଦାନ ପୁଣ୍ୟମାନ ସେହି ସେହିଠାକୁ ଆସିଲା।
ରଣୀ ଯେ। ହୋଇଥିଲେ ପୁଂସରତ୍ନରେ।
କୋଟିଗୁଣ କରି ଲେଖି ଦେଇଗଲେ ଆଖିଠାରେ ଅତି ଯତ୍ନରେ ।୨୧।
ସର୍ବାଙ୍ଗ ଉଲ୍ଲସି ଉଠି ସ୍ୱେଦଜଳେ ଦ୍ରବିଗଲା ନିଶ୍ଚେ ତାହାର।
ନିହାରକର ବିହାର ଚହିଁ କଇରବ ଚନ୍ଦ୍ରମଣି ପ୍ରକାର।

ଶବ୍ଦାର୍ଥ- (୧୬) ପୟୋଧର-ଉରଜ, କୋରକ-କଢ଼ି, (୧୭) ସ୍ୱୟଂ-ବ୍ରହ୍ମା, କମ୍ବୁଧର-ବିଷ୍ଣୁ, ବଡ଼ଭୀ-ଅଟ୍ଟାଳିକା, (୧୮) ଗଇରୀକ-ଗେରୁଆ, ନଖାଙ୍କୁଶ-ନଖ ରୂପକ ଅଙ୍କୁଶ, (୧୯) କଣ୍ଠୀରବ ମଧ୍ୟା-ସିଂହକଟୀ, କାମଅଧିକାରୀ-କନ୍ଦର୍ପ, ମର୍କତ ଦଣ୍ଡ-ସବୁଜ ରଙ୍ଗ ମଣିରେ ତିଆରି ବାଡ଼ି (ଏଠାରେ ଲୋମ), ନିବର୍ତ୍ତି-ବିରତ ରହିବା, ଅୟନ-ପଥ।

ହୋଇଲେ। ଲାଖ ବିଷମ ବିଶିଖକୁ।
ଦୁଃଖକୁ ପଛକୁ ପକାଇ ସେଇ ସେ ଲଭିଲେ ଅଲେଖସୁଖକୁ ।୨୨।
ପ୍ରିୟ ସହଚରୀ ଆଜ୍ଞା ଅନୁସରି ତରୁଣ କେଶରୀ ଥିବାକୁ
ଧର ପାନ ବୋଲି ଡାହାଣେ ଯାଚିଲା ପାଞ୍ଚିଲା ନେତ୍ର ପଡ଼ିବାକୁ।
ସେ ଲାଗେ। ଶୁକ ପଢ଼ିଦେଲା ଏ ଭାଷା।
ସୁମନା ରସାତୁର ହୋଇ ଭ୍ରମର ଏ ଦିଗେ କରିଅଛି ଆଶା ।୨୩।
ବକ୍ର କରି ଗ୍ରୀବା ଚାହିଁ ଦେଲା ଯୁବା ରମଣୀ ରମା ସୁଲକ୍ଷଣୀ।
ଅକ୍ଷୀଣାଙ୍କହୀନ ଚନ୍ଦ୍ରମା ଦକ୍ଷିଣାବର୍ତ୍ତକ ହେଲା ସେକ୍ଷଣି।
କି ଶୋଭା। ଦିଶିଲା ସିହାଣୀ ଚାହାଁଣୀ।
ନେତ୍ରପାତରେ ହରଷ ରସ ଅନୁରାଗକୁ ଢାଳିଦେଲା ଆଣି ।୨୪।
ଅତୁଲ୍ୟ ଚତୁରୀ ଜାଣିବା ପାଇଁକି ସୁରସିକ ଏଡ଼େ ଗୁଣିକ।
ଏକାବେଳକେ କି ମୂଲ୍ୟ ବୋଲି ଦେଖାଇଲା ହୀରା ନୀଳା ମାଣିକ୍ୟ।
ଅଞ୍ଜନ। ସୂତ୍ରେ ଗୁନ୍ଥି ତିନି କମଳ।
ବରଣମାଳା କରିଦେଲା ବାରଣଗମନୀ ହୋଇ କି ଚଞ୍ଚଳ ।୨୫।
ଚାହିଁଲା ନ ଚାହିଁଲା ହୋଇ ଲାଜରୁ ମୁଖକୁ ଥୋଇଲା ଉରଜେ।
ସେ ପତି ପ୍ରାପତ ଇଚ୍ଛା କରି ନାରୀ ଶମ୍ଭୁ ପୂଜିଲା କି ନୀରଜେ।
ଲବଣୀ। ପିତୁଳା ପ୍ରେମଶୀଳା ସତ।
ବୀର ଏହି ନାମ ବିପରୀତ ହୋଇ ତରଳିତ କଲା ତୁରିତ ।୨୬।
ବିଦ୍ୟୁ ଝଟଳ ଲୀନ ହେବା ପରାୟେ ମଞ୍ଜୁ ଚାହାଁଣୀ ସଂହାରିଲା।
ଝଟକେ ଛଟକେ ସଙ୍ଗରେ ମନାଇ ମନ ନେତ୍ରକୁ ଘେନିଗଲା।
ପୋଷିଲା। କ୍ଷୁଧାରୁ ସୁସ୍ୱାଦୁ ଅଶନେ।
ପ୍ରେମମଞ୍ଜରୀ ସ୍ତନ ବେନି ପଞ୍ଜୁରୀ ମଧ୍ୟେ ରଖି ପକ୍ଷୀ ବିଧାନେ ।୨୭।

ଶବ୍ଦାର୍ଥ- (୨୨) ସ୍ୱେଦଜଳ-ଝାଳ, ନିହାରକର-ଚନ୍ଦ୍ର, କଇରବ-କଇଁ, ଜ୍ୟୋସ୍ନା, ବିଶିଖ-କନ୍ଦର୍ପଶର, ସୁମନା-ଉତ୍ତମନାରୀ, ଲାବଣ୍ୟବତୀ, (୨୪) ଗ୍ରୀବା-ବେକ, ଅକ୍ଷୀଣାଙ୍କ-କଳଙ୍କ, ଦକ୍ଷିଣାବର୍ତ୍ତକ-ଶ୍ରେଷ୍ଠ ଶଙ୍ଖ, (୨୫) ଅଞ୍ଜନ ସୂତ୍ରେ-କଳାସୂତାରେ, ବାରଣ ଗମନୀ-ଗଜ ଗମନୀ, (୨୬), ମଞ୍ଜୁ-ସୁନ୍ଦର, ଛଟକ-ଚଞ୍ଚଳ, ଅଶନ-ଭୋଜନ, (୨୮) କୁରଙ୍ଗ-ମୃଗ, (୨୯) ଅମ୍ବୁଜ-ପଦ୍ମ, ଜାହ୍ନବୀ-ଗଙ୍ଗା, ବକ୍ରବାଡ଼ଗିରି-ଅସ୍ତ ପର୍ବତ, ଅନିଶେ-ଅବିରାମ।

ବାଳା ମନ ନେତ୍ର କୁରଙ୍ଗ ସୁରଙ୍ଗ କରୁଥିଲେ ତନୁବନରେ।
ମାର ନିନ୍ଦିତ କୁମାର ଶୋଭାଜାଲେ ପଡ଼ିଲେ ଅତି ଉଚ୍ଛନ୍ନରେ।
ଯିବାକୁ। ଫିଟି ନ ଦିଶିଲା ଉପାୟ।
ଯେ ଯାହା ଅର୍ଜଇ ସେ ତାହା ଭୁଞ୍ଜଇ ଏଥି ଅଛି କେଉଁ ସଂଶୟ ।୨୮।
ସେ ରମଣୀ ହେଲା ଚକ୍ରବାଡ଼ଗିରି ଚରଣ ଅରୁଣ ଅମ୍ବୁଜେ।
ଲଭି ନ ପାରଇ ମନ୍ଥରଗମନା ଚାହିଁ ନ ଚାହିଁ ଭାବ ଲାଜେ।
ଦୁହିଁଙ୍କ। ମୃଦୁହାସ ହେଲା ଜାହ୍ନବୀ।
ଚତୁର ନୟନେ ମଜ୍ଜନ ଅନିଶେ ମହାବାରୁଣୀ ଯୋଗ ଲଭି ।୨୯।
ହୋଇଲେ ସେ ବେନି ଶୋଭା ରତ୍ନାକର ଦରଶନ ଲୋଭୀ ନୟନେ।
ପ୍ରେମରତନ ପତନ କରି ଖୋଜୁଅଛନ୍ତି ସେ ଅନବଛିନ୍ନେ।
ମଦନ। ମହାକୃପଣ ଜନ ପରି।
ସେ ବେନି କାମଧେନୁ କଳ୍ପପାଦପ ଯେଣୁ ବାଞ୍ଛାକୁ ସିଦ୍ଧି କରି ।୩୦।
ପ୍ରବେଶ ସେଠାର ହୋଇଲା କୁଠାର ପ୍ରାୟ ଜରତା ମୁଦୁସୁଲୀ।
ଅଲେଖ ସୁଖ ମହୀରୁହ ଛେଦନେ ବଦନେ ଏମନ୍ତ ଉଚ୍ଚାରି।
ଶୁଣ ଗୋ। ମନ୍ତ୍ରୀନନ୍ଦନା ଚାରୁଭୀରୁ।
ଜନନୀ ଆଜ୍ଞା ପରସନ୍ନ ଆନନୀ ସତ୍ୱର ଦରଶନ ସରୁ ।୩୧।
ପିତା ପୁତ୍ର ମାତା ଦୁହିତାର ଏକ ସଙ୍ଗେ ଶିବ ଦର୍ଶନ।
ଦୋଷ ହୋଇଅଛି ଅଶେଷ ପୁସ୍ତକେ ଏ ବଚନେ ରାହୁ ଯେସନ।
ଗିଳିଲା। ହରମସ୍ତକ ଭୂଷଣକୁ।
ବାହୁଡ଼ିଲା ବେଗେ ଶିବ ଦେଖି ରାମ ଜଣାଇ ହୃଦକଷଣକୁ ।୩୨।
ମଦନେ ଆବେଶ କୁମାର ପ୍ରବେଶ ହୋଇଲା କେଶର କାନନ।
ଯେଣେ ଅନାଇଲେ ତେଣେ ଦିଶୁଅଛି କେବଳ ସୁନ୍ଦରୀ ଆନନ।
କହଇ ଉପଇନ୍ଦ୍ର ଭଞ୍ଜ ଏ ରସ।
ଶ୍ରୀରାମେ ମାଳା ଜାନକୀ ଦେବାକାଳ ଉତ୍ସବକୁ ଭାବି ମାନସ ।୩୩।

ଶବ୍ଦାର୍ଥ- (୩୦) ଶୋଭା ରତ୍ନାକର-ଶୋଭାର ସାଗର, ଅନବଛିନ୍ନେ-ନିରନ୍ତର, କଳ୍ପପାଦପ-କଳ୍ପବୃକ୍ଷ, (୩୧) ମହୀରୁହ-ବୃକ୍ଷ, ଚାରୁଭୀରୁ-ମନୋହର ସ୍ତ୍ରୀ, (୩୩) ଆନନ-ମୁଖ।

ଅଷ୍ଟବିଂଶ ଛାନ୍ଦ
ସିଂହଳ ଦେଶର ପୁରୋହିତଙ୍କ ସହିତ
ଚନ୍ଦ୍ରଭାନୁର ବିବାହ ସଂପର୍କରେ କଥୋପକଥନ

(ରାଗ-ବସନ୍ତ)

ଏଥୁ ଅନନ୍ତରେ ଯେ ଯାମିନୀ ହେଲା ଶେଷ
ବିଚ୍ଛେଦୀ ଚକ୍ର କାମିନୀ ପାଶେ ପରବେଶ ଯେ।
ଶଶୀ ମନୋହାରୀ ନିଶି ସଙ୍ଗ କଲା ପାପ
ବଶେ ଦିବସେ ମିଳନ ହେଲା ଜ୍ୟୋତିଦୀପ ଯେ ।୧।
ଅରୁଣମଣ୍ଡଳ ଉଦେ ତ୍ରୁଟିନାହିଁ କିଛି
କାଳି ବାରୁଣୀ ସେବିବା ରଙ୍ଗ ଆଙ୍କି ଅଛି ଯେ।
କକୁଭ ପ୍ରାଙ୍ଗରେ ନିଜ ପତି ବିଜେ ଚାହିଁ
ପଦ୍ମିନୀ ହସିଲା ଦରମୁକୁଳିତ ହୋଇ ଯେ ।୨।
ଗର୍ଜି ଭୃଙ୍ଗରାଜି କୁକୁଦିନୀ ପାଶୁଁ ଗଲେ
କୁଳଟା ହାଟକୁ ତାର ପରକାଶ କଲେ ଯେ।
ବିଟପ କି ଛାଡ଼ିଅଛି ନିର୍ଲଜ୍ଜ ସ୍ୱଭାବ
ପରେ ପ୍ରକଟ କଲେ ଆପଣା କଲା ଭାବ ଯେ ।୩।
ଏ ସମୟେ ସିଂହଳ ଭୂପାଳ ନିଦ୍ରାହତ
ନିତ୍ରକର୍ମ ଡାକିସାରି ନିଜ ପୁରୋହିତ ଯେ।
କହିଲେ କର୍ଣ୍ଣାଟ ଯୁବରାଜ ପାଶେ ଯିବ।
ପାଠ ଶୁଣାଇ ତା ମନ ସନ୍ତୋଷ କରିବ ହେ ।୪।
ଆମ୍ଭ କନ୍ୟା ଯାଚିବା ନୋହିବ ସନମତ
କରିବ ଯେମନ୍ତ କର ଉପାୟ ତେମନ୍ତ ଯେ।

ଶବ୍ଦାର୍ଥ- (୧) ଯାମିନୀ-ରାତ୍ରି, ବିଚ୍ଛେଦୀ-ବିଚ୍ଛିନ୍ନ ହୋଇ ପଡ଼ିଥିବା, ଚକ୍ର-ଚକ୍ରବାକ ପକ୍ଷୀ, ମନୋହରୀ-ସ୍ତ୍ରୀ, ପ୍ରାଙ୍ଗଣ-ଅଗଣା, ଦରମୁକୁଳିତ-ଅଧାଫୁଟିଲା (୨) ଅରୁଣ ମଣ୍ଡଳ-ସୂର୍ଯ୍ୟ ମଣ୍ଡଳ, ବାରୁଣୀ-ପଶ୍ଚିମ ଦିଗ, କକୁଭ-ଦିଗ, (୩) ଭୃଙ୍ଗରାଜି-ଭ୍ରମରସମୂହ, କୁମୁଦିନୀ-କଇଁଫୁଲ, ବିଟପ-ଜାରପୁରୁଷ, କୁଳଟା-ଅସତୀ, ପ୍ରକଟ-ପ୍ରକାଶ, ପଲ୍ଲବ-କୋମଳ ପତ୍ର,(୪)ନିଦ୍ରାହତ-ନିଦଭାଂଗିବା

ଶୁଣି ଯେ କାର୍ଯ୍ୟକୁଶଳାଚାର୍ଯ୍ୟ ଆଗମନ
ତେଣେ ନୃପସୁତ କରି ପଲ୍ଲବେ ଶୟନ ଯେ ।୫।
ବାଳ ଶୋଭା ଦରଶନେ ତନୁ ଧ୍ୟାନ କରି
ଏସନ ପ୍ରସଙ୍ଗମାନ ମନରେ ବିଚାରି ଯେ ।
ଦେବଙ୍କୁ ଦୁର୍ଲଭ ଯେଉଁ ରମଣୀ ରତନ
କେହି ହେବି ମୁହିଁ ତାହା ସଙ୍ଗକୁ ଭାଜନ ଯେ ।୬।
ଦର୍ଶନ ପାଇଲି ସୀଉକାର କରାଇଲି
ଯୁବାସୃଷ୍ଟିରେ ମୁଁ ରାଜଛତ୍ର ଧରାଇଲି ଯେ ।
ରସିକ ସଂସାରେ ତ ଥୋଇଲି ପ୍ରଶଂସାକୁ
ବଶ କରି ବୋଲି ଅତି ଉତ୍ତମ ଯୋଷାକୁ ଯେ ।୭।
ଜନ୍ମାନ୍ତେ ତ୍ରିଶୂଳୀ କରି ଶୂଳୀଙ୍କୁ ମନାଇ
ଗଙ୍ଗାସାଗର ସଙ୍ଗରେ ଅଙ୍ଗ ଥିଲି ଦାହି ଯେ ।
ସେ ସୁକୃତ ବାଳାରୂପେ ଚିତ୍ରେ ଲେଖାଇଲା
ବିଧାତା କି ଋଣୀ ହୋଇଥିଲା ଦେଖାଇଲା ଯେ ।୮।
ଅସମ୍ଭାବିତ ସାହସ କରିଅଛି ମୁହିଁ
ମନକୁ ନ ଆସେ ଏ ସଫଳ ହେବ କେହି ଯେ ।
ଆସିବ ମୁକରବିମ୍ବ କେହି ଆଲିଙ୍ଗନେ
ପାରଦ ରହିବ ମୁଠା ଭିତରେ କେସନେ ଯେ ।୯।
କେତକୀ କୁସୁମେ କେହି ବିହରିବ ଅଳି
ପାତକୀକି ହେବ ପୁରନ୍ଦର ପଦ ଭଳି ଯେ ।
ଲୋଷ୍ଟ୍ରେ ନଷ୍ଟ କରି ଯେବେ ହୋଇବ ଗିରିକି
ସାଧିବି ଜୀବନେ ଥାଉଁ ହରବଇରୀକି ଯେ ।୧୦।
ବିନାଶ ହୋଇବ ଯେବେ କସ୍ତୁରୀରୁ କଳା
ଘେନେ ବିନାଶ ହୋଇବ ମୋ ବିରହଜ୍ୱାଳା ଯେ ।
ଭେଳା ପକ୍ଷ ବିନା ଏକ ନିଶ୍ୱାସେ ସାଗର
ତରିଲେ ଲଭିବ ଅବା ଶୋକସିନ୍ଧୁ ପାର ଯେ ।୧୧।

ଶବ୍ଦାର୍ଥ- (୬) ଭାଜନ-ଯୋଗ୍ୟ, (୭) ଯୋଷା-ନାରୀ, (୮) ତ୍ରିଶୂଳୀ-ଶିବ (୯) ପାରଦ-ଏକପ୍ରକାର ତରଳ ପଦାର୍ଥ, ଅଳି-ଭ୍ରମର, ମୁକୁର ବିମ୍ବ-ଆରିସି ପ୍ରତିମା (୧୦) ଲୋଷ୍ଟ୍ର-ଟେକା, (୧୧) ମିହିର-ସୂର୍ଯ୍ୟ।

ପଶ୍ଚିମେ ଉଦୟ ଯେବେ ହୋଇବ ମିହିର
ତେବେ ବା ହୋଇବ କନ୍ୟାତାତ ସୀଉକାର ଯେ।
ରାମାମଣୀ ସାଉକାର ହୋଇଲାଣି ଯଦି
ତାତ ସୀଉକାରେ କିମ୍ପା ଏତେ ପ୍ରତିବାଦୀ ଯେ ।୧୨।
ଯେଉଁ କର୍ମେ କର୍ପୂରୁ ହୋଇଛି ଅଗ୍ନି ଜାତ
ସୁମନ କରିଛି ଅଶନି ସମ ଘାତ ଯେ।
ସେହି କର୍ମେ ସ୍ୱପ୍ନଧନେ କରିବି ବାଣିଜ୍ୟ
ସଫଳ ହୋଇବ ତେବେ କାମନା ସମାଜ ଯେ ।୧୩।
ଇଚ୍ଛା କରୁଅଛି ଅରୁଣର ସୁଧାପାନ
ସ୍ଥିରକରି ବିଜୁଳି କରିବି ଆଲିଙ୍ଗନ ଯେ।
କରେ ଧରି ଚୁମ୍ବିବା ଇଚ୍ଛଇ ସୁଧାକର
ହେମଫୁଲୁଁ ଗନ୍ଧ ଲଭିବାକୁ ମନ ମୋର ଯେ ।୧୪।
ପିକଠାରୁ କଥା ଶୁଣିବାକୁ ସ୍ନେହ ଅତି
ମନ୍ଦରକୁ କମଳେ ଘୋଡ଼ାଇ ଲୋଡ଼େ ମତି ଯେ।
ଚମ୍ପକ ଭ୍ରମର ମେଳ କରିବାକୁ ମନ
ନକ୍ଷତ୍ରମାଳା କରିବା ମହୀ ଉଦ୍ଦୀପନ ଯେ ।୧୫।
ବିନା ମେଘେ ଘନରସ ବରଷା ହୋଇବ
ଭସ୍ମ ହୋଇଥିବା ଜନ ମୂର୍ତ୍ତିକି ପାଇବ ଯେ।
ଏମନ୍ତ ବିଚାର ବେଳେ ଜଣାଇଲା ଦ୍ୱାସ୍ଥ
ଭେଟିବେ ବୋଲିଣ ଦ୍ୱିଜୋତ୍ତମେ ଉପଗତ ଯେ ।୧୬।
କାହିଁର ସେ ବୋଲି ମନ୍ତ୍ରୀସୁତ ବିଚାରିଲା
ବେତ୍ରକର ଏହି ଦେଶପୁରୋଧା ବୋଇଲା ଯେ।
ଆସନ୍ତୁ ସେ ବୋଲି ଆଜ୍ଞା ଦେଲେ ମିତ୍ର ବେନି
ରାଜା ସୀଉକାର ହେଲା ପରା ଚିତ୍ତେ ଘେନି ଯେ ।୧୭।

ଶବ୍ଦାର୍ଥ- (୧୩) ସୁମନ-ଫୁଲ, ଅଶନି-ବଜ୍ର, (୧୪)ହେମଫୁଲ-ସୁନାଫୁଲ, (୧୫) ମନ୍ଦର-ପର୍ବତ, (୧୬) ଦ୍ୱାସ୍ଥ-ଦ୍ୱାରୀ, ଘନରସ-ଜଳ, ଦ୍ୱିଜୋତ୍ତମେ- ଶ୍ରେଷ୍ଠ ବ୍ରାହ୍ମଣ, ଉପଗତ-ପ୍ରବେଶ, (୧୭) ବେତ୍ରକର-ପ୍ରହରୀ, ପୁରୋଧା-ପୁରୋହିତ।

ବିପ୍ରେ ଆଣି ପରବେଶ ଦ୍ୱାରପାଳ କରେ
କଲ୍ୟାଣ ବାଞ୍ଛିଲା ସେ ନୃପଜ ନମସ୍କାରେ ଯେ।
ଆସନ ପାଇ ବସୁଧାଦେବ ଅତି ତୋଷୀ
ଛାମୁରେ କରିବୁ ପାଠଶାଠ ବୋଲି ଭାଷି ଯେ ।୧୮।
ନୃପଜ ପ୍ରଶଂସା ଶ୍ଲୋକ ପ୍ରଥମେ ପଠନ
କୁମାର ବୋଲିବା ଖ୍ୟାତି ବେନି ରସେ ଘେନ ଯେ।
ବିଧୁସମ ଯଶ ପରଚକ୍ର ଦରକର
କଲା ଯେ ବିବିଧ ଶ୍ଳେଷ ଘେନି ଅଙ୍ଗୀକାର ଯେ ।୧୯।
ତଦୁତ୍ତାରେ କାମଶାସ୍ତ୍ର ରସ ପକାଇଲା
କାମିନୀ ବର୍ଣ୍ଣନା ଅତିଶୟ କରି କଲା ଯେ।
ରାମା ନ ମୋହିଲା ହୋଇ ଚଉଦ ଭୁବନ
ଆନ ନାହିଁ ଥିଲେ ଥିବେ ନପୁଂସକ ଜନ ଯେ ।୨୦।
ବିକଳ୍ପ ନ ଥିଲେ ବ୍ୟାକୁଳତା ତାଙ୍କ ଅଛି
ଭାଳୁଛନ୍ତି ଆମ୍ଭର ଜୀବନ ନୋହେ କିଛି ଯେ।
ସ୍ୱର୍ଗ ଅପବର୍ଗରୁ ଅଧିକ ସୁଖ ନାହିଁ
ରତି ସୁଖ ସଙ୍ଗେ ସେ ସମାନ ହେବ କେହି ଯେ ।୨୧।
ସ୍ୱର୍ଗସୁଖ ଇନ୍ଦ୍ର ବଡ଼ ଯାହା ଭୁକ୍ତମାନ
ସେ ରତି ଲୋଭୁଁ ଶାପେଟି ସହସ୍ର ଲୋଚନ ଯେ।
ଅପବର୍ଗ ବ୍ରହ୍ମର ଆୟତ୍ତ ବୋଲି କହି
ରତିରସେ ବ୍ରହ୍ମଲୀନ ପୁଣି ଅଛି କହି ଯେ ।୨୨।
କେଉଁଠାରେ ବୋଲିବ ବା ଶୁଣ ଦୃଷ୍ଟାନ୍ତର
ଯୋଗମାୟା ଆଶ୍ରୟ ପୁରୁଷ ଗଦାଧର ଯେ।
ଗୋପାଙ୍ଗନା ଲମ୍ପଟ ନିଷେଧି ଆଚରଣେ
ଶିବ ଅର୍ଦ୍ଧଅଙ୍ଗ ଗିରିସୁତା ପ୍ରତିକ୍ଷଣେ ଯେ ।୨୩।

ଶବ୍ଦାର୍ଥ- (୧୮) ନୃପଜ-ରାଜପୁତ୍ର, ବସୁଧାଦେବ-ବ୍ରାହ୍ମଣ, (୧୯) ବିଧୁସମ-ଚନ୍ଦ୍ରସମ, କୁମାର-କାର୍ତ୍ତିକେୟ, ପରଚକ୍ର-ଶତ୍ରୁଗଣ, ଦରକର-ଭୟକାରକ, (୨୧) ଅପବର୍ଗ-ଫଳସିଦ୍ଧି, (୨୨) ଭୁକ୍ତମାନ-ଯାହା ଭୋଗ କରିବାକୁ ଅଛି, ସହସ୍ର ଲୋଚନ-ଇନ୍ଦ୍ର, ବ୍ରହ୍ମ-ରେତ, (୨୩) ଗଦାଧର-ବିଷ୍ଣୁ, ଗିରିସୁତା-ପାର୍ବତୀ।

ରତିପଦେ ଶୃଙ୍ଗାର ରତିପଦରେ ସ୍ନେହ
ବେନି ରତିରୁ ପୃଥୁଳ ନିତମ୍ବିନୀ ଦେହ ଯେ।
ନାରୀ ପଦ୍ମିନୀ ଚିତ୍ରିଣୀ ଶଙ୍ଖିନୀ ହସ୍ତିନୀ
ଚରିଜାତି ପ୍ରଧାନ ଆଉ ଶଙ୍କରୀ ଘେନି ଯେ ।୨୪।
ଦେବ ଗନ୍ଧର୍ବ ଯକ୍ଷ ପ୍ରେତ ସତ୍ତ୍ୱାଦି କ୍ରମେ
ଯେ ପୁଂସର ଯେତେ ଭାଗ୍ୟ ସେ ଲଭି ତା ରମେ ହେ।
ହୀରା ନୀଳା ମାଣିକ୍ୟ ମୁକୁତା ବିଦ୍ରୁମର
ମୂଲ୍ୟ ଅଛି ମୂଲ୍ୟ ନାହିଁ ସ୍ତିରୀରତନର ଯେ ।୨୫।
ଫୁଲାଇ ନାସା ଡୋଳାକୁ ଖେଳାଇ ନେବାର
ମୁଖ ହଲାଇ ଗେହ୍ଲାର ଭାଷା କହିବାର ଯେ।
ଚିବୁକେ ତର୍ଜ୍ଜନୀ ଦେଇ ହୋଇବାର ଉଭା
ନେତ୍ର ଦେଖିଥିବ କି ଏପରି ଆନ ଶୋଭା ଯେ ।୨୬।
ନୀବୀ ଫେଡ଼ାବେଳେ କରିବାର ନାହିଁ ନାହିଁ
ବଚନ ସମ ସୁସ୍ୱର ବୀଣା ପିକେ କାହିଁ ଯେ।
ବିପରୀତ ମାଗୁଁ କେ ଜାଣଇ ବୋଲିବାର
ସଞ୍ଜିବନୀ ମନ୍ତ୍ର ସମ ନିକି ତା ତୁଳର ଯେ ।୨୭।
ଶୟନରେ ଆଣିକରି କୋଳେ ଆଣିବାର
ଅଣିମାଦି ସୁଖ ନିକି ସମ ତା ସଙ୍ଗର ଯେ।
ରତିକାଳେ ମୁଦ ଫେଡ଼ିବାର ନେତ୍ର ଦୁଇ
ଜଳ ନୀଳୋତ୍ପଳକୁ ଧିକ୍‌କାର କରୁଥାଇ ଯେ ।୨୮।
ଏତିକି ହେଉ ବୋଲିଣ ଭିଡ଼ିବାର କ୍ଷଣେ
ସେ ସୁଖ ପାଇବ ଯୁବା କେଉଁ ରାଜପଣେ ଯେ।
ଯାହାଠାରେ ଅଭିଳାଷ କରେ ଯାହା ମନ
ସେହି ତାର ସକଳ ସୁଗତି ବୋଲି ଘେନି ଯେ ।୨୯।
ମୁଗଧାରୁ ମଧ୍ୟା ପ୍ରଗଲ୍‌ଭା ଯାଏ ସୀମନ୍ତିନୀ
ପୁରୁଷର ହୁଅଇ ଅଶେଷ ସୁଖଦାନୀ ଯେ।

ଶବ୍ଦାର୍ଥ- (୨୫) ସତ୍ତ୍ୱାଦି-ସତ୍ତ୍ୱେ ଆଦି, ବିଦ୍ରୁମ-ପୋହଳା, ତର୍ଜନୀ-ଦ୍ୱିତୀୟ ବିଷି ଆଙ୍ଗୁଠି, ନୀବୀ-ପିନ୍ଧାଲୁଗାର ଗଣ୍ଠି, (୨୮) ନୀଳୋତ୍ପଳ-ନୀଳକଇଁ, ଅଣିମାଦି-ଅଣିମା ପ୍ରଭୃତି ଅଷ୍ଟରତ୍ନ ଭଣ୍ଡାର।

ଉଦୟରୁ ଅସ୍ତଯାଏ ଚନ୍ଦ୍ରିକାମଣ୍ଡଳ
ଯଥା କରଇ ଚକୋର ସୁଖକୁ ସଫଳ ଯେ ।୩୦।
ଯୁବତୀକୁ ଜାତ ଲୋଭ ଲୋଭୁଁ ପ୍ରୀତି ଲେଖ
ପ୍ରୀତିରୁସୁରତି ଜାତ ପୀରତିରୁ ସୁଖ ହେ ।
ପ୍ରାଣ ଛାଡ଼ି ହୋଏ ସ୍ତିରୀ ଛାଡ଼ି ନୋହେ କେବେ
ରାବଣାଦିଠାରୁ ଶୁଣିଥିବ ତ ପ୍ରସ୍ତାବେ ଯେ ।୩୧।
ପୁଣି ନେତ୍ର ବୁଜିକରି ରସ ଆସ୍ୱାଦନ
ହୃଦେ ଘେନି ପୁଂସ କହେ ହେବ ଏ ବିଧାନ ଯେ ।
ସୁଖୀ ହୋଇଥିବ ନୃପ ଉପଜୀବୀ ନୋହି
ବିଦ୍ୟାଥିବ ଦିବ୍ୟସ୍ତିରୀ ମିଳିଥିବ ତହିଁ ଯେ ।୩୨।
କି ହେବ ଇନ୍ଦ୍ର ହୋଇଲେ ସର୍ବ ସମ୍ପଦରେ
ସ୍ତରୀହୀନ ଠାରୁ ପାପୀ ନାହିଁ ଏ ସଂସାରେ ଯେ ।
ରସିକ ବୋଲିଣ ବୋଲି ଏହି ପୁରୁଷକୁ
ଯେ ଘେନିଣ ଥାଇ ଏତେ ଲକ୍ଷଣ ବଂଶକୁ ଯେ ।୩୩।
ଦୋଷ କଲେ ରାମା ରୋଷ ନ ଘେନଇ ମନେ
ଦାସ ପ୍ରାୟ ଚାଟୂ ବିରଚଇ ପ୍ରିୟା ମନେ ଯେ ।
ପଛ ନ କରଇ ତାକୁ ଶୟନେ ଗମନେ
ଜାଣିଥାଇ କାମଶାସ୍ତ୍ର ବହୁତ ବିଧାନେ ଯେ ।୩୪।
କରିନାହିଁ ଯେ ଦର୍ଶନ ବାଳା ବିବସନ
ଅନ୍ଧ ସେହୁ ଜନ ଥାଇ ନିର୍ମଳ ନୟନ ଯେ ।
ଯୋଷା ପରିହାସ ଭାଷା ଯେହୁ ନ ଶୁଣିଛି
କର୍ଣ୍ଣ ନୋହେ କୁହରଯୁଗଳ ସେ ବହିଛ ଯେ ।୩୫।
ଯେ କରିନାହିଁ ସୁନ୍ଦରୀ ବିମ୍ବାଧର ପାନ
କି ସ୍ୱାଦ ଜାଣିଛି ଧିକ ତାହାର ଜୀବନ ଯେ ।
ମହା ମହା ଦାନ ଦେଇ ନାହିଁ ଯେଉଁ କରେ
ସେ କାହିଁ ପଡ଼ିବ ରସବତୀ ଚିବୁକରେ ଯେ ।୩୬।

ଶବ୍ଦାର୍ଥ- (୩୦) ଚନ୍ଦ୍ରିକା-ଚନ୍ଦ୍ରର ଜ୍ୟୋସ୍ନା, ଚକୋର-ଚକ୍ରବାକ ପକ୍ଷୀ, ସୀମନ୍ତିନୀ-ନାରୀ, (୩୨) ଉପଜୀବୀ-ପରାଧୀନ ବୃତ୍ତି, (୩୪) ବିରଚଇ-କରଇ, (୩୬) ବିମ୍ବାଧର -ଲାଲଓଠ, ଚିବୁକ-

ସ୍ୱୟମ୍ଭୁ ଶମ୍ଭୁ ସେବାରେ ଯାହା ତନ ମନ
ସେ ସ୍ପରଶ କରଇ ସାରସ କୋଷ ସ୍ତନ ହେ।
କହୁଥିଲେ ସରିବାର ନୋହେ ଏ ଚରିତ
ସ୍ମରଣାସ୍ତ୍ର ଅଳଙ୍କାରେ ଯେ ପ୍ରତିପାଦିତ ହେ ।୩୭।
ତୁମେ ରାଜପୁତ୍ର ଯୁବା ସୁନ୍ଦର ରସିକ
ତୁମ୍ଭଙ୍କୁ କି ଅଗୋଚର କାବ୍ୟରୀତିଯାକ ହେ।
ଏକା କାବ୍ୟରୀତି କିମ୍ପା ଅନୁଭବୀ ପୁଣ
ଯାହା ସେବା ନିପୁଣ ନୃପତି ସୁତାଗଣ ଯେ ।୩୮।
ତହିଁକି ପ୍ରତିଉତ୍ତର କଲା ରତ୍ନଧ୍ୱଜ
ବିଭା ହୋଇ ନାହାନ୍ତି ଆମ୍ଭର ଯୁବରାଜ ଯେ।
ସମେ କନ୍ୟା ନ ମିଳିଲା ପୃଥିବୀ ମଣ୍ଡଳେ
ଊଣା ଅଧିକ ଦ୍ରବ୍ୟ କେ ପାତ୍ରେ ରହେ ତୁଲେ ଯେ ।୩୯।
ପାରିଲେ ଲଗାଅ ତୁମ୍ଭ ରାଜପୁତ୍ରୀ ଅଛି
ସୁନ୍ଦରୀ ବୋଲି ଶବଦ ଲୋକେ ପ୍ରକଟିଛି ହେ।
ଦେଖିଲ ଯେଡ଼େ ସୁନ୍ଦର ଆମ୍ଭ ନୃପାତ୍ମଜ
ଯେ ହେଉ ସେ ହେଉ କରନ୍ତାଇ ବିଭାକାର୍ଯ୍ୟ ହେ ।୪୦।
ଦ୍ୱିଜ କହେ କି କହୁଛ ମରଇଁ ମରଇଁ
ଏଡ଼େ ସୁକୁମାର ଦେହ ମାର ପ୍ରହାରଇ ହେ।
ହେଲେ ହେଲା କି ହେଲା କି ଦୁହେଁ ବଡ଼ ରାଜା
ରାଜପୁତ୍ରେ ବିଭା ସିନା ରାଜାର ତନୁଜା ହେ ।୪୧।
ତଥାପି ଲାବଣ୍ୟବତୀ ତ୍ରିପୁରାଳଙ୍କାର
ସୁନ୍ଦର ପଣେ ତାହାର ନାହିଁ ସମ ଆର ହେ।
ଭୟରୁ କି ସମସ୍ନେହୀ କରିବାକୁ ତପ
ବନେ ପଶିଛନ୍ତି ଯାଇଁ କମଳକଳାପ ହେ। ।୪୨।
ଏମନ୍ତ ମୁଖ ନୟନ ରୁଚିର ତାହାର
ବୁଧେ ବୋଲନ୍ତି ମଦନମୋହନ ସର ଯେ।

ଶବ୍ଦାର୍ଥ- (୩୭) ସ୍ୱୟଂମ୍ଭୁ-ବିଷ୍ଣୁ, ସାରସକୋଷ-ପଦ୍ମକଢ଼ି, ସ୍ମର-କନ୍ଦର୍ପ, କୁହର-ଗାତ, (୩୯) ରତ୍ନଧ୍ୱଜ-ସଖାର ନାଁ, (୪୦) ପ୍ରକଟିଛ-ପ୍ରକାଶ ପାଇଛ, ନୃପାତ୍ମଜ-ରାଜକୁମାର, (୪୧) ତନୁଜା-କନ୍ୟା, କମଳ କଳାପ-ମୃଗ ସମାଜ, ମାର-

କବି ଗଣେଶ ବର୍ଣ୍ଣନା ନ ପାରନ୍ତି କରି
ଗୁଣ ସ୍ମରଣ କରନ୍ତି ଜପାମାଳି ଧରି ହେ ।୪୩।
ଅଧିକ ନେତ୍ର ବହିଲେ ବୃଷ ବୃଷାସନ
କରିବାକୁ ଶୋଭାବତୀ ଶୋଭା ଦରଶନ ହେ।
ବିଧି କୁମାର ଅନନ୍ତ ମୁଖାଧିକ ହୋଇ
ବିଚରନ୍ତି ତାହା ଶୋଭା ବର୍ଣ୍ଣିବାର ପାଇଁ ହେ ।୪୪।
ଏସନ ଯେଉଁ ସୁନ୍ଦରୀ ଇତର ତପରେ
ପରାପତ ହୁଅଇ କି ଶରୀରୀ ଜନରେ ଯେ।
ସୁନ୍ଦରୀମା ପଣ ଯେବେ ଘେନିବେ ନୃପତି
ବିଭା କରି ନ ପାରିବେ ମନୋହରବତୀ ଯେ ।୪୫।
ନାକ ନାଗେ ସମ ନାହିଁ ଥାଉ ଆଉ ଧରା
ବର ଖୋଜି ମନ୍ତ୍ରୀକି ହୋଇଲା ମହା ଭାରା ହେ।
ତା ବିଚରେ କୁଳିନଗଣେ ମିଳିଲେ ପୁଂସ
ନୃପେ ପ୍ରବର୍ତ୍ତାଇ ବିଭା କରିବା ଅବଶ୍ୟ ହେ ।୪୬।
ତୃଷାର୍ତ୍ତୀ ସିନା ସଲିଳ ପାଶେ ଉପଗତ
ପାଣି ତୃଷାର୍ତ୍ତୀ ପାଶକୁ ଆସେ କି ଘେନ ତ ହେ।
ନଦୀ ସନ୍ନିଧିକୁ ଜଳପାନ କରିଗଲେ
ତାହା ଅସନମତ ହୋଇଛି କେଉଁ କାଳେ ହେ ।୪୭।
ଆପଣେ ଆମ୍ଭ ସଙ୍ଗତେ ହେଉ ଆସିବାକୁ
ନୃପେ କହି ନିର୍ବାହ କରିବା ଏ କାର୍ଯ୍ୟକୁ ଯେ।
ଏ ଉତ୍ତାରେ ରତ୍ନଧ୍ୱଜ ସଙ୍ଗତରେ ଯାଇ
ସଚିବଙ୍କୁ ଘେନି ନୃପ ଛାମୁରେ ପକାଇ ଯେ ।୪୮।
ସେ ବୋଇଲେ ସବୁରୂପେ ଆମ୍ଭର ସମ୍ମତ
ଜାତକ ବିରୁଦ୍ଧେ ନାହିଁ କେବଣ ଆୟତ୍ତ ଯେ।
ପାଟଯୋଷୀ ଡାକି ଭଲ ବେଳକୁ ଜାଣିଲେ
ଉତ୍ତମ ଶୁଝିଲା ବେନି ଜାତକ ବୁଝିଲେ ଯେ ।୪୯।

ଶବ୍ଦାର୍ଥ- (୪୩) ରୁଚିର-ସୁନ୍ଦର, ବୁଧେ-ପଣ୍ଡିତମାନେ, (୪୪) ବୃଷାସନ-ଶିବ, ବିଧି-ବ୍ରହ୍ମା, ସର-ପୁଷ୍କରିଣୀ, କୁମାର-କାର୍ତ୍ତିକେୟ, ଅନନ୍ତ-ଶେଷଦେବ, (୪୬) ନାକ-ସ୍ୱର୍ଗ, (୪୭) ସଲିଳ-ଜଳ, ସନ୍ନିଧି-ନିକଟ, ଅସନମତ-ଅସମ୍ମତ, (୪୯) ପାଟଯୋଷୀ-ପ୍ରଧାନ ଜ୍ୟୋତିଷ।

ନୃପ ଆଜ୍ଞା ଦେଲେ ପୁରେ ଯିବା ହୁଅ ସଜ
ମନ୍ତ୍ରୀକି ଘେନି କୁମାର ପାଶେ ଗଲେ ଦ୍ୱିଜ ହେ।
ନୃପତି ସମ୍ମତ ଶୁଣି ହୋଇଲେ ହରଷ
ଚିର କ୍ଷୁଧାର୍ତ୍ତ ପାଇଲା କି ପୀୟୁଷରସ ହେ ।୫୦।
ତେଣେ ଅରୁଣଅଧରୀ ପୀନପୟୋଧରୀ
ଏକାନ୍ତେ ବସି କୁମାର ଦର୍ଶନ ସୁମରି ଯେ।
କେତେ ଅଦଭୁତ ଶୋଭା ଦେଖିଲା ନୟନ
ଉପମାକୁ ସମ ହୋଇ ନାହିଁତ ବଚନ ଯେ ।୫୧।
ଏ ସମୟେ ପରବେଶ ହେଲା ଚନ୍ଦ୍ରାବଳୀ
ତାପ ଧ୍ୱଂସିଦେଲା ଏ ବଚନାମୃତ ଢଳି ଯେ।
କର୍ଣ୍ଣାଟ ଯୁବରାଜକୁ ତୋତେ ଦେବା ପାଇଁ
କଥା ହୋଇ ରାଜା ମନ୍ତ୍ରୀ ଦେଲେ ପଠିଆଇ ଯେ ।୫୨।
ସତେ କି ବୋଲି କେତକୀବରନା ପଚାରି
ଆନ ଅଛି ବୋଇଲା ସୁନ୍ଦରୀ ସହଚରୀ ଯେ।
ସିନ୍ଧୁରଗତି ଆନନ୍ଦ ସିନ୍ଧୁ ଉଛୁଳିଲା
କେତେ ଦେବତାଙ୍କୁ କେତେ ଭୋଗ ମନାସିଲା ଯେ ।୫୩।
ଦରଶନ ଭାବନା ହୋଇଲା ଆନ ତାର
ବିରହଉତ୍କଣ୍ଠିତା ହୋଇଲା ବାମାବର ଯେ।
ଅନୁରାଗ ରତ୍ନ ଦେଇ ମନ ନୋହେ ତୋଷ
ପୁନଃ ପୁନଃ କଲା ପ୍ରିୟସଖୀଙ୍କି ଆଶ୍ଳେଷ ଯେ ।୫୪।
ଆହେ ରାମ କରୁଣାସାଗର ଚାପଧର
ଖର-ପ୍ରଖର ଦୂଷଣ ତ୍ରିଶିର ପ୍ରହାର ହେ।
ମୁନିଜନ ତୋଷେ ଜନପଦସ୍ଥିତ କର
ଉପଇନ୍ଦ୍ର ଭଞ୍ଜ ବୀରବର ତାପ ହର ହେ ।୫୫।

■

ଶବ୍ଦାର୍ଥ- (୫୦) ପୀୟୂଷ ରସ-ଅମୃତ ରସ, (୫୧) ଅରୁଣ ଅଧରୀ-ଅରୁଣ ବର୍ଣ୍ଣ ପରି ଅଧର, ପୀନ ପୟୋଧର-ପୃଥୁଳ ସ୍ତନ, (୫୩) କେତକୀ ବରନା-କେତକୀ ବର୍ଣ୍ଣା, ସିନ୍ଧୁର ଗତି-ଗଜଗମନୀ, (୫୪) ବିରହ ଉତ୍କଣ୍ଠିତା-ବିରହରେ ଜର୍ଜରିତା, ଆଶ୍ଳେଷ-ଆଲିଙ୍ଗନ, ଜନପଦ-ଗ୍ରାମ।

ଊନତ୍ରିଂଶ ଛାନ୍ଦ

ସଖୀମାନଙ୍କ ସହ ଲାବଣ୍ୟବତୀର ରହସ୍ୟ

(ରାଗ- ନଳିନୀଗୌଡ଼)

ସିଂହଳେଶ ତୋଷଭର ଚଳିଦେଲା ଅନ୍ତଃପୁର
ନାରୀ ବହିତ୍ରେ ବସାଇ ସୁନ୍ଦରୀ ଚିତ୍ତେ ଭାଳଇ ।୧।
କୁମର ବାହୁଡ଼ି ଯିବ କାହିଁକି ଥିବ ଏ ଜୀବ
ପଡ଼ିବି ସିନ୍ଧୁ ମଧ୍ୟର ଏ ବିଚାର ସବୁ ସାର ।୨।
ମନାସି ମୁଁ ଝାସିଥିବି ଜନମାନ୍ତରେ ପାଇବି
ଆନ ବିଧିରେ ମରଣ ହେଲେ ହେବ ଅକାରଣ ।୩।
ଏ ବିଚାର ମୂଳ କରି ବିଜେ ବହିତ୍ରେ ସୁନ୍ଦରୀ
ନିଜ ତାହା ତାହା ରୂପ ଅନାଇଁ ଲଭିଲେ ତାପ ।୪।
କହିଲେ ସଖୀଙ୍କି ଛଳି କି ଦିଶୁଛି ନବବାଳୀ
ତାତ କର୍ଣ୍ଣାଟେଶ ସୁତ ବର କଲେ କାଲି ସତ ।୫।
ଆସିବେ ରହିଲେ ପଛେ ବହିତ୍ରେ ବସାଇ ସ୍ୱଚ୍ଛେ
ଏବେ ନ କଲେ ଯତନ ପାଇବଟି ନିନ୍ଦାମାନ ।୬।
ଏ ବାଣୀ ଶୁଣି ତକ୍ଷଣ ଜେମାର ଜୀବ ରକ୍ଷଣ
ସମୁଦ୍ର ହୋଇଲେ ପାରି ସନ୍ତୋଷେ ଚଳିଲେ ପୁରୀ ।୭।
କୁମାର ଘେନି ନୃପତି ପରି ହୋଇ ପୁରେ ସ୍ଥିତି
ଦିବ୍ୟପୁରେ ବସା ଦେଇ ରଖିଲେ ହରଷ ହୋଇ ।୮।
ସର୍ବ ନୃପତି ନିରାଶ ବାହୁଡ଼ି ଗଲେ ସ୍ୱଦେଶ
ନିରାଶ ଅମୃତ ପାନେ ଯେମନ୍ତେ ଅସୁରମାନେ ।୯।
ସିଂହଳ ଦ୍ୱୀପକ ଦେଖି ଯୁବରାଜ ଅତି ସୁଖୀ
ଭାଳିଲା ଲାବଣ୍ୟବତୀ ଜନ୍ମସ୍ଥାନ ଯେଉଁ କ୍ଷିତି ।୧୦।

ଶବ୍ଦାର୍ଥ- (୧) ବହିତ୍ର-ବୋଇତ, (୫) କର୍ଣ୍ଣାଟେଶ-କର୍ଣ୍ଣାଟକର ନରେଶ,(୧୦) କ୍ଷିତି-ପୃଥିବୀ, (୧୧) ଅନୁପମା-ଅତୁଳନୀୟା

ତାକୁ ସ୍ୱର୍ଗସମ କାହିଁ ବୋଲିବା ଆଶ୍ଚର୍ଯ୍ୟ ନୋହି
ଏଣୁକରି ଅନୁପମା ସଂସାରେ ନାହିଁ ଉପମା ।୧୧।
ଶୁଭିଲା କିନ୍ନରୀ ଗୀତ ଏଥି ବୀଣାଧ୍ୱନି ମତ
ହୋଇଥିବ ବାଳାମଣି ଏମନ୍ତ ମନକୁ ଆଣି ।୧୨।
ଲେଖିଲା ସେ ମନେ ମନେ ଅଛି ଆଉ କେତେ ଦିନ
ମୋ ଅଙ୍କ ପଲ୍ୟଙ୍କ କରି ବସିବ ଅବନୀଶିରୀ ।୧୩।
ରସିକ ଚଟୂକୁ ଶୁଣି ହସିବ ଅଳପ ପୁଣି
ଦିଶିବ ମୁଖ ଯେସନ ସେହି କୋଳରେ ପ୍ରସନ୍ନ ।୧୪।
ସେ ଶୋଭା ସନ୍ଦର୍ଭ ତିଳେ ନଥିବ ଚନ୍ଦ୍ରମଣ୍ଡଳେ
ହୋଇବ ପଦ୍ମ ମୁକୁର କାହିଁକି ତୁଳନା ତାର ।୧୫।
ମୋତେ ଚହିଁବ ଶ୍ରଦ୍ଧାରେ ନେଉଥିବ ନେତ୍ରାନ୍ତରେ
ଡୋଳା ଖେଳାଇ ଖେଳାଇ ସେ ଯେ ଲାଜ ଲାଜ ହୋଇ।୧୬।
ଅନନ୍ତ ତୁରଙ୍ଗ ଲୀଳା ହେବ ଅବା କେତେ ତୁଳା
ମତ୍ତ ଖଞ୍ଜନ କୁରଙ୍ଗୀ କାହିଁ ପାଇଲେ ସେ ଭଙ୍ଗୀ ।୧୭।
ଯେଉଁ ଭଙ୍ଗୀ ଅନୁସରି ଭୃଙ୍ଗ କମଳେ ବିହରି
ନୀଳୋତ୍ପଳେ ବାତେ ଚଳେ ଇଚ୍ଛାରେ ଭୁଜଙ୍ଗ ଖେଳେ ।୧୮।
ଚହିଁକି ସନ୍ତୋଷ ହେବି ସରୁ ଚୁମ୍ବନ ମୁଁ ଦେବି।
ନେବ ମୁଖ ଆଢ଼େ କରି ତନୁରେ ପୁଲକ ଭରି ।୧୯।
ସୁବର୍ଣ୍ଣ ପନସ ସମ ଦିଶୁଥିବ ମନୋରମ
ଭାଳିବି ପକାଇ ହୃଦେ କି କାର୍ଯ୍ୟ ଇନ୍ଦ୍ରର ପଦେ ।୨୦।
ଏମନ୍ତ ଭାବନା ବେଳେ ମାଳାକାର ନାରୀ ମିଳେ
ବହିଛି ଫୁଲ ଚନ୍ଦନ ପ୍ରୀତିଯୁକ୍ତ ବାଣୀମାନ ।୨୧।
ଶୁକ ଯେ ଦେଲା ଚିହ୍ନାଇଁ ଆନନ୍ଦେ ପୁଂସ ଅନାଇଁ
ଶୋଭା ସେ ଚନ୍ଦନ ଫୁଲେ ଅଙ୍ଗକୁ କଲା ଚପଳେ ।୨୨।
ବୋଇଲା ଏ ଦ୍ରବ୍ୟେ କର ଜୀବନ ପ୍ରଭୁର ମୋର
ଲାଗିଥିବାରୁ ଶୀତଳ କରିବି ବିରହାନଳ ।୨୩।

ଶବ୍ଦାର୍ଥ- (୧୩) ଅଙ୍କ-କୋଳ, ପଲ୍ୟଙ୍କ-ପଲଙ୍କ/ ଖଟ, ଅବନୀ ଶିରୀ-ପୃଥିବୀ ଭୂଷଣ, (୧୫) ସନ୍ଦର୍ଭ-ଶ୍ରେଷ୍ଠ, ମୁକୁର-ଦର୍ପଣ, (୧୬) ନେତ୍ରାନ୍ତରେ-ଚକ୍ଷୁ କୋଣରେ, ତୁରଙ୍ଗ-ଘୋଡ଼ା, କୁରଙ୍ଗୀ-ହରିଣୀ, ଖଞ୍ଜନ-କଜଳପାତି, (୧୮) ନୀଳୋତ୍ପଳ-ପଦ୍ମ, ବାତ-ପବନ, (୧୯) ତନୁ-ଶରୀର, ଭୃଙ୍ଗ-ଭ୍ରମର, (୨୦) ପନସ-ପଣସ, (୨୨) ଚପଳ-ଚଞ୍ଚଳ।

ନୋହିଲେ ଏ ଦ୍ରବ୍ୟମାନେ ଦହୁଥିଲେ ନିଶି ଦିନେ
ଚତୁରା ହସିଲା ହୋଇ ମଧୁରେ ଭାଷିଲା ତହିଁ ।୨୪।
ଏହି ବଚନରେ କିଣି ପକାଇଲା ରାମାମଣି
ସୂଚିଶରେ ଭେଦ ମାର ଗୁଣବନ୍ତ ମାଳାକାର ।୨୫।
ଏ ବିଧିରେ ନିତି ନିତି ବୃଦ୍ଧି ହେଲା ବେନି ପ୍ରୀତି
ଶୁଣିମା ଏଥି ଉତ୍ତାରୁ ମହାଦେବୀଙ୍କ ଆଜ୍ଞାରୁ ।୨୬।
ମାତାମହୀ ପୁରୁ ଆସି ଥିଲା ସେ ଜରତା ଦାସୀ
କଉତୁକୀ ନାମ ତାର ପରିହାସ ସ୍ୱଭାବର ।୨୭।
ବଶୀକରଣାଦି ବିଧି ଜାଣଇ ନାନା ଔଷଧି
ଜେମାପୁରକୁ ଗମନ କହଇ ଯତ୍ନ ବିଧାନ ।୨୮।
ସଖୀମାନଙ୍କୁ ବସାଇ ହେଳା କଥା ନ କୁହଇ
ଜେମା କ୍ଷୀଣ କଳେବର ଅତି ବଳିଆର ବର ।୨୯।
ସଙ୍ଗେ କେହି ବିହରିବ ଏମନ୍ତ ତୁମ୍ଭେ କରିବ
ଦେବ ଶିତା ମେଥି କ୍ଷୀରେ ନିତି ପ୍ରଭାତ କାଳରେ ।୩୦।
ବିଦର୍ଯ୍ୟା ଚୂର୍ଣ୍ଣ ଦିବସେ ରବିକରେ ଥୋଇ ତୋଷେ
ମଧୁ ନବନୀତ ଯୁକ୍ତେ ଅଶନକୁ ଦିଅ ରାତ୍ରେ ।୩୧।
ମନ୍ତ୍ରିଜା ବୋଇଲା ଶୁଣି ଶାଣେ କ୍ଷୀଣ ହେଲେ ମଣି
ଶୋଭା କି ତୁଟାଇ ତାର ମନରେ କର ବିଚାର ।୩୨।
ଗଜ ବଳବନ୍ତ ହୋଇ ଅଙ୍କୁଶ କି ନ ମାନଇ
ଶଶୀ କ୍ଷୀଣ ଯେ ହୁଅଇ କଳା ତା ବୃଦ୍ଧି କରଇ ।୩୩।
ପ୍ରଥମା ବୋଇଲା ତେବେ ଏମନ୍ତ କର ଗୋ ଏବେ
ଖଡ୍‌ଗ ସାଧନା ବଶର କର୍କଶ ବଲ୍ଲଭ କର ।୩୪।
ତିଳତୈଳ ଡାଳିମ୍ବର ରସଯୁକ୍ତ ତହିଁ କର
କାର୍ପାସ ତୁଳାଯେ ଦେବ ଉରଜ କଠିନ ହେବ ।୩୫।

---

୨୫) ସୂଚିଶରେ-ସୂକ୍ଷ୍ମଶରରେ, ମାଳାକାର-ମାଳୀ, (୨୭) ମାତାମହୀ-ଆଈ, ଜରତା-ବୃଦ୍ଧା,(୨୯) କଳେବର-ଶରୀର, (୩୦) ଶୀତା-କନ୍ଦ, (୩୧) ବିଦର୍ଯ୍ୟାଚୂର୍ଣ୍ଣ-ଅଳାଇଚ ଚୂର୍ଣ୍ଣ, ମଧୁ-ମହୁ, ନବନୀତ-ଲହୁଣି, ଅଶନ-ଭୋଜନ, (୩୨) ଶାଣେ-ଶାଣ ଦିଆ ଯନ୍ତ୍ର, (୩୩) ଶଶୀ-ଚନ୍ଦ୍ର, (୩୪) ବଲ୍ଲଭକର-ସ୍ୱାମୀହସ୍ତ, (୩୫) ତିଳ-ରାଶି, କାର୍ପାସ-କପା, ଉରଜ-ସ୍ତନ।

ଦ୍ୱିତୀୟା ବୋଇଲା ଶୁଣ ଯେଉଁ ଉରଜ କଠିନ
କମଠ ପୃଷ୍ଠ ସ୍ୱଭାବ ମେରୁ ଗର୍ବ କରେ ଖର୍ବ ।୩୬।
କାହିଁକି ଏହା କରିବା ନାୟକ କର ପୀଡ଼ିବା
ପ୍ରଥମା ବୋଇଲା ଶୁଣି ଏମନ୍ତ କର ଗୋ ପୁଣି ।୩୭।
ଗନ୍ଧ-ଉତ୍ପଳ ବିଡ଼ଙ୍ଗ କଟୁ ତୈଳ କର ସଙ୍ଗ
ଲେପନ କେଶେ କରିବ ଅତ୍ୟନ୍ତ କୁଟିଳ ହେବ ।୩୮।
ସୈନ୍ଧବ ପିପ୍ପଳୀ ନେଲୀ ଚୂରିବାସେ ଛାଣି ଦଳି
ଲେପନ କେଶେ କରିବ ଅତ୍ୟନ୍ତ ପ୍ରଳମ୍ବ ହେବ ।୩୯।
ଦ୍ୱିତୀୟା ବୋଇଲା ଭଲ କୁଟିଳ ପ୍ରଳମ୍ବ ବାଳ
ନଦୀ ଲହରୀ ଗ୍ରମରେ ବିବନ୍ଧ କାଳେ ଧିକ୍କାରେ ।୪୦।
ବନ୍ଧନେ ଜଗତ ଜନ ମନ କରଇ ବନ୍ଧନ
କି ହୋଇ ଅଧିକାରେ ବିଚ୍ଚର କର ମନରେ ।୪୧।
ପ୍ରଥମା କଲା ଉତ୍ତର ମୁଖବାସକୁ ବିଚ୍ଚର
ଜାତିଫଳ ନାଗେଶ୍ୱର ଗୁଡ଼ତ୍ୱକ ଘନସାର ।୪୨।
ଅଳାଇଚ ନଖୀ ଭରି ପାନେ ଦିଅ ବିଡ଼ି କରି
ଦ୍ୱିତୀୟା ବୋଲେ କି କାର୍ଯ୍ୟ ଯଉଁ ଲପନ ଅମ୍ବୁଜ ।୪୩।
ଶ୍ରୀକୃଷ୍ଣ ପଦ ତୁଳସୀ ପଲ୍ଲବ ପରାୟ ବାସି
ଆଘ୍ରାଣେ ପରମାନନ୍ଦ ଲଭିବ ପୁଂସ ମିଳିନ୍ଦ ।୪୪।
ପୁଣି ଯେ ପ୍ରଥମା ଭାଷେ ଶ୍ରମେ ସ୍ୱେଦ ଗନ୍ଧ ନାଶେ
କର ଏହି ଉପଚ୍ଚର ଚନ୍ଦନ ନାଗକେଶ୍ୱର ।୪୫।
ଅଭୟା ହରିଦ୍ରା ସଙ୍ଗେ ଲେପନ କର ଗୋ ଅଙ୍ଗେ
ଦ୍ୱିତୀୟା ବୋଲେ କି କହ ଯେଉଁତନୁ ମହ ମହ ।୪୬।

ଶବ୍ଦାର୍ଥ- (୩୬) କମଠ-କଇଁଛ, ଖର୍ବ-କ୍ଷୁଦ୍ର, (୩୮) ଗନ୍ଧଉତ୍ପଳ-ଗନ୍ଧପଦ୍ମ, ବିଡ଼ଙ୍ଗ-ଔଷଧଗୁଳ୍ମ ବିଶେଷ, କଟୁ-କଟୁକୀ ଲତା, କୁଟିଳ-କୁଞ୍ଚିକୁଞ୍ଚିଆ, (୩୯) ଲେପନ-ଲଗାଇବା, (୪୦) ପ୍ରଳମ୍ବ-ଲମ୍ବା, ବିବନ୍ଧ-ମୁକୁଳା, (୪୨) ଜାତିଫଳ-ଜାଇଫଳ, ମୁଖବାସ-ମୁହଁ ବାସିବା ଦ୍ରବ୍ୟ, ଘନସାର-କର୍ପୂର, (୪୩) ନଖୀ-ସୁଗନ୍ଧ ଦ୍ରବ୍ୟ, ଲପନ-ମୁଖ, ଅମ୍ବୁଜ-ପଦ୍ମ, ପଲ୍ଲବ-କୋମଳ ପତ୍ର, ମିଳିନ୍ଦ-ଭ୍ରମର, ସ୍ୱେଦ-ଝାଳ, (୪୬) ଅଭୟା-ହରିଡ଼ା, ହରିଦ୍ରା-ହଳଦୀ, (୪୭) ଦୁର୍ବାସନା-ଦୁର୍ଗନ୍ଧ, କସ୍ତୁରୀଗନ୍ଧା-କସ୍ତୁରୀ ପରି ସୁବାସ, ବନିତା-ଯୁବତୀ, ଗନ୍ଧର୍ବସତ୍ୱା-ଦେବଯୋନି ସମ୍ଭୂତା, ଗନ୍ଧର୍ବ ଜାତୀୟା (୪୪) ପରମାନନ୍ଦ-ଖୁସି, (୪୫) ନାଗକେଶ୍ୱର-ନାଗେଶ୍ୱର

ପଦ୍ମ ପ୍ରାୟ ବାସୁଥାଇ ତହିଁ ଦୁର୍ବାସନା କାହିଁ
କସ୍ତୁରୀଗନ୍ଧା ବନିତା ସ୍ୱଭାବେ ଗନ୍ଧର୍ବସତ୍ୱା ।୪୭।
ଯା ଅଙ୍ଗ ଗଉର ଝଳି ନ ଯାଇଅଛି ବିଜୁଳି
ଏଣୁ ଲକ୍ଷଣ ବିଚାରି କହି ଗଇରିକ ଗୋରୀ ।୪୮।
କଥାରେ ନ ପାରି ଜିଣି ପ୍ରଥମା ଏମନ୍ତ ଭଣି
ନବୀନ ଯୁବତୀ ଏହି ରତିଭାବ ଜାଣି ନାହିଁ ।୪୯।
କାମଶାସ୍ତ୍ର ପୋଥି ହସ୍ତେ ଦିଅ ଝୁଲୁଥାଉ ନିତ୍ୟେ
ବନ୍ଧଚିତ୍ର ଭିତ୍ତି ନାହିଁ ବସିବା ଶୋଇବା ତହିଁ ।୫୦।
ପ୍ରତିକ୍ଷଣେ କରୁଥାଉ କୁସୁମେ ସମୟେ ନେଉ ।
ଶୁଣି ଅପରା ହସିଲା ସଧୀରେ ବାଣୀ ଭାଷିଲା ।୫୧।
ଶିଖୀ ଚିତ୍ରହଂସ ଶ୍ୱେତ କେ କରିଅଛି ଘେନ ଚିତ୍ତ
ଯାହା ପଢ଼ାଇଲା ସାରୀ ସ୍ମରଶାସ୍ତ୍ର ଅର୍ଥ କରି ।୫୨।
ତା ହାତେ ପୋଥି ଦେବାକୁ ଶୁଣିଲଇଁ ଅଭାଗ୍ୟକୁ
ଶୁଣି ସେ ହୋଇ ମଉନ ଚଳିଲା ରାଣୀ ସଦନ ।୫୩।
ଶ୍ୟାମକମଳ ଶ୍ୟାମଳ କପଟ କମଳ ବାଳ
ଉପଇନ୍ଦ୍ର ବୀରବର ଚିନ୍ତେ ଚିତ୍ତେ ନିରନ୍ତର ।୫୪।

ଶବ୍ଦାର୍ଥ- (୫୦) ବନ୍ଧଚିତ୍ର ଭିତ୍ତି-ଯେଉଁ କାନ୍ଥରେ ବନ୍ଧ ସବୁ ଚିତ୍ରିତ ହୋଇଥାଏ, (୫୨) ଶିଖୀ-ମୟୂର, ସ୍ମରଶାସ୍ତ୍ର-କାମଶାସ୍ତ୍ର, ଶ୍ୱେତ-ଧଳା, (୫୩) ରାଣୀ ସଦନ-ରାଣୀହଂସପୁର, (୫୪) ଶ୍ୟାମ-ନୀଳ, କମଳବାଳ-ମୃଗ ଚାମର ପରି ବାଳ।

ତ୍ରିଂଶ ଛାନ୍ଦ

ଲାବଣ୍ୟବତୀର ବିବାହ ବର୍ଣ୍ଣନା

(ରାଗ- କଳଶା)

ଏଥୁ ଅନନ୍ତରେ ଶୁଣ ସୁବୁଦ୍ଧି କଳାପ
ଭୃତ୍ୟ ନିର୍ମାଣିଲେ ଛାୟା ମଣ୍ଡପ ମଣ୍ଡପ ହେ ।୧।
ଛାୟା ମଣ୍ଡପ ବେଢ଼ିଲା ପରି ପରିବାରୀ
ମଣ୍ଡପ ଯେମନ୍ତେ ତହିଁ ପ୍ରଧାନ ସୁନ୍ଦରୀ ଯେ ।୨।
ସେ ତମାଳଶାଖାକେଶୀ ଏ ଚାମରକେଶୀ
ସେ ପୁଷ୍ପଗୁଚ୍ଛରେ ଏ ମୁକୁତାଗୁଚ୍ଛେ ହସି ଯେ ।୩।
ସେ ନାରୀକେଳ ଉରଜ ଏ କଳସସ୍ତନୀ
ସେ ଦନ୍ତକମନୀୟା ଏ ହୀରକବଦନୀ ଯେ ।୪।
ସେ ପଲ୍ଲବ ଅଧରୀ ଏ ବିଦ୍ରୁମ ଅଧରୀ
ସେ ପତନୀ ବାସେ ଶୋଭା ଏହା ବାସ କରି ଯେ ।୫।
ସେ କସ୍ତୁରୀଚିତ୍ରକେ ଏ ମିହ୍ନାଚିତ୍ରେ ଶୋହି
ସେ ବ୍ୟଜନେ ରଞ୍ଜନ ଦର୍ପଣ ମୁଖୀ ଏହି ଯେ ।୬।
ଏମନ୍ତ ଦେଖି ସିଂହଳପତି ତୋଷଭର
କଥନୀୟ ନୁହଇ କି ଭିଆଣ ସମ୍ଭାର ଯେ ।୭।
କେତେଦିନ ପରବେଶ ଶ୍ରୀହରି ବାସର
ଉତ୍ସବେ ଅତି ଉତ୍ସୁକ ହେଲେ ନାରେଶ୍ୱର ଯେ ।୮।
ପ୍ରତିଦ୍ୱାରେ ରମ୍ଭାତରୁ ଦିବ୍ୟ ତ୍ରୋଣମାନ
ରମ୍ଭାପରି ବାରନାରୀ ମଙ୍ଗଳ ଗାୟନ ଯେ ।୯।

ଶବ୍ଦାର୍ଥ- (୧) କଳାପ-ସମୂହ, ପରିବାରୀ-ପୋଇଲି, (୫) ପଲ୍ଲବ ଅଧରୀ-କୋମଳପତ୍ର ପରି ଅଧର, ବିଦ୍ରୁମ-ପୋହଳା, ପତନୀ-ପାଟ, (୬) ମିହ୍ନା-ଜଳପାତ୍ର, ବ୍ୟଜନ-ବିଞ୍ଚଣା, (୮) ଶ୍ରୀହରି ବାସର-ଏକାଦଶୀ, ପୂର୍ଣ୍ଣିମା, (୯) ରମ୍ଭାତରୁ-କଦଳୀ ଗଛ, ତ୍ରୋଣ-ତୋରଣ।

ପ୍ରଦୋଷ ନାଶରେ କଲେ ଗନ୍ଧକ୍ଷଣ ବିଧି
ଭୂଦେବନନ୍ଦିନୀ ସାତ ପାଟବସ୍ତ୍ର ପିନ୍ଧି ହେ ।୧୦।
ନାପିତୀ ନୂତନସୂର୍ପ ରୋପି ନାରିକେଳ
ନବଚେଳ ପ୍ରଦୀପ ବଦରୀ ଦୂର୍ବାଦଳ ଯେ ।୧୧।
ଘେନି ବାହାରିଲେ ଉଚ୍ଚେ ହୁଳହୁଳି ଦେଇ
ଗୀତ ଇଚ୍ଛା ସୁଖେ ବୀଣା କି ଅବା ବାଜଇ ଯେ ।୧୨।
ବାଜଇ ବିବିଧ ବାଦ୍ୟ ଦେବୀ ଗନ୍ଧକ୍ଷିଲେ
ସପତଗୃହ ବୁଲିଣ ସଲିଳ ତୋଳିଲେ ଯେ ।୧୩।
ବର ନବରକୁ ଯାଇଁ କଲେ ଗନ୍ଧକ୍ଷଣ
ସେହି ସଙ୍ଗେ ବରଦାସୀ ବଜାଇ ଘୋଷଣ ଯେ ।୧୪।
ଆସି କନ୍ୟା ମନ୍ଦିରେ ହୋଇଲେ ପରବେଶ
ଗନ୍ଧକ୍ଷିଲେ ଦେଇ ଭୂଷା ଗନ୍ଧିପୁଷ୍ପ ବାସ ଯେ ।୧୫।
ବାହୁଡ଼ିଲେ ଯାଇ ସେ ପୁରେ କଥା ପରସ୍ପରେ
ଏମନ୍ତ ସୁନ୍ଦରୀ ଥିଲା ଜନମି ସଂସାରେ ଯେ ।୧୬।
ଚନ୍ଦ୍ରମୁଖେ ନୟନଯୁଗଳେ ଦେଲେ ଚାହିଁ
ଶିଶୁକୁରଙ୍ଗ ଯେମନ୍ତେ ପରତେ ହୁଅଇ ଯେ ।୧୭।
ଡୋଳଭୃଙ୍ଗ ଚଳି ଅନାଇଲେ ସେ ବଦନ
ବିକାଶ ସାରସ ପରା ଦିଶେ ଶୋଭାବନ ହେ ।୧୮।
ଦୁହିଁଙ୍କି ଏକାବେଳେ ଚାହିଁଲେ ଏସନ
ମୋହନ ପାଶରେ ପଡ଼ି ଚଞ୍ଚଳ ଖଞ୍ଜନ ଯେ ।୧୯।
ଲାବଣ୍ୟସରରେ ମୀନ ଖେଳିଲାର ପରି
ପ୍ରଧାନ ଲାବଣ୍ୟବତୀ ତ୍ରିଭୁବନଶିରୀ ଗୋ ।୨୦।

ଶବ୍ଦାର୍ଥ- (୧୦) ପ୍ରଦୋଷ-ସନ୍ଧ୍ୟା, ଭୂଦେବ-ବ୍ରାହ୍ମଣ, (୧୧) ନାପିତୀ-ଭଣ୍ଡାରୁଣୀ, ନୂତନ ସୂର୍ପ-ନୂଆ କୁଲା, ନାରିକେଳ-ନଡ଼ିଆ, ନବଚେଳ-ନୂଆଲୁଗା, ପ୍ରଦୀପ-ଦୀପ, ବଦରୀ-ବରକୋଳି ପତ୍ର, ଦୂର୍ବାଦଳ-ଦୂବ, (୧୩) ଗନ୍ଧକ୍ଷିଲେ-ଗନ୍ଧାଦି ଦ୍ରବ୍ୟରେ ମାର୍ଜନା କଲେ, ଗନ୍ଧକ୍ଷଣ-କର୍ମବିଶେଷ, (୧୭) ଶିଶୁକୁରଙ୍ଗ-ଶିଶୁମୃଗ, (୧୮) ବିକାଶ ସାରସ-ବିକଶିତ ପଦ୍ମ, (୧୯) ଖଞ୍ଜନ-କଜଳପାତି, (୨୦) ଲାବଣ୍ୟରସର-ସୌନ୍ଦର୍ଯ୍ୟ ପୁଷ୍କରିଣୀ।

ଦାସୀ କଥା ହେବାକୁ କୁମର ସାବଧାନ
ତାକୁ ମୁଁ ପାଉଛି ବୋଲି ଉଲ୍ଲସାଇ ମନ ଯେ ।୨୧।
କନ୍ୟାପୁରେ ଦ୍ୱିଜନାରୀ କଥା ପରସ୍ପରେ
ନଥିଲା ତ ଫୁଲଶର କନ୍ଦର୍ପ ହସ୍ତରେ ଗୋ ।୨୨।
କାହାକୁ ପ୍ରହାରିଛି କି ତେବେ ଥାନ୍ତା ଚାପ
ନୋହିଲେ ଦହିତ କି କରିଛି ହର କୋପ ଗୋ ।୨୩।
ଜଣେ ବୋଇଲା ସେ ଅଛି ନ ପାରିଲୁ ଦେଖି
ଧନୁଶର ନାମଟି ହୋଇଛି ଭୂରୁ ଆଖି ଗୋ ।୨୪।
ଉମାକାର୍ଯ୍ୟେ ଯାଇ ପାଇଥିଲା ଅପଯଶ
ଏଣୁ ରାମା ନାଶରେ କି ଅଛି ପଉରୁଷ ଗୋ ।୨୫।
ନୃପସୁତା ଚତୁରୀ ଉତ୍ତରିଲା ଯୁକତେ
ମଲାଇଁଟି ଯେତେ ନବବୟସୀ ଜଗତେ ଗୋ ।୨୬।
ଏମନ୍ତେ କଥା ଶ୍ରବଣେ ସୁନ୍ଦରୀ ଉନିଦ୍ର
ସେ ମୋ ପ୍ରଭୁ ଭାବି ବଢ଼େ ଆନନ୍ଦ ସମୁଦ୍ର ଯେ ।୨୭।
ଏମନ୍ତେ ରଜନୀ ଶେଷ ସମୟରେ ତହିଁ
କୋକିଳସ୍ନାନ ସେ ବର କନ୍ୟାକୁ କରାଇ ଯେ ।୨୮।
ଦଧିଗୁଡ଼ ଭକ୍ତ ଭୁକ୍ତ ଅନୁରକ୍ତ ବଶେ
କନ୍ୟା ଲବଣଚଉରୀ ପୂଜିଲା ହରଷେ ଯେ ।୨୯।
ଚଉଁରୀ ନୋହେ କରିଛି ଗଉରୀକି ସେବା
ପୁରୁଷ ଈଶ୍ୱର ସଙ୍ଗମକୁ ମୋତେ ଦେବା ଗୋ ।୩୦।
ଦଣ୍ଡେ ଏ ବିଳମ୍ବ ନୋହୁ ବେଗେ ହେଉ ଇଚ୍ଛା
ବୈଦ୍ୟ ଯଥା ମନାସିଲା ବ୍ୟାଧିମନ୍ତ ବାଞ୍ଛା ଗୋ ।୩୧।
ଏ ସମୟେ ପରବେଶ ନୃପତି ନନ୍ଦନ
ବିବିଧ ବାଦ୍ୟନାଦରେ ଦୁଆରେ ସଘନ ଯେ ।୩୨।
ସିଂହଳେଶ ଜ୍ୟୋତିଷ କହିଲା ଏହି କାଳ
ପ୍ରବେଶ ହେଲାଟି ବିଭା ଅନୁକୂଳ ବେଳ ହେ ।୩୩।

ଶବ୍ଦାର୍ଥ- (୨୪) ଭୂରୁ-ଆଖିପତା, (୨୭) ଉନିଦ୍ର-ଉଜାଗର, (୨୮) କୋକିଳ ସ୍ନାନ-କୋଇଲି ବୁଡ଼, (୨୯) ଦଧି-ଦହି, ଭକ୍ତ-ଭାତ, ଭୁକ୍ତ-ଖାଇବା।

ମୀନକେତୁ ନାମ କୁମରକୁ ପଠିଆଇ
ଅଣାଇଲେ ସରଣୀବରଣୀ କରି ତହିଁ ଯେ ।୩୪।
ଜ୍ୟେଷ୍ଠ ଶୁକଳ ଦ୍ୱାଦଶୀ ସୋମବାର ହୋଏ
ସଂକ୍ରାନ୍ତି କାଳକୁ ଭୋଗ ଦିବସ କୋଡ଼ିଏ ଯେ ।୩୫।
ସ୍ୱାତୀ ତାର ତୁଳଚନ୍ଦ୍ର ଶୁଭ ନାମେ ଯୋଗ
ସେଦିନ ବେଳାର ଷଡ଼ଘଡ଼ି ହୋଏ ଭୋଗ ଯେ ।୩୬।
ରବି ବୁଧ ଶୁକ୍ର ମିଥୁନରେ ହୋଏ ସ୍ଥିତି
କକଡ଼ା ଲଗ୍ନର ମଗ୍ନ ଉଚ୍ଚେ ବୃହସ୍ପତି ଯେ ।୩୭।
ଚନ୍ଦ୍ର କେତୁବର୍ତ୍ତୀ ତୁଳେ ଶନିଶ୍ଚର ମୀନେ
ମଙ୍ଗଳ ମଙ୍ଗଳ ତାର ତୃତୀୟରେ କନ୍ୟେ ଯେ ।୩୮।
ସ୍ୱର୍ଭାନୁ ମକରେ କରେ ବିଳାସକୁ ତୋଷେ
ଏହିକାଳେ ବର ବିଭା ମଣ୍ଡପରେ ବସେ ଯେ ।୩୯।
ସ୍ୱରଶଙ୍ଖ ବାଜେ ଅସଂଖ୍ୟ ମାଧୁରୀ
ଘଣ୍ଟ ପହଟ କଂସାଳ ତାଳ ତୂରୀ ଭେରୀ ଯେ ।୪୦।
କର୍ଣ୍ଣାଳ କାହାଳ ବିଜିଘୋଷ ବେଣୁ ଚମ୍ପା
ମୁରଜ ଡିଣ୍ଡିମ ଦୁନ୍ଦୁଭିରେ ମହୀ କମ୍ପା ଯେ ।୪୧।
ବୀଣା ରବା ତାଳ ତାଳ ମୃଦଙ୍ଗ ମର୍ଦ୍ଦଳ
ସ୍ୱରମଣ୍ଡଳ ଅମୃତ ବାଏ ଗୁଣିକୁଳ ଯେ ।୪୨।
ଗଣକଗଣ ମଙ୍ଗଳାଷ୍ଟକ ପଢୁଛନ୍ତି
ମଙ୍ଗଳଗୀତି ଗାବନ୍ତି ଗଣିକାଯୁବତୀ ଯେ ।୪୩।
ବନ୍ଦିବୃନ୍ଦ ବନ୍ଦନା କରନ୍ତି ଅତି ଉଚ୍ଚେ
ବେନିକୁଳ ପୁରୋହିତ ବସି କର୍ମେ ରଚେ ଯେ ।୪୪।
ଏକାଳେ ମୁଖଡିଣ୍ଡିମ ଶୁଭେ ଅନ୍ତଃପୁରେ
କୁମାର ବିଘ୍ନରେ ମାର କି ମୋ ମରଣରେ ଯେ ।୪୫।
ଧନୁର୍ଗୁଣ ଟଙ୍କାରି ସରୋଷେ ଆସୁଅଛି
ବାଳା ସାହା ହେବାର କି ଜାଣିନାହିଁ କିଛି ଯେ ।୪୬।

ଶବ୍ଦାର୍ଥ- (୩୪) ମୀନ କେତୁ-ସିଂହଳ ରାଜପୁତ୍ର, ସରଣୀ ବରଣୀ-ବାଟ ବରଣ, (୩୯) ସ୍ୱର୍ଭାନୁ-ରାହୁ, (୪୦) ସ୍ୱରଶଙ୍ଖ-ହୁଳହୁଳି, ପହଟ-ବାଦ୍ୟବିଶେଷ, ତୂରୀ-ବାଜାବିଶେଷ, (୪୧) ଦୁନ୍ଦୁଭି-ବାଦ୍ୟବିଶେଷ, (୪୨) ସ୍ୱର ମଣ୍ଡଳ-ସ୍ୱରସମୂହ, (୪୪) ବନ୍ଦିବୃନ୍ଦ-ସ୍ତାବକ ଗଣ, (୪୫) ମୁଖ ଡିଣ୍ଡିମ-ହୁଳହୁଳ।

ଏ ସମୟେ ପରିଚାରୀ ବାରିଜଗନ୍ଧାକୁ
ଲବଣଚଉଁରୀ ଅର୍ଥେ ଆଣିଲେ ସେଠାକୁ ଯେ ।୪୭।
ଅନ୍ତରପାଟ ଅନ୍ତରେ ତରଳାକ୍ଷୀ ରହି
ତରଳ ନୟନ ଅନ୍ତେ ବଲ୍ଲଭକୁ ଚାହିଁ ଯେ ।୪୮।
ଲବଣ ତଣ୍ଡୁଳ ସହ ପୁରୁଷକୁ ମାରି
ବିଦ୍ୟୁ ପ୍ରାୟ ବାହୁଡ଼ିଲା ଚଞ୍ଚଳ ଚତୁରୀ ଯେ ।୪୯।
ଉଚ୍ଚାଟ ମନ୍ତ୍ରଧୂଳିକି ପକାଇ ଯେ ଯୁବା-
ଚିତ୍ତ ଧରି ପଣନ୍ତରେ ବାନ୍ଧି ନେଲା କିବା ଯେ ।୫୦।
କୃଶକଟୀକି ପାଛୋଟି ଯାଅ ବୋଲି ମନ
ପଠାଇଦେଲା କି ବା ରସିକରତନ ଯେ ।୫୧।
ବହୁତ ବିନୟ ହୋଇ କହୁଛି ସେ ତାକୁ
ବିଳମ୍ବ ନ କରି ଘେନିଆସ ବନିତାକୁ ଯେ ।୫୨।
ବରକନ୍ଧ ଯଜ୍ଞୋପବୀତକୁ ଏହିକାଳେ
କନ୍ୟାପାଶେ ନିରୋପଣ ଦ୍ୱିଜମାନେ କଲେ ଯେ।୫୩।
ଚତୁରୀ ଯେ ବିଚାରିଲା ଆସିଛନ୍ତି ନେଇ
ଆପଣା ବ୍ୟାଜରେ ଯଜ୍ଞୋପବତୀକୁ ଦେଇ ଯେ ।୫୪।
ସେହିକ୍ଷଣି ରଙ୍ଗେ ଯେ କୁରଙ୍ଗେକ୍ଷଣୀ ବିଜେ
ବେଢ଼ିଛନ୍ତି ଚଉପାଶେ ସଜନୀ ସମାଜେ ଯେ ।୫୫।
ସୁବେଶିତ ବେଶ ବିଧି ନୋହିଲାଇଁ କହି
ଅଳଙ୍କାର ଅଳଙ୍କାର ଯେଣୁ ଚନ୍ଦ୍ରମୁହିଁ ଯେ ।୫୬।
ଧୀରେ ବିଭାମଣ୍ଡପେ ପ୍ରବେଶ ଆସି ହେଲା
ବାମ ଦକ୍ଷିଣ ବିଚାରି ନ ବସଇ ବାଳା ଯେ ।୫୭।
ବାମଦେବ ବାମ ବାମଅଙ୍ଗୁ ଅଛି ହୋଇ
ସତ ନ ବଳଇ କେହି ବାମ ହେବି ମୁହିଁ ଯେ ।୫୮।

ଶବ୍ଦାର୍ଥ- (୪୭) ବାରିଜଗନ୍ଧା-ପଦ୍ମଗନ୍ଧା, (୪୮) ଅନ୍ତରପାଟ-ପାଟ ବସ୍ତ୍ରର ଅନ୍ତରାଳରେ, ତରଳାକ୍ଷୀ-ଚଞ୍ଚଳ କ୍ଷଣା, (୪୯) ତଣ୍ଡୁଳ-ଚାଉଳ, (୫୨) ବନିତା-ଯୁବତୀ, (୫୩) ଯଜ୍ଞୋପବୀତ-ପଇତା, ନିରୋପଣ-ଲଗାଇବା, ବ୍ୟାଜ-ଛଳ, (୫୫) ରଙ୍ଗେ-ଭଙ୍ଗୀରେ, କୁରଙ୍ଗେକ୍ଷଣୀ-ମୃଗନୟନୀ, (୫୬) ଅଳଙ୍କାର-ଅଳଙ୍କାର, ବୃଥା କାର୍ଯ୍ୟ, (୫୮) ବାମଦେବ-ଶିବ, ବାମ-ଶତ୍ରୁ, ବାମଦେବ ବାମ-ଶିବଙ୍କ ଶତ୍ରୁ (କନ୍ଦର୍ପ)।

ଏ ବିଚାର କଲା ଭାବି ପୁରୋହିତ ସୁତ
ବିଧାତା ବିଧାନ ଶ୍ଳୋକ ପଢ଼ିଲା ତ୍ୱରିତ ସେ ।୫୯।
ଶ୍ରବଣେ, ବସିଲା ବର ସମୀପେ ବନିତା
ପୁରୁଷ ଘେନିଲା ଏତ ପରମପଣ୍ଡିତା ଯେ ।୬୦।
ବେଦୋକ୍ତ ମନ୍ତ୍ର ବିଧିରେ ଆରମ୍ଭିଣ କର୍ମ
କ୍ରମରେ ଉଦିତ କଲେ କାନ୍ତା କାନ୍ତ ନାମ ଯେ ।୬୧।
ବଶିଷ୍ଠ ଅରୁନ୍ଧତୀ ଶ୍ରୀରାମ ସୀତା ପରି
ଶିବ ପାର୍ବତୀ ଏ ଲକ୍ଷ୍ୟ ସମାନକୁ କରି ଯେ ।୬୨।
ଦ୍ୱିଜେ ବିଙ୍ଗେ ନାରିକେଳ ବାଦୀ ଯେଣେ ସ୍ତନେ
ବିଚାରିଣ ନିବେଶିଲେ ତାହାକୁ ଦହନେ ଯେ ।୬୩।
ମଧୁଶଯ୍ୟା କାଳରେ ଯେ ତେଜ୍ୟା କରିବାକୁ
ଲାଜା ହୋମ ନ କଲେଟି ଦହିବେ ଲଜ୍ଜାକୁ ଯେ ।୬୪।
କାନ୍ତା କାନ୍ତ କରପଦ୍ମ କୋକନଦ ଶିରୀ
ଚୋରି କରିଥିଲେ ବୋଲି କୁଶବନ୍ଧ କରି ଯେ ।୬୫।
ପରାଭବ ଅନ୍ତେ ଦ୍ୱିଜସୁତ ଫେଡ଼ି ଦେଲା
ମନୋଭାବ ପରାଭବ ଯାହା ହେଉଥିଲା ଯେ ।୬୬।
ଛୁଆଇଁଲେ କୁମାରକୁ କୁମାରୀ ଚରଣ
ମନ୍ମଥ ଭୟରୁ ନିଶ୍ଚେ ପଶିଲା ଶରଣ ଯେ ।୬୭।
କମ୍ବୁରେ ଅମ୍ବୁ ତୋଳିଣ ଦେଲା କନ୍ୟା ତାତ
କଣ୍ଠକୁ ସମାନ ନୋହି କି ଅନ୍ୟ ରୋହିତ ଯେ ।୬୮।
ବିଭାବିଧି ଶେଷ ଯହୁଁ ହେଲା ଏ ବିଧିରେ
ବର କନ୍ୟା ଘେନି ଗଲେ ଅବରୋଧ ପୁରେ ଯେ ।୬୯।
ଆଜ ଯୁତ ହେବେ ବେନି ଏ ବ୍ୟାଜରେ ତହିଁ
ଯୁତ ଖେଳାଇ ସ୍ୱର୍ଣ୍ଣ ବରାଟିକା ଦେଇ ଯେ ।୭୦।

ଶବ୍ଦାର୍ଥ- (୬୪) ଲାଜାହୋମ-ହୋମଲିଆ, (୬୫) କୋକନଦ-ରଙ୍ଗକଇଁଫୁଲ, କୁଶବନ୍ଧ-କୁଶ ରଜ୍ଜୁରେ ବରକନ୍ୟାଙ୍କ ହାତ ବନ୍ଧନ ହୁଏ, (୬୭) ମନ୍ମଥ-କନ୍ଦର୍ପ, ମନୋଭାବ-କନ୍ଦର୍ପ, (୬୮) କମ୍ବୁ-ଶଙ୍ଖ, ଅମ୍ବୁ-ଜଳ, ରୋହିତ-ରକ୍ତବର୍ଣ୍ଣ, (୬୯) ଅବରୋଧପୁର-ଅନ୍ତଃପୁର, (୭୦) ଯୁତ-ଜୁଆଖେଳ, ସ୍ୱର୍ଣ୍ଣବରାଟିକା-ସୁନାକଉଡ଼ି ।

ଅନ୍ତଃପୁରସ୍ଥଙ୍କୁ କଲା ବ୍ୟାକୁଳ ମଦନ
ଜଗତମୋହନ ରୂପ କରି ଦରଶନ ଯେ ।୭୧।
ଜ୍ଞାତି ଭଗ୍ନୀ ଲେଖା ଜେମା ସ୍ନାନ ଭଗ୍ନୀ ଯେତେ
ଦାସୀ କରିଦେବେ କି ବିଚାର କରେ ଚିତ୍ତେ ଯେ।୭୨।
ସେବାବେଳେ କରପଦ ଲାଗିବେ ଉରଜେ
ପରମ ଗତିକି ଆମ୍ଭେ ପାଇବା ସହଜେ ଯେ ।୭୩।
ଜରତୀ ଜାଳିଲେ ଚିତ୍ତେ ଗଲାଣ ବୟସ
ନ ହେଲେ ଲୁଚି ପଳାଇ ଯାଆନ୍ତୁ ଅବଶ୍ୟ ଯେ ।୭୪।
ତରୁଣୀଏ ମନାସନ୍ତି ଭୋଗ ଦେବୁ ଦେବେ
ହେ ପ୍ରଭୁ ଆମ୍ଭଙ୍କୁ ଜେମା ସଙ୍ଗତରେ ଦେବେ ଯେ ।୭୫।
ଭୋଗ ନୋହିଲେ ତ ହେଉଥିବ ଦରଶନ
ଚନ୍ଦ୍ରମା ଉଲ୍ଲାସେ ଯେ କୁମୁଦିନୀ ବନ ଯେ ।୭୬।
ଏମନ୍ତ ଭୋଜନ ସ୍ଥାନେ ହେଲେ କନ୍ୟାବର
ଜରତୀ ଦ୍ୱିଜବନିତା କହିଲା ସେଠାରେ ଯେ ।୭୭।
ପଞ୍ଚବାଣ ତ୍ରାସରୁ ତରିଲା ପଞ୍ଚଗ୍ରାସୀ
କର ଏବେ ହରଷରେ ଜାୟାପତି ବସି ଯେ ।୭୮।
ସେ ବିଧି ଶେଷେ ବିଜୟ ବାହାରେ କୁମର
ବନ୍ଦାଇଲା ରତ୍ନ ଦେଲେ ମନ୍ତ୍ରୀସୁତା କର ଯେ ।୭୯।
ସେତିକିବେଳରୁ ସେ ଜେମାର ସହଚରୀ
ଆରମ୍ଭିଲେ ସୁବେଶକୁ ବିଚାରି ବିଚାରି ଯେ ।୮୦।
କେତେ ସଖୀ ମଣ୍ଡିଗଲେ ମଧୁଶଯ୍ୟାପୁର
ଏହିକାଳେ ଉତ୍ସବକୁ ଧାୟି ଶ୍ରୀରାମର ଯେ ।୮୧।
କହେ କବି ଭଞ୍ଜ ବିରବର ଦିବ୍ୟ ରସ
ଆହେ ରାମ ଅବିଘ୍ନେ ଏ ଗୀତ କର ଶେଷ ହେ ।୮୨।
ସୀତା ସହିତ ମୋ ଚିତ୍ତୁଁ ନୋହିବ ଅନ୍ତର
ଅଭୀଷ୍ଟକୁ କରିଅଛି ନିରନ୍ତର ହେ ।୮୩।

■

ଶବ୍ଦାର୍ଥ- (୭୨) ଭଗ୍ନୀଲେଖା-ଲେଖାରେ ଭଉଣୀ, (୭୩) ଉରଜ-ବକ୍ଷୋଜ, (୭୪) ଜରତୀ-ବୃଦ୍ଧାଦାସୀ, (୭୬) କୁମୁଦିନୀ-କଇଁ, (୭୮) ତ୍ରାସ-ଭୟ, (୮୩) ଅଭୀଷ୍ଟ-ଇଚ୍ଛା।

ଏକତ୍ରିଂଶ ଛାନ୍ଦ

ଲାବଣ୍ୟବତୀ ଓ ଚନ୍ଦ୍ରଭାନୁର ବିବାହ ପର ମିଳନ ଚିନ୍ତା

(ରାଗ- କଉଶିକ)

ଶୁଣ ସୁଜନେ କୁମାର ମାର ବଶେ ଦିବସ ନାଶକୁ ଭାବି
ଚତ୍ୱରେ ଯାଇ ସତ୍ୱରେ ଚାହେଁ ଛାଇ ଅସ୍ତ ହୋଇବାକୁ ରବି, ସେ ବୀର
ମନେ ସ୍ତୁତି କରଇ ଅପାର ସେ   କେଉଁ ପ୍ରକାରେ ନୁହଇ ସ୍ଥିର ସେ
ତନୁ ପୁଲକି ଉଠଇ ତାର ଯେ ।୧।
ବୋଲଇ ହେ ମିତ୍ର ପଦ କର ସାର୍ଥ ମୋଠାରେ ସୁଦୟା ବହି।
ଘେନ ତୁମ୍ଭେ ମୁଁ ଦୀନମଣି ସ୍ୱଭାବେ ପୁଣି ତ ପଦ୍ମିନୀ ସ୍ନେହୀ, ହେ ଦେବ
ସବୁକାଳେ ମିତ୍ରପଣ ଥିବ   ମୋତେ ଦିବସ୍ପତି ପଦ ଦେବ
ଯେତେବେଳେ ବନ୍ଧୁ ଭେଟ ଦେବ ।୨।
ପୁଣି ବିରହ ମୋର ଦୂତ ହୋଇ କେ ଆସନ୍ତା ଶୀତ ଘେନି।
ଭାନୁ ଦିନ ସଙ୍ଗେ କ୍ଷୀଣକୁ ଭଜନ୍ତା ହୁଅନ୍ତା ଦୀର୍ଘ ରଜନୀ, ସେ ଏତେ
କହି ଦିଅନ୍ତା ଚନ୍ଦ୍ର ମରୁତେ   ପଶି ଗବାକ୍ଷେ ବାଳା ପଣତେ ସେ
ଆଜ ଯୁବାଙ୍କୁ ତୋଷ ରତାନ୍ତେ ସେ ।୩।
ଧାତା ବେଭାରେ ସୁରସଭା ମଧ୍ୟରେ ହରିଲା ବାରରମଣୀ
ଯଥା ଦୁଷ୍ଟଲୋକ ବୃଦ୍ଧ ହେଲେ କହେ ବାଳକେ ତିଆରି ବାଣୀ, ସେ ତଥା
ଦିନେ ନିଷେଧିଲା ରତି କଥା ସେ   ପାସୋରିଲା କି ମଦନ ବ୍ୟଥା ସେ
ତାର ବିଧି ବୋଲାଇବା ବୃଥା ସେ ।୪।
ନବତରୁଣୀ କାମସିନ୍ଧୁ ତରୁଣୀ   ତରଣୀକି ଚାହିଁ ଭାବେ
ଫୁଲ କୋଦଣ୍ଡ ଦଣ୍ଡ ତ ନ ତୁଟିଲା କେତେ ଦଣ୍ଡ ପୁଣି ଥିବେ, ଏ ଭାନୁ
କେତେ ବେଦନା ସହିତ ତନୁ   ତ ତୁଟିବ ସନ୍ତାପ କୃଶାନୁ।
ପ୍ରେମରସ ସେଚନ ବିହୀନୁ ସେ ।୫।

ଶବ୍ଦାର୍ଥ- (୧) ମାର-କନ୍ଦର୍ପ, ଚତ୍ୱର-ଅଗଣା, ସତ୍ୱର-ଶୀଘ୍ର, (୨) ମିତ୍ର-ସୂର୍ଯ୍ୟ, ଦିନମଣି-ସୂର୍ଯ୍ୟ, ଭାନୁ-ସୂର୍ଯ୍ୟ, ଦିବସ୍ପତି ପଦ-ଇନ୍ଦ୍ରପଦ, (୩) ମରୁତ-ବାୟୁ, ଗବାକ୍ଷ-ଝରକା

ଯେବେ ସଂସାରୀ ଅଭିସାରୀ ତାହାଙ୍କ ନିଶ୍ୱାସ ବତାସ ହୋଇ
ଜଳଧି ହୁତାଶେ ଉଡ଼ାଇ ତପନ ପକାଇ ଦିଅନ୍ତା ନେଇ, ସେ ତେବେ
ମନ ସନ୍ତୋଷ ହୁଅନ୍ତା ଭାବେ   ନିଶି ହୋଇଥାନ୍ତା ରାତ୍ରି ଦିବେ ।
ହୁଅନ୍ତା ଯେ ତନୁ ଭିନ୍ନ ଲବେ ସେ ।୬।
ଆରତ ନିନାଦ କଲେ କୋକନଦ ମଧ୍ୟେ ଏ ସମୟେ ରବି
ଆକାଶ ସର କୋକନଦ ପରାୟେ ଧରି କୋକନଦ ଛବି ସେ ଖରେ
ଶୋଭା ହେଲେ ଚରମ ଭୂଧରେ   କାମ ଜଗତଜୟ କାମରେ
ଜବା ଦେଲାକି ବାରୁଣୀ ଶିରେ ସେ ।୭।
ସ୍ତିରୀ ପୁରୁଷ ଅନୁରାଗୁଁ ଅଧିକ କେ ହେବ ମନରେ ଭାଳି
ଦ୍ୟୁମଣି ବିଶାରେ କି ନଗ ଗୁଣିକ ଆଗ ପୁଂସରାଗ ତୁଳି, ସେ ଢାଳି
ଦେଲା ତେଣୁ ରଙ୍ଗ ଦୀପାବଳି   ପୁଣି ବାଣୀ ଅନୁରାଗ ତୁଳି ।
ସେ ତ ମଞ୍ଜିଷ୍ଠା ରାଗରୁ ଝଳି ସେ ।୮।
ବାରୁଣୀ ତରୁଣୀ ସଙ୍ଗେ ଫଗୁ ଖେଳି ସିନ୍ଧୁ ମଜନକୁ ଗଲା
ସେହି ରାଗରଙ୍ଗ ଯୁଗତେ ହୃଦରେ ପ୍ରକାଶ କଲା, ତା ଗହିଁ
ନୃପନନ୍ଦନ ଆନନ୍ଦ ହୋଇ   ଗଣ୍ଡଦେଶେ ଲୋମ ଉଲ୍ଲସଇ ।
ଏହି ଭାବନାମାନ କରଇ ସେ ।୯।
ସଖୀ ବେଢ଼ି ଚନ୍ଦ୍ରମୁଖୀକି ମୋହର ବେଶ କରୁଥିବେ ପରା
ରସିବାକୁ ରସେ ଆସିବାକୁ ପାଶ କରିବନି ଚିତ୍ତ ତ୍ୱରା, ମୁଁ ଧନ୍ୟ
ଆଜ ଛୁଇଁବି ତା ଅପଘନ   ପୁଣି କହିବି ଚାଟୁ ବଚନ ।
ସତତ ଦେବି ଆଲିଙ୍ଗନ ସେ ।୧୦।
ତୁଚ୍ଛ ଜୀବ ରହିବାକୁ କେତେ ଦାନ କରିବ ପରାଣ ସଖୀ
ଚୁମ୍ବ ଆଲିଙ୍ଗନ ଓଷ୍ଠପାନ ଦାନ ବାସ ନ ପାରିବ ରଖି, ତା ଦେଖି
ମୁଁ ଯେ ହୋଇବି ପରମସୁଖୀ   ସେ ଯେ ଉରେ ଉର ଦେବ ଯୋଖି
ମନ ମନକୁ ହୋଇବ ସାକ୍ଷୀ ।୧୧।

ଶବ୍ଦାର୍ଥ- (୫) କାମସିନ୍ଧୁ-କାମସାଗର, ତରଣୀ-ନୌକା, ତରଣି-ସୂର୍ଯ୍ୟ, କୃଶାନୁ-ଅଗ୍ନି, (୬) ଜଳଧି ହୁତାଶେ-ସମୁଦ୍ରରୁ ଜାତ ଅଗ୍ନି, ତପନ-ସୂର୍ଯ୍ୟ, (୭) ଆରତ-ଆର୍ତ୍ତ (ଦୁଃଖ), ନିନାଦ-ନାଦ, କୋକ-ଚକ୍ରବାକ ପକ୍ଷୀ, କୋକନଦ-ରଙ୍ଗ କଇଁଫୁଲ, ଚରମ ଭୂଧରେ-ଅସ୍ତାଚଳ, ବାରୁଣୀ ଶିରେ-ପଶ୍ଚିମ ଦିଗରେ, (୮) ଅନୁରାଗୁଁ-ସ୍ନେହରୁ, ଦ୍ୟୁମଣି-ସୂର୍ଯ୍ୟ, ବିଶା-ତୁଳପାତ୍ର, ନଗ-ପର୍ବତ, ଗୁଣିକ-ବ୍ୟବସାୟୀ, ମଞ୍ଜିଷ୍ଠା-ମଞ୍ଜୁଆତି ।

ବାଳା ବିଚାରଇ ପରାଣ ପତିଙ୍କି କି କରି ଦେବିଟି ରତି
ଦେଖିବେ ପରା ମୋ ସ୍ତନ ଜଘନଙ୍କୁ କି ହେଉଛି ଆଜ ରାତି, ସେ ଭାବି
ଦେବୀମାନଙ୍କୁ ଉପନ ଦେବି ଜୀବ ଥିବାଯାକେ ଥିବି ସେବି।
ଦୀପ ସେକାଳେ ଯିବଟି ଲିଭି ସେ ।୧୨।
ବଳିଆଇଁ ବାସ ରଖି ନ ପାରିବି ସ୍ୱଭାବେ ଅବଳା ମୁହିଁ
ଉଦ୍ଧତ କଥା ଏ ନବୀନ ସଙ୍ଗମେ କରିବାର ନାହିଁ ନାହିଁ, ହେ ବିଧି
କାନ୍ତେ ନ ହେବ ବିବାସ ବୁଦ୍ଧି ସବୁ ରଚନା ତୁମ୍ଭର ସିଦ୍ଧି।
ରସତନମନ ରସନିଧି ସେ ।୧୩।
ଯାମିନୀଘେନି ଅନ୍ତର ହେବା ଦୋଷ ଚନ୍ଦ୍ର ଛଡ଼ାଇବା ପାଇଁ
ତାରା କୁମୁଦିନୀ ପାଶକୁ ପ୍ରଦୋଷ-ଦୂତୀ ଆଗ ପଠିଆଇ, ସେ କାଳେ
ତାର ବଚନ ମନ୍ତ୍ର ବଳେ କେହୁ ହସିଲା ଝଲକ ଛଳେ।
କେହୁ ରସିଲା ଦରମୁକୁଳେ ।୧୪।
ସେ ସମୟେ ଚାରି ପାଞ୍ଚ ସହଚରୀ ବିଚାରି ମଣ୍ଡନ୍ତି ପୁର
ରସିକ ବିଧୁ ବଧୂ ମଧୁଶଯ୍ୟାକୁ ଯେ ହୋଇବ ମନୋହର, ସେ ଘରୁ
କର୍ମେ ବିଶ୍ୱକର୍ମାମୟ ଗୁରୁ ଧନ୍ୟ ପୁଣ୍ୟଜନପତି ପୁରୁଁ।
ଦେଖି ନେତ୍ର ବଶ କରେ ଦୂରୁଁ ।୧୫।
ବାସବ ସବୁ ଦେଖିଲେ ଗତଉମ ଉତ୍ତମ ବୋଲି ଭାଷିବେ
ଲଙ୍କା ଲୋକମାନେ ହନୁମାନେ ମାନସରେ ପ୍ରଶଂସିବେ, ସେ ହର
ଚିତ୍ତୁଁ ନ ଗଲା ଏ ମନୋହର ଭ୍ରମେ ଶ୍ମଶାନେ ନ କରି ଘର।
ଚାହିଁ ବଶ ନୋହିବ କେ ନର ।୧୬।
ସୁଧାଂଶୁ ପରି ମୋତିସୁଧା ବସୁଧା ବିଶୁଦ୍ଧ ରଜତ ବାଡ଼
ପ୍ରତି କୋଠିରେ କଳା ଚଉଷଠିରେ ପ୍ରତିମାମାନ ନିବାଡ଼, ସେ ଝଳି

ଶବ୍ଦାର୍ଥ- (୯) ଫଗୁ-ଅବିର, ବାରୁଣୀ ତରୁଣୀ-ପଶ୍ଚିମ ଆକାଶ ରୂପକ ତରୁଣୀ, ମଜନ-ସ୍ନାନ, ଗଣ୍ଡଦେଶ-ଗାଲ, (୧୦) ଅପଘନ-ଅଙ୍ଗ, (୧୧) ଉର-ଛାତି, (୧୨) ଜଘନ-ଜଙ୍ଘ, ଉପନ-ପୂଜା ଦ୍ରବ୍ୟ, (୧୩) ବାସ-ବସ୍ତ୍ର, ବିବାସ-ବସ୍ତ୍ର ଶୂନ୍ୟ କରିବା, (୧୪) ଯାମିନୀ-ରାତ୍ର, କୁମୁଦିନୀ-କଇଁ, ପ୍ରଦୋଷ-ସନ୍ଧ୍ୟା, ବିଧୁ-ଚନ୍ଦ୍ର, (୧୫) ପୁଣ୍ୟଜନପତି-କୁବେର, (୧୬) ବାସବ-ଇନ୍ଦ୍ର।

ବନ୍ଧହୁଡ଼ ହୋଇବାକୁ ଭାଳି ମିନାଲତାରେ କରିଛି ଝଳି।
ପ୍ରତେ ବନେ କି କରନ୍ତି କେଳି ।୧୭।
ଶ୍ରମଘର୍ମ କ୍ଷୀଣେ ଦକ୍ଷିଣେ ଗବାକ୍ଷ ଆଗମ ପ୍ରାଣେ ରଞ୍ଜନ
ସ୍ତମ୍ଭ ଆରମ୍ଭ ରମ୍ଭୋରୁ ଉଭା ଶୋଭା କରେ ଚାଳିତ ବ୍ୟଞ୍ଜନ, ସେ ସ୍ଥଳ
ମହା ରମଣୀୟ ମଣିଜାଳ ହୋଇଛନ୍ତି ଅତି ଜ୍ୟୋତିଶୀଳ।
ପରେ ମନୋହର ହେମଢ଼ାଳ ।୧୮।
ଯହିଁ କାଚବାଡ଼ ଚତ୍ୱର ଲୋକନେ ସତ୍ୱର ସଲିଳ ଭ୍ରମ
ବଇଡୁର୍ଯ୍ୟ ଉଜ ପଙ୍କଜ ସ୍ଫଟିକ କୁମୁଦସ୍ଫୁଟରେ ରମ୍ୟ, ସେ ଘେନ
ତହିଁ ହଂସ କରେ ବ୍ୟର୍ଥ ସ୍ନାନ ମଧୁପାଳି ମିଳି କରେ ସ୍ୱନ।
ବଶ ନ କରିବ କାହା ମନ ।୧୯।
ଯହିଁ ନୀଳମଣି ସୋପାନର ମଣି ଗତି ସୁଖମଣି କେକୀ
ମଧୁର ନାଦ ଆଳାପରେ ନାଚନ୍ତି କଳାପ ଟେକି, ସେ ପୁରୀ
ମହୀମଣ୍ଡନାର ସହଚରୀ କଲେ ମଣ୍ଡନ କେମନ୍ତ କରି।
କିଛି କହିବା ତହିଁ ମାଧୁରୀ ।୨୦।
ନନ୍ଦତନୟ ବିନୟ ଭାନୁଜାକୁ ଭାନୁଜା ତଟରେ ଯହିଁ
କନକଜିତାଙ୍ଗୀ ଜନକସୁତାକୁ ରାମଚନ୍ଦ୍ର ଯହୁଁଆଇ, ସେ ସ୍ୱଚ୍ଛ
ଶିବ ଗୋଡ଼ାଇ ମୋହିନୀ ପଛ ଇନ୍ଦ୍ର ସୂର୍ଯ୍ୟ ଧୈର୍ଯ୍ୟ କରେ ତୁଚ୍ଛ।
ମାୟା ନାରୀ ରୂପରେ ଶ୍ରୀବତ୍ସ ।୨୧।
କିନ୍ନରୀ ସଙ୍ଗରେ କୁବେର ବିହରି ବାନରୀ ସଙ୍ଗରେ ବାତ
ଶୋଭାଧନ୍ୟା ମେନା ମୀନାକ୍ଷୀକି ଯହିଁ ବିଶ୍ୱାମିତ୍ର ତପହତ, ଏ ବିଧି
ଚିତ୍ରମାନ ହୋଇଅଛି ସିଦ୍ଧି ଆଣି ଛିଟ ଯବନିତା ବାନ୍ଧି।
କଲେ ପ୍ରାଙ୍ଗଣ ଶୋଭାକୁ ବୃଦ୍ଧି ।୨୨।

ଶବ୍ଦାର୍ଥ- (୧୭) ସୁଧାଂଶୁ-ଚନ୍ଦ୍ର, ବସୁଧା-ପୃଥିବୀ, ରଜତବାଡ଼-ରୁପାର କାନ୍ଥ, ମିନାଲତା-କୁଟିକାମ, ବନ-ଜଳ, (୧୮) ଶ୍ରମଘର୍ମ-ଶ୍ରମଜନିତ ଝାଳ, ଗବାକ୍ଷ-ଝରକା, ରମ୍ଭୋରୁ-ସୁନ୍ଦରୀ ନାରୀ, ଜ୍ୟୋତିଶୀଳ-ଉଜ୍ଜ୍ୱଳ ପଥର, ବ୍ୟଞ୍ଜନ-ବିଞ୍ଚଣା, ମଣିଜାଳ-ରତ୍ନ, ହେମଢ଼ାଳ-ସୁନାକଳସ, (୧୯) ଲୋକନେ-ଦେଖି, ସଲିଳ-ଜଳ, ବଇଡୁର୍ଯ୍ୟ-ନବରତ୍ନ ମଧ୍ୟରେ ଅନ୍ୟତମ, ଉଜ-ବିକଶିତ, କୁମୁଦସ୍ଫୁଟ-କଇଁଫୁଲ ପରି, ମଧୁପାଳି-ଭ୍ରମର, (୨୦) କଳାପ-ମୟୂର ପୁଚ୍ଛ, କେକୀ-ମୟୂରୀ, (୨୧) ଭାନୁଜା-ରାଧା, ଭାନୁଜା ତଟ-ଯମୁନା ତଟ, କନକ ଜିତାଙ୍ଗୀ-ସୁନ୍ଦରକୁ ଜିଣି, (୨୨) ଶୋଭାଧନ୍ୟା-ଅତିସୁନ୍ଦରୀ, ଛିଟଯବନିକା-ଛିଟପରଦା।

ଚିତ୍ତ ମୋହିତ ଲୋହିତ ପୀତ ଶ୍ୱେତ ବାସେ ତେଲଙ୍ଗା ମଣ୍ଡଣି ।
ଉତ୍ତମ କରି ଚାମର ଖଦି ଫୁଲ ମାଳିକା ଖଞ୍ଜିଲେ ପୁଣି, ସେ ଗୁଣୀ
ଯାହା ପାଶକୁ ଯେ ଶୋଭା ଜାଣି   ଚାନ୍ଦ ଦର୍ପଣ ଖଞ୍ଜିଲେ ଆଣି
ଯଥା ଅର୍ଦ୍ଧେନ୍ଦୁ ତାରକ ଶ୍ରେଣୀ ।୨୩।
ହରିବାରଣ ଖୁରାତଳେ ସେ ହୀରା ହୀରା ବାରଣକୁ ଥୋଇ
ଯତନ ରତନ ପଲ୍ୟଙ୍କ ଅଙ୍କରେ କୋମଳ ଶେଯ ସଜାଇ, ସେ ଆଳୀ
ବିଶେଷତ ଶଙ୍କା ଏହା ଭାଳି   ନାଗେଶ୍ୱର କେଶରେ ମୁତୁଳୀ
ଦେଇ ସିଞ୍ଚିଲେ କର୍ପୂର ଧୂଳି ।୨୪।
ମୁକୁତା ଝାଲର ମଣ୍ଡିତ ମୁକୁର ବିତାଇ ବାନ୍ଧୁ କେ ଛଳି
ବାଳୀ ଭାଳିଲେ ଆଳୀ ପରି ପୁରୁଷ ଥାଇଟି ମନରେ ଭାଳି, ସେ କହି
ସାକ୍ଷ ପଲ୍ୟଙ୍କ ଖୁରାରେ ଶୋହି   ଶିଖୀ ଚନ୍ଦ୍ରକ ବିଞ୍ଚଣା ନାହିଁ ।
ତାହା ପକାଇଥିବା ଗୋ ତହିଁ ।୨୫।
ସେବତୀଦଳ ବିଞ୍ଚି ସିଞ୍ଚି ଅତରେ ଶେଯାଇଲେ ଝୀନବାସ
ଏହି ବିଧାନରେ ଅବନୀ ଶଯ୍ୟାକୁ ବିରଚନ କଲେ ବେଶ, ସେ ନାରୀ
ବାରିପୂର୍ଣ୍ଣ କଲେ କାଚଝରୀ   ନାନା ଜାତି କୁସୁମକୁ ଭରି ।
ଥୋଇଗଲେ ସନ୍ନିକଟ କରି ।୨୬।
କୁନ୍ଦନ ପାତ୍ରରେ ଚନ୍ଦନ କର୍ପୂର ଅତର ପନିର ଚୁଆ
ଲବଙ୍ଗ ଖଦୀର ପୂଗଚୂର୍ଣ୍ଣ ପୂର୍ଣ୍ଣ ଭଙ୍ଗାପାନ ପାଶେ ଥୁଆ, ସେ ଦିପ
ଜରୀପଞ୍ଜୁରୀ ମଧ୍ୟରେ ଗୋପ୍ୟ   ରଖିଗଲେ ସେ ଭିତ୍ତି ସମୀପ ।
ବାଳା ହରଷକୁ ଅନୁରୂପ ।୨୭।
ଗୃହ କପୋତୀ ପଢ଼ା ସାରୀସଂଘାତ ଭଳି ପଞ୍ଜରୀକି ନେଲେ
ରଜନୀ ଥିବା ଯିବାର ଜାଣିବାକୁ ପୁରପାଶେ ଲମ୍ବାଇଲେ, ସେ ପୁଣି
ସୀତାପତି ରଘୁବଂଶମଣି   ଦିବ୍ୟ କାର୍ମୁକ ସାୟକପାଣି
ଉପଇନ୍ଦ୍ର ବୀରବର ଭଣି ।୨୮।

■

ଶବ୍ଦାର୍ଥ- (୨୩) ଲୋହିତ-ଲାଲ, ପୀତ-ହଳଦିଆ, ଶ୍ୱେତ-ଶୁକ୍ଳ, ଅର୍ଦ୍ଧେନ୍ଦୁ-ଅର୍ଦ୍ଧଚନ୍ଦ୍ର, (୨୪) ହରି-ସିଂହ, ବାରଣ-ହାତୀ, ହୀରା-ପିମ୍ପୁଡ଼ି, ହୀରାବାରଣ-ପିମ୍ପୁଡ଼ି ବାରଣ କରିବା ପଥର, ଆଳୀ-ସଖୀ, (୨୫) ମୁକୁର ବିତାନ-ଦର୍ପଣ ଯୁକ୍ତ ଚାନ୍ଦୁଆ, ଶିଖୀ ଚନ୍ଦ୍ରକ-ମୟୂରପୁଚ୍ଛ, (୨୭) କୁନ୍ଦନ ପାତ୍ର-କୁନ୍ଦନ ଯନ୍ତ୍ରର କୁନ୍ଦା ହେବା ପାତ୍ର, ଖଦୀର-ଖଇର, ପୂଗଚୂର୍ଣ୍ଣ-ସାନଗୁଆ, ଭିତ୍ତି-କାନ୍ଥ ।

ଦ୍ୱାତ୍ରିଂଶ ଛାନ୍ଦ
ଲାବଣ୍ୟବତୀକୁ ବେଶ କରି ସଖୀମାନେ କେଳିପୁରକୁ ନେବା
(ରାଗ- ମାଳବ)

ରସିକ ଚ଼ତକ ସୁଖ ଘନରସଦାୟୀ।
ଏ ଛାନ୍ଦକୁ ଶୁଣିମା ସୁଜନେ ମନ ଦେଇ ଯେ ।୧।
କାନ୍ତା କାନ୍ତ ପ୍ରମୋଦ ସଜନୀରୂପେ ଆସି।
ଜଗତକୁ ଆଚ୍ଛାଦି ରଜନୀ ପରକାଶି ଯେ ।୨।
ପିକ ନାଦେ କହିଲା କନ୍ଦର୍ପ ଅନୁକୂଳ।
କଲା ତରୁଣ ଦମ୍ପତି ବେଗେ ହୁଅ ମେଳ ଯେ ।୩।
ଏ ସମୟେ ଉଦୟ ହୋଇଲେ ସୁଧାକର।
କିରଣରେ ପ୍ରତିଦିଶ ଦିଶିଲା ସୁନ୍ଦର ଯେ ।୪।
ତ୍ରିଯାମା ଆଲିଙ୍ଗନରୁ ଏହି ଅନୁମାନ।
କଲା ଦେହେଁ ଯେମନ୍ତ ଚନ୍ଦନ ବିଲେପନ ଯେ ।୫।
କାଚଭିତ୍ତି ସ୍ଫଟିକ ସୋପାନ ବିମ୍ବାଧରେ।
କ୍ଷୀରାର୍ଣ୍ଣବ ମିଶିଲା କି ଭାନୁସୁତା ନୀରେ ଯେ ।୬।
ରବି ତାପ ଶାନ୍ତି ଅର୍ଥେ କିବା ପରମେଷ୍ଠୀ
ଘନସାର ଚୂର୍ଣ୍ଣରେ ପୂରିତ କଲା ସୃଷ୍ଟି ଯେ ।୭।
ଖଣ୍ଡପରଶୁ ଭୂଷଣ ଖଣ୍ଡପରଶୁ ଧର।
ସୁଧାରେ ଧବଳି ହେଲା କି ବସୁଧାପୁର ଯେ ।୮।

ଶବ୍ଦାର୍ଥ- (୧) ଚାତକ-ଚକୋର ପକ୍ଷୀ, ଘନରସ-ମେଘଜଳ, କାନ୍ତାକାନ୍ତ-ସ୍ତ୍ରୀ, ସ୍ୱାମୀ, (୩) ପିକ-କୋଇଲି, (୪) ସୁଧାକର-ଚନ୍ଦ୍ର, (୫) ତ୍ରିଯାମା-ରାତ୍ରି, (୬) କାଚଭିତ୍ତି-କାଚ କାନ୍ଥ, ସୋପାନ-ପାବଚ୍ଛ, କ୍ଷୀଣାର୍ଣ୍ଣବ-କ୍ଷୀର ସମୁଦ୍ର, ଭାନୁସୁତା-ଯମୁନା, (୭) ପରମେଷ୍ଠୀ-ବ୍ରହ୍ମା, (୮) ଖଣ୍ଡ ପରଶୁ ଭୂଷଣ-ଶିବ, ଖଣ୍ଡପର୍ଶୁଧର-ମିସ୍ତ୍ରୀ, ସୁଧା-ଚୂନ, ଅମୃତ।

ପ୍ରଦୋଷ ସଙ୍ଗ ଯେ କ୍ଷଣଦାର ହୋଇଥିଲା ।
ଏଣୁ କି ତ୍ରିପଥ ଗଙ୍ଗାଜଳେ ସ୍ନାନ କଲା ଯେ ।୯।
ହୀରକ ରଥପଦ କି ବିଶ୍ୱଜୟ ପାଇଁ
ଚନ୍ଦ୍ରବ୍ୟାଜେ ମନସିଜ ଫିଙ୍ଗିଛି ବୁଲାଇ ଯେ ।୧୦।
ପୂର୍ବରୁ ତ ପାରାବାରୁ ଦେଇଅଛି ପାଣି ।
ଅନାଇଁ ବିଯୋଗୀ କଲେ ମିଳାଇ ଭାଳେଣି ଯେ ।୧୧।
ଦେଖି-ପ୍ରାଚୀ-ନିଷାଦ ପଦ୍ମିନୀ ବ୍ୟଭିଚାର
ଛଡ଼ାଇ ନେଇଛି ଏକ ତାଟଙ୍କ କି ତାର ଯେ ।୧୨।
ମୋତି ନିର୍ମିତ ମର୍କତ ନାୟକ ବିରାଜି ।
କଳଙ୍କବୋଲେ ଯେ ଏହା ନ ପାରଇ ହେଜି ଯେ ।୧୩।
ଗଗନ କାନନେ ଅଙ୍କୁରାଇ ଅଛି ଧାତା ।
ରଜତ ଆଳବାଳରେ କି ତମାଳଲତା ଯେ ।୧୪।
ପୁଣି ନିର୍ମଳ ତାରକା ଘେନି ସେ ଗଗନ ।
ପ୍ରଫୁଲ୍ଲିତ ମଲ୍ଲୀବାଟୀ ପରାୟ ରଞ୍ଜନ ଯେ ।୧୫।
ଯାମିନୀ ନବକାମିନୀ ମୁଖ କଳାକର ।
ଚାରୁ ଲୋଚନରେ ହୋଇଅଛି ମନୋହର ଯେ ।୧୬।
ଲୋଭେ ପାରଦ ଗର୍ଭରୁ ଉଛୁଳି ଧଇଲା ।
ନଭେ ବିଞ୍ଛିହୋଇ କି ତାରକା ବୋଲାଇଲା ଯେ ।୧୭।
ନିଶ୍ଚେ ଜାଣିଲି ପୁଷ୍କର ଆକାଶ ମଣ୍ଡଳ ।
କି ଜଳପୃଷନ୍ତିମାନ ପଡ଼ି ଢଳ ଢଳ ଯେ ।୧୮।
ବିଶଦ କେଶରେ ପୁଣି ବିଭ୍ରାଜମାନ ସେ ।
ମତ୍ତ ମଧୁବ୍ରତ ତହିଁ ଚୁମ୍ବେ ଲୋଭବଶେ ଯେ ।୧୯।

ଶବ୍ଦାର୍ଥ- (୯) ପ୍ରଦୋଷ-ସନ୍ଧ୍ୟା, କ୍ଷଣଦାର-ରାତ୍ରି, ତ୍ରିପଥ-ତିନିପଥ, ତ୍ରିବେଣୀ ସଙ୍ଗମ ସ୍ଥଳ, (୧୦) ଚନ୍ଦ୍ରବ୍ୟାଜେ-ଚନ୍ଦ୍ରଛଳରେ, ମନସିଜ-କନ୍ଦର୍ପ, (୧୧)ପାରାବାର-ସମୁଦ୍ର, (୧୨) ପ୍ରାଚୀ-ପୂର୍ବ, ନିଷାଦ-ଦୂତ, ଶବର, ପଦ୍ମିନୀ-ପଦ୍ମଫୁଲ, ତାଟଙ୍କ-କର୍ଣ୍ଣଭୂଷଣ, (୧୪) ରଜତ-ରୁପା, ଆଳବାଳ-ଗଛତଳର ମଳା, ମଲ୍ଲୀ-ବାଟୀ-ମଲ୍ଲୀଫୁଲର ବାଟିକା, (୧୬) କଳାକାର-ଚନ୍ଦ୍ର, ଯାମିନୀ-ରାତ୍ରି, ଚାରୁ-ସୁନ୍ଦର, (୧୮) ଜଳପୃଷନ୍ତି-ଜଳବିନ୍ଦୁ, (୧୯) ବିଶଦ କେଶରେ-ଘନ କେଶରେ, ବିଭ୍ରାଜମାନ-ଶୋଭାମୟ, ମଧୁବ୍ରତ-ଭ୍ରମର, ଚୁମ୍ବେ-ଚୁମ୍ବନ କରିବା ।

ନିଶାରେ ପ୍ରକଟ ବୋଲି ପ୍ରସାର ହୋଇଛି।
ରତିକାଳ ବୋଲି କି ହୃଦରେ ଦେଖାଉଛି ଯେ ।୨୦।
ତାରାକୁଳ ଛଳେ ଯୁବାଜୟ ଯଶ ବିଞ୍ଚି।
ଜାଣିଲି ମାର ଚନ୍ଦ୍ରର ସୁମିତ୍ରତା ଅଛି ଯେ ।୨୧।
ଉଦ୍ଦୀପନକାରକ ଚାନ୍ଦନୀ ନିଶି ଦେଖି।
କଲେ ବେଶ ଜେମାକୁ ଚତୁରୀ ପ୍ରାଣସଖୀ ଯେ ।୨୨।
କେଶ ବାନ୍ଧୁଁ ପଚାରିଲେ ରମଣୀମଣିକି।
ସଜାଡ଼ିବା ଜୁଡ଼ା କିବା ବାନ୍ଧିବା ବେଣୀକି ଯେ ।୨୩।
ନାସିକାରେ ମୋତି ଦେଇ ଚେତାଇଲା ତାକୁ।
ଏ ନାଟ ଆରମ୍ଭ କରେ କିଙ୍କିଣୀ ବାଦ୍ୟକୁ ଯେ ।୨୪।
ଭଙ୍ଗୀକଲେ ସଙ୍ଗିନୀ ମଣ୍ଡିବା ବେଳେ ହାରା।
ଅଛି କି ନାହିଁ ଗୋ ଏଥି ସ୍ନେହ ପୂର୍ବ ପରା ଗୋ।୨୫।
କସ୍ତୁରୀ ଗୋଳୁ ସଜନୀ ଆରମ୍ଭିଲେ ଛଳ।
ଉରଜ-ଚକ୍ରକୁ ପରା ନ ସହିବ କାଳ ଯେ ।୨୬।
ଅଞ୍ଜନ ରଞ୍ଜୁନ ବୋଇଲା କେ କେତେ।
ଏ ଶର ବିଷାଇବାକୁ ଯୁବ ଧୈର୍ଯ୍ୟ କେତେ ଯେ।୨୭।
ଅତୁଲ୍ୟ କଟକ ମଣ୍ଡି ବୋଲନ୍ତି ବିଚାରି।
ଭେଟୁଁକର ଗ୍ରହଣ ଯେ କରିବ କୁମାରୀ ଗୋ ।୨୮।
ସୁବେଶ ସମ୍ପୂର୍ଣ୍ଣ ହୋଇଯାଏ ଠାବେ ଠାବେ।
କେତେ କହିବା କହିଲେ ଯେତେ ହାସ ଭାବେ ଯେ ।୨୯।
ଦର୍ପଣ ଦେଖାଇ ସଖୀଗଣେ ପ୍ରଶଂସଇ
ଏ ବେଶକୁ ସୁନ୍ଦରୀ ଉତ୍ତମ କାନ୍ତ ପାଇ ଯେ ।୩୦।
ମଣ୍ଡିଲା ପରାୟେ କାମ କନକ ପରଭା।
ବାସ ପିନ୍ଧାଇବାକୁ ତାହାକୁ କଲେ ଉଭା ଯେ ।୩୧।
ନିବିଡ଼େ ନୀବୀ ନିବାଡୁ ଭିଡ଼ି ବଦନକୁ।
ଆଳୀ ପୁଚ୍ଛେ ଏଡ଼େ କୋପ ପରା ମଦନକୁ ଗୋ।୩୨।

ଶବ୍ଦାର୍ଥ- (୨୧) ମାର-କନ୍ଦର୍ପ, ସୁମିତ୍ରତା- ଉତ୍ତମ ସଂପର୍କ,(୨୬) ଛଳ-କୌତୁକ, ଉରଜଚକ୍ର-ବକ୍ଷୋଜ ଯୁଗଳ, (୨୮) କଟକ-ବଳା, ଖଡୁ, (୩୧) ପରଭା-ପ୍ରଭା, ତେଜ, (୩୨) ନିବିଡ଼-ଦୃଢ଼, ନୀବୀ-ପିନ୍ଧାଲୁଗାର ଗଣ୍ଠି, ନିବିଡ଼-ଦୃଢ଼, ଆଳୀ-ସଖୀ।

ଯେଡ଼େ ଦୃଢ଼ କଲେ ଚୀର ପାରଇ କି ରଖି।
ବୃଦ୍ଧି ସରିତକୁ ବାଲିବନ୍ଧ ନିକି ସଖୀ ଗୋ ।୩୩।
ତେତେବେଳେ କିଆରି କହୁଛି କେଉଁ ସହୀ।
ଦେହଳୀ ବଳି ଚଳିବା ସମୟରେ ତହିଁ ଗୋ ।୩୪।
ନାଥ ହାତ ଧରି ଚାଟୂଆଇ ନେବେ ତୋତେ।
ମଥା ଟେକି କଥା ନ କହିବୁ କଦାଚିତେ ଗୋ ।୩୫।
କୋଳେ ଧରୁଁ ଶେଯେ ଖସି ବସୁଥିବୁ ବାଳା।
ସୀଉକାର କରିବୁ ଖେଳାଇ କୋଣେ ଡୋଳା ଗୋ ।୩୬।
କୋ ବୋଲଇ ଅବଳା କୋମଳ ବୋଲି ତୁହି।
ନୋହିବୁ କାତର କାନ୍ତ ବଳବନ୍ତ ଗହିଁ ଗୋ ।୩୭।
ପ୍ରଚଣ୍ଡ କିରଣେ ରବି ତୋଷଇ ନଳିନ।
ଅଳି କେଳିରେ ନୁହଇ ଶିରୀଷ ମଳିନ ଯେ ।୩୮।
ଏ କାଳେ କେଳି ମନ୍ଦିରେ ବିଜୟ ନାଗର।
ଦେଖିଲା ସେ ଶୋଭା ମହା ଉଦ୍ଦୀପନକର ଯେ ।୩୯।
ବିଚ୍ଛରଇ ଏକ୍ଷଣି ଆସିବ ସୁଲକ୍ଷଣୀ।
ନାହିଁ ତାର ଚାଟୂକୁ ଚାତୁରୀ ହୋଇ ବାଣୀ ଯେ ।୪୦।
ବୋଲନ୍ତି ଅବା ମୁଁ ପିଣ୍ଡ ତୁ ମୋର ଜୀବନ।
ପିଣ୍ଡକୁ ପରାଣ ଛାଡ଼େ ଘେନିବ ବିମନ ଯେ ।୪୧।
ନୟନ ପ୍ରତିମା ବୋଲି ଭାଷିଲେ ହସିବ।
ଯାହାକୁ ଗହିଁ ସେ ଦିଶେ ପ୍ରତିବିମ୍ବ ଯେ ।୪୨।
ରଙ୍ଗଚରଣେ ଶରଣଜନ ମୁଁ ତୋହର।
ବୋଇଲେ ସେ ସ୍ନେହାଧୀନା ହୋଇବ କାତର ଯେ ।୪୩।
ତାକୁ କାତର କରାଇ କେଉଁ ବଡ଼ପଣ
ଏହିପରି ସିନା ଯେତେ ବିନୟ ଭିଆଣ ଯେ ।୪୪।
ଏ ରୂପେ ଭାବ ଭାବନା କରୁଁ ନୃପସୁତ।
ସଖୀଏ ଭାଷିଲା ମିଳି ସୁନ୍ଦରୀପୁରତ ଯେ ।୪୫।

ଶବ୍ଦାର୍ଥ- (୩୩) ଚୀର-ଲୁଗା, ବୃଦ୍ଧି ସରିତ-ବୃଦ୍ଧି ପାଇଥିବା ନଦୀ, (୩୪) ଦେହଳୀ-ଏରୁଣ୍ଡିବନ୍ଧ, (୩୮) ନଳିନ-ପଦ୍ମ, ଅଳି-ଭ୍ରମର, ଶିରୀଷ-କୋମଳ ଫୁଲ, (୪୫) ପୁରତ-ଆଗରେ।

ଉଠ ଉଠ ନ କର ମଦନମଦାଳସୀ।
ନାଥ ପଥ ଚାହିଁଥିବେ ପଲ୍ୟଙ୍କରେ ବସି ଯେ ।୪୬।
ବିଳମ୍ବର କାରଣ କି ପ୍ରଲମ୍ବକୁନ୍ତଳା।
ପାହିଯିବ ରଜନୀ ନ ସରୁଁ ପ୍ରେମଲୀଳା ଯେ ।୪୭।
ଦରହାସୀ ହେବୁ ଦର କ୍ଷୁଧାତୁର ପରି।
ଏହାଶୁଣି ବଦନ ନୁଆଁଇ କୃଶୋଦରୀ ଯେ ।୪୮।
ଛଳିଲା ଆଳୀଏ ରମ୍ଭା ସଦୃଶୀ ସଙ୍ଗୀତ।
କାମନା ସଫଳେ ମୁଖ ପୋତିବା ଉଚିତ ଯେ ।୪୯।
କେ ବୋଇଲା ଦଇବ ନେଇ ତା ସନ୍ନିଧାନେ।
ଯାହା ଲପନକୁ ଦେଖି ନାହିଁ ଏ ସ୍ୱପନେ ଯେ ।୫୦।
କି କରିବି କି ବୋଲିବି ବିଳମ୍ବ ଏଥିକି।
ଏ ବିଚ୍ଛର ଛିନାଇ ବାହାର ହେବାଟିକି ଯେ ।୫୧।
କେ ଭାଷଇ ନ ଆସଇ ଏ କଥା ମନକୁ
ଯାହା ବୋଇଲେ ଛାଡ଼ି ଦେବ ପିନ୍ଧା ବସନକୁ ଯେ ।୫୨।
ତାହା ପାଶେ ଯିବାକୁ କରୁଛି କିମ୍ପା ଲାଜ।
ନ ଜାଣେ କି ସେ ନାଶ ହୋଇ ବୋଲି ଆଜ ହେ ।୫୩।
ରହିଥିଲେ କେହି ଦେଉଥିବ ଏହି ବାଣୀ।
ଗମନ ମନ୍ଥର ଏହା ଶୁଣି ଗୁଣମଣି ଯେ ।୫୪।
କେଳିପୁର ଦିଶୁ ଅତି ମନ୍ଦ କଲା ଚାଲି।
ହସିବ ହସିଲା ହୋଏ ସଜନୀଏ ବୋଲି ଯେ ।୫୫।
ଆମ୍ଭେ ସଙ୍ଗେ ଥିବାକୁ କି ହେଉ ରହ ରହ।
ତୁ ଛାଡ଼ିଲୁ ବୋଲି ଆମ୍ଭେ ଛାଡ଼ିବୁଁ କି ସ୍ନେହ ଗୋ ।୫୬।
ତୋତେ କାନ୍ତକୁ ସମର୍ପି ଦେଖାଯାଏ ଥିବୁଁ
ରହ ସ୍ଥାନ ନିକଟରୁ ସହଜେ ରହିବୁଁ ଗୋ ।୫୭।
ଜଣେ ବୋଇଲାରେ ଏମାନଙ୍କ କଥା ସ୍ମରି।
ଭାବ ଦାନେ କୃପଣ ନୋହିବୁ କୃଶୋଦରୀ ଗୋ।୫୮।

ଶବ୍ଦାର୍ଥ- (୪୭) ପ୍ରଲମ୍ବ କୁନ୍ତଳା-ଯାହାର କେଶ ଲମ୍ବିତ, (୪୯) ଆଳୀ-ସଖୀ, (୫୦) ସନ୍ନିଧାନେ-ନିକଟକୁ, ଲପନକୁ-ସୁଖକୁ, (୫୮) ସ୍ମରି-ମନେପକାଇ, ଶିଖୀ-ମୟୂର, ରହସ୍ଥାନ-ନିର୍ଜନ ସ୍ଥାନ, (୪୬) ପଲ୍ୟଙ୍କ-ଖଟ ବା ପଲଙ୍କ

ଶିଖାଇ ଦେବାର ବୁଦ୍ଧି କେତେବେଳେ ଥାଇ।
ହଂସ ଶ୍ୱେତ ଶିଖୀ ଚିତ୍ର କି ରହିଛି ସହୀ ଗୋ ।୫୯।
କଥା କଥାକେ ଏଣିକି ଭିଆଇବ ଛନ୍ଦ।
ଯେତେ ମନ ଘେନିଲେ ପାଇବା ନିକି ହୃଦ ଗୋ ।୬୦।
ଏତେବୋଲି ଚଳ ବୋଲେ କେ ରସନିଧିକି।
ଶୁଭିଲା ନୂପୁର ନାଦ କାନ୍ତ ସନ୍ନିଧିକି ଯେ ।୬୧।
ପ୍ରଥମେ ପାଞ୍ଚିଲା କାମ ଜୟତୂର ବାଜି।
ମୋହ ଉପରକୁ କି ଆସୁଛି ଦଣ୍ଡ ସାଜି ଯେ ।୬୨।
ଘଣ୍ଟି ନାଦେ ମୃଗ ପ୍ରାୟ ଟେକିଲା ଶ୍ରୁତିକି।
ଜାଣିଲା ଆସଇ ରସବତୀ ମୋ କତିକି ଯେ ।୬୩।
ଦ୍ୱାରପାଶେ ଆସି କାନ୍ତ ଦେଖିଲା ସୁନେତ୍ରୀ।
ରତି କି ଆସଇ କରି ନାରୀ ରଥଯାତ୍ରା ଯେ ।୬୪।
ଲୀଳା କରୁଅଛି କିବା ହେବ ପୁଷ୍ପଲତା।
ଏ ଉତପାତୁଁ ପଡ଼ିବ ଚୋଳେ ଚଞ୍ଚଳତା ଯେ ।୬୫।
କାଞ୍ଚି ଅସ୍ଥିର କୁନ୍ତଳ ଆକର୍ଷଣ ହେବ।
ମାଳବରେ ଛିନ୍ନ ଭିନ୍ନ ଦଶା ପଡ଼ିଯିବ ଯେ ।୬୬।
ଅଙ୍ଗଦେଶରେ ହୋଇବ ଅଶେଷ ସଙ୍ଗର।
ପୁଣି କାମପ୍ରଭା ଖେଳାଇଲା ପରକାର ଯେ ।୬୭।
ଚେରି କରିଅଛି ବାଳା ସର୍ବ ଶୋଭାଶିରୀ
ଏଣୁ ଆଣୁଛନ୍ତି କି ମଦନ ପାଶେ ଧରି ଯେ ।୬୮।
ଦନ୍ତ ନଖ ବାହୁ ପାଶେ ଦଣ୍ଡକୁ ପାଇବ।
ବିଶେଷତ ପ୍ରେମଧନ ଦେଇ ମୁକୁଳିବ ଯେ ।୬୯।
ହୋଇଲା ମଦିରାନେତ୍ରା ମନ୍ଦିର ସମୀପ।
ଗଲା ତ ମୋ ବଡ଼ପଣ ବିଚରି କନ୍ଦର୍ପ ଯେ ।୭୦।

ଶବ୍ଦାର୍ଥ- (୬୩) ଶ୍ରୁତି-କର୍ଣ୍ଣ, (୬୫) ଚୋଳ-ପିନ୍ଧାବସ୍ତ୍ର, (୬୬) କାଞ୍ଚି-କଟୀ ଅଳଙ୍କାର, କୁନ୍ତଳ-କେଶ, ମାଳବରେ-ବହୁ ମୂଲ୍ୟର ମାଳା, ଅଙ୍ଗଦେଶ-ଅଙ୍ଗରାଜ୍ୟ, ସମସ୍ତ ଅଙ୍ଗରେ, (୬୭) ସଙ୍ଗର-ମିଳନ, ଯୁଦ୍ଧ, (୭୦) ମଦିରା ନେତ୍ରା-ଖଇର ରଙ୍ଗ ନୟନୀ।

ବେନି ହୃଦୟ ଲାଖକୁ କଲା ଯେ ପ୍ରକାର ।
 ରୋମାଞ୍ଚ ବ୍ୟାଜେ କି ପୂର୍ଣ୍ଣ ଅପଘନେ ଶର ଯେ ।୭୧।
ରୁଧିର ଛଳେ କି ସ୍ୱେଦଜଳ ପରକାଶ ।
 ନୋହିଲେଟି ସ୍ତମ୍ଭ ବଶେ ସେ ବେନି ଅବଶ ଯେ ।୭୨।
ଏଠାରୁ ଏ ମନୋରମ ଛାନ୍ଦ ହେଲା ଶେଷ ।
 ସୀତା ମଧୁଶଯ୍ୟା ଅର୍ଥେ ଯେ ରାମ ଉଲ୍ଲାସ ଯେ ।୭୩।
ତାଙ୍କ ଚରଣ ପଙ୍କଜେ ମନ ଅବିରତ ।
 ଉପେନ୍ଦ୍ର ଭଞ୍ଜ ବୀରବର କହେ ଗୀତ ଯେ ।୭୪।

ଶବ୍ଦାର୍ଥ- (୭୧) ବ୍ୟାଜ-ଛଳନା, ଅପଘନ-ଶରୀର, ରୁଧିର-ରକ୍ତ, ସ୍ୱେଦ-ଝାଳ, ସ୍ତମ୍ଭବଶେ-ରାଗଭୀତି ପ୍ରଭୃତି ନିଷ୍କ୍ରିୟ ଅଙ୍ଗ, (୭୪) ଅବିରତ-ସବୁବେଳେ

ତ୍ରୟୋତ୍ରିଂଶ ଛାନ୍ଦ

କେଳିପୁରରେ ଲାବଣ୍ୟବତୀ ଓ ଚନ୍ଦ୍ରଭାନୁର ମିଳନ

(ରାଗ- ପଞ୍ଚମବରାଡ଼ି)

କର୍ଣ୍ଣ ମନ ମହୋତ୍ସବରସ ସାବଧାନ। ହୋଇ ଶୁଣ ସୁରସିକ ତରୁଣ ସୁଜନ ହେ ॥ ଚକ୍ରବାଡ଼ ପରି ଦେହଳୀକି ବାଳା ତହିଁ। ଅମ୍ବୁଜ ଅରୁଣ ପଦ ନ ପାରେ ବଳାଇ ଯେ ।୧।

ନଦୀ ଯାଇ ସିନ୍ଧୁ ସଙ୍ଗମରେ ଲଭି। ସେତୁ ଲଙ୍ଘି ନ ପାରିବା ଲକ୍ଷଣ ବଲ୍ଲଭୀ ଯେ ॥ ଏ କିସ ଗୋ ଭାଷି ସଜନୀଏ ଦେଲା ପେଲି। ବଲ୍ଲଭକୁ ଶୁଣାଇ ଏମନ୍ତ ବାଣୀ ଯେ ।୨।

ଅମର ଭୋଗ କରନ୍ତି ରଖି ଶଶୀଶେଷ। ଲତାକୁ କଳିକା ଛାଡ଼ି ତୋଳି ସୁମନସ ଯେ। ଦାରୁଭେଦକ ଭ୍ରମର ପଦ୍ମଫୁଲେ ଶୋଇ। ପୁନଃ ପୁନଃ ବସି ଭୋଗ ଉପଯୋଗ ପାଇ ଯେ ।୩।

ତୁମ୍ଭେ ତ ରସିକସିଂହ ହରିଣୀ ସୁକେଶୀ, ବଳବନ୍ତରେ କି ଯଶ ଅବଳା ଧରସି ଯେ ॥ କେ ଛଳିଲା ହେଲାକୁ ଜେମାର ପ୍ରାଣସଖୀ। ତାହା ଦୁଃଖେ ଦୁଃଖୀ ଆମ୍ଭେ ତାହା ସୁଖେ ସୁଖୀ ଯେ ।୪।

ଆମ୍ଭେ ଜଣାଇବାର ଅଧିକ କଥା ସିନା। ଯେ ଯାହାର ତାକୁ କି ନ ଲାଗେ ତା ବେଦନା ଯେ ॥ ଏତେ କହି କପାଟ ଓଟାରି ଆଣି କିଳି। ପୁର ପରିସରରୁ ଅନ୍ତର ହେଲେ ଆଳୀ ଯେ ।୫।

ମୋହିନୀ ପୀୟୂଷକୁମ୍ଭ ବସନେ ଘୋଡ଼ାଇ। ଇନ୍ଦ୍ର ଆଗେ ଉଭା ହେଲା ପ୍ରାୟ ଶୋଭା ପାଇ ଯେ ॥ କାନ୍ତ ଦେଖି ଏକାନ୍ତ କରକୁ ଧରି କରେ। ମନ୍ଦ ପବନରେ ଯଥା ପଦ୍ମଲତା ଥରେ ଯେ ।୬।

ଶବ୍ଦାର୍ଥ- (୧) ଚକ୍ରବାଡ଼-ଦିଗ୍‌ବିଜୟ, ଦେହଳୀ-ଏରୁଣ୍ଡିବନ୍ଧ, ଅମ୍ବୁଜ-ପଦ୍ମ, (୨) ବଲ୍ଲଭୀ-ସ୍ତ୍ରୀ, ବଲ୍ଲଭ-ସ୍ୱାମୀ, (୩) ଶଶୀ-ଚନ୍ଦ୍ର, ଅମୃତ, କଳିକା-କଢ଼ି, ସୁମନସ-ଫୁଲ, (୫) କପାଟ-କବାଟ, (୬) ପୀୟୂଷକୁମ୍ଭ-ଅମୃତକୁମ୍ଭ, ହେଠ-ତଳକୁ।

ମାଳୀ ଚମ୍ପକ ମାଳିକା ଘେନିଲାର ପରି। ସେନେହବଶରେ ତାକୁ ସେ କୋଳରେ ଧରି ଯେ ॥ ଲାଜବଶେ ସେ ଯେ ଶେଯେ ଖସି ବସେ ତହିଁ। ବଲ୍ଲଭ ଝଟୁ ଆରମ୍ଭେ ଅଧୋମୁଖ ହୋଇ ଯେ ।୭।

ହେଠ କଲେ ବଦନ ଚନ୍ଦ୍ରକୁ କୃଶକଟୀ। ଆଉ କେହି ଯିବ ମୋର କାମ ତମ ତୁଟି ଗୋ। ତା ଶରକୁ ନ କଲେ ନୟନ ପ୍ରତିଶର। ନିରନ୍ତର ହେଉଥିବ ଜରଜର ଗୋ ।୮।

ବାରଣଗତି ଚରଣ ଶରଣ ଜନରେ। ଉଚିତ ପ୍ରଭୁ କପଟ ରଖିବା ମନରେ ଯେ ॥ ତୋ ବାହାରେ ନାହିଁ ଆହା କରିବାକୁ ସାହା। ଯାହା ଇଚ୍ଛା ତାହା କର ଜଣାଇବି କାହା ଗୋ ।୯।

ଏ ବିନୟ ବାଣୀକି ଦ୍ୱିତୀୟା ତିଥି ତାର। କିଛି ଉଦେ କରାଇଲା ହାସ ସୁଧାକର ଯେ ॥ ଝରୁ ଚକୋର ଈକ୍ଷଣ ବିଳାସ ଉଲ୍ଲାସ। କ୍ଷଣକେ ଭିତରେ କରିଗଲା ପରକାଶ ଯେ ।୧୦।

ମୃଦୁଅଙ୍ଗୀ ଅଙ୍ଗୀକାର ଏ ଭଙ୍ଗୀରୁ ଜାଣି। ନେଇ ଚିବୁକେ ପୁରୁଷେ ନିବେଶିଲା ପାଣି ଯେ ॥ ଭୋଳ ହୋଇ କୋଳ କରି ଶ୍ରୀମୁଖ ଟେକିଲା। ଯୋଗଭଙ୍ଗୀ ଭଙ୍ଗୀସ୍ଥାନ ଥୟ ନ ରଖିଲା ଯେ ।୧୧।

ଭ୍ରମରେ ଏହି ବଦନ ଭ୍ରମରେ ସାରସ। ଚୁମ୍ବନ୍ତି ଭାବି ଚୁମ୍ବନ ଦେଇ ସେ ହରଷ ଯେ ॥ ଅଙ୍ଗହାର କରି ହାର କରି ଆଲିଙ୍ଗନ। ଧିକ କଲା ଘନସାର ଚନ୍ଦନ ଲେପନ ଯେ ।୧୨।

ମନ ତାର ଅଧର ପାନରେ ମତ୍ତ ଲଭେ। ରସନାରେ ରସ ଆସ୍ୱାଦନ କରି ଭାବେ ଯେ ॥ ଏ ଥାଉ ଅମୃତ ପିକ କି ଲଭନ୍ତି ଦେବେ। ମଧୁପଦେ ମଦମତ୍ତ ପିଶୁନ ଦାନବେ ଯେ ।୧୩।

ଭାଳିଲା ଏ ମେରୁ ଉରଜ ଧରି କରେ। ବାଞ୍ଛା କରି ଆଉ କେଉଁ ସ୍ୱର୍ଗ ପ୍ରାପତରେ ଯେ ॥ କରଜ ଚଳାଇ ତନୁ ଶୋଭାକୁ ଚାହିଁଲା। ଭାଳେ ଏତେକାଳେ ନୀପଫୁଲେ ନିସ୍ତରିଲା ଯେ ।୧୪।

ଶବ୍ଦାର୍ଥ- (୯) ବାରଣଗତି-ହାତୀ ଗତି, (୧୦) ସୁଧାକର-ଚନ୍ଦ୍ର, (୧୧) ମୃଦୁଅଙ୍ଗୀ-କୋମଳାଙ୍ଗୀ, (୧୨) ସାରସ-ପଦ୍ମ, ଅଙ୍ଗହାର-ଅଙ୍ଗଚାଳନା, ଘନସାର-କର୍ପୂର, (୧୩) ରସନା-ଜିଭ, ପିକ-କୋଇଲି, ପିଶୁନ-ଖଳ, (୧୪) ଉରଜ-ବକ୍ଷୋଜ, କରଜ-ନଖ, ନୀପଫୁଲ-କଦମ୍ବ ଫୁଲ।

ଗତିବଶେ ଦେଖି ତା ଚଞ୍ଚଳ ଛଟକକୁ। ମନେ ମନେ ନିନ୍ଦା କଲା ବୁିଦ୍ୟୁଝଟକକୁ ଯେ ॥ ବେଳୁ ବେଳ ମଦନେ ଆତୁର ସେ ଚତୁର। ନିବିଡ଼ ନୀବୀବନ୍ଧରେ ପକାଇଲା କର ଯେ ।୧୫।

ନିଷେଧିଲା କରଭୋରୁ କରି କରେ କର। କରୀ ଧରି ହୋଏନି କି ମୃଣାଳ ସୂତ୍ରର ଯେ ॥ ପୁଂସ ବକ୍ଷମୂଳେ ଟିପି ଦେଇ ନଖ ମୁନ। କୁଚାଗ୍ରେ ସମଗ୍ର କଲା ରସନା ଚାଳନ ଯେ ।୧୬।

ଦଶନେ ଦଂଶନ କରି ଗଣ୍ଡମଣ୍ଡଳକୁ। ଗଳିଦେଲା ଚନ୍ଦ୍ର ଥିଲା ଶରୀର ସ୍ଥଳକୁ ଯେ ॥ ଶୀତ୍କାର ଭଜି ରସିକା ହୋଇଲା ଅଜ୍ଞାନ। ବିଶେଷତଃ ମାଦକ ପାନରେ ଯଥା ଜନ ଯେ ।୧୭।

ଖୋସି ଦେଲା ଲଲାଟପଟରେ ନେତ୍ର ଦୁଇ। ବିବସନ କଲା କାନ୍ତ ଏ ସମୟ ଚାହିଁ ଯେ ॥ ତନୁ ତନୁ ଭିନ୍ନ ହେବ କରି ଏ ବିଚାର। ଆପଣା ପିନ୍ଧିଲା ବସନହିଁ କଲା ଦୂର ଯେ ।୧୮।

ସେ ଶୋଭାରେ ଲୋଭା ହୋଇ ମନେ କଲା ପୁଣ। ସୁବର୍ଣ୍ଣ ବର୍ଣ୍ଣକୁ ନିଶ୍ଚେ ଏକାଳେ ରସାଣ ଯେ ॥ ବନ୍ଧଯୋଗେ ଧରି ଉରେ ଉର ଲଗାଇଲା। ଜିହ୍ୱ ଚାଳି କର୍ଣ୍ଣ ଧୀର କରି ଫୁଙ୍କିଦେଲା ଯେ ।୧୯।

ଉରଜ ମଧ୍ଯୁ କରଜ ଆଣିଲା ଚଳାଇ। ନାଭିରେ ଦେଲେ କନିଷ୍ଠାଙ୍ଗୁଳିକି ବୁଲାଇ ଯେ ॥ ନିତମ୍ବେ ହାମ୍ପୋଳି ଠୁଙ୍କୁ ଚେତନା ବସିଲା। ଭିଡ଼ି ମହାମତ୍ତେ ରାମା ସୁରତେ ରସିଲା ଯେ ।୨୦।

ରତିପତି ଛଳେ ରତି ପତି ବିରଚିତ। କଙ୍କଣ ନୂପୁର ନାଦେ ପୁର ଉଚ୍ଛୁଳିତ ଯେ ॥ ପରସ୍ପରେ ହୋଇଲେ ଅଧର ପିଆପିଇ। ଏଣୁ ତେଣୁ ତହିଁରେ ଚୁମ୍ବନ ଦିଆଦେଇ ଯେ ।୨୧।

ହାର ଜିଣି ମୁକୁଳି ପଡ଼ିଛି ବାସ ବେନି। ସେହି ଯାଇଛନ୍ତି ସଙ୍ଗେ ସଙ୍ଗେ ଲଜ୍ଜା ଘେନି ଯେ ॥ କେଳତିଜନନୀ ଜରା ଭୀରୁ ଗୁରୁବାଦ। ସାକ୍ଷୀକରି ରଖିଛନ୍ତି ପ୍ରଦୀପ ପ୍ରସିଦ୍ଧ ଯେ ।୨୨।

ଶବ୍ଦାର୍ଥ- (୧୫) ନୀବୀବନ୍ଧ-ପିନ୍ଧାଲୁଗାର ଗଣ୍ଠିବନ୍ଧ, ଗଣ୍ଡମଣ୍ଡଳ-ଗାଲ ଦେଶ, (୧୬) କରୀ-ହାତୀ, କରଭୋ-ହାତ ପାପୁଲି, ସୂତ୍ର-ସୂତା, (୧୭) ଶୀତ୍କାର-ଇସି ଇସି କହିବା, (୧୮) ବିବସନ-ବସନ ଶୂନ୍ୟ, (୧୯) ଉର-ଛାତି, (୨୦) ଉରଜ-ବକ୍ଷୋଜ, କରଜ-ନଖ, ନିତମ୍ବ-ପିଚ୍ଛ, ହାମ୍ପୋଳି-କୌତୁକରେ କର ତଳେ ଅଳ୍ପ ଆଘାତ ଦେବା, ଠୁଙ୍କୁ-ଠୁଙ୍କିବା, (୨୧) ରତିପତି-କନ୍ଦର୍ପ, (୨୨) କେଳତି-କନ୍ଦର୍ପର ସ୍ତ୍ରୀ, ଜରାଭୀରୁ-କନ୍ଦର୍ପ।

ରାଜସୁତ ରାଜା ହେଲି ବୋଲି ହୁଏ ତୋଷି। ସୁତନୁ ବିଶାଳ ଜାନୁ ସିଂହାସନେ ବସି ଯେ ॥ କେ ନଖରେ କ୍ଷତ କରେ କେ ପୀଡ଼ଇ ଦନ୍ତେ। କଲେ ଉତ୍ତାନ ପାର୍ଶ୍ୱଶୟନ ବନ୍ଧ ଯେତେ ଯେ ।୨୩।

ରମଣୀ ଇଷି ବଚନେ ପୁରୁଷ ହୁଂକୃତ। ବାଳା ନଖକ୍ଷତକୁ ପୁରୁଷ ମୁଷ୍ଟିଘାତ ଯେ ॥ କି କରନ୍ତି କି ବୋଲନ୍ତି ନ ପାରନ୍ତି ଜାଣି। ପିତ୍ତରୋଗ ହୋଇଲେ ଅଧିକ ଯଥା ପ୍ରାଣୀ ଯେ ।୨୪।

ସନ୍ନିପାତି ପ୍ରାୟେ କ୍ଷଣେ କ୍ଷଣେ ଚନ୍ଦ୍ରନାଡ଼ି। ବାତକୀ ପରାୟେ ବେପଥୁରେଛନ୍ତି ଜଡ଼ି ଯେ ॥ ଇଚ୍ଛାହୁଏ ମନ୍ଦଶୀତ ଗନ୍ଧବହ ବହୁ। ଏ ବଡ଼ କାମନା ଏକା ରଜନୀ ନ ପାହୁ ଯେ ।୨୫।

ଏମନ୍ତ ଯେ ଦର୍ପଣ ଚାନ୍ଦୁଆ ପୁରେ ଥିଲା। ନାଗରୀ ଚାହିଁଲା ଯୋଗେ ଓଲଟ ଦିଶିଲା ଯେ ॥ ଲାଜେ ବୁଜି ନେତ୍ର ମହାବ୍ୟାକୁଳ ତା ମତି। ସତେହେଁ ଆରମ୍ଭ କଲେ ବିପରୀତ ରତି ଯେ ।୨୬।

ପୁଣି ଚକ୍ଷୁ ଫେଡ଼ି ଦେଇ ଆରତ ହୋଇଲା। ଖସିବା ବେଳକୁ କାନ୍ତ ମୋ ଆନ ବୋଇଲା ଯେ ॥ ରହିଲା ଅଣଆୟତ୍ତେ ସେ ସେହି ଠାଣିରେ। ନୃତ୍ୟ ଅଧିକାର ଦେଲା ନାସିକାମଣିରେ ଯେ ।୨୭।

ସେ ରତିମଧୁକୁ ଏ ଯେ ବରଷା ପ୍ରାୟକ। କିଙ୍କିଣୀ କୋଳିନାଦରେ ମୂକ ବନପିକ ଯେ ॥ ଯୋଷାମୁଖେ ସ୍ୱେଦବିନ୍ଦୁ ଚାହିଁ ପୁଂସ ଲୋଭା। ଇନ୍ଦୁ ଅବୃତ ବିନ୍ଦୁ ବହିଲା ପ୍ରାୟ ଶୋଭା ଯେ ।୨୮।

କୁଚଗିରି ମାଡ଼ି ପଡ଼ିବାକୁ କରି ଭୟ। ବିସ୍ତାରିତ କରିଛି ଛଇଳ କର ଦ୍ୱୟ ଯେ ॥ ଗାଢ଼ରତେ ଯଥା ଭୀତି ଥିଲା ଯୁବତୀର। ଭାଜି ଯାଇ ଥାଇ ନିକି ସରୁକଟୀ ମୋର ଯେ ।୨୯।

ଏମନ୍ତ ସମୟେ ଚାହିଁ ବାଳା ଅବଶକୁ। ପୁଣି ପୁରୁଷ ଆରମ୍ଭେ ପ୍ରକୃତ ରସକୁ ଯେ ॥ ବିଚାରିଲା ମୋତେ ଏଥି ଯଶ ନାହିଁ ଆଜ। ଧନୁଶର ପକାଇ ପଳାଇ ମନସିଜ ଯେ ।୩୦।

ଶବ୍ଦାର୍ଥ- (୨୩) ରାଜସୂତ-ରଜାଙ୍କ ରଥର ସାରଥି, ଉତ୍ତାନ-ଚିତ୍ ହୋଇ ଶୋଇବା, (୨୫) ଗନ୍ଧବହ-ପବନ, ବେପଥୁ-କମ୍ପନ, ବାତକୀ-ବାତରୋଗୀ, (୨୭) ଆରତ-ଆତୁର, (୨୮) ସ୍ୱେଦ-ଝାଳ, (୨୯) ଛଇଳ-ସୁନ୍ଦର, ନାଗର, ମନସିଜ-କନ୍ଦର୍ପ।

ବଲ୍ଲଭ ନେତ୍ର ବଞ୍ଚାଇ ଯୁବତୀ ରତନ। ତରତରେ ବେଢ଼ ଦେଇ ପିନ୍ଧିଲା ବସନ ଯେ। ପୁରୁଷ ଚଳେ ଆଦର କରି ତତପରେ। ପ୍ରିୟକୁ ଘେନି ଶୟନ ପଲ୍ୟଙ୍କ ଉପରେ ସେ ।୩୧।

ଶ୍ରମଘର୍ମ ଯୋଗକରି ନଖକ୍ଷତ ଜ୍ୱାଳା। ଶ୍ରମ ହେଲା ଏ ଘେନି ନ ଲଭେ ନିଦ୍ରା ବାଳା ଯେ ॥ ଚାଟୁ କହେ ପ୍ରିୟ କଥା ଶୁଣିବାକୁ ପ୍ରିୟ। ଏ ସକାଶୁଁ ନିଦ୍ରା ତାକୁ ନ କଲା ଆଶ୍ରୟ ଯେ ।୩୨।

ନିର୍ଲ୍ଲଜ କାମ ମଗଧରାଜା ପ୍ରାୟ ହୋଇ। ପୁଣି ଧାଡ଼ି ଦେଇ ଚିତ୍ତ ଉଚ୍ଛନ୍ନ କରାଇ ଯେ ॥ ଏଣୁ ପ୍ରକାଶିଲେ ରତି ପୁଣି ସେ ଦମ୍ପତି। ସେ ରାତିଯାକ ଲଭିଲେ ଅଶେଷ ସମ୍ପତ୍ତି ଯେ ।୩୩।

ରାମାକୁ କୋଳେ ବସାଇ ଫେଡ଼ି ବାତାୟନ। ରତାନ୍ତେ କରୁଅଛନ୍ତି ବ୍ୟଜନ ଚାଳନ ଯେ ॥ କାହାରି କରରେ ସ୍ନେହ କେ ନ ଦେଲେ ରଖି। ବେନି ତନୁ ଜଡ଼ିତ ଶୟନେ ମହାସୁଖୀ ଯେ ।୩୪।

ଏ ସମୟେ ନିଶି ନାଶ କଲେ ମନ୍ଦଘୋଷ। ଦର ଶବଦେ ଲଭିଲେ ବିଟପୀ ବିରସ ଯେ ॥ ନିଶ୍ୱାସ ବାରି ଗଣିକା ବିଟ ପାଶୁଁ ଗଲେ। ଦୀପ ମଳିନ ଅନାଇଁ ବଧୂଏ ଉଠିଲେ ଯେ ।୩୫।

ବାସରଶଯ୍ୟା ନାରୀଶ ନିଶ୍ୱାସ ପକାଇ। ଆକାଶକୁ ଚାହିଁ ତାରା ମଳିନ ଅନାଇଁ ଯେ। ହାର ଶିଥିଳ ତାମ୍ବୁଳ ତିକ୍ତ ଜାଣି ରାମା। ମନେ ମନେ ବିଚାରିଲା ବିନାଶ ତ୍ରିଯାମା ଯେ ।୩୬।

କେମନ୍ତେ ଚାହିଁବି ଯାଇ ସଜନୀଙ୍କ ମୁଖ। ସୁଖକୁ ତ ଅଧିକ ହୋଇବ ଲାଜ ଦୁଃଖ ଯେ। ତାହାଙ୍କ ନ ଉଠୁଁ ଯିବି ବିଚାରି ଉଠିଲା। ଇଷି ଭାଷି ଅଙ୍ଗ ମୋଡ଼ି ହୋଇ ବାହାରିଲା ଯେ ।୩୭।

ବାଳା ପଛେ ପଛେ ଧବ ଶୋଭା ଦେଖିବାକୁ। ଆସିବା ବେଳକୁ ସେହି ଦ୍ୱାର ନିକଟକୁ ଯେ ॥ ଜାଣି ସିହାଣୀ ରହିଲା ପଛ ହେଲା ବୋଲି। କେ କାହାକୁ ନ ଯାନ୍ତି ସେନେହ ବଳେ ବଳି ଯେ ।୩୮।

ଶବ୍ଦାର୍ଥ- (୩୧) ବଲ୍ଲଭ-ସ୍ୱାମୀ, (୩୪) ବାତାୟନ-ଝରକା, ବ୍ୟଜନ-ବିଞ୍ଚଣା, (୩୫) ମନ୍ଦଘୋଷ-କାକରାବ, ଦରଶବ୍ଦ-ଶଙ୍ଖ ନାଦ, ବିଟପୀ-କୁଳଟା ସ୍ତ୍ରୀ, ଗଛ, ବାରି-ଅନୁମାନ କରି, ଗଣିକା-ବେଶ୍ୟା, (୩୬) ନାରୀଶ-ନାରୀ ଶ୍ରେଷ୍ଠ, ତ୍ରିଯାମା-ରାତ୍ରି, ଈର୍ଷା ଭାଷି-ଯନ୍ତ୍ରଣା ସୂଚକ ଶବ୍ଦ, (୩୮) ଧବ-ସ୍ୱାମୀ, ସିହାଣୀ-ଚତୁରୀ।

ଉଭାରେ ଉଭାରେ ପୁଂସ କଲା ଆଲିଙ୍ଗନ। ବୋଇଲା ପାଶୁଁ ଯିବାକୁ ନ ବଳଇ ମନ ଗୋ। ଛାଡ଼ି ଗଲେ ଜୀବ ଛାଡ଼ି ଏ ପରତେ। ଶୁଭିଲା ସଖୀମାନଙ୍କ ଚହଳ ଏମନ୍ତେ ଯେ ।୩୯।

ତରୁଣୀ ଚଞ୍ଚଳ ଯଥା ଯୂଥବଣା ଏଣୀ। ମୁଖେ ଚୁମ୍ବ ଦେଇ ପୁଂସ ହୋଇଲା ମେଲାଣି ଯେ ॥ ମିତ୍ରଙ୍କ ସଙ୍ଗତେ ଯାଇ ହେଲା ପରବେଶ। ହାସ୍ୟ ନ କଲେ କରେ ଦେଖାଇ ଆଦରଶ ଯେ ।୪୦।

ତଦୁତ୍ତାରେ କେଳିପୁରୁଁ ବାହାର ସୁନ୍ଦରୀ। ମନ୍ଦେ ମନ୍ଦେ ଆସେ ଭିତ୍ତି ଅବଲମ୍ବ କରି ଯେ ॥ ଅଳସ ଚାତୁରୀ ପ୍ରିୟସଖୀ ପ୍ରତିଭାଷା। ଆର ଛାନ୍ଦେ ଶୁଣିବ ଏ ଛାନ୍ଦ ହେଲା ଶେଷ ଯେ ।୪୧।

ଜାନକୀ କୁଚ କୁଙ୍କୁମ ଅଙ୍କିତ ହୃଦୟ। ମୁନିଜନ ଚିତ୍ତେ କାମ ବିକାର ଉଦୟ ଯେ ॥ ତାରକ ତାରକ ମନ୍ତ୍ର ଯାହା ନାମ ଶୁଣି। ଉପଇନ୍ଦ୍ର ବୀରବର ସେହି ରାମ ଗୁଣି ଯେ ।୪୨।

■

ଶବ୍ଦାର୍ଥ- (୩୯) ଉଭାରେ- ଠିଆହୋଇ (୪୦) ଯୂଥ-ଗୋଠ, ଏଣୀ-ହରିଣୀ, ଆଦରଶ-ଦର୍ପଣ, (୪୧) ଅବଲମ୍ବ-ଆଶ୍ରୟ, (୪୨) ତାରକ ମନ୍ତ୍ର-ରାମତାରକମନ୍ତ୍ର ଏହି ମନ୍ତ୍ରଜପ କରି ଉପେନ୍ଦ୍ରଭଂଜ କବିତ୍ୱ ପ୍ରାପ୍ତ ହୋଇଥିଲେ।

ଚତୁସ୍ତ୍ରିଂଶ ଛାନ୍ଦ
ପ୍ରଭାତରେ କେଳିଗୃହରୁ ପ୍ରତ୍ୟାବର୍ତ୍ତନ ଏବଂ ସଖୀମାନଙ୍କର ଥଟ୍ଟା ପରିହାସ
(ରାଗ- କଲ୍ୟାଣ ଆହ ବା ବସନ୍ତ ବରାଡ଼ି)

କେଳିସଦନକୁ ବାହୁଡ଼ି ପଥ ହୁଡ଼ି ଆସିବା ବେଳେ ସୁକେଶୀ ଯେ।
କୋକିଳଭାଷୀ ଭାଷିଲା ଏମନ୍ତ କେଉଁ ପରିହାସୀ ହସି ଯେ। ସୁନ୍ଦରୀ,
କହ କହ ମହୀଶୋଭୀରେ।
କରୁଛି ବିଚାର କେଉଁ ସୁକୃତରୁ ଭ୍ରମର କେତକୀ ଲଭିରେ ।୧।
କ୍ଷିତିପତି ରଣ ପରାଜୟ ତୂର ପରାୟ ନୂପୁର ବାଜେ ରେ।
ଖସି ପଡ଼ିବାରୁ ନିତମ୍ବ ଉପରୁ ଭଲା ଏ ବସନ ରାଜେ ରେ। ସୁନ୍ଦରୀ,
ଖେଦ ପାଇ ଯୁଦ୍ଧବଶେ ରେ।
ଖସି ଯାଉଛି କି ଯୋଦ୍ଧା ମସ୍ତକରୁ ଉଷ୍ଣୀଷ ଏମନ୍ତ ଦିଶେ ରେ ।୨।
ଗରୁ ଚଞ୍ଚଳ ଲକ୍ଷଣ କ୍ଷଣେ କ୍ଷଣେ ଭଜୁଅଛି ସୁଲକ୍ଷଣା ରେ।
ଗଜରିପୁ ଆଗେ ପଡ଼ିଥିଲା ଏଣୀ ହୋଇଛି କି ଗଣବଣାରେ
ଗତ କଥା ଘେନିରେ ସୁନ୍ଦରୀ।
ପୁଣି ପୁଣି ପରାଭବ ଭୀତି ଚିତ୍ତେ ତରତରେ ବିନ୍ଧେ ଶର ରେ ।୩।
ଘେନୁଛି କୋକନନ୍ଦ ମଦ ମର୍ଦ୍ଦନେ କରିଛି ରଙ୍ଗ ଆସ୍ୱଦ ରେ।
ଘନେ ଦଣ୍ଡିବ ମଦ କଳମଦିର ବ୍ୟକ୍ତ କି ମଦନମଦ ରେ। ସୁନ୍ଦରୀ,
ଘେନାଘେନି ତୋର ଭଲା ରେ।
ଘୋରି ବିଭାବରୀ ବିନିଦ୍ରିତ କରି ପଦ୍ମ ମୁଦ୍ରିତ ନ କଲା ରେ ।୪।

ଶବ୍ଦାର୍ଥ- (୧) କେଳିସଦନ-କେଳିଗୃହ, ମହୀଶୋଭୀ-ପୃଥିବୀ ଶୋଭୀ, (୨) କ୍ଷିତିପତି-ରଜା, ତୂର-ତୂରବାଦ୍ୟ, ଉଷ୍ଣୀଷ-ପଗଡ଼ି, (୩) ଭୀତି-ଭୟ, (୪) କୋକନଦ-ରକ୍ତକଇଁ, କଳମଦିର-ଖଞ୍ଜନ ପକ୍ଷୀର ଆଖି, ବିଭାବରୀ-ରାତ୍ରି, ବିନିଦ୍ରିତ-ଉଜାଗର, ନିଦ୍ରାହୀନ।

ନିଟିଳେ ମୃଗମଦ ରହି ରହିଛି ଜାତ ହୋଇ ସ୍ୱେଦପନ୍ତି ରେ।
ନିଶ୍ଚେଁ ଅଳକା ଅହିବର ତରଳ ଗରଳ କରିଛି ବାନ୍ତିରେ। ସୁନ୍ଦରୀ,
ନୋହିଲେ ହେବ ଏମନ୍ତ ରେ।
ନିଶୀଶ କଳଙ୍କ ନାଶ କରୁଥିଲା ପ୍ରକାଶ ବିଧିରେ ଭୀତରେ ।୫।
ଚଟୁଳ ନୀରବିନ୍ଦୁ ଧାଡ଼ିହୋଇ ଯେ ରହିଛି ଅଳକା ତଳ ରେ।
ଚନ୍ଦ୍ର ଅର୍ଦ୍ଧକୁ ଗ୍ରାସ କରି ରାହୁ କି ଛାଡ଼ିଣ ଗଲା ଚପଳ ରେ। ସୁନ୍ଦରୀ,
ଚୋଖଦନ୍ତଯୋଗେ ତାର ରେ।
ଚିନ୍ତନ କରୁଛି ସ୍ଫୋଟକ ନିକର ଦିଶେ ମନୋହର ତର ରେ ।୬।
ଛିଡ଼ିପଡ଼ିଲା ସୁଜ୍ୟୋତି ମୋତିମାଳି ବାଳି ନ ଜାଣିଲୁ ତହିଁରେ।
ଛଇଳନୀତି ତାହା ପତି ସୁରତି ଶିକ୍ଷା ଯେତେବେଳେ ଦେଇ ରେ। ସୁନ୍ଦରୀ,
ଛଟକାକ୍ଷି ଗୁଣଶାଳୀ ରେ।
ଛଦ୍ମେ ନ ଜାଣିବ ବାସ ପ୍ରକାରରେ କରିଥିବି ନିଉଛାଳି ରେ ।୭।
ଜାହ୍ନବୀ ଲଭିଲା ମାନ ଶାମୁକାରେ କସ୍ତୁରୀ କାଳିନ୍ଦୀ ଗ୍ରହିଁ ରେ।
ଜଣାଯିବାକୁ ନଖପଦ୍ମ ବିଶଦ ମୟୂଖ ନାୟକ ବିହିରେ। ସୁନ୍ଦରୀ,
ଜବାଧରୀ ଚନ୍ଦ୍ର ମୁହିଁରେ।
ଜଳଜ ପାଣିରେ ପୂଜା କରିଥିବ କାମବ୍ୟାଧିହତ ପାଇଁ ରେ ।୮।
ଝଳକା ଅଙ୍କୁଶ ପ୍ରାସ ଲଭିଛି କି ଯଉବନ କରୀ କୁମ୍ଭ ରେ।
ଝସନିବାସ ସୁତରେ ମର୍ଦ୍ଦିହେଲା ମହା ମହୀଧର ଦମ୍ଭରେ। ସୁନ୍ଦରୀ,
ଝଳିଛି ଚିତ୍ତେ ଏ ଚିତ୍ରରେ।
ଝଟକ ହାସିନୀ ଘର୍ମେ ଲଭିଗଲା ମର୍ମେ ଲେଖିଥିଲା ଚିତ୍ରରେ ।୯।

ଶବ୍ଦାର୍ଥ- (୫) ନିଟିଳେ-କପାଳରେ, ମୃଗମଦ-କସ୍ତୁରୀ, ଅଳକା-ଚୂର୍ଣ୍ଣକୁନ୍ତଳ, ଅହିବର-ନାଗସାପ, ନିଶୀଶ-ଚନ୍ଦ୍ର, ଗରଳ-ବିଷ, (୬) ଚଟୁଳ-ଗୋଲ, ନୀରବିନ୍ଦୁ-ଝାଳବିନ୍ଦୁ, ଅଳକା-ଚୂର୍ଣ୍ଣକୁନ୍ତଳ, ଚପଳ-ଚଞ୍ଚଳ, ଚୋଖ-କୁନ୍ଦ କଳିକା ପରି, ସ୍ଫୋଟକ-ଫୋଟକା, ନିକର-ସମୂହ, (୭) ବାଳି-ଲାବଣ୍ୟବତୀକୁ ସମ୍ବୋଧନ, ଛଇଳ-ରସିକ, ଛଟକାକ୍ଷି-ଛଟକ ପରି ଆଖି, ନିଉଛାଳି-ମାନ୍ୟ କରିବା, (୮) ଜାହ୍ନବୀ-ଗଙ୍ଗା, କାଳିନ୍ଦୀ-ଯମୁନା, ବିଶଦ-ନିର୍ମଳ, ମୟୁଖ-କିରଣ, ଜବାଧରୀ-ଜବାରଙ୍ଗର ଅଧର, ଜଳଜପାଣି-ପଦ୍ମପରି ହସ୍ତ, (୯) ଝଳକାଅଙ୍କୁଶ-ଝଟକୁଥିବା ଆଙ୍କୁଡ଼ି, ଯଉବନ କରୀ କୁମ୍ଭ-ହାତୀ ଗଣ୍ଡ ରୂପକ ବକ୍ଷୋଜ, ଝସନିବାସ-ମସ୍ୟ ନିବାସ (ଜଳ), ସୁତ-ପୁତ୍ର, (ଜଳପୁତ୍ର-ପଦ୍ମ), ମହୀଧର-ପର୍ବତ, ଘର୍ମ-ଝାଳ।

ନୀଳ କୁନ୍ତଳ ଫିଟି ଲୋଟେ ଚରମେ ବିରହାଗ୍ନି ପ୍ରେମନୀର ରେ।
ନିଷ୍ଟାକଲୁ ଶାନ୍ତି କି ସେ ଧୂମପନ୍ତି ଊର୍ଦ୍ଧ୍ୱେ ଅଧୋଗତି ତାର ରେ। ସୁନ୍ଦରୀ,
ନୟନ କରଇ ବଶରେ।
ନବ ନିକଚ ନଳିନ ମଧୁ ପିଇ ଉଡ଼ିଲେ କି ଅଳି ବଂଶରେ ।୧୦।
ଟେକ କରୁଣା ହେବା ପାଇଁ ଅରୁଣାଧରୁ ଫୁରୁଣାରେ କିବା ରେ।
ଟିକାଏ ଗଲା ରତିରେ କି ପତିକି କଲୁ ଏ ଘମରେ ସେବାରେ। ସୁନ୍ଦରୀ,
ଟାହି ନୁହଇ ଏ ଗୀର ରେ।
ଟହକହାସ କୁଟିଳ ଲୋକ ନିକି ବନ୍ଧନ ମୁକ୍ତ ବେଭାରେ ରେ ।୧୧।
ଠିକେ ପତନ ହୋଏ ବାଳା ରତନ ଯତନ ଫୁଲ ମାଳିକା ରେ।
ଠାଠିକ ଦଶେ ଅମ୍ବୁଜରୁ କି ଖସେ ଅବନୀକି ବକାଳିକା ରେ । ସୁନ୍ଦରୀ,
ଠଣ ସେ ପୁଣ ଏ ପରା ରେ।
ଠୁଳେ ଗଙ୍ଗାରୁ ଜଳ ଆଣି ଘନ କି ପତନ କରଇ ଧରାରେ ।୧୨।
ଡମ୍ବରୁ ମଧ୍ୟା ମହୋଜ୍ଜ୍ୱଳ ତାମ୍ବୁଳ ବୋଳ ତୋ ନିର୍ମଳ ଗଣ୍ଡରେ।
ଡାଳିମ୍ବ କୁସୁମ ବିମ୍ବ ମନୋରମ କି ଅବା ମୁକୁର ଖଣ୍ଡରେ। ସୁନ୍ଦରୀ,
ଡୋଳା ବଶ କରେ ପୁଣିରେ।
ତାହା ଉତ୍ତୀର୍ଣ୍ଣ ରସାଣ ହେବ ପାତ୍ରେ ସ୍ଥିତିକି ମାଣିକ୍ୟ ମଣିରେ।୧୩।
ଢଳି ରହାଁ ରଙ୍ଗ ଅଧରୁ ଝରୁଛି ଦନ୍ତ କ୍ଷତ ବଶେ ରକ୍ତ ରେ।
ଢାଳେ ହୃଦୟ ସୁଖେ ମୁଖେ କରେ କି ନିଶି ଅନୁରାଗ ବ୍ୟକ୍ତ ରେ। ସୁନ୍ଦରୀ,
ଢମାଳି ନୋହେ ଏ ସତ ରେ।
ଢଳହଳ ଚୂତପଲ୍ଲବେ ଯେମନ୍ତ ମତ୍ତ ପିକ ଚଞ୍ଚୁଘାତରେ ।୧୪।
ଅମୂଲ୍ୟ କୁନ୍ଦ ସୁନ୍ଦର କାଶ ମନ୍ଦହାସ ଲେଶମାତ୍ର ନାହିଁରେ।
ଆନନ୍ଦ ଚନ୍ଦ୍ରମା କେବଣ କାରଣେ କିରଣ ହେଲା କୁନ୍ଦାଇ ରେ । ସୁନ୍ଦରୀ,

ଶବ୍ଦାର୍ଥ- (୧୦) ନୀଳକୁନ୍ତଳ-ଘନ କଳା କେଶ, ଚରମ-ପିଠି, ବିକଚ-ଫୁଟିଥିବା, ନଳିନ-ପଦ୍ମ, ଅଳି-ଭ୍ରମର, (୧୧) ଅରୁଣାଧରୁ-ଅରୁଣ ଅଧରରୁ, ଫୁରୁଣା-ଆନନ୍ଦ, ଟହକ ହାସୀ-ସୁନ୍ଦର ହାସୀ, କୁଟିଳ-ବଙ୍କା, (୧୨) ଠାଠିକ-ସୁନ୍ଦର, ଅମ୍ବୁଜ-ମେଘ, ପଦ୍ମ, ବକାଳିକା-ବଗପଂକ୍ତି, ଘନ-ମେଘ, ଧରା-ପୃଥିବୀ, (୧୩) ଡମ୍ବରୁମଧ୍ୟା-ସରୁକଟି, ଗଣ୍ଡ-ଗାଲ, ବିମ୍ବ-ପ୍ରତିଛବି, ମୁକୁର-ଦର୍ପଣ, ରସାଣ-ମାଜିବା, ଢମାଳି-ଟାପରା, ଚୂତପଲ୍ଲବ-କଅଁଳିଆ ଆମ୍ବଡ଼ାଳ। (୧୪) ଦନ୍ତକ୍ଷତ-ଦାନ୍ତରେ ଖଣ୍ଡିଆ, ଅନୁରାଗ-ସ୍ନେହ

ଅତ୍ୟନ୍ତ ରସିକ ସେହି ରେ।
ଅମୃତ ଭାବି ଓଷ୍ଠମଧୁ ସହିତ ପିଇଗଲା ପରା ତାହି ରେ ।୧୫।
ତନୁରେ ଠାବେ ଠାବେ ଲାଗି ଚନ୍ଦନ ଏହି ପ୍ରତୀତି କରାଇ ରେ।
ତୋତେ ଏ ଶୋଭା ଦେଇଗଲା ସ୍ତନକୁଙ୍କୁମ ପାଲଟ ନେଇ ରେ। ସୁନ୍ଦରୀ,
ତଥା ତୋ ଅଙ୍ଗ ଶୋଭନ ରେ।
ତରୁଣ କୁଞ୍ଜର କରମର୍ଦ୍ଦନରେ ଯେମନ୍ତ ପଦ୍ମିନୀ ବନ ରେ ।୧୬।
ସ୍ଥୁଳ ଜାନୁରେ ଦୀପ୍ୟମାନ ଅନେକ ପ୍ରଖର ନଖର ଗିରାରେ।
ଥୟ ଏ ଇଙ୍ଗିତ ସଙ୍ଗୀତ ଜାଣେ ସେ କଳା ପ୍ରସାରିଲା ପରା ରେ। ସୁନ୍ଦରୀ,
ଥରୁଅଛୁ କିମ୍ପା ଡରି ରେ।
ଧୀରେ କହିଥା କରିଛୁ କି ବଲ୍ଲଭ ଚିତ୍ତରତନକୁ ଚୋରି ରେ ।୧୭।
ଦେହେ ଦିଶୁଛି କଙ୍କଣ ଚିହ୍ନମାନ ରଞ୍ଜନ ଖଞ୍ଜନ ଦୃଶୀ ରେ।
ବଦିବ୍ୟ ଦାହ ହେମ ପିତୁଳାକୁ କାମ ସୂଚିକାମ କଲା ବସି ରେ। ସୁନ୍ଦରୀ,
ଦେଖି ମୁଁ ହେଲିଣି ତୋଷ ରେ।
ବଲ୍ଲଭ ହୃଦକଷଟିରେ ଥିବ ସେ ପ୍ରୀତିବାନମାନ କଷିରେ ।୧୮।
ଧରି ମଧ୍ୟ ଧୀରେ ଅଶକତ ଭରେ ଆସିବାରୁ ମୁଁ ଯେ ହେଜି ରେ।
ଧୂର୍ଜଟି ଡମ୍ବରୁ ସରି ସରୁକଟୀ ଆହା ସେ ଗଲା କି ଭାଜି ରେ। ସୁନ୍ଦରୀ,
ଧରାଧର ଯେହୁ ଟେକି ରେ।
ଧବ ଭାରା ନିକି ସହି ନ ପାରିଲା ଘେନୁଛି ଅଛି ଏଥିକି ରେ।୧୯।
ନିବିଡ଼ ନୀବୀ ତ ମହା ଅସ୍ତବ୍ୟସ୍ତ ଖୋସିଲେ ଖସି ପଡ଼ଇ ରେ।
ନାଗର ଶ୍ରୀକର ଦର ଏତେଦୂର କରି ସ୍ଥାନେ ନ ରଖଇ ରେ। ସୁନ୍ଦରୀ,
ନ ରହେ ଏହା ଶୁଣିକି ରେ।
ନ କଲା ମୋତେ ବନ୍ଧନ ଅବକାଶ ନୋହିବ ଆଉ ଏଣିକି ରେ ।୨୦।
ପୁଣି ତ ପଣନ୍ତ ମହୀରେ ଲୋଟିଛି ଭାଳେ ଅସମ୍ଭାଳ ଦେଖି ରେ।
ପାଦେ ପଡ଼ି ଶାଢ଼ି କହେ ପତି ସଙ୍ଗ ବେଳେ ପାରିବୁକି ରଖି ରେ। ସୁନ୍ଦରୀ,
ପଚାରୁଛି ଏତେ ମୁହିଁ ରେ।
ପାଇ ନାହାନ୍ତି ସ୍ଥାନ ଯହିଁ ଏମାନେ ଲଜ୍ଜା ରଖିଥିବ କାହିଁରେ।୨୧।
ଫୁଲ୍ଲାରବିନ୍ଦ ମୁଖେ ନାହିଁ ପ୍ରସନ୍ନ କାନ୍ତେ ପରାଜୟ ଇଚ୍ଛି ରେ।

ଶବ୍ଦାର୍ଥ- (୧୬) ପ୍ରତୀତି-ବୁଦ୍ଧି, ତରୁଣ କୁଞ୍ଜର-ବଳୁଆ ହାତୀ, (୧୭) ଦୀପ୍ୟମାନ-ଶୋଭାମାନ, (୧୮) ହେମ-ସୁନା, ଦିବ୍ୟଦାହ-ଅଗ୍ନିପରୀକ୍ଷିତ, ଖଞ୍ଜନଦୃଶୀ-ଚଞ୍ଚଳ ନୟନା, (୧୯) ଧୂର୍ଜଟି-ମହାଦେବ, ଧବ-ସ୍ୱାମୀ,(୨୦)ନୀବୀ-ପିନ୍ଧାଲୁଗାର ଗଣ୍ଠି, ଦର-ଶଙ୍ଖ, ଭୟ, ଅବକାଶ-ଫୁରସତ।

ଫୁରୁଣା ହୁଏ ଫୁଲଧନୁ ଜିଣିଲୁ ଏଥେ ପୁଣି ଯଶ ଅଛି ରେ। ସୁନ୍ଦରୀ,
ଫେଡ଼ି କହୁଅଛି ଜାଣି ରେ।
ଙ୍ଗୁଟେ ରଟୁଥିଲା ବଳା ଫୁଲଧନୁ ପଳା ପଳା ପୁଣି ରେ ।୨୨।
ବିଧୁ ବିଧୁନ୍ତୁଦ ମୁଖୁଁ ଏହିକ୍ଷଣି ବାହାରିଲା ପରା ମୁଖ ରେ।
ବିଧିରେ ଚିକୁରଶୋଭୀ ମିଛ ହେଲେ ମୁକୁର ଅଣାଇ ଦେଖ ରେ । ସୁନ୍ଦରୀ,
ବିଚାରେ ଏଥି କି ଗୋଳ ରେ।
ବୋଲନ୍ତି ତୋତେ ସୁକୁମାରୀ ଏ ଦୁଃଖ ସୁହାଇଲା ଭାବଭୋଳ ରେ ।୨୩।
ଭିତ୍ତି ଧରି କରୁ ଗମନ ମଣୁଛୁ ପହଣ୍ଡକ ଶତକ୍ରୋଶ ରେ।
ଉର ଦେଇ ଅପସରେ ଅବସର ପାଇଲୁ ଏବେ ତୁ ବଶରେ। ସୁନ୍ଦରୀ,
ଭାବ ତାର କି ସେ ଅରି ରେ।
ଭାଙ୍ଗୁ ଦରବିକଶିତ କୋକନଦ ମଦ ଜୃମ୍ଭାକୁ ଆଦରି ରେ ।୨୪।
ମହା ଅଳସଭରେ କୁଚ କଳସ ଲୋଡ଼େ ମେରୁ ଦର୍ପ ହରି ରେ।
ମର୍ଦ୍ଦନ ତାଡ଼ନ କରଜପୀଡ଼ନ କେତେ ବେଗରେ ପାଶୋରି ରେ। ସୁନ୍ଦରୀ,
ମୁହିଁ ଶିଖାଉଛି ତୋତେ ରେ।
ମନ୍ଦ କରିବା ପରେ ନୋହେ ଉଚିତ କରିଥିବୁ ଦିବ୍ୟଚିତ୍ତେ ରେ ।୨୫।
ଯଶ ଅଯଶ ବିଚାରି ଅନୁଗ୍ରହ ବିଗ୍ରହ ନିଗ୍ରହ କର ରେ।
ଯୁବତୀ ରତିଗଣ ଭାବି ନିତମ୍ବ ଉରଜ ମିଶିଲା ଉର ରେ। ସୁନ୍ଦରୀ,
ଯୁକ୍ତ ଏ ପାଇବେ ଶାଢ଼ୀ ରେ।
ଯୋଗ ବେଗେ ଆଗେ କର ବହି କଳା ତାକୁ ଦିଅ ମଣିଚୁଡ଼ି ରେ ।୨୬।
ରଙ୍ଗବଶେ ହୋଇ ଆତଙ୍କ ନୟନ ବୁଜି ହେଲା ଅତି ସୁଖେ ରେ।
ରମଣୀ ଚତୁରୀ ଶିରୋମଣି ଆଣି କାଳି ଦେବା ତାର ମୁଖରେ। ସୁନ୍ଦରୀ,
ରତେ କେଶ ଅସମ୍ଭାଳ ରେ।
ରମ୍ୟ ଚରମେ ପଳାଇ ଲୁଚିଥିଲା ବାନ୍ଧିବା ତାହାକୁ ଭାଳ ରେ ।୨୭।

ଶବ୍ଦାର୍ଥ- (୨୨) ଫୁଲ୍ଲାରବିନ୍ଦ-ବିକଶିତ ପଦ୍ମ, (୨୩) ବିଧୁ-ଚନ୍ଦ୍ର, ବିଧୁନ୍ତୁଦ-ରାହୁ, (୨୪) ଭିତ୍ତି-କାନ୍ଥ, ଅରି-ଶତ୍ରୁ, କୋକନଦ-ରକ୍ତକଇଁ, ଜୃମ୍ଭା-ହାଇ ମାରିବା, ମଦ-ହଳସ, ଗର୍ବ, (୨୫) ମେରୁଦର୍ପ ହରି-ପର୍ବତର ଗର୍ବକୁ ନଷ୍ଟ କରି, ମର୍ଦ୍ଦନ-ଦଳିବା, କରଜ-ନଖ, (୨୬) ନିଗ୍ରହ-ଅକରୁଣା, ବିଗ୍ରହ-ଯୁଦ୍ଧ, ଶରୀର, ନିତମ୍ବ-ପିଚା, ଉରଜ-ବକ୍ଷୋଜ, ଉର-ଛାତି, (୨୭) ରଙ୍ଗ-ଆନନ୍ଦ, ପରିହାସ, ଆତଙ୍କ-ଭୟ, ରମ୍ୟ-ରମଣୀୟ, ଚରମ-ପିଠି।

ଲାବଣ୍ୟ ବିମ୍ବ ବିଡ଼ମ୍ବ ଅଧର ତୋ ଘାତକ ହୋଇଛି ଅତି ରେ ।
ଲାଳସେ ଏତେ ତାମ୍ବୁଳ ଅଉଷଧି ଦେଇଣ କର ତୃପିତ ରେ । ସୁନ୍ଦରୀ,
ଲାଖ ପ୍ରାୟ ଆଦ୍ୟ ପ୍ରାନ୍ତରେ ।
ଲଳିତ ଅଙ୍ଗ ଯେ ରହିଥିଲା ଯାକୁ ଚନ୍ଦନେ କର ଲେପିତ ରେ ।୨୮।
ବିରହରେ ପବନ ଘନସାର ଅଗ୍ନିସମେ ଦେଉଥିଲେ ପୀଡ଼ାରେ ।
ବ୍ୟାଜକି ଆଜ ସେ ସୁଖଦାହେଲାକୁ ସିନା କରୁଅଛି ଲୋଡ଼ା ରେ । ସୁନ୍ଦରୀ,
ବିବେକ କି ଶୋଭାନିଧିରେ ।
ବିଧୁ ଅସ୍ତବ୍ୟସ୍ତ କରିଥିବ ସାଧୁ ସବୁ ଚକ୍ର ହେଲା ସାଧିରେ ।୨୯।
ଶୟନ କର ନୟନରୁ ଜାଣିଲୁଁ ରାତ୍ର କଲୁଁ ଶିବରାତ୍ର ରେ ।
ଶ୍ରୀଅଙ୍ଗକୁ ତେବେ କିଛି ଶାନ୍ତି ହେବ ଅଶେଷ ସୁରସପାତ୍ରୀରେ । ସୁନ୍ଦରୀ,
ଶ୍ରଦ୍ଧା ଏକ ଅଛି ତହିଁରେ ।
ଶଶୀହାସୀ ସେ ବିଧି ସ୍ୱପ୍ନେ ଦେଖିବୁ ପାସୋରିବା କଥା ନୋହି ରେ ।୩୦।
ଷଡ଼ାନନ ତାତ ଆଦି ଦେବତାଙ୍କୁ ଏ ପୁରୁଷ ସଙ୍ଗ ଆଶେ ରେ ।
ଷୋଡ଼ଶୀ ଯେତେ ଦ୍ରବ୍ୟ ଥିଲୁ ମନାସି ଦେବୁଟି ଏହି ଦିବସେ ରେ । ସୁନ୍ଦରୀ,
ଷଣକୁସୁମ ସୁକାନ୍ତି ରେ ।
ଷଡ଼ାର୍ଦ୍ଧପୁରେ ପ୍ରମଦା ମାତ୍ରେ ନାହିଁ ତୋ ସମାନ ଭାଗ୍ୟବତୀ ରେ ।୩୧।
ସାରସଗତି ସଖୀଭାଷ ବଶରେ ମଜ୍ଜିଲା ହୀରୀ ସରିତେ ଯେ ।
ସତେ ଉରଜ କଲା ଚନ୍ଦ୍ରଶେଖର ମୁଖ ନିବେଶ ତୁରିତେ ସେ । ସୁନ୍ଦରୀ,
ସଧୀରେ ସଖୀରେ ଯାଇ ସେ ।
ସମୀର ବହିଲା ସ୍ଥାନରେ ବସିଲା ଆଶ୍ୱାସନା କଲେ ସହୀ ଯେ ।୩୨।

ଶବ୍ଦାର୍ଥ- (୨୮) ବିମ୍ବ-ପ୍ରତିଛବି, ବିମ୍ବଫଳ, ବିଡ଼ମ୍ବ-ଅନୁକରଣ, ତୃପତି-ତୃପ୍ତି, (୨୯) ବିଧୁ-ଚନ୍ଦ୍ର, (୩୦) ସୁରସପାତ୍ରୀ-ଲାବଣ୍ୟବତୀକୁ ସମ୍ବୋଧନ, ଶଶୀହାସୀ-ଚନ୍ଦ୍ରହାସୀ, (୩୧) ଷଡ଼ାନନ ତାତ-କାର୍ତ୍ତିକେୟଙ୍କ ପିତା (ମହାଦେବ), (୩୧) ଷଡ଼ାର୍ଦ୍ଧପୁର-ତିନିପୁର, ପ୍ରମଦା-ମହିଳା, ହୀରୀ ସରିତ-ଲଜ୍ଜା ନଦୀ, (୩୨) ସାରସ-ହଂସ,

ହାଟକ ଝଟକ ଗୋରୀର ଦେଲେ ସେ ଛଟକେ ନୀତି ବଢ଼ାଇ ଯେ।
ହସ୍ତୀ ଦଶନ ପଲ୍ୟଙ୍କ ଅଙ୍କରେ ସେ ନିଃଶଙ୍କେ ଦେଲେ ଶୁଆଇ ଯେ। ସୁନ୍ଦରୀ,
ହେଲା ପୂର୍ଣ୍ଣ ମନୋରଥ ଯେ।
ହେଲା ନ କଲା ଫୁସଲୀଲା ଭାବନା ଲବମାତ୍ର ହୃଦପଥ ଯୋ।୩୩।
କ୍ଷିତିମଣ୍ଡଳ ମଣ୍ଡନା କ୍ଷୀଣୋଦରୀ ଭାବନା ବଶରେ ଫୁଂସ ଯେ।
କ୍ଷଣଦା କ୍ଷଣପ୍ରାୟ ଚିତ୍ତରେ କାହିଁଥିଲା ଏ ଦିବସ ଯେ। ସୁଜନେ,
କ୍ଷିପ୍ରେ ଚିନ୍ତି ରାମଚନ୍ଦ୍ର ଯେ।
କ୍ଷମେ ଉପଇନ୍ଦ୍ର ଭଞ୍ଜ ବୀର କହେ ଅଘ କରୀନ୍ଦ୍ର ପାରୀନ୍ଦ୍ର ହୋ।୩୪।

ଶବ୍ଦାର୍ଥ- (୩୩) ହସ୍ତୀଦଶନ-ହାତୀ ଦାନ୍ତ (୩୪) କ୍ଷିତି-ପୃଥିବୀ, କ୍ଷଣଦା-ରାତ୍ରି, ଅଘ କରୀନ୍ଦ୍ର-ପାପ ରୂପକ ଶ୍ରେଷ୍ଠ ହସ୍ତୀ, ପାରୀନ୍ଦ୍ର-ସିଂହ।

ପଞ୍ଚତ୍ରିଂଶ ଛାନ୍ଦ
ଦେବତାଙ୍କର ଅଭିଶାପ ପ୍ରଦାନ
ଓ କନ୍ୟାସହ ବରର ସ୍ୱଦେଶ ପ୍ରତ୍ୟାବର୍ତ୍ତନ
(ରାଗ- କଳଶା)

ଏଥୁ ଅନନ୍ତରେ ଜନେ ଶୁଣ ଦିବ୍ୟରସ
ପୁରେ ସପତ ମଙ୍ଗଳା ହେଲା ତହିଁ ଶେଷ ଯେ ।୧।
ପଡ଼ିଲା ପରମ ଅଷ୍ଟ ମଙ୍ଗଳାରେ ।
ନୋହିଲା ସେଦିନ ଭେଟ ପୁରୁଷ ବାଳାରେ ଯେ ।୨।
ବସି ବିଚାର କରଇ ରସିକ ରତନ
ଉତ୍ସବେ କାହିଁକି ହେଲା ଏଡ଼େ ହୀନ ଦିନ ଯେ ।୩।
ମୋତେ ହରିତାଳୀଗୋରୀ ହରିତାଳି କରି
ପରି ବରି ଦେବ ଦୁଃଖ ଏ ଘୋର ଶର୍ବରୀ ଯେ ।୪।
କୁହୁ ନୋହି ଜଗତରେ ମୋ ଠାରେ ହୋଇଲା
ବଦନଇନ୍ଦୁ ଦର୍ଶନ ଏଣୁ ବିରୋଧିଲା ଯେ ।୫।
ଏକାଳେ ଜ୍ୟୋତିଷ ସୁତ ପାଶେ ପରବେଶ
ମୋଇଲା ମନ୍ତ୍ରୀ ସୁତକୁ ମନ୍ତ୍ରୀ କରି ବେଶ ଯେ ।୬।
ସୁତ ବିଭା କରିଦେବ ନେଉଅଛି ବରି
ଚିତ୍ତ ଚିନ୍ତା ଆନ ଏ ସନ୍ଦେଶ ଶୁଣିକରି ଯେ ।୭।
ରତୁଧ୍ୱଜ ବିଭା ପୁଣି ପୁରୋହିତ ସୁତା
ମୋତେ ଆଗୁ ଏ ଦେଶ କରିଛି ଯୋଗ ଧାତା ଯୋ୮।
ରତ୍ନାକର ସାଧୁତ ଆମ୍ଭର ଅତି ସ୍ନେହୀ
ତାହାର ଭଗ୍ନୀକି ମାଗ ପୁରନ୍ଦର ପାଇଁ ଯେ ।୯।

ଶବ୍ଦାର୍ଥ- (୪) ହରିତାଳୀ ଗୋରୀ-ହଳଦୀବର୍ଣ୍ଣ ପରି ଗୋରୀ, ହରିତାଳି-ଗଣେଶ ଚତୁର୍ଥୀ, ଶର୍ବରୀ-ରାତି (୫) ବଦନଇନ୍ଦୁ-ମୁହଁଚନ୍ଦ୍ରପରି, (୩) ସୁତ-ପୁତ୍ର

ଶୁଣି ତୋଷ ହୋଇ ଧରାପତି ପ୍ରିୟସୁତ
ସେ କାର୍ଯ୍ୟ ନିର୍ବାହକଲା ପାଶୁ ପେଷି ଦୂତ ଯେ ।୧୦।
ତିନିମିତ୍ର ବିଭାବିଧି ଶୁଭେ ହେଲା ସିଦ୍ଧି
ପୁଣି ଅତି ହରଷ ହୋଇଲା ରସନିଧି ଯେ ।୧୧।
କାମକଳା ମେଘମାଳା ହାରାବଳୀ ନାମ
ସପତି ହେବାରୁ ସେ ହୋଇଲେ ପୂର୍ଣ୍ଣକାମ ଯେ ।୧୨।
ଆଉମାନେ ଦାସୀ ମୁଖୁଁ ଶୁଣିଲେ ବାରତା
ଦେବେ ଯଉତୁକେ ବୀରେ ଏଣୁ ଦୂରଚିନ୍ତା ଯେ ।୧୩।
ଏମନ୍ତ କେତେ ଦିବସ ଶେଷ କଲେ ତହିଁ
ସିଂହଳଭୂପାଳେ ପୁରୋହିତ ସୁତ କହି ଯେ ।୧୪।
ବୋଇଲା ଯେ କର୍ଣ୍ଣାଟ ସେ ସିଂହଳ ପ୍ରଦେଶ
ଏମନ୍ତ ଅବଧାନରେ କର ନରଈଶ ଯେ ।୧୫।
ଶଶିଶେଖର ରାଜାର ଏକମାତ୍ର ପୁତ୍ର
ଅଛି ପ୍ରତିମାକୁ ପଠିଆଇ ରଖି ନେତ୍ର ଯେ ।୧୬।
ଅବଧାନ କଲେ ଏବେ ହୋଇବୁଁ ମେଲାଣି
ଦଣ୍ଡଧର ହରଷ ହୋଇଲେ ଚିତ୍ତେ ଶୁଣି ଯେ ।୧୭।
ଯଉତୁକ ସମ୍ଭାର ଘେନାଇ ସଚିବକୁ
ପ୍ରେକ୍ଷିତ କଲେ ତୁରିତ କୁମାର ପାଶକୁ ଯେ ।୧୮।
ତହିଁ ସେ ସମ୍ଭାର ଯୁବରାଜ ହୋଇ ତୋଷ
ଦେଇଛି ଧନଦକୋଷ ପରି ରତ୍ନକୋଷ ଯେ ।୧୯।
କରୀ ହୟ ହରିଚୟ ଯାନ ସମାନରେ
ଲକ୍ଷ ସଂଖ୍ୟକ ଦେଇଛି ସହଜ ଚିତ୍ତରେ ଯେ ।୨୦।
କାମଧେନୁ ପରି ଧେନୁ ସବତ୍ସା କରିଣ
କୋଟି ପରିମିତ ଘେନିଛନ୍ତି ବ୍ରଜଗଣ ।୨୧।
କଥା କୁହା ପିକ ଶୁକ ସାରିକା ଅନେକ
ଅଶେଷ ମଞ୍ଜୁଷ ଚର୍ମ ଆଢ଼େଣୀ ସାୟକ ଯେ ।୨୨।

ଶବ୍ଦାର୍ଥ- (୧୯) ଧନଦକୋଷ-କୁବେର ଭଣ୍ଡାର, (୨୦) କରୀ-ହାତୀ, ହୟ-ଘୋଡ଼ା, ହରିଚୟ-ସିଂହ, (୨୧) ସବତ୍ସା-ବତ୍ସା (ବାଛୁରୀ) ସହ, (୨୨) ମଞ୍ଜୁଷ-ସାଞ୍ଜୁ।

ବସନ ପେଡ଼ାମାନଙ୍କ ସଂଖ୍ୟା ହେବ ନାହିଁ
ହାନ୍ଦୋଳା ସ୍ୟନ୍ଦନ ଯହିଁ ଗଣାନାହିଁ ନାହିଁ ଯେ ।୨୩।
ଏ ବିଧିରେ ପଦାର୍ଥ ସମର୍ପି ଜଣାଇଲା
ସଭୂଷଣ କରି ଦାସୀ ସହସ୍ରେକ ଦେଲା ।୨୪।
ଯାଉଛନ୍ତି ଏ ବାହାରେ ପ୍ରିୟସଖୀଗଣ
ଯାହାକୁ ଲାବଣ୍ୟଲକ୍ଷ୍ମୀ କଲୁ ସମର୍ପଣ ହେ ।୨୫।
ତାହାକୁ ପଦାର୍ଥ ଦେଇ ନାହିଁ ତୋଷିବାକୁ
ଶିବର ଆଉ କି ଇଚ୍ଛା ଲଭିଲେ ଶିବାକୁ ଯେ ।୨୬।
ଯାହା ଆଜ୍ଞାରେ ହୋଇଛି ଦେଇ ଇନ୍ଦ୍ର ପଦ
ଶ୍ମଶାନେ ଭ୍ରମି ସେ ଇଚ୍ଛା ନ କଲେ ସମ୍ପଦ ଯେ।୨୭।
ଏ ବିଧିରେ ଘେନା ଘେନି ଅନେକ ରତନ
ସଜ କରିଦେଲା ସେ ବହୁତ ପୋତମାନ ଯେ ।୨୮।
ମାତା କୋଳକରି ପ୍ରିୟସୁତାକୁ ତିଆରି
ତଦୁତ୍ତାରେ ରତ୍ନ ହାନ୍ଦୋଳାରେ ବିଜେ କରି ଯେ।୨୯।
ବୋଇତରେ ବିଜେ କଲା ଯୁବରାଜ ସଙ୍ଗେ
ଅଛନ୍ତି ପରିଚାରିକା ସଖୀ ସଙ୍ଗେ ରଙ୍ଗେ ଯେ ।୩୦।
ଜେମା ଭ୍ରାତା ଆଦି ମନ୍ତ୍ରୀ ଘେନି ବାହାରିଲେ
ସେଦିନ ସବଳ ହୋଇ ସିନ୍ଧୁ ପାରିହେଲେ ଯେ ।୩୧।
ନାରଦ ମୁଖୁଁ ଶୁଣିଲେ ଅମର ନିକର
ଅତୁଲ୍ୟ ଶୋଭା ନାରୀ ଏ ଥିଲା ମର୍ତ୍ତ୍ୟପୁର ଯେ ।୩୨।
କାଞ୍ଚିପତି ସୁତ ଚନ୍ଦ୍ରଭାନୁ ହେଲା ବିଭା
ଦେବେ ପଚାରିଲେ କହ ସେ ସୁନ୍ଦରୀ ଶୋଭା ଯେ ।୩୩।
ଋଷି କହେ କି କହିବି କିଛିମାତ୍ର ଶୁଣ
ନୀଳ ଧବଳ ଚଞ୍ଚଳ ବୃଷାଳ ତା ଗୁଣ ଯେ ।୩୪।
ଅତି ରଙ୍ଗ ଗହଳ ପକ୍ଷ୍ମଳ ପୁର ନେତ୍ର
ଗୁଣେ ଗୁଣେ ଲଭି ହେଲେ ଏମାନେ ପବିତ୍ର ଯେ ।୩୫।

ଶବ୍ଦାର୍ଥ- (୨୩) ହାନ୍ଦୋଳା-ସବାରି, ସ୍ୟନ୍ଦନ-ରଥ, (୨୬) ଶିବା-ପାର୍ବତୀ, (୩୦) ପରିଚାରିକା-ଦାସୀ, (୩୫) ପକ୍ଷ୍ମଳ-ଆଖିପତାର ସୂକ୍ଷ୍ମ କେଶ ।

ଇନ୍ଦୀବର ପୁଣ୍ଡରୀକ ଖଞ୍ଜରୀଟ ମୀନ
ମଦିର ଅନ୍ୟ ନେତ୍ରକୁ ହୁଅନ୍ତି ସମାନ ହେ ।୩୬।
ସିହାଣୀ ଋହାଣୀ ଶର ବିନ୍ଧିବା ଛଟକ
ଋହିଁ ନ ଋହିଁବ କି ସେ ବିଜୁଳି ଝଟକ ଯେ ।୩୭।
ଡୋଳା ଚଞ୍ଚଳ ରସିକା ନାସିକାକୁ ଋହିଁ
ଅନ୍ତପଳାୟିତ ଶ୍ରୁତି ଋହିଁ ଲେଉଟଇ ଯେ ।୩୮।
ଏତେମାତ୍ର ନେତ୍ର ପ୍ରଶଂସାକୁ ଶୁଣି ସୁରେ
ଲାବଣ୍ୟବତୀ କି ବୋଲି କଥା ପରସ୍ପରେ ଯେ ।୩୯।
ସେହି ବୋଲି ବାହାରିବା ବେଳେ ମୁନିବର
ଶର ପରେ ମାର ତହିଁ ପ୍ରହାରିଲା ଶର ଯେ ।୪୦।
ନିଶ୍ୱାସ ପକାଇ କର ସିଞ୍ଚାଡ଼ି ବିସ୍ମୟ
ନରେ ନିକି ଭୋଗ ହେଲା ଏଡ଼େ ଶୋଭାମୟ ଯେ ।୪୧।
ଆମ୍ଭ ଆଶା ବିଫଳକୁ ନେଲା ତ ଦଇବ
ଅବଶ୍ୟ ତାହା ବିଋର ବିଚ୍ଛେଦ ହୋଇବ ଯେ ।୪୨।
ସୁର ରମଣୀଙ୍କ ମହାଶଙ୍କା ହେଲା ଦୂର
ଭାବିଲେ ବିଚ୍ଛେଦ ଶାପ ନୁହଇ ବେଭାର ଯେ ।୪୩।
ନଳ ଦମୟନ୍ତୀ ପ୍ରାୟ କିଛିଦିନ ଭିନ୍ନ
ହୋଇ ପୁଣି ଲଭନ୍ତୁ ବିପୁଳ ଭୋଗମାନ ଯେ ।୪୪।
ନିଶ୍ୱାସଉଭବା ଚଣ୍ଡୀ ସିନ୍ଧୁ ଦେଶେ ଯାଇ
ଉପକାରେ ରହିଲା ରାଜାରେ ପୂଜା ପାଇ ଯେ ।୪୫।
ଏଥୁ ଅନନ୍ତରେ ତହିଁ ନୃପତି କୁମାର
କେତେଦିନ ପରବେଶ ଆପଣା ନଗର ଯେ ।୪୬।
କର୍ଣ୍ଣାଟ ରାଜନ ଶୁଣି ଅତି ତୋଷ ହେଲେ
ସଚିବଙ୍କୁ ହକରାଇ ପୁର ମଣ୍ଡାଇଲେ ଯେ ।୪୭।
ମହୋତ୍ସବେ ଅନ୍ତଃପୁରେ ନେଲେ କନ୍ୟା ବର
ଏହି ବିଧି ମନ୍ତ୍ରୀ ପୁରୋହିତ ସାଧୁତର ଯେ ।୪୮।

ଶବ୍ଦାର୍ଥ- (୩୬) ଇନ୍ଦୀବର-ନୀଳକଇଁ, ପୁଣ୍ଡରୀକ-ପଦ୍ମଫୁଲ, ମଦିର-ଖଞ୍ଜନ ପକ୍ଷୀ, ଖଞ୍ଜରୀଟ-ଖଞ୍ଜନପକ୍ଷୀ, (୩୯) ସୁର-ଦେବତା, (୪୦) ମାର-କନ୍ଦର୍ପ।

ନନନ୍ଦା ନିଷେଧେ ପୁର ସ୍ୱୟଂ ସୁକୁମାରୀ
ଯତ୍ନ ରତ୍ନଭୂଷଣ ବସନେ ବୋଧକରି ଯେ ।୪୯।
ଶାଶୂକୁ ଓଳଗି ବାସ ନିଉଛାଳି କଲା
ପୁରସିନ୍ଧୁ ହୁଳହୁଳି ନାଦେ ଉଛୁଳିଲା ଯେ ।୫୦।
ନାରୀଏ ପ୍ରଶଂସା କଲେ ଏ ସଂସାର ସାର
ଜଗଜ୍ଜୟ ଜଙ୍ଗଦ ମୂର୍ତ୍ତିକି ମଦନର ଯେ ।୫୧।
କୁନ୍ତଳ କାଳିନ୍ଦୀଜଳ ଜଳଦ ଉଜ୍ଜ୍ୱଳ
କିଏ ତମ ତାମସ ଖତମାଳ ଯେ ।୫୨।
କି ଚାମର ଭ୍ରମର ଅମରବର ମଣି
ଶୁଚି ସୁରୁଚି କସ୍ତୁରୀ ଶିଖୀପୁଚ୍ଛ ଜିଣି ଯେ ।୫୩।
ଚକୋରପାଳିକା କିବା ଆଳିକା ଅଳକ
ଲଲାଟପଟ ଅର୍ଦ୍ଧେନ୍ଦୁ ଅନଙ୍ଗ ଫଳକ ଯେ ।୫୪।
କର୍ଣ୍ଣ ଚୂତଫଳଫାଳ କିଂଶୁଳ ପାଟଳୀ
କିବା ବିଷ୍ଟର ଲୁ କାର ପାଶ ଖଟଦୋଳି ଯେ ।୫୫।
ଗଣ୍ଡ ଖଣ୍ଡଚନ୍ଦ୍ର ଆଦରଶ ପାଳି ଦିଶି
ଘରୁ ଭ୍ରୂରୁ କମାଣ ପରଶୁ ଶିଶୁଶଶୀ ଯେ ।୫୬।
ନାସିକା କୀର ତୂଣୀର ତିଳଫୁଲ ତୁଲ
ଚିବୁକ ଚତୁର୍ଥୀ ଚନ୍ଦ୍ର ନାଗରଙ୍ଗ ଫଳ ଯେ ।୫୭।
ନେତ୍ର କୁରଙ୍ଗ ତୁରଙ୍ଗ ନୀଳ ଇନ୍ଦୀବର
ମୀନ ଖଞ୍ଜନ ନଳିନ ମାର୍ଗଣ ମଦିର ଗୋ ।୫୮।
କଳା ଡୋଳା ଖେଳା ଇନ୍ଦୀବର ଲୀଳା ନିନ୍ଦି
ଅନ୍ତ କୁନ୍ତ ଶାଣିତ ତରୁଣ ମର୍ମଭେଦୀ ଯେ ।୫୯।

ଶବ୍ଦାର୍ଥ- (୪୯) ନନନ୍ଦା-ନଣନ୍ଦ, (୫୨) ଖତମାଳ-କଳାମେଘ, ତମ-ରାହୁ, ତାମସ-ଗାଢ଼ ଅନ୍ଧାର, (୫୩) ଅମରବର ମଣି-ଇନ୍ଦ୍ରନୀଳମଣି, ଶୁଚି-ପବିତ୍ର, ଶିଖୀପୁଚ୍ଛ-ମୟୂରପୁଚ୍ଛ, (୫୪) ଆଳିକା-ଭ୍ରମରସମୂହ, ଚକୋର ପାଳିକା-ଚକୋର ଶ୍ରେଣୀ, ଅଳକ-ଚୁନା କେଶ, (୫୫) ଚୂତଫଳ-ଆମ୍ବ, କିଂଶୁକ-ପଳାଶ ଫୁଲ, ପାଟଳୀ-ପାଟଳୀ ଫୁଲ, ବିଷ୍ଟର-କୁଶ, (୫୬) ଗଣ୍ଡ-ଗାଲ, ଆଦରଶ-ଦର୍ପଣ, ପାଳି-ଖଣ୍ଡାର ଧାର, ସମତଳ, ଭ୍ରୂରୁ-ଭ୍ରୂଲତା, ଶିଶୁ ଶଶୀ-ଶିଶୁ ଚନ୍ଦ୍ର, (୫୭) କୀର-ଶୁଆ, ଚିବୁକ-ଥୋଡ଼ି, (୫୮) କୁରଙ୍ଗ-ହରିଣ, ତୁରଙ୍ଗ-ଘୋଡ଼ା, ମାର୍ଗଣ-ଶର, ମଦିର-ଅଳସ ଚହାଣି, ନଳିନ-ପଦ୍ମ।

ଚାରୁ ଝଲକ ପଲକ ପତନ ଚାତୁରୀ
ସାକ୍ଷାତରେ ଦର୍ପକର ଦର୍ପକ କତୁରୀ ଗୋ ।୬୦।
ଅଧର ବାଳ ଅରୁଣ ପ୍ରବାଳୁଁ ପ୍ରବଳ
କି ବିମ୍ବ ଡାଳିମ୍ବପୁଷ୍ପ ମାଣିକ୍ୟ ହିଙ୍ଗୁଳରେ ।୬୧।
ବନ୍ଧୁକ ସନ୍ଧ୍ୟା ମିହିର ମନ୍ଦାର ସିନ୍ଦୂର
ପୁଣି ଅନୁରାଗ ଜନ୍ମସ୍ଥଳ ପରକାର ଗୋ ।୬୨।
ହାସ କାଶ ପୀୟୂଷ କର୍ପୂର ଚନ୍ଦ୍ରକର
କିଏ କୁମୁଦ ହିଣ୍ଡୀର ଦର ହରଧର ଗୋ ।୬୩।
ଦଶନ କୁନ୍ଦକୋରକ କରକ ହୀରକ
ମୋତିପନ୍ତି ସୁଧାବିନ୍ଦୁ ତଣ୍ଡୁଳ ତୁଳିକ ଗୋ ।୬୪।
ମୁଖବାସ ଝଳି ଆହାଲାଦ ମନୋହର
ଏକତନୁ କମଳ ଦର୍ପଣ ନିଶାକର ଗୋ ।୬୫।
କମ୍ବୁ କପୋତ ମଙ୍ଗଳକୁମ୍ଭ ଗ୍ରୀବାଗଳ
ଚରମପ୍ରଭା ନିଜଳ ନଦୀ ରମ୍ଭାଦଳ ଗୋ ।୬୬।
ଭୁଜ ଚମ୍ପାମାଳ ବିଧି ମୃଣାଳ ବଲ୍ଲରୀ
କର କୋକନଦ କେନ୍ଦୁ ପଲ୍ଲବକୁ ସରି ଯେ ।୬୭।
ଗନ୍ଧଫଳୀ ଅଙ୍ଗୁଳି କରଜ ଜାତି କଳୀ
ବାଣୀ ବେଣୁ ବୀଣା ପିକ ଶୁକଥିବ ଦଳି ଯେ ।୬୮।
ଉରଜ କନ୍ଦୁକ ଚନ୍ଦ୍ରବାକ ସଂପୁଟକ
କି ସ୍ୱୟମ୍ଭୁ ଶମ୍ଭୁ ତମ୍ବୁ ଅମ୍ବୁଜ କୋରକ ଯେ ।୬୯।

ଶବ୍ଦାର୍ଥ- (୬୦) ଚାରୁ-ସୌନ୍ଦର୍ଯ୍ୟ, ଦର୍ପକର-କାମଦେବ, ପ୍ରବାଳ-ପୋହଳା, ହିଙ୍ଗୁଳ-ହେଙ୍ଗୁଳ, (୬୨) ବନ୍ଧୁକ-ବନ୍ଧୁଲି ଫୁଲ, ସନ୍ଧ୍ୟା ମିହିର-ଅସ୍ତକାଳୀନ ସୂର୍ଯ୍ୟ, (୬୩) କାଶ-କାଶତଣ୍ଡୀ ଫୁଲ, ପୀୟୂଷ-ଅମୃତ, ଚନ୍ଦ୍ରକର-ଚନ୍ଦ୍ର କିରଣ, ହିଣ୍ଡାର-ଫେଣ, ହରଧର-କୈଳାସ ପର୍ବତ, ଦର-ଶଙ୍ଖ, (୬୪) ଦଶନ-ଦନ୍ତ, କୁନ୍ଦ କୋରକ-କୁନ୍ଦଫୁଲ କଢ଼ି, କରକ-ଡାଳିମ୍ବମଞ୍ଜି, ହୀରକ-ହୀରା, ତଣ୍ଡୁଳ-ଚାଉଳ, (୬୫) ଆହାଲାଦ-ଆହ୍ଲାଦ, (୬୬) କମ୍ବୁ-ଶଙ୍ଖ, ଗ୍ରୀବା-ବେକ, ଗଳ-କଣ୍ଠ, ଚରମ ପ୍ରଭା-ପିଠିର ଶୋଭା, ରମ୍ଭାଦଳ-କଦଳୀପତ୍ର, (୬୭) ମୃଣାଳ ବଲ୍ଲରୀ-ମୃଣାଳ ଲତା, କୋକନଦ-ନାଲି କଇଁ, (୬୮) ଗନ୍ଧଫଳୀ-ଚମ୍ପା ଫୁଲ କଢ଼ି, କରଜ-ନଖ, ଜାତି କଳି-ଜାଇଫୁଲ କଢ଼ି, (୬୯) ଉରଜ-ବକ୍ଷୋଜ, କନ୍ଧୁକ-କନ୍ଦୁକ,ସଂପୁଟକ-ଫରୁଆ, ଅମ୍ବୁଜ-ପଦ୍ମ, କୋରକ-କଢ଼ି ।

ସାତକୁମ୍ଭ କୁମ୍ଭ କୁମ୍ଭୀରମ୍ଭା କୋଷ

ମୁଦ୍ରିତ ଛତ୍ର ବୋଇତ୍ର ସ୍ୟନ୍ଦନ କଳସ ଗୋ ।୭୦।

କାମ ନୃପର ଟୋପର ଉଲଟ ନିଶାଣ

କି ମଲ୍ଲସାଧନ ଚକା ପ୍ରସ୍ତର ଘଟଣ ଗୋ ।୭୧।

କି ନାରିକେଳ ଶ୍ରୀଫଳ ତାଳ ମାତୁଲଙ୍ଗ

ପୀୟୂଷକୋଷ କି ମେରୁ ସରି ଗୁରୁତୁଙ୍ଗ ଯେ ।୭୨।

ଉଦର ଲାବଣ୍ୟସର ସାରସପତର

ତ୍ରିବଳୀ ସୋପାନ କିବା ତ୍ରିବେଣୀ ରୁଚିର ଗୋ ।୭୩।

ରୋମଲତା ଧୂମଲତା ଶଇବାଳ ଲତା

ନୀଳପିପୀଲିକା ଅଳିଆଳିକା ଶୋଭିତା ଯେ ।୭୪।

ନୀଳମଣିମାଳା ଭେଳା ମରକତଦଣ୍ଡ

ପଚ୍ଚିଶ ଡେରି ଥୋଇଛି କି ଫୁଲକୋଦଣ୍ଡ ଗୋ ।୭୫।

ମଧ୍ୟ ସିଂହ ଡମ୍ବରୁ ଲୁ ବର୍ଣ୍ଣ ଅଣୁ ପବି

ଯରିଅଙ୍କ କୁଶମୁଦ୍ରା ବିସର୍ଗର ଛବି ଗୋ ।୭୬।

ନାଭି ଟୋପ ଗୁଣକୋଟି ଜଳଭ୍ରମ

ନିତମ୍ବ ସୁଧାଂଶୁ ବିମ୍ବ ରଥାଙ୍ଗକୁ ସମ ଗୋ ।୭୭।

ରତି ଯଜ୍ଞ ଅର୍ଘ୍ୟସ୍ଥାଳୀ କିବା ପାନପତ୍ର

ସୁସଜ୍ଜ ସ୍ୱୀଚ ଲକ୍ଷଣ ଯନ୍ତ୍ରତୁମ୍ବୀ ମାତ୍ର ଯେ ।୭୮।

ଶବ୍ଦାର୍ଥ- (୭୦) କୁମ୍ଭୀକୁମ୍ଭ-ହାତୀର କୁମ୍ଭ, ରମ୍ଭାକୋଷ-କଦଳୀଭଣ୍ଡା, ସ୍ୟନ୍ଦନ-ରଥ, (୭୧) ଟୋପର-ବନ୍ଦୀଘର, ମାତୁଲଙ୍ଗ-ଟଭାଫଳ, ପୀୟୁଷ କୋଷ-ଅମୃତ କଳିକା, ଗୁରୁତୁଙ୍ଗ-ଅତିଉଚ୍ଚ, (୭୩) ଉଦର-ପେଟ, ଲାବଣ୍ୟସର-ସୌନ୍ଦର୍ଯ୍ୟ ରୂପକ ସର, ସାରସ ପତର-ପଦ୍ମପାଖୁଡ଼ା, ତ୍ରିବଳୀ-ପେଟର ତିନି ରେଖା, (୭୪) ରୋମଲତା-ରୋମାବଳୀ, ଧୂମଲତା-କୃଷ୍ଣ ଲୋହିତ ବର୍ଣ୍ଣର ଶିରା, ଶଇବାଳ ଲତା-ଶିଉଳିଲତା, ନୀଳ ପିପୀଳିକା-ନୀଳପିମ୍ପୁଡ଼ି, ଅଳିଆଳିକା-ଭ୍ରମରଗଣ, (୭୫) ପଚ୍ଚିଶ-କୁନ୍ତ ଅସ୍ତ୍ର, ଫୁଲ କୋଦଣ୍ଡ-କାମଦେବ, (୭୬) ଅଣୁପବି-କ୍ଷୁଦ୍ରବାଣ, (୭୭) ନାଭିଟୋପ-ନାଭିର ଗଭୀରତା, ଗୁଣକୋଟି-ଗୁଣ ସମୂହ, ସୁଧାଂଶୁ ବିମ୍ବ-ଚନ୍ଦ୍ରମଣ୍ଡଳ, ରଥାଙ୍ଗ-ଚକ, (୭୮) ସୁସଜ୍ଜ-ସଜ୍ଜିତ, ଯନ୍ତ୍ରତୁମ୍ବୀ-ବୀଣା ଦଣ୍ଡର ଲାଉତୁମ୍ବୀ।

ମଣ୍ଡପ କଚ୍ଛପ ଯଜ୍ଞବେଦୀ ଭଦ୍ରାସନ
ହେମପାତ୍ରୀ କାମପୁର ଚତ୍ୱର ଜଘନ ଯେ ।୭୯।
ଗୁରୁ ଊରୁ ରମ୍ଭାତରୁ ଅର୍ଗଳି ପୁଳିନ
କରଭ ଉଡୁପ ଜାନୁ ଗୁଲୁଫ ବନ୍ଧନ ଗୋ ।୮୦।
ଅଙ୍ଗୁଳି ଅଶୋକକଳି ନଖ ଭାନୁମଣି
ପଦ ସ୍ଥଳପଦ୍ମ ତଳ ମନ୍ଦାରକୁ ଜିଣି ଗୋ ।୮୧।
ଗଉରୀ ଗଉରକାନ୍ତି ଦେଇଅଛି ଦଳି
ଶମ୍ପା ଚମ୍ପା ସମ୍ପାକ କୁସୁମ ହେମଝଳି ଗୋ ।୮୨।
ଗଉରୀ ହରିଦ୍ରା ହରିତାଳ କ୍ଷଣଫୁଲ
କେତକୀ କଞ୍ଜକେଶର କେହି ହେବ ତୁଲ ଗୋ ।୮୩।
କୋମଳ ତୁଳା ଲବଣୀ ଶିରୀଷ ଧିକ୍କାରୀ
କରୀଶିରେ ପଦ ଦେବ କରୀଗତି କରି ଗୋ ।୮୪।
ବାସେ ଉତ୍ପଳ କୁସୁମ ଅନ୍ୟେ ମନୋରମା
କାହା ଆଖି ଦେଖି ନାହିଁ ଏମନ୍ତ ସୁଷମା ଯେ ।୮୫।
ଏ ବିଧି ପ୍ରଶଂସି ପୁରେ ରଖି ଶୋଭାନିଧି
ଦମ୍ପତି କରନ୍ତି କେଳି ତହିଁ ନାନାବିଧି ଯେ ।୮୬।
ସିଂହଳ ଦ୍ୱୀପ ନୃପଜ ମନ୍ତ୍ରୀକି ମେଲାଣି
କେତେଦିନ ଅନ୍ତେ ଯହିଁ କଲେ ନୃପମଣି ଯେ ।୮୭।
ଗଉତମ ନାରୀର ଉତ୍ତମ ଗତିଦାୟୀ
ଉପଇନ୍ଦ୍ର ବୀରବର ସେ ଶ୍ରୀରାମ ଧାୟି ଯେ ।୮୮।

■

ଶବ୍ଦାର୍ଥ- (୭୯) ଭଦ୍ରାସନ-ସିଂହାସନ, ଚତ୍ୱର-ଅଗଣା, ଜଘନ-ଜଙ୍ଘ, (୮୦) ପୁଳିନ-ତଟ, କରଭ-ମଣିବନ୍ଧ ଠାରୁ କନିଷ୍ଠ ଅଙ୍ଗୁଳି ଯାଏଁ, ଉଡୁପ-ଭେଳା, ଜାନୁଗୁଲୁଫ-ଜଙ୍ଘର ସନ୍ଧି ସ୍ଥାନ, (୮୩) ଗଉରୀ-ଗୋରୋଚନା, ହରିଦ୍ରା-ହଳଦୀ, ହରିତାଳ-ହଳଦିଆ ବର୍ଣ୍ଣର ଏକ ରଙ୍ଗ, କଞ୍ଜକେଶର-ପଦ୍ମଫୁଲ କେଶର, (୮୫) ସୁମଷମା-ଶୋଭା।

ଷଟ୍‌ତ୍ରିଂଶ ଛାନ୍ଦ
ନବଦମ୍ପତିଙ୍କର କୌତୁକ ବର୍ଣ୍ଣନା
(ରାଗ- ରାଜବିଜେ)

ପ୍ରବେଶ ସୁରଭି ଘନରସମୟ ଜଡ଼ବର ସୁରଞ୍ଜନ
ସୁଖଦାତା ଘନସାର ପ୍ରକାଶରେ ହରିତାପ ପ୍ରଭଞ୍ଜନ ହେ ସାଧୁ ।୧।
କମଳତୋଷ ଦାନକର ହୋଇଲା ଦିନକୁ ଦୁର୍ବହ କରି
ସୁବାସ ସୁମନାରେ ସ୍ନେହ ଅଧିକ ସକଳ ଜନ ଆଦରି ।୨।
କଳକଣ୍ଠ ରବ ଦିଗନ୍ତେ ଶୁଭଇ ଅନଙ୍ଗ ପ୍ରବଳ ଯହିଁ
ହେଲା ଶୋଭାବନ ବିହାର ଯହିଁରେ ଆନେ ମନ ନ ରସଇ ।୩।
ପୁଷ୍କରେ ସାରଙ୍ଗ ଲୀଳା ପ୍ରକାଶିଲେ ନାୟିକା ବିଚ୍ଛେଦୀ ଛନ୍ନ
ଆଶାରେ ଦୃଷ୍ଟି ପକାଇ ସେ ଭିତ୍ତିରେ ଲେଖି ବଶେ କଷ୍ଟଦିନ ।୪।
ନଗରେ ବରହୀ ଦୀପ୍ତମାନ ହେଲେ ସଂଯୋଗ ଲୀଳା ପ୍ରକାଶ
ଜନ ନୟନକୁ କଦାଚିତ ଆଉ ଜୀମୂତ ନୋହିଲା ଦୃଶ୍ୟ ।୫।

ଶବ୍ଦାର୍ଥ- (୧) ସୁରଭି-ବସନ୍ତ ସମୟ, ସୁବାସ, ଘନ ରସମୟ-ବର୍ଷା ସମୟ, ଆଦିରସ, ଜଡ଼ବର-ବୃକ୍ଷ, ପର୍ବତ, ଶୀତ, ସୁରଞ୍ଜନ-ରଞ୍ଜିତ, ଦାବାଗ୍ନି, ଘନସାର-ମେଘ, କର୍ପୂର, ହରିତାପ-କନ୍ଦର୍ପ, ବାଧା, ସୂର୍ଯ୍ୟତାପ, ମେଘ ପ୍ରକୋପ, ହରି-ବେଙ୍ଗ, ସାପ, ସୂର୍ଯ୍ୟ, ତାପ-ସନ୍ତାପ, ଉଷ୍ଣତା, ପ୍ରଭଞ୍ଜନ-ପବନ, ଝଡ଼, (୨) କମଳ-ପଦ୍ମ, ତୋଷ-ଆନନ୍ଦ, ଦାନକର-ବିତରଣ କର, ପଶାଖେଳର ଦାନ, ଦିନ-ଦବସ, ଦୀନ-ଦୁଃଖୀ, ବିରହୀ, ଦୁର୍ବହ-କଷ୍ଟ, ସୁବାସ, ଉତ୍ତମ ଲୁଗା, ସୁଗନ୍ଧ, ସଜ୍ଜିତ ଘର, ସୁମନା-ଫୁଲ, ଉତ୍ତମମନା ସ୍ତ୍ରୀ, (୩) କଳକଣ୍ଠ-କୋଇଲି, ହଂସ ଓ ପାରାର କଣ୍ଠସ୍ୱର, ବନ ବିହାର-ବନରେ ବିହାର, ଜଳରେ ବିହାର, (୪) ପୁଷ୍କର-ପଦ୍ମ, ଜଳ, ମେଘ, ଲୀଳା-ବିଳାସ, ସୌନ୍ଦର୍ଯ୍ୟ, କ୍ରୀଡ଼ା, ବିଚ୍ଛେଦୀ-ବିରହିଣୀ, ଅଭାବ (୫) ନଗରେ-ପର୍ବତରେ, ବୃକ୍ଷରେ, ନଗରରେ, ବିରହୀ-ଗଛ, ଅଗ୍ନି, ମୟୂରୀ, ଜୀମୂତ-ମେଘ

ଏମନ୍ତ କାଳମାନଙ୍କେ ନୃପସୁତ ନୃତ୍ୟ ନନ୍ଦିନୀର ସଙ୍ଗେ
ଚାନ୍ଦିନୀ ମଶାରୀ ଜଗତୀ ଅଙ୍କରେ ବିହାର କରିଇ ରଙ୍ଗେ ।୬।
ଏକ ଲବ ନବପଲ୍ଲବ ଅଧରୀ ପାଶରୁ ନୁହଇ ଭିନ୍ନ
ଅଙ୍ଗ ସୁବାସ ଶୀତଳ ନିନ୍ଦା କରୁଥାଇ କର୍ପୂର ଚନ୍ଦନ ।୭।
ଅଧରପାନେ ଅମୃତ ଅଛି ଜାଣେ ସକଳ ମଧୁର ଘେନି
ଭାବଇ ସ୍ୱୟମ୍ଭୁ ଶମ୍ଭୁ କମ୍ବୁକଣ୍ଠୀ ଉରଜ ଅଭୟ ଦାନୀ ।୮।
ସକଳ ଚାତୁରୀ ଉପରେ ଚାତୁରୀ କହଇ ଚତୁରୀ ବାଣୀ
ଅଣିମାଦି ସୁଖ ବଡ଼ କରି ଗୁଣ ଚୁମ୍ବନ ଦେବାର ଆଣି ।୯।
ଲେଖଇ ନୀବୀମୋକ୍ଷକୁ ମୋକ୍ଷ କରି ନିରତେ ମନରେ ତାର।
ଭାବେ ଦମ୍ପତି ବଡ଼ ସମ୍ପତିକି ଭୋଗ କରେ ପୁରନ୍ଦର ।୧୦।
ନୀରଦକୁନ୍ତଳ ପରାୟ ଚାମର ଗତି ପରାୟ ଦ୍ୱିରଦ
ନୟନ ପରାୟ କୁରଙ୍ଗ କାହିଁକି କରି ତରଙ୍ଗ ବିନୋଦ ।୧୧।
ଜଘନ ପରାୟ ସିଂହାସନ ସ୍ତନ ପ୍ରାୟ ପୂର୍ଣ୍ଣ କୁମ୍ଭ କାହିଁ
ଚକ୍ରବର୍ତ୍ତୀଏ ସମାନେ ସୁଖ ଅଭିଷେକ କାଳେ ପାଇ ନାହିଁ ।୧୨।
ଏମନ୍ତ ସ୍ନେହୀ ଜାନୁ ବିନା ଆସନ ଉର ବିନୁ ଆନ ଶଯ୍ୟା
ନ ଦେଇ ହରିଲା ଦିବା ରଜନୀକି ବଶ କରି ଦୃଷ୍ଟରଜା ।୧୩।
ଚଞ୍ଚଳେକ୍ଷଣୀ ଯେ ଅଞ୍ଚଳେ ବାନ୍ଧିଲା ତା ମନ ପ୍ରକାଶି ପ୍ରେମ
ଆଉ ଶୟନେ ନୟନେ ନ ଦେଖଇ ଅୟନେ ଆଉ ଚରମ ।୧୪।
ସୋପାନ ଆରୋହଣେ କରପଇଠ ଯାଚି ଭାଙ୍ଗି ଦେଇ ପାନ
ରତାନ୍ତେ ବ୍ୟଜନେ ବିଞ୍ଚି ଛଡ଼ାଇଲେ କରେ ଚନ୍ଦନ ଲେପନ।୧୫।
ପ୍ରାତଃରୁ ଉଠି ସୁମରଣ କରନ୍ତି ଦୁହେଁ ଦୁହିଁଙ୍କର ନାମ
ମୁଖ ନିରେଖିଲା ଉତ୍ତାରୁ ଦେଖନ୍ତି ଦେବପଟ ଏଡ଼େ ପ୍ରେମ ।୧୬।
ବାରନ୍ତି ନେତ୍ରକୁ ପଲକ ଥିବାକୁ ପୁଲକ ହେବାକୁ ଅଙ୍ଗ
ରଖି ଦେବେ ନାହିଁ ତାର ବସନକୁ ଆଲିଙ୍ଗନ ଅନୁରାଗେ ।୧୭।

ଶବ୍ଦାର୍ଥ- (୬) ଚାନ୍ଦନୀ-ଅଗଣା, ଚନ୍ଦ୍ରକିରଣ, ଜଗତୀ ଅଙ୍କରେ-କୋଠା ଘରେ, ସିଂହାସନ ଉପରେ, (୭) ଲବ-ଅଳ୍ପ ସମୟ, (୮) କମ୍ବୁକଣ୍ଠୀ-ଶଙ୍ଖ ପରି କଣ୍ଠ, ଉରଜ-ବକ୍ଷୋଜ, (୧୦) ପୁରନ୍ଦର-ଇନ୍ଦ୍ର, ନୀବୀମୋକ୍ଷ-ଲୁଗା ଫିଟାଇବା, (୧୧) ନୀରଦ କୁନ୍ତଳ-କଳା ମେଘପରି କେଶ, ଦ୍ୱିରଦ-ହାତୀ, (୧୩) ଉର-ଛାତି, ଦୃଷ୍ଟରଜା-ଯୁବତୀ, (୧୫) ବ୍ୟଜନ-ବିଞ୍ଚଣା, (୧୭) ପୁଲକ-ରୋମାଞ୍ଚ।

ଶୟନକାଳେ ବେନି ହୃଦ ମଧ୍ୟରେ ନ ଗଳେ ମୃଣାଳସୂତା
କୁସୁମକାଳେ ଏକପୁରେ ଥିଲେ ହେଁ ତନୁ ଅନ୍ତରକୁ ଚିନ୍ତା ।୧୮।
ନିନ୍ଦନ୍ତି ଧାତାକୁ ବଡ଼ ଦାରୁଣ ସେ ଏ କଥା କାହୁଁ ବିଚାରି
ତାରା ଚନ୍ଦ୍ର ପରା ଭୋଗ ତ କରଇ କୁମୁଦ ଚନ୍ଦ୍ରମା ପରି ।୧୯।
ନିଶାପତି ଦୀପଜ୍ୟୋତି ଯହିଁ ଦୂତୀ ହୋଇ ଛଡ଼ାଇ ସଙ୍କୋଚ
ପଞ୍ଚନାରାଚ ପାଞ୍ଚ ତାଙ୍କ ନ ପାଇ ଦୁହେଁ ଦୁହିଁଙ୍କ କବଚ ।୨୦।
କ୍ଷୀର ନୀର ପରା ଅଭେଦ ପୀରତି ବେନି ତନୁ ଏକ ପ୍ରାଣ
ଦର୍ପଣ କର ହୃଦରେ ପ୍ରତିବିମ୍ବେ ମନେ କଲା କଥା ପୁଣ ।୨୧।
ନାଗବଲ୍ଲୀଦଳ ବେନିଭାଗ କରି ଭୁଞ୍ଜନ୍ତି ରଞ୍ଜନ୍ତି ଚିତ୍ତ
ବଚନ ପ୍ରତିପଦରେ ରସଗର୍ଭ ହୋଇଥାଇ ଯେ ଇଙ୍ଗିତ ।୨୨।
ମଧୁ ମାଧବରେ ଜଳଯନ୍ତ୍ରପୁରେ ନଳଦବାଡ଼ ରଚନ
ଅତର ଚନ୍ଦନ ଚୁଆରେ ପିଚିକା କରନ୍ତି ଭାବେ ସେଚନ ।୨୩।
କୁସୁମଶେଯେ ଚନ୍ଦ୍ର କରେ ଶୟନ ଏଣୁ ନିଦ୍ରା ନ ଆସଇ
ଯେଣୁ ନେଇ ଶଙ୍କା ବିବସନ ପାଇଁ ବେନି ଜନଙ୍କର ଥାଇ ।୨୪।
ବରଷାରେ ବିଦ୍ୟୁ ଝଟଝଟ କେକୀ ନାଟକୁ ଚାହାନ୍ତି ସୁଖେ
ଅତି ତାମସ ଦିବସ ନିଶାମଣି ଋତୁକୁ ପ୍ରଶଂସି ମୁଖେ ।୨୫।
ରଖି ନ ପାରନ୍ତି ବିଧି ନିଷେଧକୁ ଭେକ ଡାହୁକ ଶବଦ
ଶୁଣନ୍ତି ମଣନ୍ତି କାହୁଁ ଭିଆଇଲା ଅନଙ୍ଗ ତେଲଙ୍ଗୀ ବାଦ୍ୟ ।୨୬।
ଶରଦ ଋତୁରେ ଚତ୍ୱରେ ଭ୍ରମନ୍ତି କର ଧରାଧରି ହୋଇ
ମାଳତୀ ମଧୁପ ପ୍ରୀତିକି ଲଭନ୍ତି ଏହି ନାମ ଛଳି ଦେଇ ।୨୭।
ନିଜ ଅନୁରାଗ ଅଧିକେ ଦେଖାଇ ସେ କାଳେ ରମାରତନ
ସବୁଠାରେ ଜୀବଧନ ପାଇଁ ପ୍ରିୟା ତେଜଇ ସିନା ଜୀବନ ।୨୮।

ଶବ୍ଦାର୍ଥ- (୧୮) ମୃଣାଳସୂତା-ପଦ୍ମନାଡ଼ ମଧ୍ୟରୁ ବାହାରୁଥିବା ସୂତା ପ୍ରାୟ, କୁସୁମକାଳେଋତୁ ସମୟରେ, (୨୦) ପଞ୍ଚନାରାଚ-ପଞ୍ଚବାଣ, ନିଶାପତି-ଚନ୍ଦ୍ର, ପାଞ୍ଚ-ବିଚାର, କବଚ-ସାଞ୍ଜୁ, (୨୨) ନାଗବଲ୍ଲୀ-ପାନପତ୍ର, (୨୩) ମଧୁ-ବସନ୍ତ କାଳ, ମାଧବ-ବୈଶାଖ, ନଳଦ-ବେଣାଚେର, (୨୫) ବିଦ୍ୟୁ-ବିଜୁଳି, କେକୀ-ମୟୂରୀ, ନିଶାମଣି-ଚନ୍ଦ୍ର, ତାମସ-ଅନ୍ଧାର, (୨୬) ଭେକ-ବେଙ୍ଗ, ଅନଙ୍ଗ-କନ୍ଦର୍ପ, (୨୮) ଜୀବଧବ-ପ୍ରାଣପ୍ରିୟ, ଯମ।

ବିରହରି ତରୁଣ ବୋଲଇ ଦାରୁଣ ଜିଅଁଇ ସିନା ରେ ସଖୀ
କାମ ବିନା ରତି ଚନ୍ଦ୍ର ବିନୁ ରାତି ନ ପାରିଲେ ଜୀବ ରଖି ।୨୯।
ହିମ ଶିଶିରେ ଅଗୁରୁ ଧୂମ ପୁରେ କରି ହସନ୍ତି ଜ୍ୱଳିତ
ନିଶାରେ ନିଶାରେ ଆଦର ତେଜନ୍ତି ତନୁ ଉଷ୍ମରୁ ସତ ।୩୦।
ଭାବନ୍ତି ବେନି ଯେ ଧନ୍ୟ ଦମ୍ପତିକି ବିପତ୍ତି ନାହିଁ ଏକାଳେ
ବହୁତ ବାସ ବାରଣିର ସମ୍ପତ୍ତି ଉରୁ ତରୁଣୀର ବଳେ ।୩୧।
ଭାବୁଥିବେ ଦିନ ବିରହୀ ଆମ୍ଭଙ୍କୁ ଜଳ ସ୍ଥଳେ ଗତି ନାହିଁ
ବିଛା ମକର ବିଷମ ଘାତ ସହି ଜିଇଁବା କେମନ୍ତେ ହୋଇ ।୩୨।
ଏ ବିଧି ଭାବ ଭକ୍ତି ନାନା ବିବିଧ ବିଳାସ ପ୍ରକାଶ ଯେତେ
ପଛେ ତ ପାଞ୍ଚଛାନ୍ଦେ ବ୍ୟକ୍ତ ହୋଇବ ଶୁଣିବ ପୁଣି ପଣ୍ଡିତେ ।୩୩।
କହିବା ଦିନକ ରସ ରହସ୍ୟକୁ ଶୁଣ ଦେଇକରି ମନ
ପଶା ଖେଳିବା କି ବାଳୀ ବୋଲିବାକୁ ଛଳିଲା ପୁଂସ ରତନ ।୩୪।
କରଚରଣ ପାଲି ଛକ ଚିତ୍ରକ ସ୍ତନ ସାରେ ଶୋଭା ପାଉ
ବିଦ୍ୟୁବିଜିତ କାନ୍ତି ଦାନ ଯହିଁରେ କି ଖେଳିବା ଆଉ ।୩୫।
ବେନି ଜନରୁ ଜଣେ ହେଁ ନ ହାରିବା ହାରିବ କୁସୁମଶର
ମନେ ବିରହ ତ ଏଡ଼େ ସୁଖ ଛାଡ଼ି ଆଉ ନିକି କରିବାର ।୩୬।
ଶୁଣି ରସିକା ରମଣୀ ଯେ ବୋଇଲା ଏ ଭଙ୍ଗୀକି କେ ପାରିବ
କାହିଁ କଥା ନେଇ କାହିଁ ଲଗାଇବ ତହିଁକି ଉତ୍ତର ଥିବ ।୩୭।
ଏ ସମୟରେ ବୀରମାତା ବଧୂକୁ ଦେଖିବା ପାଇଁ ନିଅଇ
ପ୍ରିୟା ପ୍ରତିପଟ ପେଡ଼ିରେ ଥିଲା ତା ଫେଡ଼ି ପୁରୁଷ ଦେଖଇ ।୩୮।
ଏହି ସମୟରେ ଚରମେ ଭରମବରନା ପ୍ରବେଶ ହେଲା
ପୁଣି କେ ସଦୃଶା ହେଲାଣି ସପତ୍ନୀ ହେବା ଶଙ୍କାକୁ ଘେନିଲା ।୩୯।
ସ୍ୱଭାବେ କୋପନା ଚନ୍ଦ୍ରମା ଲପନା ନ ମଣିଲା ନିଜ ସ୍ନେହ
ଜଳେ ପ୍ରତିବିମ୍ବ ନିରେଖି କେଶରୀ ଯେମନ୍ତ କଲାକ କୋହ ।୪୦।
ମାନ ଆରମ୍ଭ ରମ୍ଭୋରୁ କଲା ଆଉଁ ମଦନ ପରା ବିପକ୍ଷ
କହେ ଉପଇନ୍ଦ୍ର ଭଞ୍ଜ ବୀରବର ରାମଚନ୍ଦ୍ର ରକ୍ଷ ରକ୍ଷ ।୪୧।

ଶବ୍ଦାର୍ଥ- (୩୧) ବାରଣି-ବିନା, ଉରୁ-ଛାତି, ଚଞ୍ଚଳ, (୩୫) ବିଦ୍ୟୁବିଜିତ କାନ୍ତି-ବିଜୁଳିଜିଣା ଶୋଭା, (୩୭) ଭଙ୍ଗୀ-ଚାତୁରୀ, (୩୮) ପ୍ରତିପଟ-ଚିତ୍ରପଟ୍ଟ, (୩୯) ଚରମ-ପିଠି, ସପତ୍ନୀ-ସଉତୁଣୀ, (୪୦) କେଶରୀ-ସିଂହ।

ସପ୍ତତ୍ରିଂଶ ଛାନ୍ଦ

ଲାବଣ୍ୟବତୀର ମାନ ଓ ଚନ୍ଦ୍ରଭାନୁର ମାନଭଂଜନ ପାଇଁ ଚାଟୁକ୍ତି

(ରାଗ- କାଳୀ)

ଅତି କାତରେ ନିଜ କାନ୍ତରେ ଶଙ୍କା ଚିତ୍ତରେ ଲଭି
କୋପ ଅଙ୍କୁର ମହୀ ମୁକୁର କଲା ଚିକୁର ଶୋଭୀ।
ରତିଆବେଶୀ ରତନବେଶୀ ଗଣ୍ଡେ ନିବେଶି କର
ନୟନ ନୀରରୁହରୁ ବୀର ତେଜିଲା ନିରନ୍ତର ।୧।
ଶ୍ୱାସ ପ୍ରଖରେ ବହେ ଦୁଃଖରେ ଧରା ନଖରେ ଚିରେ
ଓଷ୍ଠ କମ୍ପନ ହାସ ସ୍ୱପ୍ନ ମ୍ଲାନ ଲପନ ଧରେ।
ଦେଖି ନାଗର ଆସ ଆଗର ଅନୁରାଗର ବଶେ
ଅତି ଆରତି ହୋଇ ପୀରତି ଯୁକ୍ତ ଭାରତୀ ଭାଷେ ।୨।
ତୋର ସୂଚିତ ଅନଉଚିତ ମାନ ସଞ୍ଚିତ ଯେଣୁ
ରେ ସର୍ବଭୂତ ମୋହି ଅଦ୍ଭୁତ ମାନସମ୍ଭୂତ ଏଣୁ।
ଉଦେ କମଳ କୋଳେ କମଳ ଧରି ନିର୍ମଳ ପ୍ରୀତି
ଧୈର୍ଯ୍ୟ ଭଞ୍ଜନ ମୋତି ରଞ୍ଜନ କରେ ଖଞ୍ଜନ କାନ୍ତି ।୩।
ବସନ୍ତେ କଳକଣ୍ଠ ବିକଳ ଏ କି ସକଳ ମତେ
ଶାସ୍ତ୍ର ବିରାଜମାନ ନାରାଜ ମଦନରାଜ ହିତେ।
କେ ତୋ ସମାନ କାହାକୁ ମାନ ଘେନା ତୋ ମାନସର
ତୋ ବିନା ଗତି ନାହିଁ ଜଗତୀ ମଧ୍ୟେ ସୁଗତି ମୋର ।୪।

ଶବ୍ଦାର୍ଥ- (୧) କୋପଅଙ୍କୁର-ରାଗ ଆରମ୍ଭ, ମହୀମୁକୁର-ଧରାଦର୍ପଣ, (ତଳକୁ ମୁହଁ କରିବା), ରତିଆବେଶୀ-ରତିକୁଶଳା, ଗଣ୍ଡନିବେଶି-ଗାଲରେ ହାତ ଦେଇ, (୨) ମ୍ଲାନଲପନ-ମଳିନ ମୁଖମଣ୍ଡଳ, (୩) ଅନଉଚିତ-ଅନୁଚିତ, ସର୍ବଭୂତ ମୋହି-ସଭିଙ୍କୁ ମୋହିତ କରିବା, ଖଞ୍ଜନ କାନ୍ତି-ଖଞ୍ଜନ ପକ୍ଷୀ ଆଖିର ତେଜ, ମୋତି ରଞ୍ଜନ-ମୋତି ପରି ଶୁଭ୍ର ଲୋତକ ବିନ୍ଦୁ, (୪) କଳକଣ୍ଠ-କୋଇଲି, ଜଗତୀ-ଜଗତ।

ମୋ ନିବେଦନା ଘେନ ବେଦନା ଚନ୍ଦ୍ର ବଦନା ବର
କର ବିକାଶ କୁସୁମ କାଶ ହାସ ପ୍ରକାଶ କର।
ରେ ବୀଣାଭାଷି ବାଣୀ ନ ଭାଷଇ ବସିଲେ ଭାସିଗଲି
କୋଳରେ ହାର କରୁ ବାହାର ଏବେ କାହାର ହେଲି ।୫।
ରସଉଦୟା ମୃଦୁ ହୃଦୟା ପରି ତୋ ଦୟାବାରି
କରୁ ନିରାଶ ରବିଗରାସ ମୋତେ ପରାସ କରି।
ମୁଁ ଯେ ସ୍ତବକସ୍ତନା ସେବକ ପାଦଯାବକ ପରି।
ଏବେ ଖଣ୍ଡନା ସୁଖ ଦଣ୍ଡନା ମହୀଣ୍ଡନା ଗୋରି ।୬।
ସବୁ ଭରସା ତୁ ମୋର ରସାଳସା ସାରସନନା
ନୋହେ ଏ ଉତ୍ତକାଶିନୀ ମତ ମୁଁ ତୋ କେମନ୍ତେ ଅନା।
ଚ୍ଚରି ଦ୍ୱିଗୁଣ ମଙ୍ଗଳାଗୁଣ ଆଜ କି ଗୁଣବତୀ
ଦରିଦ୍ରଧନ ତୁ ମୋର ଧନ କର ନିଧନ ଭୀତି ।୭।
ଭଜୁଛି ବିନାଶକୁ ନବୀନା ମୁହିଁ ତ ବିନା ଦୋଷେ
ଦଣ୍ଡି ଯାହାକୁ ମଣ୍ଡି ତାହାକୁ ମୃଦୁଦେହାକୁ ଭାଷେ।
ଧରୁଛି ପଦ ନାଶ ବିପଦ ଇନ୍ଦ୍ରସମ୍ପଦ ଦତ୍ତ
ରଚି ରମଣୀ ରସିକମଣି ନାସିକାମଣି ନୃତ୍ୟ ।୮।
ଲେଖି ମକରୀ ସୁବେଣୀ କରି ଦିଅଇ କରୀ ଗତି
ଅଛି ରସନା ଆନେ ରସନା ହୁଅ ପ୍ରସନ୍ନମତି।
ନୃପନନ୍ଦନା ଜଗଦ୍‌ବନ୍ଦନା ଭିଡ଼ି ଚନ୍ଦନାଙ୍କତେ
ନୋହେ ଭୂଷଣ ରୋଷେ ଦୂଷଣ ଦେଉ କଷଣ କେତେ ।୯।
ସୁରସଲତା ପାଦେ ଅଲତା ମଞ୍ଜୁଳଲତା କୃତେ
ଆରେ ହେମାଙ୍ଗି ସୁଉତ୍ତମାଙ୍ଗି ଥିଲି ଯେ ମାଗି ତୋତେ।

ଶବ୍ଦାର୍ଥ- (୫) କୁସୁମକାଶ-କାଶତଣ୍ଡୀ ଫୁଲ, (୬) ମୃଦୁ ହୃଦୟା-କୋମଳ ହୃଦୟା, ରବି ଗରାସ-ପ୍ରଖର ରବି କିରଣ, ପରାସ-ପ୍ରାସ (ବାଧା), ସ୍ତବକ ସ୍ତନା-ବର୍ତ୍ତୁଳ ସ୍ତନା, ପାଦଯାବକ-ପାଦ ଅଳତା, (୭) ଚ୍ଚରି ଦ୍ୱିଗୁଣ ମଙ୍ଗଳା-ଅଷ୍ଟମଙ୍ଗଳା, ନିଧନଭୀତି-ମୃତ୍ୟୁଭୟ, (୯) ମକରୀ-ମକରାକୃତି ଚିତ୍ର, ରସନା-ଲାଳସା, ଆନେ ରସନା-ଅନ୍ୟରେ ରସନା,

ମୋର ବର୍ତ୍ତନ ସୁଧା ଯତନ ମହୀପତନ କରୁ
ହେଠ ଅଧରୁ କେଉଁ କ୍ରୋଧରୁ ଚିତ୍ତେ ନ ଧରୁ ଭୀରୁ ।୧୦।
ନ କର ଦଣ୍ଡ ବିଳମ୍ବ ଦଣ୍ଡ ହେଲେ ଅଦଣ୍ଡ ମୁହିଁ
ବାହୁପାଶରେ ବାନ୍ଧି ପାଶରେ ରଖ ତୋଷରେ ତୁହି।
କୁଚମନ୍ଦର ଠେଁସି କରତ ତନୁ ନିରତ ସହି ।୧୧।
ଦୁଃଖ ସିହାଣି ବକ୍ରଚାହାଣୀ ଖଡ଼ଗେ ହାଣି ପକା
ଭାବେ ନିଉନ ନୋହେ ମୁଁ ଭିନ୍ନ ନୁହଁ ମଉନ ଏକା।
ପରେ ପ୍ରଭାବ ଦିଆଇ ଭବ ମଧ୍ୟରେ ଭବମୋହି
ହେବ କୀରତି ନିନ୍ଦିତ ରତି ରମ୍ୟମୂରତି ସହୀ ।୧୨।
ସେବେ ଅଳପଦିନୁ କଳପ ତୁ ଯେ କଳ୍ପତରୁ
ପୂର୍ଣ୍ଣ ନ କର ବାଞ୍ଛା ନିକର ମୋର କି କରମରୁ।
ରବିକିରଣେ ଥିଲେ ବାରଣେ ଆହା କାରଣେ ଭାବେ
ନାହିଁ ଜଗତେ କେହି ଯୁଗତେ ତୋ ବିନୁ ଗତେ ଏବେ ।୧୩।
ରେ ପ୍ରେମକଳା କୁଟିଳ କଳା ତୋ କେଶ କଳାପର
ଯହୁଁ ରହିଲେ ନିନ୍ଦା ନୋହିଲେ ସେ ଯେ ମୋହିଲେ ସୁର।
ମନ୍ଦ ଉଦର ହାସେ ସୁନ୍ଦର ତୋହ ଆଦରବଶେ
ମୁଁ କି ଅସାର ଏଥୁଁ ସଂସାର ସୁନ୍ଦରୀ ସାର ଘୋଷେ ।୧୪।
ରାମାରତନେ ପ୍ରେମରତନେ ହୋଇ ଯତନେ ବିକି
ଦୁଃଖ ପାଇଲି କାହିଁ ନୋହିଲି ତ୍ୟଜ୍ୟ ହୋଇଲି କିକି
କୃପା କୃପଣ ଏ ପ୍ରଭୁପଣ ଶୋଭା ଦର୍ପଣମୁଖି
ପକାଇ ନ ଦେ ସନ୍ତାପ ନ ଦେ ପିକନିନାଦେ ସଖୀ ।୧୫।
ଊରୁବର୍ତ୍ତୁଳା ତୋଳା ପିତୁଳା ମୋର କି ତୁଳା ତୋତେ
ଏହି ଭାବନା ମୁଁ ପିଣ୍ଡ ବନଜାକ୍ଷି ଜୀବନ ସତେ।
ହେବି ମୁଁ ବାଳା ପ୍ରାୟ ଅବଳା ସ୍ନେହ ପ୍ରବଳା ଘେନ
ଛନ୍ଦି ଚରଣେ ତ୍ୟକ୍ତକରଣେ ନାହିଁ ଶରଣେ ଆନ ।୧୬।

---

(୧୦) ସୁରସଲତା-ଶୃଙ୍ଗାର ରସଲତା, ମଞ୍ଜୁଲତା-ସୌନ୍ଦର୍ଯ୍ୟ ଲତା, ବର୍ତ୍ତନ ସୁଧା-ଅମୃତ ରଖିବା ସ୍ଥିତି, ମହୀପତନ-ଭୂମିରେ ପକାଇବା, ହେଠ ଅଧର-ତଳ ଅଧର, ଭୀରୁ-ସ୍ତ୍ରୀ, ୧୨) ସିହାଣି-ଚତୁରୀ, (୧୪) କେଶକଳାପ-କେଶଗୁଚ୍ଛ, ସୁର-ଦେବତା, (୧୫) ତ୍ୟଜ୍ୟ-ତ୍ୟାଗଯୋଗ୍ୟ, (୧୬) ଊରୁବର୍ତ୍ତୁଳା-ଗୋଲଜଙ୍ଘ।

ଜଳଦରସେ ଚାତକ ରସେ ସେ ନ ବରଶେ ଯେବେ
ଯାଇ ଆଶାରେ ନଦୀକାସାରେ ମହାତୃଷାରେ କେବେ।
ନ ପାଇ ମଧୁ ଭୁଲନ୍ତି ମଧୁକର କି ମଧୁରକୁ
ଡରେ ମୁଁ ବିଧୁ କୁମୁଦ ବିଧୁହାସୀ ତୋ ବିଧୁରକୁ ।୧୭।
ଚନ୍ଦ୍ର ଯାମିନୀ ଦେଖି ଦାମିନୀକାନ୍ତି କାମିନୀବନ୍ଧୁ
ନୋହୁ ଫୁରୁଣା କିମ୍ପା ଅରୁଣାଧରି କରୁଣାସିନ୍ଧୁ।
କେଳିଆରାମ କି ଅଭିରାମ ଅନାରେ ରାମଦୃଶା
ଆଜ ଶୋକରେ ବଶେ ନ କର ଚକ୍ରବାକର ଦଶା ।୧୮।
ତୋ ଏ ଚରିତ ନିଶ୍ଚେ ସରିତ ସ୍ନେହବାରିତ ହୋଇ
ଚାରୁଜଘନେ ଦୁଃଖ ସଘନେ ଶକ୍ୟ ଲଙ୍ଘନେ ନାହିଁ।
ମାନ ରଜନୀ ଅନ୍ତ ସଜନୀ ମୋ ସୁଖ ଜନ୍ମି ଭଲେ
କେ ମୋ ରକ୍ଷଣେ ନାହିଁ ଈକ୍ଷଣେ ଲୋତକ କ୍ଷଣେ ଥିଲେ ।୧୯।
ବିଚାରେଁ ଧୀରେ ରସନିଧିରେ ଅଛି ବିଧିରେ ଦୋଷ
କରେ ବାଳିକା ଗୁନ୍ଥାମାଳିକା ଚିତ୍ର ଆଳିକା ନାଶ।
କାମ ପ୍ରବଳେ ସୁରତି ବଳେ ରଚେ ଶବଳେକ୍ଷଣି
ଦୀପପ୍ରକାରେ ଚନ୍ଦ୍ରମାକରେ ବିବାସ କରେ ପୁଣି ।୨୦।
କରେ କରଜକ୍ଷତ ଉରଜ ଚାରୁ ନୀରଜ କଢ଼େ
ମୁଁ ନ ଛାଡ଼ଇ ଓଷ୍ଠ ପୀଡ଼ଇ ଭୁଜେ ଭିଡ଼ଇ ଗାଢ଼େ।
ତୋର ନିସତ ନ ଘେନେ ସତ ଦୋଷୀ ମୁଁ ସନ୍ତତର
ମୋ କଷ୍ଟ ଗରିଷ୍ଠରେ ନାଗରି କ୍ଷମା ସାଗରି ହର ।୨୧।

ଶବ୍ଦାର୍ଥ- (୧୭) ବିଧୁ-ଚନ୍ଦ୍ର, କାସା-ପୋଖରୀ, କୁମୁଦ-କଇଁ, ବିଧୁର-ବିରହ, (୧୮) ଯାମିନୀ-ରାତ୍ରି, ଦାମିନୀ-ବିଜୁଳି, ଫୁରୁଣା- ଆନନ୍ଦ, ରାମାଦୃଶା-ମୃଗନୟନା, (୧୯) ସରିତ-ନଦୀ, ଜଘନେ-ଜଙ୍ଘରେ, ଶକ୍ୟ-ସମର୍ଥ, ଦୁଃଖ ସଘନେ-ଦୁଃଖରାଶି, ସୁଖଜନ୍ମି-ସୁଖର ଜନ୍ମଦାତା, (୨୦) ଚିତ୍ରଆଳିକା-ଚିତ୍ରସମୂହ, ଶବଳେକ୍ଷଣି-ସୁନ୍ଦରୀ, ବିବାସ-ଉଲଗ୍ନ, ସୁରତିବଳେ-ବଳପୂର୍ବକ ପ୍ରେମ, ଦୀପ ପ୍ରକାରେ-ଦପ ଆଲୁଅରେ, (୨୧) ଉରଜ-ବକ୍ଷୋଜ, ନୀରଜକଢ଼େ-ପଦ୍ମକଢ଼, ନିସତ-ହାଲିଆ, (୨୨) ଲବ-କ୍ଷଣ, ଲମ୍ପଟ ରୂପପଟ-ରମଣ କରିବା ଅଭିଳାଷ ରୂପକ ଛବି, ସପତ୍ନୀ ଦର-ସଉତୁଣୀ ଡର, ଦରକଣ୍ଠୀ-ଶଙ୍ଖକଣ୍ଠୀ।

ଲବ ଅନ୍ତର ବଶେ କାତର ହୋଇ ମାତର ଗୋରୀ
ନୋହେ କପଟ ଦେଖି ଲମ୍ପଟ ତୋ ରୂପପଟ ଧରି
ସପତ୍ନୀଦର ଘେନି କି ଦରକଣ୍ଠି ସାଦର ରୋଷେ
କିସ ଏ ଥରେ ଭାବ ତ ଥରେ ହୃଦ ପଥରେ ଦିଶେ ।୨୨।
ଏହି ବଚନ ମୃତ ରଚନା କଲା ଶୋଚନା ଦୂର
ବକ୍ରେ ଗହଁିଲା ମନ ମୋହିଲା ନେତ୍ରୁ ରହିଲା ନୀର।
ବଳେ ବାହାର ହେଲା ବାହାର ହାସ ନିହାର ଭାନୁ
ଛାଡ଼ ହୁଡ଼ିଲା କଥା ପୋଡ଼ିଲା ବୋଲି ଜଡ଼ିଲା ତନୁ ।୨୩।
ଫୁଲଶାୟକ ବଶ ନାୟକ ପ୍ରେମଦାୟକ ବାଳା
ନୋହେ କହିତ ଅଶେଷ ହିତ ଯେତେ ବିହିତ ଲୀଳା
ସେ ବିଚକ୍ଷଣ କଲେ ଯେ କ୍ଷଣ ପରାୟେ କ୍ଷଣଦାକୁ
ବାସ ହରିଲେ ସେବିହରିଲେ ବେଗେ ତରିଲେ ଦକୁଁ ।୨୪।
ତପସ୍ୟାଭଙ୍ଗୀ କୋପିତଭଙ୍ଗୀ ଖ୍ୟାତ ତ୍ରିଭଙ୍ଗୀଛନ୍ଦ
ବୁଧମୋହନ ଖଳଗହନ ନାଶେ ଦହନ ଛାନ୍ଦ।
ହେ ରାମ ଘନଶ୍ୟାମ ସଘନ ଦୁରିତ ଘନହର
ଭଞ୍ଜ ଉପେନ୍ଦ୍ର ତାପ ଦ୍ୱିପେନ୍ଦ୍ର ହରି ନୃପେନ୍ଦ୍ର ଦର ।୨୫ ।

■

ଶବ୍ଦାର୍ଥ- (୨୩) ବଚନାମୃତ-କଥା ରୂପକ ଅମୃତ, ହାସନିହାର ଭାନୁ-ଚନ୍ଦ୍ର ସଦୃଶ ହସ, ବିଶେ-ପ୍ରାପ୍ତ, (୨୪) କ୍ଷଣଦା-ରାତ୍ରି, ବାସ ହରିଲେ-ବାସକୁ କାଢ଼ି ଫୋପାଡ଼ିବା, (୨୫) କୋପିତ ଭଙ୍ଗୀ-ଅସହନୀୟ ରୂପଛଟା।

ଅଷ୍ଟତ୍ରିଂଶ ଛାନ୍ଦ

ଚନ୍ଦ୍ରଭାନୁ, ଲାବଣ୍ୟବତୀର ଶୋଭା ପ୍ରଶଂସା ସହ ଏକ ପତ୍ନୀବ୍ରତର ପ୍ରଶଂସା

(ରାଗ- ପଞ୍ଚମ ବରାଡ଼ି)

ସୁରତି ଶେଷ ପୀରତି- ନିଧିକି ଆଗରେ ପତି
ବସାଇ ବସି ପଲ୍ୟଙ୍କେ ପରେ।
ଆବେଶ ହୋଇ ସୁବେଶ କରି ସାରି ସେ ଜୀବେଶ
କରକୁ ନିବେଶି ଚିବୁକରେ।
ସେ ମନୋହର। ଏକ ବସନ୍ତ ଚନ୍ଦ୍ରିନୀ ନିଶି।
ସନ୍ଦର୍ଭ ସୁଗର୍ଭ ହାସୀ ଶୋଭାଗୁଣକୁ ପ୍ରଶଂସି
ରସଗର୍ଭ ବଚନକୁ ଭାଷି ସେ ।୧।
ମନ୍ଦରସ୍ତନା ସୁନ୍ଦରୀ- ପୁରନ୍ଦରୀ କୃଶୋଦରୀ
ଦରିଦ୍ର ମୁଁ ତୁ ନିଧି ପ୍ରତିମା
ଦର୍ପକ ଦର୍ପ ବର୍ଦ୍ଧିନୀ ଧନୀ ଦର୍ପଣ ବଦନୀ
ଅଶେଷ ଅନଙ୍ଗରଙ୍ଗସୀମାରେ।
ଜୀବେଶ୍ୱରୀ। ତୋତେ ଉପମା ହୋଇ ତୁହି।
ସାରଭାଗ ତୋ ଶ୍ରୀମୁଖ ସେ ସିଠା ଶୀତମୟୂଖ
ତୋଷେ ଦେବଙ୍କୁ ଅମୃତ ଦେଇ ରେ ।୨।
ରାମା କଳ୍ପନା ପାଞ୍ଚିଲା ରମା ଉମା ନିର୍ମାଣିଲା
ହସ୍ତ ବଳିବାକୁ ଆଗ ବିହି।
ହେମ ପିତୁଳା ନିର୍ମାଣି ରସରେ ରସ ରସାଣି
ଭାବହାବ ଯୋଗେ ଜୀବ ଦେଇ ରେ।
ଜୀବେଶ୍ୱରୀ। ଶୋଭା ଚାହିଁ ହୋଇଲା କାତର।

ଶବ୍ଦାର୍ଥ- (୧) ଚିବୁକ-ଗାଲ, ଜୀବେଶ-ସ୍ୱାମୀ, ମନ୍ଦରସ୍ତନା-ପର୍ବତସ୍ତନା, (୨) ପୁରନ୍ଦରୀ-ଇନ୍ଦ୍ରନାରୀ, ଅନଙ୍ଗରଙ୍ଗ ସୀମା-କାମ ବିଳାସର ସ୍ଥାନ, ସିଠା-ଶେଠା, ମୟୂଖ-କିରଣ।

ବାନ୍ଧୁ, ବାନ୍ଧୁ ସୁକୁନ୍ତଳ ହେଲା ଚିକ୍‌କଣ କୁଟିଳ
ସ୍ୱେଦ କମ୍ପ ବହିଥିବ କର ରେ ।୩।
ଗଣେଶ ତୋ ଲୋଭାଉହିଁ ଗଣେ କରେ ମାଳା ନେଇ
କେଉଁ ଅଙ୍ଗେ କି ଉପାମା ଦେବି ।
ଅଶେଷ ମୁଖ ବିହିଲା ଶେଷ କହି ନ ପାରିଲା
ଦେଖି ରସିକ ନାସିକା ଛବିରେ ।
ଜୀବେଶ୍ୱରୀ । ଗୁଣ ଶୋଭା ଅକଥନ ତୋର ।
ଗୁରୁସ୍ତନି ରମ୍ଭାଉରୁ ଏହି ଶବଦ ଶ୍ରୁତିରୁ
ରମ୍ଭା କଲେ ସ୍ୱର୍ଗେ ଅଳଙ୍କାର ରେ ।୪।
ଧନ୍ୟତୋ ନୟନ ରଙ୍ଗ ନୀଳ ଧବଳ ସୁରଙ୍ଗ
ତିନିବର୍ଣ୍ଣ ତ୍ରିଭୁବନେ ତୋଷେ ।
ଶୁଣି ଶ୍ରୀପତି ଶଙ୍କର ସବିତା କମଳାକର
ନିଉଛାଳି କରିବାର ଆଶେ ରେ ।
ଜୀବେଶ୍ୱରୀ । ସେ ଉତ୍ତାରୁ କରିବେ ଏ ସ୍ତୁତି ।
ସ୍ମର ଶରରେ ତୁ ଈଶ ଆମ୍ଭେ ତ ସୁରସ ବଶ
ପାରିଲେ ବିନାଶ କର ଯତି ରେ ।୫।
ତୋ ପରା ଗଳିବା ଇଚ୍ଛି ଇନ୍ଦ୍ର ଗଜେନ୍ଦ୍ର ଚଢ଼ିଛି
ମୁନି ଶାପ ତାପ ଲୋପ ମନୁ ।
ତପ କରି କେତେ କାହିଁ କେଉଁ ଦେବତା ମନାଇଁ
ମୁହିଁ ତୋତେ ଲଭିଲି ସୁତନୁ ରେ ।
ଜୀବେଶ୍ୱରୀ । ନରେନ୍ଦ୍ର ତୁ ବରେନ୍ଦ୍ର କୁମାରୀ ।
ଅନଙ୍ଗ ଭୁଜଙ୍ଗ ପର ବିରହ ସନ୍ତାନ ମୋର
ସ୍ମରଶେ ହରିଛୁ ଯେଣୁ କରି ଯେ ।୬।
ଅନବରତରେ ହାସ- ବଦନ ରଦନ ବାସ
ରସ ରହସ୍ୟ ସ୍ୱରୂପ ପ୍ରିୟେ ।
ନଭ ଗଙ୍ଗାଜଳ ଆଣି ସୁରଙ୍ଗ ପ୍ରୀତି ବରଣି
ନିରତେ ଢାଳି ହୋଇଲା ପ୍ରାୟେ ରେ ।

ଶବ୍ଦାର୍ଥ- (୪) ଶେଷ-ଶେଷନାଗ, ରମ୍ଭାଉରୁ-କଦଳୀବୃକ୍ଷ ପରି ଜଙ୍ଘ, (୫) ଶ୍ରୀପତି-ବିଷ୍ଣୁ, ସବିତା-ସୂର୍ଯ୍ୟ, କମଳ କର-ପଦ୍ମହସ୍ତା, ନିଉଛାଳି-ବନ୍ଦାପନା, (୬) ଅନଙ୍ଗ-କନ୍ଦର୍ପ, ଭୁଜଙ୍ଗ-ସର୍ପ

ଜୀବେଶ୍ୱରୀ। ଯହିଁ ମୁଁ ମଜ୍ଜନ ହୋଇ ତହିଁ।
ବିଶେଷେ କାମ କଳୁଷ ସହଜେ କରିଛୁ ନାଶ
ସୁଗତି ତୁ ମୋ ସୁମତିଦାୟି ରେ ।୭।
ହେଜୁଥାଇଁ ମନେ ମନ ତୁ ମୋ ଅମୂଲ୍ୟ ରତନ
ବୋଲନ୍ତି ଯେ ରତ୍ନ ମୂଲ୍ୟ ହୋଇ।
ନାଶକଲୁ ଏ ସଂଶୟ ରମଣୀୟ ରତ୍ନମୟ
ଅର୍ଥେ ରମଣୀ ରତ୍ନ ବୋଲାଇ ରେ।
ଜୀବେଶ୍ୱରୀ। ପଦ୍ମରାଗ ଓଷ୍ଠ ପାଦ ପାଣି।
ହାସ ଦାନ୍ତ ହୀରା ମୋତି ଭୂରୁ ଡୋଳା ରୋମପନ୍ତି
ଚିକୁର ଅଳକା ନୀଳମଣିରେ ।୮।
ଭଲା ବିବେକ ବିନ୍ଧାଣି କଠିନ ଗୁଣକୁ ଛାଣି
ଘଟସ୍ତନା କଲା ତୋ ଘଟନା।
ହୃଦୟେ ପଦକ ମୋର ବାନ୍ଧିବି ହେବାକୁ ତୋର
ଅବୟବ ଯାକ କଲା ସୁନାରେ।
ଜୀବେଶ୍ୱରୀ। ଏଣୁ ଦିବ୍ୟଗୁଣେ ତୁ ରଞ୍ଜନ।
ଫନ୍ଦା କରି ତୋତେ ପାଇ କିଛି ମୋର ଚିନ୍ତା ନାହିଁ
ଏ ଘେନ ବୋଲାଇ ସିନା ଧନ୍ୟ ରେ ।୯।
ଛଇଳ ଭ୍ରମର ବୋଲି ବୋଲିବାକୁ ମୋତେ ବାଳି
ଛଳ ମୋ ନୋହିବ ଜଣାଉଛି।
ଶ୍ରୀମୁଖ ଚଞ୍ଚଳ ନେତ୍ର ବେନିପଦ୍ମ ବିକଶିତ
ଅଧର ବନ୍ଧୁଲୀ ଚୁମ୍ବିଛିରେ।
ଜୀବେଶ୍ୱରୀ। କାନ୍ତି କେତକୀ ଉତ୍ପଳବାସ।
ଉରଜ ନୀରଜକୋଷ ପ୍ରଫୁଲ୍ଲ ମଲ୍ଲିକା ହାସ
ନୋହିଲା ମୋ କେଉଁଫୁଲେ ଆଶା ରେ ।୧୦।
ପ୍ରିୟେ ତୋର ସଙ୍ଗ ନୋହୁ ଚମ୍ପାମାଳା ପରା ବାହୁ
ଭାବ ଲୋଡ଼େ ଗଳେ ବାନ୍ଧିବାକୁ।

ଶବ୍ଦାର୍ଥ- (୭) ନଭ ଗଙ୍ଗାଜଳ-ଗଙ୍ଗାନଦୀ ଜଳ, କାମକଳୁଷ-କନ୍ଦର୍ପଜାତ ପାପ, (୯) ଅବୟବ-ଶରୀର, ଫନ୍ଦା-ଆଶ୍ରୟ, ରଞ୍ଜନ-ଶୋଭା, (୧୦) ଛଇଳ-ରସିକ, ଉରଜ-ବକ୍ଷୋଜ, ନୀରଜ କୋଷ-ପଦ୍ମକଢ଼।

ଚନ୍ଦ୍ର ଚନ୍ଦନ ଲେପନ କରୁଥାଇଁ ଅପଘନ
କିଣେ ପୀତାମ୍ବର ପିନ୍ଧିବାକୁ ରେ।
ଜୀବେଶ୍ୱରୀ। ଲଗାଇ ପଦପଲ୍ଲବେ ଶିର।
ପ୍ରିୟା ତୋ ପ୍ରତି ପ୍ରତିମା ଦେଖିଲା ଦିନୁଁ ତ୍ରିଯାମା
ଦିନେ ଏହା ବ୍ୟବସାୟ ମୋର ରେ ।୧୧।
ଯାବତ ଶୋଭା ସଂଗ୍ରହ ପାତ୍ର ବିଗ୍ରହେ ବିଗ୍ରହ
ଲାଗିଲା ଯେଉଁ ସ୍ୱପନ ଭ୍ରମେ।
ନିଷ୍ଟେ ସେ ସ୍ୱପ୍ନ ଦେବୀର ମହାମହ ଉପକାର
ବୁଝି ନୋହିବ ସହସ୍ରେ ଜନ୍ମେରେ।
ଜୀବେଶ୍ୱରୀ। କସ୍ତୁରୀ ସୁଗନ୍ଧା ସୁକୋମଳା।
ଚତୁରୀ ଶ୍ରେଣୀରେ ମଣି ବୋଲି ତୋ ଚାତୁରୀ ବାଣୀ
ପ୍ରେମ ପତ୍ରିକାରେ ଜଣାଇଲା ରେ ।୧୨।
ଘେନରେ ହରିଣଦୃଶି ମାନସ ହଂସେ ନ ରସି
ହଂସର ମାନସ ସବୁ ଫନ୍ଦା।
ଭାନୁ ଜଳଦ ଜଳଦ ଚାତକ ଚନ୍ଦ୍ର କୁମୁଦ
ପ୍ରୀତି ଲକ୍ଷ୍ୟ ଯାକ କଲୁ ନିନ୍ଦା ରେ।
ଜୀବେଶ୍ୱରୀ। ଅଛି ପୁଣି କି ବିଚ୍ଛେଦ ତାଙ୍କର
ଦେହକୁ ନ ଛାଡ଼େ ଛାଇ ଛାଇ ଦେହ ନ ଛାଡ଼ଇ
ଧନ୍ୟ ତୋର ଅନୁରାଗ ସାର ରେ ।୧୩।
ଫୁଲ ଭ୍ରମରେ ବାଞ୍ଛଇ ଭ୍ରମର ଫୁଲ ଇଚ୍ଛଇ
ମଧୁ ଦେହ ଫୁଲ ତୋଷ କରେ।
ଅନୁସରଇ ଭ୍ରମର ତୋର ମୋର ଏ ପ୍ରକାର
ସ୍ନେହ ନ ତୁଟିବ ଜୀଇଁବାରେ ରେ।
ଜୀବେଶ୍ୱରୀ। ନିଷ୍ଠାକରି ଜାଣେ ମୁଁ ଏ କଥା।
ମାଜିଲା ମୁକୁର ପରି ନିର୍ମଳ ତୋ ହୃଦ ଗୋରୀ
ପ୍ରତିବିମ୍ବେ ମୋର ହୃଦ ବ୍ୟଥା ରେ ।୧୪।

ଶବ୍ଦାର୍ଥ- (୧୧) ପୀତାମ୍ବର-ହଳଦିଆ ବସ୍ତ୍ର, ପ୍ରତିପ୍ରତିମା-ପ୍ରତିରୂପ, ତ୍ରିଯାମା-ରାତ୍ରି, (୧୨) ମହାମହ-ମହାଉତସବ, ପତ୍ରିକା-ଚିଠି, (୧୩) ହରିଣଦୃଶି-ମୃଗନୟନା, ଫନ୍ଦା-ଆଶ୍ରୟ, ଭାନୁ-ସୂର୍ଯ୍ୟ, ଜଳଦ-ପଦ୍ମ, ମେଘ, ସାର-ଶ୍ରେଷ୍ଠ।

ଦାନଶ୍ରେଷ୍ଠ ଭାବବତୀ ଦର୍ଶନେ ହେବ ସମ୍ପତ୍ତି
ଲୋଚନ ଯୁଗକୁ ଯାଚି ଦେଉ।
ସମ୍ପୂର୍ଣ୍ଣ ପ୍ରେମ ରତନ ସଂପୁଟକ ପ୍ରାଣଧନ
ଭାବଭୋଳ କରେ ଦେଇ ଯାଉ ରେ।
ଜୀବେଶ୍ୱରୀ। ପଚରୁଛି କହିବୁଟି ସତ।
ଶିରୀଷ କୁସୁମ ଦେହୀ କାହିଁ ପାଇଁ କରୁ ନାହିଁ।
ମାଗିଲା ବେଳକୁ ବିପରୀତ ରେ ।୧୫।
ମଧ୍ୟ ତୃଣାଙ୍କୁର ଠାରୁ ସରୁ ଭାଜିବାକୁ ଡରୁ
କିବା ଭୀରୁ ଏ ନୋହଇ କିଛି।
ବହେ କୁଚ ମେରୁଭାର କେଶରୀ ପ୍ରଶଂସା ତାର
କୁଳିଶ ହୋଇ ପ୍ରଶଂସା ଅଛି ରେ।
ଜୀବେଶ୍ୱରୀ। ହେଜିପାରି ନାହୁଁ ଭାବଭୋଳେ।
ମୁକୁର ବିତାନେ ରତି ଉଲଟ ଦେଖି ଯୁବତୀ
ବେଳେ ବଞ୍ଚିଛୁ ମୋ ପୁଣ୍ୟଫଳେ ରେ ।୧୬।
କହିବାକୁ ଅଗୋଚର ସେ ଶୋଭା ପୁଣି ତୋହର
ଉଲଗ୍ନ ସୁଲଗ୍ନେ ହୋଇଥିଲା।
ଉଚ୍ଚେ ଉଶନା ଉଦିତ ମୋ ସୁଖରାଶିରେ ମିତ
ନାସାମଣି ଯାହା ଝଲକିଲା ରେ।
କାମଚକ୍ରବର୍ତ୍ତୀ ପଣେ ଅଧିକାରୀ ଯୁବାଗଣେ
ତାକୁ ଈକ୍ଷିତରେ ଜଣାଇଲା ରେ ।୧୭।
ସବୁ ବଡ଼ପଣ ପ୍ରାଣ- ବନ୍ଧୁ ଘେନି ମୋର ଜାଣ
କହୁଥିଲେ ଯଉଁ ଚନ୍ଦ୍ରବାତ।
ସେ ତୋହର ସଙ୍ଗମାତ୍ରେ ସୁଖଦ ହେଲେ ରତାନ୍ତେ
ବହୁତ ରୂପେ ହରିଲେ ଶାନ୍ତରେ।
ଜୀବେଶ୍ୱରୀ। ତୋ ବଡ଼ିମା ଅଖିଳରେ ସାର।

ଶବ୍ଦାର୍ଥ- (୧୫) ସମ୍ପୁଟକ-ଫରୁଆ, ଶିରୀଷ କୁସୁମ-ଶିରୀଷ ଫୁଲ, (୧୬) ତୃଣାଙ୍କୁର-ଘାସ ଗଜା, ଭୀରୁ-ଡରୁଆ, ମୁକୁର ବିତାନ-ଦର୍ପଣ ଲଗା ଚାନ୍ଦୁଆ, (୧୭) ଅଗୋଚର-ଅଜଣା, ସୁଲଗ୍ନ-ଉତ୍ତମ ଲଗ୍ନ, ଅଖିଳ-ଜଗତ, ସାର-ଶ୍ରେଷ୍ଠ, ଉଶନା-ଶୁକ୍ର, ଗ୍ରହ, ବୀର୍ଯ୍ୟ।

ଝଲକ ଭଲ୍ଲ ପ୍ରକାର ଯଉଁ ଭୃଙ୍ଗ ପିକସ୍ୱର
ସେହି ଏବେ ଶୁଭିଲା ମଧୁର ରେ ।୧୮।
ଏ ରୂପେ ଚାଟୂ ପ୍ରକାଶି ବଲ୍ଲଭ ବଲ୍ଲଭୀ ତୋଷି
ଅନୁଗ୍ରହ ଚୁମ୍ବ ଆଲିଙ୍ଗନେ।
ଲଭି ହେଲା ହରଷିତ ନିୟମ କଲା ଏମନ୍ତ
ରସବତୀ ନ କରିବୁ ମାନ ରେ।
ଜୀବେଶ୍ୱରୀ। ପରବାସ ନ କରିବି କେବେ।
କଲା ଏମନ୍ତ ସମ୍ମତ ଶଙ୍କା ହୋଇଗଲା ହିତ
ମାତିଲେ ବିଳାସ ମହୋତ୍ସବ ରେ ।୧୯।
ମିଥିଳା ନବ ସଙ୍ଗମ କାଳେ ଯେ କଲେ ନିୟମ
ଏକପତି ଏକପତ୍ନୀ ବ୍ରତ।
ଜଗତେ ସେହୁ ଦମ୍ପତି ସାଧୁଙ୍କ ସୁଖ ସମ୍ପତ୍ତି
ମଧୁର ଆକୃତି ଆଲୋକିତ ସେ।
ତାଙ୍କ ପାଦ। ମହା ବିପଦକୁ ନାଶକରେ।
ଚିତ୍ତେ ଚିନ୍ତି ଉପଇନ୍ଦ୍ର ଭଞ୍ଜ ପରମ ଆନନ୍ଦ
କହେ ରସିକ ଜନଙ୍କ ହିତ ।୨୦।

■

ଶବ୍ଦାର୍ଥ- (୧୮) ଭୃଙ୍ଗ-ଭ୍ରମର, ଭଲ୍ଲ-ଅଶ୍ୱବିଶେଷ, ବଲ୍ଲଭବଲ୍ଲଭୀ-ସ୍ୱାମୀ-ସ୍ତ୍ରୀ, (୧୯) ପରବାସ-ପ୍ରବାସ।

ଊନଚତ୍ୱାରିଂଶ ଛାନ୍ଦ
ଦେବ ଅଭିଶାପ ପାଇ ସ୍ତ୍ରୀ ପୁରୁଷର ବିଚ୍ଛେଦ ବର୍ଣ୍ଣନ
(ରାଗ- ମୁଖାବରୀ)

ଏଥଅନନ୍ତରେ ସାଧୁଜନେ ଶୁଣ। ଦୁଷ୍ଟ ପୁଲୋମ କାଳକେୟ ଗଣ।
ମେଳ ହୋଇ ସେ ସଂସପ୍ତକ ସଙ୍ଗ। ନାଶ କରନ୍ତି ଋଷିବୃନ୍ଦ ଯାଗ।
ରକ୍ଷା ଚନଦ୍ରଭାନୁ। ଏହି ଶବଦ ଶୁଭିଲା ଗଗନୁ ।୧।
ସର୍ବଜ୍ଞ ସହଜେ ମୁନି କଳାପା ଯୋଗବଳେ ଜାଣି ଦେବଙ୍କ ଶାପ।
ନିଶ୍ୱାସିକା ଚଣ୍ଡୀସିନ୍ଧୁ ଦେଶରେ। ଥିଲା ମିଳିଲେ ରାତ୍ରେ ତା ପାଖରେ।
ମନାଇଁ ତାହାକୁ। ପେଷିଲେ ଚନ୍ଦ୍ରଭାନୁ ହାରିବାକୁ ।୨।
ମଧୁର ମାଧବେ ମନ ଉଲ୍ଲାସେ। ମାନସ ବଳାଇ ବନବିଳାସେ।
ରସେ ଦୟବନେ କାବେରୀକୂଳେ। କୁମାର କୁମାରୀ କ୍ରୀଡ଼ନ୍ତି ଭୋଳେ।
ଦେଖଇ ସେ ଶୋଭା। ସୁମନା ମନ କରୁଅଛି ଲୋଭା ।୩।
କଳକଣ୍ଠ କାଳକଣ୍ଠ ବିହରି। ଭ୍ରମରେ ହୋଇଛି ମହାମାଧୁରୀ।
ବହୁଛି ସାରସଗନ୍ଧ ସମୀର। ସ୍ୱାଦୁରେ ସଘନ ଅମୃତ କର।
ଯୋଗୀମନ ମୋହି। କାମଶରାଳିରେ ଛନ୍ନ କରାଇ ।୪।
କାନ୍ତ କାନ୍ତା ତହିଁ ବିହାର କରେ। କୁଞ୍ଜକୁଟୀରେ ଅମ୍ବୁଜକୁଟୀରେ।
ଅନୁସରି ଅନୁସରି ଉଚିତ ଚୁଆ ଚନ୍ଦନେ ପିଚିକା ରଚିତ।
ସୁମନ ମଣ୍ଡପ। ବିନା ଅଳଙ୍କାରେ ଯହିଁ ସୁମନ ।୫।

ଶବ୍ଦାର୍ଥ- (୧) ପୁଲୋମ-ଅସୁରର ନାଁ, କାଳକେୟ-ଅସୁର, ସଂସପ୍ତକ-ବଡ଼ଯୋଦ୍ଧା, (୨) ମୁନି କଳାପା-ମୁନିବୃନ୍ଦ, ନିଶ୍ୱାସିକା ଚଣ୍ଡୀ-ଦେବଙ୍କ ନିଶ୍ୱାସରୁ ଜାତ ଚଣ୍ଡୀ, (୩) ମାଧବ-ବସନ୍ତ, ବୈଶାଖ ସୁମନା-ସୁନ୍ଦରୀ, ଫୁଲ, (୪) କଳକଣ୍ଠ-କୋଇଲି, କାଳକଣ୍ଠ-ଡାହୁକ, ଶିବ, ସାରସ ଗନ୍ଧ-ପଦ୍ମଫୁଲର ସୁବାସ, କାମଶରାଳି-କାମଶର, (୫) କୁଞ୍ଜକୁଟୀର-କୁଞ୍ଜ ଭଳି କୁଟୀର, ଅମ୍ବୁଜକୁଟୀର-ପଦ୍ମଫୁଲରେ ସଜ୍ଜିତ କୁଟୀର, ସୁମନ-ଉତ୍ତମ ମନ, ସୁମନ-ସୁନ୍ଦର।

କ୍ଷଣେ ଭିନ୍ନ ନୋହି ପ୍ରିୟ କିଶୋରୀ। ବଡ଼ଭୀ ବିଳାସ ଦେଲେ ପାସୋରି।
ପ୍ରବାଳ ନାବରେ ଭାବରେ ବସି। ପରିବାଦିନୀ ବାଦନ ପ୍ରକାଶି।
ବୋଲଇ କୁମର। କେଳି ପ୍ରବୀଣା ତୁ ବୀଣା ମୋହର ।୬।
ଅଶେଷ ଭାବ କରିବାରୁ ଜାତ। କେ ସରି ଅଛି ରଞ୍ଜିବାକୁ ଚିତ୍ତ।
ଏଣୁ କରି ସାରଗୁଣା ମଞ୍ଜୁଳା। ସ୍ୱର୍ଣ୍ଣକକ୍ଷ ତୁମ୍ବୀ ବହିଛୁ ବାଳା।
ହେଉଛି ମୋ ମନ। ଶୁଣିବା ଥରେ ହେଲେ ଗୀତ ଗାନ ।୭।
ଚତୁରୀ ସ୍ନେହଚତୁରୀ ବଢ଼ାଇ। ଦଣ୍ଡେ ଛାଡ଼ିଦେଇ ଶୁକ ପଢ଼ାଇ।
ବନପ୍ରିୟ ଭଳି ମୁନି ବିଭୂତି। ସପତ ସ୍ୱର ବିସୋରି ଦିଅନ୍ତି।
ତା ରସିକ ଜାଣି। ସ୍ନେହଭରେ ଉରେ ଲଗାଇ ଆଣି ।୮।
କୋଳେ ବସାଇବା ବେଳେ ନାଗର। ହୃଦରୁ ତରଳ କରଇ ଦୂର।
ଜାଣି ହସିଲା ହୋଇଲା ନାଗରୀ। ମଧୁରେ ଭାଷଇ ଚିବୁକ ଧରି।
ମାଉଥାଇ ଡର। ଚିତ୍ର ଚହିଁ ଦିନୁ ହେଲା କାତର ।୯।
ଗୁରୁତର ପ୍ରୀତି ଦେଖିଲେ ଦେବୀ। ଅଙ୍ଗନାର ଅଙ୍ଗେ ଅନାଇ ଭାବି।
ଫୁଲରୁ ଫୁଲ ରତନୁ ରତନ। ଫଳୁଁ ଫଳ ଜାତ ଅତି ଯତନ।
ପ୍ରକାଶରେ ହାସ। ଯହିଁ ମନ ସେହି ପରା ସେ ଦୃଶ ।୧୦।
ଚରି ସୁମନ ସୁକାନ୍ତି ଏ ବହି। ସ୍ତ୍ରୀରି ମାନଙ୍କର ଅମୂଲ୍ୟ ଏହି।
ତିନି ପକ୍ଷୀରେ ତ ଗାତ୍ର ଘଟିତ। ତନୁ ଏ ନିନ୍ଦୁଥିବ ବେନି ପତ୍ର।
ଆଉ କଳେବର। ବିଧାନ ହୋଇଛି ପଞ୍ଚ ଫଳରେ ।୧୧।
ଚିତ୍ତେ ଚିନ୍ତାଭର ଶ୍ୱାସ ଯୋଗିନୀ। ଲବେ ଅନ୍ତର ତ ନୁହନ୍ତି ବେନି।
କି କରି ହରିବି କୁମାରବର। ଶାପକି ବ୍ୟର୍ଥ ହେବ ଦେବଙ୍କର।
ବିଚରି ମରାଳୀ। ହୋଇ କରୁଥାଏ ସେ ବନେ କେଳି ।୧୨।
ଏମନ୍ତେ ତହିଁ କୁସୁମ ସମୟେ। ବାଳା କୁସୁମ ସମୟ ଉଦୟେ।
ଚରି ମିତ୍ରଙ୍କୁ କୁମର ଡକାଇ। ଚରି ସଜନୀଙ୍କି ନୃପଜା ନେଇ।
ଭିନ୍ନ ଭିନ୍ନ ହୋଇ। ଦିନରେ କେଳି ବିରଚିଲେ ସେହି ।୧୩।

ଶବ୍ଦାର୍ଥ- (୬) ବଡ଼ଭୀ-ଅଟ୍ଟାଳିକା, ପରିବାହିନୀ-ବୀଣା, ବାଦନ-ବଜାଇବା, (୭) ସାର ଗୁଣା ମଞ୍ଜୁଳା-ଗୁଣ ଓ ସୌନ୍ଦର୍ଯ୍ୟରେ ଶ୍ରେଷ୍ଠ, ସ୍ୱର୍ଣ୍ଣକକ୍ଷ ତୁମ୍ବୀ-ସୁନାର ଚିହ୍ନଥିବା ବୀଣାର ଶବ୍ଦ ଧାରୀ ଲାଉତୁମ୍ବୀ, (୮) ବନପ୍ରିୟ-କୋଇଲି, ଉର-ଛାତି, ବିସୋରି-ପାସୋରି, (୧୩) କୁସୁମ ସମୟ-ବସନ୍ତ ସମୟ, କୁସୁମ ସମୟ-ମାସିକ ଋତୁସ୍ରାବ।

ଏକାଳେ ବହି ପ୍ରଚଣ୍ଡ ପବନ। ରଜେ ବୁଜି ହୋଇଗଲେ ନୟନ।
ମିତ୍ର ସହ କୁମାରଙ୍କୁ ହରିଲା। ଇଳାବୃତ୍ତ ଖଣ୍ଡ ବନେ ରଖିଲା।
ନିବର୍ତ୍ତିଲା ବାତ। ସୁନ୍ଦରୀ ଜାଣିଲା ଅନ୍ତର କାନ୍ତ ।୧୪।
ମନେ କଲା ସେ ଅମର ପୁରୁଷ। ମେଳ କରିଥିଲା ମୋ ଭାଗ୍ୟବଶ।
ଅପସରୀ ରସରଙ୍ଗ ଚିତ୍ତୋଇ। ମୋହ ପାଶରୁ କି ଅପସରି ଯାଇ।
ମୁଁ ଅଭାଗ୍ୟବନ୍ତ। ଖଣ୍ଡ ତପଫଳ କଲା ଏମନ୍ତ ।୧୫।
ଯାହାକୁ କରିଥାଇ ପ୍ରାଣ ସରି। ତାକୁ ନିକି ଏଡ଼େ ନିରାଶ କରି।
ଦାସୀ କରି ହେଲେ ରଖିଲ ନାହିଁ। ଭ୍ରମର ପ୍ରୀତି କେତେକାଳ ଥାଇ।
କି ସେନେହ କଲ। ଛାଡ଼ିଲ ପରା କରି ଛଡ଼ା ଫୁଲ ।୧୬।
ଏଡ଼େ କପଟକୁ ନୁହଇ ଭଳି। ଅନ୍ତର ହେବାକୁ କି ଦୋଷ କଲି।
ତନୁ ପୁଲକ ନ ସହିଲା ଜନେ। ଏ ହଟ କରିଛ କି ଘେନି ମନେ।
ମୁଁ ଆରମ୍ଭିମାନ। ଘେନିବି ନାହିଁଟି ଚଟୂ ବଚନ ।୧୭।
ଏମନ୍ତ ଭାଷି ଲୁଚିଥିବେ ବୋଲି। ଖୋଜିଲେ ସେ କେଳି କାନନ ବୁଲି।
କାହିଁ ନ ପାଇଲା ତରୁଣ ଈଶ। ବେଳୁ ବେଳ ଉଡ଼ିଗଲା ସାହସ।
ସେ ଜ୍ୟୋତିଷ ବାଳୀ। ଶକୁନେ ଜାଣିଲା ବିଚ୍ଛେଦ ବୋଲି ।୧୮।
କର୍ଣ୍ଣାଟ ଜନକ ଜନକ ତାର। ଶୁଣି ଏ ଗୋଳ ହୋଇଲେ କାତର।
ଇଷ୍ଟ ଦେବୀଙ୍କୁ ଉଭା କରାଇଲେ। ବିବୁଧ ଶାପୁଁ ବିଚ୍ଛେଦ ଜାଣିଲେ।
ପୁରୋହିତ ସୁତା। ବଦନୁ ଜାଣିଲା ନବବନିତା ।୧୯।
ସେହିଠାରୁ ସେ ଶୋଭା କୁବଳୟ। ଏକା ରଖିଲା କରରେ ବଳୟ।
ନୀର ନିଳୟ ନେତ୍ର କୁବଳୟ। କରି କୁମାର ଠାରେ କଲା ଲୟ।
ତା ଗୁଣ କଳାପ। ମୃଣାଳ ନାଳ ମାଳେ କରେ ଯେ ।୨୦।
ତେଣେ ମାୟା ଦୂର କୁମର ଚହିଁ। ଶୋଭା ମନ୍ଦିର ମଦିରାକ୍ଷୀ ନାହିଁ।
ନିଜ ଆରାମ ଅଭିରାମ ପରି। ସେ ସ୍ଥାନ ବନ ହୋଇଛି ମାଧୁରୀ।
ବୋଲଇରେ ଧନ। କାହିଁ ଲୁଚିଅଛୁ ଦେଖା ବଦନ ।୨୧।
କାହିଁକି ଦାସରେ ଏଡ଼େ କପଟ। କପଟ ଭିତରେ ଯାଉଛୁ ଘଟ।
ଘଟ ଆଉ କେତେ ଦିନ ରହିବ। ଜୀବ ଯେବେ ଭିନ୍ନ କଲା ଦଇବ।
ବୁଡ଼ିଲେ ଚେତନା। ଭୋଗ ନ କରନ୍ତିଟିକି ବେଦନା ।୨୨।

ଶବ୍ଦାର୍ଥ- (୧୪) ରଜେ-ଧୂଳିରେ, ଇଳାବୃତ୍ତ-ଉତ୍ତର ଏସିଆ ଖଣ୍ଡ, (୧୫) ଅମର ପୁରୁଷ-ଦେବତା, (୧୭) ଅନ୍ତର-ଅଲଗା, ତନୁପୁଲକ-ଶରୀର ଶିହରିତ ହେବା, (୧୮) ଶକୁନେ-ସୂଚନାରେ, (୧୯) ବିବୁଧ-ଜ୍ଞାନୀ, (୨୦) କୁବଳୟ-କଇଁଫୁଲ, ନିଳୟ-ବାସସ୍ଥାନ, ବଳୟ-ଖଡୁ (୨୨) ଘଟ-ଦେହ।

ଭୋଗ କରୁଥାଇ ଯୋଗରେ ମୁହିଁ। ଯୋଗରେ ଶିବ ଯୋଗରେ ମନାଇଁ।
ଯାହା ହେଲା ତୋର ମୋର ବିଚ୍ଛେଦ। ନୋହିଲା କାହିଁ ପାଇଁ ଶିରଚ୍ଛେଦ
ଯୁବାଙ୍କୁ ଯୁବତୀ। ବିଚ୍ଛେଦରୁ ଆଉ ନାହିଁ ବିପତ୍ତି ।୨୩।
କାନ୍ତ ବୋଲିବାକୁ ପାଇଲେ ଲାଜ। ଦାସ ହୁଅନ୍ତି କିମ୍ପା କଲୁ ତ୍ୟଜ୍ୟ।
ନାହିଁ ତୋର ମୋ ତିଳକ ଅନ୍ତର। ତରୁଣୀ ତିଳକ ତିଳକ ମୋର।
ଘେନରେ ବନିତା। ମୁଁ ତୋର ପୟର ଅଳତା ଲତା ।୨୪।
ମଞ୍ଜିଷ୍ଠା ରଙ୍ଗ କି ଝୀନ ବସନୁ। ଧୋଇ ଦେଲେ ଛାଡ଼ିଯାଏ ସୁତନୁ।
ସେହି ପରକାରେ ପଙ୍କଜ ମୁହିଁ। ଛାଡ଼ିଲେ ତୁ ତ ମୁଁ ଛାଡ଼ିବି ନାହିଁ।
ମୋ ସବୁ ଭରସା। ରସ ମଧ୍ୟରେ ଏକ ରସାଳସା ।୨୫।
ପୁଣି ଭ୍ରମେ ଭ୍ରମେ ବିପିନ ସ୍ଥଳେ। ଯେଉଁ ପାଦପରେ ପଲ୍ଲବ ବଳେ।
ଝିଙ୍କାରୀ ଝଙ୍କାର ଶୁଣଇ ଯହିଁ। ମନେକରେ ବାଳାମଣି ଆସଇ।
ଲୁଚିଥିଲା କାହିଁ। ମୋହର ମାନସ ବୁଝିବା ପାଇଁ ।୨୬।
ଯେଉଁ ଲତାପରେ ଭାଷନ୍ତି ପିକେ। ପ୍ରତେ ପରାଣବନ୍ଧୁ ପରା ଡାକେ।
ନିକଟକୁ ଯାଇ ରମଣିମଣି। ଲତା କୋଳକରି ଧରଇ ପୁଣି।
ପୁନଃ ପୁନଃ ଚୁମ୍ବେ। ହାସ ଓଠ ଛବି ପୁଷ୍ପ ପଲ୍ଲବେ ।୨୭।
ଛାଡ଼ି ଦେଇଣ ଉଡ଼ିଗଲେ ପିକ। ପ୍ରିୟାକୁ ସୁମରି କରଇ ଶୋକ।
ପୁଲକାଇ ଦେଉଥାଇ ଶରୀର। ତାହାରି ଭାବେ ହୋଇ ଜର ଜର
ଫୁଲମାଳା କରି। ତମାଳେ ମଣ୍ଡଇ କେଶ ବିଚାରି ।୨୮।
ନାରୀକେଳ ଫଳ ନାରୀ ଉରଜ। ସମାନୋଜ ଦେଖାଇ କରଜ।
ଆଲିଙ୍ଗନେ ତୁହି ବିଲଗ୍ନ କରୁ। ଏବେ ଧନ ଭିନ୍ନ ତୋର ଯୋଗରୁ
କରଗତ ହେଲେ। ଏଥର ଏ ଦଣ୍ଡ ପାଇବୁ ଭଲେ ।୨୯।
କହଇ ବୃକ୍ଷଙ୍କୁ ଅଛ ପାବନୀ। ଜାମ୍ବବ ଡାଳିମ୍ବ କୁନ୍ଦକୁ ଘେନି।
ପୁଣି ପନସ କଞ୍ଚନ ଚନ୍ଦନ। ଏହି ହୋଇଛନ୍ତି ମହା ରଞ୍ଜନ।
ଦିଅ ମୋ ବନିତା। ଶ୍ରୀରାମଙ୍କୁ ଦେଲେ ହଜିଲା ସୀତା ।୩୦।

---

୨୪) ତିଳକ-କ୍ଷଣେମାତ୍ର, ତରୁଣୀ ତିଳକ-ତରୁଣୀ ଶ୍ରେଷ୍ଠ, ତିଳକ-ଚିତା, (୨୫)ମଞ୍ଜିଷ୍ଠାରଂଗ-ମେହେନ୍ଦି ରଂଗ, ରସା-ପୃଥିବୀ, ରସାଳସା-ରସିକା, ପଙ୍କଜମୁହିଁ-ପଦ୍ମମୁଖୀ, (୨୬) ବିପିନ-ବଣ, (୨୭) ପିକେ-କୋଇଲିମାନେ, (୨୯) ଉରଜ-ବକ୍ଷୋଜ, ବିଲଗ୍ନ-ଅଲଗା।

ଯେଣୁ ସାଧୁ ନାମ ସ୍ମରଣ କଲା। ଶୂନ୍ୟେ ବଲ୍ଲକୀ ଶବଦ ଶୁଭିଲା।
ଯୁବରାଜନ ମନରେ ନ ଭାଳ। ବାଳା ଲଭିବ କାରୁଣ୍ୟ ସମ୍ଭାଳ।
ଅମର ଶାପରେ। ହେବ ବିଚ୍ଛେଦ ମାତ୍ର ସମ୍ବତ୍ସରେ ।୩୧।
ନାରଦ ମୁଖ ଗଲା ଦିଶି ଦିଶି। ହେତୁ ପ୍ରସାରିଲା ସେଠାରେ ବସି।
ଜାଣିଲା ନୁହଇ ନିଜ ଭବନ। କାବେରୀ ତଟ ରସୋଦୟ ବନ।
ଦେଶେ ମେରୁଗିରି। ମହୀମହିଳା ଉଚ୍ଚସ୍ତନ ପରି ।୩୨।
ଅର୍ଦ୍ଧଭାଗରେ ଚନ୍ଦ୍ର ସୂର୍ଯ୍ୟ ଗତି। ରତନ ଶୃଙ୍ଗମାନ ଜଳୁଛନ୍ତି।
ମନେକଲା ଏ ଇଳାବୃତ୍ତଖଣ୍ଡ। କନକଧୂଳି ମଣିଶିଳ ଗୁଣ୍ଡ।
ଭ୍ରମି ତା ଦେଖଇ। ଚରିମିତ୍ର ସଙ୍ଗେ ବ୍ୟାକୁଳ ହୋଇ ।୩୩।
ଦେଖିଲେ ତାକୁ ଗନ୍ଧର୍ବ କିନ୍ନରେ। ଏମନ୍ତ ଆଶଙ୍କା କଲେ ମନରେ।
ଦେଖିବେ ଯେବେ ଏ ପୁଂସମାଧୁରୀ। ଭ୍ରଷ୍ଟା ହୋଇବେ ଆମ୍ଭ ମନୋହରୀ
ଡାକି ତାକୁ ନେଲେ। ଅମୂଲ୍ୟମଣି ଗୁହାରେ ଥୋଇଲେ ।୩୪।
ସ୍ତିରୀ ପୁରୁଷ ଅନୁରାଗ ତୁଲା। ହେବା ପାତ୍ର ବିହିତ ବିଚ୍ଛେଦ କଲା।
ବେଦ-ଜଡ଼ ହେଲେ ରସିକପଣ। ବଡ଼ ହୋଇଅଛି ସୁଜନେ ଜାଣ।
ଏ ବିଚିତ୍ର ଛାନ୍ଦ। କହିଲା ରାମ ଚିନ୍ତି ଉପଇନ୍ଦ୍ର ।୩୫।

ଶବ୍ଦାର୍ଥ-(୩୧)ବଲ୍ଲକୀ-ଏକପ୍ରକାରବୀଣା,ଅମର-ଦେବତା, (୩୨) ମହୀମହିଳା-ପୃଥିବୀରାଣୀ, (୩୮) ରସିକପଣ- ଏଠାରେ ବ୍ରହ୍ମା।

ଚତ୍ୱାରିଂଶ ଛାନ୍ଦ
ଗ୍ରୀଷ୍ମଋତୁ ବର୍ଣ୍ଣନ
(ରାଗ- ବଙ୍ଗଳାଶ୍ରୀ)

ଗ୍ରୀଷମ ସମୟ ପ୍ରବେଶ ହୋଇଲା ନବୀନା ଦୂତୀ ପ୍ରକାର ।
ପତି ସଙ୍ଗତେ ଶୁଆଇ ଚନ୍ଦ୍ରକରେ ଲାଜ କରାଇଲା ଦୂର ।
ବିରହିଚିତା ପରାୟ ଦିଶେ ଦିଶେ ଦିଶିଲେ ବନ ଅନଳ ।
ରଜ ନିକର ପବନ ବହି ଦେବଦୀପକୁ କଲା ଆକୁଳ ।୧।
ସରିତ ହୋଇଲେ ଜରତୀ ପରାୟ ଘନରସ ବିହୀନରେ ।
ରସିକ ରସାଧବ ପ୍ରାୟ ସରସୀ ମହିଷୀ ଆଲିଙ୍ଗନରେ ।
ମୃଗେ ପ୍ରକଟ ରସନା କଲେ ବିପରୀତ ରତା ପ୍ରାୟ ହୋଇ ।
ପତ୍ରାବଳୀ ହୀନେ ରତାନ୍ତ ନାୟିକା ସମାନ ତରୁ ଏ ବହି ।୨।
ଜନେ ଚନ୍ଦ୍ରମାରେ ରାଜିତ ହୋଇଲେ ଚାନ୍ଦିନୀ ନିଶା ଯେମନ୍ତ ।
ତୁଳାରାଶିରେ ଯୁକ୍ତ ହେଲେ ଶାଳ୍ମଳୀ ମୃଗ ମଳି ମସବ୍ରତ ।
କରେ ତାପିତ କଲେ ରବିମଣ୍ଡଳ ପ୍ରତାପୀ ରାଜା ଯେସନ ।
ଭୁଜଙ୍ଗ ପକ୍ଷ ଛାଇରେ ରଖି ଶିଖୀ କୁଳଟାନାରୀ ସମାନ ।୩।
କାମ ଚଳାଇଲା ସରଣୀ ଝାମରେ ନାଗରୀ ଦୋଷୀ ବିଦେଶୀ ।
ନବୋଢ଼ା ଗାଢ଼ ସୁରତି କାଳ ପ୍ରାୟ ଭୃଙ୍ଗ ମଲ୍ଲୀ ମଳି ଭାଷି ।
ଧୀବର ରାମା କଳେବର ପରାୟ ଗନ୍ଧେ ସିନ୍ଧୁବାର ଫୁଲ ।
ଝିଙ୍କାରି ଝଙ୍କାର ଝୁଣ୍ଟିଆ ଶବଦେ ବିପନ ନର୍ତ୍ତକୀ ତୁଲ ।୪।

ଶବ୍ଦାର୍ଥ- (୧) ବିରହି ଚତା ପରାୟେ-ବିରହୀର ଚିତାଗ୍ନି, ଦେବଦୀପ-ଆଖି, ରଜନିକର-ଧୂଳିପଟଳ, (୨) ସରିତ-ନଦୀ, ଜରତୀ-ବୃଦ୍ଧା, ରସାଧବ-ରାଜା, ସରସୀ-ପୁଷ୍କରିଣୀ, ଘନରସ-ଜଳ, ରସନା-ଜିଭ, କଟୀସୂତ୍ର, (୩) ଶାଳ୍ମଳୀ-ଶିଆଳି ଲତା, ବରଗଛ, ମୃଗମଳି ମସବ୍ରତ-ଚନ୍ଦ୍ରଦେହରେ କଳଙ୍କ ଓ କର୍ପୂର ଗୁଣ୍ଡଧୂଳି ପରି, ଭୁଜଙ୍ଗ-ସାପ, ବିଟପୁରୁଷ, ଶିଖୀ-ମୟୂର, ଅଗ୍ନି, ସରଣୀ-ରାସ୍ତା, (୪) ନବୋଢ଼ା-ନବବିବାହିତା ଯୁବତୀ, ଭୃଙ୍ଗ-ଭ୍ରମର, ଧୀବର ରାମା-କେଉଟୁଣୀ, ସିନ୍ଧୁବାର-ବେଗୁନିଆ ଗଛର ଫୁଲ, ଝୁଣ୍ଟିଆ-ନର୍ତ୍ତକୀର ପାଦ ଅଳଙ୍କାର ।

ଏତେ ପ୍ରଭଞ୍ଜନ ରଞ୍ଜନ ହୋଇଲା ଜୀବନ ଭିତରେ ପଶି
ବିନାଶିଲେ ଭାନୁ ସନ୍ତାପକୁ ଶଶୀ ଦିବସ ତାପକୁ ନିଶି ।
ଶ୍ଳେଷ୍ମ ଆଶ୍ରିତ ଗାୟକ ସ୍ୱର ପ୍ରାୟ ଶୁଭିଲା କୋକିଳ ନାଦ ।
ଏ ଋତୁ ଚାହିଁ ଚନ୍ଦ୍ରଭାନୁ ବିଚାରେ ଲଭି ବଲ୍ଲଭୀ ବିଚ୍ଛେଦ ।୫।
ପରେ ପରେ ଆଣି ପରତେ କରାଇ ବିଧାତା ବିଧାନ ଦେଖ ।
ପୀରତି ହୋଇ କଥାଏ ଉପୁଜଇ ପରଶ ପରମ ସୁଖ ।
ପ୍ରାଣରୁ ଅଧିକ ଯେଉଁ ଘେନା ଘେନି ଯାହା କରେ ଭିନ୍ନ ।
ପବି ପତନ ଶିରେ ଚିନ୍ତା ନ କରେ ଜାଣିଲି ଅତି ପିଶୁନ ।୬।
ମନ ଜାଣିବାକୁ ପ୍ରିୟା ସମ ଜଣେ ଖୋଜିଲେ ନ ଥିବ କାହିଁ ।
ମୋ ମନ ଘେନୁଛି ପ୍ରୀତି ଘେନିବାକୁ ତାହାରି ସମାନ ସେହି ।
ତାହା ପ୍ରତିବିମ୍ବ ସୁନ୍ଦରପଣକୁ ତାକୁ ପ୍ରତିତୁଲ୍ୟ ଅଛି ।
ଏମନ୍ତ ପଦାର୍ଥ ପାଇ ହରାଇଲେ ପଶୁ କି ପାରିବ ମୂର୍ଚ୍ଛି ।୭।
ଜାଣି ନ ଥିଲାକୁ ଏ ରସ ଏମନ୍ତ ସ୍ମରକୁ ଦହିଲେ ହର ।
ଜାଣିଲା ଦିନରୁ ଯୁବତୀକି କଲେ ଅର୍ଦ୍ଧ ଅଙ୍ଗେ ଅଙ୍ଗୀକାର ।
ଆଜନ୍ମ ବ୍ରହ୍ମଚାରୀ ପଣେ ତ ବଡ଼ ବୁଝ ଋଷ୍ୟଶୃଙ୍ଗ ଠାରୁ ।
ନିଜ ଦୀକ୍ଷା ଛାଡ଼ି ଶିକ୍ଷା କଲେ ରସ ରୂପଜୀବୀ କରି ଗୁରୁ ।୮।
ସୁଧା ସ୍ୱାଦୁ ପାଇ ଶିରଚ୍ଛେଦ ରାହୁ ନ ଛାଡ଼ିଲା କଦାଚିତ ।
ପ୍ରୀତି ଏମନ୍ତ ଚନ୍ଦ୍ରମଣି ପାଷାଣ ଚନ୍ଦ୍ର ଚାହିଁ ଦ୍ରବୀଭୂତ ।
ପ୍ରୀତି ଅନ୍ତର ଯେମନ୍ତ ହୋଇ କାଷ୍ଠ ହେଲେ ଫାଟିଯାନ୍ତା ସତେ ।
କାହିଁ ଘଟନା ହୋଇଛି ଘଟ ମୋର ଗୋଚର ନୋହିଲା ମୋତେ ।୯।
ଏହା ସୁମରିବାଠାରୁ ମରିବାର ଭଲ ଘେନୁଅଛି ମନେ ।
ଆଜଯାଏ ଆଜମନ ସୁଖୀ ଦୁଃଖ ଦେଖି ନ ଥିଲା ସ୍ୱପନେ ।
ନୀରଜ କଢ଼ ଉରଜରେ କରଜ କ୍ଷତ କଲେ ବୋଲେ ଈଷି ।
ବିଷମବିଶିଖ ବିଶିଖକୁ ଲାଖ ସେ ହୋଇଲା ଏବେ ଆସି ।୧୦।

ଶବ୍ଦାର୍ଥ- (୫) ପ୍ରଭଞ୍ଜନ-ମହାପବନ, ରଞ୍ଜନ-ସୁଖ, ଶ୍ଳେଷ୍ମଆଶ୍ରିତ-ଶରଦ, ବଲ୍ଲଭୀ-ସ୍ତ୍ରୀ, (୬) ପରଶ-ସ୍ପର୍ଶ, ପବି-ବଜ୍ର, ପିଶୁନ-ଖଳ, (୭) ପ୍ରତିତୁଲ୍ୟ-ସମାନ ହେବା ପରି, (୮) ସ୍ମର-କନ୍ଦର୍ପ, ରୂପଜୀବୀ-ବେଶ୍ୟା, (୯) ସୁଧା-ଅମୃତ, ଚନ୍ଦ୍ରମଣି ପାଷାଣ-ଚନ୍ଦ୍ରକାନ୍ତମଣି, (୧୦) ନୀରଜ କଢ଼-ପଦ୍ମକଢ଼, ଉରଜ-ବକ୍ଷୋଜ, କରଜ-ନଖ, ବିଷମବିଶିଖ-ବିଷମଶର ।

ମୋ ଭାବ ଭାବନା କରି କରୀଗତି ନୀର ନିରତରେ ବହି।
ମୃଗ ଖଞ୍ଜନ ଗଞ୍ଜନ ଆଖିରେ ତା ଅଞ୍ଜନ ରଖିବ ନାହିଁ।
ଲୁଚି ହୋଇଯାଏ ନିଉଛାଉ ଥାଉ ଯେଉଁ ବଦନକୁ ଇନ୍ଦୁ।
କରୀବର କର ପତନ କମଳ ମଳିନ ବହିବ ବନ୍ଧୁ ।୧୧।
ହୃଦ ବିନୁ ନିଦ କୁମୁଦହାସୀକି ପଲ୍ୟଙ୍କେ ଆସଇ ନାହିଁ।
ଚଞ୍ଚଳ ଅଞ୍ଚଳେ ମହୀରେ ମହିଳା ପଲକେ ଶୋଇବ କେହି।
ଘଡ଼ି ଘଡ଼ିକରେ ନାଡ଼ି ଛାଡ଼ି ଯାଇ ହେଉଥିବ ପରା ମୋହ।
ବିରହ ତପତ ହୋଇଥିବ ନ-ସପତ-ବୟସୀ ଦେହ ।୧୨।
କିଶୋରୀ ତିଳକ ପାଶୋରି ଦେବନି ତିଳକ ରଚନା ବିଭୁଁ।
ତିଳକ ଯୁଗ ପରାୟ ନ ସରିବ ଯୁଗଳ ନୋହିବା ହେତୁ।
ରତି ସଦୃଶା ସୁଦୃଶାକୁ କି ଦଶା ଦେଲା ଦାରୁଣ ଦଇବ।
ଚିତ୍ତେ ପରତେ ନ ଥିଲା ମୋର ସହୀ ଅନ୍ତର ସତେ ବୋଇବ ।୧୩।
ଦିନକ ଦିନକ କନକଅଙ୍ଗୀର ଅନେକ ଭାବକୁ ଧ୍ୟାୟି।
ଜୀବ ଥିବାଯାକ ଜୀବିକା କରି ମୁଁ ବୁଲୁଥିବି ଯୋଗୀ ହୋଇ।
ଋରୁଶୀଳା ନାମ ଉଚ୍ଚାରୁଁ ଉଚ୍ଚାରୁଁ ମାରୁ ଏକା ମୋତେ ମାର।
ରସିକ ସଂସାର ମଧ୍ୟରେ ପ୍ରଶଂସା ସାର ହୋଇ ରହୁ ମୋର ।୧୪।
ରସଲତା ପାଦେ ଅଳତା ରଞ୍ଜିବା ପାଇଁ ବଢ଼ାଇଲେ କର।
ବଧୁଲୀ ଅଧରୀ ଧରିଣ ବୋଲଇ କୁସୁମେ କବରୀ କର।
ବେଣୀଟି ବୋଲି କହିବାକୁ ଜାଣି ତା ନୋହିବ କାହିଁକି କହି।
ଅସନମତ ସନମତ ସେ ମଉକାଶିନୀ ଭାଷାରେ ଥାଇ ।୧୫।
ଧର ପାନ ବୋଲି ଯାଚିଲା ବେଳକୁ ମାଗିଲେ ଅପୂର୍ବ କରି।
ଏହି କଥା ନିକି ଜୀବିକା ହେଲା କି ରସିକାବର ଉଚ୍ଚାରି।
ଅବଳା ବଳା ଫାଟିଗଲେ ଖଞ୍ଜି ମୁଁ ରଞ୍ଜିବା ବିଋରୁଁ ମନ।
ଆନନ କମ୍ପାଇ ଆନ କଥା ନାହିଁ ବୋଲି ଯେ ପକାଇ ଆନ ।୧୬।
ମଦାଳସା ଓଷ୍ଠ ଗୋଜ କରୁଥାଇ ଚୁମ୍ବନ ଲାଳସୀ ହୋଇ।
ପିକବାଣୀ ପାନପିକ ପକାଇବା ବ୍ୟାଜରେ ଲାଜେ ବଞ୍ଚାଇ।

ଶବ୍ଦାର୍ଥ- (୧୧) କରୀଗତି-ଗଜଗମନ, (୧୩) କିଶୋରୀ ତିଳକ-ଯୁବତୀ ଶ୍ରେଷ୍ଠ, ତିଳକ ରଚନା-ଚିତା ଘେନିବା, (୧୪) ଋରୁଶୀଳ-ସୁନ୍ଦରୀ, (୧୫) ରସଲତା-ରସିକା, କରବୀ-ଖୋଷା, ମଉକାଶିନୀ-ଅତି ସୁନ୍ଦରୀ।

ଧନକୁ ସମ ମନକୁ ଆଣିମାକୁ ନୋହିବେ ସର୍ବଜ୍ଞମାନେ।
କସ୍ତୁରୀ ଗୋଳୁଁ ମୁଁ ଚତୁରୀ ସ୍ତନକୁ ଚୋଳେ ଆଚ୍ଛାଦିଲା ଦିନେ ।୧୭।
ଘେନି ରସାଳ ରସାବଳୀ ଭାଷିଲା ଚିତ୍ର କରି ଦିଅ କି ନା।
ବୋଇଲି ଆନ ନ ଜାଣଇଁ ନାରୀ ମୁଁ ନାରିକେଳ ଚିତ୍ର ବିନା।
ଜାଣିଛି ବୋଲି ଆଣିଛି କି ଭଙ୍ଗୀକି ଅଳପ ହସିଲା ହୋଇ।
ଯେଣେ ଅନାଇଲେ ତେଣେ ନ ଦିଶଇ ଜଣେ ସିନା ଚନ୍ଦ୍ରମୁହିଁ ।୧୮।
ମନେ ନାହିଁ ଥିଲା ସୁମନରଜ କି କବରୀ ଧୂପିତ ଧୂମ।
ଲାଗି କୋମଳାଙ୍ଗୀ ଜଳଜନୟନୁ ଜଳ ଯେ ହେଲା ଜନମ।
ବିରସ ହୋଇ ସାରସଫୁଲ ନେଇ ଲଗାଇ ଦେବାକୁ ଶିରେ।
ପୋଛିଲା ନେତ୍ର ପୁଚ୍ଛିଲା ମନପଥ ଅଛିଟିକି ଜୀବନରେ ।୧୯।
କିସ ବିଚରିଲା ପୁଣି ପଚରିଲା ଜଳେ ଜାତ ମୀନ ବୋଲି।
ତେତିକି ବେଳକୁ ଭ୍ରୂବଲ୍ଲୀ କମ୍ପିଲା ନାସିକା ଉଠିଲା ଫୁଲି।
ବୋଇଲ ସୁତନୁ ଆଞ୍ଜିଲାକୁ ଧନୁ ପାଞ୍ଚିଲି ଏ କଥା ମୁହିଁ।
ପାଣି ଦେଉଥିଲୁ ଜାଣିବା ବାଣକୁ ବାନ୍ଧିବି ବାନ୍ଧିବୁ କାହିଁ ।୨୦।
ମୁଁ ନିକି ସହ ମୁନିଙ୍କି ବିନ୍ଧି କହ କି ଯଶ ଅଛି ତହିଁରେ।
ଅଛି କାରଣ ସ୍ମର ଅନୁସରଣ କରିଛି ପ୍ରହାର ହରେ।
ଚତୁରଦଶ ଭୁବନ ମୋହିନୀ କି ଚତୁର ପଣ ବିହିଲା।
ତହିଁକି କିଛି ନ କହି ତା ସ୍ତନକୁ ଚହିଁଲା ହୋଇ ରହିଲା ।୨୧।
ଏହି କାଳେ କୋଳେ ଚାନ୍ଦିନୀ ଉପରେ ଚାରୁଭ୍ରୂରୁ ଥାଇ ଶୋଇ।
ହେଉଥାଇ ମନ ବାଳା ବିବସନ ଦର୍ଶନ କରିବା ପାଇଁ।
ଚିତ୍ତକୁ ଆସୁଛି ହିତକୁ ରଚିଲା କୃଷ୍ଣ ସପତମୀ ନିଶି।
ବନ୍ଧୁ ମୋ ବନ୍ଧ ସଂଯୋଗେ ଥାଉ ଥାଉ ଆକାଶେ ପ୍ରକାଶେ ଶଶୀ ।୨୨।
ଏଣେ ମରୁଥାଇ ଏଣୀଈକ୍ଷଣୀ ଯେ ମନ ମିଶିବାକୁ ନେତ୍ରେ।
ତେଣେ ନେଉଥାଇ କରକ ରଦନୀ କର ଢାଙ୍କିବାକୁ ନେତ୍ରେ।
ହେଲାଟି ବୋଲି ଯେ ଲାଜେ ନେଉଥାଇ ମୋ ଉର ନିକଟେ ମୁଖ।
ମୁହିଁ ବୋଲୁଥାଇ ନ ପାଇ ପାଇଛି ନୟନ ପରମ ସୁଖ ।୨୩।

ଶବ୍ଦାର୍ଥ- (୧୮) ରସାଳ-ଆମ୍ବ, (୧୯) ସୁମନ ରଜ-ପୁଷ୍ପଧୂଳି, ଜଳଜ ନୟନ-ପଦ୍ମନେତ୍ର, (୨୦) ଭ୍ରୂବଲ୍ଲୀ-ଭ୍ରୂଲତା, (୨୨) ଚାରୁଭ୍ରୂରୁ-ସୁନ୍ଦରଭ୍ରୂରୁ, (୨୩) ଏଣୀଈକ୍ଷଣୀ-ମୃଗନେତ୍ରୀ, କରକ ରଦନୀ-ଡାଳିମ୍ବ ମଞ୍ଜି ପରି ଦନ୍ତ, ଉର-ଛାତି।

ଭାବ ଉପରେ ଯେ ଭାବ ଉପୁଜିଲା ରତାନ୍ତେ ଶ୍ରାନ୍ତେ ଆହୁରି।
ଲଜ୍ଜା କାତରେ ତରତରେ ତରୁଣୀ ପିନ୍ଧିଲା ବାସ ମୋହରି।
ମୁଁ ଯେ ଭାଷିଲି ଦିଶି ଦିଶି ସୁଭାଗ୍ୟ ଏଣିକି ଆସୁଛି ସିନା।
ମୋହପରା ହୋଇବାକୁ ହୋଇଲାନି ପରାଣେଶ୍ୱରୀ କାମନା ।୨୪।
ଶ୍ରବଣେ ତରକି କର କି ଭାବରେ କୋରକୀକୃତ ସେ କଲା।
ପଣନ୍ତେ ପଣନ୍ତେ ପିନ୍ଧି ବୋଧେ ମୋତେ ବାସ ପାଲଟାଇ ନେଲା।
ସେ ଉଭା ଶୋଭାରେ ଲୋଭା ହେଲା ଆଖି ଆନ କି ଦେଖିବ ଆଉ।
ଗୁଣି ହେଉଅଛି ପୁଣ ହେବ କି ସେ ଉତ୍ସବ ଜୀବନେ ଥାଉ ।୨୫।
କେତକୀ ଗୋରୀ ଚରମ ମନୋରମ ଏତିକି ଦେଖିଛି ମୁହିଁ।
ହେମ ରମ୍ଭାପତ୍ର କାମପ୍ରଭା ମାତ୍ର କି ଉପମା ଦେବା ତହିଁ।
ଉରପରୁଁ ଚୀର ଦୂର କରି କରୁଁ ତନୁ ପୀଡ଼ନେ ଯତନ।
ମୋର ପ୍ରବେଶରେ ଲଜ୍ଜା ଆବେଶରେ ପଛକରି ଉଭାଧନ ।୨୬।
ନିୟମ ଲଙ୍ଘିଲୁ ଅମରମୋହିନୀ ବୋଲି ମୁଁ ବାଲିବା ବେଳେ।
ହୃଦ କଷପିରେ କାନ୍ତି କନକକୁ କଷିଲା କୁଙ୍କୁମ ଛଳେ।
ପ୍ରେମମଞ୍ଜରୀ ପଢ଼ା ସାରୀ ପଞ୍ଜରୀ ସେ ଦନ ଆଦ୍ୟରୁ ଦ୍ୱାରେ।
ମୋ ଯିବା କହିବା ପାଇଁ ଲମ୍ୱାଇ ଯେ ସୁବେଶ ହୁଅଇ ପୁରେ ।୨୭।
ଅଳକା ରେଖୁଥିଲା ବସି ଝଲକାନନୀ ଯେ କର୍ତ୍ତରୀ ଘେନି।
କରିବି ନିବିଡ଼ ନୀବୀମୋକ୍ଷ ଭାବି ପଛୁ ଗଲି ହୋଇ ତୁନି।
ବିମ୍ୱଓଷ୍ଠୀ ବିମ୍ୱ ଦେଖି ଆଦରଶେ ହରଷେ ଧରି ମୋ କର।
ଘେର ଗଳାଟି ଧର ବୋଲି ସେ ଧରାମଣ୍ଡନା ଭାଷିଲା ଗୀର ।୨୮।
କିଞ୍ଚିତ ଦୋଷକୁ ଉଚିତ ଏ ଦଣ୍ଡ ବାନ୍ଧବୀ ବାନ୍ଧ ତୋ ଭୁଜେ।
ବୋଲିବାକୁ ମୋର ସଙ୍ଗୀତ ପାଠିନୀ ଭଲା ଇଙ୍ଗିତ କଲା ଯେ।
ନଚାଇ ଭ୍ରୂରୁ କୋଦଣ୍ଡ ତେବେ ଦଣ୍ଡ ସିନା ସେ ନୋହେ ତା ଭାବ।
ଉନ୍ନତ ଛାଡ଼ି ବିନତି ହେଲେ ଆଉ ମାଗିଲେ ଥରେ କେ ଦେବ ।୨୯।

ଶବ୍ଦାର୍ଥ- (୨୪) ରତାନ୍ତେ-ରତିକ୍ରୀଡ଼ା ଶେଷରେ, (୨୫) ତରକି-ତର୍କଣା କରି, କୋରକୀ କୃତ-ହାତରେ ମୁହଁ ଘୋଡ଼ାଇ, (୨୬) ଚରମ-ପିଠି, ରମ୍ଭାପତ୍ର-କଦଳୀପତ୍ର, ତନୁପୀଡ଼ନେ-ଆଲିଙ୍ଗନ, (୨୮) ଅଳକା-କପାଳ ଉପରେ ପଡ଼ିଥିବା କେଶ, କର୍ତ୍ତରୀ-କତୁରୀ, ବିମ୍ୱୋଷ୍ଠୀ-ପାଚିଲା ବିମ୍ୱପରି ଓଷ୍ଠ ଯାହର, ଆଦରଶ-ଦର୍ପଣ, ନିବିଡ଼ ନୀବୀ-ଦୃଢ଼ ବସ୍ତ୍ର ଗଣ୍ଠି, (୨୯) ଭ୍ରୂରୁକୋଦଣ୍ଡ-ଭୃଲତା-ଧନୁ।

କେମନ୍ତେ ପୀରତି ସୁରତି ଶ୍ରାନ୍ତକୁ ପ୍ରାନ୍ତ କରୁଥାଇ ମୋର।
କୁନ୍ଦନ କୁମ୍ଭକୁଚେ ଲେପି ଚନ୍ଦନ ଠେସି ଦିଏ ହୃଦୟର।
କି କଲ ବୋଲି ଲାଗିଲା ନ ଲାଗିଲା ହେଜୁଥାଇ ସେ ନବୀନା।
ସେ ହୃଦ ବେଦନା କଲେ ନିବେଦନା ଘେନିବ କେ ତାହା ବିନା ।୩୦।
ଏ ରୂପେ ଭାବିନୀ ଭାବକୁ ଭାବନା କରୁଁ କରୁଁ ଭଜେ ମହୀ।
ସଖୀ ଆଶ୍ୱାସନା ରଚିଲେ ମୁଖରେ ନୀର ସିଞ୍ଚି ବିଞ୍ଚି ଦେଇ।
ସମସ୍ତେ ନେତ୍ରେ ଲୋତକ ପୂରେଇଲେ ଚେତି ଏ ବାଣୀ ପ୍ରକଟ।
ଲାବଣ୍ୟବତୀ ବତିଶାର୍ଦ୍ଧ ବୟସୀ କେଉଁ ଦିନ ହେବ ଭୋଟ ।୩୧।
କିଞ୍ଚିତ ଦୋଷକୁ ଉଚିତ ଏ ଦଣ୍ଡ ବାନ୍ଧବୀ ବାନ୍ଧ ତୋ ଭୁଜେ।
ବୋଲିବାକୁ ମୋର ସଙ୍ଗୀତ ପାଠିନୀ ଭଲା ଇଙ୍ଗିତ କଲା ଯେ।
ନଚାଇ ଭ୍ରୂରୁ କୋଦଣ୍ଡ ତେବେ ଦଣ୍ଡ ସିନା ସେ ନୋହେ ତା ଭାବ।
ଉନ୍ନତି ଛାଡ଼ି ବିନତି ହେଲେ ଆଉ ମାଗିଲେ ଥରେ କେ ଦେବ ।୨୯।
କେମନ୍ତେ ପୀରତି ସୁରତି ଶ୍ରାନ୍ତକୁ ପ୍ରାନ୍ତ କରୁଥାଇ ମୋର।
କୁନ୍ଦନ କୁମ୍ଭକୁଚେ ଲେପି ଚନ୍ଦନ ଠେସି ଦିଏ ହୃଦୟର।
କି କଲ ବୋଲି ଲାଗିଲା ନ ଲାଗିଲା ହେଜୁଥାଇ ସେ ନବୀନା।
ସେ ହୃଦ ବେଦନା କଲେ ନିବେଦନା ଘେନିବ କେ ତାହା ବିନା ।୩୦।
ଏ ରୂପେ ଭାବିନୀ ଭାବକୁ ଭାବନା କରୁଁ କରୁଁ ଭଜେ ମହୀ।
ସଖୀ ଆଶ୍ୱାସନା ରଚିଲେ ମୁଖରେ ନୀର ସିଞ୍ଚି ବିଞ୍ଚି ଦେଇ।
ସମସ୍ତେ ନେତ୍ରେ ଲୋତକ ପୂରେଇଲେ ଚେତି ଏ ବାଣୀ ପ୍ରକଟ।
ଲାବଣ୍ୟବତୀ ବତିଶାର୍ଦ୍ଧ ବୟସୀ କେଉଁ ଦିନ ହେବ ଭେଟ ।୩୧।
ଏ ଋତୁ ଚାହିଁ ମକରକେତୁ ତାପେ ଆରତ ନୃପ କୁମାରୀ।
ବସି କାନ୍ତଗୁଣ ଗୁଣି ପୁଣ ପୁଣ ଧନରେ ବିଚ୍ଛର କରି।
କ୍ଷିତି ଭିତରେ ଯୁବତୀକି ତେମନ୍ତ ପତି ମିଳିବାର ପୁଣ୍ୟ।
ପ୍ରଭୁତ୍ୱ ଥିଲେ ଭୃତ୍ୟଠାରୁ ଅଧିକ ବିନୟୀ ରସିକ ଧନ୍ୟ ।୩୨।

ଶବ୍ଦାର୍ଥ- (୩୦) କୁନ୍ଦନ କୁମ୍ଭ କୁଚ-କୁନ୍ଦା ହୋଇଥିବା ସୁନା କଳସ ପରି ବକ୍ଷୋଜ, (୩୧) ବତିଶାର୍ଦ୍ଧ-ବତିଶିର ଅର୍ଦ୍ଧ ଅର୍ଥାତ୍ ଷୋହଳ, (୩୨) ମକର କେତୁ-କନ୍ଦର୍ପ।

ଦିନେ ବନେ ଭ୍ରମି ତପନ ତାପରେ ବିରସ ମୋ ଲପନ।
ଦେଖି ସଖୀକି ପୁଚ୍ଛିଲେ ମୋର ଶିର ଅମ୍ଳାନ ଗଭା ତ ମ୍ଳାନ।
ରଖି ନ ପାରି ଧଇର୍ଯ୍ୟ ନିଜ ଶିର ଛାଇ ମୋ ପାଦକୁ କଲେ।
ଆଉ ଦିନେ କଲେ ଏ ରୂପେ ଅବଶ୍ୟ ରୁଷି ବସିବି ମୁଁ ବୋଲେ ।୩୩।
ସେ ଦିନୁ ଭାନୁ ଥିବାରେ ଯେ ସଦନୁଁ ବାହାର ନ କର ମୋତେ।
କୋଟିକ ରତନ ଦେବାରୁ ଅଧିକ ଗୋଟିକ ବଦନ ସତେ।
ଦିନେ ପଚାରିଲେ ଭିନ୍ନେ ଭଙ୍ଗୀକରି ଯୁବତୀ ପୁରୁଷ ପ୍ରାଣ।
ତାହା ବିନୁ ଗାତ୍ର ଯାହା ରହେ ଚିତ୍ର ଏ କଥା ନୋହେ କି ପୁଣ ।୩୪।
ଦୁର୍ଗା ପଦ୍ମନାଭ କରନ୍ତୁ ଏ ଶୁଭ ବଲ୍ଲଭ ମନେ ଏ ପ୍ରୀତି।
ନ ପଡୁ ପୋଡୁ ଏ ବିଚ୍ଛେଦ ବିପତ୍ତି ବୋଲି ସେ ଭଜିଲା କ୍ଷିତି।
ଲଳନା ପଲ୍ଲବ ଚାଳନା କରିଣ ମୁଖେ ଦେଲେ ଶୀତବାରି।
ତେତୁଁ ଶୁଭସ୍ୱପ୍ନ ହେତୁକୁ କହିଲେ ଝସକେତୁ ତାପ ହରି ।୩୫।
ଏ ରସେ ମନ ନ ଘେନଇ ଯାହାର ସେହି ନର ପଶୁ ଘେନ।
ଯଉଁ ରସରେ ବ୍ରହ୍ମା ବଶ ହୋଇଛି କାହିଁକି ତାହା ସମାନ।
ଜାନକୀ ରାମ ବିଶେଷ କରି ଜାଣେ ଭାବି ତାଙ୍କ ଶ୍ରୀପୟର।
କହେ ଉପଇନ୍ଦ୍ର ଭଞ୍ଜ ବୀରବର ଛାନ୍ଦ ରସ ରତ୍ନାକର ।୩୬।

■

ଶବ୍ଦାର୍ଥ- (୩୩) ଲପନ-ମୁଖ, (୩୪) ଗାତ୍ର-ଶରୀର, (୩୫) ବଲ୍ଲଭ-ସ୍ୱାମୀ, ଲଳନା-ସୁନ୍ଦରୀ ସ୍ତ୍ରୀ, ଶୀତବାରି-ଶୀତଳଜଳ, ଝସକେତୁ-କନ୍ଦର୍ପ, ରସ ରତ୍ନାକର-ରସର ସାଗର।

ଏକଚତ୍ୱାରିଂଶ ଛାନ୍ଦ
ବର୍ଷା ଋତୁ ବର୍ଣ୍ଣନ
(ରାଗ- ବରାଡ଼ୀ)

ପ୍ରବେଶ ହୋଇଲା ବରଷାକାଳ। ପ୍ରମାଦମାନଙ୍କ ଜନମ ସ୍ଥଳ।
ଜଳଦ ଉଜ୍ଜ୍ୱଳ କାନ୍ତି ଶାର୍ଦ୍ଦୂଳ। ସୁଖେ ବିହରିଲେ ଶିଖରୀଚୂଳ।
ଗର୍ଜିତା ସନ୍ତତ । ପ୍ରକାଶି ଝଳି ବକାବଳୀ ଦନ୍ତ ।୧।
କୁରଙ୍ଗ ତୁରଙ୍ଗ ଥିଲା ସକାଶେ। ଚନ୍ଦ୍ର ସୂର୍ଯ୍ୟ ଲୁଚି ରହେ ଆକାଶେ।
ମୁନିଏ ମୃଗଚର୍ମ ଥିଲା ଦକୁଁ। ହିମାଳୟ ତଳୁଁ ଗଲେ ଶୃଙ୍ଗକୁ।
ରକ୍ଷପନ୍ତି ଲୀନ। ଆଗ କରି ସେ ଗିଳି ଦେଲା ଦିନ ।୨।
ଡାହୁକମାନେ ଡାକ ଦେଲେ ତହିଁ। ସିଂହ ଆସୁଅଛି ସନ୍ଦେହ ନାହିଁ।
ଶୁଣି ବିଯୋଗିନୀ ଲଭି ଦରକୁ। ଛିନ୍ନଇ ହାର ଘୋଡ଼ାଇ ଉରକୁ।
ସେ ମିଥ୍ୟା ନ କଲେ। କାଳିକାକୁ ଯେଣୁ ଅନାଇଁ ଦେଲେ ।୩।
ବିଧାତା ବିଧାନ ଚିତା ବିଜୁଳି। କାଷ୍ଠାବଳୀ ଯୋଗେ ଉଠିଲା ଜଳି।
ଝଞ୍ଜା ନିଳ ଲାଗି ପ୍ରଭା ପ୍ରକାଶି। ସଜୀବରେ ଦହି ହୁଏ ବିଦେଶୀ।
ତହୁଁ ଅଗ୍ନିଗଣ। ଉଡ଼ି ବୋଲାଇଲେ ଜ୍ୟୋତିରିଙ୍ଗଣ ।୪।
କରକାଲୋଷ୍ଟ୍ର ପତନ ବହୁତ। ଯୁବାଙ୍କୁ ଲାଗିଲା ଅନଙ୍ଗଭୂତ।
ଇନ୍ଦ୍ରକୋଦଣ୍ଡ ଦଣ୍ଡ ନଭେ ରାଜି। ମାନିନୀ ମାନ ଦମ୍ଭ କୁମ୍ଭ ଭାଜି।
ସେ ବିନା ପ୍ରହାରେ। ଏହା ଦେଖିଲା ନ ଥିଲା ସଂସାରେ ।୫।
ନଦୀ ନାଗ କଲେ ବେଗେ ଗମନ । ଲହରୀ ରସନା ଫୁତ୍କାର ସ୍ୱନ ।
ଫେନ କଞ୍ଚୁକ ଭ୍ରମ ଚକ୍ରେ ଶୋହି। ସାଗର ବିଳେ ରହିବାକୁ ଯାଇ।
ତା ଚାହିଁ ଚପଳେ । ପଳାଇ ଗଲେ ମରୁକୁ ମରାଳେ ।୬।

ଶବ୍ଦାର୍ଥ- (୧) ପ୍ରମାଦ-ଦୁଃଖ କଷ୍ଟ, ଜଳଦ-ମେଘ, ଶାର୍ଦ୍ଦୂଳ-ବାଘ, ଶିଖରୀ ଚୂଳ-ପର୍ବତ ଶିଖର, ବକାବଳୀ-ବକପଂକ୍ତି, (୨) କୁରଙ୍ଗ-ମୃଗ, ତୁରଙ୍ଗ ଘୋଡ଼ା, ରକ୍ଷପନ୍ତି-ତାରାଗଣ, (୩) ଦର-ଭୟ, ଉର-ଛାତି, କାଳିକା-ନୂଆମେଘ, (୪) କାଷ୍ଠାବଳୀ-କାଠ ସବୁ, ଜ୍ୟୋତିରିଙ୍ଗଣ-ଜୁଳୁଜୁଳିଆ ପୋକ, (୫) କରକା-କୁଆପଥର, ଲୋଷ୍ଟ୍ର-ଟେକା, ଇନ୍ଦ୍ରକୋଦଣ୍ଡ-ଇନ୍ଦ୍ରଧନୁ, (୬) କଞ୍ଚୁକ-ସାପକାତି।

ପର ଅପର ଏହିଠାରେ ନାହିଁ। ଦେଖ ବେନିକୂଳ ଗ୍ରାସ କରଇ।
ପଥିକ ନିକର ଚହିଁ ଶଙ୍କିଲେ। ଉଡୁପ ଭୂଷଣ ନାମେ ଡାକିଲେ।
ଆହୁରି ଦର୍ଦ୍ଦୁର। ନିରତେ ଆରମ୍ଭ ଆରତ ସ୍ୱର ।୭।
ଟେକି ଶିଖଣ୍ଡ କେକୀ ଷଣ୍ଢମତ। ନାରୀମଣ୍ଡଳୀ ମଧ୍ୟେ କଲା ନୃତ୍ୟ।
ଦେଖି ସୁମନା ଗଣିକା ନିକର। ଦରବିକାଶ ହାସେ ମନୋହର।
ଚହିଁ ସେ ମଉଳୁ। ବାକ୍ୟ ନ ସ୍ଫୁରିଲା ପରଭୃତକୁ ।୮।
ଏ ଋତୁ ଚହିଁ କୁମାର ବିରହୀ। ମିତ୍ର ବଦନକୁ ଅନାଇ କହି।
ବିଜୁଳି କାମୁକୀ ଘନାଳିନଳୀ। ସ୍ତନିତ ତୁ ଶବ୍ଦ କୁଳିଶ ଗୁଳି।
ମହୀଧର ଲାଖ। ପଥର ଫୁଟି ଯାଉଅଛି ଦେଖ ।୯।
ଜାଣିଲି ମୋ ହୃଦ ଅତି କଠିନ। ଫାଟି ନ ଯିବାରୁ ପ୍ରିୟା ବିହୀନ।
ନ ଫୁଟିବ ଭାଳି କୁସୁମ ବାଣ। କାମ କରିଛି ଏ ଅସ୍ତ୍ର ଭିଆଣ।
ରକ୍ଷା ହେବ କେହି। ଆଉ ତ ମୋତେ ବୁଦ୍ଧି ଦିଶୁନାହିଁ ।୧୦।
ସଖା ବୋଇଲେ କି ବିଚାର ଆଉ। ବାଳାମଣି ନାମ ସୁମନ୍ତ୍ର ଥାଉଁ।
ସ୍ୱଭାବେ ମନ ଏକଲୟ ଯହିଁ। ବିଶେଷେ ମଜ୍ଜିଲା ଦୁଃଖକୁ ପାଇ।
ବିଚାରଇ ମନେ। ମୁଁ ନିକି ମୂର୍ଚ୍ଛି ପାରିବି ଜୀବନେ ।୧୧।।
ଯେ ପ୍ରାଣ ପରି କରିଥିଲା ମୋତେ। ସେ ପୁଣି ମୂର୍ଚ୍ଛି ପାରିବ କେମନ୍ତେ।
ଦିନ ଦିନକର ପୀରତି ରୀତି। ଚିତ୍ତୁ ଆଣଇ ଏ ବରଷା ଦୂତୀ।
ହୋଇ ହେଲା ସିନା। କେହି ବଞ୍ଚିବ ସ୍ନେହ ପରାଧୀନା ।୧୨।
ଦିନେ ଜାନୁରେ କରଭରା ଦେଇ। ସୁତନୁ ଇନ୍ଦ୍ରଧନୁ ଥିଲା ଚହିଁ।
ଗୋକୁଳଈଶ ରସ ମନେ ଭାବି। ପଛୁଁ କୋଳକରି ଧରନ୍ତେ ନୀବୀ।
ଭୀତି ଉପୁଜାଇ। ଭିତ୍ତି ଅନ୍ତରେ ଥିବେ ପରା ସହୀ ।୧୩।
ଦିନେ କାମିନୀ ଯାମିନୀ ନ ପାହୁଁ। କୁସୁମ ବିକାଶେ ଅନ୍ତର ହେଉଁ।
ହୃଦ ବିଲଗରୁ ଭାଜିଲା ନିଦ। ଡାକିଲା ବନ୍ଧୁ ବୋଲି ଲଭି ଖେଦ।
ସେ ଶୁଣିଲା ନାହିଁ। ଦାମିନୀ ଝଟକ ହେଲା ଦେଖାଇ ।୧୪।

ଶବ୍ଦାର୍ଥ- (୭) ଉଡୁପ ଭୂଷଣ-ଶିବ, ନାଉରୀ, ଦୁର୍ଦ୍ଦୁର-ବେଙ୍ଗ, ଶିଖଣ୍ଡ-ମୟୂରପୁଚ୍ଛ, ଷଣ୍ଢମତ-ନପୁଂସକ ସମାନ, ପରଭୃତ-କୋଇଲି, (୯) ଘନାଳି-ମେଘମାନେ, ନଳୀ-ବନ୍ଧୁକ, ସ୍ତନିତ-ଘଡ଼ଘଡ଼ି, ମହୀଧର-ପର୍ବତ, (୧୧) ସୁମନ୍ତ୍ର-ଉତ୍କୃଷ୍ଟ ମନ୍ତ୍ର, (୧୩) ଗୋକୁଳ ଈଶ-କୃଷ୍ଣ, ନୀବୀ-ପିନ୍ଧା ଲୁଗା ଗଣ୍ଠି, (୧୪) କୁସୁମ ବିକାଶ-ସ୍ତ୍ରୀଙ୍କ ମାସିକ ଋତୁ, ବିଲଗ-ଅଲଗା, ଦାମିନୀ-ବିଜୁଳି।

ଏଢ଼େ ବଞ୍ଚନା କାହିଁକି ଦାସରେ। ବୋଲି ଯାନ୍ତେ ପ୍ରାଣବନ୍ଧୁ ପାଶରେ।
ତ୍ରିପାରେ ପ୍ରକାଶ କରି ହାସକୁ। ଆଚ୍ଛାଦି ଲାବଣ୍ୟ ଅଙ୍ଗେ ବାସକୁ।
ମହୀକି ଅନାଇଁ। କିଛି ନ କହି ସେ ପଙ୍କଜ ମୁହିଁ ।୧୫।
ଫିଙ୍ଗିଲା ଫୁଲ ଝଲକ କମ୍ପାଇ। ଭାଷିଲି ଏ ଶରେ ଭାସିଲି ମୁହିଁ।
ଭୃଙ୍ଗ ଚୁମ୍ବଇ ପୁଷ୍ପବତୀ ଲତା। ବୋଲିବାକୁ ବୋଲିଅଛି ବିଧାତା।
କି ବିରସ ମୋତେ। ବିଚ୍ଛେଦ ସହି ନୋହିଥିଲା ଏତେ ।୧୬।
ଦିନେ ଦୁର୍ଦ୍ଦିନେ ପାହିବାରୁ ରାତି। ଜଣା ନ ଯିବାରୁ ଆରମ୍ଭ ରତି।
ସେମାଳେ ପଢ଼ିଲା ପଞ୍ଜୁରୀ କୀର। ଜାନୁ ଛନ୍ଦିଦେଇ ମଧରେ ମୋର।
ତୁନି କରି କହେ। ବିଧି ନିଷେଧ ନ ମାନିବ କିହେ ।୧୭।
ମୁହିଁ କହିଲି ଲାବଣ୍ୟନିଧିକି। ଏ ନକି ବଡ଼ ବିଧି ଅବିଧିକି।
ଏତେକେ ଧନ ଜାଣିଲା ମୋ ମନ। ରତାନ୍ତଯାଏ ଦେଲା ଆଲିଙ୍ଗନ।
ଉପୁଜାଇ ରତି। ପ୍ରତିଅଙ୍ଗ ଶୋଭା ଦିଶିବା ଭୀତି ।୧୮।
ଦିନେ ଅତି ପ୍ରାତୁଁ ପକ୍ୱବିମ୍ବୋଷ୍ଠୀ। ଗଲା ଗୋପ୍ୟପୁରେ ମୋ ପାଶୁ ଉଠି।
ଉରଜେ କରଜ ଚିହ୍ନ ଦେଖଇ। ମୁହିଁ ଗବାକ୍ଷେ ରହିଁବାକୁ ଯାଇଁ।
ସେହି ଦିଗେ କେକୀ। ସ୍ୱନାଦେ ଡାକିଲା ପୁଛକୁ ଟେକି ।୧୯।
ତାକୁ ଅନାଉଁ ଯେ ଦେଖିଲା ମୋତେ। ଅପରାଧ କ୍ଷମାକର ବୋଲନ୍ତେ।
ମୁଖ ନ ଟେକିଲା ତ୍ରପା ତ୍ରାସରେ। ହାସ ପ୍ରକାଶିଲା କୃପାବଶରେ।
ତା ସେହି ଚାତୁରୀ। ନୟନେ ମୋର ରହିଅଛି ପୂରି ।୨୦।
ଦିନେ ଜାଳିଦେଇ ଦୀପାବଳିକି। ବଳେ ବିବସନ କରୁଁ ବାଳୀକି।
ଚମକିଲା ହୋଇ ଲଜ୍ଜା ଆକୁଳେ। ପ୍ରଦୀପ ହତ ହେଲା ଝଞ୍ଜାନିଳେ।
ଲଭି କି ସନ୍ତୋଷ। ରସାଳସା ହେଲା ରସରେ ବଶ ।୨୧।
ଦିନେ ଯେ ପାଶକୁ ଅଣାଇ ପଶା। ଖେଳିବା କି ବୋଲି ବୋଇଲା ଯୋଷା।
ମୁହିଁ ବୋଇଲି ବସି ହୁଡ଼ କର। ଶୁଣି ସୁନ୍ଦରୀ ଦେଖାଇଲା ହାର।
ମୁଁ ବୋଇଲି ଧନ। ନ ଜାଣୁ କି ଯହିଁ ଥାଇ ମୋ ମନ ।୨୨।

ଶବ୍ଦାର୍ଥ- (୧୫) ତ୍ରପା-ଲାଜ, ବଞ୍ଚନା-କପଟ, (୧୬) ଭୃଙ୍ଗ-ଭ୍ରମର, (୧୭) କୀର-ଶୁଆ, (୧୯) ପକ୍ୱ-ପାଚିଲା, ବିମ୍ବୋଷ୍ଠୀ ବିମ୍ବଫଳ ପରି ଓଷ୍ଠ, ଉରଜ-ବକ୍ଷୋଜ, କରଜ-ନଖ, ଗବାକ୍ଷ-ଝରକା, (୨୦) ତ୍ରପା-ଲଜ୍ଜା, ତ୍ରାସ-ଭୟ, (୨୧) ଝଞ୍ଜାନିଳେ-ଝଞ୍ଜା ପବନ, (୨୩) କଳକଣ୍ଠ-କୋଇଲି।

ତହିଁକ କଲା କି ଭଙ୍ଗୀ ରଚନା। ହେଲେ ହେବ ପଛେ ହାରିଲେ ସିନା।
ଖେଳ ଆରମ୍ଭ ଅତି ଅନୁରାଗେ। କଳକଣ୍ଠକଣ୍ଠୀ ହାରିଲା ଯୋଗେ।
ପଣ ମାଗୁଁ ସଖୀ। ବୋଇଲା ଆସେ ସଖୀଠାରୁ ଶିଖି ।୨୩।
ଏବେ ଇନ୍ଦ୍ରଧନୁ ଉଇଁତ ଥିବ। ବିଦ୍ୟୁ ଝଟକିବ ଅନ୍ଧାର ହେବ।
ପ୍ରକଟ କେକୀ ନାଟ ଝଞ୍ଜାବାତ। ହେବେନି ଜନେ ପଶା ଖେଳେ ରତ।
ଚିନ୍ତି ଏ ଭାବକୁ। ବିଦାରି ହେଉଥିବ ପରା ବୁକୁ ।୨୪।
ଛିଡ଼ି ନ ଥିବ ମୋ ଗୁନ୍ଥିଲା ହାରା। ଲିଭି ନ ଥିବ ସ୍ତନୁ ନଖଗିରା।
ଫିଟାଇବ ନାହିଁ ମୋ ବନ୍ଧା ବେଣୀ। ଚେତାଉଥିବ ପ୍ରୀତି ପ୍ରତିକ୍ଷଣି।
ପ୍ରମୋଦେ ପ୍ରମାଦ। ପକାଉଥିବ ପ୍ରକାଶେ ଜଳଦ ।୨୫।
ଦରଶନ ମାତ୍ରେ ରସବତୀକି। ଚିତୁଆଉଁ ଥିବ ଏହି ପ୍ରୀତିକି।
ପୟୋଧର ଗିରି ଗ୍ରାସିବା ଚାହିଁ। ପୟୋଧର ବେନି କରେ ଘୋଡ଼ାଇ।
ସିଆଣୀ ବୋଲିଛି। କବିଙ୍କ ଉପମା ନୁହଇ କିଛି ।୨୬।
ନୂଆ କାଚ ଚୂଡ଼ୀ ଲଗାଇଥିଲା। ସଞ୍ଚା ନ ଦିଶିଲା ଗାଢ଼େ ଭିଡ଼ିଲା।
ପାନକଳ ପୂରିଥିଲା ଯେ ତୁଣ୍ଡେ। ବୋଳ ନ ଲାଗିଲା ଚୁମ୍ବିଲା ଗଣ୍ଡେ।
ସେ ଏମନ୍ତ ଚେତୁ। ରହୁଁ ରହୁଁ ତାର ବୁଡ଼ିଲା ହେତୁ ।୨୭।
ସଖୀଏ ପଦ୍ମତଳ୍ପରେ ଶୁଆଇ। ଚେତନା ବସରେ ଏମନ୍ତ ଧାୟି।
ହାହାରେ କୋମଳା ସ୍ନେହଅଧିନା। ଜାତି ଦଳେ ଶଯ୍ୟା କରି ରଚନା।
ରତେ ଥାଇ ମନ। ପ୍ରବେଶ ହେଲେ ମୁଁ ତା ସନ୍ନିଧାନ ।୨୮।
ପାଛୋଟି ନିଅଇ ଆସନ ତେଜି। କର ଧରୁଥାଇ ମୁଁ ଉଚ୍ଛନ୍ନ ଭଜି।
କୋଳେ ବସାଇ ଧରୁଥାଇ ନୀବୀ। ବ୍ୟାଜେ ବୋଲଇ ଆଜ ନ ପାରିବି।
ଏ ରସ ଭାବନ୍ତେ। ଫୁଲ ଭାବଯାକ ପଡ଼ିଲା ଚିତ୍ତେ ।୨୯।
ଦିନେ ଯେ ପ୍ରୀତିଗୀତ ଯୋଡ଼ି ବାଳା। ବସି କେତକୀ ପତ୍ରେ ଲେଖୁଥିଲା।
ଏତେକ ପଢ଼ିଲି ପଛରୁ ଯାଇ। ପ୍ରିୟ ପାଇଛି ମୁଁ ଗଙ୍ଗାରେ ଦାହି।
ତା କି କରି ଜାଣି। ଚଉଁରୀ କରି ଚିରିଲା ରମଣୀ ।୩୦।

ଶବ୍ଦାର୍ଥ- (୨୪) ପ୍ରକଟ-ପ୍ରକାଶ, (୨୫) ଜଳଦ-ମେଘ, (୨୬) ପୟୋଧର-ମେଘ, ବକ୍ଷୋଜ, (୨୭) ସଞ୍ଚା-ଛାଞ୍ଚ, ଦାଗ, ଚେତୁ-ମନେ କରୁକରୁ, ହେତୁ-ଜ୍ଞାନ, (୨୮) ସନ୍ନିଧାନ-ନିକଟ, (୨୯) ନୀବୀ-ପିନ୍ଧିଥିବା ବସ୍ତ୍ରର ଗଣ୍ଠି, ବ୍ୟାଜେ-ଛଳନାରେ, ଫୁଲଭାବ-ଫୁଲମାଳ ଦିଆନିଆ ବେଳେ ହୋଇଥିବା ସବୁକଥା।

ବୋଇଲିରେ ଶିଖୀ ଶିଖଣ୍ଡକେଶୀ। ଶିଖିବାକୁ ଥିଲା ମୋ ମନ ରସି।
ମଥା କମ୍ପାଇ ନ ଜାଣିଲା ପରି। କେଉଁ କଥା କି ବୋଲି ସେ ପଚାରି।
କହିଛି ପ୍ରାଣକୁ। ଲୁଚିଯାଇ ତୋ ଉଦାର ପଣକୁ ।୩୧।
ଦିନେ ସେ ଗୁନ୍ଥି ସୁମନା ମାଳାକୁ। ଶୀକରେ ଦେଇ ବୋଇଲି ବାଳାକୁ।
ଆଜିଠାରୁ ତୋର ମୋର ମାଳତୀ। ହୋଇ ନ କଲା ସେ ବଦନ ପୋତି
କେଶୁ କୁରୁବକ। ଦେଖାଇ ବୋଇଲା ଏ ନାମେ ଡାକ ।୩୨।
ସୁନ୍ଦରୀ ଯେଡ଼େ ଗୁଣବତୀ ତେଡ଼େ। ଜୀବନ ପ୍ରଭୁ ମୋ ବିନୟୀ କେଡ଼େ।
ଥାଉ ଆଉ ଏ ଘେନା ଘେନି ଭାବ। ମନୁ ଜୀବ ଯିବାଯାଏ ନ ଯିବ।
ଦଇବ କି କଲା। କାହିଁ ବିଚ୍ଛେଦ ଦଣ୍ଡ ରଖିଥିଲା ।୩୩।
ଫୁଟିଲେଣି ଏବେ ଜାତି କେତକୀ। ମାଳତୀ ଚାହିଁ ଚିତୋଇ ଏତିକି।
ଶୋକ ଜଳଧିରେ ବୁଡ଼ି ରହିବ। ଲୋତକ କଲ୍ଲୋଳ ଭସାଇ ଦେବ।
ଧଇର୍ଯ୍ୟମାନଙ୍କୁ। କି ଦଶା ପଡ଼ିଲା ପ୍ରାଣ ଧନକୁ ।୩୪।
ଏକାଳେ ସେହି ନେତ୍ରୁ ମୁଞ୍ଚି ନୀର। କୁମାରୀ କୁମାର ଭାବେ ଜର୍ଜର।
ଚିତ୍ତେ ଚିତୋଇଲା ଏତିକି ସ୍ନେହ। କ୍ଷଣ କ୍ଷଣକରେ ହୋଇଲା ମୋହ।
ଚେତ ଦଣ୍ଡେ ଦଣ୍ଡେ। ଏହି ବାଣୀମାନ ଉଚ୍ଚାରି ତୁଣ୍ଡେ ।୩୫।
ପାସୋରିଲେ ମୋତେ କୃପା ଜଳଧି। ରଖିଲେ କି ପୁଂସ ଭ୍ରମର ସିଦ୍ଧି।
ମୋହିଲା ଅବା କେଉଁ ମନୋହାରୀ। ନ ଜାଣନ୍ତି ବା ପଥ ତଥ୍ୟ କରି।
ନ ଯାଇ ଜୀବନ। ପ୍ରିୟତନୁ ହେଲା ବଜ୍ରୁଁ କଠିନ ।୩୬।
ଚନ୍ଦନ ପାଟିଏ ଥିବ କପାଳେ। ତନୁ ପୂରିଥିବ କମଳନାଳେ।
ଏ ବିଧି ବିରହ ବେଶରୁ ଯୁବା। ମାର ହର ଭ୍ରମ କରୁଛି ଅବା।
ବିଳମ୍ବ ଏଥିକି। ଏମନ୍ତ ବୋଲି ଭଜିଲା କ୍ଷିତିକି ।୩୭।
ନଳ ଦମୟନ୍ତୀ ଜାଣେ ଏ କଥା। ସମର୍ଥ ରାମ ହରିବାକୁ ବ୍ୟଥା।
ଚିତ୍ତରେ ତାଙ୍କୁ ନିରନ୍ତରେ ଧାୟି। ଉପଇନ୍ଦ୍ର ବୀରବର କହଇ।
ଏ ବିଚିତ୍ର ଛାନ୍ଦ। ହୃଦକୁମୁଦ ଉଲ୍ଲାସକୁ ଛାନ୍ଦ ।୩୮।

ଶବ୍ଦାର୍ଥ- (୩୧) ଶିଖୀ ଶିଖଣ୍ଡ କେଶୀ-ମୟୂର ପୁଚ୍ଛ ପରି ମୋଟା କେଶ, (୩୨) ସୁମନା-ମାଳତୀ ଫୁଲ, କୁରୁବକ-ଫୁଲ ବୃକ୍ଷବିଶେଷ (ଦାସକେରେଣ୍ଟା ଫୁଲ), (୩୪) ଲୋତକକଲ୍ଲୋଳ-ଲୁହର ତରଙ୍ଗ, ଚିତୋଇ-ମନେପକାଇ, (୩୫) ମୁଞ୍ଚି-ତ୍ୟାଗକରି, ଚିତୋଇଲା-ମନେ ପକାଇଲା, (୩୬) ଜଳଧି-ସାଗର, (୩୭) କମଳନାଳ-ପଦ୍ମଫୁଲ ନାଡ଼, କ୍ଷିତି-ପୃଥିବୀ, (୩୮) ହୃଦକୁମୁଦ-ହୃଦୟରୂପକ କଇଁ।

ଦ୍ୱିଚତ୍ୱାରିଂଶ ଛାନ୍ଦ

ବିରହରେ ଶରତ ଋତୁର ବର୍ଣ୍ଣନ

(ରାଗ-ଦେଶାକ୍ଷ)

ଦେଖି ନୀରଦ ଦ୍ୱିରଦ ଶରଦ । ଋତୁ କେଶରୀ ପ୍ରସରି ବିଶଦ ।୧।
ରହିଁ ତମସ ନାଶ ବନଦେଶ । ସ୍ଫୁଟେ ପ୍ରକାଶ କଲେ କାଶହାସ ।୨।
ଛାର ଭେକ ଡାକ ଶୁଣିମା କର୍ଣ୍ଣେ । ଯାଇଥିଲେ ମାନସେ ଏହିମାନେ ।୩।
ଯହୁଁ ସେମାନେ ଗଲେ ଗର୍ଜି ଗର୍ଜି । ମହୀ ପ୍ରବେଶ ହେଲେ ହଂସରାଜି ।୪।
କେହି ଖଦ୍ୟୋତ ସଙ୍ଗେ ଉଦେ ହେବା । ଲାଜେ ତାରକା ଲୁଚିଥିଲା କିବା ।୫।
ତାଙ୍କ ସ୍ନେହରୁ ଅବିଦିତ ଶଶୀ । ଏବେ ନିର୍ମଳେ ଅକାଶେ ପ୍ରକାଶି ।୬।
ବୃକ୍ଷ ମତ ହୋଇ ଋଷଭ ସ୍ୱରେ । କହୁଛନ୍ତି କି ଏମନ୍ତ ବ୍ୟାଜରେ ।୭।
ଦେଖ ଦେଖ ଭଜିଲେଟି ଲୀନକୁ । କେକୀ ଷଣ୍ଢମତ କେତେ ଦିନକୁ ।୮।
ଦିଶେ ଦକ୍ଷିଣେ ଅଗସ୍ତି ସୁନ୍ଦର । ଲେଉଟିଛି ଭାବି ରୋଷ ମନ୍ଦର ।୯।
ପଦ୍ମ ଅନୁରାଗ କେମନ୍ତ ଭାବି । ଉଦେ ମେଘ ଭିତରେ ଥିଲେ ରବି ।୧୦।
କୁଳବଧୂ ଗୀତ ଶୁଭେ କେଦାରେ । ଯେହ୍ନେ ପଥିକ ହୃଦସ୍ଥଳେ ହାରେ ।୧୧।
ଏ ଋତୁକୁ ରହିଁ ନୃପନନ୍ଦନ । ପ୍ରାଣବନ୍ଧୁ ଭାବ କଲା ଧିଆନ ।୧୨।
ସେହି ଶରଦ ରାତି ସେ ଚନ୍ଦ୍ରମା । ସେହି ପ୍ରକାରେ ହୋଇଛି ସୁଷମା ।୧୩।
ସେହି ମୁହିଁ ଜୀବନେ ଅଛି ପୁଣି । ଏ ତ ବିଚିତ୍ର ଦୂର ମୋ ତରୁଣୀ ।୧୪।
ଏଥେଁ ଦେଇଛି ଭାବମାନ ଯେତେ । ଏହିକ୍ଷଣି ସେ କଲା ପ୍ରାୟ ପ୍ରତେ ।୧୫।
ମହା ଦରିଦ୍ର କରେ ଦେଇ ନିଧି । ଏକି ଦୁର୍ଦ୍ଦଶା ହରିନେଲା ବିଧି ।୧୬।
ଦିନେ ଚୁମ୍ବନ ଦେଇ ଚୁମ୍ବ ମାଗୁଁ । ନାହିଁ ନ କଲା ଅତି ଅନୁରାଗୁଁ ।୧୭।

ଶବ୍ଦାର୍ଥ- (୧) ନୀରଦ-ମେଘ, ଦ୍ୱିରଦ-ହାତୀ, କେଶରୀ-ସିଂହ, ବିଶଦ-ନିର୍ମଳ, (୨) ତମସ-ଅନ୍ଧାର, କାଶହାସ-କାଶତଣ୍ଡୀ ଫୁଲର ହସ, (୩) ଭେକ-ବେଙ୍ଗ, (୫) ଖଦ୍ୟୋତ-ଜୁଳୁଜୁଳିଆ ପୋକ, (୭) ଋଷଭ ସ୍ୱର-ହମ୍ବା ରଡ଼ି, ବ୍ୟାଜ-ଛଳନା, କେକୀ-ମୟୂରୀ, (୧୧) କେଦାର-କିଆରି, ସୁଷମା-ସୁନ୍ଦର, (୧୫) ପ୍ରତେ-ଜଣାପଡ଼ିବା।

ଦେବ ବୋଲି ଅଧର କରୁ ଗୋଜ । ସେହି ସମୟେ ବାରିଦେଲା ଲାଜ ।୧୮।
ମୁଁ ଯେ ବୋଇଲି ବେଳେ ଦେଇ କିନା। ଲାଜ କାହାକୁ ମୁଁ ତୋ ଦାସ ସିନା ।୧୯।
ଧୀରେ ଗୀର ପ୍ରକାଶ କଲା ତହିଁ । ଚୁମ୍ବ ଦେବାରେ ମୋତେ ଆସୁନାହିଁ।୨୦।
ଆଜିଯାଏ ସେ ଚତୁରୀ ବଚନ । ନେତ୍ରେ ମନେ କରିଅଛି ସଦନ ।୨୧।
ସେହି ଦିନ ପ୍ରଥମେ କଥା ଶୁଣା । ଦିନେ ସାରୀ ପଢ଼ାଉଁ ସୁଲକ୍ଷଣା ।୨୨।
ଜାଣି ଲୁଚି ମୁଁ ଶୁଣିଥିଲି ସ୍ୱଚ୍ଛେ । ସାରି ପଢ଼ି ଯେ ଦେଲା କାନ୍ଥ ପଛେ।୨୩।
ସଲଜ୍ଜିତେ ଜିତେନ୍ଦ୍ରିୟ ମୋହିନୀ । ଦେଇ ଝରୁ ଚିବୁକରେ ତର୍ଜନୀ ।୨୪।
ନାସାଫୁଡ଼କୁ ଫୁଲାଇଲା କର । ଅଧୋମୁଖେ ରହିଲା କୃଶୋଦର ।୨୫।
ନବସପତ ବୟସୀକି ମୁହିଁ । ମୋହ ଶପଥ ପକାଇଲି ତହିଁ ।୨୬।
ମଥା ଟେକି କଥା କହ ବୋଲନ୍ତେ । କିସ କହିବି କହିଦିଅ ମୋତେ ।୨୭।
ବୋଲିବାରେ ସଙ୍ଗତେ ମଣିମାଦି । ସୁଖ ଦେବାକୁ ଥିଲା ଯେ ସମ୍ପାଦି ।୨୮।
ଲବେ ଛାଡ଼ି ନ ପାରଇ ତୁଲକୁ । ଲଘି ନ ପାରଇ ମୋର ବୋଲକୁ ।୨୯।
ଦିନେ କର୍ଣ୍ଣେ କହିଲି ତୁନି କରି । ଚନ୍ଦ୍ରକରେ ରତି ଦେବୁ ସୁନ୍ଦରୀ ।୩୦।
ସେହିକ୍ଷଣି ସେ କଲା ପ୍ରତିଭାଷ । ବୋଲ କେବେ ନ କରିବି ପ୍ରବାସ ।୩୧।
ମୁଁ ବୋଇଲି କାମ ଅଛି ଜୀବନେ । ତୋତେ ମୁଁ ଛାଡ଼ି ପାରିବି କେସନେ।୩୨।
ଯେବେ ମନରେ ଶଙ୍କା ତୋ ବାନ୍ଧବୀ । ଯେଉଁ ନିୟମ ବୋଲିବୁ କରିବି ।୩୩।
ବାଣୀ ପ୍ରମାଣ ନିୟମ କାହିଁକି । ନେତ୍ର ଢାଳି ଯେ ବୋଇଲା ତହିଁକି।୩୪।
କେତେ ସିହାଣୀ ଲୋଡ଼ିଲା ବଞ୍ଚାଇ । ରାତ୍ରେ ଚନ୍ଦ୍ରକରେ ଶେଯ ପକାଇ ।୩୫।
ତହିଁ ମିଳୁ ମୁଁ ହରଷେ ଅନାଇଁ । ପାନ ପିକ ଦେଲା ଆଗେ ପକାଇ ।୩୬।
ବାସେ ପୋଛି ପୁଣି ଭାଲ ସିନ୍ଦୂର । ମୋର ହୃଦ କରାଇଲା କାତର ।୩୭।
ଏତେ ବୁଦ୍ଧି ସ୍ଫୁରିଲା ଯୋଗେ ତହିଁ । ମୁଁ ଯେ କହିଲି କହ ମୋତେ ଝହିଁ ।୩୮।
ଏ ବଚନ ବଳେ ହାସ ବାହାର । କରାଇଲା ଚନ୍ଦ୍ର ମୁଖୁଁ ତାହାର ।୩୯।
ରକ୍ଷା ପାଇଲି ବୋଲି କୋଳ କଲି । ମୁଁ ଯେ ଶେଯପରକୁ ଘେନିଗଲି ।୪୦।
ନାହିଁ ନାହିଁ ଭାଷୁଥିଲା ମୋ ଧନ । ଗତି ବିହି ମୁଁ କଲି ବିବସନ ।୪୧।
ଏକେ କେତକୀ ଶ୍ରୀଅଙ୍ଗରୁ ଗୋରା । ଶଶୀକରେ ଦିଶିଲା କେଡ଼େ ତୋରା।୪୨।
ରସାଣିଲା ହେମକୁ କୋଟି ଗୁଣେ । ନିନ୍ଦା କରୁ ଯେ ଥିଲା ଝଲିପଣେ ।୪୩।
ଏହି ସମୟେ ଶଯ୍ୟାରୁ ନାଗରୀ । ଘେନିକର୍ପୂର ରଜ ନେତ୍ରେ ମାରି ।୪୪।

ଶବ୍ଦାର୍ଥ- (୨୧) ସଦନ-ଘର, (୨୪) ତର୍ଜନୀ-ବିଶି ଅଙ୍ଗୁଳି, (୩୧) ପ୍ରତିଭାଷ-ପ୍ରତିଉତ୍ତର, (୪୧) ବିବସନ-ବସ୍ତ୍ରଶୂନ୍ୟ, (୪୩) ହେମ-ସୁନା।

ତେଣେ ବୁଝିହୋଇଗଲା ମୋ ଆଖି । ଭଲକରି ମୁଁ ନ ପାରିଲି ଦେଖି ।୪୫।
କର ଧରିବା ବେଳକୁ ଶୋଭାଙ୍ଗୀ । ଭଙ୍ଗୀବଶେ ଯେ ଦେଇଥିଲା ଫିଙ୍ଗି ।୪୬।
ଯୋଗେ ପଡ଼ିଲା ସେ କାମସଦନେ । ଲବଣୀରୁ କୋମଳ କରି ମନେ ।୪୭।
ନଖ ଚଳାଇ ଦେବାରୁ ତହିଁରେ । ରୋମାଙ୍କୁର ହୋଇଲା ଯେ ଦେହରେ।୪୮।
ଦିଶୁଥିବ କଦମ୍ବ ପୁଷ୍ପ ପରି । ଏ କିସ ଗୋ ବୋଲିବାର ଚାତୁରୀ ।୪୯।
ଯିବ ସହସ୍ରେ ଜନ୍ମ କି ପାସୋର । ଅମୃତରୁ ପ୍ରିୟବାଣୀ ମଧୁର ।୫୦।
ଆଉ ଭେଟିବି ନୋହୁଛି ପରତେ । ଭେଟ ହେବା ଉପାୟ ଅଛି ଏତେ ।୫୨।
ଭସ୍ମ ଉଡ଼ାଇ କୃପାରେ ପବନ । ନେଇ ପକାନ୍ତା କାନ୍ତା ସନ୍ନିଧାନ ।୫୩।
କିସ ବୋଲି ବାଳା କରନ୍ତା ଦୃଷ୍ଟି । ତହିଁପରେ ହୁଅନ୍ତା ସୁଧା ବୃଷ୍ଟି ।୫୪।
ହୋଇ ମୂର୍ତ୍ତିମନ୍ତ ମୁଁ ଚାହିଁ ମୁଖ । କରଯୋଡ଼ି କହନ୍ତି ସବୁ ଦୁଃଖ ।୫୫।
ଆହା ବୋଲି ସାହା ହୋଇ ସୁମୁଖୀ । ମୋତେ କରନ୍ତା ସେହିକ୍ଷଣି ସୁଖୀ ।୫୬।
ମୋର ଭରସା ହୋଇଛି ଏଥକୁ । ଜୀବ ଦେଇଛି ଭସ୍ମ ମନ୍ମଥକୁ ।୫୭।
ତହୁଁ ସବୁରୂପେ ମୁଁ ଯେ ଅଧିକ । ନିତ୍ୟ ଅନୁସରିଲାର ସେବକ ।୫୮।
ମନ ମୋହର ଭ୍ରମୁଛି ନିରତେ । ମଶା ମଶାରୀରେ ପଡ଼ି ଯେମନ୍ତେ ।୫୯।
ମୁହିଁ ଭ୍ରମର ସଙ୍ଗେ ହେଲି ମିତ । ସେହୁ ମାଳତୀ ବିରହେ ଯେମନ୍ତ ।୬୦।
ଏତେ ବୋଲୁଁ ବୋଲୁଁ ସ୍ତମ୍ଭ ଭଜିଲା । ହାହା ପ୍ରିୟେ ବୋଲି ଶ୍ୱାସ ତେଜିଲା।୬୧।
ଦହି ନ ପାରୁଛି କାମ ଅନଳ । କରେ ତୋ ଭାବ ଭାବନା ଶୀତଳ ।୬୨।
ପୁଣି ପ୍ରିୟ ସ୍ୱରୂପ ଲେଖି ପଟେ । ସ୍ନେହବଶେ ଲଗାଇ ହୃଦତଟେ ।୬୩।
ପଟ ପ୍ରସଙ୍ଗ ମନରେ ହୋଇଲା । ତାହା ସେଦିନ କି ହେଲା ବୋଇଲା ।୬୪।
ବନ୍ଧ ପିତୁଳା ଦେଖୁ ଦେଖୁ ବସି । ଗଣ୍ଡେ ଅଇଲା ଯେ ଲୋମ ଉଲ୍ଲସି ।୬୫।
ହସି କର୍ଣ୍ଣପାଶେ ଦେଲା ବଦନ । କି କହିବି କରିଛି ମୋର ମନ ।୬୬।
ପ୍ରେମସିନ୍ଧୁ କାମ ଅନାୟତ୍ତରେ । ଜିହ୍ୱା ଚାଳିବା ଶ୍ରବଣ ଭିତରେ ।୬୭।
ନିଧି ନିଷେଧ ଅନଳେ ଆହୁତି । କରି ରଚିଲି ଦିବସେ ସୁରତି ।୬୮।
କୁଚଅଗ୍ରେ ବୁଲାଇଲା ରସନା । ବେଳୁଁ ବେଳ ହେଲା ହତ ଚେତନା ।୬୯।
ମୃଦୁ ଥିଲା ଫେଉଥିଲା ଲୋଚନ । ପୁନଃ ପୁନଃ ଭାଷି ହୁଁ ହୁଁ ବଚନ ।୭୦।
କଟୀ ସଙ୍ଗତେ ମଦନ ମନ୍ଦିର । ଚମକାଇବା କେଡ଼େ ସୁଖକର ।୭୧।
ମଧ୍ୟ ତନୁକୁ ଜାନୁ ଭୁଜେ ଛନ୍ଦି । ମଦ ହତଯାଏ ସେ କଲା ବନ୍ଦୀ ।୭୨।

ଶବ୍ଦାର୍ଥ- (୫୩) କାନ୍ତା-ପତ୍ନୀ, ସନ୍ନିଧାନ-ନିକଟ, (୫୭)ମନ୍ମଥ-କନ୍ଦର୍ପ, (୬୫) ଗଣ୍ଡ-ଗାଲ, (୬୯) ରସନା-ଜିଭ।

ତୋଳାପିତୁଳା ସେ ଦିନୁ ଘଉଡ଼ି । ନେତ୍ରେ ରହିଲା ସେହି ଶୋଭା ଜଡ଼ି ।୭୩।
ଏହା ଚିନ୍ତି ଫାଟିଯାରେ ବୋଇଲା । ପୁନଃ ପୁନଃ ହୃଦେ କର ମାଇଲା ।୭୪।
ତେଣେ ନୃପକୁମାରୀ ସୁକୁମାରୀ । ବସି ଏକାନ୍ତେ କାନ୍ତକୁ ସୁମରି ।୭୫।
ଆହା ଦିନ ବଞ୍ଚୁଥିବେ କେମନ୍ତେ । ଦଣ୍ଡେ ମୂର୍ଚ୍ଛି ନ ପାରନ୍ତି ସେ ମୋତେ।୭୬।
ଦିନେ ମନ ଜାଣିବାକୁ ପତିର । ଲୁଚି ରହିଲି ଗୁପତ ମନ୍ଦିର ।୭୭।
ବଳା ନୂପୁର କିଙ୍କିଣୀ ବାହାର । ଆଗୁଁ କରିଥିଲି କରି ବିଚାର ।୭୮।
ଆସି ଭାଷି ପରାଣେଶ୍ୱରୀ ବୋଲି । ଖୋଜିଲେ ଯେ ଅନେକ ପୁର ବୁଲି।୭୯।
ଲୋଡ଼ି ନ ପାଇ ପ୍ରକାଶି ଏ ଭାଷା । କାହିଁଗଲୁ ପ୍ରିୟେ ଦେଇ କି ଦଶା ।୮୦।
ବୋଲିବାକୁ ନେତ୍ରୁଁ ନୀର ବାହାର । ଅଛି ଏ ପୁରେ କେହିଦେଲା କୀର ।୮୧।
ତାହା କହିବାକୁ ତାଙ୍କ ଆରତ । ଶୁଣି ଧରି ମୁଁ ନ ପାରିଲି ଚିତ୍ତ ।୮୨।
ପୋଛି ପଣନ୍ତେ ନୟନ ଜଳକୁ । ଧାଇଁ ଯାଇ କୋଳ କଲାବେଳକୁ ।୮୩।
ବୋଇଲେ ତୁ ଆଉ ଥରେ କପଟ । ରସେ ଏ ରୂପେ ହୋଇଲେ ଲମ୍ପଟ ।୮୪।
କାନ୍ତ ବୋଲି ଡାକିବା ଆଜ ଲୋପ । ହୁଅନ୍ତରେ ରସବତୀ କଳାପ ।୮୫।
ମୁଁ ଯେ ବୋଇଲି ଯାଇକିନା ଊଣା । ଚୁମ୍ବ ଦେଇ ଚିତ୍ତ କଲି ଫୁରୁଣା ।୮୬।
ଏହି ଭାବ ଗୋଟିକ ସୁମରଣ । କରି ଲଭନ୍ତି ଏକ୍ଷଣି ମରଣ ।୮୭।
ପ୍ରିୟ ନିନ୍ଦା ଯେ ନ ପାରନ୍ତି ସହି । ଜୀବ ରଖିଛି ସେ କଥାକୁ ମୁହିଁ ।୮୮।
ରଙ୍ଗ ଅଧରୁ ଅମୃତ ପିଇଛି । ତାହା ବ୍ୟର୍ଥ କରିବି ମୃତ୍ୟୁ ଇଚ୍ଛି ।୮୯।
ଏହା ବୋଲି ସେ ପ୍ରଳୟକୁ ଯାଇ । ଶୀତ ଉପଚାରେ ସଖୀ ଚେତାଇ ।୯୦।
ଚେତି ସୁନ୍ଦରୀ ବୋଲୁଛି ଏମନ୍ତ । ମହା ସୁନ୍ଦରବର ମୋର କାନ୍ତ ।୯୧।
ମୋତେ ମାଇଲେ ମରିବୁ ମଦନ । ମୁଁ କି ବୋଲିବି ତୁ ତାଙ୍କ ସମାନ ।୯୨।
ଏହା ବୋଲୁଁ କଥାଏ ମନେ ପଡ଼ି । ତାହା ଭାବନା କରି ଗଲି ସଢ଼ି ।୯୩।
ଦିନେ ଏହି ଶରଦ ରଜନୀରେ । ବସିଥିଲୁ ଯେ ଚୂନ ଚାନ୍ଦନୀରେ ।୯୪।
ରହିଁ ଶଶୀକି ମୋର ବଦନକୁ । ସମାନ ଆଣିଲେ ତାଙ୍କ ମନକୁ ।୯୫।
ବଳ ଦେଖିବା ଛଳେ ମୋର ପାଦ । ନ ଛାଡ଼ିଲେ ବୋଲୁଁ ଏ କି ପ୍ରମାଦ ।୯୬।
ଚନ୍ଦ୍ରମୁଖୀ ଯେ ବୋଲଇ ବାନ୍ଧିବି । ଛାଡ଼ିଲି ଏ ଦୋଷ ବୋଲ ଛାଡ଼ିବି ।୯୭।
କହିବାର ଘେନାଘେନି ବଚନ । ତୁଲେ ସମ ନୋହେ କଟି ରତନ ।୯୮।

ଶବ୍ଦାର୍ଥ- (୭୨) ମଦ-ଉନ୍ମାଦନା, (୮୧) କୀର-ଶୁଆ, (୮୪) ଲମ୍ପଟ-ଆଗ୍ରହୀ, (୮୬) ଫୁରୁଣା-ଆନନ୍ଦ, (୮୯)ଅଧର-ଓଠ (୯୮) ଘେନା ଘେନି ବଚନ-ମଧୁର ବଚନ,

ଏହା ଚିନ୍ତନ କରୁଁ କରୁଁ ମନ । ନେତ୍ର ନୀରରେ ଜର ଜର ସ୍ତନ ।୯୯।
ଅନୁଭବୀକି ଗୋଚର ଏ ରସ । ବୁଝାଇଲେ ମୂର୍ଖ ହେବ ସନ୍ତୋଷ।୧୦୦।
ପଶୁ ସହିବାର କଷ୍ଟ ନୁହଇ । କଲେ ବିଛେଦ କାହିଁ ପାଇଁ ।୧୦୧।
ତାଙ୍କ ବେଳକୁ ଅନ୍ତର କୋଳରୁ । ନ କରନ୍ତି କମଳାଙ୍କୁ ସ୍ନେହରୁ ।୧୦୨।
ସ୍ନେହ ଦେବ ସରସିଜ ଚରଣ । ଉପଇନ୍ଦ୍ର ବୀରବର ଶରଣ ।୧୦୩।
ଛାନ୍ଦ ନାମ ରସିକ ରତ୍ନମାଳା । ଶୁଭେ ଏବେ ଏଠାରୁ ଶେଷ ହେଲା ।୧୦୪।

■

ଶବ୍ଦାର୍ଥ- (୧୦୨) କମଳା-ଲକ୍ଷ୍ମୀ, (୧୦୩) ସରସିଜ-ପଦ୍ମ।

ତ୍ରିଚତ୍ୱାରିଂଶ ଛାନ୍ଦ
ହେମନ୍ତ ଋତୁର ବର୍ଣ୍ଣନ
(ରାଗ- କୁମ୍ଭକାମୋଦୀ)

ହେମନ୍ତ ଋତୁ ପ୍ରବେଶ ହୋଇ ହେଲା ନବୀନ ବିଧାତା।
ବେନି ତନୁ ଏକ କଲା ଶୟନରେ ପୁରୁଷ ବନିତା।
ଜଳ ଆଦର ଅନଳରେ ନିବେଶି ଅନିଳ ଅସ୍ନେହ।
ଜଳରେ କରାଇ ପୁଷ୍ପବତୀ କଲା ସେବତୀ ସନ୍ଦେହ ।୧।
ପ୍ରଦୀପ ଛଳେ ଜଳାଇଲା ମନ୍ଦିରେ ହସନ୍ତିମାନଙ୍କୁ।
ନିଶି ନିଦ୍ରାବେଳେ ନତ କରାଇଲା ଉନ୍ନତ ଜନଙ୍କୁ।
ଚନ୍ଦ୍ର ଚନ୍ଦନରୁ ଆଦର ତୁଟାଇ ରଖିଲା ବସନେ।
ସମସ୍ତ ତନୁକୁ ଆଚ୍ଛାଦିତ କଲା ଯୁବତୀ ପିଧାନେ ।୨।
ଦିନ କ୍ଷୀଣ କଲା ରଜନୀ ବୃଦ୍ଧିକି କରାଇ ହରଷେ।
ସକଳ ଅଙ୍ଗେ ବେପଥୁ ଜାତ କଲା ପବନ ସ୍ପରଶେ।
ରବି କିରଣରେ ଆଦର କରାଇ ଚନ୍ଦ୍ରମା ପ୍ରକାରେ।
ଜାନୁ ଆଲିଙ୍ଗନ କରାଇଲା ଏକା ଚନ୍ଦ୍ରମା ପ୍ରକାରେ।
ଜାନୁ ଆଲିଙ୍ଗନ କରାଇଲା ଏକା ଦରିଦ୍ର ଜନରେ ।୩।
ସକଳ ଗାତ୍ର ମସୃଣ କରି ଦେଲା କରଟନିକରେ।
ଶୁକ ଶିଶୁଙ୍କୁ ପାଳନକୁ ଉଦୟ କରାଇ ଲୋକରେ।
କର ଘେନାଇଣ କୃଷକ କୁଳକୁ କରାଇ ଅରଣୀ।
କପୋତ ରତେ କୁହାଇ ଏ କାଳକୁ ଗତିଟି ତରୁଣୀ ।୪।

ଶବ୍ଦାର୍ଥ- (୧) ନୀବନ-ନୂତନ, ଅନିଳ-ପବନ, ସନ୍ଦେହ-ସମୂହ, (୨) ହସନ୍ତି-ଉହ୍ମେଇ, ଉନ୍ନତଜନ-ବୃଦ୍ଧ ଲୋକ, ଚନ୍ଦ୍ର-ଚନ୍ଦ୍ରମା, କର୍ପୂର, ନତ-ଜାଳିଜୁଳି ହୋଇ, ପିଧାନ-ସ୍ତ୍ରୀକୁ ନେଇ ଉପରେ ଶୁଆଇବା, (୩) ବେପଥୁ-କମ୍ପନ, (୪) କରଟ-କୁଆ, ନିକର-ସମୂହ, କର-ଖଜଣା, ଗାତ୍ର-ଦେହ / ଶରୀର।

କେଦାର ସମ୍ପତ୍ତି ସଦନରେ ସ୍ଥିତି ସତ୍ୱରେ କରାଇ।
ମନ୍ଦିରେ ପ୍ରତିମନ୍ଦିରେ ମଶାରିରେ ସଖୀଙ୍କି ଶୁଆଇ।
ଘନ ପ୍ରତିବନ୍ଧେ ଗିରିଙ୍କି ଘୋଡ଼ାଇ କୁଜ୍‌ଝଟି ପ୍ରକାଶେ।
ଏ ଋତୁ ରହିଁ କୁମାର ବିଚରଇ ବିରସ ମାନସେ ।୫।
କି କରିବି ଏ ତୁହିନ ଋତୁ ହୀନ ପଦ୍ମିନୀ ନାଶନ।
ପ୍ରିୟା ମୋ ପଦ୍ମିନୀ ପଦ୍ମପାଣି ପାଣି ସୁବାସ ତେସନ ।
ପଦ୍ମ ପରା ଆଖି ପଦ୍ମମୁଖୀ ପଦ୍ମ ପତର ଉଦରୀ
ତାହା ଅଭାବେ ସ୍ୱଭାବେ ମୋ କି ଗତି ଏଥକୁ ମୁଁ ଦରି ।୬।
ଦାରୁବ୍ରହ୍ମରୁ କେ ବଡ଼ ଘୋଡ଼ା ଲାଗି ଜାଡ଼କୁ ଡରିଣ।
ଅନଳ କୋଣକୁ ଆଶ୍ରେ କଲେ ଭାନୁ ତେଜସ୍ୱୀ ହୋଇଣ।
ଜନ ମଧ୍ୟଗତେ ଶରଣ ପଶିଲା ଅନଳ ଆରତେ।
ଗୋରୀ କୁଚ ଗିରି ଦରୀ ପାଶେ ନାହିଁ ବଞ୍ଚିବି କେମନ୍ତେ ।୭।
ବିଧି ବୋଲନ୍ତି ବିଧାତାକୁ କାହିଁକି ଅବିଧି କଲା ତ।
ଏହି ସମୟେ ଯେତେ ରୂପେ ଭାବକୁ ଦେଇଛି କିଶୋରୀ।
ବ୍ରହ୍ମପଦବୀ ପାଇଲେ ତ ନ ଯିବ ମନରୁ ପାସୋରି ।୮।
ଉଷ୍ମମ କୁସୁମହାସୀ ଅଙ୍ଗୁ ଜାତ ଶୀତକୁ ନାଶଇ।
ପିନ୍ଧିଛି ପତନୀ ଏ ଭ୍ରମ କି ରଙ୍ଗେ ଅଙ୍ଗରେ ମିଶଇ।
ନୀଶାରେ ନିଶାରେ ଅନାଦାର ହେଲେ ରଚେ କି ପୀରତି।
ଗୁଣ ତ ଅପାରେ ପଣନ୍ତ ଘୋଡ଼ାଇ ଦିଅଇ ସୁରତି ।୯।
ମଶାରି ଉଦରେ ଅନ୍ଧାର ଆଲୋକ ଦୀପ ତ ଥିବାରେ।
ଆଜନ୍ମ ସୁଖୀ ସୁଖଦାୟୀ ହୁଅଇ ସୁରତି ଦେବାରେ।
ତାହା ମୋହର ପ୍ରଶଂସା ହୋଇଥାଇ ଯାମିନୀ ବୃଦ୍ଧିକି।
କିଛି ଅବକାଶ ହେବ ବୋଲି ବନ୍ଧମାନଙ୍କ ବଧିକି ।୧୦।
ଯେତେ ମୋହିପାରି ତେତେ ବିଧିରସ ହୁଅଇ ଜନିତ।
ଏଣୁ ବିଚାରୁଛି କ୍ଷୀର ଉପକାର ପରାଣ ଧନୀ ତ।

ଶବ୍ଦାର୍ଥ- (୫) କେଦାର-ବିଲ, ସଦନ-ଘର, କୁଜଝଟି-କୁହୁଡ଼ି, (୬) ତୁହିନ-ଶୀତ ଦରି-ଭୟକରି, (୭) ଭାନୁ-ସୂର୍ଯ୍ୟ, ଗିରିଦରୀ-କନ୍ଦର, (୮) ପିଚୁ ମର୍ଦ୍ଦଛଦ-ନିମ୍ବପତ୍ର, (୯) ନୀଶାରେ-ଶୋଇବା ଶେଯରେ, ନିଶାରେ-ରାତିରେ, (୧୦) ଯାମିନୀ-ରାତ୍ରି।

ଇକ୍ଷୁରସ ଜାତ ଦ୍ରବ୍ୟ ପ୍ରାୟ ବେଳୁ ବେଳ ସେ ମଧୁର।
ଏଡ଼ିକି ଅଭାଗ୍ୟବନ୍ତ ମୁଁ ସେ ବାଳା ହୋଇଛି ଅନ୍ତର ।୧୧।
ଦିନେଟି ଉରୁଁ ଉର ଦୂର ହୋଇଲା ଅଚେତ ବଶରେ।
ଝଟ ପରା ନିଦ୍ରା ଭାଜିଗଲା ମୋର ଜାଡ଼ର ତ୍ରାସରେ।
ମନେ କଲି ପୁଷ୍ପବତୀ ହୋଇ ପାଶୁଁ ଗଲା କି ସଜନୀ।
କି ଦଣ୍ଡ ପଡ଼ିଲା ଏ କାଳେ କି ରୂପେ ନେବି ଏ ରଜନୀ ।୧୨।
ଲୋଡ୍ଗୁ ଶେଯରେ କୁଚେ ହସ୍ତୁ ପଡ଼ିଲା ହେଲି କି ଆବେଶ।
ମୃତ୍ୟୁ ପାଇଥିଲା ପିଣ୍ଡରେ ପୁଣି କି ପରାଣ ପ୍ରବେଶ।
ଅଣିମାଦି ସୁଖ ଆଣିକରି ଆଣି କୋଳକୁ ପାଇଲି।
ସେହି ପ୍ରକାରେ ନିଧୁବନ ଭବନେ ନୀବୀକି ଫେଇଲି ।୧୩।
ମଲିଟି ବୋଲି ଭିଡ଼ି ଧରି ମୋତେ ସେ ଅଳପ କମ୍ପିଲା।
ଆଜ ଏ କି ରଙ୍ଗ ବୋଲି ସେ ସୁରଙ୍ଗ ଅଧର ଚପିଲା।
ମଦନ ଆଣିକି ଭାଙ୍ଗିଲି ସେ ଦିନ ସମସ୍ତ ରୂପରେ।
ରସ ଜାଣିବାକୁ ଯୁବତୀ ନଥିବ ଜଗତେ ତା ପରେ ।୧୪।
ବାନ୍ଧବୀକି ଦିନେ ବନ୍ଧ ବିଧାନରେ କୋଳରେ ବସାଇ।
ମୋ ମୁଖେ ତୁ ଦିଅ ଲେଉଟାଇ ବୋଲି ନ କଲା ସମ୍ମତ।
ବୋଇଲା ପଣତ ପ୍ରସାରି ମାଗୁଛି ନ ବୋଲ ଏମନ୍ତ ।୧୫।
ମୁଁ ବୋଇଲି ବନ୍ଧୁ ଅଧରବିଧୁରୁ ମଧୁକୁ ମୁଁ ନ ପାଇ।
ଏଥକୁ ବିରୋଧୀ ଲାବଣ୍ୟନିଧିରେ ହେଉଛୁ କିମ୍ପାଇ।
ବୋଇଲା ଦେବତା ପ୍ରତିଷ୍ଠା ସରଘା ଉଚ୍ଛିଷ୍ଟ ରସରେ।
ତେମନ୍ତ ହୋଇଅଛି କି ଆଉ କଥା ବିହୀନ ଦୋଷରେ ।୧୬।
ଭାଷାରେ ଜିଣି ନ ପାରି ମୁଁ ପ୍ରିୟାର ଚୁମ୍ବିଲି ଲପନ।
ଆଉ ସେ ବିଧିରେ କେଳି ରଚିବାର ଦେଖିଲି ସ୍ୱପନ।
ନିଦ୍ରାହିଁ ହେଲେ ନୟନେ ନ ଆସଇ ସ୍ୱପନେ ସଙ୍ଗତି।
ହେଉଥିଲେ ମୋର ହେଉଥାନ୍ତାଟିକିଏ ରୂପେ ସୁଗତି ।୧୭।
ତାମ୍ବୁଳ ଭାଙ୍ଗି ବଢ଼ାଇ ଦେଉଁ ଦିନେ ସେ ଅନୁରାଗରୁ।
ଯାଚିକା ତୁଚ୍ଛା କର କାମ କାତରେ ବଶେ ମୋ ଭାଗ୍ୟରୁ।

ଶବ୍ଦାର୍ଥ- (୧୧) ଇକ୍ଷୁରସ-ଆଖୁରସ, (୧୨) ଉରୁ-ଛାତିରୁ, ଉର-ଛାତି, (୧୩) ଆବେଶ-ଉତ୍କଣ୍ଠା, ନିଧୁବନ-ସଙ୍ଗତି, ନୀବୀ-ପିନ୍ଧା ଲୁଗାର ଗଣ୍ଠି, (୧୬) ସରଘା-ମହୁମାଛି, ଉଚ୍ଛିଷ୍ଟ-ଅଇଁଠା, (୧୭) ଲପନ-ମୁଖ।

ଚେତାଇ ଦେଲି କକ୍ଷତଳେ ଚଳାଇ ମୁଁ ତୀକ୍ଷ୍ଣ କରଜ।
ଲାଜ ପାଇଲା ପରି ହୋଇ ନୁଆଁଇ ବଦନ ସରୋଜ ।୧୮।
ପୁରେ ରହି ଯାଇ କପାଟେ ପାରୁଶେ ବକ୍ରରେ ଅନାଇ।
ମନକୁ ମୋର ଅଧୀନ କରି ନେଲା ତକ୍ଷଣେ ମନାଇ।
ଅର୍ଦ୍ଧଅଙ୍ଗ ଅଙ୍ଗୀକାର ହେଉଛି କି ଭାଷୁଁ ମୁଁ ସହୀକି।
ଶରୀରଯାକ କାହାର କହ ପ୍ରିୟା ଭାଷିଲା ତହିଁକି ।୧୯।
ବିଶେଷତ କିଣା ବୀଣା ବଚନୀର ଏ ଗୀରେ ହୋଇଲି।
ପଲ୍ୟଙ୍କ ଅଙ୍କକୁ କର ଧରି ନେଇ ସୁରସ ବହିଲି।
ନୀବୀ ବାନ୍ଧୁ ବାନ୍ଧୁ ଅଧରେ ଭିଡ଼ଇ ସ୍ୱଭାବେ ରଦନ।
ବୋଇଲି କାହାକୁ ଏଡ଼େ କୋପ ପକାଇଲାଣି ମଦନ ।୨୦।
ତହିଁକି କହିଲା ମୁଁ ନିକି ଭାଜନ ଏମନ୍ତ ଭଙ୍ଗୀକି।
ଘେନାଘେନିରେ ତୁଲ ହୋଇ ନାହିଁତ କୋମଳ ଅଙ୍ଗୀକି।
ବନ୍ଧ ଭେଦରେ ଲାଗିଥିଲା ଅଳତା ଲଲାଟେ ରହିଲା।
ପୋଛି ଦେଇ ମୋତେ ସଖୀକୀ ବୋଲନ୍ତେ ବୋଲି ସେ ରହିଲା ।୨୧।
ମୁଁ ବୋଇଲି କି ବୋଲନ୍ତେ କିମ୍ବା ତୁ ମୋର ଶିରର ଭୂଷଣ।
ତୁ ଅବା ମନକୁ କି ଘେନିଛୁ ମୋତେ କୁହଇ ଭୂଷଣ।
ଏ ବଚନେ କୃତକୃତ୍ୟ ହେଲା ପରା ହୋଇଲା ଜୀବନ।
ଲୁଚି ହୋଇଯାଇ କି ନା ବୋଲି ଦେଲା ଅମୂଲ୍ୟ ଚୁମ୍ବନ ।୨୨।
କବରୀ କରିଦିଅ ମୋତେ ପ୍ରତ୍ୟକ୍ଷେ ନ ବୋଲେ ବାଳିକା।
କୁନ୍ଦର କରବୀର କୁସୁମ ମିଶାଇ ବିରଚି ମାଳିକା।
ସୁନ୍ଦରମାଳା ହେଲା ବୋଲି ଦେଖାଇ ଧଇର୍ଯ୍ୟ ଖଣ୍ଡନା।
ରମଣୀ ହୃଦୟମଣି ମୁଁ ତା କେଶ କରନ୍ତେ ମଣ୍ଡନା ।୨୩।
ଅନୁଗ୍ରହ ପାଇଲାର ଭୃତ୍ୟ ପରି ଓଳଗି କରଇ।
କେମନ୍ତ ଘେନାଘେନି ଘେନା ସୁମନା ମନକୁ ହରଇ।
ରହୁଁ ସ୍ନେହ ବଶେ ବସାଉଁ କୋଳେ ମୁଁ ଲାବଣ୍ୟବତୀକି।
ଥର କେତେ ଖସି ବସି ଅବନୀରେ ବଢ଼ାଇ ପ୍ରୀତକି ।୨୪।

ଶବ୍ଦାର୍ଥ- (୧୮) ସରୋଜ-ପଦ୍ମ, (୨୦) ନୀବୀ-ପିନ୍ଧାଲୁଗାର ଗଣ୍ଠି, ମଦନ-କନ୍ଦର୍ପ, (୨୧) ଘେନାଘେନି-ତୋଷାମଦ କଥା, ଲଲାଟ-କପାଳ, (୨୨) ଦୂଷଣ-ଖରାପ, (୨୩) କବରୀ-ଖୋଷା, (୨୪) ସୁମନା-ସୁନ୍ଦରୀ, ମାଳତୀ ଫୁଲ।

ଆଉ ପାଇବିକି ଯୁବତୀ ବରକୁ ନୋହୁଛି ପରତେ।
ଯୋଗୀ ହୋଇ ଯାଇ ଦେଲା ଭାବ ମାନ ଜପିବି ନିରତେ।
ବାଞ୍ଛାତରୁ ତଳେ ବସି କାଶୀବାସୀ ତୋଷି ଏ କାମନା।
ଗଙ୍ଗାସାଗରେ ଝାସି ହେଲେ ଲଭିବ ଗଜେନ୍ଦ୍ର ଗମନା ।୨୫।
ଯେଉଁ ରୂପେ ହସେ ମୁଖୁଁ ସୁଧା ଖସେ ଦିଶେ ସେ ଦିଶୁଛି।
ଯେଉଁ ରୂପେ ଆସେ ପୁରତେ ମୋ ବସେ ମନେ ସେ ପଶୁଛି।
ଯେଉଁ ରୂପେ ଭାଷେ ବଚନ କର୍ଣ୍ଣେ କି ଏ କ୍ଷଣି ଦହୁଛି।
ତେବେ ଅତ୍ୟନ୍ତ ଶୀତଳ କରୁଥିଲା ଏବେ ବି କହୁଛି ।୨୬।
ଏଣୀ ନୟନାକୁ ପାଇଲେ ଏଣିକି ଏମନ୍ତ କରିବି।
ଦଣ୍ଡେ ହେଁ ନ ଛାଡ଼ି ଚକ୍ଷୁ ନ ପିଛାଡ଼ି କୋଳରେ ଧରିବି।
ମୁହିଁ ସଖୀ ହୋଇ ନୀତିକି ବଢ଼ାଇ ଦେବି ଯେ ତାହାର।
ନିୟମ ପକାଇ ପଞ୍ଚଗ୍ରାସୀ ପରି କରିବି ଆହାର ।୨୭।
ଦିବସ କାଳରେ ରତି ସିନା ନାହିଁ କରିଛି ଦଇବ।
ଭୁଜେ ଭୁଜ ଛନ୍ଦାଛନ୍ଦି ହୋଇ ହୃଦ ଉପରେ ଶୋଇବ।
ବର୍ତ୍ତି ଥିବା ଯାକ ବ୍ରତୀ ହୋଇଥିବି ତାହାକୁ ପାଇଲେ।
ରତି କେବଳ ନିଷେଧ ନ କରିବ ଏମନ୍ତ ହୋଇଲେ।୨୮।
ରାତି ତ ରାତି ଦିବସ ଏହିମତି କରିବି ମୋ ମନ।
ଯେବେ ଗାଉଥିବ ଛାଇ ପ୍ରାୟେ ପଛେ କରିବି ଗମନ।
ଗଣ୍ଠି ଦେଇଥିବ ବସନେ ବସନ ରଜନୀ ଦିବସେ।
ଏମନ୍ତ ଯତ୍ନ କରିଥିଲେ ଆଉ କି ଅନ୍ତର ହେବ ସେ ।୨୯।
ବିରହୁ ବିରହୁ ଭୀରୁଭାବମାନ ଲଭିଲା ମୋହକୁ।
ଶୀତ ଉପଚାରେ ସଖୀଏ ସାନ୍ତ୍ୱନା କଲେ ତା ଦେହକୁ।
ଜ୍ଞାନବଶେ ଭାଷେ ଏରୂପେ ଦିନେତ ବିଅର୍ଥ ମରଣ।
ଲଭିବି ପ୍ରିୟା ଆହା କଲେ ସିନା ମୁଁ ଲଭନ୍ତି କାରଣ ।୩୦।
ବୁଝାଉ ଥାଇ ଜୀବ ତୋତେ କେତେ ମୁଁ ନ କଲୁ ବୋଲରେ।
ଥାଉ ଥାଉ ଜୀବେଶ୍ୱରୀ ସୁକୁମାରୀ ସୁନ୍ଦରୀ ତୁଲରେ।
କହୁ କହୁ ପ୍ରିୟା ବୋଲି ତାକୁ ଚାହୁଁ ଚାହୁଁ ତା ମୁଖକୁ।
ଯାଇଥିଲେ ପାଇଥାନ୍ତୁ ତୁ ପରମ ନିର୍ବାଣ ସୁଖକୁ ।୩୧।

ଶବ୍ଦାର୍ଥ- (୨୬) ପୁରତେ-ଆଗରେ, (୨୭) ଏଣୀନୟନା-ମୃଗନୟନା, (୩୦) ଭୀରୁ-ସୁନ୍ଦରୀ।

ତେଣେ ନୃପସୁତା ବିରହ ଆରତେ କହଇ ସଖୀକି ।
ସତେ ପରାଣ ଈଶ୍ୱରଙ୍କୁ ବାରେ ମୁଁ ପାଇବି ଦେଖି କି ।
ଅଭିନ୍ନା ବୋଲି ଡାକୁଥାନ୍ତି ମୋତେ ସେ କି ଘେନି ମନରେ ।
ଅକାର ହରଣ କଲାତ ବିଧାତା ଅଳପ ଦିନରେ ।୩୨।
ଏକା ହୋଇ ଏ କଠୋର ଯାମିନୀରେ କେମନ୍ତେ ଶୋଇଲେ ।
ନୃପତି ନନ୍ଦନ କଷଣ ସହ ସେ ନୁହନ୍ତି ଦଇବେ ।
ନ ପୁଣ ମୋ ଆଶ ଛାଡ଼ି ଆନେ ଆଶ କରି ସେ କୁମାର ।
ଦିନ ବଞ୍ଚୁଥିବେ କେମନ୍ତେ ଆସିବେ ପୁରୁଷ ଭ୍ରମର ।୩୩।
ଏମନ୍ତ ହୋଇଥିଲେ ତ ଭଲ କଥା ଥିବାର ସେ ଜୀବେ ।
ଦିନ ଦିନକ ପୀରତି ଭାବି ମୋର ଲୋତକ ତେଜିବେ ।
ମୋହ ପ୍ରସଙ୍ଗ ଦିନେ ଦିନେ ବଲ୍ଲଭୀ ଆଗରେ କହିବେ ।
ଆଉ ନିକି ଜୀବେ ଥିବ ବନ୍ଧୁ ତୋର ଆକୁଳ ହୋଇବେ ।୩୪।
ସଖୀ ଚେତାଇ କହିଲେ ରେ ସଜନୀ ତୁହି ତ ଗୁଣିକା ।
ଜଉ ବିଦମାଳ ଘେନାଇଁ ଯେ ପୁଣି ବହିଇ ମାଣିକ୍ୟ ।
ଦିନକ ପଥ ମାସକେ ନ ସରିବ ଦୁର୍ବଳ ବଶରେ ।
ତୋର ଆଶାରେ ଆସି ସେ ହୋଇବେନି ନିକଟ ଦେଶରେ ।୩୫।
ସ୍ୱପନେ ଦେଖିଲି ଜନକ ନନ୍ଦିନୀ ସ୍ୱରୂପେ କାମିନୀ ।
କହିଲେ ନିକଟେ କାନ୍ତଙ୍କୁ ଲଭିବ କରୀନ୍ଦ୍ର ଗମନୀ ।
କହେ ଉପଇନ୍ଦ୍ର ବୀରବର ଆଶା ଏଣୁ ତା ଉଦିତ ।
ରସିକ ଭ୍ରମର ତୋଷଦ ମାଳତୀ ଏ ଛାନ୍ଦ ବିଦିତ ।୩୬।

■

ଶବ୍ଦାର୍ଥ- (୩୨) ଅକାର-ଅକାରଣ, (୩୩) ଯାମିନୀ-ରାତ୍ରି, (୩୫), ବିଦମାଳ-ବାହୁ ଅଳଙ୍କାର, (୩୬) କରୀନ୍ଦ୍ରଗମନୀ-ଗଜଗମନୀ ।

ଚତୁଃଚତ୍ୱାରିଂଶ ଛାନ୍ଦ
ଶିଶିର ଏବଂ ବସନ୍ତ ଋତୁ ବର୍ଣ୍ଣନ
(ରାଗ- ବିଚିତ୍ରଦେଶାକ୍ଷ)

ଶିଶିରକାଳ କାଳ ପ୍ରାୟ ପ୍ରବେଶ ନାଶ କଲା ପଦ୍ମିନୀକି ।
ଦିନବନ୍ଧୁ ପରରା ପତି ଥାଉଁ ବାଜେ ନଗର ପାଶେ ତହିଁକି ।
ଶିବାଧ୍ୱନି ଡେଙ୍ଗୁରକ । ବିଯୋଗୀ ଶୁଣି ଉତ୍ସୁକ ।୧।
ତୁଷାର ଜଳରେ ପ୍ରଳୟ ରଚିଲା ବିଦେଶୀ ନ ପାଇ ସ୍ଥଳ
ମକର ମୁଖରୁ ଆଉକି ବଞ୍ଚିବା ଭାବି ସେ ହେଲେ ବିକଳ
ରଜନୀ ପାଶରେ ଜନ । ବନ୍ଧନ ପରା ଶୟନ ।୨।
ଏମନ୍ତ ଋତୁକୁ ଚାହିଁ ନୃପସୁତ ଲୋଚନେ ଲୋତକ ଭରି
ଘେନି ମାଘକୁ ବାଘ କରି ମନରେ କରୁଅଛି ପୁରଃସରି ।
ମୋତେ ନ କଲେ ଆହାର । ପୂରିବ ତୁମ୍ଭ ଉଦର ।୩।
ବାଳାଦୁଃଖେ ଦୁଃଖୀ ବାଳାସୁଖେ ସୁଖୀ ସମସ୍ତ ପ୍ରକାର ମୁହିଁ
ମୋ ଆୟୁଷ ପାଇ ଜିଇଁଥାଉ ପଛେ ଶବଦ ଅମ୍ବୁଜ ମୁହିଁ ।
ଏ ରୂପେ ଯେଉଁ ବାଳାକୁ । ଦେଖିବ ତେଜିବ ତାକୁ ।୪।
ଶ୍ରାବଣଗିରି ଶୋଭାକୁ ବହିଥିବ ଯାହାର ଉତ୍ତୁଙ୍ଗ ସ୍ତନ ।
ଲୋତକ ଜଳରେ ଜରଜର ହୋଇ ନଥିବ ପତ୍ରାଳି ପୁନଃ
ରାମା କାମ କୋପଭରୁ । ବିଗତ ପରାୟ ତରୁ ।୫।
ଅର୍ଦ୍ଧଶଶୀ ଅର୍ଦ୍ଧ ନବଜଳଧର ଖଣ୍ଡେ ଗଲା ପ୍ରାୟ ପଶି
ବଢ଼ି ଯାହାର ଅଚଳ ବଳିଥିବ ଝଳି ଅଳକକୁ ଗ୍ରାସି ।
ତାଟଙ୍କ କଟକ ଦୁଇ । ଯେ ମାତ୍ରକ ଥିବା ବହି ।୬।

ଶବ୍ଦାର୍ଥ- (୧) ପଦ୍ମିନୀ-ପଦ୍ମ, ଦିନବନ୍ଧୁ-ସୂର୍ଯ୍ୟ, ଶିବାଧ୍ୱନି-ବିଲୁଆ ରଡ଼ି, ଡେଙ୍ଗୁରକ-ଏକପ୍ରକାର ବାଦ୍ୟ, (୨) ତୁଷାର-ହିମ, ମକର-ମଗରମାଛ, (୩) ପୁରଃସରି-ଆଗ କରି, (୪) ଅମ୍ବୁଜ-ପଦ୍ମ, ଚନ୍ଦ୍ର, (୫) ଉତ୍ତୁଙ୍ଗ-ଉଚ୍ଚ, (୬) ଅର୍ଦ୍ଧଶଶୀ-ଅର୍ଦ୍ଧଚନ୍ଦ୍ର, ନବଜଳଧର-ନୂତନ ମେଘ, ତାଟଙ୍କ-କାନର ଅଳଙ୍କାର, କଟକ-ବଳା ଅଳଙ୍କାର ।

ସଖୀ ଅବା ଲେଖି ଦେଉଥିବେ ନୟନେ କଜ୍ଜ୍ୱଳ ଗାର
ମଧୁକ ପୁଷ୍ପେ ଭୃଙ୍ଗପରି ସେ ଜଳ ଗଣ୍ଡେ ରହିଥିବ ଯାର।
ଦେଖି ସେ କମଳ ନାଡ଼। ସୁମରୁଥିବ ଗରୁଡ଼ ।୭।
କଷଟି ପାଷାଣେ କାରବାନିସୁନା ଗିରାପରା ହୋଇ ସେହି।
ପଙ୍କଜ ପଲ୍ଲବ ଶେଯେ ଶୋଇଥିବ ମୋହରି ବଲ୍ଲଭୀ ସେହି।
ଛାଡ଼ିବୁ ତାକୁ ମାତର। ଏତିକି ପ୍ରାର୍ଥନା ମୋର ।୮।
ତୁ ଅବା ବୋଲିବୁ ତାର ସୃଷ୍ଟି ବୁଡ଼ିବ ଗଲାଠାରୁ ତୋର ଜୀବ
ତା ଶୁଭ ଏଥିକି ବାଞ୍ଛା କରଇ ମୁଁ ମୋତେ ସେ ଗତି କରିବ।
ଜଳଦାନ ଲୋତକରେ। ରୋଦନସ୍ୱନ ବାକ୍ୟରେ ।୯।
ଆହୁରି କଥାଏ ଯଥା ଏକ ନାମ ଅଶ୍ୱିନୀକୁମାର ଦୁଇ
ସେହି ପ୍ରକାରେ ତା ମୋର ଏକପ୍ରାଣ କେବଳ ଯୁଗଳ ଦେହୀ।
ଯେବେ ମୋର ପ୍ରାଣ ଯିବ। ବାଳା ଦେହେ ସମ୍ଭାଇବ ।୧୦।
ଜବାଧରୀ ଦେହ ଇତର ନୁହଇ ଯୁବା ବଇକୁଣ୍ଠ ପୁର।
ପରମ ପଦବୀ ଏମନ୍ତ ବୋଇଲେ ଭୋଗ ନୋହିବ କି ମୋର।
ଏସନ ଭାବନା କରି। ଶିଶିର ଋତୁକୁ ହରି ।୧୧।
ଏ ଅନ୍ତେ ମନୋହର ହୋଇ ପ୍ରବେଶ ହୋଇଲା ଋତୁ ରାଜନ
ପଞ୍ଚମ ସ୍ୱରରେ ପରଭୃତ କଲେ ମଙ୍ଗଳ ଗୀତ ଗାୟନ।
ଝଙ୍କାରି ଝଙ୍କାରସ୍ୱର। ବାଜିଲା ବିଜୟ ତୂର ।୧୨।
ନବପଲ୍ଲବ ଚଳିତ ଛଳେ ଚାଳେ ଖଦି ତରୁ ପରିକର
କୁବେଲି ମୂଳ ଚାମର ପରି ସେହୁ ନିରତେ କରି ଆଦର।
ଉଡ଼େ କୁସୁମ ପରାଗ। ପ୍ରକାଶ ଚର୍ଚ୍ଚରୀ ରଙ୍ଗ ।୧୩।
ଭୃଙ୍ଗଧ୍ୱନି ଛଳେ ନବ କମଳିନୀମାନେ ଦେଲେ ହୁଳହୁଳି
ନାଗକେଶ୍ୱର ପାଦପ ପୁଷ୍ପଛଳେ ଧଇଲା କି ଛତ୍ର ତୋଳି
କାନନ ମଗରେ ଜଳି। ସୁନାରୀ ବଜ୍ର ପାଟଳୀ ।୧୪।
ମଲ୍ଲିକା ଆଳିକା ଚମ୍ପା ନିଆଳିକା ନବୀନ କୁସୁମବତୀ

ଶବ୍ଦାର୍ଥ- (୭) ମଧୁକପୁଷ୍ପ-ମହୁଲଫୁଲ, ଭୃଙ୍ଗ-ଭ୍ରମର, କମଳନାଡ଼-ପଦ୍ମନାଡ଼, (୮) କାରବାନି ସୁନା-ଭଲସୁନା, ପଙ୍କଜ-ପଦ୍ମ, ବଲ୍ଲଭୀ-ସ୍ତ୍ରୀ, (୧୨) ପରଭୃତ-କୋଇଲି, ତୂର-ଭେରୀ, (୧୩) ଖଦିତରୁ-ଖଇର ଗଛ, ନବପଲ୍ଲବ-କୋମଳ ପତ୍ର, ପରିକର-ଚାକର, କୁବେଲି-ଏକ ସୁଗନ୍ଧ ଗୁଳ୍ମ, ଚର୍ଚ୍ଚରୀ-ଏକ ପ୍ରକାର ବାଦ୍ୟ, ଫଗୁଖେଳ, (୧୪) ଭୃଙ୍ଗ-ଭ୍ରମର, ବିଟପୁରୁଷ, ପାଦପ-ବୃକ୍ଷ, ସୁନାରୀ-ଉତ୍ତମ ନାରୀ, ବୃକ୍ଷ।

ତଥାପି ମହିଷୀ ସଲିଳ ଅଙ୍କରେ ଶୟନେ ବଳାଇ ମତି ।
ମଳୟ ପବନ ଚାର । ସଧୀରେ ଆଗେ ପ୍ରଚାରେ ।୧୫।
କାମସେନା କି କେତକୀକଢ଼ ଯମଦାଢ଼କୁ କରି ବିକୋଷ ।
ବିଦେଶୀ ପରେ ତର୍ଜନୀ ଏକ କରେ ଏଥିରେ କରିବି ନାଶ ।
ଛୁରିଅନା ହୋଇ ବାଣୀ । ପ୍ରକଟ ହୋଇଲା ପୁଣି ।୧୬।
କାମମିତ୍ର ମନ୍ତ୍ରୀ ଏମନ୍ତ ଶିଖାଇ ବିଦେଶୀ ଗୋତ୍ର ନ ରଖ
ଜ୍ଞାନ ଧନମାନ ଲୁଟି କରିବାକୁ ଲେଖିବା ସନ୍ତକ ଲେଖ ।
ସମ୍ପାଦି ଏଣୁ କେତକୀ । ବିଯୋଗୀ ବଡ଼ ପାତକୀ ।୧୭।
ଏ ରସମୟ ସମସ୍ତକୁ ଅନାଇଁ ବିକଳେ ଲାବଣ୍ୟବତୀ
ବିରହରେ ଏ ଯୁବାବୟସେ ଏ ମାସେ ମୋର କୋଳେ ନାହିଁ ପତି ।
କେମନ୍ତେ ବଞ୍ଚିବି ଦିନ । କି କଲେ ପଦ୍ମଲୋଚନ ।୧୮।
ଚନ୍ଦନ ପିଚିକା ସଜାଡ଼ି ମାରନ୍ତି ମୋ ଉର କରି ଯେ ଲାଖ
ତାହା ବଞ୍ଚାଇ ମୁଁ ନଚାଇଲେ ଭୂରୁ ଜନମାନ୍ତି କେଡ଼େ ସୁଖ
ବୋଲନ୍ତି ଚାପରେ ବାଣ । ସନ୍ଧି କରିବୁ କି ରଣ ।୧୯।
ରତିଶ୍ରମରେ ଘର୍ମ ହେଲେ ବାହାର ପୁଚ୍ଛନ୍ତି ବାଧିଲା କିରେ
ଶେଷରେ ବାସରେ ପୋଛିଦେଇ ଚୁମ୍ବ ଦିଅନ୍ତି କେଡ଼େ ସ୍ନେହରେ ।
ଲେପନ୍ତି ଚନ୍ଦନ ତନୁ । ସେ ଭାବ କି ଯିବ ମନୁ ।୨୦।
ଏ ଭାବ ସୁମରି ନିଶ୍ଚେ ଏବେ ମଲି ଦିନେ ନାଗେଶ୍ୱର ଗୁଣ୍ଡ
ମୁଠୁଳି କରିବା ବ୍ୟାଜରେ ଅଣାଇ ମୋର ଉରଜରେ ମଣ୍ଡି ।
ଆଲିଙ୍ଗନରେ ପ୍ରମୋଦେ । ହୃଦ ଲଗାଇଲେ ହୃଦେ ।୨୧।
ମୁହିଁ ଅଳପ ହସିଲା ହୋଇଲାକୁ ବୋଇଲ ଦିଶିବ ଶୋଭା
ନିତି ଆରାମକୁ ଯାଇଁ ଏହିପରି କରିବା କନକ ପ୍ରଭା ।
ରହିଲି ମୁଁ ଲାଜ ପାଇ । ବୋଇଲେ କର ତୁ ହୋଇ ।୨୨।
ଏମନ୍ତ କହୁଁ ସେ ସହୀକି ମହୀକି ମହିଳାରତନ ଢଳି ।
ଏ ଋତୁ ଆଗମେ ଭାଳି ନ ପାରିଲା ବଲ୍ଲଭ ବଲ୍ଲଭୀ କେଳି ।
ସୁମରି ଶ୍ରୀରାମଚନ୍ଦ୍ର । କହେ ଭଞ୍ଜ ଉପଇନ୍ଦ୍ର ।୨୩।

■

ଶବ୍ଦାର୍ଥ- (୧୫) ମହିଷୀ-ମଇଁଷି, ସଲିଳ-ଜଳ, (୧୬) କାମସେନା-କନ୍ଦର୍ପର ସୈନ୍ୟ, ଯମଦାଢ଼-ଅସ୍ତ୍ରବିଶେଷ, ବିକୋଷ-କୋଷମୁକ୍ତ, ତର୍ଜନା-ଗର୍ଜନ, (୧୮) ପଦ୍ମଲୋଚନ-ବିଷ୍ଣୁ, (୧୯) ଉର-ଛାତି, ଭୂରୁ-ଆଖିପତା, (୨୦) ଘର୍ମ-ଝାଳ, ବାସ-ଲୁଗା, (୨୧) ଉରଜ-ବକ୍ଷୋଜ, **ଶବ୍ଦାର୍ଥ-** (୨୩) ବଲ୍ଲଭ-ବଲ୍ଲଭୀ,ସ୍ୱାମୀ-ସ୍ତ୍ରୀ ।

ପଞ୍ଚଚତ୍ୱାରିଂଶ ଛାନ୍ଦ
ଚନ୍ଦ୍ରଭାନୁର କୀର୍ତ୍ତି ବର୍ଣ୍ଣନ
(ରାଗ- ବିଭାସ ଗୁଜ୍ଜରୀ)

ଏ ଅନ୍ତେ ଶୁଣ କୋବିଦେ   ଚନ୍ଦ୍ରଭାନୁ କୀର୍ତ୍ତି ଉଦେ
ଏତେ ସ୍ଥାନେ ଚନ୍ଦ୍ର ପ୍ରାୟ ହେବ ହେ।
ଜମ୍ବୁ ପ୍ଳକ୍ଷ କୁଶ କ୍ରୌଞ୍ଚ   ଶାକ ଶାଲ୍ମଳୀରେ ଘଞ୍ଚ
ହୋଇ ପୁଷ୍କରକୁ ବୋଲି ଯିବ ହେ ।୧।
ଏଥିରେ ନୁହନ୍ତେ ଠାବ   ବିଳେ ପଶି ତଳେ ଯିବ
ଅତଳ ନିତଳ ବିତଳକୁ ହେ।
ଗଭସ୍ତି ମହାକ୍ଷ ଘେନ   ସୁତଳ ପାତାଳ ସ୍ଥାନ
ନିରତେ କରିବ ଉଜ୍ଜ୍ୱଳକୁ ହେ ।୨।
ପାଦ ବିଧୁ ପାବଚ୍ଛରେ   ଦେଇ ଗମିବ ସ୍ୱଚ୍ଛରେ
ଊର୍ଦ୍ଧ୍ୱକୁ କୀର୍ତ୍ତି ପଟଳ ତାର ହେ।
ଭୂର୍ଭୂବସ୍ୱ ମହାଜନ   ତପ ସତ୍ୟାଦି ଭୁବନ
ଗ୍ରାସେ ହୋଇ ପୃଥୁ କଳେବର ହେ ।୩।
ଫୁଟିବ ବ୍ରହ୍ମାଣ୍ଡ ଭାଣ୍ଡ   ଅତି ବୃଦ୍ଧି ହୋଇ ପିଣ୍ଡ
ଉପରକୁ ଯିବ ସେ ବାହାରି ହେ।
ପ୍ରଳୟର ଅବକାଶ   ଯହିଁରେ ନାହିଁ ତ ଯଶ
ଚିର ହୋଇ ରହିବ ବିହରି ହେ ।୪।

ଶବ୍ଦାର୍ଥ- (୧) କୋବିଦ-ପଣ୍ଡିତ, ଉଦେ-ଉଦୟ, (ଜମ୍ବୁ, ପ୍ଳକ୍ଷ, କୁଶ, କ୍ରୌଞ୍ଚ, ଶାକ, ଶାଲ୍ମକୀ ଓ ପୁଷ୍କର-ସପ୍ତଦ୍ୱୀପ) (୨) ଠାବ-ସ୍ଥାନ, (ଅତଳ ବିତଳ ନିତଳ, ଗଭସ୍ତି, ମହାକ୍ଷ, ସୁତଳ ଓ ପାତାଳ-ସପ୍ତପାତାଳ) (୩) ପାଦ-ଶ୍ଲୋକ, ବିଧୁ-ଚନ୍ଦ୍ର, (ଭୂ, ଭବ, ସ୍ୱ, ମହ, ଜନ, ତପ ଓ ସତ୍ୟା-ସପ୍ତସ୍ୱର୍ଗ) ପୃଥୁ-ବଡ଼, (୪) ଭାଣ୍ଡ-ହାଣ୍ଡି।

ଯେବଣ ଉତ୍ତର କୁରୁ- ବାସୀ ଅସ୍ରପ ଭୟରୁ
ରମ୍ୟକ ଭଦ୍ରାସ୍ୱେ ନିଦ୍ରା ନୋହି ଯେ।
କମ୍ପୁଥାଇ କିଂପୁରୁଷ ଏଳାବୃତ ହରିବିଷ
କେତୁମାଳ ଉଚ୍ଛନ୍ନ କରାଇ ଯେ ।୫।
ପାଦଘାତେ ଟଳେ ଯାର ହିରଣ୍ମୟ ନିରନ୍ତର
ହିମାଳୟ ତଳ ରଷି ଗ୍ରାସି ହେ।
ହେ ଭରତ ଖଣ୍ଡ ବୀର ଚନ୍ଦ୍ରଭାନୁ ରକ୍ଷାକର
କୋଟି ପରିମିତ ଉଚ୍ଚେ ଭାଷି ହେ ।୬।
ଉପସ୍ଥିତ ଅଦଭୁତେ ସ୍ୟନ୍ଦନେ ହେଲା ପୁରତେ
ଦିବ୍ୟାୟୁଧେ ହୋଇଛି ମଣ୍ଡିତ ଯେ।
ସୂତ ହେଲା ମନ୍ତ୍ରୀ ସୁତ ପାଶେ ଆଉ ତିନି ମିତ
ଗଲା ସେ ଅରି ଖଣ୍ଡିତ ଯେ ।୭।
ରିପୁବଳ ଚାହିଁ ବପୁ ପ୍ରକାଶ କରଣେ କୋପୁଁ
ଅଟ୍ଟହାସ ପରକାଶ କଲା ହେ।
ସ୍ଫୁଟ କୋକନଦ ପ୍ରାୟେ ନେତ୍ରଯୁଗ୍ମ ଶୋଭାପାଏ
ବାହାସ୍ଫୋଟ ପୁନଃ ପୁନଃ ଦେଲା ହେ ।୮।
ଅଧରେ ରଦନ ତହିଁ ଚାପରେ ରୋପ ବସାଇ
ବୀରକେଶରେ ପକାଇ କର ହେ।
ଅଶ ଅଭେଦ ପିଣ୍ଡ- ମାନ କଲା ଖଣ୍ଡ ଖଣ୍ଡ
ଶର ଉପରେ ପ୍ରହାରି ଶର ହେ ।୯।

ଶବ୍ଦାର୍ଥ- (୫) ଅସ୍ରପ-ଅସୁର, ଜୋକ, ରମ୍ୟକ ଭଦ୍ରାସ୍ୱ-ଦୁଇଦ୍ୱୀପ, କିଂପୁରୁଷ-କିନ୍ନର, ଏକାଦୃତ, ହରିବିଷ, କେତୁମାଳ-ଦେଶ ନାଁ, (୬) ହିରଣ୍ମୟ-ସୁବର୍ଣ୍ଣ ମେରୁ, କୋଟି ପରିମିତ ଉଚ୍ଚେ ଭାସି-ବଡ଼ ପାଟିରେ ଡାକିବା, ପୁରାତେ-ଅଗ୍ରତେ, (୭) ସ୍ୟନ୍ଦନ-ରଥ, ସୁତ-ସାରଥୀ, ଅରି-ଶତ୍ରୁ, (୮) ରଦନ-ଦାନ୍ତ, ରୋଗ-ଶର, ବୀରକୋ-ନିଶ, ଧନିତ-ଧନୁର ଶବ୍ଦ, ସ୍ତନିତ-ଘଡ଼ଘଡ଼ି ଶବ୍ଦ, କୃପାଣ-ଖଣ୍ଡା, ଶମ୍ପା-ବିଜୁଳି, କରକାବଳୀ-କୁଆପଥରଗୁଡ଼ିକ, (୬) ହିରଣ୍ମୟ-ସବୁର୍ଣ୍ଣ ମେରୁ, କୋଟି ପରିମିତ ଉଚ୍ଚେ ଭାସି - ବଡ଼ ପାଟିରେ ଡାକିବା, ପୁରାତେ-ଅଗ୍ରତେ, (୭) ସ୍ୟନ୍ଦନ-ରଥ, ସୁତ-ସାରଥୀ, ଅରି-ଶତ୍ରୁ, (୮) ରଦନ-ଦାନ୍ତ, ରୋଗ-ଶର, ବୀରକେଶ-ନିଶ, ଧନିତ-ଧନୁର ଶବ୍ଦ, ସ୍ତନିତ-ଘଡ଼ଘଡ଼ି ଶବ୍ଦ, କୃପାଣ-ଖଣ୍ଡା, ଶମ୍ପା-ବିଜୁଳି, କରକାବଳୀ-କୁଆପଥରଗୁଡ଼ିକ।

ତହିଁ କାଣ୍ଡ ଜଳଧାର ଇନ୍ଦ୍ରଧନୁ ଜଳ ପରା
ପୁଣ ପୁଣ ଧ୍ୱନିତ ସ୍ତନିତ ହେ।
କର କୃପାଣେ ଝଟକ ଶମ୍ପା ଚହଟ ଛଟକ
ବାଟୁଳି କରକାବଳୀ ମତ ହେ ।୧୦।
ଏମନ୍ତ ବୃଷ୍ଟି ସମ୍ପାଦି ତତ୍କାଳେ ଏମନ୍ତ ନଦୀ
କବନ୍ଧ ନାଟ ପ୍ରକଟ ହୋଇ ଯେ।
କୀଲାଲ କି ଲାଲ ଫଳ ଜମ୍ବାଳ ହେଲା ଆବିଳ
ପତାକା ଲହରୀ ଶୋଭା ଯହିଁ ହେ ।୧୧।
ସ୍ୟନ୍ଦନ ତରଣୀ ଶିର ଉପ୍ନନ୍ନ କୁମ୍ଭୀ କୁମ୍ଭୀର
ମୀନ ତୁରଙ୍ଗ ବସନ ଫେନ ହେ।
ଚର୍ମ ଆଡ଼ଣୀ କମଠ ଭୁଜ ତୁରଙ୍ଗ ପ୍ରକଟ
ପତ୍ତି ଆର୍ତ୍ତବର ଭେକ ସ୍ୱନ ହେ ।୧୨।
ପରିପନ୍ଥୀ ଦମ୍ଭ ତଟ ବିଟପୀ ହୋଇଲେ ଭ୍ରଷ୍ଟ
ବୁଡ଼େ ଦୁଷ୍ଟକୁଳ ରହିଁବାରେ ହେ।
ରବି ରଥ ମଧ୍ୟ ପଥ ପୂର୍ଣ୍ଣ ହେଲା ଦେବସୁତ
ଶ୍ରମ ହେଲେ ରଥ ବାହିବାରେ ଯେ ।୧୩।
ରଚନା କରି ଚମର ବ୍ୟଥା ଅପସରିବାର
ମଳୟାଦି ଗନ୍ଧସାର ଶେଷ ହେ।
ଚଇତ୍ରରଥ ନନ୍ଦନ ହୋଇଲେ ପୁଷ୍ପ ବିହୀନ
ଅତି ସଘନ ଶମନିବାସ ହେ ।୧୪।
କେଶ ମୁକୁଳା ବିବାସ ଦର୍ଶନେ ତୃଣ ଅଜସ୍ର
ପଳାୟିତ ରିପୁ କମ୍ପ ବଶେ ହେ।
ସ୍ତିରୀ ବେଶ ଧରି ନାରୀ ମଧ୍ୟେ କେ ନିବାସ କରି
ଲତା ବୃକ୍ଷ ବୀର ପ୍ରାୟେ ଦିଶେ ହେ ।୧୫।

ଶବ୍ଦାର୍ଥ- (୧୧) କବନ୍ଧ-ମୁଣ୍ଡ ନଥିବା ଗଣ୍ଡି, ପ୍ରକଟ-ପ୍ରକାଶ, କୀଲାଲ-ଜଳ, ରକ୍ତ, ଜମ୍ବାଳ-ପଙ୍କୁଆ, ଆବିଳ-ମଇଳା, (୧୨) ସ୍ୟନ୍ଦନ-ରଥ, ତରଣୀ-ଡଙ୍ଗା, ସୂର୍ଯ୍ୟ, କୁମ୍ଭୀ-ହାତୀ, ତୁରଙ୍ଗ-ଅଶ୍ୱ, ବସନ-ଲୁଗା, ଫେନ-ଫେଣ, କମଠ-କଇଁଛ, ଭୁଜଙ୍ଗ-ସର୍ପ, ପତ୍ତି-ପାଇକ, ଭେକ-ବେଙ୍ଗ, (୧୩) ପରିପନ୍ଥୀ-ଶତ୍ରୁ, (୧୪) ଶମନିବାସ-ଯମାଳୟ, ଚୈତ୍ରରଥ-କୁବେର ଉଦ୍ୟାନ, ଗନ୍ଧସାର-ଚନ୍ଦନ, ସଘନ-ଗହଳି।

ଅରି ନାରୀଏ ତ୍ୱରିତ   ରୋଦନ ସ୍ୱରେ ପୂରିତ
ହରିତମାନଙ୍କୁ ତହିଁ କଲେ ହେ।
ଅଶ୍ରୁରେ ପଙ୍କିଳ ମହୀ   ହେବାରେ ହାଳିକେ ଋହିଁ
କୃଷି କାରଣେ ଉତ୍ସାହୀ ହେଲେ ହେ ।୧୬।
କଋଡୁଁ କର କଙ୍କଣ   ବିଞ୍ଛି ହେଲେ ରତ୍ନଗଣ
ବୁଣିଲାର ପ୍ରାୟ ଶସ୍ୟ ବୀଜ ହେ।
ଚିତ୍ତରେ କରୁଣା କରି   ଛାଡ଼ିଦେଲା କେତେ ଅରି
ମହା କାରୁଣିକ ଯୁବରାଜ ହେ ।୧୭।
ଦେଖି ନୃପଜ ଚରିତ   ଦେବଙ୍କୁ ଦେବେ କଥିତ
ନବରସେ ନବଗ୍ରହ ଏହି ହେ।
କୃପାରେ ସୁର ନିଶ୍ଚୟ   ବୀରସେ କେତୁ ପ୍ରାୟ
ଆଦି ରସେ କବିପଣ ବହି ହେ ।୧୮।
ଅଦ୍ଭୁତେ ମଙ୍ଗଳ ସତ   ହାସ୍ୟରେ ମନ୍ଦ ବିଦିତ
ଭୟାନକେ ତମ ପରି ଜାଣ ହେ।
ଗ୍ରହବର ବୀଭତ୍ସରେ   ବୁଧ ଏ ରୌଦ୍ର ରସରେ
ଶାନ୍ତିରେ ଚନ୍ଦ୍ର ପରି ଜାଣ ହେ ।୧୯।
ଏ ଶତ୍ରୁ ସିଂହ ରାଶିରେ   କ୍ରୀଡ଼େ ଆମ୍ଭ ଉପକାରେ
ଏବେ ହେଉ କନ୍ୟାରେ ଏ ଯୋଗ ହେ।
ଶାପକାଳ ହେଲା ଲୋପ   ବିନାଶ ମାନସ ତାପ
ପୁରେ କରୁ ମହାମହ ଭୋଗ ହେ ।୨୦।
ଏସନ ସନ୍ତୋଷ କ୍ଷଣେ   ରଥ ଉଡ଼ିଲା ଗଗନେ
ଭୁଥଖଣ୍ଡେ ଛାଡ଼ି ଅନ୍ତର୍ଦ୍ଧାନ ହେ।
ପିଶାଚ ପ୍ରେତ କୁଷ୍ମାଣ୍ଡ   ଜମ୍ବୁକ ଡାକିନୀ ରୁଣ୍ଡ
ଗୃଧ୍ରବୃନ୍ଦ ମଣ୍ଡିଲେ ଶ୍ମଶାନେ ହେ ।୨୧।
ଭୂତ ମଧ୍ୟରେ ଅଧିପ   ଏ ତିନିହେଁ ଚଣ୍ଡରୂପ
ଅଘୋରଘଣ୍ଟ କପୋଳଘଣ୍ଟ ହେ।

ଶବ୍ଦାର୍ଥ- (୧୬) ହରିତ-ଦିଗ, ହାଳିକେ-ଋଷୀମାନେ, (୧୯) ମନ୍ଦ-ଶନିଗ୍ରହ, ତମ-ରାହୁ, (୨୦) ମହାମହ-ବଡ଼ ଉତ୍ସବ, (୨୧) ଭୁଥ-ଭରତ ଖଣ୍ଡ, କୁଷ୍ମାଣ୍ଡ-ମାୟା, କମ୍ବୁକ-ବିଲୁଆ, ଗୃଧ୍ର-ଶାଗୁଣା, ଜରତ-ବୃଦ୍ଧ।

ଚହିଁ ବିସ୍ମୟ ହୋଇଲେ　　　　କି କୃତ୍ୟ କଲା ବୋଇଲେ
ଏତେକାଳ ପ୍ରେତେ ହେବେ ତୁଷ୍ଟ ହେ ।୨୨।
ଭାରତେ ଏ ରୂପେ ରକ୍ତ　　　　ନଦୀ ହୋଇଥିଲା ବ୍ୟକ୍ତ
ବୋଲି ଚଣ୍ଡରୂପ ପ୍ରଚରିଲା ଯେ।
କଲ୍‌କି ମାରଣରେ ଏତେ　　　　ଶବ ଦେଖିଥିଲି ନେତ୍ରେ
ଆଲୋକିତ ଭୋଜି ପ୍ରେତେ ଦେଲା ଯେ ।୨୩।
ପିଇଲେ ରୁଧିର ପଣା　　　　ପରିରେ ପ୍ରେତ ଅଗଣା
ମଣ୍ଡା ପରି ମୁଣ୍ଡ ଚୋବାଇଲେ ଯେ।
ପାଇଲେ ଯେ ଭୁଜ ପାଦୁ　　　　ମତ୍ସ୍ୟ ଉପହାର ସ୍ୱାଦୁ
ନଖ କଣ୍ଟକ ବାହାର କଲେ ଯେ ।୨୪।
ଘୃତପରି ପ୍ରେତ ଲିହି　　　　ନୃତ୍ୟକଲେ ଗୀତ ଗାଇ
ହୃଦେ ମେଦ ବଞ୍ଜନ ସୁସ୍ୱାଦେ ହେ।
ମାତିଲେ ଜରତାମାନେ　　　　ପିଞ୍ଜା ମାଂସେ ଶରମୁନେ
ପ୍ରବର୍ତ୍ତିଲେ ବୀର ଆଶୀର୍ବାଦେ ।୨୫।
ପ୍ରେତରଙ୍କୁ ନିଃଶଙ୍କରେ　　　　ଶବ ପକାଇ ଅଙ୍କରେ
ଚରଣ ଲମ୍ୱାଇ ବସିଛନ୍ତି ଯେ।
କରନ୍ତି କବଳ ପଳ　　　　ଦେଖାଇ ଆପଣା ବଳ
ମାଡ଼ି ପାଦେ ଶବ ଶିବାପନ୍ତି ଯେ ।୨୬।
ଶ୍ୱାନ ପାଞ୍ଚ ସାତରୁଣ୍ଡ　　　　ଓଟାରନ୍ତି ମୃତ୍ୟୁ ପିଣ୍ଡ
ଖଣ୍ଡ ଖଣ୍ଡ କରି ଘେନିଯାଇ ହେ।
ଲୁଚଇ ଗୁଳ୍ମ ତଳରେ　　　　ପୁଣି ହିଁ ସେହି ପ୍ରକାରେ
କୌଣପ ମଧ୍ୟକୁ ଆସେ ଧାଇଁ ହେ ।୨୭।
ଗୃଧ୍ରେ ଯେ ହୋଇ ଫୁରୁଣା　　　　ଚଞ୍ଚୁକୁ ବିସ୍ତାରି ଡେଣା
ହଲାଇ ମତ୍ତ ପିଶିତାଶନେ ଯେ।
ଯେ ଯେତେ ପାରିଲେ ତେତେ　　　　ବହିଲେ ଭୋଜନ ଅନ୍ତେ
ପ୍ରେତେ ବହୁଳ କାଳ ବଞ୍ଚନେ ହେ ।୨୮।

ଶବ୍ଦାର୍ଥ- (୨୫) ମେଦ ବ୍ୟଞ୍ଜନ-ଚର୍ବି ତରକାରୀ, ପିଞ୍ଜା ମାଂସ-ଭିଣିକରି ଖାଇବା ମାଂସ, (୨୬) ପଳ-ମାଂସ, ଶିବା-ଶୃଗାଳ, (୨୭) ଶ୍ୱାନ-କୁକୁର, କୌଣପ-ଅସୁର, (୨୮) ଗୃଧ୍ର-ଶାଗୁଣା।

କଇଳାସ ଦେଖି ଶୂନ୍ୟ ଜାଣିଲେ ପଞ୍ଚବଦନ
କେତେ ସୁକଲ୍ୟାଣ କଲେ ତୋଷ ସେ ।
ଆଶୀର୍ବାଦ କରିବାକୁ ମୁନି ନ ଦେଖି ବୀରକୁ
ପ୍ରବେଶ ହେଲେ କର୍ଣ୍ଣାଟ ଦେଶେ ସେ ।୨୯।
ଜରତ ବିମ୍ବ ଅଧର ଭରତ ଜ୍ୟେଷ୍ଠ ସୋଦର
ନିରତେ ମୋ ଚିତ୍ତେ କର ସଦ୍ମ ହେ ।
କହେ ଉପଇନ୍ଦ୍ର ଭଞ୍ଜ ପ୍ରଭୋ ରଘୁବଂଶ ରାଜ
ଅଯୋଧ୍ୟା ରାଜନ ପରଂବ୍ରହ୍ମ ହେ ।୩୦।

■

ଶବ୍ଦାର୍ଥ- (୩୦) ସୋଦର-ଭାଇ, ସଦ୍ମ-ବାସ, ରାଜନ-ରାଜା, ପରଂବ୍ରହ୍ମ-ଭଗବାନ ।

ଷଷ୍ଠ ଚତ୍ୱାରିଂଶ ଛାନ୍ଦ

ଚନ୍ଦ୍ରଭାନୁର ସ୍ୱଦେଶ ଗମନ ଓ ଲାବଣ୍ୟବତୀ ସହ ମିଳନ

(ରାଗ- କଳସା, ଆଶାବରୀ)

ଗୁଣବନ୍ତେ ଏ ଗୀତମଣିକି ମାଳାକର।
ନିର୍ଗୁଣେ ଏ ଘେନିବାକୁ ନାହିଁ ମୋ ବିଚାର ହେ ।୧।
କୁମର ଦେଖି ସ୍ୱଦେଶାଗତ ପୁରୁଷକୁ।
ପଚାରିଲେ ନିଜ ରାଜ୍ୟ ଶୁଭ ସନ୍ଦେଶକୁ ଯେ ।୨।
ସେ କହିଲା ସର୍ବ ଶୁଭ ମନ୍ଦ ଏତେ ମାତ୍ର।
ସିଂହଳ ନୃପତି ଜେମା ଅତି କ୍ଷୀଣ ଗାତ୍ର ହେ ।୩।
ନ ରହୁଛି ନିଜ ନୟନରେ ଆଉ ନୀର।
ନ ଉଠୁଛି ଅବନୀ ଶୟନୁ ନିରନ୍ତର ଯେ ।୪।
ନବଦ୍ୟ ତାପ ଲଭିଛି ନୃପତି କୁମାରୀ।
ବିଳାପ କଳାପ ତାର ଭୁତାବେଶ ପରି ଯେ ।୫।
ପଦ୍ମିନୀରେ ଉପଚାର କରିବାକୁ ଘେନ।
ସରସୀମାନେ ହେଲେଣି ପଦ୍ମିନୀ ବିହୀନ ଯେ ।୬।
କାଲିପରି ପରାଣ ତେଜିବା ପରି ସେହି।
ଦେହଳୀ ବଳି ଚଳିବା ଭଳି ବଳା ନାହିଁ ଯେ ।୭।
ହା ରାବରେ ସଦନ ତ ଦଣ୍ଡେ ଶୂନ୍ୟ ନାହିଁ।
ହା ରାବରେ ଭୁଜଙ୍ଗମ ଭ୍ରମ ଉପୁଜାଇ ଯେ ।୮।

ଶବ୍ଦାର୍ଥ- (୫) ନବଦ୍ୟ-ଅକୁହା, (୬) ସରସୀ-ପୋଖରୀ, (୭) ଦେହଳୀ-ଏରୁଣ୍ଡିବନ୍ଧ, (୮) ସଦନ-ଘର, ଭୁଜଙ୍ଗମ-ସର୍ପ, (୯) ଚତ୍ୱର-ଅଗଣା, ବଳିଭୁଜେ-କାଉମାନଙ୍କୁ।

ଚତ୍ୱରେ ଦେଖଇ ପୁଚ୍ଛିବାକୁ ତୁମ୍ଭ ବାର୍ତ୍ତା।
ବଳିଭୁଜେ ବଳିଦେଇ ତ୍ରିବଳି ଶୋଭିତା ଯେ ।୯।
ଯେତିକି ବିଳମ୍ବ ତୁମ ପ୍ରଳମ୍ବ କୁନ୍ତଳା।
ତେତିକି ତେତିକି କରୁଅଛି ଜୀବେ ହେଳା ଯେ ।୧୦।
କେଉଁ ଭାଗ୍ୟେ ଜିଇଁଅଛି ନୁହଇ ଗୋଚର।
ଦୂର କଲାଣି ସମସ୍ତ ଆହାର ବିହାର ଯେ ।୧୧।
ବିହାର ଏତିକି ତୁମ୍ଭ ରୂପ ଦିଶେ ଦିଶି।
ଉଠି କୋଳ କରିବାକୁ ହୁଅଇ ଲାଳସୀ ଯେ ।୧୨।
ଆହାର ଏତିକି ତବ ରସ ଆସ୍ୱାଦଇ।
ତର୍କୁଛି ଲଭିବା ଲୋଭ ଅଛିକି ଜିଆଇଁ ଯେ ।୧୩।
ବେନି ଅଳଙ୍କାରୁ ବେନି ହୋଇଛି ମଣ୍ଡନ।
କରରେ ଅତୁଲ୍ୟ ପ୍ରତି ଅଙ୍ଗରେ ତପନ ଯେ ।୧୪।
ଜୀବେ ଅଛି ଶୁଣିବାରୁ ହରଷ ଲହରୀ।
ବିରସ ସରିତ୍ୟୁ ତାର ବାହାର ବିହରି ଯ ।୧୫।
ସେ ରସିକ ସିନ୍ଧୁଜାତି ତୁରଙ୍ଗ ଅଣାଇଁ।
ଆରୋହଣେ ପବନ ପରାୟ ଉଡ଼ିଯାଇ।୧୬।
ଯାଉ ଯାଉ ବିଚ୍ଚର କରଇ ମନେ ମନେ।
କରୀବର ଗମନା କରିବା ପରା ମାନ ଯେ ।୧୭।
ତେତିକି ବେଳକୁ ବୁଦ୍ଧି ସ୍ଫୁରିଲାଟି ମୋତେ।
ବନ୍ଧୁ ମୁଁ ବିଚ୍ଛେଦ ହୋଇଥିଲି କି ଆୟତ୍ତେ ଗୋ ।୧୮।
ଶିବ କରିବେ ଏ ଶିବ ଏମନ୍ତ ବେଳରେ।
ଭେଟ ହୋଇବଟି ମୋର ବାନ୍ଧବୀ ତୁଳରେ ଯେ ।୧୯।
ମୋ ପାଶକୁ ଦୂତ କରୁଥିବା ମଦାଳସୀ।
ଭୃଙ୍ଗ ଅବା କୋକିଳ ସରସ ରସଭାଷୀ ଯେ ।୨୦।
ଅଜାଣେ ମୁଁ ପଛୁଁ ଯାଇ କରିବି ଆଶ୍ଳେଷ।
ନ ପାଇବ ସୁମୁଖୀ ମନକୁ ଅବକାଶ ଯେ ।୨୧।

ଶବ୍ଦାର୍ଥ- (୧୦) ପ୍ରଳମ୍ବ କୁନ୍ତଳା-ଲାବଣ୍ୟବତୀ, (୧୬) ତୁରଙ୍ଗ-ଅଶ୍ୱ, (୧୭) କରୀବର-ହସ୍ତୀ ଶ୍ରେଷ୍ଠ, (୧୯) ଶିବ-ମହାଦେବ, ମଙ୍ଗଳ, (୨୦) ଭୃଙ୍ଗ-ଭ୍ରମର, (୨୧) ଆଶ୍ଳେଷ-ଆଲିଙ୍ଗନ।

ଆହେ ନବଗ୍ରହେ ବନ୍ଧୁ ଦରଶନ ବେଳେ
ମୋର ରାଶି ଏକାଦଶେ ରହ ଏକମେଳେ ଯେ ।୨୨।
ଲେଖୁଥିବ ମୋ ପାଶକୁ ସପ୍ରେମ ଚିଟାଉ ।
ନ ଜାଣୁ ତା ନିକଟକୁ ସୌଭାଗ୍ୟ ଭେଟାଉ ଯେ ।୨୩।
ବେଗେ ବୋଲିବି ଅଇଲା ତୋ ଲୋଡ଼ିଲା ଦାସ ।
ନ ପାଇବ ସୁମୁଖୀ ମାନକୁ ଅବକାଶ ଯେ ।୨୪।
ଦୁର୍ଗାମାଧବ କରିବେ ଏମନ୍ତ ମଙ୍ଗଳ ।
ମୋ ସ୍ୱରୂପ ପଟେ ଦେଖି ହୋଇ ଭାବେ ଭୋଳ ହେ ।୨୫।
ଗୋଜ କରୁଥିବ ନିଜ ଅଧର ଚୁମ୍ବନେ ।
ଉରଜ ମୂଳକୁ ଚଳି ଦେବି ନଖମୁନେ ଯେ ।୨୬।
ଚମକି ଚହିଁଲାବେଳେ ଜନ୍ମିବ ହରଷ ।
ନ ପାଇବ ସୁମୁଖୀ ମାନକୁ ଅବକାଶ ଯେ ।୨୭।
ଯେତେ ଜନ୍ମେ ଯେତେ ପୁଣ୍ୟ କରିଛି ମୁଁ ଠୁଳେ ।
ମିଳି ଥିବଟି ସୁନ୍ଦରୀ ମେଳ ହେବା କାଳେ ଯେ ।୨୮।
କେଉଁ ଦିନ ଆସିବେ ମୋ କାନ୍ତ ପରବାସୀ ।
ବୋଲି ଦେବାବେଳେ ବାଳା ଖଡ଼ୀକି ମନାସି ଯେ ।୨୯।
ଆଗେ ମିଳି ବୋଲିବି ମୋ ଛାର ଅପରାଧୀ ।
ଲୁଚିଯାଇ ତୋ ପ୍ରଭୁ ପଣକୁ କୃପାନିଧି ଗୋ ।୩୦।
ଶୁଣି ଏ ବାଣୀ ଅଧିକ ଦ୍ରବିବ ମାନସ ।
ନ ପାଇବ ସୁମୁଖୀ ମାନକୁ ଅବକାଶ ଯେ ।୩୧।
ଲକ୍ଷ୍ମୀସହ ନୃସିଂହ କରନ୍ତୁ ଶୁଭ ଏବେ ।
ଯେତେବେଳେ ସଖୀ ଶୁଭ ସ୍ୱପ୍ନ ବିହୁଥିବେ ହେ ।୩୨।
ଆଜି ଆସିବେ ବଲ୍ଲଭ ଶୁଣି ତୋଷ ହୋଇ ।
ବାଳା ମାଳା ହୁଡ଼ ରଖିଥିବେ ସତ ପାଇଁ ଯେ ।୩୩।
ସାକ୍ଷୀ ହେଉଥିବ ଜଣେ ମିଳି ସହଚରୀ ।
ତେତେବେଳେ ପ୍ରବେଶ ମୁଁ ହେଲେ ଯାଇଁ କରି ଯେ ।୩୪।

ଶବ୍ଦାର୍ଥ- (୨୬) ଅଧର-ଓଷ୍ଠ, ଉରଜ-ବକ୍ଷୋଜ, (୩୫) ନିଉଛାଇ-ବନ୍ଦାଇବା, ସରଣୀ-ବାଟ, (୩୬) ସଂସପ୍ତକ-ଅସୁରବିଶେଷ, ଦୃଢ଼ପ୍ରତିଜ୍ଞା ।

ସଖୀ ଡାକିଦେଲେ ଅନ୍ନ ନିଉଛାଇ ଆସ ।
ନ ପାଇବ ସୁମୁଖୀ ମାନଙ୍କୁ ଅବକାଶ ଯେ ।୩୫।
ଏସନ ବିଗ୍ଭରମାନ କରଇ ମାନସ ।
ସରିଲା ସରଣୀ କାଞ୍ଚି ନର୍ଗେ ପରବେଶ ଯେ ।୩୬।
ଠାବେ ଠାବେ ପଡ଼ିଅଛି ସମର ଚରିତ ।
ସଂସପ୍ତକ କାଳକେୟ କରିବାର ହତ ଯେ ।୩୭।
ବୀର ଅଦଭୁତ କୀର୍ତ୍ତି କବିତ୍ୱ ବଚନେ ।
ସ୍ଥାନେ ସ୍ଥାନେ ପଢୁଛନ୍ତି ବୋଧକାରମାନେ ଯେ ।୩୮।
ସେ କବିତ୍ୱ ଆବେଶରେ ତୁଷ୍ଟ ନରେଶ୍ୱର ।
ପ୍ରବେଶରେ ଅଭିଷେକ କରିବେ କୁମ୍ଭର ହେ ।୩୯।
ଶୁଣି ମନେ କରୁଅଛି ସେ ଯୁବାଭୁଜାନି ।
ଆଶୀର୍ବାଦ କରି ଗଲେ ସୁରମୁନି ଯେ ।୪୦।
ଯିବାର ଛଟକ କେହି ନ ଦେଖିବେ ନେତ୍ରେ ।
ଧନ୍ୟ ଅଶ୍ୱ ଧନ୍ୟ ସାଦୀ ବୋଇଲେ ସମସ୍ତେ ଯେ ।୪୧।
ସଦନ ଦ୍ୱାର ଦ୍ୱାସ୍ଥରେ ନମସ୍କାର ପାଇ ।
ଉତରି ସେ ଶୁଦ୍ଧାନ୍ତ ଗମନେ ତ୍ୱରା ହୋଇ ଯେ ।୪୨।
ତହିଁ ଶିଳ୍ପକାରିକାୟେ କଥା ପରସ୍ପର ।
କି କରିବାଟି ହୋଇଲା ଅସର ବାସର ଯେ ।୪୩।
ଅସର ହୋଇବ କେବେ ମନସିଜ ସୁଖ ।
ପାଞ୍ଚ ନୋହେ ପାଞ୍ଚ ପାଞ୍ଚ କୋଟି ତା ବିଶିଖ ଯେ ।୪୪।
ମାଳିନୀ ବୋଲୁଛି ନିତି ମାତ୍ର ଆସୁଥାଇ ।
ବରଷେ ହୋଇଲା ପୁଷ୍ପବାଟି ନ ସରଇ ଗୋ ।୪୫।
ଚେଟୀଏ ବୋଲନ୍ତି ବନ୍ଦୀ ମୋକ୍ଷ ଶୁକ ଶାରି ।
ବାଟି ବାଟି ଉଶୀର ଗଲାଣି ହସ୍ତ ସରି ଗୋ ।୪୬।

ଶବ୍ଦାର୍ଥ- (୩୮) ବୋଧକର-ବିଜ୍ଞଜନ, (୪୦) ଯୁବାଭୁଜାନି-ଯୁବରାଜ, ସୁରମୁନି-ଦେବର୍ଷି ନାରଦ, (୪୧) ସାଦୀ-ଘୋଡ଼ାଚାଳକ, (୪୨) ଦ୍ୱାସ୍ଥ-ଦ୍ୱାରୀ, (୪୩) ଶିଳ୍ପକାରିକାୟେ-ସହଚରୀ ଗଣ, (୪୪) ଅସର-ଅସରନ୍ତି, ମନସିଜ-କନ୍ଦର୍ପ, ପାଞ୍ଚ-ପାଞ୍ଚବା, ବିଶିଖ-ଖର, (୪୬) ଚେଟୀ-ଦାସୀ, ଉଶୀର-ବେଣାଚେର, (୪୭) ନବୋଢ଼ା- ନବବିବାହିତା ସ୍ତ୍ରୀ, ଫଉଲଶର-କନ୍ଦର୍ପ ।

ପ୍ରୌଢ଼ା ସଜନୀକି ତହିଁ ନବୋଢ଼ା ପଚାରେ।
ଫୁଲଶର ଭେଦେ କେହି ଗିରିସ୍ତନା ଉରେ ଗୋ ।୪୭।
ସେ ତାହାକୁ ପ୍ରତିଭାଷ କରୁଛି ତହିଁକି।
ଗଣନାରେ ଅମ୍ବୁଜ ଯୋଡ଼ାଏ ଅଛିଟିକି ଗୋ ।୪୮।
ଶୁଖିଲା ମୃଣାଳ ନାଳେ ଚତ୍ୱର ସଘନ।
ପାକ କଲା ଶାକ ପରି ନବଛଦ ମାନ ଗୋ ।୪୯।
କର୍ପୂର ଚନ୍ଦନ କେ ଗୋଳୁଛି କେ ଚଳୁଛି।
ସ୍ଫୋଟିକ ଜନ୍ମିବ ଏଥୁଁ ନୁହଇ ଏ କିଛି ଗୋ ।୫୦।
ବ୍ୟଜନ ଧରି କେ ବିଞ୍ଚିବାକୁ ସ୍ନେହଭରେ।
ଉଡ଼ି ଯାଉଥାଇ ନିକି ବୋଲି କେ ନିବାରେ ଯେ ।୫୧।
କେ ବୋଲେ କାହାକୁ ମୁଁ ଯାଉଛି ସ୍ନାନ କରି।
ମୋହଗଲେ ମୁଖେ ନ ସିଞ୍ଚିବ ଶୀତବାରି ଗୋ ।୫୨।
ବରଷା ପ୍ରାୟ ମଣିଲେ ପ୍ରମାଦ ପଡ଼ିବ।
ଅଙ୍କରେ ପକାଇ ଶ୍ରବଣରେ ଫୁଙ୍କିଦେବ ଗୋ ।୫୩।
କେବଣ ସଜନୀ ହୋଇ ସଜଳ ଲୋଚନା।
ନବ ପଲ୍ଲବରେ ଶେଯ କରୁଛି ରଚନା ଯେ ।୫୪।
କେ ସଖୀ ପାଶରେ ବସି କରେ ଆଶ୍ୱାସନା।
ବୋଲେ କଥା ତ ନ କହୁ କରକରଦନା ଯେ ।୫୫।
ଭଲ ନେଖିଲୁ ଦିନେ ନାଗରୀ ତିଳକ।
ଏହି କଥା ହିଁ ତୋହର ନ ଗଲା କାଳକ ଗୋ ।୫୬।
କ୍ରୋଧଭର ହୋଇ କେଉଁ ସଜନୀ ବୋଲୁଛି।
କେ ତାହା ଭୋଗିବ ଯାହା ଆପେ ଅରଜିଛି ଗୋ ।୫୭।
ଆଉ କେ କହିଲା ଏହା ବୋଇଲ କି କରି।
ସମଦ୍ରବ୍ୟେ ଅନୁରାଗୀ ହୋଇଲା ସୁନ୍ଦରୀ ଯେ ।୫୮।
ରସାଣ ହେମ ଅଙ୍ଗୀକି ଥିଲା କି ଗୋଚର।
ବଲ୍ଲଭ ହୃଦୟ ହେବ ପାଷାଣ ପ୍ରକାର ଗୋ ।୫୯।

ଶବ୍ଦାର୍ଥ- (୪୮) ପ୍ରତିଭାଷା-ପ୍ରତି ଉତ୍ତର, ଅମ୍ବୁଜ-ପଦ୍ମ, ଶଙ୍ଖ, (୪୯) ମୃଣାଳନାଡ଼-ପଦ୍ମନାଡ଼, ଚତ୍ୱର-ଅଗଣା, ସଘନ-ଘଞ୍ଚ, ଶାକ-ଶାଗ, ନବଛଦ-କୋମଳ ପତ୍ର, (୫୧)ବ୍ୟଜନ-ବିଞ୍ଚଣା, କରକ ରଦନା-ଡାଳିମ୍ବ ମଞ୍ଜି ପରି ଦାନ୍ତ, (୫୯) ହେମ ଅଙ୍ଗୀ-ସୁବର୍ଣ୍ଣ ଅଙ୍ଗ।

କେ ବୋଲୁଛି ରସିକ ରତନ ରଘୁବୀର ।
ବିଦେଶୀ ହୋଇଲେ ସୀତା ଘେନି ସଙ୍ଗତର ଯେ ।୬୦।
ଏହି କାଳେ ସେ ପୁର ସୋପାନେ ବୀର ମିଳି ।
ମଦନ ସୁନ୍ଦର ବିଜେ କଲେ ଜଣେ ବୋଲି ଯେ ।୬୧।
ଏ ଶ୍ରାବଣେ ବିମ୍ବଓଷ୍ଠୀ ଉଠିବାକୁ
ମନେ କରୁ ପ୍ରାଣନାଥ ଗମିଲା ସେଠାକୁ ଯେ ।୬୨।
ମଳି ମଳି ଅନାୟତ୍ତ ହେଲି ଏହା କଲି ।
ଲବଣୀ ପିତୁଳାକୁ ବିଷମ ଶରେ ଦେଲି ଯେ ।୬୩।
ଯେ କଲା ବିଚ୍ଛେଦ ବଜ୍ର ପଡୁ ତାର ଶିରେ ।
ଏତେ ବୋଲି କୋଳ କରି ତୋଳିଲା ସତ୍ୱରେ ଯେ ।୬୪।
ହୃଦରେ ଲଗାଉଁ ଶୀତଳକୁ ଲଭି ବାଳା ।
ବିବେକ ପ୍ରସରି କାନ୍ତ ମୁଖକୁ ଚହିଁଲା ଯେ ।୬୫।
ବେନି ନେତ୍ର ଚକୋର ମୁଖ ହିଁ ଚନ୍ଦ୍ର ଶତ ।
ଆନନ୍ଦ ଅଶ୍ରୁ ଜଳରେ କଲା ଦ୍ରବୀଭୂତ ହେ ।୬୬।
ଶୋଭା ରତ୍ନମୟ ଭୂମି ବେନି ଅପଘନ ।
ଛଦ୍ମ ନୋହେ ସଦ୍ମ କଲେ ନୟନ ଖଞ୍ଜନ ଯେ ।୬୭।
ପଦ୍ମିନୀର ଆଲିଙ୍ଗନ ଦୋହଦ ହୋଇଲା ।
ପୁଂସତନୁ ନୀପଫୁଲ ପୁଲକାଇ ଦେଲା ଯେ ।୬୮।
ପ୍ରତିମା ପରାୟ ବେନିଦଣ୍ଡ ସ୍ତମ୍ଭୀଭୂତ ।
ରାମଚନ୍ଦ୍ର ଚିନ୍ତି ଉପଇନ୍ଦ୍ର କହେ ଗୀତ ହେ ।୬୯।

ଶବ୍ଦାର୍ଥ- (୬୩) ଅନାୟତ-ନିଜ ଆୟତ୍ତ ବାହାରେ, ବିଷମ ଶରେ-କନ୍ଦର୍ପ ଶରେ, (୬୬) ଅପଘନ-ଶରୀର, (୬୭) ସଦ୍ମ-ବାସସ୍ଥାନ, ଖଞ୍ଜନ-କଜଳପାତି, (୬୮) ନାଗଫୁଲ-କଦମ୍ବ ଫୁଲ, ଦୋହଦ-କାର୍ଯ୍ୟସିଦ୍ଧି ।

ସପ୍ତଚତ୍ୱାରିଂଶ ଛାନ୍ଦ

ଲାବଣ୍ୟବତୀ ଓ ଚନ୍ଦ୍ରଭାନୁଙ୍କ
ବିଚ୍ଛେଦଜନିତ ଦୁଃଖ ବର୍ଣ୍ଣନା ଓ ପରେ ମିଳନ ବର୍ଣ୍ଣନ

(ରାଗ- ଖଣ୍ଡକାମୋଦୀ)

ରାମା ବସାଇ ଆଗେ ରସାଇ ଅନୁରାଗେ ଚାଟୂ କରୁଛି ପତି ଯେ।
ବିଚ୍ଛେଦ ହେଲାଦିନୁ କି ଦଣ୍ଡ ଫୁଲଧନୁ ଦେଲାଟି ଦିନ ରାତି ରେ।
ପ୍ରାଣବନ୍ଧୁ, କେମନ୍ତେ ବଞ୍ଚିଥିଲୁ ରେ।
ସ୍ୱପନେ ଦୁଃଖ ଦେଖିନାହୁଁ ଆଜନ୍ମ ସୁଖୀ ମୋଲାଗି ଦୁଃଖୀ ହେଲୁରେ ।୧।
ଯେଣିକି ଚହେଁ ମୁହିଁ ସେ ଦିଗେ ଦିଶୁ ତୁହି ଯେମନ୍ତ ହସୁଥାଉ ରେ
ଆଉଜାଇ ଅଙ୍କରେ ବସିବି ପଲ୍ୟଙ୍କରେ ନ ଥିଲା ମନେ ଆଉ ରେ।
ପ୍ରାଣବନ୍ଧୁ, ସର୍ବ ଲାବଣ୍ୟସିନ୍ଧୁ ରେ।
ମୋର କି ଭାଗ୍ୟ ଥିଲା ଧାତା ତୋତେ ରଖିଲା ମଦନ ବିନ୍ଧୁ ବିନ୍ଧୁ ରେ ।୨।
ଯେଉଁ ନୟନଭଙ୍ଗୀ ଯୋଗୀନ୍ଦ୍ର ଯୋଗଭଙ୍ଗୀ ଅଙ୍ଗୀକାର କରିଛି ରେ।
ଭାବ ସୁମରି ତହିଁ ଅଶ୍ରୁଥିଲୁ ପୂରାଇ ଏ ଗୁଣ ହେବ ମୂର୍ଚ୍ଛିରେ।
ପ୍ରାଣବନ୍ଧୁ, ମଲିଟି ଏଡ଼େ କ୍ଷୀଣ ରେ।
ବଳୟ ଅଛି କରେ ତୋ ଊଣା ରତିଶିରେ ଦେଉଛି ସ୍ନେହୀପଣେ ରେ ।୩।
ଅବନୀରେ ଅଞ୍ଚଳ ପାତି ପରା ଚଞ୍ଚଳ ହୋଇ ଶୟନ କରୁ ରେ।
ସେ କଥାମାନ ଗୁଣି ଗୁଣି କହୁଛି ପୁଣି ଧିକ ମୋ ଜିଇଁବାରୁ ରେ।
ପ୍ରାଣବନ୍ଧୁ, ଏ କଥା ଅଛି ହୁଡ଼ିରେ।
ତୋ ବିନୁ ଜିଇଁବାର ଦୋଷକୁ କ୍ଷମାକର କହୁଛି କର ଯୋଡ଼ିରେ ।୪।
କି ଦେଖିଲା ଏ ଆଖି ଫୁଟି ନ ଯାଇ ସଖୀ ହୃଦ ଫାଟି ନ ଯାଇ ରେ।
ମୃତ କରି ଦର୍ଶନ ପିତୁଳାର ପରସନ୍ନ ତୁ ପୁଣି ଅଛୁ ବହିରେ।
ପ୍ରାଣବନ୍ଧୁ, କାଳ କି ନ କରଇ ରେ।
ସବୁ ସହଇ ଅନାୟତ୍ତ ମୀନନୟନା ଘେନ ବିବେକୀ ତୁହି ରେ ।୫।

ଶବ୍ଦାର୍ଥ- (୨) ଲାବଣ୍ୟସିନ୍ଧୁ-ସୌନ୍ଦର୍ଯ୍ୟର ସାଗର, (୩) ଯୋଗୀନ୍ଦ୍ର-ବଡ଼ ଋଷି, (୪) ଅବନୀ-ପୃଥିବୀ, ଭୂମି, (୫) ଦଶନ-ଦାନ୍ତ, ଅନାୟତ୍ତ-ଅସହାୟ।

କେଡ଼େ ପ୍ରସନ୍ନ ମୁଖ ପଦ୍ମ ଶୀତମୟୂଖ ଦର୍ପଣ ଦର୍ପହାରୀ ରେ।
ପ୍ରାଣବନ୍ଧୁ, ନାହିଁ ଲେଶ ହରଷ ରେ।
ଲବ ଅନ୍ତର ସୁହା ନ ଯାଉଥିଲେ ଆହା ପୂର୍ଣ୍ଣ ହେଲା ବରଷ ରେ ।୬।
ଭିନ୍ନ ଦିନୁ ବନ୍ଧନ କରି ନାହୁଁ ସୁମନ ଦେବାର ଥାଉଁ କେଶ ରେ।
ଲୁଚିଯାଇ ତୋ ଭାବ କେବେ ବୁଝି ନୋହିବ ସହସ୍ରେ ଅଂଶୁ ଅଂଶରେ।
ପ୍ରାଣବନ୍ଧୁ, ମନେ ବିଚାରୁଥାଇଁ ରେ।
ଇନ୍ଦ୍ର ସମ୍ପତ୍ତି ଦେଲା ଦରିଦ୍ରହୀନ କଲା କି ଅବିବେକୀ ବିହିରେ ।୭।
ପାଶେ ଥିଲା ଦିନରେ ମୋ ଜୀବନ ଉତ୍ତାରେ ତୁହି ଭୋଜନ କରୁ ରେ।
ଦୂରେ କିମ୍ପା ଆହାର ନ କରିଥିବୁ ଦୂର ଜାଣିଲି ଦୁର୍ବଳରୁ ରେ।
ପ୍ରାଣବନ୍ଧୁ, କେଉଁ ଧର୍ମେ ବର୍ତ୍ତିଲୁ ରେ।
ପରାଣ ପ୍ରତିଆଶା ସତେ ଛାଡ଼ିଣ ଯୋଷା ମୋତେ ବୁଡ଼ାଇଥିଲୁ ରେ ।୮।
ଗରଳ ହୋଏ ହିତ ରୋଗବଶେ ଯେମନ୍ତ ତୋ ରକ୍ଷା ସେହି ଭାବ ରେ।
ବରଷାକାଳେ ଘନ ଗର୍ଜ୍ଜନକୁ ବଞ୍ଚନ ମୋହହିଁ ହୋଇଥିବରେ।
ପ୍ରାଣବନ୍ଧୁ, ନୟନେ ଅଶ୍ରୁପରି ରେ।
ଶରଦ ଶଶଧର ନୋହିଥିବ ତୋହର ଦରଶନ ଶର୍ବରୀ ରେ।୯।
ବିରହ ଅଗ୍ନିଜାତ ହୃଦୁଁ ହୋଇ ସନ୍ତତ ଜାଣି ନଥିବୁ ଶୀତ ରେ।
ପ୍ରାଣବନ୍ଧୁ, ନ ବଞ୍ଚାଇଲେ ତୋତେ ରେ।
ସିଞ୍ଚିଲେ ମଧୁହାରୀ ମୋର ଘେନି ଗୁହାରି କିଞ୍ଚିତେ କୃପା ଚିତ୍ତେ ରେ ।୧୦।
ନ ଆସୁଥିବ ନିଦ ନିଶିରେ ଲଭି ଖେଦ ଚିତ୍ତେ ପଡ଼ି ମୋ ସ୍ନେହ ରେ।
କି ବୋଲିଥାଉ ମୋତେ ମନେ ତୁ ସତେ ଆନ ଅଛିଟି କହ ରେ।
ପ୍ରାଣବନ୍ଧୁ, ଯାହା ବୋଲନ୍ତି ଜନରେ
ପ୍ରିୟାର ମୁଁ କୋୟର ବାଲ୍ୟକାଳୁ ତୋହର ମୁହିଁଟି ଏକା ଘେନ ରେ ।୧୧।
ବୋଲିବାକୁ ନିଷ୍ଠୁର କ୍ଷୋଭନାହିଁ ମୋହର ମନକୁ କରି ସାକ୍ଷୀରେ
ତୋତେ ଧିଆଇଁ ଯେତେ ଆକୁଳ ହୋଇ ଚିତ୍ତେ ଜାଣୁତ ଥିବୁ ଦେଖି ରେ।
ପ୍ରାଣବନ୍ଧୁ, ଦୁଃଖକାଳେ ତୋହରରେ।
ସେବାକୁ ଆସିନାହିଁ ଏଣୁ ଅପ୍ରାଧି ମୁହିଁ ବିଚାରି ଦଣ୍ଡ କର ରେ ।୧୨।

ଶବ୍ଦାର୍ଥ- (୬) ଶୀତ ମୟୂଖ-ଚନ୍ଦ୍ର, ଲବ-କ୍ଷଣ, (୮) ଯୋଷା-ପ୍ରିୟା, (୯) ଶଶଧର-ଚନ୍ଦ୍ର, ଶର୍ବରୀ-ରାତ୍ରି, ମଧୁହାରୀ-ବିଷ୍ଣୁ, (୧୧) କୋୟର-ଚାକର, (୧୨) ଧିଆଇଁ-ଭାଳି, (୧୬) ବାତେ-ପବନକୁ।

ଥାଉଁ ମୋର ଆୟତ୍ତ କେହି ବଳନ୍ତା ଚିତ୍ତ ଭିନ୍ନ ହେବାକୁ ସହୀ ରେ।
ତେବେ ଦୂରେ ରହିଣ ମନ ନୟନ ପ୍ରାଣ ତୋହର ପାଶେ ଥାଇ ରେ।
ପ୍ରାଣବନ୍ଧୁ, ଏବେ ସେ ଅନୁଭବ ରେ।
ବିପତ୍ତି ବିଚ୍ଛେଦରୁ ବଡ଼ ହୋଇ ରମ୍ଭାରୁ ଧାତା ବିହି ନ ଥିବ ରେ ।୧୩।
ଦେହ ଉପରେ ମନ ପ୍ରଭୁ ପ୍ରମାଣ ଧନ ମନର ପ୍ରଭୁ ପ୍ରୀତି ରେ।
ପ୍ରୀତିର ପ୍ରଭୁ ନାରୀ ତାଙ୍କୁ ପୁଣି ପାସୋରି କେହୁ ଧରିବ ଧୃତି ରେ।
ପ୍ରାଣବନ୍ଧୁ, ପୁଣି ଆରତୀ ମୁହିଁରେ।
ମନକୁ ଅନୁରୂପେ ଯୁବତୀ ମିଳେ ତପେ ଏଣୁ ଦୁର୍ଲଭ କହି ରେ ।୧୪।
ଯେଉଁ ରୂପ ଅନାଇଁ ପଶୁ ପାଷାଣ ଦୁଇ ବଶ ତରଳ ହେବେ ରେ।
ପୁରୁଷ ମଧ୍ୟେ ସାର ଲୋକ ବୋଲନ୍ତି ମାର ଚିତ୍ର ମଣୁଛି ଏବେ ରେ।
ପ୍ରାଣବନ୍ଧୁ, ତୋହ ସମ୍ମୁଖେ ରହି ରେ।
ପ୍ରହାର କଲା ଶର ସେ ଏଡ଼ିକି ନିଷ୍ଠୁର ହାତ ଚଳିଲା କେହି ରେ ।୧୫।
ଦେହ ମନ ଭିତର କ୍ଷଣେ ରହୁ ମାତର ଏମନ୍ତ ପାଞ୍ଚେ ନିତି ରେ।
ବେଗେ ଦେବାକୁ ବାତେ ସ୍ତୁତି କରଇ କେତେ ପାଶେ ଆସିବା ମତି ରେ।
ପ୍ରାଣବନ୍ଧୁ, ତୋ ରୂପ ପଟେ ଲେଖି ରେ।
ପ୍ରାତୁଁ ଉଠି ଅନାଇଁ ନାମ ତାର ଜପଇଁ ଗତି ନ ଥାଇ ସଖୀ ରେ ।୧୬।
ମୁଁ ହେବାର ଏମନ୍ତ ଯେଉଁ ଅଧିକ ମିତ ଥାଇ ତୋ ଅବଧାନେ ରେ।
ଏ କଥା ବଡ଼ ସିନା ମୋତେ ଗୁଣି ବେଦନା ସହୁ ତୁ ଦିନେ ଦିନେ ରେ।
ପ୍ରାଣବନ୍ଧୁ, ତୋତେ ତୁ ପଟାନ୍ତର ରେ।
ମୋହୋ ଅଶେଷ ତପ ପୁଣ୍ୟ ନାରୀ ସ୍ୱରୂପ ହୋଇଛୁ ରାମାବର ରେ ।୧୭।
ଯେ ଜନ ନାରୀ ହିତେ ରହେ ପୁଣି ଜୀବିତେ ଦିନମାନଙ୍କୁ ବଞ୍ଚେରେ।
ଇନ୍ଦ୍ର କରେ ଯେ ଥାଇ ସେ କୁଳିଶ ନୁହଇ ସେହି କୁଳୀଶ ନିଶ୍ଚେ ରେ।
ପ୍ରାଣବନ୍ଧୁ, ନାରୀ ପୁରୁଷ ଦୁଇ ରେ।
ଘେନି ଏକ ଜୀବନ କେବଳ ତନୁ ଭିନ୍ନ ଯୋଗେ ଏକତ୍ୱ ହୋଇ ରେ ।୧୮।
ନବ ରସରେ ସାର ଆଦ୍ୟେ ଲେଖି ଶୃଙ୍ଗାର ରତି ପରମ ସୁଖ ରେ।
ଯିବାପାଇଁ ପାସୋର ବଲ୍ଲଭୀ ନାମ ସାର ଦେଇଛି ଶାସ୍ତ୍ରେ ଦେଖ ରେ।
ପ୍ରାଣବନ୍ଧୁ, ସେ ନିକି ମୂର୍ଚ୍ଛିବାର ରେ।
ଥିଲା କେଉଁ ଦୁର୍ଦ୍ଦଶା ରଥାଙ୍ଗ ପ୍ରାୟ ନିଶା ଦେବାକୁ ତୋର ମୋର ରେ ।୧୯।

ଶବ୍ଦାର୍ଥ- (୧୮) କୁଳୀଶ-କୁଳଶ୍ରେଷ୍ଠ, କୁଳିଶ-ବଜ୍ର, (୧୯) ରଥାଙ୍ଗ-ଚକ୍ରବାକ, (୨୧) ବଲ୍ଲଭ-ସ୍ୱାମୀ, କୁନ୍ତ-ଏକଅସ୍ତ୍ର, (୨୨) ଶଠଭୃଙ୍ଗ-ଶଠ ଭ୍ରମର, କୁମୁଦ-କଇଁ।

ଦରଶନରୁ ଦୂର ହେଲିଣି ପାଇବାର ମୋର ଅଶେଷ ବ୍ୟଥା ରେ।
ଭିନ୍ନ ନୋହେ ଏ ଖେଦ ତୋର ମୋର ବିଚ୍ଛେଦ ହୋଇ ରହିଲା କଥାରେ।
ପ୍ରାଣବନ୍ଧୁ, କରିବେ ପରା ହାସ୍ୟରେ।
ରସିକେ ପ୍ରିୟହୀନେ ଏ ରହିଲା ଜୀବନେ ଏଥି ଉପାୟ କିସ ରେ ।୨୦।
ବଲ୍ଲଭ ମୃଦୁବାଣୀ ଶୁଣି ତରୁଣୀମଣି ଧୀରେ କହେ କି ସ୍ନେହା ସେ।
ସେ ଦୁଃଖ ପୋଡ଼ି ଯାଉ ଶତ୍ରୁ ହିଁ ନ ପାଉ ଚିତ୍ତ ପାସୋର ତାହା ଯେ।
ପ୍ରାଣବନ୍ଧୁ, ଚିତ୍ତକୁ କୁନ୍ତ ପରା ସେ।
ଏମନ୍ତ ବୋଲି ହସି ବକ୍ରେ ଚହିଁଲା ରସି ରମଣୀରତ୍ନ ହୀରା ସେ ।୨୧।
ଦୁହେଁ ଦୁହିଁଙ୍କି ବେଶ କରିବାରେ ଲାଳସ ଏମନ୍ତ ଦିନ ଶେଷ ଯେ।
କାମ ବିଜୟକାଳ ଦେଲାଟି ଯୁବାକୁଳ ଶୁଭିଲା ଦରଘୋଷ ଯେ।
ଶଠଭୃଙ୍ଗ, ଉଠିଲେ ପଦ୍ମ ତେଜି ଯେ।
ଛାଡ଼ି ଏକ ସୁହାଗ ଆରକେ ଅନୁରାଗ ପ୍ରାୟେ କୁମୁଦ ଭଜି ଯେ ।୨୨।
ଅଭିସାରିକା ଦୀପ ଫଣି ମଣି କଳାପ ତେଜିଲେ ଶ୍ୱାସ ଯେ।
ଧରା ପଡ଼ିଲା ଚୋର ପ୍ରାୟେ ଗଣିକାବର ମନେ ଜନ୍ମିତ ତ୍ରାସ ଯେ।
ଦ୍ୱିଜମାନେ, ସନ୍ଧ୍ୟା ବନ୍ଦନ ସାଧୁ ଯେ।
ସାରଣା କଲେ ଧନ ଧନୀଆଳୀ ରାଜନ ପରାୟ ବାରବଧୂ ଯେ ।୨୩।
ନବରସେ ରସିକ ରାମାମଣି ମାଣିକ୍ୟ ଭୋଜନେ ହେଲେ ତୋଷ ଯେ।
ତହିଁ ଉତ୍ତାରେ ହାସ-ଗର୍ଭ ବଚନ ରସ ବଶରେ ପରକାଶ ଯେ।
କାନ୍ତାକାନ୍ତ, ସଉଧେ ପରବେଶ ଯେ।
ଦିବ୍ୟ ପର୍ଯ୍ୟନ୍ତ ଅଙ୍କେ ପ୍ରମୋଦରେ ନିଃଶଙ୍କେ ପ୍ରକାଶ କଲେ ରସ ଯେ ।୨୪।
ଷାଠିଏ ଚରି ବନ୍ଧ ବିଚରି ହେଲେ ବୋଧ ଛଇଳି ରାମା ପୁଂସ ଯେ।
ନିଦ୍ରା ନାଶେ ସ୍ୱପନ ବିପତ୍ତି ଯଥା ଭିନ୍ନ ତଥା ବିସ୍ମରି କ୍ଲେଶ ଯେ।
ନିଶାପ୍ରାପ୍ତ, ପୂର୍ବେ ସବିତା ସ୍ଥିତ ଯେ।
ଦିନ ଧରଇ ପାଟଛତ୍ର ହୋଇଲା ରାଟ ଏ କଥା ଅଦଭୁତ ଯେ ।୨୫।
ଏଣୁ କି ପାଇ ଲଜ୍ଜା ଚରମାଚଳେ ରାକା ଲୁଚିଲେ ଅତି ବେଗେ ସେ।
ତାରା ତା ଦାରା ଯେଣୁ ମଳିନ ବେଶ ତେଣୁ କୌଶିକ ମନ୍ତ୍ରୀ ଭାଗେ ସେ

ଶବ୍ଦାର୍ଥ- (୨୩) ତ୍ରାସ-ଭୟ, ସାରଣା-ଅସୁଲ, ଧନୀ ଅଳୀ-ଧନୀ କନ୍ୟା, ବାରବଧୂ-ବେଶ୍ୟା, (୨୪) ପ୍ରମୋଦରେ-ଆନନ୍ଦରେ, (୨୫) ସବିତା-ସୂର୍ଯ୍ୟ, ରାଟ-ରାଜା, ରାକା-ଚନ୍ଦ୍ର।

ସେହି କାଳେ, ଦିନ ଉଗରା କାକ ଯେ।
ଗଳାରେ ଧର ମାର କହିଲେ ନିରନ୍ତର ଉଚ୍ଚେ ଯା ଦେଲେ ଡାକ ସେ ।୨୬।
ଏକାଳେ ତେଜି ଶଯ୍ୟା କାଠି ଲାଗିକି ରାଜା ଆସେ ମନ୍ତ୍ରୀକି ମିଳି ଯେ।
ଆଦ୍ୟୁଁ ପ୍ରାନ୍ତ ପର୍ଯ୍ୟନ୍ତେ ସର୍ବ କହୁ ପୁରତେ ତୋଷ ସିନ୍ଧୁ ଉଛୁଳି ଯେ।
ନୃପତିର, ନଗରଜନେ ସୁଖୀ ଯେ।
ମୃଦୁସୁଲୀରେ ଶୁଣି ଆନନ୍ଦ ହେଲେ ରାଣୀ ସଫଳ କଲେ ଆଖି ଯେ ।୨୭।
କୁମର କୀର୍ତ୍ତି ସ୍ୱଚ୍ଛ ହୋଇ ପ୍ରକଟ ମତ୍ସ୍ୟ ମଘ ଆଦି ଦେଶରେ ଯେ।
ମିତ୍ର ନୃପତି ଯେତେ ହରଷ ହେଲେ ଚିତ୍ତେ ଭୟ ଲଭିଲେ ପରେ ଯେ।
ସାଧୁଜନେ, ଶୁଭେ ଏ ଛାନ୍ଦ ଶେଷ ଯେ।
ଶରଣ ରାମଚନ୍ଦ୍ର କହଇ ଉପଇନ୍ଦ୍ର ବୀରବର ଏ ରସ ହେ ।୨୮।

■

ଶବ୍ଦାର୍ଥ- (୨୬) ଦାରା-ଭାର୍ଯ୍ୟା, (୨୭) ପୁରତେ-ଆଗରେ, (୨୮) ପ୍ରକଟ-ପ୍ରକାଶ।

ଅଷ୍ଟଚତ୍ୱାରିଂଶ ଛାନ୍ଦ

ଚନ୍ଦ୍ରଭାନୁଙ୍କର ରାଜ୍ୟାଭିଷେକ ଓ ରାଜ୍ୟଭାର ଗ୍ରହଣ

(ରାଗ- ମଙ୍ଗଳ)

ଶୁଣ ହେ ଚରିତ ଅବଶେଷରେ । କର୍ଣ୍ଣାଟ ମହୀପତି ତୋଷରେ ।୧।
ଦାନବ ପିଶିତ ଦାନ ପ୍ରେତକୁ । ଦେବାର ଆଣି ଚିତ୍ର ଚିତ୍ତକୁ ।୨।
ଏକାଳେ ଯଶରେ ମଣ୍ଡିଲା ଧାରା । ଶ୍ରୀରାମ ପାର୍ଶ୍ୱେ ମାରୁତି ପରା ।୩।
ଏଣୁ ଆନନ୍ଦ ହୋଇ ଦଣ୍ଡଧର । ସଚିବ ସଙ୍ଗେ କରି ବିଚାର ।୪।
ନୃପତି ପଦବୀ ଦେଇଣ ପୁତ୍ରେ । ଚଳିଲେ ପୁରୁଷୋତ୍ତମ କ୍ଷେତ୍ରେ ।୫।
ଯାହା ସମାନରେ ଅସମ ରତି । ହେଲାରୁ ଅଳପକୁ କହନ୍ତି ।୬।
ପଟ୍ଟମହିଷୀ ସେ ଲାବଣ୍ୟବତୀ । ହୋଇଲା ଗୁଣନିଧାନ ମନ୍ତ୍ରୀ ।୭।
ବସନ୍ତକ ହେଲା ଜ୍ୟୋତିଷରାଜ । ପୁରୋଧା ରତ୍ନଧ୍ୱଜ ଆଚାର୍ଯ୍ୟ ।୮।
ସେ ନରେଶ୍ୱର ପାଳିବାରେ ଦେଶ । ନୋହିଲା ଆଉ ମିଥ୍ୟାବକାଶ ।୯।
ଦିବସ ନାମରେ ଦିନ ରହିଲା । ଦୀନକୁ ଦଣ୍ଡ ଆଶ୍ରୟ କଲା ।୧୦।
ଭସ୍ମ ଚିତାରେ ମାତ୍ର ଶୋଭା ବହି । ଯାଜ୍ଞିକ ଦ୍ୱିଜ ଲଲାଟେ ତହିଁ ।୧୧।
ଆଶ୍ରେ କଲା ମନ୍ଦ ମଳୟାନିଳେ । କଳଙ୍କ ଯାଇ ଚନ୍ଦ୍ର ମଣ୍ଡଳେ ।୧୨।
କୁଟିଳ ନଦୀ ବୀଚିରେ ଲୁଚିଲେ । ବିଟପୀ ବୃକ୍ଷ ହୋଇ ବଞ୍ଚିଲେ ।୧୩।
କଳୀ ସ୍ଥାନ କଲା ପୁଷ୍ପବଲ୍ଲୀକି । ମଧୁପ ପଦ ଶୋଭା ଅଳିକି ।୧୪।
ଶରଣ କଲା ବୈଦ୍ୟକୁ ମାରଣ । ଇନ୍ଧନେ ଦେଖାଦେଲା ଦାରଣ ।୧୫।
ରହିଲା କୂଳ ଲଙ୍ଘନ ସରିତେ । ଶ୍ରୁତିରେ ଚୋର ଶବଦ ସତେ ।୧୬।
ବିଷ ଭକ୍ଷଣ ହଂସ ରହେ ଏକା । ସ୍ତନରେ କରପୀଡ଼ା ଆଶଙ୍କା ।୧୭।
ବନ୍ଧନ ରହିଲା ବାହୁରେ ମାତ୍ର । ମୃଗୟା ଯହିଁ ହୋଇଲା ଚିତ୍ର ।୧୮।

ଶବ୍ଦାର୍ଥ- (୨) ପିଶିତ-ମାଂସ, (୩) ଧରା-ପୃଥିବୀ, (୭) ପଟ୍ଟମହିଷୀ-ପାଟରାଣୀ, (୧୩) କୁଟିଳ-ବଙ୍କା, ବୀଚି-ଲହରୀ, ବିଟପୀ-ବୃକ୍ଷ, ନଷ୍ଟ ସ୍ତ୍ରୀ, (୧୪) କଳୀ-କଢ଼ି, ପୁଷ୍ପବଲ୍ଲୀ-ପୁଷ୍ପଲତା, ଅଳି-ଭ୍ରମର ।

ରଣନିପୁଣେ ରହିଲେ ପ୍ରମୋଦେ । ନାଗରୀ କଟୀ କିଙ୍କିଣୀ ନାଦେ ।୧୯।
କେବଳ ମଦନ ବଇରୀ ପଦେ । ପାଞ୍ଚଇ ତାକୁ ଜିଣିବା ବାଦେ ।୨୦।
ନ୍ୟାୟବଳ ରାଜା ଆଗ ପଦାତି । ଦୁର୍ବଳ ଶଙ୍କା ତହିଁରେ ସ୍ଥିତି ।୨୧।
ଜାତ ହୋଇ ଲୋଭ ପ୍ରେମଧନରେ । ଉଚ୍ଛନ୍ନ ଋତୁ ତିନି ଦିନରେ ।୨୨।
ନୀବୀ ମୋକ୍ଷକାଳେ ଉପୁଜେ ନାହିଁ । ମାଗିବା ଦ୍ରବ୍ୟ ଚୁମ୍ବନ ଯହିଁ ।୨୩।
ଲାଳସ ହୋଇଣ ପର ସ୍ତିରୀରେ । ଗହିଁବା ରହେ ଚିତ୍ର ନାରୀରେ ।୨୪।
ନ ଛାଡ଼ିଲା ମାଡ଼ ପଶା ସାରକୁ । ବିମୁଖ କର୍ଣ୍ଣେ ଜପବାରକୁ ।୨୫।
ଶୁକ ଶକୁନି ଚରଣରେ ଦେଖି । ଶିକୁଳି ପରି ଶାଙ୍କୁଳୀ ଯୋଖି ।୨୬।
କାରା ହୋଇ ଯହିଁ ପଞ୍ଜୁରୀ ଅଛି । ଭିତ୍ତିକି ଏକା ଗୃହ ଧରିଛି ।୨୭।
ବନ୍ଦୀ ଯହିଁ କୀର୍ତ୍ତି ବନ୍ଦନ ଜନ । କାହିଁକି ଜଣାଯିବ ଏମାନ ।୨୮।
ଭରମ ହୋଇଛି ଶୁଦ୍ଧ ସୁବର୍ଣ୍ଣ । ଭୂତହିଁ ପଞ୍ଚ ପ୍ରକାରେ ଘେନ ।୨୯।
କୁଣ୍ଡ ଦେଖା ଦୁର୍ଗୋତ୍ସବ ସହଜେ । ଗୁଡ଼ରୁ ଖଣ୍ଡ ମାତ୍ର ଉପୁଜେ ।୩୦।
ପରାପର ଭାବ ଏକ ପ୍ରକାର । କରିଛି ଯେଉଁ ନର ଈଶ୍ୱର ।୩୧।
ଚନ୍ଦ୍ର ସୂର୍ଯ୍ୟ ତ୍ରାସ ଶିରେ ରାଜିତ । ସର୍ବଦା କଞ୍ଚୁକରେ ବେଷ୍ଟିତ ।୩୨।
ସଘନ ପୃଥୁ କାର୍ତ୍ତସ୍ୱର ପାତ୍ର । ରଜନିକରେ ଭୂଷିତ ଗାତ୍ର ।୩୩।
ମହିଷୀ ସଙ୍ଗେ ନଗରେ ବିଳସି । କେବଳ ଜନ ମନକୁ ତୋଷି ।୩୪।
ମର୍ତ୍ତ୍ୟେ ତ ଏହାର ଅସାଧ ନାହିଁ । ସ୍ୱର୍ଗେ ବା କଟକାଇ କରାଇ ।୩୫।
ନିତି ଦେବାର୍ଚ୍ଚନା ସରିବା ଯାଏ । କରଇ ମେରୁ ଦାନକୁ ଭୟେ ।୩୬।
ବ୍ରହ୍ମା ବୋଧ ଯହୁଁ ଦେବ ଶାସନ । ସେ କିମ୍ପା ଭାଙ୍ଗିଦେବ ଭବନ ।୩୭।
ହୟ ଆରୋହିଲେ ଯେଉଁ ନୃପତି । ଲଭଇ ହରିହୟ ଏ ଭୀତି ।୩୮।
ବଳୀ ଯେବେ ତୁମ୍ଭେ ବଳିକି ମାର । କହିବା ଜୀବ କହେ ବିଚାର ।୩୯।
ଅଶ୍ୱଖୁର ରେଣୁ ଉଡ଼ିବା ଗହିଁ । ପୋତିବ ମୋତେ ସାଗର ଧାୟି ।୪୦।

ଶବ୍ଦାର୍ଥ- (୨୦) ମଦନବଇରୀ-ଶିବ, (୨୩) ନୀବୀ-ପିନ୍ଧା ଲୁଗାର ଗଣ୍ଠି, (୨୫) କର୍ଣ୍ଣେଜପ-କାନୁକହା, (୨୬) ଶକୁନି-ଖଳ, (୨୭) ଭିତ୍ତି-କାନ୍ଥ, (୨୯) ଭରମ-ଭ୍ରମ, (୩୩) ସଘନ-ଘଞ୍ଚ, ପୃଥୁ-ମୋଟା, କାର୍ତ୍ତସ୍ୱର-ସୁନା, (୩୪) ମହିଷୀ-ରାଣୀ, (୩୫) କଟକାଇ-ଅଭିଯାନ, (୩୮) ହୟ-ଘୋଡ଼ା, (୪୦) ରେଣୁ-ଧୂଳି, (୪୨) ସାର୍ବଭୌମ ପଦ-ରାଜପଦ, ଉତ୍ତରଦନ୍ତୀ-ଉତ୍ତରଦିଗହାତୀ।

ଧାତା ହୁଡ଼ ଯେହୁ ରତନ କର । ବୋଇଲା ଥାଉ ଏହା ଭଣ୍ଡାର ।୪୧।
ସାର୍ବଭୌମପଦ ବୀର ବହିଲା । ଉତ୍ତର ଦନ୍ତୀ ଭୟ ପାଇଲା ।୪୨।
ମୁଁ ନୁହଇ ବୋଲି ଛାଡ଼ିଲା ରଡ଼ି । ବରଷା କାଳେ ସେ ଘଡ଼ଘଡ଼ି ।୪୩।
ହୋଇଲା ସେ ରାଜା ଏମନ୍ତ ତ୍ୟାଗୀ । ଜାଣିଲେ ନାହିଁ ଯାଚକେ ମାଗି ।୪୪।
କେ ଯିବ କଳ୍ପତରୁ ସନ୍ନିଧାନ । କାମନା ହେଲା ଉତ୍ତାରୁ ପୂର୍ଣ୍ଣ ।୪୫।
ଉଛ ନୋହିଥିଲେ ପଲ୍ଲବମାନ । କରନ୍ତେ ଅବା ମୃଗ ଅଶନ ।୪୬।
ମିଳନ୍ତେ ଫଳ ଥିଲେ ପକ୍ଷୀଗଣ । ବିଅର୍ଥ ହେଲା ତା ଦାତାପଣ ।୪୭।
ପ୍ରତାପ ତ୍ରାସିଲା ବଡ଼ବାନଳେ । ପଡ଼ିଲା ଯାଇ ସମୁଦ୍ର ଜଳେ ।୪୮।
କେ ଦେଖିବ ତାକୁ ଯେ ଲୁଚିଅଛି । ହୃଦ ସନ୍ତାପ ତା ଜଳୁଅଛି ।୪୯।
ଯଶକୁ ହାରିଣ କୁମୁଦ ବିଧୁ । ହୋଇଲେ ପରସ୍ପରକୁ ବନ୍ଧୁ ।୫୦।
ଅଳିକଳଙ୍କ କାଳିକି ଧଇଲେ । ଗଙ୍ଗା ହିଁ ଅଙ୍କେ ପଙ୍କକୁ ବହିଲେ ।୫୧।
ହର ବିଚ୍ଚରିଲେ ଗଙ୍ଗା ଚନ୍ଦ୍ରକୁ । ପ୍ରଭବ କୀର୍ତ୍ତି କଲା ବେଳକୁ ।୫୨।
ଅବଶ୍ୟ ଏହାକୁ ଥିବ ତ ଛୁଇଁ । ଥିବ ଏ କିଛି ଶୀତଳ ପାଇ ।୫୩।
ପୁଣି ତା କୀର୍ତ୍ତି ଶାନ୍ତି ରସ ଠାବ । ଗରଳ ତାପ ଶାନ୍ତି କରିବ ।୫୪।
ଏମନ୍ତ ବୋଲିଣ ବହିଲେ ଶୀର୍ଷେ । ଚନ୍ଦ୍ରମାଚୁଡ଼ ଗଙ୍ଗାଧର ସେ ।୫୫।
ଶ୍ରବଣେ କେଳି କଉତୁକ ତାରା । କିନ୍ନରୀ ହୋଇ ଉଛନ୍ନ ଭରା ।୫୬।
କିଂ ପୁରୁଷକୁ ଅନୁସ୍ୱାର ଦୂର । କରିଣ ଦେଲେ ପ୍ରାନ୍ତେ ଏକାର ।୫୭।
ସ୍ୱାଧୀନ ଭର୍ତ୍ତୃକା ନାରୀ ପାଇଛି । ନାୟକ ଅନୁକୂଳ ହୋଇଛି ।୫୮।
ସବୁ ଏକଠାବ କରିଛି ବିହି । ମଞ୍ଜିଷ୍ଠା ରାଗ ଉଦିତ ତହିଁ ।୫୯।
ଯାହା ଗୁଣ ରତ୍ନାଳଙ୍କାର ହେଲା । ମଣ୍ଡନ ଲୋକମାନ ସେ କଲା ।୬୦।
କହୁଥିଲେ ସେ ତ ନୋହିବ ଶେଷ । ସମ୍ପୂର୍ଣ୍ଣ ଛାନ୍ଦ ଅଠଚ୍ଚଳିଶ ।୬୧।
ନାନା ଅଭିଧାନ ବିଧାନ ପରି । ନାଟକ କାବ୍ୟ ଅଙ୍ଗେ ମାଧୁରୀ ।୬୨।
ଦୃଷ୍ଟି ସୃଷ୍ଟିରେ ହୋଇଛି ବିଚିତ୍ର । ରସିକ ଚିତ୍ତ ମୋହନ ମନ୍ତ୍ର ।୬୩।

ଶବ୍ଦାର୍ଥ- (୪୪) ଯାଚକ-ଭିକାରି, (୪୬) ଅଶନ-ଖାଇବା, (୪୭) ବିଅର୍ଥ-ଅକାରଣ, (୪୮) ବଡ଼ବାନଳ-ସମୁଦ୍ରରୁ ଜାତ ଅଗ୍ନି, କୁମୁଦ-କଇଁ, ବିଧୁ-ଚନ୍ଦ୍ର, (୫୧) ଅଳି-ଭ୍ରମର, ପ୍ରଭବ-ଉତ୍ପତ୍ତି, (୫୬) ଉଛନ୍ନ-ବିଲୁପ୍ତ, (୫୭) କିଂପୁରୁଷ-ଦେବଯୋନି ବିଶେଷ, (୫୮) ସ୍ୱାଧୀନ ଭର୍ତ୍ତୃକା-ଅଷ୍ଟବିଧନାରୀଙ୍କ ମଧ୍ୟରେ ପ୍ରଥମା, (୫୯) ମଞ୍ଜିଷ୍ଠା ରାଗ-କୁସୁମ ରାଗ,

| ଖଳ ଗର୍ବ ତୃଣ ଦାବ ଦହନ | ପଥିକ ମୂର୍ଖ ଅଗମ୍ୟ ବନ |୬୪।
| ଧନୀ ବଣିକ ପସରା ସମାନ | ବିବିଧ ରସଦ୍ରବ୍ୟରେ ପୂର୍ଣ୍ଣ |୬୫।
| ଉପଇନ୍ଦ୍ର ଭଞ୍ଜ ମନକୁମୁଦ | ବିଚିତ୍ରକର୍ମା ଶ୍ରୀରାମଚନ୍ଦ୍ର |୬୬।
| ରଜନୀ ଦିବସେ ବିକାଶ କରି | ଅଧିକ ପଦ ଏଣୁ ବିହରି |୬୭।
| ପ୍ରବନ୍ଧ ଦୁଇ ସହସ୍ର ତିନିଶ | ଷାଠିଏ ଏକପଦରେ ଶେଷ |୬୮।

---

(୬୪) ଦାବଦହନ-ଦାବାନଳ ।
୬୬) ମନ କୁମୁଦ-ମନ ରୂପକ କଇଁଫୁଲ ।

BLACK EAGLE BOOKS

www.blackeaglebooks.org
info@blackeaglebooks.org

Black Eagle Books, an independent publisher, was founded as a nonprofit organization in April, 2019. It is our mission to connect and engage the Indian diaspora and the world at large with the best of works of world literature published on a collaborative platform, with special emphasis on foregrounding Contemporary Classics and New Writing.

www.ingramcontent.com/pod-product-compliance
Lightning Source LLC
Chambersburg PA
CBHW060551080526
44585CB00013B/523
9781645604532